Gottlieb Christian Abt

Die Principien des modernen Liberalismus in den Händen der

Advocaten

Ein Kleinstaatsbild aus Nassau

I0083970

Gottlieb Christian Abt

Die Principien des modernen Liberalismus in den Händen der Advocaten
Ein Kleinstaatsbild aus Nassau

ISBN/EAN: 9783744795944

Printed in Europe, USA, Canada, Australia, Japan

Cover: Foto ©Suzi / pixelio.de

More available books at **www.hansebooks.com**

Die Principien

des

modernen Liberalismus

in den Händen der Advocaten.

Ein Kleinstaatsbild aus Nassau

von

A b t.

Cum omnibus pacem, adversus villa bellum.
Otto II.

Selbstverlag des Verfassers.

———— ⟨⋈⟩ ————

Frankfurt a. M.
Druck von J. A. Fleisch.
1865.

Vorrede.

Nachfolgende Schrift enthielt ursprünglich im Manuscripte ihre volle 80 Bogen und mußte deßhalb auf ihren jetzigen Umfang reducirt, d. h. drei bis viermal durchsägt, vielfältig beschnitten und dann wieder zusammengeleimt werden. Die Spuren dieser Operationen sind noch sichtbar. Da und dort hängen noch Schnitzel und Sägspäne, welche mich selbst sehr unangenehm berühren. Außerdem haben auch noch verschiedene nicht Druck=, sondern Setzfehler die Correctur zu hintergehen verstanden und sich unverschämterweise mit dem richtigen Text in das Buch eingeschlichen. Ich bitte deßhalb den geneigten Leser, vor Beginn der Lektüre eine neue Bleifeder zu ergreifen, dieselbe scharf zu spitzen und dann folgende Verbesserungen anzubringen.

S. 8, Zeile 23 v. o. steht: dem Hofgerichtsdirector statt: ben.

S. 27, Z. 19 v. o. muß es heißen: niederösterreichischen Landtag rc.

S. 36, Z. 15 v. o. lies: faßt, statt: faßte.

S. 101, Z. 26 v. o. lies: wurde, statt: würde, denn der Engländer wurde wirklich freigesprochen.

S. 138, Z. 8 v. o. fehlen nach präsidiren die Worte: Verachtung bezeigt werde.

S. 159, Z. 22 v. o. lies: füge, statt: lüge. Glücklicherweise folgt keine Thatsache, sondern eine Sentenz, sonst wäre dieser Setzfehler höchst unangenehm.

S. 159, lies: I V. Cap., statt VI.

S. 170, Z. 4 v. o. verwischen, statt: vermischen.

S. 171, Z. 34 v. o. lies: unangenehm, statt: angenehm.

S. 222, Z. 24 v. o. muß es heißen: eine Injurie und eine Verläumbung.

S. 253, lies in der vorletzten Zeile: wie man sehen wird, statt: wie man sieht.

S. 264, Z. 21 v. o. erworben, statt: erwerben.

S. 281, Z. 6 v. o. lies: stellen, statt: halten.

S. 331, Z. 39 v. o. lies: für Jedermann, statt: Jedermann.

S. 332, Z. 24 v. o. lies: für Jederman erkennlich, statt: Jedermann erkenntlich.

S. 354, Z. 5 v. u. lies: vor das Forum.

S. 358, Z. 5 v. u. lies: stimmte.

S. 368, Z. 13 v. o. lies: lügen. Kellner, statt: Lügen-Kellner. (Kinder und Setzer sagen oft die Wahrheit.)

S. 369, Z. 15 v. o. lies: das nassauische Preßgesetz.

S. 369, Z. 7 v. u. lies: Neuer, statt: Neuen.

S. 385, Z. 23 v. o. lies: erschien wieder in der „Allg. Ztg."

S. 386, Z. 29, v. o. lies: und die Gesetze.

Gonzenheim, im August 1865.

Abt.

Einleitung.

Der fürstliche Absolutismus, so wie er sich naturgemäß und nothwendig aus dem Feudalstaat fast überall auf dem Continent entwickelte, hatte sich zu Ende des vorigen Jahrhunderts besonders in Frankreich bis zur Unerträglichkeit gesteigert und ein Staatswesen geschaffen, dessen Schäden, Uebelstände, Gebrechen und Enormitäten lange vor ihrer Zertrümmerung die denkenden Köpfe zur Opposition aufstachelten. Die französische Revolution wurde theoretisch eingeleitet und verbreitet durch die französische Philosophie, insbesondere die Staatsphilosophie. Diese Philosophie war ein Product des Rationalismus. Der Rationalismus bezeichnet in der Geschichte der Entwicklung des Geistes eine Uebergangsstufe, auf welcher die Vernunft allerdings nicht mehr in der reinen Natürlichkeit und Rohheit befangen, aber auch noch nicht vollständig gebildet und deßhalb nur bestrebt, aber noch nicht im Stande ist, richtig zu denken; auf welcher die Vernunft noch nicht vernunftet, sondern nur vernünftelt. Die Producte des Rationalismus sind deßhalb keine wissenschaftlich begründeten und berechtigten Sätze, sondern unbewiesene Behauptungen, oberflächliche Urtheile, falsche Generalisationen, inhaltsleere Redensarten, Phrasen und Fictionen. Die Staatsphilosophie der Franzosen des 18. Jahrhunderts, so berechtigt ihre Opposition gegen die damaligen Staatszustände gewesen sein mag, in ihren positiven Sätzen enthält sie nichts anderes als leere Phrasen und Fictionen. Der politische Liberalismus, als der volksthümliche Sohn dieser Philosophie ist bezüglich seiner Grundbegriffe und Grundsätze nichts anderes als eine Sammlung leerer Phrasen und Fictionen, auf welche ein Staatsgebäude für die Dauer nicht gestellt werden kann.

Dieß läßt sich schon a priori nachweisen. Die Grundbegriffe des modernen Liberalismus sind das „Volk" und die „Freiheit". Das „Volk", sagen die politischen Rationalisten, ist unter der Herrschaft des fürstlichen Absolutismus unfrei, denn es gehorcht einem von ihm unabhängigen Willen, der unbedingt, d. h. Unbegründetes will, also einfach befiehlt. Das Volk soll aber „frei" sein. „Frei" sein heißt sich selbst bestimmen. Der oberste Grundsatz des Rechts- oder Freistaats lautet deßhalb: Recht ist, was das Volk, oder da es innerhalb des Volks verschiedene Meinungen und Willensrichtungen gibt, so ist Recht Das, was die Majorität will.

Ich sagte die Unrichtigkeit und Unwissenschaftlichkeit dieser Grundbegriffe und Grundsätze lasse sich schon a priori nachweisen und führe dieß näher aus, wie folgt.

„Freiheit" ist ein Begriff, der seiner realen Bedeutung nach nur den Gegensatz der Sclaverei, Hörigkeit 2c. und der Gefangenschaft bezeichnet und bezeichnen kann. Seiner idealen Bedeutung nach, d. h. wenn er ein Soll, wenn er etwas bezeichnet, was nicht ist, sondern was sein soll, ist der Begriff „Freiheit" vollständig unbestimmbar, weil er überhaupt nur das Wollen bezeichnet, der menschliche Wille aber gar keinen bestimmten Inhalt hat, sondern an zufällige Umstände gebunden ist. Wer daher zum Ausgangspunkt einer politischen Theorie und zur Grundlage einer Staatseinrichtung die „Freiheit" macht, der errichtet ein System und einen Staat auf der Willkühr, der proclamirt die Willkühr als oberstes Staatsgesetz.

Es ist dieß unvermeidlich und absolut nothwendig. Denn wenn ich als Grund für mein Wollen etwas Unbestimmtes, eine leere Phrase aufstelle, die gar keinen realen, bestimmten und bestimmbaren Inhalt hat, so will ich eben einfach und unbedingt, so ist an meinem Willen nichts real, als daß er eben da ist, daß überhaupt gewollt wird. Ich will etwas, weil — Ich will. Der Inhalt der „Freiheit" und ihre Wirkung ist die Willkühr.

Ganz dieselben Consequenzen erzeugt der Begriff „Volk." Das „Volk", welches „frei" werden und sich „selbst bestimmen" soll, existirt nicht, ist kein reales, persönliches Wesen, sondern eine

Abstraction, welche nichts weiter bedeutet, als Gesammtheit[1]) und ebenso wenig einen Willen, ein Verständniß und persönliche Interessen hat, als ein Haufen oder eine Anzahl oder ähnliche Collectivbegriffe, die nie einen realen Inhalt besitzen können. In der Wirklichkeit gibt es nur Individuen und im Staat gibt es in politischer Beziehung nur Individuen, die durch irgend welche Meinungen, Interessen und Bestrebungen geeint sind und Theile des Volks, partes oder Parteien bilden. Wer dem „Volk" irgend welche Befugnisse zuspricht, der spricht sie in Wirklichkeit nicht dem Volke, sondern irgend welchen Individuen zu. Wer da sagt: Recht soll das sein, was das Volk will und das Volk soll sich selbst bestimmen, der sagt nichts anderes, als: Recht soll das sein, was irgend beliebige Individuen, was irgend eine beliebige Anzahl von Individuen, was ein Theil des Volks, was eine Partei will. Herrschaft des Volks ist die Parteiherrschaft und da jede Partei aus Führern und Angeführten besteht, so ist Herrschaft des Volks nichts anderes als Herrschaft der Parteiführer oder Herrschaft derjenigen, welchen es durch irgend welche Mittel gelingt, sich unter der einsichts- und kenntnißlosen Masse Anhänger und einen Anhang zu verschaffen, welcher die Dreistigkeit hat, sich für das Volk auszugeben.

Wenn somit der politische Liberalismus die fürstliche Willkührherrschaft auf Grund von Phrasen und Fictionen, als da sind „Volk", „Volksrecht", „Freiheit" ꝛc. bekämpft und wenn er ein Staatsgebäude errichtet auf Grund der nämlichen Phrasen und Fictionen, so zerstört er die Willkührherrschaft keineswegs und in keiner Weise, sondern er ändert nur ihre Form. Er ändert lediglich den Träger und Repräsentanten des Absolutismus, weil er das Princip des monarchischen Absolutismus: Recht ist das, was der Fürst will, dem Wesen nach conservirt, der Form nach aber modificirt, indem er sagt: Recht ist, was irgend beliebige, in größerer oder kleinerer Anzahl vorhandene Individuen wollen und sei das Gewollte noch so schädlich für andere, noch so ungerecht, oder absurd.

Die practische Folge dieses Grundsatzes ist daher das Bestreben irgendwelcher Leute, sich in den Besitz der absoluten

---

1) Und zwar Gesammtheit der einer und derselben Staatsgewalt unterworfenen Individuen.

Staatsgewalt zu setzen, sich durch Anwendung aller zum Ziel führenden Mittel die Majorität zu verschaffen und wenn sie diese erlangt haben, eine ebenfalls einseitige, gewaltsame, gewaltthätige, und sehr häufig nur durch Privatinteressen bestimmte Herrschaft auszuüben. Deßhalb führt diese Staatstheorie, wo sie Platz greift und ihre Consequenzen zu entwickeln vermag, zur scheuslosesten, alle Verhältnisse vergiftenden Corruption, und führt einen Staatszustand herbei, welcher geradezu das Gegentheil von dem enthält, was die Urheber dieser Theorie als Ideal sich gedacht und angestrebt haben.

Die Grundbegriffe und Grundsätze des modernen Liberalismus, wie sie in Beziehung auf die Organisation der höchsten Gewalt die Willkühr und den reinsten Absolutismus sanctioniren und in den Parteien und Parteiführern absolute Mächte erzeugen, die, so lange sie um die Herrschaft kämpfen, einen Gegenstaat im Staate darstellen und wenn sie an die Herrschaft gelangt sind, den Absolutismus in anderer Form lediglich wieder herstellen, diese Grundbegriffe und Grundsätze ziehen, soweit sie das Verhältniß der Einzelnen zur Staatsgewalt berühren, ganz dieselben Wirkungen nach sich.

Der Absolutismus duldet neben sich keine selbstständige Meinungs- und Willensäußerung, duldet namentlich keine Kritik. Dadurch unterdrückt er die „Freiheit" des Individuums. Es soll aber nicht nur das „Volk", sondern auch das Individuum gegenüber der Staatsgewalt „frei" werden. Jeder Einzelne muß deßhalb das Recht haben, öffentlich seine Meinung zu äußern und sich mit seinen Gesinnungsgenossen zu vereinen und zu besprechen, also: Preßfreiheit, Vereinsfreiheit, Rede-, Versammlungsfreiheit und wohlbemerkt, alle diese Freiheiten unbedingt. Dieß fordert der moderne Liberalismus und zwar nicht ganz mit Unrecht. Wenn durch die Nichtgestattung, oder Unterdrückung der Presse, der Vereine und Versammlungen jede Kritik der Regierung und jeder Widerstand gegen eine gewaltthätige Willkührherrschaft unmöglich gemacht wird, so entstehen Staatszustände, wie sie zu Ende des vorigen Jahrhunderts in Frankreich und zu Anfang dieses Jahrhunderts, ja theilweise noch bis zum Jahr 1848 in Deutschland sich vorfanden. Nichts berechtigter daher, als die Sehnsucht des modernen Liberalismus nach Preß-, Vereins-, Versammlungs- und Rede-„Freiheit", aber trotzdem nichts unwissenschaftlicher und nichts verderblicher als diese nämlichen „Freiheiten", wenn sie im Sinne des modernen Liberalismus gesetzlich im Staate sanctionirt werden.

Sehen wir dieß im Einzelnen nach.

Mittelst der Presse bekommt irgend ein Privatmann ein Werkzeug oder eine Maschine zur Verfügung, womit er seinen Einfluß und seine Aggressivkraft im Vergleich zu andern Privatleuten verhundert-, ja verzehntausendfachen kann. Wer die Presse zur Verfügung hat, besitzt die Befugniß, jeden Tag demjenigen Theile des Publikums, der nichts denkt, der nicht selbst urtheilt und beurtheilt, nicht selbst urtheilen und beurtheilen kann, Ideen, Ziele, Zwecke, Gedanken, Urtheile, Beurtheilungen in den Kopf zu setzen, ihn dadurch vollständig zu beherrschen und für sich dienstbar zu machen. So lange nun eine absolute Gewalt im Staate herrscht, ist die Presse das wirksamste Mittel zu deren Bekämpfung und leistet unläugbar der Sache des Rechts die vortrefflichsten Dienste, weil sie zugleich von der bekämpften Gewalt in den schwersten Fesseln gehalten wird. Wird jedoch die Presse entfesselt, wird sie „frei", frei von allen den Beschränkungen und Bedrückungen, welche sie in Form von Concessionen, Cautionen, Confiscationen, tendentiösen Verurtheilungen ꝛc. niedergedrückt hat, ist es Jedermann, der dazu Lust hat, gestattet, eine Zeitung herauszugeben, ist der Herausgeber oder Redacteur eines Blattes lediglich den allgemeinen strafgesetzlichen Bestimmungen unterworfen, dann wird aus der „freien" Presse eine wilde, ungezügelte, eine absolute Macht, welche in Mitten des Staats neben der Staatsgewalt sich erhebt und Regierung und Privatpersonen empfindlicher beschädigt, als die schrankenloseste Staatsgewalt. Die hehre Jungfrau, herabgestiegen aus den himmlischen Höhen, um unter den Sterblichen uninteressirt ihren erhabenen Beruf auszuüben, das Recht zu schützen, die Wahrheit zu verbreiten, die Unschuld zu vertheidigen, verwandelt sich in eine gemeine Metze, welche Jedem sich hingibt, der sie zu bezahlen vermag, welche Tag für Tag Lügen, Entstellungen und Verdächtigungen verbreitet, unbewiesene Sätze und Hirngespinnste für erhabene Wahrheiten ausgibt, Privatangelegenheiten an die Oeffentlichkeit herauszerrt und jeden Mißliebigen in der raffinirtesten Weise verfolgt, die eigenen Günstlinge aber, und seien sie Schurken von der ersten Sorte, bis in den Himmel erhebt.

Die Preſſe in der Freiheit, welche der moderne Liberalismus ihr vindicirt, iſt die gefährlichſte Macht im Staate, eine Macht in den Händen Einzelner und im Dienſte von Privatintereſſen, neben welcher eine ordentliche Regierung auf die Länge nicht beſtehen kann und vor welcher Niemand ſeiner Ehre und ſeines guten Namens mehr ſicher iſt.

Damit man mich nicht mißverſtehe, will ich ausdrücklich bemerkt haben, daß ich die herkömmlichen Beſchränkungen der Preſſe durch Cautionen, Conceſſionen, Confiscationen, Tendenzprozeſſe ꝛc. als vollſtändig zwecklos gänzlich verwerfe, dagegen verlange ich, daß nicht jeder mißlungene Student und Taugenichts eine Zeitung dirigiren darf, daß jeder Redacteur ſeine literariſche Befähigung nachweiſe, daß kein Redacteur oder Herausgeber ſich öffentlich mehr herausnehmen dürfe, als jeder Privatmann in anſtändiger Geſellſchaft.

Ich ſehe gar nicht ein, warum dieſes Individuum, das z. B. Löb Sonnemann heißt, weil es Geld genug hat, einen Preßbengel in Bewegung zu ſetzen, mehr Recht haben ſoll, als jeder andere Privatmann, der keine Preſſe beſitzt. Ein gewöhnlicher Privatmann kann nur privatim lügen, Thatſachen entſtellen oder erfinden und auf Grund dieſer Entſtellungen und Erfindungen Andere verdächtigen, denn die Stimme des Privatmanns iſt höchſtens nur für ein Dutzend Ohren hörbar. Hat aber Löb Sonnemann eine Preſſe, ſo ſpricht er zu 10,000, warum ſoll nun Löb Sonnemann allein von 80,000 Einwohnern einer Stadt das Recht haben, 10,000 Perſonen auf einmal Lügen in's Ohr zu raunen.

Ein gewöhnlicher Privatmann kann höchſtens im Kreiſe weniger Zuhörer meine Privatangelegenheiten beſprechen, warum ſoll nun ein Kellner, wenn er zufällig eine Preſſe zur Verfügung hat, allein von 80,000 Einwohnern einer Stadt das Recht haben, meine Privatangelegenheiten 20,000 Menſchen auf einmal zu erzählen. Etwa deßhalb, weil es einmal Leute gegeben hat, welche nicht denken gelernt hatten und deßhalb die Preßfreiheit erfanden. Ich für meinen Theil vermag gar nicht einzuſehen, welcher Nachtheil für den Staat, die Geſellſchaft, die Privatleute oder irgend Jemand daraus erwüchſe, daß man der Preſſe das Recht zuerkennte, öffentlich die Wahrheit zu ſagen, dagegen

Jedem die bürgerlichen Ehren und die Fähigkeit zu redigiren ent=
zöge, der sich beikommen ließe, öffentlich zu lügen, That=
sachen zu entstellen, aus dem Zusammenhang zu reißen, reine
Privatangelegenheiten vor das große Publikum zu bringen, um
dadurch irgend Jemand zu verletzen; daß man ferner Jeder=
mann in der Gesellschaft das Recht zuerkennte, auf Entfer=
nung eines Redacteurs anzutragen und diese Entfernung gericht=
lich zu erwirken, wenn nachgewiesen werden könnte, daß dieser
Redacteur nicht deutsch zu schreiben versteht oder sich Handlungen
schuldig gemacht hat, welche irgend eine Gemeinheit oder Nieder=
trächtigkeit constatiren? Ich kann mir nicht denken, warum die
Presse in dieser Weise nicht beschränkt und nicht „unfrei" gemacht
werden sollte. Genau so verhält es sich mit den übrigen „Frei=
heiten".

Im Rechtsstaate müssen die Einzelnen die gesetzliche Befugniß
haben, sich zur Erreichung bestimmter, innerhalb der Verfassung
des Staats erreichbarer Zwecke zu vereinen. Es muß z. B. ge=
stattet sein, einen Verein zu bilden zur Bekämpfung schlechter
Korngesetze, zur Besserung verwahrloster Kinder, Verbesserung der
Landwirthschaft rc. Wird aber die Vereinsfreiheit absolut, wird
die Befugniß, sich zu vereinen, unbedingt gestattet, selbst zu sol=
chen Zwecken gestattet, welche mit der bestehenden Verfassung un=
vereinbar sind; erhält Jedermann das Recht, in einen Verein zu
treten und sich an die Spitze eines Vereins zu stellen, gleichviel
nun, ob er als Privatmann ein ehrenwerther Mann ist oder
nicht; ist es in einem Staate gesetzlich erlaubt, selbst zur systema=
tischen Bekämpfung der bestehenden Verfassung und Regierung,
also zu allgemeinen politischen Zwecken Vereine zu bilden, so
erzeugen sich in Gestalt der Vereine innerhalb des Staats abso=
lute Mächte, welche der Staatsgewalt als Gegenmächte gegen=
überstehen, einen Staat im Staate darstellen und mittelst ihrer
Organisation eine Gewalt ausüben können, gegen deren Miß=
brauchung zu Privatzwecken und im Dienste von Privatinteressen
nicht die geringste Garantie gegeben ist.

Die Versammlungs= und Redefreiheit ist die Consequenz der
Vereinsfreiheit und deßhalb ganz gleich zu beurtheilen und zu be=
handeln.

Im Rechtsstaate muß Jedermann die Befugniß haben, zu be=
stimmten Zwecken irgend welche Privatleute zu versammeln und

Aeußerungen oder Beschlüsse dieser Privat'eute zu veranlassen.
So weit geht das Recht. Unstatthaft dagegen ist es, dieses
Recht selbst Solchen zu gestatten, welchen Handlungen nachgewie=
sen werden können, die sich mit der Ehrenhaftigkeit nicht vertra=
gen, und unstatthaft ist es, die Ausübung dieses Rechts so un=
bedingt zuzulassen, daß auf Versammlungen öffentlich Lügen aus=
gesprochen, Thatsachen entstellt, aus dem Zusammenhang gerissen
und auf Grund dieser Lügen und Entstellungen, überhaupt auf
Grund unbewiesener Sätze, Beschlüsse oder Resolutionen von
Leuten, die nicht einen einzigen Satz fehlerfrei niederzuschreiben
im Stande sind, gefaßt und für Beschlüsse dieses oder jenes
„Volks" ausgegeben werden dürfen. Versammlungs = und Rede=
„Freiheit", Ja! Aber Keiner, dem unehrenhafte Handlungen
nachgewiesen werden dürfen, kann eine Versammlung berufen oder
sich an einer solchen betheiligen. Nur die Wahrheit darf auf sol=
chen Versammlungen gesprochen werden. Unstatthaft ist die öffent=
liche und massenhafte Bethörung und Täuschung, unstatthaft ist
es, zu Beschlüssen und Beurtheilungen Leute zu verführen, welche
ihrer Culturstufe nach gar nicht im Stande sind, über die Gegen=
stände dieser Beschlüsse und Beurtheilungen selbstständig zu ur=
theilen. Also, wie gesagt, Versammlungs = und Redefreiheit, aber
nicht unbedingt, sondern unter Bedingungen und mit der nöthi=
gen Einschränkung.

Man sieht also, die Theorien und Forderungen des modernen
Liberalismus, entflossen wie sie sind einem gänzlich unwissenschaft=
lichen Verfahren, entsprechen nicht blos ihrem Zwecke nicht, son=
dern bewirken geradezu das Gegentheil von Dem, was sie be=
zwecken. Der moderne Liberalismus will den Rechtsstaat her=
stellen. Der Rechtsstaat ist nur dann vorhanden, wenn jede
Gewalt, die im Staate ausgeübt wird, gesetzlich in der Weise
normirt und beschränkt ist, daß Jedermann ihren unberechtigten
und unbegründeten Akten gegenüber bei den Gesetzen Schutz findet,
wenn ferner jede Interessengemeinschaft, die im Staate sich vor=
findet oder bildet, die gesetzliche Möglichkeit hat, ihre Interessen
geltend zu machen und ihre Ansprüche prüfen zu lassen. Alles
dieß setzt voraus technisch gute Gesetze und Einrichtungen, welche
ihrer Seits wieder wissenschaftliche Staatstheorien voraussetzen.
Der moderne Liberalismus, als eine auf politische Dinge gerich=
tete Abart des Rationalismus, hat keine wissenschaftliche Grund=

lage und Berechtigung. In Folge dessen sucht er nicht die Staatseinrichtungen technisch zu verbessern, sondern er erzeugt auf Grund von leeren Phrasen und Fictionen in Gestalt der Parteien, der Presse und der Vereine absolute Mächte innerhalb des Staats, die zuerst jede Autorität untergraben und wenn sie vollständig entwickelt und zur Herrschaft gelangt sind, keineswegs den Rechts= staat, sondern die absolute Herrschaft irgend welcher Privatleute und damit irgend welche Privatinteressen herstellen. Der moderne Liberalismus vermag kein Gemeinwesen zu stiften, in welchem jedes berechtigte Interesse wenigstens zur Prüfung und Beur= theilung gelangt, sondern der moderne Liberalismus vermag nur Gewalten zu schaffen, welche Alles, was ihnen gegnerisch gegen= übersteht, unterdrücken. An diesem Charakter des modernen Libe= ralismus ändert der Umstand nicht das Geringste, daß er z. B. in irgend einem Staate, in Beziehung auf irgend eine bestimmte Frage, z. B. die Heeresreorganisation der bestehenden Regierung gegenüber, mit seinen Forderungen vollständig im Rechte sein mag. Seine Grundprinzipien werden dadurch nicht um einen Gran wissenschaftlicher und berechtigter.

Mag die Heeresreorganisation noch so nachtheilig für das Land, mag die Behauptung der Regierung, die Krone habe das Recht, derartige Einrichtungen nöthigenfalls auch ohne Zustimmung der Kammern einzuführen, noch so unberechtigt und absolutistisch sein, dadurch wird das Prinzip, das der ganzen Opposition zu Grunde liegt, das Prinzip nämlich: Recht soll das werden im Staate, was diejenigen wollen, welche sich durch irgend welche Mittel die Mehrheit der Stimmen zu verschaffen wissen, dieses im höchsten Grade absolutistische und rechtswidrige Prinzip wird dadurch in keiner Weise alterirt und ebenso wenig eine Garantie dagegen geschaffen, daß dieses höchst absolutistische und gemein= gefährliche Prinzip, einmal in das Staatswesen eingeführt, nicht im Laufe der Zeit seine verderblichen Consequenzen entfalte.

Ich habe die bestimmte, auf langjähriges Nachdenken ge= gründete Ueberzeugung, daß die practische Verwirklichung jenes Grundprinzips der Liberalen sowie ihrer sonstigen Theorien, in den großen Staaten des europäischen Continents nicht möglich ist und wenn sie auch momentan gelänge, im Laufe der Zeit diese Staaten ruiniren würde.

Ich habe ferner als Consequenz eines lange durchdachten, in allen seinen Sätzen begründeten wissenschaftlichen Syftems die feste Ueberzeugung, daß die Herstellung eines wirklichen Rechtszustandes nur dann gelingt, wenn das Individuum in sein Recht eingesetzt und mit all' den Befugnissen ausgerüftet wird, welche gegenwärtig einzelnen Wenigen, den Parteien und Parteiführern, den Zeitungsschreibern und Demagogen als Monopol vindicirt werden, nämlich das Recht, gesetzmäßig und auf rationelle Weise in negativer Beziehung der Staatsgewalt gegenüber Kritik zu üben und in positiver Beziehung auf die Gesetzgebung einzuwirken und dadurch den größten Theil der Wirksamkeit zu absorbiren, welche heut zu Tage die Kammern, die Presse, die Vereine und die politischen Umtreiber ausüben. Selbstverständlich aber nur das logisch gebildete Individuum und nicht blos irgend eine beliebige Fleischmasse, welche dem genus homo dem Körper nach angehört. Die Realisirung dieses Ideals setzt allerdings voraus die Aufhebung der juriftischen und die gründliche Reform der philosophischen Facultäten, vor allem aber eine ausführliche Darstellung, welche hier unmöglich ist. Ich beschränke mich daher auf diese Andeutungen und auf den in den nachfolgenden Blättern enthaltenen Nachweis, daß die den Prinzipien des modernen Liberalismus a priori inwohnenden Folgen auch erfahrungsmäßig in den kleineren Staaten sich nothwendig einstellen müssen, sobald jene in die Gesetze eingedrungen sind.

Ich werde zeigen, wohin in diesen Staaten das auf die Fictionen „Volk" und „Freiheit" gegründete Parteiwesen führt, wohin es führt, wenn einzelne Personen verfassungsmäßig das Recht und die Möglichkeit haben, durch die politische Agitation in der Presse, in den Vereinen, in den Versammlungen, also durch die unbedingte und unbeschränkte Anwendung der Preßfreiheit, der Vereins und Versammlungsfreiheit, durch die unbeschränkte Bearbeitung der Massen mit allen den Mitteln, denen dieser Theil des Publikums so zugänglich ist, sich eine Anzahl von Anhängern zu verschaffen, diese für das „Volk" auszugeben, von ihnen sich zu Vertretern dieses „Volks" ernennen zu laffen und als solche innerhalb und außerhalb der Kammer der Staatsgewalt und den Privatleuten gegenüber als selbstständige Macht aufzutreten. Ich werde den Nachweis führen, daß in dem kleinen Staate Nassau einige dieser lediglich durch die Beschwatzung und Bethörung der

Massen vermittelst der Presse und der Vereine zu einem politischen Einfluß gelangten Volkstribunen ihre Stellung nicht blos zur Befriedigung der Interessen des gemeinsten Egoismus mißbrauchen, sondern auch den Staat so vollständig beherrschen konnten, daß sie sogar die Organe der Rechtspflege zu ihrer unbedingten Verfügung bekamen, um dieselben lediglich in ihrem Privatinteresse arbeiten zu lassen. Ja, ich werde nachweisen, wohin die „Freiheit" und der „Volkswille" wenigstens in Nassau geführt hat.

I. Capitel.

**Geschichtlicher Rückblick. Die Zustände des Herzogthums
Nassau zur Zeit meiner Ankunft.**

> Difficile est satyram non scribere.

Die Nachwirkung der französischen Februarrevolution
auf die deutschen Verhältnisse förderte auch im Herzogthum
Nassau Erscheinungen zu Tage, wie wir sie in allen übrigen
deutschen Staaten erlebt haben. Das Volk, welches bis zu
jener Zeit politisch in wahrhaft paradiesischer Unschuld dahin-
gelebt, nie eine Zeitung zu Gesicht bekommen, gewisse Begriffe, als da sind: Freiheit, Preßfreiheit, Rede-, Vereins-
und andere Freiheit, Volkssouverainetät, Menschenrechte rc.
nicht einmal dem Wortlaute nach gekannt hatte, von humanen
Fürsten auf Grund einer im Jahre 1814 verliehenen Verfassung patriarchalisch beherrscht, von den Amtmännern dieser
Fürsten, theilweise höchst gewaltthätig regiert worden war,
dieses Volk wurde im Jahre 1848 plötzlich aus dem politischen
Schlafe aufgerüttelt und vernahm zu seinem großen Erstaunen,
daß es bis jetzt u n f r e i gewesen, jetzt aber frei sei, da der
Herzog alle „Forderungen des Volkes" bereitwillig zugestanden
und einen liberalen Advokaten Namens Hergenhahn zu seinem
Minister gemacht habe.

Das Jahr 1848 verwandelte aber nicht blos den Advokaten Hergenhahn in einen Märzminister, sondern auch zwei
bis dahin gänzlich unbekannte Accessisten, von denen der eine
Braun, der andere aber Lang hieß, in berühmte Männer und
Volksfreunde, welche gleich im ersten Stadium der Bewegung
mit großem Geschrei herbeigeeilt waren, um das Vaterland
retten und dem nassauischen Volke die Freiheit erobern zu
helfen.

1

Accessist heißt in Nassau derjenige Beamte, welcher nach vollendeten Universitätsstudien und glücklich bestandenem Examen in irgend einem der verschiedenen Zweige des Staatsdienstes auf die unterste Sprosse der Leiter der Büreaukratie gestellt wird, um hier unter Aufsicht und Verantwortlichkeit seines Vorgesetzten gewissermaßen als Lehrling irgend ein Rädchen an der Staatsmaschinerie zu treiben. Ein solcher Lehrling oder Accessist war Braun, der im Laufe der Zeit eine so traurige Berühmtheit erlangen und in die Geschicke des Herzogthums Nassau so unheilvoll eingreifen sollte. Braun war schon als junger Mensch mit jener Sucht eine Rolle zu spielen, sich hervorzuthun und Carriere zu machen, behaftet, welche in politisch-bewegten Zeiten nothwendig zum Patriotenthum und zur Berühmtheit führen muß, namentlich wenn sie unterstützt wird von einer gewissen Gewandtheit zu reden und zu schreiben, besonders aber von jener Scheulosigkeit, die vor keinem Mittel zurückschreckt, sobald dieses zum Ziel und zugleich nicht direct an den Galgen führt. Vor dem Jahre 1848, als noch keine Gelegenheit geboten war, auf der Leiter der Volksgunst und mit Hülfe beschwatzbarer Philister zur Berühmtheit emporzuklettern, machte der junge Braun sehr stark in „Reaction". In Nassau wirkte damals der Präsident Möller, ein höchst „reactionärer" Mann, der jedes Jahr seinen Geburtstag feierte. Bei dieser Gelegenheit wurde er von dem jungen Accessisten Braun jedesmal in einer Hymne verherrlicht. In Darmstadt inquirirte damals der durch den Weidig'schen Prozeß zu einer gewissen Berühmtheit gelangte Untersuchungsrichter Georgi, für die ganze liberale Partei in allen ihren Abstufungen ein Gegenstand des tiefsten Hasses und Abscheues. Der junge Braun nahm denselben in Schutz und schrieb zu dessen Vertheidigung eigens eine Broschüre [1]. Das Jahr 1848 verwandelte diese sehr schwarz-reactionäre Gesinnung Braun's wie mit einem Zauberschlag in den röthesten Li=

---

[1] Wie die Zeitungen melden, arbeitet Braun gegenwärtig an einer Geschichte jener politischen Prozesse, zu welchen auch der Weidig'sche gehört. Ob der ehemalige Vertheidiger des Untersuchungsrichters Georgi jetzt als Geschichtschreiber der politischen Herrenprozesse einen andern Standpunkt einnimmt als in jener Periode, in welcher er in „Reaction" machte und durch „Reaction" Carriere zu machen suchte, wird die Zeit lehren.

beralismus. Braun wurde entschiedener Volksmann, predigte auf
Volksversammlungen und in Bierschenken die Freiheit, gründete
Vereine, schrieb in Zeitungen [1]), redigirte Zeitungen, kitzelte
dem liberalen Philister mit schönklingenden Worten die Ner=
ven, trieb es mit einem Worte, wie man es damals zu treiben
pflegte und brachte es durch diese, so lange es deutsche Phi=
lister geben wird, probaten und untrüglichen Mittel, sehr
bald dahin, daß er, der Jüngling, in die Kammer gewählt
wurde, als Vertreter des Volks zu wahren dessen Rechte, zu
kämpfen für dessen Freiheit, zu bekämpfen Despotismus,
Tyrannei und die „frech ihr Haupt erhebende Hydra der
Reaktion", welche Hydra im Alterthum übrigens der Köpfe
mehrere besaß. Wie man sieht, entpuppte sich Braun sehr
eigenthümlich. Gewöhnlich beginnen die Jünglinge ihre po=
litische Laufbahn mit jugendlichen Excessen im Denken und
Handeln, sind Anfangs roth, huldigen dem Republikanismus,
Demokratismus, Communismus, Atheismus ꝛc., weil alle diese
Richtungen und Dogmen auf der Unreife des Verstandes be=
ruhen und deßhalb ganz naturgemäße Ausbrüche der jugend=
lichen Verstandesunreife sind. Braun dagegen war schon An=
fangs, war schon im zartesten Jünglingsalter, in einem Alter,
in welchem andere Jünglinge noch sonderbar schwärmen und
das Jahrhundert in die Schranken fordern, ganz schwarz,
wurde erst später roth und zwar beides jedesmal zu einer
Zeit, in welcher es Vortheil brachte, schwarz oder roth zu
sein. Braun schwärmte nie, Braun berechnete stets, seine
Gesinnung hielt in allen Verhältnissen gleichen Schritt mit
seinen Interessen und dieses charakterisirt unsern Mann. Daß
Braun mit einer so entwickelten Berechnungsgabe und mit
einer Elastizität der Gesinnung ausgerüstet, welche ihm zu
jeder Zeit erlaubte, die Segel nach der Seite hinzurichten,
von welcher der Wind blies, in unserer Zeit Carriere machen
mußte, versteht sich von selbst. Wie weit er es brachte, wird
sich im Verlauf dieser Geschichte herausstellen.

Nicht ganz so verhält es sich mit Lang, dem Pollux des
Castors Braun. Lang, der Sohn eines zugleich auch Wein
verzapfenden Landmanns aus Langenschwalbach, ländlich auf=

---

1) Und zwar als berechnender Kopf zu gleicher Zeit in ultramontane
und in demokratische Blätter.

1*

gewachsen, erzogen und gebildet, in seinem ganzen Aeußern und Auftreten auch heute noch den Landmann herauskehrend, bestieg schon in frühester Jugend den Kirschbaum und war Anfangs wirklich ein gesinnungstüchtiger Schreier. Das Jahr 1848 traf ihn eigentlich nicht als förmlichen Accessisten, son= dern als Lehrling oder Gehilfen auf der Schreibstube eines Procurators beschäftigt. Mit dem wohlklingenden Namen Pro= curatoren werden nämlich in Nassau jene Geschäftsleute euphe= mistisch bezeichnet, welche man anderwärts schlechtweg und ganz mit Recht Abvokaten nennt. Mit beiden Füßen zugleich sprang der junge Abvokaturbeflissene in das Jahr 1848 hinein, auf die Tribünen hinauf, in die Versammlungen hinaus, in den Wirthshäusern umher, überall für Fortschritt, Freiheit, Volks= wohl, gegen Reaction und Despotismus züngelnd und dies mit um so größerem Erfolg, als der junge Patriot in sehr hohem Grade mit jenen Eigenschaften ausgerüstet war, welche in unserer Zeit ihre Inhaber so groß und berühmt machen, mit einer unendlich langen, sehr beweglichen und geschwätzigen wahrhaft meßischen Zunge nämlich, ferner mit einer jede Anstrengung ertragenden kautschukartigen Lunge und endlich mit einem Kopfe von solcher Mittelmäßigkeit, daß er den eigenen Verstandesmangel und die Inhaltsleere der landläu= figen Phrasen heute noch nicht fühlt. Der Procuraturgehülfe Lang, mit diesen Eigenschaften ausgerüstet, mußte deshalb nicht minder nothwendig in die Kammer gewählt werden als der junge Braun und er wurde, es ist charakteristisch für das Jahr 1848, auch wirklich in die Kammer gewählt als Volksver= treter, der 25jährige Prokuraturgehülfe Lang aus Langen= schwalbach, der in seinem Leben nichts weiter gelernt hatte, als den Civilprozeß auswendig. Am politischen Himmel Nassaus glänzten von nun an als Sterne erster Größe die beiden Dioskuren Braun und Lang, der eine als großer, der andere als kleiner „Bär“ [1]). Beide Bären brummten jeden Tag in der Kammer aus allen Tonarten gegen den armen Märzminister Hergenhahn, welcher als solcher natür= lich die „Reaction“ repräsentirte, und Hergenhahn getraute

---

1) In Nassau ist Braun allgemein unter dem Namen „großer Bär“ bekannt. Es wurde ihm diese Bezeichnung von seinen eigenen Leuten in seinem eigenen Blatte gegeben.

sich keineswegs, Bärenführer zu werden, die beiden jungen Pitze zu dressiren, manierlich zu machen und nach seiner Pfeife tanzen zu lassen, sondern entfloh gewöhnlich nach Frankfurt ins Parlament, um dort durch stummen Patriotismus zu glänzen, während er, in der zweiten Kammer zu Wiesbaden, abwesend von den beiden Bären grimmig zerfleischt wurde.

Mit der 1849 eintretenden Reaction zerstob der ganze Spuck im Nu. Hergenhahn wurde in ein Obergericht als Rath oder Director abgeschoben, die beiden Bären verstummten und die ganze Jagdgeschichte nahm in Nassau ein eben so klägliches Ende, wie in den meisten übrigen Staaten Deutschlands.

Jetzt krochen Braun und Lang zu Kreuz. Der eine versprach dem Herzog persönlich Besserung in die Hand hinein, der andere fing mit rührender Zahmheit an, der Regierung aus der Hand zu fressen.

Daß nun diese beiden Advokaten in wenigen Jahren in eine der Souverainetät gleichkommende Machtstellung sich hineinarbeiten, das Herzogthum Nassau förmlich beherrschen und für ihre Privatzwecke ausbeuten, daß sie ein förmliches Advokatenregiment etabliren und einen Einfluß ausüben konnten, wie ihn noch nie ein Demagoge in irgend einem deutschen Staate ausgeübt hat, das hat, abgesehen von den allgemeinen Ursachen, seinen Grund in ganz spezifisch nassauischen Verhältnissen. Wir müssen in dieser Beziehung vor Allem ins Auge fassen, daß die nassauische Staatsdienerschaft in zwei Parteien, oder besser gesagt, in zwei Verbindungen, Cliquen, Coterien, Kameraderien sich spaltet, von welchen die eine unter dem Namen: Oranier, die andere unter dem Namen Kurtrierer bekannt ist.

Die Oranier rekrutiren sich aus den alt Nassau-Oranischen Stammlanden, sind protestantisch bis zum Exceß und zur Bornirtheit und bilden unter sich eine festgeschlossene Phalanx, welche jedem nicht zu ihnen Gehörenden die Lanzenspitzen kampfbereit entgegenstreckt.

Die Kurtrierer entstammen den unter Bonaparte I. zum jetzigen Herzogthum Nassau geschlagenen Theilen des ehemaligen Kurfürstenthums Trier und Mainz, sind katholisch und stehen den Oraniern ebenfalls zähnefletschend gegenüber.

In gewöhnlichen Zeiten äußert sich diese Feindschaft so, wie dies unter wohlgezogenen Staatsdienern der Brauch ist. Man vermeidet jeden öffentlichen Scandal, stellt sich aber gelegentlich ein Bein, intriguirt unter der Oberfläche, beißt sich aus Stellen hinaus und hinein und man muß es den Oraniern nachsagen, daß sie in diesem Kampfe ihren Gegnern nicht blos numerisch, sondern auch taktisch überlegen sind. Die Oranier beherrschten bis in die neueste Zeit das Land, in sofern sie sich in die einflußreichsten Stellen theilten und mit seltener Einigkeit die Kurtrierer namentlich von allen politischen Aemtern ferne hielten. Ein kurtrierischer Amtmann z. B. war in Nassau bis in die neueste Zeit so selten wie ein honetter Advokat.

Der Antagonismus zwischen beiden Parteien wurde kritisch und erhielt eine das ganze Land und seine politischen Verhältnisse berührende Bedeutung durch den sogenannten Kirchenstreit, welcher in den fünfziger Jahren, wie in andern deutschen Staaten, so auch in Nassau zwischen der Regierung und der Curie ausbrach. Und zwar deßhalb wurde dieser Kirchenstreit verhängnißvoll, weil er den Advokaten ein Loch öffnete, durch welches dieselben wieder in die Speisekammer hinein kriechen konnten, um bald nach Herzenslust darin herumzumausen.

Die Curie stieß, wie sich von selbst versteht, mit ihren Forderungen auf den entschiedensten Widerstand beim Oranierthum, welches sich in seinen innersten Gefühlen verletzt, in seinen wichtigsten Interessen bedroht sah, wenn es dem katholischen Klerus gelang, seine Ansprüche durchzusetzen und sich eine Stellung im Herzogthum zu erringen, die zweifelsohne auch den Kurtrierern, Oraniens Todfeinden zu Gut kommen mußte. Daß unter solchen Umständen Oranien jeden Bundesgenossen mit offenen Armen empfing, welcher im Kirchenstreit gegen die Curie mitkämpfte, versteht sich von selbst. Dieser Bundesgenosse aber waren die Advokaten, welche ihrer ganzen Stellung, ihrer Vergangenheit und den von ihnen zur Schau getragenen Grundsätzen gemäß nothwendig gegen die Curie Front machen mußten und zwar mit um so größerem Vergnügen, als dieser Kirchenstreit die beste Gelegenheit bot, die liberale Agitation zu erneuern und mit dem populären Feldgeschrei: „Wider die Jesuiten" sich an die Spitze der in der Kammer befindlichen Bürger und Bauern zu stellen. Es gab deßhalb in der neueren Geschichte des Herzogthums Nassau eine Zeit, in welcher die Advokaten, an ihrer Spitze Braun und Lang, auf ganz gutem Fuße mit der Regierung sich befanden und zwar damals, als sie Seite an Seite mit ihr die Ultramontanen in und außer der Kammer bekämpften, und als Braun täglich beim Staatsminister Prinzen v. Witt= genstein aus= und einging, Arbeiten für ihn fertigte und Abends den Thee bei ihm einnahm. Es war dieß eine verhängniß= volle Bundesgenossenschaft, welche von den Advokaten wohl= weislich benutzt wurde, um den Grund zu der später von ihnen eingenommenen Machtstellung zu legen. Natürlich. Nach unten machten sie sich populär und gewannen Stellung und Einfluß beim Publikum durch die Bekämpfung der „Jesuiten" und Oben nisteten sie sich ein und wurden gehätschelt aus demselben Grunde. Sie konnten somit ihre Zwecke erreichen und eine politische Stellung wieder gewinnen, ohne als Op= position mit der Regierung in Conflict und in die Gefahren zu gerathen, welche stets im Gefolge solcher Conflicte einher= gehen. Und so fest wußten sich damals die Advokaten zu setzen, daß Oranien selbst dann, als jene später in der Presse, in Vereinen, auf Versammlungen ihre tollsten Orgien feier= ten, alles ruhig gewähren ließ und sich niemals zu energischen Maßregeln gegen die ehemaligen Bundesgenossen entschließen konnte.

Auf diese Weise faßten Braun und Lang festen Fuß in der Verwaltung, in welcher bereitwillige Freunde und Bun= desgenossen theils schon vorräthig waren, theils durch den Einfluß der Advokaten placirt wurden. Es gelang diesen aber auch und zwar vorzugsweise dem Advokaten Braun sich in ein eigenthümliches Verhältniß zu den Gerichten zu stellen. Vater Hergenhahn wurde als Director vom Hofgerichte zu Dillenburg an das zu Wiesbaden versetzt. Vater Hergenhahn war aber vom Jahr 1848 her noch auf gespanntem Fuß mit seinen damaligen Angreifern, welche inzwischen die Jahre der männlichen Reife erreicht und sicherlich schon öfter be= dauert hatten, Hrn. Hergenhahn, der genau betrachtet, eigentlich doch ihr politischer Vater war, im 48ger Jahre oft viel Kummer bereitet zu haben. Reue und Buße, so wie auch Versöhnung mit dem Feinde und Gegner ist jedoch des Chri-

ſten Pflicht. Außerdem mochte Braun als berechnender Kopf
wohl ſchon oft im Stillen erwogen haben, wie erſprießlich,
förderlich und vortheilhaft es für ihn wäre, wenn er mit dem
Director des Hofgerichts, vor dem er ſeine Prozeſſe zu füh=
ren hatte, einträchtig, wie es zwiſchen Hofgerichtsdirectoren
und Hofgerichtsabvokaten ſein ſoll, zuſammen wohnte und ſo
trachtete er denn, wie ſich eine Verſöhnung zwiſchen ihm und
Vater Hergenhahn einleiten ließe. In ſolchen Fällen bedient
ſich Braun gewöhnlich eines alten Wiſchweibes als Sendboten,
das zu Wiesbaden unter dem Namen Cornelius C... be=
kannt und beſonders auch als Vermittler von Gutsverkäufen
ſehr ſinnreich und gewandt iſt. Cornelius wurde von Braun
mit Friedensvorſchlägen an den Hofgerichtsdirector deputirt
und kam ſehr bald mit der freudigen Nachricht zurück, daß
derſelbe ebenfalls nichts ſehnlicher wünſche, als durch die
Bande innigſter Freundſchaft und gegenſeitiger Unterſtützung
mit dem Hofgerichtsprocurator Braun verbunden zu ſein.
Die beiden Gegner von ehemals wurden demnach von Cor=
nelius einander in die Arme geführt, und zwar im Gaſthof
zum „Socrates" zu Frankfurt a. M., allwo ſie ſich den Ver=
ſöhnungskuß aufdrückten, indem Cornelius ſeinen Segen dazu
gab. Dieſe Verbindung war für beide von Wichtigkeit. Braun
hatte dem Hofgerichtsdirector, der bis auf einen oder zwei
unbedingt über ſeine Räthe verfügte, zum Freunde gewonnen
und der Hofgerichtsdirector war der Liebling des Führers
der demokratiſchen Partei, des vielbeſchäftigten Abvokaten
Braun geworden. Beide Herren lebten von nun an im ver=
trauteſten Verkehr, beſuchten und bewirtheten ſich die Woche
mehrmals in Brauns Wohnung und was ſie zuſammen flü=
ſterten, was ſie zuſammen beriethen, ich möchte es gerne er=
zählen, jedoch:

> „Heißt mich nicht reden, laßt mich ſchweigen,
> Denn das Geheimniß iſt mir Pflicht."

Daß die beiden Abvokaten auch die gewöhnlichen Demagogen=
künſte nicht vernachläſſigten, um in der öffentlichen Meinung
feſten Fuß zu faſſen und auf das Publikum Einfluß zu ge=
winnen, verſteht ſich von ſelbſt. In dieſer Beziehung wurde
ſyſtematiſch, planmäßig und mit ſeltener Beharrlichkeit ver=
fahren. Vor Allem war es die Preſſe, dieſer mit ſo großem
Erfolg von den kleinen Geiſtern unſrer Zeit gehandhabte

— 9 —

Selbstvergötterungs= und Verherrlichungsapparat, welcher für
die Zwecke Brauns und Langs in Bewegung gesetzt wurde.
Da waren die Frankfurter Blätter, das „Journal" Hamme=
ran's und seines Kellners, Löb Hayum Sonnemanns „Neue
Frankfurter Zeitung", Lammers „Süddeutsche Zeitung", da
war die „Kölnische Zeitung", da waren die beiden nassauischen
Fortschrittsblätter selbst: die „Mittelrheinische Zeitung" re=
digirt von Saxo Grammatikus Reisinger, und das eigentliche
Organ der nassauischen Advokaten die „Rhein=Lahnzeitung",
welche nach ihrer Unterdrückung in Wiesbaden zu Frankfurt
a. M. als „Rheinischer Kurier" wieder aufstand, da waren
Blätter in Preußen, am Rhein und in Norddeutschland und
alle diese Organe sangen täglich Hymnen auf die beiden
nassauischen Advokaten Braun und Lang, flochten täglich Lor=
beerkränze für diese beiden Heroen, lang= und braunhudelten
das Publikum so beharrlich und so gründlich, bis dieses am
Ende wirklich im Ernst glaubte, das nassauische Volk besitze
in den genannten Advokaten zwei wissenschaftliche und politi=
sche Größen ersten Ranges. Alle diese Trompeten wurden
natürlich von beiden Halbgöttern entweder unmittelbar selbst,
oder auf ihre Veranstaltung von ihren Scribenten geblasen.
Noch jetzt ist Brauns Schreiber Heumann förmlich engagir=
ter und ständiger Correspondent des „Frankfurter Journals"
das redigirt wird von Hammeran und seinem Kellner und
den größten Theil seiner Mitarbeiter in den Reihen der Ad=
vokatenschreiber, Barbiere, Haarkräusler und Perrückenmacher
besitzt.

Besonders eifrig und mit schlauer Berechnung betrieb
Braun die Fabrikation seines Ruhmsjufels. Er lief zu allen
Versammlungen und „Congressen" im Ausland, um stets mit
„Brauns Rede" zurückzukehren, welche dann Tage lang in
den nassauischen und Frankfurter Blättern wiedergekäut wurde.
Lammers, der Redacteur der „Süddeutschen Zeitung", einer
der eifrigsten Hierobulen der nassauischen Advokaten pflegte
dann gewöhnlich beizusetzen: Braun hat wieder eine jener
Reden gehalten, welche die Ohren von ganz Deutschland auf
sich lenkte. Ueberhaupt mußte ganz Deutschland herhalten,
so oft Braun irgendwo den Mund geöffnet oder irgend einen
Wisch aus der Feder gelassen hatte und es scheint, daß der
verschmitzte „Bär" sich hauptsächlich deßhalb auf die „Volks=

wirthſchaft" geworfen hat, weil dieſe „Wiſſenſchaft" am leich=
teſten von Charlatanen als Vorwand benutzt werden kann
und gegenwärtig die häufigſte Gelegenheit zum Humbug dar=
bietet. Mit Hülfe dieſer mechaniſchen Mittel, wozu u. A.
auch noch die ſelbſtbezahlte Abconterfeiung des Braun'ſchen
Kopfes und Rumpfes [1]) in der „Leipziger Illuſtrirten Zei=
tung" [2]), verbunden mit einer ſelbſtverfaßten Selbſtbiographie
zu rechnen iſt, gelang es dem Braun auch wirklich in Naſſau
den Glauben zu verbreiten, er werde in ganz Deutſchland
als Gelehrter angeſtaunt.

Eines der wirkſamſten Mittel für die Zwecke der Advo=
katen war aber unſtreitig die Ausbeutung des Vereinsweſens.
Wo ein Verein mit irgend welcher Tendenz, und ſei dieſe
noch ſo unſchuldig und harmlos, beſtand, drängten ſich die
Advokaten hinein. Alterthumsvereine, Kunſtvereine, Sing=,
Turn= und Schützenvereine, Vorſchußvereine und ſpäter der
große Nationalverein, ſie wurden von den Advokaten theils
neu gegründet, theils, wenn ſie ſchon beſtanden, von ihnen in
Beſchlag genommen, beherrſcht und geleitet.

Dieß war die politiſche und geſellſchaftliche Stellung der
Advokaten bei meiner Ankunft in Naſſau. Sie läßt ſich in
wenigen Worten ſo charakteriſiren, daß man ſagt: alle Ein=
richtungen, Anſtalten und Verhältniſſe, welche irgend einen
Einfluß auf das Publikum im Ganzen, auf Corporationen
und Geſellſchaften und auf die Leitung der öffentlichen An=
gelegenheiten geſtatteten, waren theils ausſchließlich und un=
mittelbar in den Händen der Advokaten, theils mittelbar von
ihnen beherrſcht. Sie hatten ausſchließlich die Preſſe nicht
blos in Naſſau, wo gar kein conſervatives oder Regierungs=
organ exiſtirte, ſondern auch in den Nachbarſtaaten zur belie=
bigen Diſpoſition; ſie beeinflußten das Publikum in den
Vereinen; in der Perſon des Hofgerichtsdirectors Hergenhahn
waren ſie mit den Gerichten verbunden, wenigſtens im Hof=

---

1) Die Beine blieben weg.
2) Das Verfahren iſt im Einzelnen folgendes: Wer berühmt werden
will, läßt ſich photographiren, das Bild ſodann von einem Holzſchneider
auf einen „Stock" ſchneiden und ſendet dieſen „Stock" mit etwa 50 fl.
in einer ſelbſtbiographiſchen Ruhmſauce an die Redaction der „Illuſtrir=
ten Zeitung". Wenige Tage nachher iſt Deutſchland um einen großen
Mann reicher.

gerichtssprengel Wiesbaden; in allen höhern und niedern Be=
hörden hatten sie ihnen treu ergebene Verbündete, welche
jedes Dienstgeheimniß ihnen brühwarm mittheilten und im
Stillen für sie wirkten; die Regierung ließ sie in ihrem
Treiben vollständig gewähren, die Mehrzahl der Beamten
waren als Oranier auf ihrer Seite, denn Niemand konnte
wissen, ob nicht der eine oder andere noch Minister werde.
War es unter diesen Umständen ein Wunder, wenn sie, im
Besitze dieses furchtbaren Apparates, das Herzogthum Nassau
vollständig beherrschten und eine Macht bildeten, vor welcher
Regierung, Beamte, Publikum und Privatleute willenlos sich
beugten. Ein Wunder wäre es gewesen, wenn sie unter die=
sen Umständen diese Machtstellung, welche Privatpersonen
noch nie in einem deutschen Staate einnahmen, sich nicht er=
rungen und ein noch größeres Wunder wäre es gewesen,
wenn sie diese Machtstellung nicht so ausgebeutet hätten, wie
sie von ihnen ausgebeutet wurde. Wehe dem Beamten
oder dem Privatmann, der sich ihnen, ich will nicht einmal
sagen widersetzte, sondern einfach nicht fügte, er wurde in
der Advokatenpresse bis auf den Tod verfolgt, in seinen ge=
heimsten Privatverhältnissen verletzt, bis in sein Familienleben
hinein beschmutzt. Die Regierung behandelten sie in der
Kammer und in ihren Blättern wie einen Schuljungen, der
Herzog wurde von ihnen persönlich beschimpft und verhöhnt.
Selbstständige Beamte und Gerichte terrorisirten sie. Es gab
keinen Rechtsschutz mehr gegen die Angriffe ihrer Presse auf
die Person und Privatehre, ja so weit war es gekommen,
daß in Nassau keine industrielle Unternehmung von einigem
Belang begonnen werden konnte, ohne daß einer der Advo=
katen als Patron oder Protector dabei interessirt wurde.
Die Stellung, welche z. B. Braun im Herzogthum Nassau
einnahm, wurde treffend bezeichnet in einem Briefe, den vor
etwa zwei Jahren ein höherer Beamter aus der Provinz an
einen Freund in Wiesbaden schrieb. In diesem Briefe er=
zählt der betreffende Beamte, auch ihm sei von einem der
Schlachtopfer Brauns die Anzeige von einer Prellerei gemacht
worden, die Braun gegen dasselbe verübt habe, eine Prel=
lerei, die ich nachher durch die nassauschen Gerichte akten=
mäßig und durch eidliche Zeugnisse constatiren ließ. Er, der
Beamte, habe jedoch der Anzeige deßhalb keine Folge gegeben,

weil die Sache ihn als Verwaltungsbeamten zunächst nichts angegangen und weil damals ja doch kein nassauisches Gericht es gewagt hätte, einer Klage gegen Braun Folge zu geben.

Hierher gehört auch die Ansicht, welche einst ein Procu=rator mir gegenüber aussprach. Derselbe sagte einmal seuf=zend: „so oft man in einem Prozeffe Braun als Gegenan=walt gegenüber hat, ist eben rein nichts mehr zu machen," und in der That würde sich leicht nachweisen laffen, daß Braun in den letzten Jahren fast regelmäßig alle fetten Pro=zeffe gewann.

Im Verlaufe dieser Schrift werde ich durch Anführung von Thatsachen alle diese Behauptungen beweisen und fahre vorläufig in meiner Darstellung fort.

Bis zum Jahre 1859 hatte die Advokatenherrschaft einen mehr schleichenden Charakter. Die Krankheit verbreitete sich ohne auffallende Symptome im Innern des Staatskörpers, indem die Regierung sich mehr als passiv, indem sie sich apathisch verhielt und die Advokaten so vollständig gewähren ließ, daß diese gar keine Veranlaffung zu einem schroffen Auf=treten erhielten und sich in der Kammer auf jene Oppo=sition, die anstandshalber gemacht werden mußte, um die Philister in Athem zu halten, in ihrer Preffe aber auf jene Bosheiten und Gemeinheiten sich beschränkten, welche man an ihnen so gewohnt war, wie am Bocke das Stinken. Die zweite Kammer beherrschte Braun als Präsident, er, der sich nicht sehr lange Zeit vor seiner Wahl zu diesem Posten, mit dem Redacteur Boczek im Sitzungslokal der Kammer selbst herumgeprügelt hatte. Lang, ein Advokat, der nicht eine Scholle Land, sondern nur seine Schreibstube und was er darin verdiente, sein eigen nannte und nur in kultur=historischer Beziehung als Bauer auftreten kann, repräsentirte in der ersten, sage in der ersten Kammer den großen Grundbesitz, was die damaligen Zustände gewiß charakterisirt. Wurde durch Todesfall oder Austritt der Sitz eines Volksvertreters erledigt, so ernannten die Advokaten, ohne bei irgend Jemand, am wenigsten bei der Regierung auf einen Grau von Wider=stand zu stoßen, den Nachfolger. Ihre Preffe war nicht blos „frei", sondern für Regierung und Privatleute ein Schrecken, und aber auch durch gar keine Schranke gehemmt. Ver=

sammlungen konnten sie halten, soviel und wo sie wollten. Sie durften nicht blos öffentlich reden, sondern öffentlich angreifen, verhöhnen, verschmähen, verspotten, was ihnen nicht genehm war. In der Kammer selbst wurden alle wichtigen Gesetze nach ihren Anträgen erledigt. Man berücksichtige in dieser Beziehung nur folgende Thatsachen:

Im Jahre 1858 drängte der Advokat Braun durch wiederholte Interpellationen die Regierung zur Erhöhung der gegenwärtig ziemlich drückenden Stempeltaxe und setzte diese „Vermehrung der Einnahmen" auch wirklich durch und zwar unter Mitwirkung des Advokaten Lang.

Die Regierung hatte die Soldaten und Unteroffiziere vom Stempel befreien und den Stempel für Jagdpässe auf 6 fl. festsetzen wollen. Advokat Lang dagegen stellte den Antrag, daß die von der Regierung beabsichtigte Befreiung des Militärs von der Stempeltaxe wegfalle, dagegen der Jagdpaßstempel auf 3 fl. erniedrigt werde. Advokat Lang ist nämlich selbst ein passionirter Jagdjäger. Im Jahre 1857 hatte die Regierung mit Zustimmung der Landstände den Staatsdienern eine Theurungszulage bewilligt. Im Jahre 1858 beantragte der Advokat Braun mit noch andern Fortschrittsmännern die 1857 bewilligte Theurungszulage vorläufig zu belassen, dagegen „baldmöglichst den Ständen ein die Besoldungsfrage je nach Bedürfniß regelndes Gesetz vorzulegen."

Im Jahr 1859 legte die Regierung ein solches Gesetz vor, Braun erstattete Bericht und nur bei sehr wenig Positionen wichen die Vorschläge Brauns von dem Regierungsvorschlag und dem nachher publicirten Gesetz ab. Namentlich war es Braun, der für den Staatsminister und die Oberappellationsgerichtsräthe eine Besoldung von je 11,000 und 3000 fl. beantragte. (Hergenhahn war zuerst Staatsminister und dann Oberappellationsgerichtsrath.)

Ebenso wurde die Besoldung der Officiere nach den Anträgen der von Braun geleiteten Commission festgestellt, nur mit der Bemerkung, daß die Anträge Brauns und Genossen die Positionen des jetzigen Gesetzes bei allen Chargen um 100—200 fl. überstiegen.

Ebenso beantragte Braun im Jahr 1859 ein neues Pensionsgesetz, dasselbe wurde im Jahre 1860 ganz nach den

Anträgen des Advocaten Braun und seiner Commission mit der Regierung vereinbart.

Es wurde ferner von der Regierung ein Gesetz zur Regelung der Advocatengebühren den Landständen vorgelegt, ein horribles Gesetz, sämmtliche Advocaten, Braun und Lang nicht ausgenommen, stimmten für das Gesetz.

Endlich wurde auf Betreibung namentlich des Advocaten Braun die Rheinbahn vom Staat angekauft und das betreffende Gesetz mit großer Mehrheit von den Fortschreitern in der Kammer, Braun und Lang an der Spitze, angenommen.

Alle diese Thatsachen beweisen vorläufig, daß die Advocaten, besonders Braun und Lang an dem Zustandekommen der wichtigsten, namentlich in finanzieller Beziehung tief einschneidender Gesetze in den letzten 10 Jahren nicht blos mitgewirkt, sondern mit Eifer gewirkt haben. Später werden wir darauf zurückkommen, wie diese nämlichen Advocaten ihre eigenen Producte dem Publicum gegenüber beurtheilen.

Das Jahr 1859 gebar den Nationalverein und zwar in Wiesbaden selbst, wo er ausgedacht wurde, im Bierhaus zum „Lämmchen", Langs und Brauns Stammsitz. Dieser Verein gestaltete sich bekanntlich zu einer großartigen von preußischen Pfiffen eingefädelten, mit preußischem und dem deutschen Fortschrittsphilister abgeschwatzten Gelde durchgeführten Intrigue, durch welche dem deutschen Volke die „preußische Spitze" aufgeschwindelt werden sollte. Mit der Entstehung dieses Vereins trat die schleichende Krankheit des Nassauischen Staatskörpers in acuter Form an die Oberfläche, denn es galt jetzt ein bestimmtes Ziel zu erreichen und deßhalb mußte öffentlich gewirkt und gewühlt werden. Bald bedeckte sich das Land mit einem Netz von kleinen Nationalvereinen, Versammlung reihte sich an Versammlung, Rede an Rede. Land auf, Land ab fuhren die Advocaten, es durchzüngelnd, durchwühlend durchhetzend. Jetzt war Langs Zeit gekommen. Während Braun mit Vorliebe hinter den Coulissen arbeitet oder unterirdische Minengänge anlegt, in welchen er seinem — Zwecke nachgeht, ist Lang der große und grobe Polterer vor den Massen, der auf Tische und Stühle springt, um „Crethi und Plethi" in seiner Art politische Vorlesungen zu halten. Er hatte sich in den ersten Wochen nach Gründung des Nationalvereins die Zunge so lahm geschwatzt, daß er sie längere Zeit in der

Schlinge tragen mußte, und da er nicht, wie Metz aus Darm=
stadt, ein eisernes Sitzfleisch besitzt, dasselbe auf seinen ewigen
Vereinsreisen so wund gefahren, daß er Wochenlang auf dem
Bauch sitzen mußte.

Zugleich wurde ein für die speziellen Zwecke der Advo=
caten Braun und Lang bestimmtes Preßorgan, die „Rhein=
Lahnzeitung" gegründet und in und außer der Kammer der Re=
gierung gegenüber jene malitiöse absichtlich auf einen Bruch
hinarbeitende Haltung eingenommen, welche noch fortdauert,
und welche lebhaft an das Poltern des badischen Advocaten
Brentano gegen den Minister Baptist Beck im Jahr 1849 er=
innert, als jener um jeden Preis diesen aus seiner Stelle zu
verdrängen suchte, — um in Baden die „Freiheit" herzu=
stellen.

Diese Anstrengungen blieben nicht ohne Erfolg. Zu Ende
des Jahres 1862 stand der Nationalverein in voller Blüthe
im Herzogthum Nassau und hatte seine Verzweigungen und
Einflüsse in allen Schichten nicht blos des Volkes, sondern
auch der Beamten so weit hineingetrieben, daß Herr Lang
auf einer Versammlung in Preußen mit Recht sagen konnte:
„wir haben das Herzogthum Nassau so gründlich durchwühlt,
daß es Preußen vollständig zu Füßen liegt." Und dieß war
die Wahrheit. In der That stand Lang unmittelbar und
Braun mittelbar an der Spitze eines Vereins, der sich über
das ganze Herzogthum, der sich in jedes Städtchen, fast in
jedes größere Dorf erstreckte, dessen Zweigvereine in der
Provinz von den Advocaten in Wiesbaden das Losungswort
erhielten und deren Anordnungen buchstäblich befolgten und
der sich zur Aufgabe gestellt hatte, unter dem Vorwande von
Deutschlands Einheit die übrigen deutschen Staaten und somit
auch das Herzogthum Nassau zu Gunsten des Hauses Hohen=
zollern zu mediatisiren. Es bedurfte damals von Seiten der
Advocaten nur eines Worts und binnen zweimal vier und
zwanzig Stunden war der Herzog von Nassau von den Na=
tionalvereinen im Lande seiner Souverainetät für verlustig
erklärt und dieser auch verlustig. Daß die „preußische Spitze"
dabei ins Spiel kam und ins Spiel gekommen wäre, ist jedoch
vollständig unwesentlich, reine Nebensache. That= und Haupt=
sache ist es, daß die Advocaten mittelst des Nationalvereins,
also mittelst einer neben der Staatsgewalt hergehenden über

das ganze Land verbreiteten Organisation, an deren Spitze
sie als Dirigenten sich befanden, eine selbstständige und so
einflußreiche Machtstellung einnahmen, daß sie für irgend
welche Interessen, Zwecke oder Plane über das Land verfügen
konnten, ohne auf irgend einen Widerstand zu stoßen.

Der ganze Staat Nassau existirte nur noch formell und
äußerlich. Dem Wesen nach herrschten Braun und Lang, in=
soweit nicht der Herzog in einzelnen Fällen persönlich ein=
griff. Möglich aber war ein solcher Zustand hauptsächlich
deßhalb, weil im Staatsministerium und in der Landesregie=
rung die Creaturen und Genossen Brauns das große Wort
führten, da der Staatsminister Prinz v. Witgenstein zwar
die beste Gesinnung und den besten Willen, aber weder die
nöthige Sach= noch Personenkenntniß besitzt und der Regie=
rungspräsident v. Winzingerode mit seinen Räthen täglich
hätte Krieg führen müssen, um ein anderes System durch=
zusetzen. Man fasse in dieser Beziehung nur folgende That=
sachen ins Auge: Die „Mittelrh. Zeitung", erklärtes Organ
der Advocaten und des Nationalvereins, besaß die amtlichen
Anzeigen. Als diese später der conservativen „nassauischen
Landeszeitung zugewandt werden sollten, kostete es unglaub=
liche Mühe und noch im letzten Augenblicke drohte diese Maß=
regel am Widerstand des Präsidenten Faber zu scheitern.
Notorischer Mitarbeiter am „Rheinischen Kurier", ein Blatt,
das den Herzog persönlich verhöhnte, war ein nassauischer Re=
gierungsrath. Um Carriere zu machen, gab es für einen
nassauischen Accessisten noch im Jahr 1863 kein besseres Mittel,
als in den beiden Oppositionsblättern die Regierung oder
conservative Beamte anzugreifen. Wehe dem Vorgesetzten,
der das Mißfallen eines Untergebenen sich zuzog: Am näch=
sten Tage wurde er im Oppositionsblatte verhöhnt.

Solche Zustände hatten die Advocaten in Nassau geschaffen,
ich muß jetzt aber auch ihr gerichtliches Treiben berühren,
denn dieses Treiben ist nicht minder charakteristisch.

In Nassau besteht das römische Recht, dieser Moder, in
welchem die Giftpflanze des Advocatenthums so üppig empor=
schießt, in seiner vollen Enormität und es haben sich in diesem
Rechtsmoder zwei eigenthümliche Species von Advocaten ent=
wickelt: die Procuratoren und die Ferkelstecher.

Die Procuratoren werden von der Regierung ernannt,

find gelernte Juristen und theilen sich, je nach ihrer Befug=
niß, in Amts=, Hof= und Oberappellationsgerichts = Procura=
toren. Sie sind befugt, in jedem von ihnen übernommenen
Prozeß das schriftliche, sehr theure, umständliche und absurde
Prozeßverfahren anzuwenden, welches auf dem ganz gemeinen
deutschen oder vielmehr römischen Civilprozeß beruht, der den
Prozeßordnungen der einzelnen Staaten, wenn auch da und
dort modifizirt, im Wesentlichen zu Grunde liegt. Dieses
schriftliche, sehr theure und umständliche Verfahren darf je=
doch nicht in Anwendung gebracht werden, wenn zwischen
Ortsangehörigen über Bagatellsachen ein Rechtsstreit entsteht,
also im gewöhnlichen Executionsprozeß und Forderungs=
klagen bis zu einem gewissen Betrag rc. In diesem Falle
findet eine Art summarisches Verfahren statt, welches un=
gefähr den dritten Theil des schriftlichen Procedirens
kostet. Obgleich nun die Gebühren der Advokaten im
Herzogthum enorm sind und einem nur einigermaßen beschäf=
tigten Prozeßführer ein reichliches Auskommen verschaffen,
find die nassauischen Advocaten doch so unersättlich und ge=
fräßig geworden, daß sie selbst in dem soeben erwähnten Falle
das theure schriftliche Verfahren in Anwendung bringen. Sie
wenden zu diesem Zwecke einen eigenthümlichen Advocatenkniff
an, indem sie den ortsangehörigen Kläger zu einer Schein=
cession an einen Auswärtigen veranlassen, in welchem Falle
dann für diesen und seinen Anwalt das schriftliche Verfahren
gestattet ist, nicht aber dem eingeklagten Schuldner. In Folge
dessen ist es soweit gekommen, daß in Nassau fast alle Ba=
gatellstreitigkeiten, die einfachsten Forderungsklagen, und wenn
sie nur drei Gulden betragen, mit dem vollständigen Appa=
rate des Civilprozesses, Klage, Exception, Replik, Duplik rc.
betrieben werden und entsetzliche Kosten verursachen, während
überall sonst, wo eine nur einigermaßen rationelle Gesetzgebung
existirt, derartige Klagen kostenfrei erledigt werden, so in
Frankreich vom Friedensrichter, so in Würtemberg vom
Schuldheiß oder den Oberamtsgerichten. Mir ist ein Fall
bekannt, in welchem eine Forderungsklage im Betrage von
10 fl. 80, sage 80 fl. Kosten verursachte. Wir selbst wur=
den, wie später näher beschrieben werden wird, wegen
einer Forderung im Betrag von 16 fl. 42 kr., die üb=
rigens am Tage der Einreichung der Klage bezahlt waren,

etwa 19 fl. Kosten von einem nassauischen Precurator aus dem Beutel geschnitten.

Ueberall sonst ist der sogenannte Manifestationseid, wodurch ein Beklagter versichert, daß er außer den dargebotenen keine pfändbaren Gegenstände besitze, nur bei Erbtheilungen zulässig oder gebräuchlich. Im Herzogthum Nassau haben es die Advokaten dahin gebracht, daß in jedem Rechtsstreit, welcher bis zur Pfändung und zwar erfolglos betrieben wird, also selbst im exekutorischen Verfahren bei gewöhnlichen Forderungsklagen im Betrage von wenigen Gulden, der Manifestationseid geschworen werden muß, denn dadurch entsteht ein neuer Prozeßakt und damit entsprechende Gebühren und Kosten. Die Folge davon sind zahllose Meineide und zahllose Verurtheilungen wegen Meineids. Ich komme nun auf die Gebühren zu sprechen, welche den Advokaten in Nassau von „Rechtswegen" durch die Gerichte liquidirt werden; diese Gebühren sind enormer als in jedem andern Staate und die Enormität dieser Gebühren steigert sich zur Unerträglichkeit, weil bis vor etwa 1½ Jahren, mit wenigen Ausnahmen, sämmtliche Gerichte, eingeschüchtert von, oder verbündet mit den Advokaten, wie sie waren, diesen eben einfach decretirten, was verlangt wurde. Das Gesetz, welches die Gebühren der Advokaten festsetzt, ist mir nicht zur Hand, ich will deshalb hier einige Stellen aus der Rede anführen, welche der Bürgermeister von Geisenheim vor Kurzem in einer Wahlversammlung hielt und worin er dieses Thema mit Thatsachen illustrirte.

„Meine Herren, wenn ich von Advokaten spreche, so spreche ich nicht von allen Advokaten, denn der Stand eines Anwalts, eines Vertheidigers des Volks, ist ein ehrenwerther Stand, aber er kann mißbraucht werden. Wenn wir von dem Vertheidiger Ludwigs XVI. (dessen Haupt durch die Revolution fiel) trotzdem, daß die Guillotine vor ihm stand, vor dem Nichtercollegium sagen hören: „Ich glaubte hier nur gerechte Richter zu sehen, aber meine Augen begegnen nur Anklägern," so müssen wir einen solchen Anwalt verehren, hoch, sehr hoch achten! (Bravo.) Aber der größte Theil unserer heutigen Fortschrittsadvokaten möchte, wenn sie zu dem Volke kommen, vor lauter Liebe zu dem Volke sterben (großes Gelächter), sie möchten es herzen und küssen und warum, meine Herren? Bloß darum, um es anzubetteln, denn das beweisen die Feldgerichts-Atteste. Kein einziger Staatsdiener kann sich so viel erwerben, wie ein Advokat, einzelne Fortschrittsadvokaten sind durch die Feldgerichte auf 150,000 fl. taxirt worden, während sie vor so und so viel Jahren noch Nichts gehabt haben (Braun). Ich meine doch, meine Herren, ﬁeien Bürgern müſſen Angeſichts ſolcher Thatſachen die Augen aufgehen. Ihnen darüber noch Weiteres vorlegen. Ein Bruder ſchuldete Gemeinde dem Bruder 400 fl., er wurde verklagt und die ..ung, ohne daß er vor Gericht geweſen, machte 37 fl. (Und .. Brann.) Ich könnte Ihnen die Namen nennen, allein ich .., weil mit Recht gewünſcht worden iſt, Perſönlichkeiten außer .aſſen. Es wurde da für Libell 8 fl. geforbert, das Amt ſtrich .. 6 fl., für Information wurden ebenfalls 8 fl. geforbert, ..ich den Betrag auf 4 fl. (Heiterkeit), und wenn ſich dieſer ..nwalt) in Erbach damit vertheidigen will, die Gerichte ..nicht gut; wenn er den Zuhörern die Augen dadurch zukleben ..ſagte, „man will mich blos niederdrücken“, ſo führe ich ..das an: „wenn Alles wahr wäre, was der Mann bisher .. ſo müßte er in ſeiner Volksliebe das Minimum ..nd davon könnte das Amt nichts ſtreichen!“ (Bei= ..ßer und klarer, meine Herren, kann ich Ihnen das nicht ver= ..ch führe ein anderes Beiſpiel an, es gehört Alles zur Ab= ..ichte. 18 fl. 44 kr. beträgt die Forderung. Es handelt ſich ..um einen gewiſſen B. in Kettenbach, Amts Wehen; die ..dieſe 18 fl. 44 kr. betrugen 45 fl. 14 kr. (wiederholte Stim= ..rſtaunens). Meine Herren, ſoll ich Ihnen einen Begriff ge= ..bieſe Koſten entſtanden ſind? Das Klagbecret iſt datirt vom ..ar 1864, inſinuirt am 20. Januar 1864, alſo keine alte Ge= ..ſßor Beklagte reiſte gleich nach Limburg, um die Schuld zu be= ..Advokat war aber ſchon abgereiſt. Letzterer nahm ſeinen ..imburg über Wiesbaden nach Wehen, der Termin fand am .. 1864, Morgens 10 Uhr ſtatt; es wurden angerechnet für ..Diäten 8 fl.; für Transport von Limburg nach Wiesbaden ..80 fl.; von Wiesbaden nach Wehen und zurück (wahrſcheinlich ..zäunigen Chaiſe) 5 fl.; für Service und Zehrung 7 fl. ..eine Herren, Sie werden ſich nicht wundern, daß ſchließlich ..aus Koſten die 45 fl. herauskommen, und ſo etwas kommt ..händert, im Jahre 1864 in einem der aufgeklärteſten Staa= ..lands, im Herzogthum Naſſau noch vor!! Die Leute ſind ..blind und ſehen nicht, daß das, was ihnen gewiſſe Fort= ..ken ſagen, nicht alles die lautere Wahrheit iſt. Ein ge= ..ehauptete auf einer andern Verſammlung: es ſei in Naſſau ..ger als in Kurheſſen und in Mecklenburg. Doch damit will ..t auch einer geſagt, es ſei bei uns noch ſchlimmer als in ..ine Herren, ich bin nie in Sibirien geweſen, ich habe aber ..ungen über Sibirien geleſen und da habe ich geleſen, wie ..Leuten dort ergeht, namentlich wenn ſie das Klima nicht ..und hiernach will es mir ſcheinen, daß es in Naſſau ..eſſer iſt, als in Sibirien (Heiterkeit). Eine andere ..auf ein Capital von 1250 fl.; der Abvokat (Lang), einer der ..führer der Fortſchrittspartei, ſetzte für den vollen ..thoee an; obgleich der Client nur auf ein Trittheil der ..gt war, denn wenn gegen drei ein Prozeß wegen 1250 fl. ..ſo kommen auf jeden, wenn ich recht rechnen kann, nur 40 kr. und auch nur von dieſem Betrag kann die Gebühr ange=

setzt werden; aber wie gesagt, der Herr Advokat setzte den vollen Be=
trag an und da gab es eine Rechnung von 24 fl. 15 kr., sie wurde
aber vom Amt auf 14 fl. 15 kr. herabgesetzt. Einen andern Fall kann
ich nach zuverlässiger Quelle erzählen, wo eine Rechnung von 120 und
einigen Gulden, auch einem Advokaten der großen Fortschrittspo=
saune auf 32 fl. herabgesetzt worden ist! ! ! (Lang.) Und meine
Herren, wenn Sie fragen, warum diese Herren auch für die „Zuvielehe,"
wollte sagen Civilehe, eintreten, so kenne ich blos einen Ehescheidungs=
prozeß in Weisel, ich war erst kürzlich dort, da hatten die betreffenden
Eheleute, wie man mir mehrfach sagte, 600 fl. an den Advokaten zu
bezahlen, und was war die Folge? Vor lauter Kosten sind die Leute
wieder zusammengegangen. (Große Heiterkeit.) Meine Herren, hätten
wir die Civilehe, bei welcher das Auseinanderlaufen viel leichter ist als
jetzt, so gäbe es viel mehr Prozesse, und wenn es mehr Prozesse gibt,
so gibt es auch mehr Gebühren und auf etwas Anderes haben die Her=
ren Advokaten nicht spekulirt, denn sie haben gezeigt, daß sie das Volk
aussaugen, um sich die Taschen zu füllen (Beifall). Meine Herren, noch
ein anderer Fall! Ich sage es offen und ich sage nichts als die Wahr=
heit, ich habe über diesen Fall selbst Thränen vergossen. Es wohnt in
meinem eigenen Hause eine arme Lehrerswittwe; wenn ich sage eine
arme Lehrerswittwe, so ist es eine Wittwe, die ihr ganzes Leben lang
gespart hat, um ihre Kinder zu erziehen und deren Mann kaum in ein
Wirthshaus ging, um ein Glas Bier zu trinken; der Mann war der
verstorbene Herr Lehrer B. in Geisenheim, ein Ehrenmann, den das
ganze Rheingau kennt (allseitige Zustimmung); er hinterließ seiner Wittwe
vielleicht als einzige ein Kapital von 700 fl., und das Ka=
pital stand hier in der Nähe, im Amte Eltville; die Wittwe verheirathete
eine Tochter und sie hatte das Kapital nöthig; ich begab mich selbst zu
dem Procurator und auf die Landoberschultheißerei, um zu bewirken, daß
die Frau ihr Kapital bekomme, denn sie hatte — gegen meinen Rath —
unter der Bedingung eingewilligt, daß der Schuldner seine Güter ver=
werthen könne, wenn sie bis zur nächsten Weihnacht Kapital und Zin=
sen erhalte. Später geht die Frau zum Procurator und der sagte: „ich
habe eben kein Geld, ich muß klagen gegen die Steigerer. Wollen Sie
Ihr Geld gleich haben, so muß ich leihen und dann müssen Sie,
(wenn ich nicht irre) — 37 fl. nachlassen." Da antwortete die Frau:
„die Hypothek ist gut, es ist doppelte Sicherheit, warum nachlassen?"
Also sie that es nicht, sondern sie zog den Weg der Klage vor und,
meine Herren, was meinen Sie, was geschah? Die Güter waren in drei
verschiedene Hände übergegangen; der Advokat ließ den Prozeß ruhig
am Amt verlaufen, er ließ ihn an's Hofgericht kommen und was that
er dann? Er hatte etwas aufgefunden, wodurch die Frau in Schaden
kommen mußte. Die Landoberschultheißerei hatte versehen, das Capital,
das aus der Eheerrungenschaft herkam, bei der Abtheilung auf den Na=
men der Frau cediren zu lassen. Frau B. verlor deshalb, als nicht zur
Klage legitimirt, den Prozeß und hatte an Prozeßkosten 274 fl. 41 kr.
zu zahlen! (Götz.) (Von allen Seiten: Pfui, pfui!) Meine Herren, wer die
einzelnen Aktenstücke sehen will, der komme hierher; was ich Ihnen sage
ist nur Wahrheit und die Wahrheit siegt zwar oft langsam, aber sie
siegt endlich! (Wiederholte Stimmen: Pfui der Schande!)

Außer den Procuratoren procediren bei den Gerichten noch die Ferkelstecher. Es ist nämlich in der Civilprozeßordnung Nassaus festgesetzt, daß Jedermann Jedermann vor Gericht vertreten kann, wenn das schriftliche Verfahren nicht in Anwendung kommt und es ist dieß eine Bestimmung, die nichts zu wünschen übrig läßt, und die überhaupt für alle Rechtsstreitigkeiten gelten sollte.

Spezifisch nassauisch aber ist es, daß die Gerichte jedem, der zu ihnen läuft und eine Forderungsklage im summarischen Verfahren betreibt, auch Gerichtskosten liquidiren. In Folge dessen hat sich in Nassau der Stand der „Ferkelstecher" entwickelt und seuchenartig um sich gegriffen. Abgedankte oder ausgetretene Advocatenschreiber, banquerotte Geschäftsleute, verunglückte Barbiere, entlaufene Handlungslehrlinge, weggejagte Commis, ausgetriebene Schulmeister, kurz Taugenichtse aller Art, die mit ehrlicher Arbeit ihr Brod nicht zu verdienen im Stande sind, werfen sich nun auf den Ferkelstich, werden sogenannte Winkeladvocaten, Entenmeier, wie man sie in Würtemberg, Ferkelstecher wie man sie in Nassau heißt, verkehren als „Advocaten" mit den Gerichten, lassen sich von diesen förmlich Kosten liquidiren und verdienen schweres Geld. Es gibt in Wiesbaden Ferkelstecher, welche ihre 5—6000 fl. per Jahr dem Publicum ritterlich aus dem Beutel schneiden. Das ist hart, das ist tragisch, das ist eine förmliche Privilegirung des Beutelschnitts. Aber das ist noch nicht Alles. In allen andern Staaten leben Advocaten und Winkeladvocaten auf gespanntem Fuße mit einander. Jene sehen auf diese verächtlich herab, diese sehen an jenen neidisch hinauf. Jene halten es für standesunehrenhaft mit diesen sich einzulassen, oder sie ohne Handschuhe nur zu berühren, diese erblicken in jenen privilegirte Concurrenten, welche ihnen das Brod schmälern. In Nassau leben Advocaten und Winkeladvocaten, Procuratoren und Ferkelstecher, patentirte und dilettirende Prozeßführer in rührender Eintracht, ja sogar in Geschäftsverbindung nebeneinander, vom Bande der Interessengemeinschaft gegenseitig umschlungen und aneinandergekettet. Es verhält sich damit nämlich so: Der Procurator ist von dem Verlangen besessen, möglichst viele und selbst solche Prozesse zu führen, welche ohne seine Vermittlung durch die Stecher der Ferkel an die Gerichte gebracht würden.

Er kann jedoch Schand- und Ehrenhalber das Wild nicht selbst aufspüren, sondern müßte eigentlich warten, bis die Clienten zu ihm ins Haus kommen. Auf der andern Seite ist der Ferkelstecher von der heißen Begierde beseelt, in seiner Rechtspraxis nicht blos die vom Gerichte ihm liquidirten geringern Gebühren des summarischen Verfahrens, sondern die höheren Procuratorgebühren des schriftlichen Verfahrens zu erschnappen. Diese gegenseitige Schnapplust führt zur Association zwischen — Advocaten außerhalb Nassau hört und staunt! — führt zur Association zwischen dem Advocaten und dem Winkeladvocaten, zwischen dem Procurator und dem Ferkelstecher. Dieser, der Letztere, spürt die Prozesse auf, theilt sie seinem Associé mit, läßt sich von diesem als dessen Substitut bestellen, erhält dadurch das Recht den Prozeß im schriftlichen Verfahren zu betreiben, betreibt ihn auch so, erhält dadurch die Procuratorgebühren dieses Verfahrens und theilt am Ende die Beute mit seinem Gesellschafter. So geht es im Herzogthum Nassau zu, so treiben es die Advocaten in diesem Lande, so schneiden sie in die Beutel des Publicums, so practiciren sie die Gelder den Leuten aus deren Börsen in ihre eigenen weiten Taschen.

Dieses schimpfliche Gewerbe, dieses blattlausige Aussaugungssystem wird nicht blos ausnahmsweise, sondern es wird von der großen Mehrzahl der nassauischen Procuratoren betrieben. Bis auf etwa fünf, ich sage fünf, unter welche sich dann jeder rechnen mag, der Lust hat, also bis auf fünf treiben sämmtliche nassauische Procuratoren dieses schimpfliche Gewerbe, führen, um höhere Gebühren zu erschnappen, Prozesse auf Grund von Scheincessionen, treiben in jeder Bagatellklage den Schuldner zum Manifestationseid, associren sich mit Ferkelstechern und Winkeladvocaten, um mit Hilfe dieses Ungeziefers die Beutel des Publicums zu leeren. Ich kenne einen nassauischen Procurator, der an der Spitze des „Fortschritts" einherschreitet, und mit dem ersten Buchstaben Braun heißt, er treibt das Geschäft wirklich fabrikmäßig, indem er im ganzen Lande Ferkelstecher unterhält, die auf seinen Namen, als seine Substituten Prozesse führen und die Hälfte der Beute an ihn abgeben, ohne daß er dabei eine Zeile zu schreiben braucht.

Dieser Frevel ist aber nur deßhalb möglich, weil das nassauische Gesetz nicht zum Schutz des Publicums, sondern

im Interesse der Advocaten gemacht, diesen gestattet, sich durch
Nichtjuristen vor Gericht vertreten zu lassen. — Jeder Ad=
vocat kann sich in Folge dessen verzwanzigfachen, kann sich an
einem und demselben Tage an zwanzig verschiedenen Orten,
durch zwanzig beliebige Personen, Ferkelstecher, Schuster, Bar=
biere, vor Gericht vertreten lassen. Das Gericht verhandelt
mit jedem solchen Substituten und liquidirt ihm die enormen
Procuratorgebühren.

Daß diesen Krebsschaden ganz spezifisch nassauische Ver=
hältnisse erzeugt haben, ergibt sich aus folgendem. In Nassau
gilt, wie in Hessendarmstadt, das römische Recht, dessen Ver=
tretern von unseren Altvordern bekanntlich nach der Schlacht
im Teutoburger Walde die Zungen ausgeschnitten wurden
und zwar ganz mit Recht. Während man in Hessendarmstadt
die Winkeladvocaten fast gar nicht vorkommen und höchstens
verstohlener Weise ihr schimpfliches Gewerbe ausüben, weil
die Gerichte gegen sie einschreiten, treiben sie in Nassau
ihre Profession nicht blos gewerbsmäßig, sondern sogar ge=
wissermaßen officiell. Im Adreßbuch der Stadt Wiesbaden
sind z. B. die dort ansäßigen Ferkelstecher als „Rechtspracti=
kanten“ förmlich aufgeführt. Ja es ist so weit gekommen,
daß man in Nassau die Advocaten von den Winkeladvocaten
nur durch die Bezeichnung Procuratoren und Advocaten unter=
scheidet. Advocat heißt in Nassau, was man anderwärts
Winkeladvocat nennt, und Procurator heißt man in Nassau
was z. B. in Württemberg oder Hessendarmstadt oder Baden
Advocat heißt. Das Organ der beiden Fortschrittsadvocaten
Braun und Lang bezeichnete fortwährend die Winkeladvocaten
oder Ferkelstecher als Advocaten, so z. B. den Bruder von
Brauns Schreiber Heumann, den Ferkelstecher Heumann in
Selters. Dieser Ferkelstecher Heumann figurirt wiederholt
in Brauns und Langs Organ als „Advocat.“ Woher dieser
Unfug? Weil die Ferkelstecher in Nassau mit den Advocaten
oder Procuratoren und die Procuratoren mit den Gerichten
aufs Engste verbunden sind. Die Gerichte in Nassau, wenig=
stens unter Hergenhahns Direktion, tolerirten nicht blos, son=
dern hegten die Winkeladvocaten, indem sie ihnen Gebühren
liquidirten und gestatteten, daß sie ihr Gewerbe öffentlich und
gewerbsmäßig betreiben.

Das weiß man freilich im Auslande nicht. Schultze aus

Delitſch, Bennigſen, Hover= und Forckenbeck, Virchow,
Grabow und wie ſie alle heißen mögen, ferner die Fort=
ſchreiter=Zeitungen in Nord= und Mitteldeutſchland haben
natürlich keine Ahnung davon, daß der naſſauiſche Advocat,
für den ſie ſoeben als unterdrückten Freiheitsmann Partei ge=
nommen, kurz vorher mit einem Ferkelſtecher verbunden, einen
Prozeß geführt oder vielmehr einem armen Naſſauer die Pro=
curatorgebühren durch einen der Ferkelſtecherzunft angehören=
den Subſtituten aus dem Beutel ſchneiden ließ. Ich mußte
deßhalb nachweiſen, wie beſchaffen die Advokaten ſind, aus
deren Mitte die Führer des ſogenannten Fortſchritts und des
Nationalvereins hervorgingen, jene Perſonen, welche Jahre
lang in der Preſſe, in den Vereinen, das Publicum beein=
flußten, als die geiſtigen Vorkämpfer des Volks, als die Ver=
treter des „Rechts“ gegen das „Unrecht“, als die unintereſ=
ſirten Vaterlandsfreunde und Träger einer idealen Richtung
ſich gerirten und nichts Geringeres beabſichtigten, als früher
oder ſpäter die Regierung förmlich in die Hände zu bekom=
men. Armes Volk! wie wäre es dir ergangen, wenn dieſe
Gefahr wirklich hereinbrach! Doch ich habe ihnen einen dicken
Strich durch ihre Rechnung gemacht!

Meine Aufgabe beſteht weſentlich in einer umfaſſenden,
ein vollſtändiges Bild gewährenden Darſtellung des Drama's,
das ſich im Jahre 1863 in Naſſau abwickelte und zu den
hervorragendſten Figuren dieſes Drama's gehört unſtreitig
die Preſſe, welche ſich nicht blos als Statiſtin daran betheiligte,
ſondern eine Hauptrolle darin übernommen hatte. Es ſei mir
deßhalb hier noch ein Ueberblick über die naſſauiſche Preſſe und
Preßverhältniſſe geſtattet, und zwar um ſo mehr, als die Be=
handlung dieſer Preſſe durch die Regierung in neuerer Zeit
ſogar einen eigenen Geſchichtſchreiber gefunden hat, der A.
Lammers heißt, früher in der „Zeit“ und der „Süddeutſchen Ztg.“
das Publicum durch Langweile mißhandelte und daſſelbe jetzt
in der „Elberfelder Zeitung“ torquirt. Es gab, als ich in
Wiesbaden eintraf, drei naſſauiſche Blätter, die „Neue Wies=
badner Zeitung“, mit etwa 70 Abonnenten in den letzten Zügen
liegend und ohne alle Bedeutung, die „Mittelrheiniſche Ztg.“,
und den in Frankfurt erſcheinenden „Rheiniſchen Kurier.“

Ich beginne mit der „Mittelrheiniſchen Zeitung“, welche
weniger in politiſcher, als in literariſch=ſtyliſtiſch=grammatika=

licher Beziehung nicht blos ein naffauisches, sondern ein deutsches Phänomen ist, denn zu den culturhistorischen Merkwürdigkeiten unserer Zeit gehört es jedenfalls, daß im 7. Jahrzehnt des 19. Jahrhunderts im Schooße der „gebildeten" Nation der Deutschen, eine solche Zeitung, und zwar zahlreich abonnirt, erscheinen kann. Die „Mittelrh. Ztg." wurde im Jahre 1848 unter dem Titel: „Freie Zeitung" ins Leben gerufen. Einige Jahre nach ihrer Geburt taufte sie sich „Mittelrh. Ztg.". Sie gehört als Eigenthum jetzt dem Hrn. Friedericus Reisinger, welcher von einem hessendarmstädtischen Vater in Ungarn gezeugt und erzogen wurde, als Jüngling die Goldschmied- oder wie andere sagen, die Blechner- oder nach einer noch andern Lesart die Kunst zu rasiren studirte, sich an der ungarischen Revolution betheiligte, indem er bei Kossuth, als was, weiß ich nicht, aus- und einlief, nach Besiegung der Ungarn in Deutschland, speziell in Mainz, einfiel, dort auf Reclamation des österreichischen Festungscommandos ausgewiesen wurde, nach Wiesbaden übersiedelte, dort eine Wittwe mit 6 Kindern und zugleich die „Mittelrh. Ztg." heirathete und von da an als Redacteur und Doctor auftrat, cujus facultatis st unbekannt, ich nannte ihn deshalb aufs Gerathewohl Doctor utriusque medicinae. Zu Anfang der 50ger Jahre erschien unter dem Namen F. Reisinger ein kleines Buch über Kossuth, daß aber unser mittelrheinischer Reisinger dieses Buch zusammenkoststudelte, glaube ich nun und nimmermehr, denn dasselbe ist stylistisch nicht schlecht geschrieben, unser Reisinger aber schreibt einen Styl, der wahrhaftig kein Styl mehr ist, sondern der noch, und das will viel sagen, tausend Klafter unter dem Deutsch steht, das Hammerans sein Kellner jeden Tag im „Frankfurter Journal" auftischte. Reisingers Sprache ist keine Construction menschlicher Gedanken in einer nach bestimmten Gesetzen geordneten Folge und in einem nach bestimmten Gesetzen gefügten Zusammenhang, sondern ein Durcheinander von Worten und Satzgliedern, die als membra disjecta nicht logisch, sondern blos mechanisch mit einander verbunden sind und von denen jedes einzelne den Schweißtropfen noch an sich trägt, den der dunkle Drang, die absoluteste Hilflosigkeit während seiner Erzeugung seinem Urheber auspreßte. Um sich ein Bild des Reisinger'schen Styles zu verschaffen, denke man sich sämmtliche Glieder und Knochen des menschlichen Körpers vom

Ganzen abgelöst, durcheinander geworfen und dann plan= und systemlos so wieder zusammengefügt, wie der Zufall jedes einzelne in die Hand gab, so daß der Nabel im Gesicht, die Nase am Hintertheile, an der Stelle des Mundes die große Zehe, der Kopf zwischen den Beinen und der Bauch auf den Schultern säße. Ganz so fügt Reisinger seine Adjectiva, Sub= stantiva, Conjunctionen und Zeitwörter zusammen. F. Rei= singer ist unwillkürlich der bedeutendste Sprachkomiker, den wir besitzen, denn nimmer möchte es einem Sterblichen ge= lingen, mit Bewußtsein und Absicht solche Sätze und Wen= dungen hervorzubringen, wie sie Hrn. Reisinger unwillkürlich in die Feder rinnen. Carlchen Wiesnik und die soldaten= briefschreibende Köchin im Kladderadatsch sind, mit dem Schrift= stotterer und Preßstammler Reisinger verglichen, wahre Sprach= meister und Schristeller.

Als Zeugen lasse ich folgende Artikel der „Mittelrh. Zei= tung" für mich sprechen. Unter meinen Papieren aus dem Jahre 1861 findet sich ein Auszug aus den Leitartikeln, welche Reisinger, nach meinem Austritt aus der Redaction der „Mittelrh. Ztg.", in diesem Blatte dem Publikum vor= setzte. Es finden sich darin folgende Citate:

In Nr. 50 (1861) erlaubt sich Hr. Reisinger bezüglich der Eröffnung des nassauischen Landtags zu schreiben: „Wir dürfen nicht außer Acht lassen, daß gerade durch die Hebung der innern politischen Interessen, wie mit solchen in den ein= zelnen kleineren deutschen Staaten vorgegangen werden soll, eine Eröffnungsrede nicht ganz ohne Bedeutung anzusehen ist!".

Also durch die Hebung (statt Förderung) der Interessen ist eine Eröffnungsrede nicht ganz ohne Bedeutung anzusehen! Also mit den Interessen wird vorgegangen! Also eine Er= öffnungsrede ist nicht ohne Bedeutung anzusehen.

Derselbe Artikel spricht von „Befriedigungen zwischen den Auswärtigen Mächten" und läßt eine Anzahl Gesetze durch die Stände erledigt werden, welche längst als eine Noth= wendigkeit sich herausstellten, als ob Jemand an der Noth= wendigkeit der Stände in Nassau noch zweifeln würde.

In Nr. 51 sagt Herr Reisinger: Die österreichischen Zeitungen berichten nach den ihnen zu Gebot stehenden Mit= teln der Preßverhältnisse (die Preßverhältnisse haben also Mittel!) und dennoch verheimlichen sie der Regierung

nicht, die wunden Stellen, an denen der Staat fort=
während noch kränkelt, zu zeigen."

In demselben Artikel läßt Herr Reisinger den Minister
v. Schmerling ein Landesstatut herausgeben, als ob Herr
v. Schmerling ein Schriftsteller wäre, oder ein Mann der
etwas genommen hat.

Derselbe Artikel erkennt aus allen Experimental=
erscheinungen, daß Oesterreich seine Finanzen bessern
wolle. (Also Experimentalerscheinungen! Herr Reisinger ist in
der That selbst eine „Experimentalerscheinung!")

Ferner sagt Herr Reisinger: „Die Deutsch=Oesterreicher
müssen durch ein in Deutschland existirendes Wahlgesetz in
die Kammer berufen werden." Aber 1) gibt es kein Deutsch=
land, sondern nur deutsche Staaten, 2) existirt kein deutsches
Wahlgesetz, 3) können die Deutsch=Oesterreicher nur auf Grund
eines österreichischen aber nicht auf Grund eines außerhalb
Oesterreich existirenden Wahlgesetzes und nicht in „die Kam=
mer", sondern nur in den österreichischen Reichsrath oder in den
ober= und niederösterreichischen Landtag berufen werden.

In Nr. 54 beginnt ein Reisingerischer Leitartikel folgen=
dermaßen: „Das politische Chaos, in welchem sich der öster=
reichische Kaiserstaat in Folge der Rechtsfesthaltung der Un=
garn befindet, ist Vielen unklar." Gibt es auch klares Chaos?
Etwa im Reisinger'schen Redacteurkopfe? Mit dem größten
Bedauern, daß ich den betr. Originalartikel meinen Lesern
nicht mehr vorsetzen kann, gebe ich einige mittelrheinische Styl=
proben aus dem Jahr 1862.

„* Wiesbaden, 27. Nov. Die „Mittelrh. Ztg." [1]) gibt in einem
„die politischen Ideen des deutschen Bürgerstandes" betitelten Artikel
höchst eigenthümliche Ansichten über die politischen Zustände des ehema=
ligen deutschen Reichs zum Besten." „In früheren Jahrhunder=
ten ließ man die deutschen Kaiser für das Wohl des
Staates sorgen, weil nach den damaligen Begriffen es
nicht sein durfte, daß auch der Bürger mit einem von
Gott gesegnetem Verstand in die Staatswirthschaft ein=
greifen sollte. So heißt es wörtlich in der „Mittelrh. Ztg."
Wir wollen von dem „Nicht sein dürfen nach damaligen Be=
griffen," von dem „Gott gesegneten Verstande der Bürger"
und von deren „Eingreifen in die Staatswirthschaft" absehen [1]),

---

1) Der Artikel ist mir im Original nicht mehr zur Hand, ich gebe
deshalb blos meine Beleuchtung in der „N. W. Ztg."

2) Ich ging damals noch schonend mit Hrn. Reisinger um.

aber das wird uns die „Mittelrh. Ztg." zugestehen, daß es in „früheren
Jahrhunderten" keinen deutschen Staat, sondern ein Reich und darin
eine große Anzahl von Staaten (Republiken und Territorialfürsten=
thümern) gab; daß der Kaiser mit den inneren Angelegenheiten dieser
Staaten und ihrer Bürger gar nichts, sondern nur mit dem Reiche und
den Reichsangelegenheiten zu thun hatte, daß die „Bürger" dagegen nur
in den Städten sich befanden und in der Regel sehr bedeutende Muni=
zipalrechte und Freiheiten, in den Reichsstädten sogar Hoheitsrechte aus=
übten, während das Landvolk großen Theils im Stande der Hörigkeit
sich befand.

Eben deßhalb können wir auch den von der „Mittelrh. Ztg." be=
haupteten Unterschied zwischen der politischen Bildung des Bürgers in
früheren Zeiten und in unseren Tagen nicht anerkennen. „Jetzt", sagt
die „Mittelrh. Ztg.", „wählt ein freier Bürger wie er will, aber nicht
wie Andere wollen." Im Gegentheil, jetzt raisonnirt der Bürger mehr
über allgemeine politische Fragen, die er nicht versteht, früher kümmerte
er sich mehr um die Interessen seines Gemeinwesens, die er verstand
und begriff. Im Uebrigen haben wir gefunden, daß jetzt der „freie
Bürger" keineswegs wählt, wie er will, sondern wie das Wahlkomite
oder irgend welche Procuratoren, also gerade wie Andere wollen. Nur
kein Recht'l Recht'l."

Höchst anmuthig zu lesen war u. A. eine Reisinger'sche
Stylprobe, die ich leider ebenfalls nicht mehr im Original
besitze, deren Anmuth beßhalb auch nur citationsweise aus
folgendem Artikel meiner Zeitung gekostet werden kann.

† Wiesbaden, 26. Nov. Die „Mittelrh. Ztg." bringt gestern
einen Artikel, den wir nicht recht verstehen, den wir nicht verstehen in
Beziehung auf den logischen Zusammenhang und den Inhalt der ein=
zelnen Sätze. Es wird darin behauptet und wie es allen Anschein hat, in
Form von Prämissen, die einer Schlußfolgerung zur Grundlage dienen sollen,
behauptet, daß die Todten schnell reiten, daß die Reaktion ihre Spanne
Zeit benutze, um den Liberalismus, wo er ihr im Wege stehe, zu kne=
beln (welche Grausamkeit! den Liberalismus zu knebeln!). Die deut=
schen Regierungen können sich einmal nicht von der Polizeiherrschaft
trennen, weil es in ihrem Blute liege, jedes aufkeimende Flämmchen
(das Flämmchen keimt auf!) der Freiheit als eine Flamme des Um=
sturzes anzusehen. Die Furcht, sogar Angst, nach oben miß=
liebig zu werden, zwinge die deutschen Staatsmänner in die Folterjacke
der Verfassung (Folterjacke der Verfassung, was ist das?). Sie haben
keinen Muth, die Verfassung zu schützen und geschehe dies durch die
Kammern und die Presse, so schreie man Mord und Zeter. (Wer schreit
Mord, wenn die Verfassung geschützt wird?) Während man in Preußen
und Kurhessen das Büdget theilweise verweigere und theilweise in An=
wendung bringe (Reisinger spricht offenbar von der kurhessischen und
preußischen Regierung, welche er beschuldigt, das Büdjet theilweise zu
verweigern und theilweise in Anwendung zu bringen), habe man
schlau genug in Wien 6 Millionen streichen lassen. Während man im Reiche
die Presse kneble, die Abgeordneten nach Hause schicke und die Exilirten in
der Fremde darben lasse, habe Oestreich eine Amnestie erlassen. Dieß sind

die Prämiffen, durch welche „Thatsachen für die inneren Angelegenheiten des Landes" conftatirt und dann die Schlußfolgerungen gezogen werden, Naffau habe noch drei Flüchtlinge im Auslande, von welchen nicht einem „trotz Anfuchen" eine bedingungslofe Rückkehr geftattet werde.

Wir geftehen, daß wir den Artifel der „Mittelrh. Ztg." nicht recht begreifen!"

Tritt in den foeben citirten Artifeln hauptfächlich eine Phrafenhaftigfeit von der trivialften Sorte hervor, fo enthält nachfolgendes Citat ein Mufter jenes Reifingerftyls, von dem ich oben gefprochen. Ich fchrieb nämlich in der „N. Wiesb. Ztg."

„• Wiesbaden, 13. Dec. Bezüglich des jüngften Minifterwechfels in Preußen bemerkt die „Mittelrh. Zeitung": „Die preußifchen liberalen Blätter befprechen in wenigen Worten die neue Minifterveränderung. Das Kreuzzeitungs-Minifterium ift nun vollftändig organifirt. Die Kluft, eine Verföhnung zwifchen Regierung und dem Abgeordnetenhaus herzuftellen, ift weiter denn jemals geworden. Die Verfaffung ift für diefe Herren ein Spielball, den fie dem Volfe in das Geficht fchlendern. Die „Köln. Ztg." meint, daß der neue Minifter Graf Eulenburg, ein Vollblut-Reactionär, gegen die Preffe, fo wie auch gegen die Vereine auftreten wird. Warum auch nicht? Strenge Herren regieren nicht lange."

In diefem denkwürdigen Ausfpruch läßt alfo der gelehrte Redacteur des naffauifchen Fortfchrittsblatts die Kluft eine Verföhnung herzuftellen, weiter denn jemals werden und es ift dies nicht etwa ein Druckfehler oder Lapsus, fondern es ift gewöhnlicher Reifingerftyl, welcher bekanntlich in einen, fämmtliche Wörter, Conftructionen und Wendungen der deutfchen Sprache enthaltenden Topf hinein-, einige Stücke herausgreift und diefe aufs Gerathewohl aneinanderreiht.

In folgendem Artifel ift diefer merkwürdige Styl nun in Originalform folgendermaßen zur Anfchauung gebracht.

Wiesbaden, 6. Jan. Die „Mittelrheinifche Zeitung" erfreut in ihrer heutigen Nr. 4 das Publifum mit nachftehendem, fogar in ihren Spalten unerhörten Artifel:

„Wiesbaden, 5. Jan. Es ift der Preffe Pflicht, daß fie, unbekümmert ob fie hier oder dort mißfalle, den müden Zuftand des Staatslebens aufrüttele. (Welch' ein Gedanfe: einen Zuftand und nun gar einen müden Zuftand aufzurütteln!) Wir wollen nicht unterftellen, daß dies oder jenes Gefetz mit Abficht unterbleibe, wir wollen uns einfach an die Möglichfeit, daß in einem gewiffen Zeitraum ein Gefetz, das von den beiden Kammern berathen, von Seite der Regierung ausgearbeitet, doch zur Publifation fommen fönnte, halten. (Reifinger hält fich einfach an die Möglichfeit, daß ein Gefetz, das zuerft von der Kammer berathen und dann von Seite der Regierung ausgearbeitet [„wird" vergißt er] zur Publication fommen fönnte!)

Wir meinen das neue Preßgesetz. Seit Schließung des Landtags haben wir eine Anzahl Gesetze von weniger Bedeutung erhalten, immer aber fehlt noch das Preßgesetz, das den wahren Lebensweg unserer constitutionellen Rechte zeigen sollte. (Lebensweg der constitutionellen Rechte!!) (!) Es fehlt das Gesetz, das unsere Preß= zustände klären soll, das uns anweisen (!) soll, was (?) die Presse veröffentlichen darf und was nicht. — Man hat uns am Neu= jahrstag mit der Steuersimpel=Ausschreibung sehr pünktlich überrascht, aber immer noch nicht mit dem neuen Preßgesetz, das seit 5 Monaten von den Landständen berathen und erledigt ist. (Sehr glückliche Zusam= menstellung: pünktlich — überrascht! Es dürfte auch nicht ganz leicht sein, mit etwas, was man seit 5 Monaten erwartet, zu überraschen!) Sollte es denn gar so schwer sein, ein Preßgesetz, das für eine ordnungsliebende Presse fabrizirt (!) sein soll, in Gesetzeskraft zu bringen? — Wir wissen wahrlich nicht, wo= ran die Verhältnisse oder Ursachen zu scheitern hätten. (Da hören alle Glossen auf!) Nehmen wir an, die Regierung nimmt in der Mehrheit (!) das Preßgesetz so an, wie es die erste Kammer berathen hat, so bleibt ihr doch noch Einfluß genug, ja um so mehr als die Preßprozesse vor den Assisen ohne Geschworene abge= urtheilt werden sollen. Preßprozesse ohne Geschworenengericht! Man weiß nicht, wie die Lage der Richter und die des Angeklagten auf= zufassen ist! (Vielleicht gibt das Organ für Bildung und Gesittung darüber Auskunft!) Es gibt stets einen Kampf zwischen Parteien, wovon die eine, wenn auch noch so rechtlich denkend, unter den gegenwärtigen Verhältnissen immer in eine schiefe Lage kommt. (Kauderwälsch!) Aber trotz (!) alledem wünschen wir, daß endlich der Rechtszustand herge= stellt werde, daß die Verwarnungen, welche bei uns ins Endlose zu gelten scheinen aufgehoben werden, weil es von Werth für den Her= ausgeber einer Zeitung ist, (fehlt; zu wissen) ob die Presse frei oder nicht frei sein soll."

Soweit Reisinger. Um uns nicht dem Verdachte auszusetzen, als ob wir unserer Seits dem Leserkreis der „Mittelrheinischen Zeitung" den ihm durch diesen Artikel zugedachten Hochgenuß vergällen wollten, fühlen wir uns gedrungen, demselben nachfolgende warme Empfehlung mit auf den Weg zu geben:

„Des Lebens Unverstand mit Wehmuth zu genießen, ist Tugend und Begriff, Verstand und Denkungsart, Geduld und Zärtlichkeit. Und Froh= sinn und Entzücken, sowie des Busens Frieden sind mehr als Gold und Tugend werth, bei jetziger Lokalität. Stockung der Geschäfte und der Last die sich im Ganzen auf mir wälzt! Ich werde als Wittwe mein Mög= lichstes versuchen!"

Recht Reisingerisch sind auch folgende Stylmuster:

An einer Correspondenz der Nr. 42 der „Mittelrh. Ztg." aus Salters, u. d. 16. Febr., heißt es wörtlich: „eine fette Kuh wurde Nachts aus dem Stalle gestohlen, ohne bis jetzt den Thäter zu ermitteln." Bis jetzt war man allgemein der Ansicht, nur Menschen hätten die Fähig= keit, einen Dieb zu ermitteln; im Amte Selters scheint es jedoch Zei= tungscorrespondenten zu geben, welche es für möglich halten, daß auch

Kühe die Thäter eines und gar noch an ihnen, den Kühen selbst began=
genen Diebstahls ausfindig machen.   (Advocat Heumann.)

* Das Ortsgericht einer in nächster Nähe von Frankfurt gelegenen
Gemeinde stellte dieser Tage folgendes Leumundszeugniß aus:
„. . . . berichten, daß N. N. grade in seiner treuen Benehmungs=
weise und Gemüthe, in keinem bescholtenen Rufe hier bekannt ist, nur,
und warum unbekannt, in der Leidenschaft des ungemäßigten Trunks,
belebt ist, und dies den Erfolg hat, für seine Unterhaltsbedürfnissen
nicht wie menschlich erforderlich ist, Sorgen trägt, und dieses letztere,
denselben für das Herannehmen von Personen zum Geschäftsbetrieb ab=
stumft." . . . .

Aus dieser Feder möchten wir einmal einen nationalvereinlichen Leit=
artikel lesen!

* Wiesbaden, 9. Juni. In der neuesten Nummer der „Mittelrh.
Ztg." hat sich ein Seitenstück zu der berühmten Kuh eingestellt, welche
vor einigen Monaten gestohlen wurde, ohne den Dieb ausfindig machen
zu können. Man liest nämlich folgenden Bericht in Nr. 132 des hie=
sigen Fortschrittsorgans:

„b Wiesbaden, 8. Juni. Am Samstag ereigneten sich hier zwei
Unglücksfälle, indem ein Kind überfahren, zwar noch lebend vom Platze
weggetragen wurde, jedoch an dessen Aufkommen zweifelt, und ein Sol=
dat, welcher in der Kirchgasse augenblicklich todt zu Boden fiel."

Dies ist gewiß ein Styl, an dem sich die Barbiere des „Frankfurter
Journals" nicht zu schämen brauchten.

Wiesbaden, 21. Oct. Heute ist ein Bauer aus Naurod, den
die Tollwuth überfiel und seit einigen Tagen an dieser
Krankheit litt, gestorben. Ob derselbe in seinem unglücklichen Zu=
stand Jemanden verletzt habe, ist bis jetzt noch nicht ermittelt. Das Her=
zogl. Verwaltungsamt hat eine Untersuchung eingeleitet.

* Wiesbaden, 13. April. Die kürzlich angekauften schwarzen
Schwänen sind heute im Kurhausweiher eingelaufen.

* Wiesbaden, 3. Juli. Die „Mittelrh. Ztg." behauptet: „Die
Revision des östreichischen Concordats ist wieder aufgegeben, und doch
träumt man stark von der habsburgischen Spitze und der Bundes=
reform durch Oestreichs Einwirkung."

Hierauf ist zu erwidern 1) die Revision des Concordats ist gar nicht
aufgegeben, sondern laut ausdrücklicher Versicherung des Staatsministers
Schmerling in vollem Gang, 2) träumt man im Besondern nicht stark
von der habsburgischen Spitze und 3) kann man im Allgemeinen wohl
stark schnarchen, aber nicht stark träumen.

* In dem Artikel „Wiesbaden, 11. Juli, der Nr. 161 der
„Mittelrh. Ztg." heißt es: es hätte zwischen Rußland und Frankreich
die alte „Entente" wiederhergestellt werden können. Was ist das für
eine Tante?

* Marxburg, 21. Juli. Die „Mittelrh. Ztg." schreibt aus Lim=
burg, 19. Juli, dorten werden einerseits Geistl.-R. Rau, andererseits
Gutsbesitzer Knapp, als Candidaten für den nächsten Landtag aufgestellt.
Im benachbarten Amte Hadamar glaube man mit Bestimmtheit, als
wenn Hr. Gutsbesitzer und Kreisbezirksrath Bausch von Elz gewählt
würde." Daß, daß, lieber Freund, und werde, nicht würde.

— 32 —

* Wiesbaden, 7. Mai. Die „Mittelrh. Ztg." versichert diesmal wieder in jenem harten Fort=Schritts= oder vielmehr Fort=Trabstyl, den wir schon so oft an ihr bewunderten, sie habe seit Jahren bis zur Ermüdung für die Rechte Schleswig=Holsteins gestritten, aber aller Federstreit habe ihr nichts genützt. Dänemark werfe uns den Handschuh ins Gesicht und wir halten aus lauter Aerger nur Reden und schreiben Proteste, weil uns das Herz voll sei und der Mund übergehe. Die Aufgabe der Landtage sei es jetzt, die Regierungen zu veranlassen, daß sie mittelst ihrer Bundestagsgesandten sich dem Antrag Badens auf Verwerfung des Londoner Protokolls mit aller Entschiedenheit anschließen. Wenn wir einen Bundestagsgesandten bezahlen, so soll er auch, wie in dieser nationalen Streitfrage es vorliege, die Ehre seines Staats und diejenige des deutschen Bundesstammes so wahren, wie es die Pflicht einem jeden Patrioten gebiete. O du deutscher Bundesstamm! Uebrigens haben die Russen ihren Kosaken, der in jeder Schlacht sich tödten lassen muß, die Universität Greifswalde hat ihren Studenten und die „Mittelrh. Ztg." hat ihren Patrioten, der als Autorität herhalten muß, so oft die „Mittelrh. Ztg." einen Vorschlag zu machen hat.

Als schöne Seitenstücke füge ich noch folgende Leckerbissen bei.

* Wiesbaden, 24. Jan. In der „Mittelrh. Ztg." schreibt der Bürgermeister von Saarbam wieder in seiner Art über die „Niederlage des Delegirtenprojects." Er sagt: „Preußen hat sein erstes Wort gesprochen, es will ein Parlament mit unmittelbaren Wahlen" als ob Preußen einen Antrag auf ein solches Band eingereicht hätte und als ob Preußen in Deutschland die Demokratie unterstützen, im eigenen Staate aber bekämpfen könnte, und als ob Preußen bis jetzt noch nie über die deutsche Frage sich geäußert hätte. Der Bürgermeister von Saarbam sagt ferner: „Da das Reformproject „so arg durchgefallen", so stehe die Reformpartei ohne jede Grundmauer für ihre Pläne in der Welt", als ob die großdeutsche Partei ihre Bestrebungen auf die „Grundmauer" des Delegirtenprojects gestellt hätte. Ferner sagt der Bürgermeister von Saarbam: „Sie die Reformpartei begrüßte den von Oesterreich ausgegangenen Fortschritt mit enthusiastischem Jubel, ohne vorher geprüft zu haben, ob eine so wenig sagende, nur dem Scheine nach hingeworfene Reform=Idee wirkliches Leben erhalten könne. Die Reformpartei glaubte mit aller Bestimmtheit, das, was Oesterreich angeboten habe, sei ein Fortschritt, der ja mit der Zeit — Weiteres (warum nicht gar Engeres) bringen werde. Alles dies hält aber den Bürgermeister nicht ab, sogleich darauf hinzuweisen, daß die geistreichen Personen aus dem Reformverein selbst mit dem Delegirtenproject unzufrieden gewesen seien. Von sich selbst sagt der Bürgermeister: „Wir waren stets gegen diese aufgeputzte Idee, dahinter aber auch gar nichts stecken konnte," denn wir sind klug und weise, uns betrügt man nicht, am wenigsten mit einer aufgeputzten Idee.

Schließlich erläutert der kluge und weise Bürgermeister die preußische Spitze und citirt die „Mitglieder des Bundes" als eine Autorität mit folgenden Worten: „Unsere allgemeinen Interessen sprechen für die Erhebung Preußens (zu was?), ohne daß wir etwaige Annexionsgelüste

werben (was für die Inhaber dieser Gelüste sehr schmerzlich
Wenn also die Nationalvereinspartei bisher für die Her=
Parlaments thätig wirkte und gegen das mysteriöse
roject geschrieben und gesprochen hat, so war sie dazu voll=
tigt, weil sie Einsicht genug hatte, daß selbst
ber des Bundes einem Zwitterparlament, das
und nichts Ganzes werden konnte, ihre Zustimmung
mußten." Also die Nationalvereinspartei hat Einsicht ge=
selbst Mitglieder des Bundes ihre Zustimmung versagen
geht nun aber doch über den Bürgermeister von Saarbam!
baden, 27. Jan. Die „Mittelrh. Ztg.", das hiesige Organ
alvereins, behauptet, daß von Preußen angestrebte Parlament
wahlen sei „dasjenige Mittel, das der Fortschrittspartei die
arantie für die Erweiterung der Machtentfaltung
rschen Volkes geben könne." Worin die Machtentfaltung
n Volkes besteht und daß eine Machtentfaltung erweitert
könne, begreifen wir nicht, ebenso wenig begreifen wir die Hoff=
der „Mittelrh. Ztg.", die preußische Regierung werde sich beflei=
die zur Schau ausgestellten Inconsequenzen zu beseitigen." Wo
reußische Regierung Inconsequenzen zur Schau ausge=
ieh, Fabrikate, überhaupt Dinge, kann man zur Schau aus=
Inconsequenzen! nein, das geht über unsern Horizont.
standen, ist uns auch gänzlich unbegreiflich, daß die preu=
rung, wie das hiesige Organ des Nationalvereins behauptet,
che Stimmung ihres Abgeordnetenhauses niederdrücke." Wir
eine rechtliche Stimmung in der preußischen Kammer
reisen noch weniger die Niederdrückung einer rechtlichen
Kurz, der ganze Artikel der „Mittelrh. Ztg.", welche das
hiesigen Nationalvereins ist, macht auf uns wieder den Ein=
reinsten Unbegreiflichkeit, Unbegriffenheit und Unbegrifflichkeit.
möchte nun Den sehen, der da zu läugnen sich er=
daß die Schreibereien des Redacteurs Reisinger in
alischer Beziehung etwas Anderes seien, als die von
ösischen Abbé Domenech in seinem denkwürdigen
r Wilden" der Nachwelt überlieferten Malereien
rikanischen Hinterwäldler=Jungen in künstlerischer
Nun aber meine Herren sage ich Euch, dieser
r der deutschen Sprache redigirte Jahre lang eigen=
as Organ der Fortschrittspartei in einem deutschen
und nicht blos in einem obscuren Landstädtchen,
der Weltstadt Wiesbaden, wo 9 Monate lang das
Ausländer aus allen Theilen der Welt zusam=
Dieser nemliche Reisinger ist selbst eines der
sten Mitglieder der nassauischen Fortschrittspartei,
ste Freund und Genosse der Braun und Lang und
und Metz und Schulze aus Delitzsch, spricht auf allen

3

Volksversammlungen und er spricht bei Gott! nicht anders
als er schreibt, sitzt in allen leitenden Comité's, gehört mit
einem Worte zu den Faiseurs und Entrepreneurs des Fort=
schritts in Nassau. Aber es dämmerte auch vor einiger Zeit
ein sogenannter Journalistentag, wohlgemerkt, ein Tag von
Fortschrittsjournalisten und Reisinger war nicht blos mitten unter
ihnen, als ebenbürtiger College und Vertreter der nassauischen
Presse, sondern Reisinger wurde auch, wie die Zeitungen mel=
deten, zum Schriftführer gewählt, der Sprachstammler und
Schriftstotterer wurde zum Schriftführer der Fortschritts=
journalisten gewählt!

Ich sage weiter nichts, als les't noch einmal seine Leit=
artikel und dann beurtheilt eine Partei, die diesen Redacteur,
diesen Schriftführer zu ihren Anführern zählt.

Ich komme jetzt an den „Rheinischen Kurier.“

Seit dem Jahre 1848 verkündigte in Nassau die „Mittelrh.
Ztg.“ das Evangelium der „Freiheit“ und als Apostel der
„Freiheit“ hatten die Advocaten, wie sich von selbst versteht,
freien Eintritt in die Spalten derselben. Bis zur Gründung
des Nationalvereins genügte dieses Verhältniß beiden Par=
teien, dem Eigenthümer der Zeitung, denn

mit Euch zu gehn Herr Doctor!

bringt Ehre und Gewinn,

den Advocaten, denn sie hatten ein Organ, in welchem sie
ganz nach Belieben mit beiden Fäusten um sich schlagen konn=
ten. Als jedoch seit Gründung des Nationalvereins die po=
litische Agitation auf anderem Fuße als bisher betrieben wer=
den sollte und auch bestimmtere Ziele angestrebt wurden, als
die Advocaten den Entschluß gefaßt hatten, die Regierung
jetzt so unablässig zu bombardiren, so zu chikaniren und zu
discreditiren, bis dieselbe gestürzt sei und sie die Gewalt in
die Hände bekämen, da genügte die „Mittelrh. Ztg.“ nicht
mehr. Diese, so entschieden „liberal“ oder „rabikal“ sie war
und ist, so wenig sie sich in prinzipieller Beziehung
von dem durch die Advocaten öffentlich bekannten Programm
unterschied, war sie doch bezüglich der Form nicht ausreichend.
Die „Mittelrh. Ztg.“ muß nämlich als das Eigenthum eines
„zahlreichen Familienvaters“ [1]) und als das Organ der amt=

---

1) Mittelrheinischer Reisingerstyl.

lichen Anzeigen, was Form und Ton anbetrifft, immerhin
einige Rücksichten nehmen, sie darf und kann sich nicht unbe=
dingt zum Werkzeug der Verfechtung der abvokatischen Pri=
vatinteressen und Privatintriguen hergeben, sie darf und kann
sich nicht als reine Injurirungs= und Verläumbungsmaschine
gebrauchen lassen und deßhalb gründeten die Advocaten im
Jahre 1860 in der „Rhein=Lahnztg." ein zweites Organ für ihre
ganz speziellen Privatinteressen und Privatintriguen. Und wohl
gemerkt, so „liberal", so naiv war damals die nassauische Regie=
rung, daß sie die Conceſſion zur Herausgabe dieses Blatts bereit=
willigst ertheilte und den für dasselbe bestimmten A. Trabert ohne
Anstand als Redacteur bestätigte, obgleich A. Trabert soeben erst
eine kurheſſiſche Festung verlaſſen hatte, wo er einige Jahre
wegen politiſcher Unfugſinnigkeit geſeſſen. Gewiß in keinem
andern Staate wäre unter denſelben Verhältniſſen eine ſolche
Conceſſion ertheilt und ein ſolcher Redacteur beſtätigt worden.
Zum Danke dafür machte die „Rhein=Lahnztg." zwei Jahre
lang — nicht eine Oppoſition, wie es in andern Staaten der
Brauch iſt, ſondern — einen unerhörten Scandal durch Be=
leidigung Verhöhnung, Verſpottung, Schmähung, Verdächti=
gung, Befleckung, bubenhafte Antaſtung aller Behörden und
Privatperſonen, welche den Advocaten ſich nicht fügen wollten.
Da ſchützte kein Stand und kein Rang, da war nichts mehr
geachtet und reſpectirt, die geheimſten Privatverhältniſſe wur=
den in die Oeffentlichkeit herausgezert und beſudelt, ganze
Familien beſchimpft, Lüge an Schmähung, Verdächtigung an
Verläumbung gereiht. Aber auch Jahre lang ſuchte das Pu=
blicum und die Beamten ohne allen Erfolg bei den Gerichten
Schutz gegen die Preßfrevel der „Rhein=Lahnzeitung", denn
alle gegen dieſes Blatt eingereichten Klagen wurden abgewie=
ſen, abgewieſen die Pfarrer Kriegsmann und Zahn, abgewieſen
die Amtmänner Vonhauſen und Metzler, abgewieſen der Frei=
herr v. Preuſchen und Andere, obgleich in einem Falle ſämmt=
liche Aſſeſſoren des Juſtizamts zu Wiesbaden die Klage für
ſehr begründet und die Competenz des Juſtizamts zur Ab=
urtheilung des Angeklagten ſogar für unzureichend erklärt
hatten. Wie dieß kam und zuſammenhing werde ich weiter
unten nachweiſen.
Als die Advocaten der „Rhein=Lahnzeitg." in dieſer Weiſe
zwei Jahre lang ungeſtraft gewüthet und in ihrem Ueber=

3*

muthe endlich sogar die Privatangelegenheiten der herzogl. Hofhaltung in ihrem Blatte herumgezerrt hatten, wurde dasselbe verboten. In jedem andern deutschen Staate wäre es schon im ersten Monate seiner Wirksamkeit verboten worden.

Natürlich war dieses Verbot ein frevelhaftes Attentat auf die „Preßfreiheit" und nicht blos auf die Preßfreiheit, sondern auf die ganze „liberale Partei". „Ein Schrei der Entrüstung" tönte durch ganz Deutschland über diese Mißhandlung der „Presse".

Wir begegnen hier einer jener Fictionen des modernen Liberalismus, von denen ich in der Einleitung gesprochen und deßhalb einige Worte zur Beleuchtung der ganzen Angelegenheit.

Das verbotene Blatt war, wenn man die Thatsachen und nichts als die Thatsachen ins Auge faßte, nichts mehr und nichts weniger gewesen, als das Organ, nicht einer Partei, sondern einiger Privatleute, der Advocaten Braun, Lang, Raht, Blech ꝛc. Außer diesen lagerten höchstens noch der eine oder andere Wiesbadner liberalgeile Kupferschmied, Schirm- oder Schuhmacher einzelne Gemeinheiten darin ab. Wenn nun dieses Blatt, nachdem es einer Aufführung sich schuldig gemacht, die nicht einmal in einer gewöhnlichen Privatgesellschaft gestattet wird, nachdem es die Autorität der Staatsbehörde systematisch untergraben, nachdem alle gegen dasselbe angestellten Klagen von den mit den Advocaten verbündeten Gerichten abgewiesen, somit dem Publicum und der Regierung der Rechtsschutz gegen das Organ der Advocaten vollständig verweigert worden, wenn dann endlich dieses Blatt in Folge eines Angriffs auf den Monarchen selbst unterdrückt wurde, ist dadurch die „Preßfreiheit" verletzt worden? Nein, diese Behauptung beruht auf einer Fiction und ist eine Phrase. Thatsächlich, realiter und den Akt der Unterdrückung von allen Entstellungen, pathetischen Phrasen und Fictionen entkleidet aufgefaßt, wurde durch denselben lediglich einigen Advocaten und ihren Anhängern eine Maschine aus der Hand gewunden, welche sie als Angriffswaffe gegen Staat und Privatpersonen im höchsten Grade gemißbraucht hatten. Und es wurde dieser Akt nicht ohne Veranlassung, nicht um eine Meinungsäußerung, nicht um die Kritik zu unterdrücken, vollzogen, sondern weil die Betroffenen mit der ihnen aus den

Händen gewundenen Maschine den frechsten Mißbrauch ge=
trieben. Was bedeutet nun Angesichts dieser Thatsachen,
factischen Verhältnisse und Realitäten das Geschrei über An=
griff auf die Preßfreiheit und die liberale Partei? Es be=
deutet ganz einfach das naive Verlangen, eine Regierung
dürfe nicht einschreiten, wenn einzelne Privatleute durch ein
mechanisches Werkzeug ihre individuelle Aggressivkraft allen
übrigen Persönlichkeiten und Rechtssubjecten im Staate gegen=
über ums tausendfache erhöhen und sich dadurch allen Andern
gegenüber eine sehr empfindliche Ausnahmsstellung verschaffen und
wenn die zuständigen Gerichte systematisch jeden Rechtsschutz
gegen die Angreifer verweigern. Ich sehe gar nicht ein, warum
die Advocaten Braun und Lang, wenn sie Geld genug haben,
einen Preßbengel in Bewegung zu setzen und einen Redacteur=
bengel zu bezahlen, mächtiger sein sollen, als sie ihrer Per=
sönlichkeit nach an sich sind und als Ich meiner Persönlich=
keit nach individuell bin. Und ich sehe gar nicht ein, daß,
solange die Preßverhältnisse nicht rationell aufgefaßt und Ein=
richtungen geschaffen werden, wodurch der Preßmann unter
die Herrschaft aller der für den Privatmann geltenden Ge=
setze, Rücksichten und Regeln drakonisch gebeugt wird, daß
also sage ich, solange die Garantie der persönlichen Freiheit
gegenüber der Presse im Staate nicht existirt, sehe ich gar
nicht ein, es sei ein Unrecht geschehen, wenn eine Regierung
ein Blatt unterdrückt, das sich so aufführt, wie sich die „Rhein=
Lahnzeitung" aufgeführt hat. Unstatthaft wäre die Unter=
drückung einer Zeitung, wenn dieselbe erfolgte, um die be=
rechtigte Kritik, um das Sagen der Wahrheit abzuschneiden,
und wenn sie erfolgte, nachdem Ehrengerichte eingeführt wä=
ren. So lange diese Institution fehlt, bleibt einem Blatte
von dem Schlage der „Rhein=Lahnzeitung" gegenüber einer
Regierung kein anderer Ausweg, als das Verbot, namentlich
wenn die eigenen Gerichte keinen Rechtsschutz gewähren.
Es beruht deßhalb, abgesehen von diesen prinzipiellen Be=
denken, auf einer groben Fiction, auf der Fiction nämlich,
daß zwei Advocaten, die eine Zeitung herausgeben lassen,
etwas anderes repräsentiren, als ihre individuellen und per=
sönlichen Advocaten=Eigenschaften, =Interessen und =Meinun=
gen, und es ist ferner eine den wahren Sachverhalt entstellende
und verhüllende Phrase, wenn einer solchen Unterdrückungs=

maßregel eine allgemeine Bedeutung beigelegt wird und man
sich geberdet, als ob ein allgemeines, über allen Zweifel er-
habenes, unbestrittenes, ein Ur- und Menschenrecht verletzt
und eine Bedingung der socialen Existenz alterirt worden
wäre. Die Demagogen haben jedoch die Gewohnheit, einzelne Privatleute stets für die Allgemeinheit oder wenigstens
für eine Partei auszugeben, und die gegen die Excesse dieser
Privatleute gerichteten Maßregeln der Staatsbehörde als
Angriffe auf das „Volk" und die „Freiheit" darzustellen.
Die nassauischen Fortschrittsadvocaten wiederholten diese Trans-
substantiation jeden Tag bis zum Ekel und alle ihre Angriffe
auf die Regierung und alle gegen dieselben geschleuderten Vorwürfe beziehen sich, wie man sich im Verlaufe dieser Schrift
überzeugen wird, fast ausschließlich auf die gegen die Advo-
catenpresse gerichteten Regierungsmaßregeln, welche fortwährend als Attentate auf die „Freiheit" des Volks oder wenigstens der „liberalen Partei" und zugleich als ganz unmotivirte
und unprovocirte Willkührakte dargestellt wurden. Nachdem
sie Jahre lang geschimpft, den Geduldsfaden dieser mehr als
schüchternen Regierung endlich abgerissen und derselben eine
Repression förmlich abgezwungen hatten, schrien sie Zeter über
Unrecht und Willkühr!

Indessen war die Unterdrückung der „Rhein-Lahnztg.",
wie man sogleich ersehen wird, gar nicht so ernstlich gemeint,
denn der „Rhein. Kurier", welcher unmittelbar nachher von
den Advocaten in Frankfurt a. M. gegründet wurde, und
welcher, sollte jenes Verbot irgend einen Zweck erreichen,
gleichfalls verboten werden mußte, dieser „Rhein. Kurier"
durfte ungehindert im ganzen Lande verbreitet werden, so
daß also an der Sachlage wesentlich gar nichts, sondern nur
der Druckort verändert worden, an welchem das Organ der
Advocaten das Licht der Welt erblickte. Diese selbst besaßen
nachher wie vorher ein Blatt, in welchem sie ihre ganz besonderen Zwecke und Interessen verfechten, sowie ihre Privatgelüste befriedigen konnten. Wie beschaffen diese Zwecke, Interessen und Privatgelüste waren, welche Opposition die Advocaten in Nassau machten, wozu sie ihre Presse benutzten,
welcher Geist dieser Presse innewohnte, dieß an einigen Artikeln des „Rhein. Kuriers" nachzuweisen, sei mir hier anti-
cipando gestattet, weil mir nur dieses Blatt, nicht aber die

„Rhein=Lahnzeitung" mehr zu Gebot steht. Unmittelbar, nachdem ich die Redaction der „N. Wiesbadener Ztg." über= nommen, war im „Rhein. Kurier" folgender Artikel zu lesen:

†* Wiesbaden, 7. Oct. (Freiheit und Gleichheit.) Der „Rhein. Kurier" ist bekanntlich auf sein Gesuch, nach Wiesbaden über= siedeln zu dürfen, von der hohen Landesregierung dahin beschieden wor= den, daß auf das Gesuch nicht eher resolvirt werden könne, bis das mit den Kammern berathene Preßgesetz publicirt sei. Wir erklärten dies da= mals für eine weniger gelungene als neue Art, des unbequemen Ge= suches, das man nach den seither öffentlich gethanen Aeußerungen nicht geradezu abschlagen konnte, loszuwerden. Denn man hat es ja in der Hand, wann das Preßgesetz publicirt werden soll. Dauert das noch lange, so ist man des Kuriers in Wiesbaden noch lange los. Alle an= deren vom letzten Landtag berathenen Gesetze sind publicirt, das Preß= gesetz noch nicht. — Während die „Wiesbad. Ztg." eine neue Concession erhalten hat und jetzt als „Neue Wiesbad. Ztg." erscheint, während sie mit obrigkeitlicher Genehmigung in andere Hände übergegangen ist und einen von der herzoglichen Landesregierung und der Polizei approbirten neuen Redacteur erhalten hat, kann dem „Rhein. Kurier" nicht gestattet werden, hieher überzusiedeln, weil das zu erwartende Preßgesetz noch nicht publicirt ist! Das ist Freiheit und Gleichheit in Nassau. Die Re= gierung schafft sich eine Zeitung und die Oppositionsblätter treibt sie ins deutsche Ausland."

Wir haben in diesem Artikel das erste Beispiel von jenem Verfahren vor uns, das ich mit dem Ausdrucke advocatisch bezeichnen möchte und das darin besteht, daß zur Erreichung irgend eines bestimmten Zweckes und zwar hier des Zweckes, irgend Jemand zu verdächtigen und das Publikum aufzureizen, Thatsachen erfunden, entstellt und in einen falschen Zusam= menhang gebracht werden.

Die „Freiheit und Gleichheit" sagt zuerst, der Advokat sei verletzt worden, weil die Uebersiedelung des „Rheinischen Kuriers" von Frankfurt nach Wiesbaden nicht gestattet wor= den, während die „N. Wiesb. Ztg." eine neue Concession erhalten habe. Allein die Regierung hatte die gesetzliche Be= fugniß, seine Uebersiedlung zu gestatten oder nicht, konnte also, von dieser Befugniß Gebrauch machend, gar kein Prin= cip, am wenigsten das Princip der Freiheit und Gleichheit verletzen, ebenso wenig, als die Gerichte dieses Princip verletzen, wenn sie den Verbrecher bestrafen und den Unschul= digen frei sprechen, verschiedene Personen also ganz verschieden behandeln. Ferner war die Concession der „N. Wiesb. Ztg." etwa ein halbes Jahr früher ertheilt worden, als das Gesuch um Gestattung der Uebersiedlung des „Rhein. Kuriers" von Frankfurt nach Wiesbaden eingereicht worden war.

Eine Entstellung des Thatbestandes ist die Behauptung, die „N. Wiesb. Ztg." sei mit obrigkeitlicher Geneh=migung in andere Hände übergegangen. Die im Verlage von Dr. Koch=Conradi erschienene „Wiesbad. Ztg." hatte auf=gehört und auf Grund einer ihr ertheilten Concession hatte die Firma Ph. Müller und Comp. die „Neue Wiesbadner Zeitung" angefangen.

Eine noch perfidere Entstellung des Thatbestandes und zugleich eine Lüge und eine Verdächtigung ist die Behauptung, die „Neue Wiesb. Ztg." habe einen von der herzoglichen Landesregierung und der Polizei approbirten Redacteur erhalten. In Nassau muß der Redacteur jedes Blattes von der Landesregierung bestätigt werden. Diese Bestätigung hatte der Redacteur der „Neuen Wiesb. Ztg." erhalten, er war aber nicht von der „Polizei approbirt" worden. Der Advokat im „Rhein. Kurier" jedoch sucht im Publikum den Glauben zu erwecken, die herzogliche Landesregierung habe zu Gunsten jenes Redacteurs eine Ausnahme gemacht und deßhalb entstellt er den Thatbestand und um den Redacteur noch mehr zu verdächtigen, bringt er ihn lügnerisch in einen Zusammenhang mit der Polizei. Und mit derselben Lügen=haftigkeit erzählt er, die Regierung habe sich ein Organ ge=schaffen, was unter den damaligen Verhältnissen in Nassau, wie ich weiter unten nachweisen werde, gar nicht möglich ge=wesen wäre.

Eines der wirksamsten Mittel zur Befestigung der Advo=katenherrschaft war die unablässige Verfolgung mißliebiger Personen und Beamten. In der Periode, aus welcher ich eben citire, findet sich im „Rhein. Kurier" folgender Artikel über einen den Advokaten sehr verhaßten Herzogl. Bezirks=amtmann:

„† Aus Nassau, 7. Nov. (Ergebenheitsadresse.) Ihre aus Bad Schwalbach gebrachte Nachricht, daß die Wähler des Herrn Amt=mann B. aus dem Amte W.[1] demselben eine Ergebenheitsadresse über=reichen wollen, oder schon überreicht haben, enthält für uns gar nichts Unwahrscheinliches, da wir die Verhältnisse im Amte W. sehr genau kennen. Wenn ich Ihnen sage, daß der Herr Amtmann B. vor einigen Jahren in

---

1) Die Namen sind im Texte vollständig enthalten.

Michelbach in einer Nacht mit seinen sämmtlichen Bürgermeistern Schmollis getrunken, so werden Sie es nicht auffallend finden, daß diese Herren für ihren Schmollisbruder etwas thun wollen, um so mehr, wenn es wahr ist, was man sich erzählt, daß viele dieser Herren auch ein Interesse daran haben, daß die Einnahmequellen, welche dem Herrn V. in den landständischen Diäten eröffnet ist, nicht versiegt. Daß sich doch für Herrn V. noch immer der Freund nicht finden will, der ihm den Rath ertheilt, von der Bühne der Oeffentlichkeit zu verschwinden! Aber wen Gott strafen will, den schlägt er mit Blindheit. Auf die betreffende Ergebenheitsadresse, welche in W. selbst durch den Polizeidiener zur Unterschrift colportirt worden ist, und welche Herr V. selbst zum Verfasser haben soll, kommen wir zurück."

Alle hier angeführten Thatsachen sind Lügen. Amtmann V. aber war einer der den Advocaten am meisten verhaßten conservativen Abgeordneten. Wie sollte sich der Angegriffene gegen solche Bübereien schützen? Die Gerichte wiesen alle Klagen gegen die Fortschrittsblätter ab. Es war stehender Grundsatz der Advokaten, jede öffentliche Kundgebung, welche sie selbst nicht veranstaltet hatten und bei der sie nicht die große Trommel schlagen konnten, mit Advocatengift zu bespritzen und in den Augen des Publicums herabzusetzen. Zu Anfang des Monats November wurde die prachtvolle neue Kirche zu Wiesbaden eingeweiht. Hof, Regierung, Behörde, Geistlichkeit, Publicum betheiligten sich an der Festlichkeit, so, wie dies überall anderswo bei ähnlichen Gelegenheiten geschieht. Im „Rhein. Kurier" schrieb daher der Advokat Lang folgendes:

„Ein nassauisches Kirchenfest. Wiesbaden, 17. Nov. Es ist Pflicht der Presse, Thatsachen und Stimmungen zu constatiren [1]) und daraus die erforderlichen Schlußfolgerungen zu ziehen. Wir müssen dieser Pflicht nachkommen hinsichtlich der Einweihung der neuen evangelischen Kirche in Wiesbaden.

Es ist bekannt, daß nicht nur die evangelische Kirchengemeinde, sondern alle Bewohner Wiesbadens diesem Feste mit Freude und Genugthuung entgegensahen und mit der Absicht, es nach Kräften zu fördern. Der Rückblick auf das Fest ist weniger erfreulich; es läßt sich nicht läugnen, daß es hin und wieder bittere Stimmungen hinterließ, weil es nicht in der rechten Art geleitet wurde.

Vor Allem tadelt man, daß es mehr ein Hof= und Staatsfest, als ein Fest der evangelischen Gemeinde zu sein schien. Daß man den Eintritt in die Kirche nur gegen Karten gestattete, war vielleicht eine durch die Raumverhältnisse gebotene Nothwendigkeit. Die Art, wie man bei der Vertheilung der Karten verfuhr, ist schon weniger zu rechtfertigen. Die

---

1) Wer schreibt diese Pflicht vor?

chinesisch kastenmäßige Anordnung des Zuges, bei welcher die Staats-
und Hofbediensteten (darunter sehr viele strenge Katholiken) und die
Geistlichkeit die Hauptrolle, und die Gemeinde die Nebenrolle spielte, das
Ueberwiegen der von dem Ministerium befohlenen „Groß-Gala“-Unifor-
men, welche häßlich und veraltet sind und den Leuten schlecht sitzen, —
Alles das gab der Sache mehr einen byzantinischen, als einen evangelischen Anstrich.

Dazu kam ein anderer unangenehmer Vorfall. In dem Programm
stand „heilige Gefäße“. Das Fest-Comite beanstandete diesen Ausdruck als antiprotestantisch. Der Stadtpfarrer versprach, ihn in „Kirchengefäße“ zu ändern. Dies Versprechen wurde nicht gehalten. Der
Pfarrer behauptete, der Landesherr habe diese Frage zu einer persönlichen
gemacht und auf dem Ausdruck „heilige Gefäße“ bestanden. Man
kann nicht sagen, daß diese Versicherung überall Glauben fand und noch
weniger, daß sie überall Befriedigung erregte.

Ein weiterer Vorfall betrifft die Ausschließung des Predigers und
des Vorstandes der deutsch-katholischen Gemeinde, während man Vertreter der katholischen, russischen und israelitischen Gemeinde eingeladen
hatte. Mit Recht machte das Festcomite geltend, wenn man die Juden
einlade, müsse man auch die Deutsch-Katholiken einladen. Die geistlichen
Gründe, „die Deutsch-Katholiken hätten kein positives Glaubensbekennt-
niß, übrigens habe auch der jüdische Rabiner den ersten Beitrag zum
Baufonds mit zehn Gulden gezeichnet“, u. dgl. machten keinen Eindruck.
Der Kirchenvorstand beschloß nun, um sich aus der Klemme zu helfen,
den deutsch-katholischen Geistlichen nur als Privatperson mit einer Karte
zu beglücken und den israelitischen Geistlichen zu ersuchen, ebenfalls nur
als Privatperson, d. h. nicht im geistlichen Ornat, zu erscheinen.
Dieses Auskunftsmittel scheiterte aber an der Festigkeit des Rabiners.
Derselbe bedeutete dem berühmten Chemiker, welcher die heikle diplomatische Mission des Versuches der Beseitigung des Ornats unternommen
hatte, — er, der Rabiner, werde entweder im Ornat oder gar nicht
erscheinen. Es blieb also dabei, daß der Rabiner im Ornat, und der
Deutsch-Katholik gar nicht erscheinen durfte. Daß dieß bei den Deutsch-
Katholiken nicht allein, sondern bei der Mehrzahl der Bevölkerung einen
unangenehmen Eindruck machte, kann nicht geläugnet werden.

Hätte die Leitung des Festes mehr in den Händen der Gemeinde,
als in denen eines Geistlichen gelegen, wäre es schwerlich so gekommen. Wir bedürfen einer repräsentativen Kirchenverfassung, welche die Rechte der Gemeinde sichert.“

Und damit nicht genug, fügte der Advocat Braun noch
folgende Correspondenz bei:

„Wiesbaden, 17. Nov. (Das Kirchweihfest.) Das Fest der
Einweihung der neuen protestantischen Gemeinde, welches bei richtiger
Behandlung eine gehobene Stimmung hätte erzeugen müssen, hat in dem
größten Theil der hiesigen Bürgerschaft eine tiefe Mißstimmung hinter-
lassen. Man wird nachträglich allseitig inne, daß eigentlich nicht die
evangelische Gemeinde unter Zuziehung ihrer Mitbürger die neue Kirche
feierlich dem Gottesdienst übergeben hat, sondern daß die ganze Feier
schon nach dem Programme und noch mehr in der Ausführung von

Hof, Clerus und Beamtenthum dazu benutzt worden ist, einen tenden=
ziösen Aufzug zu halten, der Allem ähnlicher sah, als der feierlichen Ein=
weihung einer evangelischen Kirche. Deßhalb ist denn auch die Feier selbst
von der evangelischen Gemeinde theils kühl, theils gänzlich unverstanden
aufgenommen worden und die gänzliche Mißstimmung konnte nicht aus=
bleiben,- nachdem man nur zu deutlich erkannt hat, daß die evangelische
Gemeinde nur benutzt worden ist, um dem Gepränge eines prunkenden
Aufzugs, den Hof=, Geistlichkeit, Militär= und Civildienstchargen bei
dieser Gelegenheit zu halten für gut gefunden haben, als nothwendige
Staffage zu dienen. Die Bürger im Festcomité hatten kaum einen an=
dern Einfluß, als daß sie die Handhabung der Polizei übernahmen für
eine Sache, die ihnen in den wesentlichsten Punkten geradezu mißfiel.
Man wird sich daraus hoffentlich für die Zukunft eine Lehre ziehen.
Eine altdeutsche Regel sagt: „Wo wir nicht mitrathen, da wollen wir
auch nicht mitthaten." Das sollte man befolgen. Zur Genugthuung
für die beleidigte deutschkatholische Gemeinde ist eine Adresse unter den
protestantischen Bürgern im Umlauf."

Hierauf erwiederte ich in Nr. 49 der „N. Wiesbadner
Zeitung":

„† Wiesbaden, 20. Nov. Wir haben uns die unangenehme
Mühe genommen, dem „Rhein. Kurier" auf jedem Schritt zu folgen,
den derselbe macht, um im Herzogthum Nassau eine künstliche Unzufrie=
denheit mit den bestehenden Verhältnissen und Einrichtungen im Volke
zu erzeugen; durch Erdichtung, Entstellung und Uebertreibung von That=
sachen, Widerwillen und Haß hervorzurufen und den Nassauern die
Ueberzeugung beizubringen, sie seien das am schlechtesten regierte Volk
in Deutschland, mißhandelt, unterdrückt und ihrer Freiheit beraubt und
Alles dies könne nur dann besser werden, wenn die bestehende Regierung
gestürzt und die Staatsgewalt in die Hände gewisser Advokaten über=
gehen werde. Um dieses Ziel zu erreichen, nimmt der „Rhein. Kurier",
da ihm der Stoff zu begründeten Beschwerden vollständig mangelt, zu
dem Kunstgriff seine Zuflucht, jedes Vorkommniß im öffentlichen Leben
des Landes in einer Weise zu besprechen, welche man Begeiferung nennt.
Begeiferung aber bezieht sich ursprünglich auf das Verfahren jener den
tropischen Ländern angehörenden großen Reptile, welche bekanntlich das
Thier, das sie nach und nach in ihren Umschlingungen erwürgt haben,
zum Verschlucken geeignet machen, dadurch, daß sie es mit ihrem Geifer
überschütten. Die Boa constrictor hat wirklich die Gewohnheit ihren
Nahrungsstoff mit ihrem Safte zu überziehen, also durch Begeiferung,
durch Besudelung und Beschmutzung genießbar zu machen. In dieser
Weise präparirt auch der „Rhein. Kurier" seinen Stoff, er überzieht
ihn ebenfalls mit Advocatengeifer, ehe er ihn dem Publikum vorsetzt.
Man lese in dieser Beziehung den Artikel: „Ein Nassauisches Kirchen=
fest" in Nr. 272 jenes ehrenwerthen Blattes. Thatsache ist, daß vor
Kurzem die Kirche eingeweiht wurde, daß sich an diesem Feste selbstver=
ständlich der Hof, die Geistlichkeit, die Vertreter der Staats= und Ge=
meindebehörden und soweit der Raum reichte, das Publikum betheiligte.
Das Fest verlief ganz gewöhnlich, der Festzug war angeordnet wie alle
derartigen Festzüge überall sonst in der Welt arrangirt zu sein pflegen,

Alles ging vor sich, ohne daß ein gewöhnliches Auge etwas Auffallendes oder Unziemliches hätte wahrnehmen können. Trotzdem füllt der „Rhein. Kurier" wieder zwei Spalten mit Klagen und Norgeleien, mit Geifer und Medisance, mit Gift und Galle, um auch an dem Kirchweihfeste wieder nachzuweisen, wie die Freiheit in Nassau unterdrückt wird.

Zuerst behauptet der „Rhein. Kurier", die Feier sei mehr ein Hof= und Staatsfest (ein Staatsfest!) als ein Fest der evangelischen Gemeinde gewesen und warum? Weil sich der Hof dabei betheiligt, weil die Re= präsentanten der Staatsbehörde sich dabei betheiligt, weil diese nach Col= legien geordnet, aufgezogen und in ihrer Amtstracht erschienen seien, welche „den Leuten schlecht sitze". Hätte sich nun der Hof nicht an dem Feste betheiligt, so wäre er vom „Rhein. Kurier" ganz gewiß unge= heuern Hochmuths, wo nicht gar des Atheismus beschuldigt worden. Kamen die Beamten nicht nach Behörden und Collegien geordnet, son= dern als Privatpersonen, erschienen sie nicht in der Uniform, sondern im schwarzen Frack, so hätte der „Rhein. Kurier" ohne allen Zweifel sofort seine schmutzige Trompete angesetzt und in die Welt hinausge= blasen: „Seht, Nassauer! wie man Euch vernachlässigt und verachtet! Bei jeder Gelegenheit ziehen die Beamten als solche und in Uniform gekleidet auf, da Ihr aber Euer Kirchweihfest feiert, kommen sie nur als Privatpersonen und im Frack."

Es mag geschehen was da will und wie es will, so kann man diese Art von Kritik anwenden, welche man im gewöhnlichen Leben Bekrittes lung, Klatscherei und dummes Geschwätz nennt, welche im Munde des „Rhein. Kuriers" aber Begeisterung ist und ganz ordinäre Aufhetzerei.

Aber nicht blos der Hof und die Beamten in Galla betheiligten sich an dem Feste, sondern es geschah noch Schlimmeres, sagte der „Rhein. Kurier". In dem Programm stand „heilige Gefäße" und dieser Aus= druck wurde, Schauder ergreift jeden gefühlvollen Menschen, der es ver= nimmt, der Ausdruck „heilige Gefäße" wurde nicht abgeändert in Kirchengefäße, obgleich der Stadtpfarrer die Aenderung versprochen.

Wir wissen nicht, ob die besonderen Umstände, welche der „Rhein. Kurier" als die Ursache des neuen Frevels bezeichnete, begrünt sind, allein aus der Thatsache an sich wird man, selbst wenn sie factisch ist, abermals erkennen, wie es im Herzogthum Nassau zugeht, schlimmer jedenfalls, als in irgend einem andern Staate der Welt. Die evange= lische Gemeinde in Wiesbaden hat keine Kirchengefäße, sondern heilige Gefäße! Schrecklich! Schrecklich! Schrecklich! Dreimal Wehe über diese mittelalterliche Finsterniß!"

In Nr. 275 des „Rh. Kuriers" machte der Advocat Raht folgenden Ausfall:

„Was schreibt der „europäische Geschichtskalender" über das Herzog= thum Nassau? Von der Dill, Mitte November. In England und Frankreich erscheinen jedes Jahr politische Annalen über die Ereignisse des vorhergegangenen. So in England das „Annuel register", in Frankreich das „Annuaire de la Revue des deux mondes." Diese Sammlungen stellen die Ereignisse des vorausgegangenen Jahres, so= wohl nach der Zeitfolge als auch nach den Ländern geordnet, in über= sichtlich zusammenhängender Weise dar; sie dienen zum Nachschlagen und arbeiten der Geschichtschreibung vor. Sie geben genealogische statistische, finanzielle Uebersichten und theilen die wichtigsten Aktenstücke. Thronreden diplomatische Depeschen, parlamentarische Vorlagen, Meetings=Be=schlüsse 2c. mit.

Ein solches Jahrbuch ist auch für den deutschen Politiker ein Be=dürfniß. Seit zwei Jahren erscheint auch bei uns ein solches, heraus=gegeben von H. Schultheß, unter dem Titel „europäischer Geschichts=kalender", welcher wenn auch in etwas bescheidenerem Umfange, doch seinen englischen und französischen Vorbildern mit Eifer und Geschick nachstrebt. Der erste Band stellt die Ereignisse von 1860 dar, der zweite die von 1861. Es ist merkwürdig, wie es politisch bildet und aufklärt, wenn man die Ereignisse, die man selbst erlebt oder gar mitgemacht hat, hier noch einmal im Zusammenhange in einem getreuen Spiegel en sich vorüberziehen sieht. Gerade der Zusammenhang gibt uns oft das Licht, das man über den Einzelnheiten verloren hatte, wieder zurück. Die Ereignisse des einen Landes bilden hier ein ebenso glänzendes, wie diejenigen eines anderen ein dunkles und betrübendes Bild. Von irgend einer Parteiauffassung kann nicht die Rede sein. Der Verfasser ist po=litisch ganz unbefangen und läßt nur die Thatsachen reden. Aber die Thatsachen reden laut.

Unter diesen Umständen waren wir begierig, in dem neuesten Jahr=gange des „europäischen Geschichtskalenders" zu sehen, welches Bild uns dieser getreue Spiegel von den Ereignissen im Herzogthum Nassau in dem verflossenen Jahre zurückwirft. Wir wollen dem Urtheile unserer Leser nicht vorgreifen, sondern geben einfach eine wörtliche Zusammen=stellung aller derjenigen Begebenheiten, welche sich 1861 in Nassau er=eignet haben, und welche ausschließlich den Vorzug genießen, von dem Verfasser für wichtig genug gehalten zu werden, um sie in den Annalen der europäischen Geschichtschronik zu verzeichnen. Danach sind denn die europäischen Ereignisse Nassau's aus 1861 Folgendes:

1861, 4. Juni (Nassau). Der Regierungscommissär zeigt der Herren=kammer an, eine Convention mit dem Bischof von Limburg sei nicht abgeschlossen, die kirchlichen Differenzen seien durch eine landesherrliche Verordnung provisorisch geregelt. (Mit dieser landesherrlichen Verord=nung war eine auf Cabinetsbefehl erlassene Ministerialverordnung vom 25. Mai 1861 gemeint, welche auf Grund einer zwischen dem Hofe und dem Bischof zu Limburg erzielten Uebereinkunft dem letzteren die ausge=dehntesten Zugeständnisse in staatskirchenrechtlicher Beziehung machte. An=merkung der Redaction.)

„8. Aug. (Nassau.) Die 2. Kammer verwirft mit nur 12 gegen 11 Stimmen den Antrag: „die herzogliche Regierung zu ersuchen, die Ministerial=Verordnung vom 25. Mai, die Verhältnisse der katholischen Kirche zum Staat betreffend, außer Anwendung zu setzen" und be=schließt dagegen:

„1. Die herzogliche Regierung zu ersuchen, die Ministerialverordnung dem Landtage zur Berathung und Zustimmung vorzulegen.

2. Gegen die Anerkennung der Rechtsbeständigkeit der Ministerial=verordnung Verwahrung einzulegen und dem Landtage seine Rechte dagegen vorzubehalten.

3. Sie wolle nichts dagegen einwenden, daß solche Einrichtungen, wie

sie in der Ministerialverordnung getroffen sind, vorläufig als Pro=
visorium bis auf Weiteres (b. h. bis zum nächsten Landtage) be=
stehen bleiben, jedoch lediglich als Verwaltungsmaßregel und ohne
Beeinträchtigung der landständischen Rechte.

4. An die Regierung das Ersuchen zu richten, dem früheren Antrage:
die nöthige Einleitung zu treffen, um das Verhältniß zwischen
der Staatsgewalt einerseits und der katholischen und der evange=
lischen Kirche, sowie den übrigen Religionsgesellschaften anderer=
seits auf dem Wege der mit den Ständen zu berathenden Landes=
gesetzgebung im Sinne vollständiger Glaubens= und Gewissensfrei=
heit definitiv zu ordnen, möglichst bald Folge zu geben."

23. Oct. (Nassau.) Eine zahlreiche Versammlung von Geistlichen
und Nichtgeistlichen in Diez verlangt vom Herzog eine Generalsynode
und eine Repräsentativverfassung für die evangelische Kirche ähnlich wie
in Baden.

28. Oct. (Nassau.) In Wiesbaden wird die „Mittelrheinische Zeitg."
mit Unterdrückung bedroht und die „Rhein=Lahnzeitung" ohne vorherige
Procedur durch Ministerialverordnung unterdrückt.

23. Nov. (Nassau.) Der Herzog bescheidet die Deputation der Diezer
Versammlung (vom 23. Oct.) abschlägig: „Er sei der beste Protestant
im Lande und zugleich auch summus episcopus; als solchem stehe ihm
allein die Initiative zu in Kirchensachen und er werde dieselbe ergreifen,
wenn er die Zeit dazu gekommen erachte."

Dieß also sind die europäischen Ereignisse aus der nassauischen Ge=
schichte von 1861.

Sie lassen sich dahin zusammenfassen:

1. Der katholischen Kirche wird die Selbstständigkeit gewährt;
2. der protestantischen Kirche wird die Selbstständigkeit verweigert;
3. die Presse wird unterdrückt.

Die der katholischen Kirche gewährte Autorität und Selbstständigkeit
ist eine ausnahms= und vorzugsweise, welche keine andere Kirche oder
Religionsgesellschaft in Nassau auch nur annäherungsweise genießt, na=
mentlich auch nicht die evangelische, welcher die Mehrzahl der Staats=
bürger angehört.

Dieser Vorzug ist der katholischen Kirche nicht auf dem Wege der
verfassungsmäßigen Landesgesetzgebung, sondern durch eine das bestehende
Recht abändernde Cabinetsordre, gegen den Willen und ohne Mitwir=
kung der Landstände, verliehen worden.

Die Maßregeln für die katholische und gegen die evangelische Kirche,
sowie gegen die Presse gehören in das Department der „herzogl. Landes=
Regierung" (Ministerium des Innern) und des evangelischen Kirchensenats.
Der Vorsitzende leider war damals und ist jetzt noch der Präsident von
Wißingerode, welcher das Vernehmen nach Ansprüche darauf macht,
ein freisinniger Staatsmann zu sein.

„An ihren Früchten sollt Ihr sie erkennen!"

In dem nächsten Artikel wollen wir zur Vergleichung mittheilen,
was die europäische Chronik von 1861 aus Baden und von dem badi=
schen Minister des Innern, Herrn Lamey, erzählt.

Meine Erwiberung lautete:

„Europäische Ereignisse in Nassau. Wiesbaden, 24. Nov. Ueber die „Europäischen Verhältnisse in Nassau" schrieb dieser Tage der „Rh. Kurier". „Europäische Ereignisse in Nassau!" werden unsere Leser verwundert fragen, was sind das für Ereignisse? Sind dies nassauische Ereignisse von europäischer Bedeutung, ober europäische Ereignisse von nassauischer Bedeutung, oder gar Ereignisse, die in Nassau und da dieses in Europa liegt, zugleich in Europa vorfielen und deshalb nicht bloß nassauische, sondern auch europäische Ereignisse, ja sogar „europäische Ereignisse in Nassau" sind? Wenn das Letztere der Fall ist, so gäbe es nicht bloß europäische Ereignisse in Nassau, sondern es gäbe in Wiesbaden zunächst Wiesbadner, bann nassauische, bann deutsche, bann europäische, bann irdische, bann Sonnensystems- und endlich Weltereignisse und die Lehre von den Gattungs- und Artbegriffen wäre vom „Rhein. Kurier" mit einem neuen Beitrag versehen worden. Was soll also der Gallimathias: „europäische Ereignisse in Nassau?"

Irgend Jemand gibt einen „europäischen Geschichtskalender" heraus, eine Art Chronik, in welchem die bemerkenswerthesten Ereignisse, welche im Laufe des Jahres in den verschiedenen Staaten Europas zu Tage kamen, aufgezählt werden. Vom Jahre 1861 weiß dieser Geschichtskalender aus Nassau zu erzählen: 1) seien die Differenzen mit der katholischen Kirche durch eine Verordnung des Landesherrn provisorisch geregelt; 2) sei die „Mittelrh. Ztg." verwarnt und die „Rhein-Lahnztg." unterbrückt; 3) sei eine Deputation, welche eine Generalsynode und eine Repräsentativverfassung der evangelischen Kirche verlangt habe, abschläglich beschieden worden.

Alles Dies hat nun seine Richtigkeit. Es ist wahr, daß die Differenzen mit der katholischen Kirche durch eine provisorische Verfügung des Landesherrn beigelegt wurden und jeder besonnene und einsichtsvolle Mann wird der Regierung dafür Dank wissen.

Bekanntlich war die katholische Kirche nach dem Jahre 1848 in allen Staaten mit gewissen Forderungen aufgetreten, welche sie, gestützt auf das kanonische Recht, anerkannt wissen wollte. Es bildete sich hauptsächlich in der oberrheinischen Kirchenprovinz, zu welcher auch Nassau gehört, eine „katholische Bewegung", welche die Regierungen in den damaligen Zeitumständen nicht ignoriren durften und konnten und welche sie womöglich zu beruhigen suchen mußten. Ebendeshalb sahen sich mehrere Regierungen, so die würtembergische, die babische, die hessendarmstädtische veranlaßt, theils mit dem Pabst selbst, theils mit dem betreffenden Landesbischof Conventionen zu schließen und zwar nicht ohne daß, wie z. B. in Baden, diesem Act beklagenswerthe und in das öffentliche Leben tief eingreifende Kämpfe und Verwirrungen vorausgegangen wären. Die nassauische Regierung schloß weder mit dem Pabst, noch mit dem Bischof eine Convention ab, sondern regelte das Verhältniß der katholischen Landeskirche zum Staat provisorisch durch eine landesherrliche Verordnung, in welchem die Rechte des Staates so gut als möglich gewahrt, die Ansprüche des Bischofs so sehr als möglich modificirt wurden. Hätte dies die herzogliche Regierung vielleicht nicht thun, hätte sie vielleicht einen „Kirchenstreit" im Lande heranwachsen lassen sollen, wie in Baden, damit die kirchlichen Gegensätze noch schroffer sich gegenüberstellten und Kämpfe und Streitigkeiten ausbrachen, welche bis in das Privatleben hinein die Bevölkerung in zwei feindliche Parteien spalteten? Wir glauben, daß die herzogliche Regierung, indem sie in der angegebenen Weise verfuhr, dem drohenden Conflicte vorbeugte und dem Lande den kirchlichen Frieden erhielt, daß sie dadurch den Dank aller verständigen Bürger erworben hat.

Es ist ferner wahr, daß eine Deputation, welche eine Generalsynode und eine Repräsentativverfassung für die evangelische Kirche verlangt habe, vom Landesherrn abschläglich beschieden wurde. Wir kennen die Motive dieses abschläglichen Bescheides nicht, allein die Vermuthung liegt nahe, daß sie sich nicht sowohl auf die Sache bezogen, als auf gewisse politische Zustände, die zur Zeit im Herzogthum noch vorhanden sind. Eine Generalsynode und eine Repräsentativverfassung der evangelischen Kirche würde am Ende im Herzogthum Nassau ebenso statthaft sein, als in einzelnen andern Staaten, in welchen derartige Einrichtungen bestehen, obwohl wir die unmaßgebliche Ansicht hegen, daß derartige Aeußerlichkeiten die religiösen Verhältnisse des Landes wenig oder gar nicht verändern würden. Ohne allen Zweifel plaidirt auch der „Rhein. Kurier" nicht aus religiösen Gründen, nicht aus Glaubensbedürfniß für eine Generalsynode und „Repräsentativverfassung" der evangelischen Kirche, sondern weit eher deshalb, weil diese Einrichtungen Gelegenheit bieten, die politische Agitation auch auf das kirchliche Gebiet hinüberzuspielen, das allgemeine Stimmrecht

auch in die Kirchenverfassung einzuführen. Höchstwahrschein=
lich wurde aber das betreffende Gesuch gerade deßhalb ab=
schläglich beschieden. Und wohl mit Recht! Denn wenn die
vom „Rhein." Kurier" gewünschte „Repräsentativverfassung"
der evangelischen Gemeinden heute eingeführt würde, so er=
lebten wir ganz sicher bald das erhebende Schauspiel, daß
sich die Candidaten um die Pfarrstellen in Nationalvereinler
und Großdeutsche schieden und da ein Nationalvereinspfarrer,
dort ein großdeutscher gewählt würde. Wer ein religiöses
Bedürfniß hat und sich erbauen will, der findet dazu auch in
der gegenwärtigen Verfassung der evangelischen Kirche hin=
reichende Gelegenheit und braucht dazu keine Generalsynode
und keine Repräsentativverfassung.

Endlich ist es wahr, daß die „Mittelrh." verwarnt und
die „Rhein=Lahnztg." unterdrückt wurde. Ueber diesen Act
haben wir uns schon früher ausgesprochen. Wir halten ihn,
abgesehen von allem Andern, für zwecklos und zweckwidrig.
Nichtsdestoweniger muß man sich daran erinnern, was jener
Maßregel vorherging. Man muß sich daran erinnern, daß
die „Rhein=Lahnztg." Jahre lang ganz in der Weise des
„Rhein. Kuriers" die herzogl. Regierung auf die gehässigste
und perfideste Weise bekämpft, angegriffen, verdächtigt und
verläumdet, die Behörden in den Koth gezogen, die Bevölke=
rung aufgehetzt, kurz Alles getrieben hatte, was eine meister=
lose, von knabenhaftem Uebermuthe geleitete Presse sich heraus=
zunehmen pflegt. Wenn dann endlich auf der andern Seite
der Geduldfaden riß, nun so beweist dies eben, daß auch die
herzogl. Regierung nicht aus Engeln, sondern aus Menschen
zusammengesetzt ist.

So verhält es sich mit den von dem „europäischen Ge=
schichtskalender" angeführten drei Thatsachen. Es versteht
sich nun wohl von selbst, daß der „Rh. Kurier" nur darauf
zu sprechen kommt, um in seiner Weise wieder irgend welche
Verdächtigungen daran zu knüpfen. Wir lesen deshalb auch
folgende Stelle in dem betreffenden Artikel:

Dieß sind also die europäischen Ereignisse aus der nassauischen Ge=
schichte von 1861. Sie lassen sich dahin zusammenfassen:
1. Der katholischen Kirche wird die Selbstständigkeit gewährt;
2. Der protestantischen Kirche wird die Selbstständigkeit verweigert;
3. Die Presse wird unterdrückt."

4

Mit andern Worten, da irgend ein Schriftsteller drei Thatsachen aus dem nassauischen Staatsleben herausgreift und veröffentlicht, so beweist dieß, daß die herzogliche Regierung auf dem Gebiete der Gesetzgebung und Verwaltung auf diese drei Thatsachen sich beschränkt und Jedermann wird wieder einsehen, wie beschaffen diese Regierung ist, die während eines ganzen Jahres nichts weiter zu schaffen vermochte, als eine feindliche Macht (die katholische Kirche) zu entfesseln, die evangelische Kirche dagegen in Fesseln zu belassen und noch überdieß die Presse zu unterdrücken.

Dieß ist der Sinn des „Rh. Kurierartikels." In dieser Weise sucht er wieder durch Verschweigung und Entstellung von Thatsachen die herzogl. Regierung zu verdächtigen. Es wäre nun eigentlich überflüssig, über dieses scham- und scheulose Treiben des „Rh. Kuriers" ein Wort zu verlieren, denn die betreffenden Verhältnisse und Thatsachen sind allgemein bekannt, wir haben uns jedoch vorgenommen, das Publikum bei jeder Veranlassung darauf aufmerksam zu machen, wie beschaffen die Opposition ist, welche von zwei bekannten Procuratoren in dem „Rh. Kurier" der herzogl. Regierung gemacht wird und deßhalb noch einige Aufklärungen.

Was die amtliche Wirksamkeit der herzogl. Regierung anbetrifft, so weiß jeder, der die Verhältnisse des Landes kennt, daß in der neuesten Vergangenheit verschiedene der wichtigsten Gesetze erledigt wurden.

Es wurde erledigt der langjährige, schwierige und für Nassau höchst bedeutungsvolle Domänenstreit.

Es wurde zu Stande gebracht das Gesetz über die Besteuerung des Berg- und Hüttenwesens und über Errichtung der Knappschafts-Kassen.

Es wurde publicirt das allgemeine deutsche Handelsgesetzbuch, das in mehreren deutschen Staaten noch nicht verkündigt ist.

Es wurde zu Stande gebracht das Gesetz über die Organisation der Realschulen.

Die Main- und Rheinschiffahrtsabgaben wurden ermäßigt.

Unter die Staaten, welche die Gewerbefreiheit am frühesten einführten, gehört Nassau.

Und nun hat Angesichts dieser Thatsachen der „Rhein. Kurier", man darf wohl sagen, die Schamlosigkeit, in seiner

Weise zu sagen, die „europäischen Ereignisse in Nassau" während des letzten Jahres beschränken sich auf die Entfesselung der katholischen, die Bedrückung der evang. Kirche und die Unterdrückung der Presse.

Der „Rh. Kurier" hat die Schamlosigkeit diese Verdächtigung in die Welt hinauszuschleudern, obgleich aus Obigem hervorgeht, daß die herzogl. Regierung in der letzten Zeit eine Reihe der wichtigsten Gesetze und Einrichtungen zu Stande gebracht hat und obgleich der „Rh. Kurier" recht gut weiß, daß die verschiedene Behandlung der katholischen und evangelischen Kirche in der Verschiedenheit der Verfassungen dieser Kirchen ihren Grund hat, daß das Kirchenregiment in der katholischen Kirche dem Klerus, in der evangelischen Kirche aber dem Landesherrn und der von ihm beauftragten Behörde zusteht und obgleich das Dasein des „Rhein. Kuriers" und seine ungehinderte Verbreitung im Lande am besten beweist, wie in Nassau von Seite der Regierung die Presse behandelt wird. Wir begreifen deßhalb in der That nicht, wie zwei Männer, die man allgemein und gewiß nicht ohne Grund als die Patrone des „Rh. Kuriers" bezeichnet, wir begreifen wirklich nicht, wie die Herren Procuratoren Braun und Lang durch ihre Gemeinschaft mit diesem Blatte, das nur von der Lüge, der Verläumbung und Verdächtigung seine Existenz fristet, an der Verurtheilung Theil nehmen mögen, welche dem „Rh. Kurier" von jedem ehrlichen und anständigen Manne zu Theil wird.

Zum Schluß noch eine Bemerkung. „Der Vorsitzende der herzogl. Staatsregierung war leider damals (als die oben erwähnten „europäischen Ereignisse in Nassau" vorfielen) und ist jetzt noch der Präsident von Winzingerode, welcher dem Vernehmen nach Ansprüche (Ansprüche!) darauf macht, ein freisinniger Mann zu sein", sagt der „Kurier".

Damit will der „Rh. Kurier" natürlich ausdrücken, daß seiner Ansicht nach Herr v. Winzingerode kein „freisinniger", sondern ein „reactionärer" Staatsmann sei. Wie man indessen in den Kreisen des „Rh. Kuriers" selbst im Geheimen den Herrn v. Winzingerode und die nassauische Regierung beurtheilt, beweist der Ausspruch eines Mannes, der für den „Rh. Kurier" gewiß eine Autorität ist, denn er war noch bis vor Kurzem dessen verantwortlicher Redacteur. Wir spre-

4*

chen von Max Wirth und erzählen, daß derselbe vor nicht
sehr langer Zeit in einem Privatgespräche mit uns nicht blos
zugestand, sondern freiwillig behauptete: „die nassauische Re=
gierung gehört zu den liberalsten in Deutschland und man
kann in der Presse ihre Partei ergreifen."[1] So urtheilt
man im Geheimen, öffentlich aber wird verdächtigt und ver=
läumdet. Zu bekannten Zwecken.
Caluminare audacter, semper aliquid haeret, zu
deutsch: das Volk muß um jeden Preis gegen die Regierung
aufgesetzt werden."

In einer Anfangs December erschienenen Nummer behaup=
tete der „Rh. Kurier", auf der nassauischen Staatsbahn habe
der fahrtenplanmäßige Zug 2 Stunden lang auf einer Sta=
tion halten müssen, weil derselbe durch einen für den Herzog
bestellten Extrazug gestört worden sei. Es war eine Lüge,
denn der Extrazug war mit dem ausdrücklichen Zusatz bestellt
worden, daß derselbe zu einer Zeit abgehen solle, in welcher
der regelmäßige Betrieb der Bahn nicht durchkreuzt werde.

Gegen Ende des Jahres 1862 bildete sich auch in Nassau
ein großdeutscher Reformverein, den Advocaten ein Pfahl im
Fleisch. Ferner hatte die „Frankf. Postzeitg." in einer Cor=
respondenz wiederholt darauf aufmerksam gemacht, daß der
Nationalverein und die Fortschrittspartei ihre Hauptstütze in
den nassauischen, größtentheils oranisch=gothaisch gesinnten Be=
amten besitze. Diese Enthüllung war den Advocaten beson=
ders unangenehm, da sie den faulen Fleck des nassauischen
Staatslebens berührten, an welchem die Insekten des Fort=
schritts mit Vorliebe sich festsetzten und welchen die Advoca=
ten um keinen Preis öffentlich zur Sprache gebracht wissen
wollten. Ferner hatte ich in der „N. Wiesbadner Zeitg."
auf Grund der zuverlässigsten Mittheilung folgendes Prob=
chen nassauischer Postbeamtengesinnung veröffentlicht:

„An die, die es angeht."
Zu unserm größten Erstaunen vernehmen wir von verschiedenen
Seiten, daß den Abonnenten unserer Zeitung, wenn sie dieselbe auf
der Post bestellen, von wahrscheinlich nationalvereinsgesinnten Post=

---

1) Ebendeßhalb scheint auch Max Wirth endlich die Redaction des
„Rh. Kuriers" niedergelegt zu haben. Wir haben darüber eigenthüm=
liche Mittheilungen erhalten.

secretären Schwierigkeiten in den Weg gelegt und ihnen dafür andere Blätter z. B. der „Rheinische Kurier" empfohlen werden. Es wurde uns erst heute wieder ein Postsecretär bezeichnet — aus Schonung wollen wir seinen Namen verschweigen — der einem unserer Abonnenten 14 Tage lang unter allerlei Vorwänden die bestellte „N. Wiesb. Ztg." vorenthielt. Diesem edlen Herrn hiemit zur Nachricht, daß wenn derselbe binnen der nächsten 8 Tage nicht 6 Abonnenten für unsere Zeitung zur Strafe für ihn, zur Entschädigung für uns und zur Warnung für seine gleichgesinnten Collegen aufgetrieben hat, wir sein Benehmen beim Oberpostamt in Frankfurt zur Anzeige bringen werden.

D. Red. d. N. W. Ztg."

Diesen Wink vervollständigte ich in der nächsten Nummer noch durch folgende Bemerkung:

„† Wiesbaden, 5. Dec. Wie tief das Herzogthum Nassau durch die mehrjährige ungestörte Wirksamkeit des Nationalvereins unterwühlt und unterminirt ist, beweist die Thatsache, daß selbst Postsecretäre gegen das einzige Blatt, welches die Principien vertritt, ohne deren Festhaltung der Staat nicht conservirt werden kann, intriguiren. Das Nähere ist aus folgender Stelle eines Briefes eines unserer Abonnenten ersichtlich: „Ihre Zeitung habe ich erst nach 14tägigem Kampf mit dem in diesem Quartal die Zeitungen bestellenden Postsecretär erhalten, indem ich unter verschiedenen Vorwänden fortwährend hingehalten wurde. Die letzte Ausrede war, daß Ihre Zeitung nur gegen Vorausbezahlung abgegeben werde, während die Post mir, ohne daß ich es verlange, häufig den Betrag für das halbe Dutzend Zeitungen, welche ich halte, mehrere Quartale lang stehen läßt. Ich bezahlte natürlich das Quartal sogleich, worauf es wieder 5 Tage dauerte, bis ich die erste Nummer erhielt und noch habe ich nicht die ersten 14 Tage Ihrer Redaction, obgleich ich das volle (von der Expedition der „N. Wiesb. Ztg." auch vollständig gelieferte) Quartal bezahlen mußte und fast täglich monire." Der Herr Postsecretär scheinen in der That ein so eifriger Nationalvereinler und ein so grimmiger Gegner unserer Zeitung zu sein, daß Wohldieselben ihr sogar als Postbeamter Hindernisse in den Weg zu legen sich erdreißten. Dieß geht aber doch über das Bohnenlied! Niemand soll einem Postsecretär verwehren dem Nationalverein beizutreten und für ihn zu wirken, denn jeder Mensch hat das Recht, Dummheiten zu machen, so lange er Andern dadurch nicht schadet. Aber daß ein nassauischer Postsecretär auch am Schalter seinen politischen Sympatien Luft macht und gegen eine mißliebige Zeitung intriguirt, das werden wir wenigstens nicht dulden. Wir verstehen in solchen Dingen keinen Spaß und werden deßhalb den betreffenden Herren unnachsichtlich der höhern Behörde anzeigen, wenn derselbe nicht binnen acht Tagen zur Strafe uns sechs Abonnenten aufgetrieben hat."

Diese Bloßstellung der den Advocaten ergebenen und mit ihnen verbündeten Beamten veranlaßte den Procurator Braun zu folgendem Ausbruch im „Rh. Kurier":

„Naſſauiſche „Reform"=Beſtrebungen. Wiesbaden,
17. Dec. Der naſſauiſche und ſpeziell hieſige (ſpeziell hieſige) Ausläufer des Reformvereins wird gebildet von einer in ihren einzelnen Perſönlich= keiten ſchon länger bekannten Clique, die ſchon in früherer Zeit mit= geſpielt, ſich jetzt noch durch Wahlverwandtſchaft verſtärkt hat: mit allerlei Kräften, von denen andere Leute (nämlich die Advocaten) aus bekannten Gründen ſich längſt feierlichſt losgeſagt haben (Leute haben ſich von Kräften losgeſagt!) Seitdem dieſe Geſellſchaft hier die ſoge= nannte Reform betreibt, haben natürlich wieder die alten Stücke (alte Stücke!) begonnen und ſo wie man die unvermuthete Ankunft des alten Napoleon auf dem Schlachtfelde ſtets ſofort bemerkte an der lebhaften Bewegung und den gewaltigen Maſſeſtößen, ſo kündigt ſich hier der Reformverein (es iſt nämlich ſeine Schuld, wenn er ſich nicht frei hält von gewiſſen Elementen!) an durch Spionage und Denun= ciation.

Es iſt Thatſache, daß die Bevölkerung des Herzogthums Naſſau in ihrer Mehrheit im Ganzen den Beſtrebungen des Nationalvereins gerade in demſelben Maße zugethan, wie denjenigen des ſogenannten Reformvereins abgeneigt iſt. Daß auch der Beamtenſtand im Großen und Ganzen (die Staatsdiener in der Kammer können als eine Ver= tretung des Beamtenſtandes in keiner Hinſicht gelten!) mehr zur liberalen und nationalen Seite hinneigt, als zu Junkerregi= ment und engherzigem Particularismus, iſt nur ein Zeichen davon, daß es noch nicht gelungen iſt, die ganze Staatsdienerſchaft von dem Volke und den allgemeinen Intereſſen loszulöſen. Und das wird im Herzogthum auch nimmer möglich ſein aus vielen ſehr nahe liegen= den Gründen! Statt dieſe Erſcheinung einfach darauf zurückzuführen, daß eben die Beſtrebungen der liberalen und nationalen Partei bei uns, wie faſt allerwärts, unſeren Bedürfniſſen, unſeren Intereſſen und unſeren ganzen Anſchauungen entſprechen; die gegneriſchen Be= ſtrebungen aber, die z. B. das Herzogthum Naſſau auch jetzt für „das beſtregierte Land" ausgeben, dies nicht thun, greift die Clique natürlich zur Lüge und Denunciation und ſchreibt dieſe ganz ſelbſtverſtändliche Erſcheinung der „ungehinderten" Thätigkeit des Nationalvereins zu, der das Land untermühlt habe und dem viele Staatsdiener anhingen und Vorſchub leiſteten, mit mehr oder weniger deutlicher Hinweiſung auf beſtimmte Perſonen. Dieſelben Menſchen, die die Reichsverfaſſung bejubelt und beſchworen haben, denunciren nun die Staatsdiener, welche auch heute noch glauben, der Traum eines mächtigen deutſchen Reichs mit geſicherten Rechtszuſtänden müſſe verwirklicht werden. Und nicht blos auf Staatsdiener erſtreckt ſich die Denunciation und Bedrohung, auch auf Poſtbeamte; jedes Mittel iſt eben recht! Als neulich ein Poſtbeamter in Weilburg ganz inſtructions= mäßig die Verabfolgung eines hieſigen Reformblattes vor bezahltem Abonnementspreis verweigerte, gab dies Veranlaſſung zu der Be= ſchuldigung (!) der Nationalvereins=Freundlichkeit und zu infamer Bedrohung mit deßfallſiger Denunciation bei der vorgeſetzten Dienſt= ſtelle, ſogar zu einem Erpreſſungsverſuch, der indeſſen bis heute zu einer Unterſuchung nicht geführt hat. Und die Veranlaſſung dazu

ging aus von dem Professor Sch. [1]). Derselbe Mann, der einst
auf Grund eines liberalen Programms, sich in die Nationalversamm-
lung wählen ließ, der damals mit dem Parlament nach Stuttgart
ohne Urlaub und jetzt mitten im Schuljahr zur sogenannten Re-
versammlung nach Frankfurt mit 8tägigem Urlaub der Landesregierung hierzu ꝛc., derselbe Mann gibt nun Veranlassung dazu, daß
instructionsmäßig handelnder Postbeamter deßhalb mißliebiger
Gesinnung denuncirt wird. (Der Postbeamte war auch nicht durch das
geringste Merkmal kenntlich gemacht worden, obwohl sein Benehmen
öffentliche Veröffentlichung verdient hätte, trotzdem schrie der „Rh.
Kur" über Denunciation. Den Advocaten war es freilich sehr unangenehm, daß diese Dienst- und Pflichtwidrigkeiten von Beamten, zu
ihrem Gunsten begangen, an die Oeffentlichkeit gebracht wurden.) So
weit haben es die „Reform"-Bestrebungen bei uns bereits gebracht!
Wir werden es vermeiden, derartigen Bemühungen eine fortlaufende
Aufmerksamkeit zu schenken, aber von Zeit zu Zeit muß man doch
aufmerksam werden. Denn: „An ihren Früchten sollt ihr sie
sehen." Während der Reformverein mit vollen Segeln geht und
in den Organen nicht Aufhebens genug machen kann von seiner
Thätigkeit und seinen mächtigen Fortschritten, während den
Unteren von oben empfohlen wird, demselben beizutreten, und
während Staatsbeamte Urlaub erhalten zu „Reform"-Reisen, schämt
man sich nicht, einen andern Verein, den man copirt, als wühlerisch
zu verschreien und pflichttreue Männer mit Denunciationen wegen
mißliebiger Gesinnung heimzusuchen!"

Unterdessen kitzelte es den Advocaten Braun abermals
wieder von Neuem, daran zu erinnern, daß die gegenwärtige
Regierung nichts tauge und so lange nichts tauge, als er
sie nicht als Regierungspräsident sie in die Hände bekomme.
Er schrieb deßhalb in den „Rhein. Kurier" einen Artikel,
Tendenz und Inhalt aus folgender Erwiderung ersichtlich. Ich sagte:

Wiesbaden 29. Dec. Der „Rh. Kurier" behauptet in seiner
Nummer wieder einmal, auf dem Gebiete der Verwaltung
in Nassau „Unsicherheit und Zerfahrenheit", welche in
oberen Kreisen soweit zu gehen scheine, daß dort selbst die Einsicht", — man erwartet nun irgend eine Thatsache, einen bestimmten Uebelstand zu erfahren, der in den oberen Kreisen nicht ein-
gesehen werde, dem „Rh. K." zufolge mangelt jedoch in den oberen
Kreisen die Einsicht so sehr, daß man nicht einmal einsieht, „es sei
faul im Staate Dänemark". Wisse doch selbst Jemand,
an der Spitze der Verwaltung stehe, den Unterschied zwischen Pro-
und Staatsprocurator nicht. Die letzte Bemerkung bezieht sich
auf Thatsache, daß ein hochgestellter nassauischer Beamter vor vielen Jahren einen längst verstorbenen Procurator, als derselbe

---

1) Anmerk. Der Name ist im Texte vollständig.

in eine Abendgesellschaft eintrat, scherzweise mit der Anrede: „Herr Staatsprocurator!" begrüßte. Und weil dieser Scherz vor vielen, vielen Jahren gemacht wurde, deßhalb macht der „Rh. Kurier" jetzt einen Ernst daraus und sagt, in den oberen Kreisen herrsche keine Einsicht und in der Verwaltung Unfähigkeit und Zerfahrenheit. Wir brauchen uns auf diese läppischen Angriffe des „Rhein.Kuriers" nicht näher einzulassen, die ganze Jämmerlichkeit dieses Organs der nassauischen Opposition ist daraus für Jedermann klar ersichtlich."

Den Präsidenten des großen deutschen Reformvereins, Medic.=Rath. Dr. Heydenreich beschuldigten die Advocaten, er vernachlässige seine ärztlichen Pflichten durch seine Betheiligung am Reformverein. Die Bosheit lautete so:

Eine nicht unbedeutende Anzahl Einwohner Ober=Ursels würde es mit aufrichtiger Freude begrüßen, wenn sich ein zweiter Arzt hier niederlassen würde. Auch die nahegelegenen Ortschaften, namentlich Kahlbach und Weißkirchen, würden darüber nicht böse sein. Das Bedürfniß macht sich immer mehr und mehr fühlbar, zumal der hiesige Arzt durch seine Beziehungen zum Reform=Vereine zu öfterer Abwesenheit gezwungen und man alsdann bei plötzlichen Krankheitsfällen genöthigt ist, einen Arzt in Homburg oder dem zwei Stunden entfernten Königstein oder Cronberg zu suchen, wie das schon öfter vorgekommen. Es ist bedauerlich, daß zur Abhülfe dieses wirklich so bringenden Bedürfnisses noch nichts geschehen ist. Wir fordern daher einen practischen Arzt zur Niederlassung auf.

Zum Carneval 1863 brachte der „Rh. Kurier" folgende Frechheit:

„Limburg, 1. Febr. (Carneval.) Unser Carneval hat, trotz schwerer Zeiten, wieder seine gewohnte Blüthe entfaltet und an Ceremoniell noch zugenommen. Nachdem nämlich kürzlich ein Wiesbadener Alterthümler eine Vorlesung über den Dom, welche er hier hielt und in der u. A. auch ein hoher weltlicher und ein hoher geistlicher Herr anwesend war, mit den tiefsten Verbeugungen und der feierlichen Anrede: Durchlauchtigster Herr *, hochwürdigster Herr *, verehrte Versammlung" begonnen, ist ein ähnliches Ritual auch für die Herren Redner in unseren Carnevalssitzungen eingeführt und es macht einen erhebenden Eindruck, wenn wir die Anrede vernehmen: „Hochwürdigster Herr Präsident, würdigster Herr Vicepräsident, verehrte Narren."

Ich bemerkte zum Verständniß des Artikels!

„Dieser Ausbruch ganz gewöhnlicher Büberei bezieht sich auf eine Versammlung, in welcher Herr Dr. Rossel von hier in Anwesenheit des Erzherzogs Stephan und des Bischofs von Limburg einen Vortrag hielt. In gewöhnlichen Zeiten sind derartige Ausfälle unschädlich und es genügt, sie der öffentlichen Verachtung zu übergeben, käme jedoch die Partei, welche der „Rh. Kurier" vertritt und welcher der Verfasser des genannten Artikels angehört, ans Ruder, so würden die unsauberen Elemente, aus denen sie zusammengesetzt ist, entfesselt und frei und es begänne ein Krieg gegen Alles, was in Beziehung auf Stand, Stellung und Bildung über die Linie des großen Haufens hinausragt, ein Krieg, der mit Angriffen auf Titel, Standes- und Rangabzeichen anfängt und damit endet, daß man das Münster in Straßburg als eine dem Principe der Gleichheit widersprechende Erscheinung niederreißen will. Glücklicherweise fangen aber die Gleichheitsmacher sehr bald an, sich gegenseitig die Dummköpfe abzuschneiden."

Endlich war es so weit gekommen, daß der Herzog selbst im Organ seiner Advocaten und der mit ihnen verbündeten Oranier verhöhnt wurde. Als Beleg dafür citire ich, da mir der Originalartikel des „Kuriers" nicht mehr bei der Hand ist, folgende Stellen aus einem Aufsatze der „N. Wiesbadner Zeitung":

„Bekanntlich fand am letzten Mittwoch eine feierliche Vertheilung von Dienstkreuzen an gediente Militärs und eine damit verbundene Parade statt. Es war eine militärische Feierlichkeit; das gesammte Officierscorps, die hiesige und die Biebricher Garnison waren ausgerückt und Se. Hoh. der Herzog nahm die Parade in eigner Person ab, und, wie ganz Wiesbaden weiß, hatte das seltene Schauspiel eine solche Masse von Zuschauern herbeigezogen, daß der große Platz vor der Kirche, sowie die angrenzenden Zugänge, förmlich gesperrt waren. Wir selbst waren um 1 Uhr, als wir uns in die auf dem Marktplatz gelegene Druckerei begaben, genöthigt, einen Umweg durch eine Parallelstraße zu machen.

Hören wir nun, wie der „Rh. K." diese Feierlichkeit behandelt:

„B* (Jawohl, B*!)[1]) Wiesbaden, 25. Febr. Wer noch einen augenscheinlichen Beweis dafür haben will, daß das Volk jeden Tag mehr der particularistischen[2]) Befangenheit entwächst und daß das Ganze an das Ganze wie Große jeden Tag mehr Terrain gewinnt, der mag sich einmal eine solche militärische Schaustellung in einer kleinen Residenz betrachten, wie wir sie heute gesehen haben. Während ein solches Ereigniß früher stets die ganze Stadt mehr oder weniger in Erregung brachte, waren heute außer einem Theil der Frauenwelt, die natürlich immer bei solchen Gelegenheiten vertreten sein muß, fast nur die gerade aus der Schule kommenden Schulkinder, die von 12 bis 1 Uhr feiernden Handarbeiter aus der Nähe und einige Leute von den Bureau's die ziemlich interesselosen Zuschauer; und die mehr oder weniger derben Bemerkungen, die von allen Seiten gemacht wur-

---

1) Verfaßt wurde der Artikel von Lang, absichtlich aber bezeichnet mit B* um den Verdacht auf Braun zu lenken. Beide Freunde lie gen sich nämlich zuweilen in den Haaren, weil bis jetzt noch nicht förmlich entschieden war, wer eigentlich der gem—üthlichste ist von bei den, Braun oder Lang?

2) Offenbar ist der Ausdruck: particularistisch unwillkürlich oder absichtlich für: monarchisch gesetzt.

den, waren nichts weniger, als ein Beweis dafür, daß man der ganzen Sache irgendwelche ernste Bedeutung beigelegt hätte. „Für Ernst zu ungenügend, für ein Spiel zu kostspielig", das war so der allgemeine Eindruck. — Und was mag der vereinsamte österreichische Husarenofficier von der Sache gedacht haben, der einer großen Armee angehört hat im Kriege und der nun höflichkeitshalber unter den weißen, wallenden Federbüschen mitwandeln mußte bei dem Parädchen auf dem Schloßplätzchen?"

In dieser Frechheit wird von dem „Rh. Kurier", nachdem er kurz vorher gegen die großdeutsche Partei den Vorwurf geschleudert, sie habe den Namen des Landesherrn in einen politischen Kampf hereingezogen, eine von Sr. Hoh. dem Herzog veranstaltete und geleitete militärische Feierlichkeit zur Carricatur gemacht lügnerisch entstellt und mit Schmutz beworfen. Ein solches Verfahren mit Worten zu qualificiren wird unnöthig sein, allein darauf aufmerksam machen möchten wir doch, daß das Blatt, in welchem der Landesherr in dieser Weise behandelt wird, das Organ einer Anzahl von Parteimännern ist, zu welchem u. A. auch der Advocat Braun, gegenwärtig noch Präsident der nassauischen Kammer, gehört.

Ein solcher Artikel, der wohlbemerkt, ungehindert im Lande verbreitet werden darf, charakterisirt die Zustände des Herzogthums, charakterisirt die Personen, welche den „Rh. Kurier" gründeten und unterhalten, charakterisirt die Partei, an deren Spitze diese Personen sich befinden. Und ihr sagt noch in Nassau werde die Presse, werde die Freiheit, werde das Recht unterdrückt! Und Ihr läugnet noch, daß die Partei des „Rh. Kuriers" nicht republikanische Tendenzen verfechte und daß die Umtriebe dieser Partei nicht zum Umsturz der Verfassung führen.

Hiemit wollen wir aus Mangel an Raum die Blumenlese aus dem „Rh. Kurier" beendigen, dem Organ jener Advocaten, die in Nassau „Fortschritt", Freiheitsbestrebung, Bildung, kurz alle politischen und unpolitischen Tugenden vertreten. Man ersieht aus den abgedruckten Proben, welche Sprache sie redeten, welchen Ton sie anschlugen, welche Opposition sie machten und welche Plane sie verfolgten. Man ersieht daraus aber auch die Zustände des Herzogthums Nassau. Deutlich ist aus den abgedruckten Stellen zu erkennen, daß die Spitze der advocatischen Angriffe ausschließlich gegen einige mißliebige Personen an der Spitze der Verwaltung und den Herzog selbst gerichtet war, während der „Rhein. Kurier" sich zum Vertheidiger des Beamtenstandes im allgemeinen aufwarf, weil seine Advocaten mit diesem zusammenhingen. Mit welchem Grimm die Entstehung des Reformvereins und der „N. Wiesb. Ztg." sie erfüllte und mit welchen Waffen sie gegen diese Gegner auftreten, ist ebenfalls

zu ersehen und zu bemerken ist endlich noch, daß, nachdem
der Kampf eine Zeit lang in der angeführten Weise ge=
kämpft worden und die Angriffe der Advocaten Schlag für
Schlag von mir zurückgewiesen und in ihrer Frivolität blos
gestellt wurden, die Patrone des „Rh. Kuriers" journalistisch
die Waffen streckten und nichts mehr zu erwidern wagten. Von
Neujahr an vergrub sich der „Rh. Kurier" in das tiefste
Stillschweigen, dagegen suchten mir, wie ich im nächsten Ca=
pitel darstellen werde, seine Advocaten auf andere Weise bei=
zukommen.

II. Capitel.

Mein Empfang in der Fortschrittspresse.

—. Platz! süßer Pöbel! Platz!
(Faust.)

Am 1. Februar 1861 übernahm ich die Redaction der
zu Wiesbaden erscheinenden „Mittelrheinischen Zeitung",
welche bis vor Kurzem noch entschieden großdeutsch gewesen.
Indessen hatte der Nationalverein zu jener Zeit bereits so
um sich und auch den Verleger der Zeitung bereits so
angefressen, daß ich, um den fortwährenden Conflicten und
Vorwürfen zu entgehen, drei Wochen nach meinem Eintritt
die Redaction wieder niederlegte. [1] Es befand sich aber da=
mals zu Wiesbaden ein Dr. Koch=Courabi, welcher mich auf=
forderte, nicht abzureisen, sondern zu bleiben und mit ihm,
sobald er die nöthigen Mittel herbeigeschafft haben werde,
eine neue Zeitung zu gründen. Der Vorschlag gefiel mir und
ich blieb. Zu den vorbereitenden Maßregeln, welche nunmehr
getroffen werden sollten, gehörte auch die Anschaffung des
nöthigen Hülfspersonals für den politischen Theil der pro=

---

[1] Vergl. hierüber meinen Aufsatz: Vier Wochen am Rhein. Stim=
men der Zeit. 1861. II..

jectirten Zeitung, da der Dr. Koch=Conradi nur dem Feuille=
ton sich widmen wollte und konnte. Um dieselbe Zeit wurde
in Frankfurt wegen harmloser Preßdummheiten ein Jüngling
ausgewiesen, der da hieß Eduard Löwenthal aus Galiläa und
den ich auf dem Büreau des „Arbeitgeber" einige Male ge=
sehen und gesprochen hatte. Da ich den jungen Mann durch
seine Ausweisung für brodlos geworden hielt und ihn bei der
projectirten Zeitung für untergeordnete Arbeiten verwenden
zu können hoffte, so fragte ich bei ihm an, ob er bei mir
eintreten wolle und erhielt sofort einen von Dank strotzenden,
mit beiden Händen zugreifenden Brief und wenige Tage nach=
her den Jüngling selbst in eigener Person zur Antwort.
Derselbe setzte sich in Wiesbaden fest und nistete sich ein.
Indessen machte ich schon in den ersten Tagen seiner näheren
Bekanntschaft sehr unliebsame Bemerkungen. Der Jüngling
brachte nämlich, was Kenntnisse, Verstand und Bildung an=
betrifft, jeden Tag solche Mängel zum Vorschein, daß er mir
nicht einmal als Hülfsarbeiter zur Besorgung mechanischer
Arbeiten für tauglich erschien. Seine vorher zur Schau ge=
tragene Anspruchslosigkeit und Timidität war eine Maske,
hinter der sich eine von mir früher an keinem Sterblichen
wahrgenommene, eine bis ins Ungeheuerliche gehende, eine
so übermenschliche Eitelkeit und Anmaßung verbarg, daß so=
gar der Umgang mit ihm im Privatleben zur psychologischen
Unmöglichkeit wurde. Es war schlechterdings unmöglich, mit
ihm über irgend einen Gegenstand ein Gespräch zu führen,
denn was man auch besprechen mochte, stets stand er auf der
Lauer, um den Gegenstand ins Löwenthal hinüberzuspielen,
und hier seine kleine Person an dessen Stelle zu setzen. Sagte
z. B. Jemand: „Gestern hat's geregnet," so erwiderte der
Kleine sicher darauf: „Ich habe gestern nicht geregnet."
    Dabei war er, wie es sich wohl von selbst versteht, in
die Pfiffe und Kniffe des Handwerks schon ganz genau ein=
geweiht und trotz seiner Jugend bereits ein vollendeter Lite=
raturschacherer und Reclamenverfertiger. Er hatte zu diesem
Zwecke ein kleines „System des Naturalismus" ange=
fertigt, d. h. eine zwei oder drei Bogen starke Broschüre,
in welcher er die hergebrachten Begriffe der Metaphysik,
Rechts= und Staatslehre in löwenthalisches Kauderwelsch
übersetzte. Dieses Opusculum kündigte er iterum iterumque

selbst an als eine Schrift, welche unter den Gelehrten grö=
ßeres Aufsehen errege, als einst die Schriften eines Saardam
und Galilei, weßhalb ich ihn nur den „kleinen Galilei" oder
auch das „kleine System des Naturalismus" nannte. Kurz
ich fand zu meinem großen Bedauern schon in den ersten
Tagen meines persönlichen Umgangs mit ihm, daß ich mich
in dem „kleinen Galilei" vollständig vergriffen hatte und zog
mich deßhalb gänzlich von ihm zurück, ihn vollständig igno=
rirend. In Folge dessen lag der Schluß für ihn nahe, daß
an der projectirten Zeitung wenigstens unter meiner Leitung
kein Platz für ihn bereit sei und er traf deßhalb als prac=
tischer Geschäftsmann seine Maßregeln.

Es hatte nämlich der Dr. Koch auch eine Köchin und mit
dieser Köchin wußte der kleine Galilei es so einzurichten, daß
sie im Laufe der Zeit ihrem Koch die Meinung beibrachte,
Galilei wäre eigentlich der rechte Mann zur Uebernahme der
Redaction des projectirten Blattes. In Folge dessen fand ich
mich mit Koch ab und zog nach Wien, wo ich den „Bot=
schafter" gründen half, während Galilei die „Wiesbadner
Zeitung" und die Köchin zu redigiren begann und zwar mit
solchem Erfolg, daß die „Wiesbadner Zeitung" nach einjäh=
rigem Bestehen und nachdem Koch sein Vermögen und noch
eine Masse Wechselschulden zugesetzt hatte, 71 ganze Abon=
nenten vereinigte, die Köchin aber zu Gunsten des kleinen
Galilei von Koch später sich scheiden ließ.

Ein Jahr nach meinem Abgange von Wiesbaden traf ich
auf einer Erholungsreise, die ich von Wien aus angetreten
hatte, zu Frankfurt einen mir bekannten Mann aus Wies=
baden, dessen Namen ich jetzt nennen kann und den ich nen=
nen muß, weil sein Zeugniß für die Entstehungsgeschichte
meiner Redaction gegenüber den darüber verbreiteten Lügen
von Belang ist. Ich traf also Hrn. Freytag d. Aelt., einen der
angesehensten Wiesbadener Bürger, fragte denselben u. A.
gesprächsweise nach dem Schicksale der „Wiesbadner Zeitung"
und erfuhr, daß dieselbe in den letzten Zügen liege und mit
Neujahr wahrscheinlich aufhören werde. Hr. Freytag sprach
mir davon, ich sollte mich mit den Verlegern der Zeitung in
Verbindung setzen, wenn dieselben einen tüchtigen Redacteur
finden, werden sie sich wohl zur Fortsetzung des Blattes ent=

schließen. Da ich nicht gern in großen Städten wohne und
auch lieber in Wiesbaden der Einzige, als in Wien einer von
Vielen bin, so befolgte ich den Rath, reiste nach Wiesbaden,
fand die Verleger bereit, mit mir abzuschließen und machte
nach kurzen Verhandlungen denselben den Vorschlag, die Zei=
tung am 1. Nov. 1862 zu übernehmen, zwei Monate lang gratis
und probeweise zu redigiren und am 1. Jan. 1863 förmlich mit
ihnen zu contrahiren. Und so geschah es. Am 31. October
wurde dem kleinen Galilei seine Entlassung notifizirt. Der=
selbe floh in Folge dessen von Wiesbaden, trieb sich längere
Zeit mit der Köchin herum, gerieth nach Leipzig, verübte dort
am Buchhändler Otto Voigt verschiedene Schwindeleien, die
ihm körperliche Züchtigung eintrugen und fand endlich ein
Unterkommen zu Berlin bei Hrn. A. Braß in der „Nord=
deutschen Allgem. Zeitung“. In neuerer Zeit scheint er
Schreibmaterialienhändler geworden zu sein.

Man sieht also, meine Uebersiedelung von Wien nach
Wiesbaden war ein Werk des Zufalls; ich füge auf Ehren=
wort noch bei, daß ich auch mit Niemanden als mit dem
Verleger unterhandelte und in die Redaction der „Neuen
Wiesbadner Zeitung“ eingetreten, eine durchaus selbstständige,
von Niemand abhängende, mit Niemand zusammenhängende
Stellung einnahm. Erst zwei Monate nach meiner Ankunft
wurde mein Blatt von dem großdeutschen Reformverein zum
Organ erklärt und meine Besoldung von 1200 fl. von diesem
Verein um 50 fl. monatlich aufgebessert. Die Uebernahme
der Redaction leitete ich am 1. November mit folgenden
Worten ein:

* Wiesbaden, 1. November. Aus Veranlassung des Wechsels,
welcher in der Redaction unseres Blattes stattgefunden, glauben wir be=
züglich der künftigen Haltung desselben einige Worte an unsere Leser
richten zu müssen. Es handelt sich in dieser Beziehung hauptsächlich um
zwei Punkte, um die inneren Verhältnisse des Herzogthums und um die
deutsche Frage.

Für die Beurtheilung und Behandlung der innern Zustände des Lan=
des und den darauf gerichteten politischen Bestrebungen hat man die
Wahl unter den verschiedensten Standpunkten. Man kann in dieser Be=
ziehung reactionär, conservativ, liberal, radical, demokratisch, ja selbst
republikanisch zu Werke gehen. Indessen hat jeder dieser Standpunkte
das Eigenthümliche, daß er das Unverständige und Unberechtigte nicht
nothwendig ausschließt. Man kann sehr reactionär und dabei sehr un=

verständig sein und ebenso wenig schützt, wie die tägliche Erfahrung es lehrt, der entschiedenste Liberalismus, Radicalismus oder Demokratismus, ja nicht einmal der Nationalverein vor Dummheit und Thorheit. Wir möchten deßhalb vor Allem eine verständige und besonnene Politik treiben und dieß dadurch an den Tag legen, daß wir bezüglich der inneren Verhältnisse des Herzogthums alle berechtigten und begründeten Ansprüche, Wünsche und Forderungen vertreten und unterstützen, daß wir wirkliche Mißbräuche und Unziemlichkeiten bekämpfen, ohne jedoch an der Grundlage der staatlichen Ordnung zu rütteln, daß wir jeder Verbesserung und Reform der Staatseinrichtung das Wort reden, sofern dadurch technisch Unbrauchbares abgeschafft und Besseres an seine Stelle gesetzt wird. Vor Allem aber werden wir unsern Standpunkt dadurch an den Tag legen, daß wir politische Bestrebungen, welche von irgend einem Parteistandpunkt aus unverständig und unbesonnen zu Werke gehen, mit allen uns zu Gebote stehenden Mitteln bekämpfen.

Unbesonnen und unverständig aber nennen wir jenes metzig geschwätzige Treiben, dem es nicht darum zu thun ist, reale politische Erfolge zu erreichen, sondern das Publikum aufzuregen und gegen das Bestehende zu erbittern. Unbesonnen und unverständig nennen wir es, das größere Publikum über staatswissenschaftliche Fragen disputiren zu lassen, deren richtige Beantwortung eine Kulturstufe voraussetzt, die das Volk nun einmal nicht einnimmt. Unbesonnen und unverständig nennen wir es, wenn eine unendlich kleine Minorität fortwährend als Volk ausgegeben wird, obgleich dieselbe factisch nichts weiter ist, als das persönliche Anhängsel einzeler ambitiöser Röllchenspieler, deren Zungenfertigkeit von dem großen Haufen so häufig mit Genialität verwechselt wird.

Dieser demagogischen Unbesonnenheit und Unverständigkeit entgegenzutreten, so oft sich Veranlassung dazu bietet, halten wir für eine unserer Hauptaufgaben.

Was die deutsche Frage anbetrifft, so heißen die Gegensätze: Reichsverfassung vom Jahre 1849 und Delegirtenversammlung. Die Wahl zwischen beiden kann nicht schwer sein, denn die Reichsverfassung ist nichts weiter als eine Idee, d. h. eine Vorstellung, die an sich recht schön sein mag, allein eben so wenig practischen Werth hat, als ein Traum. Die verständige und wissenschaftlich begründete Politik operirt nicht mit Ideen, nicht mit Idealen, nicht mit Träumen, sondern mit practischen Zielen und technischen Begriffen. Ein practisches Ziel und zugleich ein technischer Fortschritt ist die von acht deutschen Regierungen vorgeschlagene Delegirtenversammlung, mit den nothwendig damit noch zusammen hängenden und von einer sehr zahlreichen Versammlung deutscher Patrioten zu Frankfurt beantragten Verbesserungen. Wir entscheiden uns deßhalb für die Delegirtenversammlung.

Diesen Standpunkt werden wir künftig für die Haltung unseres Blattes maßgebend sein und in der Behandlung der einzelnen Fragen und Vorkommnisse hervortreten lassen.

Sehen wir nun, wie diese Ankündigung von der Gegenpartei aufgenommen wurde. Die nächste Nummer ihres zu

Frankfurt erscheinenden Blattes, der „Rheinische Kurier", enthielt folgenden Artikel:

„Wiesbaden, 1. Nov. Die „N. Wiesb. Ztg.", welche von Dr. E. Löwenthal gleich wie die „Wiesbad. Ztg." auf politischem Gebiete im Sinne der großdeutschen Demokratie, auf geistigem und socialem in radicalster Weise redigirt wurde, ist nun definitiv zum Regierungs= organ geworden, und zwar unter Verantwortlichkeit eines gewissen Abt, der früher schon, wenn auch nicht um der Politik, so doch um des Spie= les Willen in Wiesbaden sich aufhielt. Es ist dies ein Mann, der schon Manches zu verantworten hat, ohne es gerade verantworten zu können, jedenfalls ein würdiger Vertreter der nassauischen nunmehrigen „guten Presse". Die Besitzer der „N. Wiesbahn. Ztg." (Müller und Comp.) erhalten nun eine außerordentliche Subvention, müssen aber dafür jeden Artikel, der annonym, durch Vermittlung der Polizei einläuft, unver= ändert aufnehmen. Dr. Löwenthal gab sich hierzu nicht her, erhielt in voriger Woche eine leise Verwarnung „wegen zu scharfer Angriffe gegen das preußische Gouvernement" und weil er einige persönliche Ausfälle gegen die Herren Braun und Lang in einem eingelaufenen Artikel ge= strichen. Ein Unwohlsein Dr. Löwenthals beschleunigte den Bruch. Der= selbe begab sich — noch krank — nach Mainz, da er als Ausländer in einen noch schwebenden Preßprozeß verwickelt, noch weiteren Unannehm= lichkeiten ausgesetzt gewesen wäre."

So wurde ich von dem Organe der nassauischen Fort= schrittsadvocaten empfangen, die später über die Haltung und den Ton meiner Zeitung nicht Zeter genug schreien konnten.

Ich beantworte vor Allem die Frage, wer jenen saubern Artikel geschrieben hat, indem ich sage, Verfasser desselben war der kleine Galilei, jener unendlich freche und anmaßende Knabe Dr. Eduard Löwenthal aus Palästina, der sich seiner Zeit in die Redaction der „N. Wiesbadner Ztg." hineinge= schwänzelt hatte und in Folge meiner Ankunft so unerwartet und so schnell wieder hinausgefüßelt worden war. Dasselbe Löwenthal, das jetzt schrieb: die Redaction der „Neuen Wies= badner Zeitung" sei in die Hände eines gewissen Abt übergegangen, der schon früher nicht der Politik, sondern Spielens halber, in Wiesbaden sich aufgehalten und über= haupt Manches zu verantworten habe, was er nicht verant= worten könne, dasselbe Löwenthal, das diese Bübereien schrieb, obwohl es recht gut wußte, daß ich das Jahr zuvor nach Wiesbaden gekommen, um die „Mittelrheinische Zeitung" zu redigiren und mich in Wiesbaden während des Sommers auf= gehalten, um die Gründung der projectirten „Wiesbadner Zeitg." zu betreiben, dasselbe Löwenthal hatte mir das Jahr

zuvor, als ich ihm mittheilte, ich könnte ihm ein Unterkom=
men verschaffen, wenn es in Folge seiner Ausweisung nicht
wisse, wo es sein nicht mit Haaren, sondern mit semitischer
Race=Wolle dicht bewachsenes Haupt hinlegen solle, folgendes
geschrieben:

Frankfurt a. M., 11. März 1862.

Geschätzter Landsmann!

Besten Dank für Ihre Aufmerksamkeit, Betheiligung an einem, meine
Existenz sichernden, wirklich literarischen[1]) Unternehmen, zumal
in Gemeinschaft mit Ihnen, wäre mir äußerst erwünscht — in
meinem jetzigen Nothstande aber gerade zu ein geßlermäßiges Glück.
Je schneller Sie mir Positives mittheilen können, desto besser. Ein
Unternehmen, wobei Sie betheiligt, hat auch abgesehen von
der jetzigen Situation, in der ich schwebe, meine unbedingte Nei=
gung für sich." (Der Schluß des Briefes gehört nicht hieher.)

Ihr

Dr. G. Löwenthal.

Dasselbe Löwenthal, das oben citirten Artikel in dem
Organ der nassauischen Fortschrittsadvocaten veröffentlichte,
hatte ein ganzes Jahr lang über die Verworfenheit dieses
nämlichen Organs sittliche Entrüstungsseufzer ausgestoßen.
Dasselbe Löwenthal, das in erwähntem Artikel die „Neue
Wiesbadner Ztg." als ein förmliches Regierungsorgan der
öffentlichen Meinung denuncirte, hatte ein ganzes Jahr lang
um eine Subvention bei der Regierung so hündisch servil
gewinselt und gewedelt und um sich willfährig zu zeigen,
fortwährend so plump auf Preußen geschimpft, daß die Re=
gierung sich genöthigt sah, in einem an verschiedene Zeitun=
gen gerichteten Circular öffentlich jede Verbindung mit dem
Löwenthal in Abrede zu stellen.

Dieses nämliche Löwenthal, daß außer dem erwähnten
Artikel in demselben „Rh. Kurier", so wie in andern Blät=
tern noch eine Erklärung veröffentlichte, in welchem es sich
als Märtyrer seiner Ueberzeugung und seine Entfernung von
der Redaction der „N. Wiesb. Ztg." als die Folge seiner
hartnäckigen Festhaltung an den Grundsätzen des Liberalismus,

---

1) Der kleine Galilei war nämlich in Frankfurt als Expeditor auf
dem Bureau des „Arbeitgeber's" angestellt gewesen und hatte dort we=
niger eine wirklich literarische als vielmehr eine salzende, Paket=
versiegelnde, Briefcouvertirende, Gelder auf der Post abholende und von
diesen bei seinem Abgang 60 fl. in der Tasche behaltende Thätigkeit
entfaltet. ┘

5

welche ihm nicht erlaubt haben, die nassauischen Fortschritts=
advocaten anzugreifen, sowie als die Folge seiner Weigerung
mit der Regierung in Verbindung zu treten, darzustellen
suchte, dieses nämliche Löwenthal hatte sich wenige Wochen
zuvor der Regierung mit der größten Bereitwilligkeit zur
Verfügung gestellt.

Ehe ich fortfahre eine Betrachtung. In dem erwähnten
Artikel des „Rh. Kuriers" war ein bübischer Angriff auf
meine Person enthalten, weil ich es gewagt hatte, die Redaction einer Zeitung zu übernehmen, die nicht zur Clique ge=
hörte, und es wurde zugleich diese Zeitung von vornherein
dem Publicum denuncirt und verdächtigt, als ein Blatt, das
um 2000 fl. jährlicher Subvention seine Selbstständigkeit an
die Regierung verkauft und sich anheischig gemacht habe, ano=
nyme Artikel abzudrucken, also förmlich journalistische Knechts=
dienste zu versehen. Daß an allen diesen Verdächtigungen
nicht ein wahres Wort ist, brauche ich nicht zu wiederholen.
Der reine Zufall hatte mich nach Wiesbaden geführt. Mit
den Verlegern der „N. Wiesb. Ztg." und nur mit diesen
hatte ich mich eingelassen und mich vorerst anheischig gemacht
die Redaction der „N. Wiesb. Ztg." 2 Monate lang gratis
zu redigiren. Ich machte diese Proposition, damit ich in die
Lage gesetzt wurde, am 1. Januar einen förmlichen Contract
abzuschließen, der mir einen hinreichenden Redacteur=Gehalt
und das unbedingteste Dispositionsrecht über die Zeitung ver=
schaffte. Mit der nassauischen Regierung stand ich so wenig
in Verbindung, als mit dem König von Thule.

Vor Allem nun die Frage, wer war der Redacteur, der
oben erwähnte Bübereien in seine Spalten aufnahm. Unter=
zeichnet als solcher war, nachdem Max Wirth, der eine Zeit
lang seinen Namen hergegeben, aber bald die Wahrnehmung
gemacht hatte, daß auf denselben ein Theil des Schmutzes
zurückfalle, den das Blatt der nassauischen Procuratoren des
Fortschri ts jeden Tag colportirte und deßhalb zurückgetreten
war, unterzeichnet war damals der Drucker des Blattes
C. Adelmann in Frankfurt. Faktischer Redacteur aber war
der 21 jährige Knabe Kling. In Hanau lebt ein Zahnaus=
reißer Namens Kling, welcher den Knaben Kling gezeugt und
als derselbe herangewachsen war, in sein Geschäft gezogen
hatte. Der Vater und der Knabe rissen einige Zeit lang

den Hanauern gemeinschaftlich die Zähne aus, bis dem Kna=
ben dieses unpolitische Handwerk entleidete und er zuletzt nicht
mehr Zähne, sondern selbst ausriß und zwar nach Frankfurt
am Main. Natürlich wurde er jetzt Literat und als die naf=
sauer Advocaten einen Redacteur für den „Rheinischen Kurier"
suchten, wurde er „Redacteur." Aber der Knabe Kling konnte
ja keine Zeile erträgliches Deutsch schreiben, wird man ein=
wenden. Thut nichts, desto besser eignete er sich zum Re=
dacteur eines Fortschrittsblattes und überdies wurde die Ar=
beit des Schreibens von den nassauer Advocaten besorgt. Wir
haben hier das erste Beispiel vor uns, das einen Blick in
die Oekonomie und Beschaffenheit jener Presse eröffnet, welche
die idealen, welche die liberalen, welche die volksfreundlichen
Bestrebungen vertritt, welche jeden Tag mit soviel Pathos
als ein so ehrwürdiges, höchst achtbares, höchst nützliches,
wohlthätig wirkendes, unentbehrliches Institut proclamirt wird,
das leider von den Regierungen immer noch nicht richtig ge=
würdigt, mit feindlichen Augen betrachtet, ja sogar verfolgt
und mit Fesseln belastet werde, das aber vollständig „frei"
sein sollte. In Wiesbaden befinden sich einige Advocaten,
welche um jeden Preis eine politische Rolle zu spielen und
dabei ihre Geschäfte zu machen suchen. Um das Publicum
in ihrem Interesse bearbeiten zu können, gründen sie eine
Zeitung in Wiesbaden, die „Rhein=Lahnzeitung", diese wird,
da die Gerichte Hergenhahns jede gegen sie eingereichte Klage
zurückweisen, so frech, daß sie am Ende die Privatangelegen=
heiten des Herzogs in ihren Spalten herumzerrt. Sie wird
deßhalb unterdrückt. Nun springen die Advocaten nach Frank=
furt, gründen da ein neues Organ, den „Rh. Kurier", be=
stellen zum Redacteur desselben den feuchtohrigen, 21jährigen
Knaben Kling, einen Zahnausreißer aus Hanau, welcher na=
türlich jede Büberei annimmt, welcher der blind gehorchende
Dienstmann seiner Brodgeber ist, welcher in Beziehung auf
Ehre, Namen, gesellschaftliche Stellung, Manneswürde und
Mannesstolz nichts zu vertreten, nichts zu verlieren hat und
nun besitzen die Advocaten eine Maschine, die sie gegen jeden
Mißliebigen spielen lassen können, eine große Klystirspritze,
die sie jeden Tag unter dem Schutze der Anonymität von
Wiesbaden aus mit flüssigem Unrath anfüllen und durch ihren
Maschinisten auf ihre Gegner abfeuern lassen, und diese

Klystirspritze führt nun in der Parteisprache den Namen:
Organ der liberalen Partei und macht ein Stück der „deutschen
Presse" aus.

Aber weiter. Man hätte erwarten können, der bübische
Artikel, den der kleine Galilei auf der Flucht von Wiesbaden
hinterrücks abschloß und den der junge Zahnausreißer mit so
großer Behendigkeit im „Rh. Kurier" veröffentlichte, werde
die Entrüstung aller Blätter ohne Unterschied der Tendenz
und Parteirichtung hervorrufen.

Aber mit Nichten! Zwar Löb's „Neue Frankfurter Ztg.",
ich muß es ihr zur Ehre nachsagen, beschränkte sich auf die
Mittheilung der Thatsache, daß ich die Redaction der „Neuen
Wiesb. Ztg." übernommen. Hammeran's und seines Kellners
„Frankfurter Journal" sprach gar nichts, dagegen wurde der
Artikel seinem Wortlaut nach abgedruckt von jenem Organ
der höheren Langeweile, das von dem Abonnententödter Lam=
mers aus Hildesheim redigirt wurde, das sich die Aufgabe
gestellt hatte, im unerträglichsten Schulmeistertone die Süd=
deutschen zur preußischen Spitze zu bekehren, das aber — Blunt=
schli, Maier, Häusser, Müller, Brater, Straubinger und
andere berühmte Staatskünstler der Neuzeit arbeiteten fast
täglich daran — eine so einschläfernde Wirkung auf Jeder=
mann hervorbrachte, daß es im Laufe des vorigen Sommers
am Ende selbst einschlief, und den jungen Lammers als trost=
losen Wittwer und wie er sich selbst in seiner Abschiedsrede
ausdrückte, als (aber nicht vorne) „verwundeten Kämpfer" auf
dem Schlachtfelde zurückließ. Ja, Herr Lammers aus Hildes=
heim, ursprünglich als Redacteur in die „Weserzeitung" hin=
eingegilbemeistert, von ihr aber sehr bald wieder herausver=
legert, als die Abonnenten dieses Blattes in bedenklicher
Masse auszureißen begannen, Hr. Lammers, der ein auf Ach=
tung Anspruch machendes, ernsthaftes Blatt zu redigiren hatte,
druckte den Schmähartikel des kleinen Galilei mit großem
Behagen in seiner „Süddeutschen Zeitung" wortgetreu ab.
Es druckte ihn aber auch ab das große Ungethüm, die „Köl=
nische Zeitung", das rheinische Werkzeug des Pariser und
Turiner Preßbüreau, redigirt von einem gewissen Kruse, den
ich weiter unten genauer bezeichne.

Solchen Angriffen gegenüber befolge ich ein reiflich über=
legtes, höchst zweckmäßiges und ganz berechtigtes System, das

System der Repressalien und zwar der verstärkten, doppelt und dreifach verstärkten Repressalien. Einem Angreifer gegen= über, der entweder Lügen verbreitet oder auf Grund unbe= wiesener Sätze ungünstig beurtheilt, der überhaupt diejenigen Rücksichten dem Andern gegenüber verletzt, in deren Beob= achtung das Wesen der guten Gesellschaft enthalten ist, bleibt dem Angegriffenen kein anderes Mittel übrig als die Repres= salie. Soll er sich vertheidigen? Dadurch räumt er dem Angreifer von vornherein einen bedeutenden Vortheil ein, denn in sehr vielen Fällen ist ein vollständiger Gegenbeweis gar nicht möglich und überdieß ist die Lage, sich gegen Vor= würfe, Anklagen, Verdächtigungen vertheidigen zu müssen, an sich schon peinlich und nachtheilig. Durch die Repressalie allein wird das Verhältniß wieder hergestellt. Er hat be= hauptet, Ich habe aber auch behauptet und zwar mehr und noch beißender als er. Beide haben behauptet, nur mit dem Unterschiede, daß Ich beweisen kann, wenn nämlich Er vorher bewiesen, während Er nicht beweisen kann, da er blos gelogen, verdächtigt, angeschwärzt hat. Soll der Angegriffene klagen? Die Gesetze sind von der Art, daß er in den seltensten Fällen Genugthuung erlangt, überdieß sehe ich nicht ein, warum irgend Jemand das Recht haben soll, mich zu Zeit, Geld und Mühe kostenden Klagen zu zwingen. Er durfte gar nicht angreifen. Er hat das Recht gar nicht, Thatsachen über mich zu behaupten oder qualificirende Urtheile zu fällen, wenn er nicht zugleich die Beweise und Gründe anführt oder anführen kann. Ich habe also auch gar nicht nöthig, auf das Materielle seiner Behauptung einzugehen, mich in einen Rechtsstreit mit ihm einzulassen, sondern ich kehre einfach den Stiel um und renne ihm die Waffe in den Leib, womit er nach mir ge= stochen, nur erlaube ich mir vorher, die Waffe noch in Schwefel= und Salzsäure zu tauchen.

Durch die Repressalie wird ferner in dem Angreifer jenes Ge= fühl von Unlust, Uebelbefinden, Aerger und Schmerz erregt, wel= ches in ihm den Wunsch, daß er doch nicht angegriffen hätte, und welches den Entschluß in ihm hervorruft, nie mehr anzugreifen, weil durch den Angriff der Angegriffene das Recht erhält, mit noch viel schneidenderen und spitzigeren Waffen zurückzustoßen und dadurch ein Uebel zuzufügen. Jedes lebende Wesen aber sucht das Uebel zu vermeiden. Die Repressalie bringt also eine äußerst moralisirende, sittenveredelnde Wirkung hervor, indem sie Reue und Buße erzeugt. Ich habe sie deßhalb bei jeder Gelegenheit und zwar mit großem Erfolge in Anwendung gebracht und sie ist, so lange keine Ehrengerichte existiren und da, wo die politische Bewegung und die Presse in die Hände von Gamins gerathen, geradezu unentbehrlich, denn diese können nur durch Furcht und Schrecken, nur durch die unmittelbar nachfolgenden Repressalien im Zaume gehalten werden, während sie sich über ein gerichtliches Urtheil lustig machen, das gewöhnlich nicht einmal den wahren Verbrecher, sondern nur den Strohmann trifft und oft ein halbes Jahr hinter dem Verbrechen herhinkt. Ich griff also auch im vorliegenden Falle zur Repressalie und schrieb (Nr. 37 der N. W. Z. 1862):

"* Frankfurt, 3. Nov. Wie man hört, weiß sich Herr C. Abelmann, Druckereibesitzer (und nomineller Redacteur des „Rhein. Kuriers) fast nicht mehr zu helfen, da er so Manches zu verantworten hat, was er gar nicht mehr verantworten kann."

Ich schrieb ferner (Nr. 38 der N. W. Z. 1862):

"* Wiesbaden, 6. Nov. Die „Südb. Ztg." verwahrt sich mit Entrüstung gegen die von der „Kreuzzeitung" verbreitete Sage, daß sie mit einer zweideutigen Berliner Persönlichkeit in Verbindung stehe. Nichtsdestoweniger hatte die „Südb. Ztg." nichts Eiligeres zu thun, als die Impertinenzen abzudrucken, welche eine noch viel zweideutigere Persönlichkeit dem „Rh. Kurier," über unser Blatt eingesendet hatte. Solche Dinge sind in Frankreich und England, wo die Journalisten sich schämen würden, vor den Augen des Publikums sich gegenseitig selbst herabzusetzen, rein unmöglich. Wir erfahren deßhalb, daß die „Südb. Ztg." im Begriffe steht, mit dem Cabinet Bismark in nähere Verbindung zu treten und gegen eine bestimmte Subvention gewisse Artikel unverändert abzudrucken. Auch wird ein gewisser Lammers, bei der Redaction der „Südb. Ztg." beschäftigt, Spielens halber für den nächsten Winter sich gänzlich nach Homburg übersiedeln."

Ich schrieb ferner:

"Wiesbaden, 7. Nov. Ein gewisser Kruse, der sich voriges Jahr Spielenshalber in Helgoland aufgehalten hat, wird diesen Winter fortfahren, die „Köln. Ztg." zu redigiren. Diese „Köln. Ztg." bezieht, wie der „Botschafter" vor einiger Zeit kategorisch erklärte, vom französischen Ministerium 100,000, vom Turiner Ministerium 50,00 frcs. jährlich als Subvention. Wahrscheinlich müssen dafür gewisse Artikel unverändert abgedruckt werden."

Ich schrieb aber auch:

"Frankfurt, 6. Nov. Der Buchdruckereibesitzer C. Abelmann gerieth gestern Abend beim Nachhausegehen in eine Schlägerei, bei welcher

Gelegenheit ihm das Nasenbein vollständig zerschmettert wurde. Der arme Mann ist sehr entstellt und hatte schon vorher mehr zu verantwor= ten, als er verantworten kann."

Ferner schrieb ich:

"*Homburg v. d. H., 8. Nov. Heute wurde von dem Truckerei= besitzer und verantwortlichen Redacteur des „Rh. Kuriers" G. Abelmann aus Frankfurt, in Verbindung mit einem gewissen Lammers, der an der „Südb. Ztg." und einem gewissen Kruse, der die „Köln. Ztg." redigirt, die Bank gesprengt. Die drei Herren führten sodann in ihrer Freude einen indianischen Kriegstanz im Saale auf, aus dem sie sich jedoch so= fort entfernen mußten."

Ferner:

„Wiesbaden, 11. Nov. Auch die „Südb. Ztg. druckt dem „Rh. Kurier" die Lüge nach, der Redacteur der „N. Wiesb. Ztg." sei von der Polizei approbirt worden. Wenn doch ein gewisser Lammers seine Thä= tigkeit der „Südb. Ztg." zuwenden würde, statt sich in Homburg herum zu treiben."

Später schrieb ich:

*Frankfurt, 15. Nov. (Schrecklicher Kampf eines Menschen mit einem Thier.) Gestern hat sich hier ein tragischer Fall ereignet. Herr G. Abelmann, Druckereibesitzer, verantwortlicher Redacteur des „Rhein. Kuriers" und Mitglied des gesetzgebenden Körpers, war, wie wir schon neulich berichteten, in seiner Eigenschaft als Redacteur des „Rh R." beim Nachhausegehen Abends in eine Schlägerei gerathen, bei welcher Gelegenheit ihm das Nasenbein zerschmettert wurde. In Folge dessen wurde Herr Abelmann bettlägerig. Und so lag er denn da im Bette. Da kriecht plötzlich etwas an seinem Körper hinauf, duftet schlecht, beißt und brennt und entsetzt Herrn Abelmann. Herr Abelmann rafft sich auf, setzt sich zur Wehre und verfolgt das Thier. Das Thier flüchtet sich, kriecht ihm endlich in das rechte Nasenloch und vertheidigt sich hier, indem es zwei Sinne des Herrn Abelmann auf einmal empfindlich ver= letzt, den Geruchssinn durch Mißduft und das Gefühl durch Beißen und Zwicken. Herr Abelmann wird fast wahnsinnig vor Schmerz, schlägt um sich, schlägt endlich auf die Nase, schlägt sie in Trümmer und was entdeckt er? Eine Wanze von der größten Sorte, eine 1½ Zoll lange Wanze. — Die Wanze wird ergriffen, aber o Wunder! nun zeigt es sich, daß die Wanze nichts anderes ist, als ein aus dem „Rh. Kurier" entsprungener Artikel, der Fleisch und Blut angenommen und in eine Wanze sich verwandelt hat. In novas fert animus mutatas dicere formas, zu deutsch: Stinkend verwandelt in Wanzen das Wort sich des „Rheinischen Kuriers". Die Wanze wurde sofort Hrn. Lammers, dem Re= dacteur der „Südb. Ztg." übergeben, welcher das niedliche Thierchen einbalsamiren und in seiner Zeitung abdrucken will. Die Nase des Herrn Abelmann ging, wie schon bemerkt, bei dieser Gelegenheit in Trümmer und diesem edlen Gliede ihres Ernährers weinen jetzt vier unversorgte Kinder und eine trostlose Gattin tiefbekümmert nach.

Ich schrieb endlich:

„* Frankfurt, 24. Nov. Gestern ist die erste Rate der Subven=
tion, welche die „Südd. Ztg." vom Cabinet Bismark bezieht, damit sie
gewisse Artikel unverändert abdrucke, hier eingetroffen und zwar bien
à propos.

Diese Schläge brachten nun auf die Betroffenen eine
höchst merkwürdige Wirkung hervor. Schmerzbewegt spran=
gen sie auf, rieben sich die getroffene Stelle ihrer Körper
und stießen ein gellendes Geschrei der sittlichen Entrüstung
aus. Zuerst klagte Kruse in der „Köln. Ztg.", er sei nie
in Helgoland gewesen, er habe nie Hazard gespielt, er be=
ziehe keine Subvention von Paris und Turin, und es sei
unbegreiflich, daß die nassauische Regierung für solchen Schmutz,
wie ihn die „N. Wiesb. Z." verbreite, Geld ausgeben möge.
Aber auch ich hatte mich nicht „des Spieles halber" im
Sommer 1861 in Wiesbaden aufgehalten, sondern um eine
Zeitung zu gründen. Auch ich bezog von der nassauischen Re=
gierung keine Subvention. Trotzdem hatte der Kruse alles
dies, und zwar ohne Veranlassung, also angriffsweise, über
mich behauptet. Warum sollte nun ich dasselbe nicht über
ihn behaupten dürfen? Namentlich da ich meine Behauptung
beweisen konnte, wenn nemlich Kruse, der zuerst behauptete,
zuerst bewies. Trotzdem sagt Kruse, der Redacteur der
Gazette de Cologne, meine Vertheidigung sei Schmutz,
sein Angriff aber Eau de Cologne.

Dann winselte der kleine Genius und hinten verwundete
Kämpfer Lammers, so etwas sei nie da gewesen, die
„N. Wiesb. Ztg." überschütte Ehrenmänner mit Verläum=
dungen, ihm sage sie nach, er spiele in Homburg, habe die
Bank gesprengt und einen indianischen Kriegstanz aufgeführt,
habe sich mit dem Cabinet Bismarck in Verbindung gesetzt.
Ja nicht einmal den ehrwürdigen C. Abelmann, einen der
in Frankfurt Gesetz gebenden Körper[1] verschone sie und sage
ebenfalls von ihm, daß er in Homburg spiele, daß ihm das
Nasenbein zerschlagen worden und daß ihm eine Wanze in
die Nase gekrochen sei.

---

[1] C. Abelmann ist nicht sowohl gesetzgebender Körper als vielmehr
gesetzgebender Bauch.

Man bedenke noch einmal: C. Abelmann hatte über mich
öffentlich und ohne alle Veranlaſſung gelogen, ich habe mich
während des Sommers 1861 in Wiesbaden Spielens halber
aufgehalten, habe Manches zu verantworten, was ich nicht
verantworten könne und habe mich bereit erklärt, gegen eine
Subvention von fl. 2000 jährlich unbedingtes Werkzeug der
naſſauiſchen Regierung zu werden. Es waren dies theils
Lügen, theils Verleumdungen, theils bübiſche Angriffe. Sie
wurden mit Behagen und Wolluſt von dem Ex=Hofmeiſter
Kruſe in der „Köln. Ztg.“ und von dem verunglückten Ge=
nie Lammers in der „Südd. Ztg.“ weiter verbreitet und
Alles dies fanden die betreffenden Herren ganz in der Ord=
nung. Als nun aber ich ganz Daſſelbe und wörtlich Daſſelbe
und mit demſelben Rechte, ja mit noch größerem Rechte
über ſie ſagte, was ſie über mich geſagt hatten und ſagte,
weil ich meine Sage beweiſen konnte, wenn ſie, meine An=
greifer, vorher bewieſen, während ſie ſelbſt einfach gelogen
hatten, als ich ſomit meine Represſalien in Anwendung
brachte und meine Perſönlichkeit und deren Ehre gegen bü=
biſche Angriffe auf dieſelbe vertheidigte, da war dies in den
Augen jener Herren ein ungeheurer Frevel. Ich ſchrieb des=
halb folgendes in der „N. Wiesb. Ztg.“:

Erklärung.

† Wiesbaden, 11. Nov. Spät kommt Ihr, doch Ihr kommt.
Nachdem ich am 1. dieſes Monats die Redaction der „N. Wiesb. Ztg.“
übernommen, erſchienen ſofort aus der Feder meines wegen Unbrauch=
barkeit entlaſſenen Vorgängers, des Herrn Löwenthal, zwei Artikel, in
welchen ungefähr geſagt iſt: die Redaction der „N. Wiesb. Ztg.“ ſei
jetzt in die Hände eines gewiſſen Abt, der ſchon vorigen Sommer wegen
des Spieles hier ſich aufgehalten, übergegangen. Die „N. Wiesb. Ztg.“
ſei unbedingtes Regierungsorgan geworden, beziehe eine Subvention von
der Regierung und müſſe dafür gewiſſe anonym einlaufende Artikel ab=
drucken. Dieſe Nachrichten enthielten von Anfang bis Ende die größten
und handgreiflichſten Lügen und zugleich die eckelhafteſte Verläumbung
meiner Perſon. Ich habe mich, wie hier allgemein bekannt iſt, voriges
Jahr in Wiesbaden niedergelaſſen, weil ich als Redacteur der „Mittelrh.
Ztg.“ berufen wurde, ich habe mich nach meinem Rücktritt von dieſer
Redaction, erfolgt, weil ich die Tendenzen des Nationalvereins nicht
vertechten wollte, hier aufgehalten, um die Redaction der „Wiesb. Ztg.“
zu übernehmen. Als dieſe aus Gründen, die nicht hieher gehören, in
andere Hände gerathen war, folgte ich einem Rufe nach Wien, trat dort
bei der Redaction des „Botſchafter“ ein, machte nach einjährigem Auf=
enthalt daſelbſt eine Erholungsreiſe, erfuhr auf dieſer die Verhältniſſe

der „N. Wiesb. Ztg.", schloß mit den Verlegern derselben einen Vertrag ab, der mir die Redaction dieser Zeitung übertrug und rebigire diese ohne in irgend einem Vertragsverhältniß zu der Regierung zu stehen, ohne daß ich oder die Verleger der Zeitung einen Kreuzer Subvention beziehen¹), ich redigire die „N. Wiesb. Ztg." lediglich an meinen Standpunkt und meine Ueberzeugung gebunden, wie dieß aus den unter meiner Redaction erschienenen Nummern klar ersichtlich ist.

Nachdem nun die oben erwähnten Schmähartikel des „Rh. Kuriers" erschienen und ihrem wesentlichen Inhalte nach von der „Süddeutschen" und „Köln. Ztg." abgedruckt worden waren, nachdem also der „Rhein. Kurier" gelogen, ich habe mich vorigen Sommer wegen des Spieles hier aufgehalten und rebigire jetzt eine von der Regierung subventionirte Zeitung und nachdem die „Süddeutsche" und die „Kölnische Zeitung" diese Lüge nachgelogen, nachdem also diese drei Zeitungen mich persönlich publice beschimpft, insurirt, verdächtigt und verläumbet hatten, erhob sich die Frage, was von meiner Seite gegen diese durch gar nichts provocirten Angriffe zu thun sei?

Klagen? es hilft nichts, ist langweilig und kostet Geld? Zum Duell fordern? Sie stellen sich nicht. Wimmern, mir sei Unrecht geschehen? Nein, Draufschlagen, Gegenstoßen, Repressalien ergreifen, Schinden, Plagen, Quälen, Drangsaliren, Stechen, Verwunden, so lange bis meine Angreifer Schmerzensschreie ausstoßen und Buße thun. Ich habe deßhalb seit 8 Tagen nicht aufgehört, die Redacteure der „Kölner" und „Süddeutschen Zeitung" und des „Rh. Kuriers" in meiner Weise zu zu behandeln und habe Recht damit geübt. Habe ich vorigen Sommer Spielens halber mich hier aufgehalten, so hat sich Einer Namens Kruse aus demselben Grunde in Helgoland aufgehalten, hat ein gewisser Lammers und Adelmann in Homburg die Bank gesprengt. Muß ich eine von der nassauischen Regierung subventionirte Zeitung rebigiren, so wird die „Kölner Ztg." von Frankreich und Piemont und die „Südd. Ztg." vom Cabinet Bismark unterstützt. Und so fort bis ich die gewünschte Satisfaction erhalten habe. Ich werde doch wahrhaftig von drei Leuten, die sich Kruse, Lammers und Adelmann nennen, mich nicht zum Object machen lassen, an dem sie ihre Lügen- und Verläumbungsgelüste ungestraft ausüben dürfen! Ein Resultat habe ich bereits erreicht, die betreffenden Herren lassen sich heute in der „Süddeutschen" so wie in der „Kölner Ztg." vernehmen.

Aber merkwürdiger Weise ist nicht im Geringsten davon die Rede, daß jene Blätter einen lügnerischen und verläumberischen Artikel über meine Person und Zeitung abgedruckt haben, und daß ich deßhalb genöthigt wurde, das Retorsionsrecht zu üben, sondern die Herren geberden sich, wie unschulbige Lämmer, die von mir ohne alle Veranlassung also in frivolster Weise angegriffen worden seien. Dies ist eine neue Täuschung des Publicums und beweist ferner, daß die Betreffenden auch nicht eine Ahnung von den einfachsten Rechtsgrundsätzen haben. Indessen ich bin noch keineswegs befriedigt. Ich muß förmliche Satisfaction er-

¹) Ich redigirte die Zeitung, wie schon bemerkt, während der Monate November und December gratis.

halten und diese darf nicht blos darin bestehen, daß meine Gegenbehaup=
tung als subjective Ansicht, deren Wahrheit dahingestellt bleibt, ver=
worfen werden. Nicht um das, was ich replicire, handelt es sich, son=
dern um das, was der „Rh. Kurier" zuerst gelogen hat. Meine An=
greifer müssen daher öffentlich ihr Bedauern darüber ausdrücken, daß
sie sich verleiten ließen, frivole Angriffe auf meine Person, dem „Rh.
Kurier", mit dem ich speziell abrechnen werde, nachzudrucken. Geschieht
dies nicht, so fahre ich fort und lasse ihnen so lange keine leibliche Ruhe
bis ich meinen Zweck erreicht haben werde.   A.

Eine solche Sprache und einen solchen Standpunkt konnte
der süddeutsche Lammers gar nicht begreifen. Daß Jemand
von den Zeitungsschreibern usurpirte Privilegium, jeden
liegen an der Ehre anzutasten und dann höchstens eine
Berichtigung oder Aufklärung zu geben, beileibe aber kein
Geständniß gelogen zu haben, daß Jemand dieses Privi=
legium nicht anerkenne, sondern den Stiel umwende und auf
den Angreifer mit derselben Waffe zurückschlage, dies war
dem genialen Lammers ganz neu und versetzte ihn in das
höchste Erstaunen und in die tiefste Entrüstung. Wie er
seine Gefühle in seinem Blatte ausdrückte, ist aus folgendem
in der „N. Wiesb. Ztg." ersichtlich:

„Lammernes."

* Wiesbaden, 14. November.

Frankfurt, 12. Nov. Die „Neue Wiesbadner Zeitung" gesteht
in schamloser Nacktheit (in schamloser Nacktheit der Zeitung oder
des Geständnisses?) ein, sie habe ihre Verläumdungen gegen die Re=
der „Süddeutschen Zeitung", der „Kölnischen Zeitung" (den sie
des Hazardspiels bezüchtigt hatte) und des „Rhein. Kuriers"
, um von denselben einen Ausdruck des Bedauerns über that=
Mittheilungen (Lammers nennt die Lügen des kleinen Dünkel=
senthal thatsächliche Mittheilungen) in Bezug auf sie
en, welche die erstgenannten Blätter dem letztgenannten nach=
hatten und werde, bis dies erreicht sei, den genannten Redacteu=
leibliche Ruhe lassen. Dieses knabenhaft ersonnene Piraten=
um so angebrachter (Hr. Lammers setzt also auch die Zeit=
den Comparativ!), als wir z. B. ihre eigene Darstellung des
alts nach derjenigen des „Rhein. Kuriers" ebenfalls aufgenom=
Was übrigens nicht wahr ist, da Hr. Lammers nie die Lüge
, ich habe mich im Sommer 1861 Spielens halber in Wies=
gehalten). Was sagen die „Augsb. Allg. Ztg." und die „Frankf.
nur zu ihrem viel versprechenden neuen Bundesgenossen?"
läßt sich Herr Lammers wieder vernehmen und wir müssen ge=
daß wir nachgerade eigenthümliche Ansichten über die Vernunft=
heit jenes Herrn zu hegen anfangen. Derselbe ließ sich bekannt=
einiger Zeit beikommen, zu schreiben: die Redaction der „N.
Wiesb. Ztg." sei in die Hände eines gewissen Abt übergegangen, wel=

cher voriges Jahr wegen des Spieles sich hier aufgehalten. Die „Neue Wiesb. Ztg." sei nun ein Regierungsorgan geworden, das gegen eine Subvention gewisse Artikel unverändert aufnehmen müsse. In dieser Nachricht lag eine Geringschätzung, eine Beleidigung der Person des Redacteurs der „N. Wiesb. Ztg." und es lag darin eine Lüge und eine Verläumdung. Gleichwohl vindicirt sich H. Lammers das Recht, Obiges zu schreiben, denn er ist der Herr Lammers. Schreiben dagegen wir: Ein gewisser Lammers, der sich des Spieles halber nach Homburg über= siedeln werde, sei in Verbindung mit dem Ministerium Bismark getreten und die „Südb. Ztg. müsse gegen eine Subvention gewisse Artikel un= verändert abdrucken, schreiben wir also ganz dasselbe über ihn, was Hr. Lammers über uns schreibt, nur mit dem Unterschied, daß Herr Lam= mers angreift und wir abwehren, so ist dieß „schamlose Nacktheit" und ein „knabenhaftes Piratensystem!" (es gibt also auch knabenhafte See= räuber!) Wo hat, so müssen wir Angesichts dieser ungeheuerlichen Beur= theilung fragen, wo hat Hr. Lammers seine logischen und seine juristischen Studien gemacht. Weiß Hr. Lammers nicht, daß Nichts an sich eine Qualität hat? Weiß Hr. Lammers nicht, daß die moralische und rechtliche Qualität einer Handlung nicht an sich zukommt, sondern von den besondern Umständen des Falles abhängt. Weiß Hr. Lammers nicht, daß ganz dieselbe Handlung, ein Dolchstoß z. B. straflos, rechtlich und moralisch erlaubt, oder aber ein Verbrechen und ein unmoralischer Act ist, je nachdem sie in der Abwehr begangen wurde, oder im An= griff? Die „schamlose Nacktheit" und das „knabenhafte Piratensystem" jagen wir deßhalb zu seinem Urheber, dem Herrn Lammers zurück, in= dem wir der Vernunftbeschaffenheit, der logischen und juristischen Bildung dieses Herrn unser aufrichtiges Mitleid nicht versagen. (Es ist freilich leichter, sich in Frankfurt als Redacteur aufzuwerfen und irgend welche Dogmen aufzustellen, es ist leichter in Pforzheim oratorische Figuren und leere Redensarten von der „Reichssturmfahne" aufzutischen, als je= nen kritischen Takt und jene Besonnenheit sich zu erwerben, welche dem Mann die Begehung eines Streiches unmöglich macht, wie ihn Herr Lammers in der „Südb. Ztg." gegen uns geführt hat.

Indessen haben wir nirgends behauptet, daß wir über Hrn. Lammers irgend etwas erdichteten. Nicht erdichtet, sondern veröffentlicht haben wir die von uns mitgetheilten Nachrichten, und zwar weil Hr. Lammers vorher über uns gelogen. Hätte er dieß nicht gethan, so hätten wir auch über ihn nichts veröffentlicht. Ebendeßhalb halten wir alle unsere Aussagen über Hrn. Lammers aufrecht und wiederholen: Ein gewisser Lammers, der die „Südb. Ztg." redigirt, befindet sich Spielens halber sehr häufig in Homburg. Derselbe ist mit dem Ministerium Bis= mark in Verbindung getreten und hat gegen eine Subvention sich an= heischig gemacht, gewisse Artikel unverändert abzudrucken. Diese Aus= sagen wiederholen wir und erklären hiermit, daß wir die Beweise hier= für in Händen haben und etwa einem Ehrengerichte vorzulegen jeder Zeit bereit sind — wenn nämlich Herr Lammers die dem „Rh. Kurier" nachgedruckten Behauptungen über die „N. Wiesbad. Ztg." und deren Redacteur vorher bewiesen haben wird. Denn da Herr Lammers zuerst behauptet hat, so wird er wohl auch zuerst beweisen müssen. Läßt sich Hr. Lammers auf dieses Verfahren nicht ein und weigert sich, sein Be=

dauern öffentlich darüber auszusprechen, daß er uns in frivoler Weise, ohne alle Veranlassung und Gründe angegriffen, so werden wir nicht aufhören zu quälen und zu plagen den Lammers

das Lämmerschwänzchen,
Fortschrittströpfchen,
Faselhänschen."

Hiemit hatte es vorläufig sein Bewenden, da Hr. Lammers auf obigen Artikel nichts mehr zu erwidern sich entschloß. Aus den angeführten Proben ist zu ersehen, in welchem Kothe ich gleich bei meinem Eintritt in die Tagespresse zu waten hatte. Allerdings wären in einer größeren Stadt, wären in Berlin und Wien solche Bübereien nicht vorgefallen und möglich gewesen, wie sie das Organ der nassauischen Advocaten, wie sie der Lammers und wie sie selbst der Kruse verübte, allein wenn ich auch vom „Rh. Kurier" absehen will, so war jedenfalls die „Südeutsche Lammerszeitung" ein für ganz Deutschland geschriebenes Blatt, war sogar ein Blatt, das ganz Deutschland unter die preußische Spitze zu bringen versuchte und war endlich ein Blatt, mit welchem die Heidelberger Staatsweisen Bluntschli und Häuser, das bayrische verkannte Genie Brater in täglichem Verkehr standen, von Meier, Fischer, Müller, Schmidt, Straubinger und Pimpelhuber gar nicht einmal zu sprechen.

An den angeführten Bübereien betheiligten sich ferner der Redacteur des in Köln erscheinenden Ungeheuers, ein Pädagog Namens Kruse, der einst den Palmerston'schen Kindern lubimagisternd den Hintern zerbläute und sich seit dieser Zeit für einen großen Diplomaten hält.

Ich frage nun abermals: Wenn also selbst größere Blätter ohne alle Veranlassung und auf keinen andern Rechtstitel hin, als weil ein anderer, irgend ein „Correspondent" eines Winkelblattes eine Lüge drucken ließ, den nächsten Besten an der Ehre in so infamer Weise angreifen, wie ich so eben erzählte, und dabei noch im Rechte zu sein glauben und sich nicht genug moralisch entrüsten können, sobald der Angriff gebührend zurückgewiesen wird: ist diese Presse nicht eine absolute Macht, der Jedermann's Ehre zur Verfügung und Verlästerung steht, und ist die Presse, in dieser absoluten Machtvollkommenheit belassen, nicht ein durch und durch unmoralisches Institut?

Es sollte aber noch besser kommen, wie man sogleich er=
sehen wird.

In civilisirten Ländern pflegen die Journalisten, welche
einigermaßen auf Ehre und Reputation halten, die Ansich=
ten der Gegner zu bekämpfen und zu widerlegen, sie lassen
aber die Persönlichkeit derselben vollständig aus dem Spiele,
weil durch die Hereinziehung der Persönlichkeiten in den po=
litischen Streit nur der Rohheit und Gemeinheit Thür und
Thor geöffnet werden. Bekämpfen und widerlegen kann man
aber nur dann, wenn man die ausreichenden geistigen Mittel
besitzt, wenn man dem Gegner gewachsen oder überlegen ist.
Ist dies nicht der Fall, so sucht man den Gegner durch
mechanische Mittel zu vernichten und zwar durch das mecha=
nische Mittel der unbewiesenen Behauptung, der Lüge, Ver=
leumdung, Verdächtigung und wie die Speculationen auf
die Kritiklosigkeit des großen Publikums alle heißen mögen.
In diesem Falle befanden sich die nassauer Procuratoren des
Fortschritts. Sie, die bis jetzt das Feld allein eingenom=
men und ihre ganze journalistisch=politische Thätigkeit auf
die Bearbeitung des ihnen unbedingt ergebenen Fortschrittsphili=
sters beschränkt hatten, sie sahen sich unerwartet einem Geg=
ner gegenüber, der ihnen eingestandener Maßen in jeder Be=
ziehung gewachsen, offen und öffentlich in ihren Organen
nicht von ihnen bekämpft werden konnte oder sollte, schon
deshalb nicht, weil sie gleich Anfangs sich entschlossen hatten,
das viel gebrauchte, von ihnen aber ganz erfolglos ange=
wendete Mittel des Todtschweigens gegen ihn zu versuchen.
Sie nahmen deshalb, während sie zwei bis drei Monate
lang in ihrem eigenen Organe nicht ein Wort über die
„N. Wiesb. Ztg." fallen ließen, ihre Zuflucht zu der aus=
ländischen Presse, wohlverstanden zu der ausländischen Na=
tionalvereins= und Fortschrittspresse, und verbreiteten dort
à la Löwenthal fortwährend Artikel, in denen einfach und
schlechtweg geschimpft, verdächtigt, discreditirt und denuncirt
wurde, ohne daß indessen diesen Beschimpfungen, Verdäch=
tigungen, Denunciationen und Anschwärzungen, Anbräu=
ungen und Anlangungen je auch nur das geringste Berech=
tigungsgründchen zur Seite gestellt worden wäre. Diese
Schmähartikel, von ihnen selbst verfaßt, wurden expreß zu
dem Zwecke auswärts veröffentlicht, sie durch den eigenen

„Rh. Kurier" abdrucken und als Aussprüche fremder Auto=
ritäten im Lande colportiren lassen zu können. „Seht!"
wollten sie dem Publikum sagen, „so urtheilt man im Aus=
lande über das journalistische Ungeheuer, die „N. Wiesb. Ztg."
Wenn Etwas die Vernunft und Charakter=Beschaffenheit die=
ser Advocaten, ihre Unfähigkeit und Feigheit kennzeichnet,
so war es dieses Todtschweigen im eigenen Blatt und dieses
heimtückische Angreifen in der auswärtigen Presse.

Natürlich war es vor Allem wieder Herr Lammers, der
zur Veröffentlichung jener Schmähartikel die hilfreiche Hand
bot, wie man aus folgender Aeußerung der Nr. 78 der „N.
Wiesb. Ztg." ersehen wird.

.† Wiesbaden, den 23. Dec. Die Wahrheit kommt oft am besten
dadurch an den Tag, daß man die Feinde derselben in ihrer Leiden=
schaftlichkeit ruhig gewähren läßt. Seit der Gründung des Reform=
vereins hat sich hier eine Partei, wenn man sie so nennen kann, wie=
der aufgethan, deren Bestrebung fast nur darauf gerichtet ist, die libe=
rale und nationale Bewegung, die so ziemlich das ganze Land Nassau
mächtig erfaßt hat, auf die gemeinste und perfideste Weise zu verlästern
und die Anhänger derselben im rohesten Tone zu beschimpfen. .

Was in dieser Beziehung von dem hiesigen Reformorgan geleistet
wird, übersteigt alles, was bis jetzt da war. Dabei macht man es sich
neuestens zur weiteren Hauptaufgabe (brauner Styl!), fortwährend die
ganze Staatsdienerschaft zu denunciren, daß sie dem Nationalverein an=
hänge und dessen Organen Vorschub leiste. Wenn etwas, so ist davon
das wahr, daß die sämmtlichen Staatsdiener mit wenigen Ausnahmen,
welche letztere sich meist auf ganz spezielle Verhältnisse gründen, aller=
dings ebensowenig wie das übrige Land, die „Wiesbadner Zeitung" und
die „Postzeitung," (die nebenbei bemerkt von einer und derselben Feder
geschrieben zu werden scheinen) lesen und daß diese Blätter an einem
empfindlichen Abonnentenmangel leiden."

In dieser Weise läßt sich nach längerem Stillschweigen die „Südb=
Ztg." wieder vernehmen. Für uns hat dieser Ausfall zunächst ein päda=
gogisches Interesse, indem wir daraus ersehen, wie lange ungefähr eine
der „Südb. Ztg." verabreichte Züchtigung nachwirkt. Bekanntlich hat
dieses Blatt ohne alle Veranlassung von unserer Seite, seine Angriffe
auf uns damit begonnen, daß es Lügen und Verläumbungen nicht blos
über die „N. Wiesb. Ztg.", sondern sogar über die Person ihres gegen=
wärtigen Redacteurs in Umlauf setzte. Wir haben dafür seiner Zeit
Hrn. Lammers so empfindlich gezüchtigt, daß er sich wie ein bestrafter
Schüler in einen Winkel zurückzog, um zu schweigen, obgleich wir uns
schließlich anheischig gemacht hatten, den Beweis zu liefern, daß Herr
Lammers vom Ministerium Bismark, das er anscheinend bekämpft, eine
jährliche Subvention von 2000 Thlr. bezieht. Die erhaltene Lection
scheint obigem Citat nach zu urtheilen bereits wieder vergessen zu sein

und wir werden uns daher bald wieder in die Nothwendigkeit versetzt sehen, zum Stoßdegen zu greifen, ja nöthigenfalls mit Herrn Lammers persönlich zu sprechen, wenn derselbe fortfährt in dieser Weise gegen uns aufzutreten.

Ausdrücke, als da sind: „auf die gemeinste und perfibeste Weise verlästern und die Anhänger der nationalvereinlichen — nicht der nationalen
— Bewegung (denn diese repräsentirt der Reformverein) im rohesten
Tone zu beschimpfen", solche Ausdrücke kann jeder Schüler niederschrei-
ben: Wo aber, fragen wir den Herrn Lammers, wo sind die Thatsachen,
die zu solchen Ausdrücken berechtigen, welches sind die Nummern unserer
Zeitung, die Artikel, Stellen, Zeilen, in welchen wir „auf gemeine und
perfide Weise verlästert, im rohesten Tone beschimpft" hätten?" Wir
schreiben allerdings nicht mit Rosen-, sondern sehr häufig mit Scheide-
wasser, die Gegner nöthigen uns dazu, aber wir haben die Regeln des
guten Tones und des Anstandes noch niemals verletzt, und berufen uns
daher ausdrücklich auf die Thatsache, daß unser Blatt, das seit 1. November jeden Tag die Anzahl seiner Leser vermehrte, gerade in den
Kreisen der Gebildeten seine meisten Abnehmer findet.

Roher Ton! Dieß sagte auch jener Schusterjunge, als er von seinem
Meister verdientermaßen geohrfeigt wurde. Es ist freilich eine große
Rohheit, wenn man einer Partei, die seit Jahren in Nassau allein herr-
schend gewesen, das Monopol der Beeinflussung des Publicums aus
der Hand windet und gestützt auf Thatsachen ihr verderbliches Treiben,
die Unfähigkeit ihrer Führer, die Verwerflichkeit ihrer Mittel, die Hohl-
heit ihrer Zwecke an den Tag bringt. Das schmerzt und nachdem man
die Erfahrung gemacht, daß das sogenannte Todtschweigen zu nichts
führt, stößt man Schmerzensschreie in der „Südd. Zeitg." aus und
schreit über rohen Ton.

Es versteht sich von selbst, daß bei dieser Gelegenheit die angebliche
Denuncirung der nassauischen Beamten wieder herhalten muß. Diese
Denuncirung ist aber, wie wir längst nachgewiesen, nichts weiter als
eine Erfindung eines der Patrone des „Rh. Kuriers", in Umlauf gesetzt in der Absicht, die nassauische Staatsdienerschaft gegen den Reformverein und seine Organe aufzuhetzen [1]).

Es wurde Niemand benunciert, sondern die „Frankfurter Postztg."
beklagte es, daß in Nassau Staatsdiener mit dem Nationalverein lieb-
äugeln und wir erzählten die Thatsache, daß ein nassauischer Postbeamter die „N. Wiesbad. Ztg." nicht bestellen wollte und ein anderer sich
zum Colporteur des „Rhein. Kuriers" hergebe. Darauf beschränkt sich
die angebliche Demnciation, die seit einigen Tagen durch die Frankfurter Blätter des Nationalvereins so emsig verbreitet wird. Uebrigens von
zwei Dingen Eins, entweder ist die Mehrzahl der nassauischen Beamten
dem Nationalverein und seinen Tendenzen ergeben, oder nicht. Ist das

---

1) Und zu verhindern, daß der den Advocaten so wohlgefällige
Geist dieser Staatsdienerschaft nicht öffentlich zur Sprache gebracht
werde.

erste der Fall, so enthält die Behauptung der „Frankf. Poßztg." Wahr=
heit und keine Denunciation, ist das Letztere der Fall, so lügt die „Südd.
Ztg.", wenn sie behauptet, der nassauische Beamtenstand hänge am Na=
tionalverein.

Bezüglich des Abonnentenmangels wollten wir der „Südd. Ztg."
rathen, dieses Wort nicht in den Mund zu nehmen. Ihr, die es in
München auf etwa 200 Abnehmer und in Frankfurt auf höchstens das
Doppelte dieser Zahl brachte, ihr sollte das Wort Abonnentenmangel in
den Ohren klingen, wie den Buchhändlern der Ausdruck: Makulatur.
Im Uebrigen können wir, was uns betrifft, glücklicher Weise nur wie=
derholen, daß seit dem 1. November jeder Tag der „N. Wiesb. Ztg."
neue Abonnenten gebracht hat, 32 auf einmal aus einer nassauischen
Landstadt und wir haben die erfreuliche Aussicht binnen Kurzem die
Nationalvereinsblätter der Umgegend, was Verbreitung anbelangt, glück=
lich zu überholen. Es hilft Alles nichts. Der Nationalverein ist im
Niedergang begriffen und der Reformverein tritt an seine Stelle."

Auf dieses erwiderte Meister Lammers abermals —
Nichts.

Um übrigens doch an einem Beispiele nachzuweisen, was
die Advocaten unter „rohem Ton", „schimpfen" und „lästern"
verstanden, will ich hier einen jener Artikel abdrucken lassen,
die sie und ihre Leibgarde am meisten verletzten.

„Die menschliche Haut.

† Wiesbaden, 8. November.

Unter Anführung des Herrn Procurators Dr. Lang werden nächsten
Sonntag wieder verschiedene freie, deutsche Männer aus dem Gewerbe=
stand nach Niederwalluf fahren und dort die Wiederherstellung der Ver=
fassung vom Jahr 1849 beschließen. Diese Niederwalluffahrt veranlaßt
uns einiges über die menschliche Haut zu sagen. Die menschliche Haut
ist nämlich ein Gegenstand, der sehr verschieden aufgefaßt wird. Es
gibt Männer, welche Euch nachweisen, aus was für Stoffen und Be=
standtheilen die menschliche Haut zusammengesetzt ist, was für Organe
sie enthält, was für Functionen diese Organe verrichten und welchen
Einfluß diese Verrichtungen auf das Befinden des menschlichen Körpers
ausüben. Solche Männer nennt man Physiologen, Anatomen und was
sie in Beziehung auf die Haut nachweisen, ist eine Wissenschaft, ist die
Wissenschaft von der menschlichen Haut, eine Wissenschaft welche äußerst
schwierig zu erlernen ist, die jetzt einmal eine langjährige Vorbildung
voraus, die den Geist erst fähig machen muß, in Beziehung auf die
menschliche Haut richtig zu denken und zu behaupten, sodann aber be=
ruht jene Wissenschaft auf der sorgfältigsten, genauesten Untersuchung,
Beobachtung und den damit verbundenen Experimenten und Verglei=
chungen. Man sieht also, es ist eine Kunst und nicht Jedermanns Sache,
über die Haut zu urtheilen, wenigstens richtig zu urtheilen und diese
Kunst ist schwer zu erlernen, befindet sich ebendeßhalb nur im Besitz
sehr weniger Menschen.

6

Es gibt aber auch Männer, die anders über die menschliche Haut urtheilen und es sind dieß die Nicht=Anatomen und Nicht=Physiologen, zu welchen alle Diejenigen gehören, welche von Physiologie und Anatomie so wenig verstehen, als der Verfasser dieser Epistel. Alle diese Männer wissen von der Haut nicht mehr, als daß sie ein Fell ist, oder eine Decke und von der Beschaffenheit dieses Fells nur das, was in die Sinne, was namentlich in die Augen fällt, was oberflächlich und der oberflächlichen Wahrnehmung zugänglich ist. Aus diesem Grunde haben die Urtheile der Nicht=Physiologen und Nichtanatomen über die Haut aber auch nicht den geringsten Werth und eine practische Behandlung oder Kur der Haut in Krankheitsfällen auf diese oberflächliche Wissenschaft des großen nicht physiologisch und nicht anatomisch gebildeten Publicums gründen zu wollen, wäre der größte Unsinn, wäre eine ganz werthlose Pfuscherei und Quacksalberei. Aber geradezu verrückt wäre es, wollte man das große Publicum darüber abstimmen lassen, was die Haut und wie sie in Krankheitsfällen zu behandeln sei.

So ist es mit jeder Wissenschaft, mit der Astronomie, Archäologie, Philologie, Geologie, Zoologie, Botanik, Metaphysik, Logik und Politik ꝛc. Um über Gegenstände jeder dieser Wissenschaften richtig und berechtigt urtheilen zu können, dazu gehört einmal eine bestimmte formelle oder logische Bildung des Geistes, d. h. die Fähigkeit überhaupt wissenschaftlich zu denken, sodann aber gehört dazu eine bestimmte Summe positiver Kenntnisse, in welchen die gründliche Erkenntniß der Gegenstände enthalten ist, die den Inhalt einer Wissenschaft ausmachen.

Ist es nun schon in den Wissenschaften, welche Das, was ist, constatiren, nicht leicht, begründete und berechtigte Urtheile zu fällen, so ist dieß in Beziehung auf die Politik noch viel schwerer, denn die Politik befaßt sich nicht bloß mit Dem was ist, und seinem Wesen nach zu erkennen ist, sondern auch mit Dem, was sein soll. Sobald es sich aber um das Sollen handelt, erheben sich im Menschen so viele Feinde der Wissenschaft, Wahrheit und richtigen Erkenntniß, als da sind, Neigungen und Wünsche, Sympathien und Antipathien, Leidenschaften und Interessen, welche auf den Verstand einstürmen und ihn zum Urtheilen und Handeln zu zwingen versuchen, daß ein hoher Grad von logischer Bildung dazu gehört, um diese Feinde ab= und die Herrschaft des Verstandes aufrecht zu halten. Der Physiologe z. B. wird durch den Muth, das Gemüth, den Willen, den Charakter nicht gestört und beeinflußt, wenn er die Nervenknoten der Haut untersucht; ohne Sympathie und Antipathie, ohne Neigung und Leidenschaft, ohne Vorliebe und Interessen zergliedert er seinen Gegenstand und macht seine Beobachtungen, er will nicht, daß etwas sei, sondern er untersucht, was ist. Wer dagegen über politische Dinge urtheilt, wer namentlich etwas anstrebt und erreichen will, der hat die größte Mühe sich seinen geistigen Blick und seine Auffassung freizuhalten von allen jenen gemüthlichen Feinden der Wahrheit und des Richtigen, von der Neigung und der Leidenschaft, vom Interesse und der Eitelkeit, kurz von allen jenen störenden Einflüssen, welche aus dem „Herzen" kommen, aus welchem bekanntlich arge Gedanken hervorgehen. Es gelingt dieß nur dem, der einen hohen Grad von logischer Bildung besitzt und im Stande ist, seine Leidenschaften im Zaume zu halten.

Das richtige Urtheil über politische Dinge erfordert ferner, abgesehen von den positiven Kenntnissen, eine ungewöhnliche Lebenserfahrung und Menschenkenntniß. Wer nie weiter gekommen ist, als von der Schule auf die Universität und von der Universität in das Bureau, wer die Welt nicht kennen gelernt hat und nicht weiß, welche Ursachen im All= gemeinen und welche, ohne daß sie offen zu Tage liegen und in den Zeitungen zu lesen sind, zu einer gegebenen Zeit in den einzelnen Staa= ten Europas die Ereignisse bedingen, der urtheilt über politische Dinge, wie der Nicht=Physiologe über die menschliche Haut.

Dieß vorausgeschickt fragen wir nun: ist es nicht ein abderitisches Unternehmen, wenn nächsten Sonntag Herr Procurator Lang mit einer Anzahl von Männern aus dem Gewerbestand nach Niederwalluf zieht und dort von Zinngießern und Kupferschmieden, von Cigarren= und Lederhändlern, von Bortenwirkern und Klystirspritzenmachern 2c. darüber abstimmen läßt, ob die Reichsverfassung vom Jahr 1849 wieder herge= stellt werden soll?

Die deutsche Geschichte dreht sich seit 1000 Jahren um die deutsche Einheit, ist es nun nicht wirkliche Bethörung, Männer aus dem nassauischen Gewerbestand, Männer ohne höhere logische und wissen= schaftliche Bildung darüber abstimmen zu lassen, ob durch irgend ein Mittel nächstes Jahr das erreicht werden könne und solle, was den Hohenstaufen nicht gelang und was die Dynastie Habsburg im Laufe von Jahrhunderten nicht durchzusetzen vermochte? Männer, die recht gut wissen, wo sie der Schuh drückt und wie dieser Schuh abgeändert werden muß, die aber nicht wissen, wie man Staatsverfassungen her= stellt und einrichtet, abstimmen zu lassen, über die Zweckmäßigkeit oder Unzweckmäßigkeit der Verfassung vom Jahr 1849? Und ist es nicht Selbstherabwürdigung zum Demagogenfutter, wenn diese Männer sich dazu hergeben, einen Act vorzunehmen, der in den Augen jedes Ver= ständigen als im höchsten Grad lächerlich erscheint und weiter gar nichts nützt, als daß der Ehrgeiz Derer, die mit Gewalt eine politische Rolle spielen wollen, wieder einmal gekitzelt wird? Was würde man sagen, wenn die Niederwalluffahrer über Fragen der Astronomie oder Geologie oder Archäologie, Geschichte oder Metaphysik abstimmen würden? Nun die Abstimmung jener Männer über eine so schwierige Frage der Po= litik, wie die Errichtung einer deutschen Verfassung ist noch viel unge= heuerlicher und für das logisch gebildete Bewußtsein noch viel empören= der und deßhalb sind wir auf die Verhandlungen in Niederwalluf äußerst begierig.“

Ueber diesen Artikel ergrimmte das Fortschrittsphilister= thum in Wiesbaden im höchsten Grade. Bis jetzt waren sie von den beiden Fortschrittsblättern als Staatsweise und souveraines Volk cajolirt und gelobhudelt worden, nun kam ganz unerwartet Einer, der ihnen das „ne sutor ultra cre= pidam“ zurief und zwar in einer Form, welche das ganze Land aufheiterte. Das that ihnen wehe. Sie ergrimmten wie gesagt sehr und machten große Fäuste — im Sack.

6*

Aber auch Löb Sonnemann, Herr der „N. Frankfurter
Ztg.", stieß gegen die „N. Wiesb. Ztg." in die Trompete,
indem er folgenden Artikel aus den „Hamburger Nachrichten"
(bis nach Hamburg streckten die Advocaten ihre langen Fin=
ger aus) abdruckte:

„Aus dem Herzogthum Nassau brachten die „Hamb. Nachrichten"
einen Artikel, worin es heißt: Um dem Herzog, welcher wohlwollend,
aber unter dem Einfluß der Hofpartei ist, den Stand der Dinge zu verheim=
lichen, hat diese Partei sich eines Blattes, „N. Wiesb. Ztg." genannt, be=
mächtigt und läßt in demselben das tollste und unwahrste Zeug schrei=
ben, worüber man lacht (soweit überhaupt das Blatt, welches 125
Abonnenten zählt, gelesen wird), während diese Sachen an höchster Stelle
ernsthaft aufgenommen und als der Wille des Volks betrachtet werden.
Kurz das kleine Nassau hat nun so gut seine Kreuzzeitung, wie das
große Preußen und wir sehen gegenwärtig nur noch der Einführung
der Ergebenheitsdeputationen entgegen. So getreu copirt bei uns die
preußenfeindliche Partei Preußen in Dem, was nicht taugt."

Ich erwiederte:

„Da der „N. Frankf. Ztg." der Standpunkt, den wir nicht erst seit
Kurzem, sondern schon seit Jahren in der Presse vertreten, recht gut be=
kannt ist, da weder sie noch sonst Jemand unsere Abonnentenliste einge=
sehen hat, da das „tollste und unwahrste Zeug" auch nicht mit einer
Sylbe begründet wird, so beschränken wir uns darauf, unsere Leser von
obiger Büberei einfach in Kenntniß zu setzen, und die „N. Frankf. Ztg."
der öffentlichen Verachtung zu übergeben."

Man sieht, es ist immer dieselbe auf das Verständniß
des großen Haufens berechnete Taktik, mittelst irgend eines
seine Wirkung auf den Pöbel nie verfehlenden Schreckworts
anzuschwärzen und zu verdächtigen. Der Gegner soll ver=
nichtet werden und da man ihn logisch nicht vernichten kann,
so sucht man ihn todt zu lügen und todt zu schimpfen. Die
„Hofpartei" [1]) habe sich der „N. Wiesb. Ztg." bemächtigt
und lasse in demselben das „tollste und unwahrste Zeug"
schreiben, worüber das Land lache —. Wie und auf welche
Weise aber die Hofpartei sich dieses Blattes bemächtigt habe,
und aus welchen Thatsachen, Symtomen und Inzichten zu
schließen sei, daß sich die Hofpartei der „N. Wiesb. Ztg."
bemächtigte, worin das „tollste und unwahrste Zeug" bestehe,
das jene Hofpartei in dieser Zeitung drucken lasse, das wird
natürlich mit keiner Sylbe nachgewiesen. Ist aber auch gar

1) In Nassau gibt es gar keine Hofpartei.

nicht nöthig, denn die nassauer Advocaten kannten das Publicum zu gut, als daß sie nicht wußten, es reiche für den
freisinnigen Philister hin, das Wort „Hofpartei" und
„Kreuzzeitung" zu hören, um sofort ein liberales Kreuz
zu schlagen und sich mit Ekel, Haß, Verachtung, Abscheu und
Feindschaft zu erfüllen.

Ein ähnliches Beispiel von der Speculation auf die öffentliche Dummheit ist in folgendem Artikel meiner Zeitung angeführt, den ich aus Veranlassung dieser fortwährenden Denunciationen veröffentlichte.

„Brauner Guano."

* Wiesbaden, 29. December.

Wenn das Parteiwesen eines Landes in den Händen von Männern
sich befindet, welche jenen Grad logischer Bildung besitzen, ohne den jede
Einmischung in öffentliche Angelegenheiten als eine Anmaßung erscheint
und ohne den bei politisch gebildeten Völkern auch Niemand es wagte,
öffentlich als Behaupter aufzutreten, so bewegt sich die Polemik zwischen
den gegnerischen Parteien, soweit dieselbe namentlich in der Presse an
die Oeffentlichkeit tritt, streng innerhalb der von der Logik, dem Mei-
nungsaustausch, der Rede und Gegenrede vorgeschriebenen Grenzen. Die
Behauptung fördert Thatsachen zu Tage und sucht damit zu beweisen, die Widerlegung hält sich an die Gründe des Gegners und
sucht diese als unrichtig darzustellen. Beide Arten polemischer Aeußerung
haben selbstverständlich die allgemeinen Gesetze der Logik und Dialektik
zu respectiren. Und nur wenn in dieser Weise die Parteien sich gegenseitig bekämpfen, hat ihr Streit einen vernünftigen Charakter und unterscheidet sich formell und materiell von den Debatten, wie sie auf der
Bierbank und von den Streitigleiten, wie sie von der Straßenjugend
geführt werden. Hier in Wiesbaden wird nach einem andern Modus
verfahren.

Unsere Leser werden sich erinnern, daß wir schon vielfältig Veranlassung hatten, dem Organ der von uns bekämpften Partei, dem „Rh.
Kurier" den Handschuh hinzuwerfen und von unserem Standpunkte aus
seine Behauptungen zu widerlegen. Wir hielten uns in dieser Beziehung
streng an die von der Logik vorgeschriebenen Gesetze, indem wir die von
dem „Rh. Kurier" behaupteten Thatsachen als erdichtet oder entstellt,
die von ihm aufgestellten Gesichtspunkte und Meinungen als unrichtig,
die von ihm gezogenen Schlüsse als falsch nachzuweisen versuchten und
wie wir uns schmeicheln, dieses in der Regel auch nachgewiesen haben.
Indem wir in dieser Weise den „Rh. Kurier" bekämpften, richteten wir
unsere Angriffe nicht auf die Strohmänner und Prügelknaben, welche
dieses Blatt in der Oeffentlichkeit vertreten, sondern gegen die Patrone
und Parteiführer, welche hinter jenen Statisten verborgen, nichtsdestoweniger hier zu Land jedem Kinde bekannt sind. Es wäre nun zu erwarten gewesen, daß sie, die bisher in Nassau das große Wort geführt, die
von uns täglich an ihrer empfindlichsten Seite betastet und in ihrer

wahren Gestalt dem Publikum vor Augen geführt würden, daß sie sich zur Wehre setzen und den Angriff zurückweisen würden, und dieß um so mehr, als sie gegen die „N. Wießbad. Ztg." unter der frühern Redaction vielfältig sogar angriffsweise zu Werke gegangen waren. Ja es war zu erwarten, daß sie, die großen Volksredner, die scharfsinnigen Juristen, die gewandten Dialectiker, die Rüstkammer ihrer logischen Waffen öffnen und mit ihren Beweisen und Sophismen, ihren Antithesen und Gegenreden zum Vorschein kommen würden. Aber nichts von Alledem. Willig beugten die mannhaften Ritter vom „Rh. Kurier" ihren Nacken unter den Streichen, die auf sie geführt wurden, stille verhielten sich die sonst so geläufigen Zungen, im Schweigen verharrten die sonst so redseligen Lippen, die Führer des großen Worts in Nassau, verlegten sich aufs — Todtschweigen. Erst in neuerer Zeit gaben sie ein Lebenszeichen von sich, indem sie nichts weniger als den „Rh. Kurier", sondern ihre eigene Firma verläugnend, andere Blätter, die „Hamburger Nachrichten", die „N. Frankf. Ztg." benutzten, um dort zuerst ihre Contrebande niederzulegen, welche dann der „Rhein. Kurier" unter fremder Flagge und mit falscher Etikette ins Herzogthum Nassau einzuschmuggeln und hier zu verbreiten den Auftrag erhielt. Man hatte nicht einmal den Muth, sich seines eigenen Organs zu bedienen, sondern versah seine literarische Waare zuerst mit einem ausländischen Ursprungszeugniß, ehe man sie den inländischen Consumenten verabreichte. Die Waare ist aber auch darnach. So brachten dieser Tage die „Hamburger Nachrichten" eine auch in die „N. Frankf. Ztg." übergegangene Notiz: die „N. Wießbad. Ztg." sei die Kreuzzeitung Nassaus, verbreite das unwahrste und tollste Zeug, zähle nur 125 Abonnenten und werde trotzdem im ganzen Lande verlacht. Es setzt natürlich einen hohen Grad von logischer und wissenschaftlicher Bildung voraus, nur so hinzusagen, Jemand verbreite unwahres und tolles Zeug und die 125 Exemplare, deren ungeachtet die „N. Wießbad. Ztg." vom ganzen Lande gelesen und verlacht wurde, sind offenbar die kleineren Kerle Falstaffs in absteigender Linie, auch hat die „Neue Wießbad. Ztg.", welche in dem preußischen Verfassungsconflict sich nicht gegen die Kammer erklärt hat, offenbar viel Anlagen zu einer „Kreuzzeitung". Solche Ungereimtheiten geniren jedoch die großen Geister des „Rh. Kuriers" nicht im Geringsten, denn wenn man gerne etwas sagen möchte, aber nicht im Stande ist, etwas Gescheidtes zu sagen, so greift man zur Absurdität; wenn man nicht zu widerlegen vermag, so verdächtigt man und gibt seine Wünsche für Thatsachen aus. Die „N. Wießbad. Ztg." — soll nur 125 Abonnenten haben, also sagt man, sie hat nur 125, gleichwohl soll sie vom ganzen Lande verlacht werden, also sagt man, sie wird vom ganzen Lande verlacht; was wieder eine zauberhafte Vervielfältigung der „125" Exemplare voraussetzte. Das ist die Logik der großen Geister des „Rh. Kuriers."

Das Höchste leistet aber in dieser Beziehung ein brühwarm in den „Rh. Kurier" übergegangener Artikel der „Neuen Frankfurter Zeitung." Hier heißt es:

„Wiesbaden, 23. Dec. Meine anspruchslosen Bemerkungen über die Verdächtigungen des nassauischen Beamtenstandes, welche sich ein und der nämliche Correspondent, der sich in mehreren Blättern der naſſauiſchen Regierung mit mehr Eifer als Erfolg und Geſchick annimmt, erlaubt hat (annimmt, erlaubt hat, brauner Styl!) haben ſehr gereizte Entgegnungen beſſelben in der „Poſtzeitung" und anderwärts (in der „N. Wießbad. Ztg.", die Braun todtſchweigen will) hervorgerufen, in welchen er behauptet, die naſſauiſchen Beamten trachten nach „Vernichtung des naſſauiſchen Staates", obgleich Naſſau ein blühendes und wohlregiertes Land ſei. Alſo das Land, deſſen Beamten auf Vernichtung des Staates hinarbeiten, iſt wohlregiert und blühend. Ja blühend gewiß, da es ſcheint wenigſtens an einer gewiſſen, mit ſchwäbiſchen[1] Guano gedüngten Stelle der blühende Unſinn recht gut zu gedeihen. In der That könnte man über die Expectorationen des „Don Guano" lachen, wenn ſie nicht dadurch, daß ſie nur in denjenigen Zeitungen, welche der Hunger liest, erſchienen, verriethen (liest, erſchienen, verriethen, brauner Styl), daß ſie denſelben Zweck haben, wie die preußiſchen Loyalitäts= deklarationen. Ob ſie dieſen Zweck ebenſo vollſtändig erreichen, muß ab= gewartet werden."

In dieſem Artikel ſpiegelt ſich der bekannte, mit ſo geringen Mitteln ausgerüſtete kleine Wießbadener Intriguant, der gerne eine große Rolle ſpielen möchte, wie er leibt und lebt. Zum Erſten macht er uns, denn eine Stelle iſt an unſere Adreſſe gerichtet, zu einem Correſpondenten, den den naſſauiſchen Beamtenſtand verdächtigt, dann in der „Poſtztg." und anderwärts entgegnet und u. A. behauptet habe, die naſſauiſchen Beamten „trachten nach Vernichtung des naſſauiſchen Staats". That= ſache iſt, daß wir in gar kein Blatt correſpondiren und ſelbſt wenn wir es wollten, aus Mangel an Zeit nicht einmal correſpondiren könnten (ich gebe die „N. Wießbad. Ztg." von beträchtlichem Format nicht blos allein, ſondern verfaſte auch alle ſelbſtſtändigen Artikel und deren jeden Tag mehrere), daß wir nirgends den naſſauiſchen Beamten= ſtand verdächtigten, nirgends behaupteten, derſelbe „trachte nach Ver= nichtung des naſſauiſchen Staates". Wie kommt nun der Mann aus Wießbaden dazu, uns ſolche Abſurditäten aufzubürden, Märchen zu erfinden, denen jede factiſche Grundlage abgeht, Aeußerungen uns in den Mund zu legen, die wir niemals gemacht haben, für Artikel uns verantwortlich zu machen, die in der „Frankfurter Poſtzeitung" abgedruckt waren, mit der wir nie in Verbindung ſtanden und bis jetzt noch nicht in Ver= bindung ſtehen. Wie kommt der Mann aus Wießbaden dazu, uns für Erdichtungen und Erfindungen verantwortlich zu machen? Der aus Wießbaden kommt zu dieſen Behauptungen, weil er, zu uns zu ſchwach um zu widerlegen und zu feige, direct mit uns anzubinden, wie er zu ſagen pflegt, uns Eins anzuhängen ſucht und daran erkennen läßt abermals die nichtsnutzige Art, womit die bekannten volksfreund= lichen Radikaliſten ihre Gegner zu bekämpfen gewohnt ſind. Was ferner den Guano anbetrifft, ſo iſt die ganze Stelle, worin der Stoff duftet, ebenſo charakteriſtiſch und erinnert lebhaft an jenes von dem Gießener Profeſſor und dem Stabtarreſt.[2] Ex

---

[1] Ich gerieth nämlich durch Geburt unter die Schwaben.
[2] Bezieht ſich auf einen jener faden Witze, womit Braun „Brauns Rede" über den Handelsvertrag zu würzen pflegte.

ungue leonem! Wir fühlen uns bewogen, namentlich die ästhetische Seite dieses Bonmots, den Esprit hervorzuheben, der in ihm zu Tage kommt. Sollen solche Ausdrücke ihren Zweck erreichen, so müssen sie vor Allem treffen, sie müssen auf eine Blöße, eine Schwäche, eine Eigenthümlichkeit des Gegners sich beziehen, wo nicht, so werden sie das, was man Fadheiten und Gemeinplätze nennt. Nun greift der Mann aus Wiesbaden den „Guano" geradezu aus der Luft, indem er ihm auf einen Ausspruch bezieht, den wir gar nicht gemacht haben, und nachdem der Dünger fabricirt ist, wird er von seinem Erzeuger förmlich wiedergekäut. Es ist dies ein Vorgang, der sich auch im physischen Le= ben wiederfindet und von den Medicinern, wenn wir nicht irren, mit dem Ausdruck Miserere bezeichnet wird. An diesem Miserere leidet offen= bar der Mann aus Wiesbaden, indem er zuerst den braunen Guano selbst erzeugt und dann diesen seinen eigenen Guano fünf bis sechs Zei= len hindurch wiederkäut. Eine sonderbare Geschmackseinrichtung dieß, welche offenbar in ästhetischer Beziehung dieselbe Impotenz voraussetzt, die in theoretischer Beziehung alle geistigen Aeußerungen gewisser poli= tischer Größen im Herzogthum Nassau charakterisirt. Zwei Monate lang hindurch verlegen sie sich, unfähig einen Satz zu vertheidigen und eben= so unfähig einen Satz zu widerlegen, verlegen sie sich aufs Todtschweigen und nun da „das ganze Land" über die Todtschweiger zu lachen und zu begreifen beginnt, daß es nicht hinreicht, die Civilprozeßordnung aus= wendig gelernt zu haben, um eine politische Rolle zu spielen, nun greifen sie zu den bekannten Pfiffen und Kniffen und lassen in auswärtigen Blättern schlechte Späßchen vom Stapel, fabriciren Guano, braunen Guano! Das, nassauisches Volk! sind die Helden der nationalvereinlichen Bewegung, das sind die Leute, die sich herausnehmen, hier zu Land als Kritiker und als Staatsverbesserer aufzutreten! Ordinäre Leute, Guano, brauner Guano!"

Das Ganze dreht sich, wie man sieht, um eine, wie ich zu vermuthen triftige Gründe habe, vom Redacteur der „Frankf. Postztg." selbst verfaßte Correspondenz dieses Blat= tes, in welcher gesagt war, ein großer Theil der nassauischen Beamten liebäugle mit dem Nationalverein. Mich selbst ging diese Behauptung von Haut und Haar gar nichts an, um so weniger, als meine eigenen Erfahrungen damals noch nicht so umfassend waren, daß ich die Ansicht der „Frankf. Postztg." in ihrem vollen Umfange hätte adoptiren können. Weil nun aber die Advocaten und besonders Braun, wie sich später offenbaren wird, ihre Hauptsitze allerdings in dem oranisch= gothaisch = nationalvereinlich gesinnten Beamtenthum besaßen, so regte die gelinde Betastung dieses faulen Flecks der nassauischen Staatszustände durch die „Postztg." die Advo= caten dermaßen auf, daß sofort in der auswärtigen Presse ein Lauffeuer angezündet und heftig in die Luft geschossen wurde.

Von sich auf andere schließend, wähnend, ich dirigire dieselbe Zwickmühle in der conservativen Presse, die sie in den Nationalvereinsblättern fortwährend klappern ließen, unterschoben mir die Autorschaft des Artikels der „Poststg." und fielen in der soeben erwähnten Weise über mich her. Solche Ueberfälle, namentlich wenn sie auf der Unwahrheit beruhen und lediglich in Verdächtigungen sich bewegen, nehme ich nun ein allemal nicht stillschweigend hin und blieb auch nicht in einem einzigen Falle die Antwort schuldig.

Um indessen von meiner Seite jede Bereitwilligkeit zur Beendigung dieser jämmerlichen Reibereien und zur Verwandlung derselben in einen anständigen Kampf mit logischen Waffen an den Tag zu legen, schrieb ich zum Neujahr folgenden versöhnlichen Gruß.

„Zum neuen Jahr.

Wiesbaden, 31. December.

Bis in die neueste Zeit stand auf dem politischen Schauplatz eine Partei, in deren Thätigkeit die Bestrebungen um die Reform der staatlichen Verhältnisse des Herzogthums und des deutschen Gesammtvaterlandes sich concentrirten. In den letzten Monaten des scheidenden Jahres hat sich eine zweite Partei herangebildet und wir sehen allem Vermuthen nach für die Zukunft einem Kampfe entgegen, in welchem beide Parteien sich mit einander messen und gegenseitig ihre Standpunkte und Interessen zur Geltung zu bringen suchen werden. Von dem Willen beider, von dem Willen der Führer und der Anhänger der verschiedenen Standpunkte, hängt es ab, wie dieser Kampf geführt werden wird, und viel hängt davon ab, wie er wirklich geführt wird. Soll der Kampf zu einem Meinungsstreit unter verständigen und gebildeten Männern sich gestalten, oder zu einem Kriege unter Todfeinden ausarten, in welchem jede Partei auf Kosten höherer Rücksichten zu allen Mitteln greift, die dem Gegner schaden geeignet scheinen? Dieß zu bestimmen ist in den Willen der Kämpfer gelegt. Wir möchten deßhalb vor Allem darauf aufmerksam machen, daß jeder anständige Kampf eine Grundbedingung voraussetzt, dieß ist die gegenseitige Achtung, die Achtung vor der Freiheit, die Achtung vor dem Rechte, jedes freien Mannes, eine Meinung zu haben und einen eigenen Standpunkt einzunehmen. Die gegenseitige Achtung ist möglich, weil beide Parteien in Bezug auf das allgemeine Endziel, das sie anstreben, wesentlich nicht auseinander gehen. Beide wollen in Beziehung auf die innern Verhältnisse des Landes einen gesicherten Rechtszustand, Gesetze, die den wissenschaftlichen Errungenschaften der Zeit entsprechen, eine Regierung, wie sie ein gebildetes Volk zu verlangen das Recht hat. Beide Parteien wollen in Beziehung auf die Gestaltung der politischen Verhältnisse des Gesammtvaterlandes Institutionen, welche die Größe, die Macht, die

Wohlfahrt, die politische Stellung unserer herrlichen Nation andern Völkern gegenüber garantiren. Auseinandergehen, wenn ihre Behauptungen ehrlich gemeint sind, beide Parteien nur in Beziehung auf die Mittel und Wege, durch welche und auf welchen das gemeinsame Ziel erreicht werden soll. Und sie gehen in dieser Beziehung auseinander, weil jede der beiden Parteien und zwar vielleicht beide zu einseitig, je für sich eines der Elemente vertritt, die in der politischen Entwicklung als bestimmende Mächte auftreten. Auf der einen Seite der menschliche Wille mit seinen ausschließlich aus sich selbst geschöpften Wünschen, Neigungen und Interessen, auf der andern Seite das Bestehende mit seinem Recht auf Bestand und mit seiner Macht sich zu erhalten. Das Ideal und das Real bilden die Elemente jeglichen Schaffens. Stützt sich das politische Streben nur auf einen der beiden Factoren, so tritt entweder die Willkür und damit die Revolution an die Stelle des Rechts, oder das Bestehende wird stabil und weist jeden Fortschritt, jede Entwicklung zurück. Beide Parteien sind deshalb in ihrer Art berechtigt, aber sie haben sich, wenn ein gedeihliches Resultat ihren Bestrebungen folgen soll, gegenseitig zu ergänzen. Sie haben zusammenzuwirken, sie haben sich zu verständigen, sie haben sich ebendeßhalb gegenseitig zu achten.

Möchten diese Erwägungen die Parteikämpfe des kommenden Jahres beherrschen, möchte vor Allem die Einsicht Platz greifen, daß nur Wahrheit, aber nicht Täuschung, nur gegenseitige Achtung, aber nicht Herabwürdigung, nur gegenseitige Anerkennung, aber nicht Unterstellung unedler Motive, daß endlich nur das besonnene Fortschreiten und die organische Entwicklung, aber nicht die Aufstellung unerreichbarer Ideale zum Ziele führen kann. Diesen Wunsch fühlen wir uns beim Scheiden eines alten, beim Beginn des neuen Jahres auszusprechen und zwar in voller Aufrichtigkeit auszusprechen veranlaßt.*

Diese versöhnlichen und wirklich aufrichtig gemeinten Worte waren jedoch Perlen, die vor die Demagogen und Heiligthümer, die vor die Procuratoren des Fortschritts geworfen wurden, denn für die Advocaten in Nassau handelte es sich nicht sowohl um einen „gesicherten Rechtszustand", um den „wissenschaftlichen Errungenschaften der Zeit entsprechende Gesetze" und eine Regierung, „wie sie ein gebildetes Volk zu verlangen das Recht" hat, sondern um ganz andere Dinge. Daß ich selbst an meinem in dem citirten Neujahrsartikel ausgesprochenen Programme aufrichtig festhalten wolle, bewies ich durch zwei in der nämlichen Nummer befindlichen polemischen Bemerkungen, aus welchen zugleich zu ersehen ist, wie ich, von meinen Gegnern nicht gar zu sehr gereizt, den Streit zu führen suchte. Die beiden Erwiderungen lauten folgendermaßen:

„* Wiesbaden, 31. Dec. „Aus Berlin schreibt man frohlockend, daß Preußen am Delegirtenproject u. a. zu Genossen haben werde:

Dänemark, Holland und Mecklenburg. Und über diese Zustimmung
wundert man sich? Es gehört wenig Prophetengabe dazu, um vorauszu=
sagen, daß die deutsche Nation zu einer befriedigenden Gestaltung ihrer
Verhältnisse nicht früher kommen wird, **als bis sie ihre Geschicke
selbst ordnet**, unabhängig von den Plänen der Cabinete in Berlin,
ebenso wie in Wien und in München."

So schreibt die „N. Frankf. Ztg." Wir gäben viel darum, wenn
wir endlich einmal erfahren könnten, wie es überhaupt möglich ist, daß
ein Collectivum, eine Nation, ein Volk, eine Gemeinde, ihre Geschicke
selbst ordnet. So wie die Gesetze des physischen und politischen Lebens
einmal beschaffen sind, können immer nur Einzelne die Geschicke einer
Nation, eines Volks, einer Gemeinde ordnen, diese Einzelnen sind ent=
weder die gesetzlichen Organe der Gesammtheit, oder solche, die sich auf
dem Wege der Revolution zu Organen der Gesammtheit aufwerfen.
Selbst aber ihre Geschicke zu ordnen ist eine Nation nicht im Stande."

„Wiesbaden, 31. Dec. Die „N. Frankf. Ztg." macht uns den
Vorwurf, mit kecker Stirn behauptet zu haben, es sei vom Gemeinde=
rath in Wiesbaden kein Beschluß für den Handelsvertrag und die Er=
haltung des Zollvereins gefaßt worden, obwohl dieser Beschluß einstim=
mig festgestellt worden sei. Wenn die „N. Frankf. Ztg." gefälligst die
Data vergleichen wollte, so würde sie ersehen, daß zur Zeit, als wir das
Existenz jenes Beschlusses läugneten, ein solcher wirklich noch nicht ge=
faßt war. Ferner haben wir nicht behauptet, jener Beschluß sei ein=
stimmig abgelehnt worden, sondern wir haben die Hoffnung ausgespro=
chen, er werde einstimmig abgelehnt werden, was einen kleinen Unter=
schied ausmacht, den die „N. Frankf. Ztg." nicht hätte übersehen sollen.
Auch bitten wir nochmals die „N. Frankf. Ztg." doch die Unart ab=
legen zu wollen, von clerikalen Reformvereinlern mit Bezugnahme
auf uns zu sprechen. Daß wir keine clerikale und keine anticlerikale
Tendenz verfolgen, ist aus jeder Zeile unseres Blattes zu ersehen, wozu
also die ewigen Verdächtigungen, die zu nichts führen, als zu unan=
genehmen Repressalien und gegenseitiger Herabwürdigung. Halte sich
die „N. Frankf. Ztg." an das, was wirklich ist, und nicht an das,
was sie erfindet."

Indessen hatten Braun und Lang den Plan gefaßt, mich
in der außernassauischen Nationalvereinspresse zu discreditiren
und dieser Plan wurde consequent und beharrlich verfolgt,
wie aus nachfolgendem Artikel der „N. Wiesb. Ztg." zu er=
sehen ist. Er lautet:

„Wiesbaden, 8. Jan. In einer von hier aus datirten Cor=
respondenz der „Südd. Ztg.", des bekannten Nationalvereinsorgans,
heißt es u. A.: „Vielleicht wird es (nach dem Zusammentritt der Kam=
mern) ins Klare kommen, welche Stellung die Regierung einem
gewinnsüchtigen Blatte gegenüber einnimmt, welches den Stem=
pel des charakterlosesten, verkommensten Literatenthums an der Stirne
trägt." Was die Stellung der Regierung zu der hiesigen Presse anbe=
trifft, so braucht diese Stellung nicht erst ins Klare zu kommen, denn

sie ist längst klar. Mit der „Mittelrh. Ztg." steht die Regierung so
viel wir wissen, in keiner Verbindung und ebensowenig mit unserer
Zeitung, wie wir längst ausdrücklich erklärt haben und außerdem aus
jeder Spalte unseres Blattes ersichtlich ist. Es bildet daher obige
Andeutung in Verbindung mit den darauf folgenden Schimpfworten
ein neues Glied in der Kette von Lügen, Verdächtigungen und Verläumbungen, womit die „Südd. Ztg." uns seit dem ersten Tage unserer
journalistischen Wirksamkeit hier in Wiesbaden überhäuft hat, ein Verfahren, das den moralischen Werth der „Südd. Ztg." und der von
ihr vertretenen Partei hinreichend charakterisirt. Zu feige und unfähig, direct uns entgegenzutreten, nehmen sie ihre Zuflucht zu jenen
Waffen, welche von Menschen sonst nur in dem Alter, das den Jüng-
lingsjahren vorhergeht, und nur auf der Straße, aber nicht in anständigen Zeitungen in Anwendung gebracht werden. Was kann man
übrigens Anderes erwarten von jenem Herrn Lammers, der schon
fünfmal die Farbe gewechselt hat und aus einem Winkel der „Weser-
Ztg." nur beßhalb hervorgekrochen zu sein scheint, um in Frankfurt
durch seine logische Unfähigkeit, seine volkswirthschaftliche Unwissen-
heit, seine politische Bornirtheit und seinen lächerlichen Hochmuth ein
Gegenstand der öffentlichen Aufmerksamkeit und — Werthschätzung
zu werden."

Halten wir abermals einen Augenblick hier stille, denn
wir haben wiederum einen Beleg von der moralischen Qualität der Presse vor uns. Zu Wiesbaden befinden sich einige
Advocaten, welche sich durch Anwendung rein mechanischer
Mittel in eine politisch einflußreiche Stellung hineingeschwin-
delt hatten. Der Zufall stellt einen Mann ihnen gegenüber,
der sie Tag für Tag mit logischen Waffen bekämpft und der
ihnen beßhalb sehr unbequem wird. Um sich seiner zu entledigen, benutzen sie die moralische Macht der Presse, indem
sie planmäßig Lügen über ihn verbreiten, ihn persönlich zu
discreditiren suchen, ihn verdächtigen, verläumben, beschimpfen.
Der Angegriffene setzt sich zur Wehr, gebraucht Repressalien,
stellt sie an den Pranger, appellirt an die Grundsätze der
Ehre, der Moralität, führt Gründe ins Feld: Alles vergebens, die Advocaten lachen zu alledem ins Fäustchen, und
setzen ihre Angriffe unter dem Schutze der Anonymität fort,
denn vor der Welt sind nicht sie es, sind es nicht die Braun
und Lang, welche schimpfen und beschimpfen und die auf sie
geführten Schläge ruhig einstecken, sondern es ist die Presse,
es ist die „Süddeutsche Zeitung," welche Correspondenzen
aus Wiesbaden abdruckt und was können die Lang und Braun
dafür, wenn die „Südd. Ztg." auf den Redacteur der „N.
Wiesbad. Ztg. schimpft. Das ist die moralische Wirksam-

keit der Presse. Das ist aber vielmehr die mechanische absolutistische Macht der Presse, ihre rein physische Gewalt, welche
sie in eine Maschine verwandelt, womit jeder Mißliebige ge-
meuchelt werden kann, wenn die Meuchler zufällig ehrlos
genug sind, die anständig geführte Abwehr in den Wind zu
schlagen und wenn zufällig an einem Blatte ein Redacteur
sich befindet, den der Parteifanatismus zum dienstwilligen
Werkzeug der Privatmalice gemacht hat.

Diesen Angriffen mußte übrigens von meiner Seite um
jeden Preis ein Ende gemacht werden. Ich ließ deßhalb zunächst folgende Repressalien abdrucken:

„Frankfurt, 8. Jan. Da die preußischen Kammern demnächst
wieder zusammentreten, so wird man hoffentlich auch in's Klare darüber
..., welche Stellung die preußische Regierung einem hiesigen
...süchtigen Blatte gegenüber einnimmt, das mit vollendeter Läm-
merlichkeit die Sache des Nationalvereins vertritt und den Stempel des characterlosesten und verkommensten Literatenthums aus Norddeutschland an der Stirne trägt. (Die Stellung der preußischen Regierung zu diesem Blatte, oder vielmehr umgekehrt, dieses Blattes zur
preußischen Regierung ist klar und bekannt. Dasselbe bezieht vom
Cabinet Bismarck eine Subvention von jährlich 2000 Thlr. Die Beweise dafür sind in unseren Händen. Die Red.)"

„Frankfurt, 9. Jan. Da Sie von dem Kothklümpchen
Notiz genommen haben, welches von dem bekannten Kothklümpchen
in der „Südb. Ztg.", dem Organ des „verkommensten und character-
losen Literatenthums" wieder gegen Sie geschleudert wurde, so
würde Sie vielleicht die Thatsache interessiren, daß die der „Südb.
Ztg." von dem Cabinet Bismarck bis jetzt ausgesetzte Subvention von
2000 auf 3000 Thlr. Neuestens erhöht worden ist. Inliegend folgen
die documentarischen Beweise für diese Behauptung, von welchen Sie
beliebigen Gebrauch machen können, (obgleich schon gewichtige innere
Gründe für diese Beziehungen zwischen der von einem gewissen Lam-
... redigirten „Süddeutschen Ztg." und dem Ministerium Bismarck
sprechen)."

Zugleich ließ ich den Kammers fordern, mit welchem Erfolg ist aus nachfolgendem Artikel der „N. Wiesbad. Ztg."
zu ersehen:

Einer von den Helden des Nationalvereins.

* Wiesbaden, 13. Januar.

„Ich habe schon öfters behauptet und nachgewiesen, daß das Wesen der Parteien nicht in ihren vorübergehenden und wechselnden
Zielen und Zwecken, auch nicht in ihren gewöhnlich gar nichts besa-
genden Bezeichnungen, als da sind: liberal, radical, reactionär,
conservativ &c. gelegen ist, sondern in der Vernunft- und Charakter-

beschaffenheit ihrer Führer und Mitglieder. Die Wahrheit dieses auch von Andern anerkannten Satzes findet ihre glänzende Bestätigung in der Person eines Hrn. Lammers, der als Zeitungsredacteur in Frankfurt sich aufhält und als Nationalvereinsmitglied hin und wieder auch auf Versammlungen in Nassau sich hören ließ, mit welchem Erfolg gehört nicht hierher. Ich hatte schon früher Veranlassung, diesen würdigen Herrn in der „N. Wiesb." Ztg." zu besprechen und habe, durch einen Vorfall der neuesten Zeit veranlaßt, denselben abermals einer Beleuchtung zu unterziehen.

Man wird sich erinnern, daß dieser Hr. Lammers mein Eintreten in die Redaction der „N. Wiesb. Ztg." mit einem Artikel begleitete, der, einem der niedrigsten, für das Herzogthum Nassau berechneten Schmutzblätter Frankfurts entnommen, nicht nur die „N. Wiesb. Ztg.", sondern auch meine Person mit Lügen, Verdächtigungen und Schmähungen überhäufte. Obwohl es bekannt ist, daß ich seiner Zeit hierher kam, um die „Mittelrh. Ztg." zu redigiren, wurde behauptet, ich habe mich des Spieles halber hier aufgehalten, obwohl ich bereits Mitarbeiter des Staatslexicons von Rotteck und Welcker war und mehrere Schriften veröffentlicht hatte, als Hr. Lammers noch auf der, zu frühe von ihm verlassenen Schulbank saß, tractirte mich dieser edle Herr als einen „gewissen Abt", obwohl demselben meine Grundsätze und mein politischer Standpunkt aus den während einer Reihe von Jahren in einer von ihm wohl gelesenen Zeitschrift veröffentlichten Artikeln recht gut bekannt waren, verbreitete er die Nachricht, ich habe gegen eine bestimmte Subvention mich und meine Zeitung zu einem Werkzeuge der herzogl. Regierung gemacht. Wie ich Hrn. Lammers auf diese Angriffe diente und ihn mit Repressalien derart bediente, daß er sich schweigend zurückzog, dürfte den Lesern dieser Blätter noch im Gedächtniß sein und es stand zu erwarten, daß Hr. Lammers aus der ihm zu Theil gewordenen Lektion die richtige Nutzanwendung gezogen und sich entschlossen habe, mich künftig in Ruhe zu lassen. Nun ist es aber eine Thatsache, daß die politische Bewegung hier zu Lande in den Händen einiger Advocaten sich befindet, die zwar wohl im Stande sind, vor einer Versammlung von Kupferschmieden, Schirmmachern und Bürstenheimern ihre Gemeinplätze vorzutragen und boshafte Artikel über Nassauische Zustände und Behörden in dem von ihnen gegründeten Blatte niederzulegen, so lange ihnen Niemand widerspricht, die aber nicht im Stande sind, eine ernsthafte Polemik durchzuführen und auszuhalten, die deßhalb nicht einmal ihr eigenes Organ mehr zu benutzen wagen, sondern wie der Kukuk ihre Eier in fremde Nester legen, um sie hier ausbrüten und dann das Product durch ihren Rheinischen Kurierpudel apportiren zu lassen. Es wird in dieser Beziehung ganz systematisch verfahren. Zuerst erscheint in der „Kölnischen" oder in der „Süddeutschen" (auch die „N. Frankf. Ztg." hat sich schon mißbrauchen lassen) eines jener verschmitzten Artikelchen, welche sich den Anschein geben, als seien sie von Gott weiß welchem uninteressirten und unparteiischen Manne verfaßt, welche aber in der That nur der kniffigen Feder eines der hiesigen Nationalvereinsadvocaten entstammen und in der Regel auch den „Stempel des verkommenſten und charakterlofeſten Advocatenthums an der Stirne tragen", jenes Advocatenthums, das zunächſt immer an Stempel und Gebühren denkt und bereits ein Gegenſtand der öffentlichen Ver⸗ achtung zu werden beginnt. Hat dann die „Kölniſche" oder „Süd⸗ deutſche Ztg." Hebammendienſte verrichtet, ſo bemächtigt ſich der „Rh. Kurier" des edlen Sprößlings und trägt ihn in ſeinen Spalten über die naſſauiſche Grenze. Auf dieſes Mittel ſind die „Notabili⸗ täten" des hieſigen Nationalvereins verfallen, um dem Publikum und uns gegenüber die Verantwortlichkeit für ihre eigenen Producte von ſich ab und auf die ihnen affilirten Blätter des naheliegenden Aus⸗ landes zu wälzen. Demgemäß publicirte Hr. Lammers, als getreuer Eckart der beiden Wiesbadner Richard Löwen⸗ oder vielmehr Haſen⸗ herz, in der „Südd. Ztg." vor Kurzem wieder einen Artikel über Nassau, worin weiter gar nichts geſagt iſt, als was ſchon 100 mal im „Rh. Kurier" geſagt wurde, daß nämlich dieſes Blatt immer noch käuflich ſei, worin aber dieſer Gemeinplatz zum hundertſten mal wie⸗ derholt wird, um ſchließlich ſagen zu können, es werde während der nächſten Kammerſitzung ins Klare kommen, in welcher Beziehung die herzogl. Regierung zu einem Blatte ſtehe, das den „Stempel des vollkommenſten und charakterloſeſten Literatenthums" an der Stirne trage. Ich replicirte natürlich ſofort auf dieſe Niederträchtigkeit, wie ſich's gebührt, wollte aber doch, weil ich darin ein Zeichen wieder⸗ kehrender Meuterei und Rebellion erblickte, dem ſichtbaren Urheber der erwähnten Schmähartikels in der Perſon des Hrn. Lammers endlich einmal eine wohlverdiente körperliche Züchtigung angedeihen laſſen, und da eine ſolche zunächſt nur in Form eines Duelles ver⸗ abreicht werden kann, erſuchte ich zwei mir befreundete Herren, einen Mitarbeiter an der „N. Wiesb. Ztg." und einen hier lebenden be⸗ kannten dramatiſchen Dichter, in meinem Namen dem Hrn. Lammers einen Beſuch abzuſtatten. In Folge deſſen trat Hr. A. M. bei dem letzteren ein und bemerkte zunächſt, er theile meine politiſche Rich⸗ tung durchaus nicht, allein Angriffe auf meine Perſönlichkeit, wie ſie Hr. Lammers ohne alle Veranlaſſung von Zeit zu Zeit gegen mich erlaube, müſſe er im höchſten Grade mißbilligen und habe deßhalb meiner Bitte eine Forderung zu überbringen entſprochen und bemerke dabei, daß im Falle ſie nicht angenommen werde, Hr. Lammers die Koſten ſeiner Weigerung tragen müſſe. Hierauf erwiderte Hr. Lam⸗ mers, da ich mich bereits mehr als genug revanchirt habe, ſtelle er ſich nicht und werde die Folgen ſeiner Weigerung auf ſich nehmen. Da nun das letztere ganz ſicher der Fall ſein wird, bezweifle ich nicht im Geringſten, Hr. Lammers wird die Folgen ſeiner Aufführ⸗ ung ebenſo ruhig auf ſich nehmen, als Gonerils Haushofmeiſter die Folgen der Pöbelhaftigkeit auf ſich nimmt, welche er ſich König Lear gegenüber ſchuldig gemacht hatte.

Aber nun wende ich mich an das Publikum mit der Bitte, durch vorliegende Darſtellung ſich zur Beurtheilung der Frage beſtimmen zu laſſen, in welche Hände eigentlich die Leitung der Preſſe und der politiſchen Bewegung gerathen iſt und wer die Leute ſind, die hier und in der Umgegend als Fortſchrittsparteiführer auftreten. Findet

sich unter den großdeutschen Organen auch nur das kleinste Local-
blatt, das so tief in den Schmutz der Gemeinheit herabgesunken
wäre, wie die „Süddeutsche Zeitung“? Findet sich bei der großdeutschen Partei eine Persönlichkeit, die sich Andern gegenüber so
aufführte oder so aufführen könnte, wie dieser aus Hannover nach
Frankfurt gelaufene Lammers?

Für die Beurtheilung der menschlichen Handlungen kommen drei
Gesichtspuncte in Betracht: Geist, Charakter und Sitten.

Was den Geist anbetrifft, so müßte Hr. Lammers, wenn er
ein verständiger Mann wäre, wissen, daß man Angriffe, wie er sie
mir gegenüber sich erlaubt hat, schon deßhalb unterläßt, weil man
dadurch nichts bezweckt, als verdoppelte und verdreifachte Repressalien gegen sich selbst. Ich habe öffentlich erklärt, daß Hr. Lammers
sich an der Spielbank in Homburg herumtreibe und vom Ministerium
Bismarck, das er anscheinend bekämpft, eine Subvention beziehe,
und ich habe mich erboten, diese Behauptung mit Beweisen zu belegen und Hr. Lammers schwieg und ließ sich Alles gefallen. Ist dies
nun, frage ich, ein verständiger Mann, der einem Andern die Berechtigung, öffentlich Solches zu behaupten, in die Hand gibt?

Was den Character anbetrifft, so muß vor Allem der Mann
seine Persönlichkeit, seine Reden und Aeußerungen in der Gesellschaft
in irgend einer Weise vertreten. Hr. Lammers dagegen öffnet sein
Fenster, schimpft auf die Vorübergehenden und wenn man ihm zu
Leibe rückt, verkriecht er sich in einen Winkel, schweigt und kommt,
sobald die Gefahr vorüber ist, wieder zum Vorschein, um von Neuem
zu schimpfen und die Flucht zu ergreifen, wenn man sich ihm wieder
nähert. Ich frage, ist dies das Benehmen eines Mannes, oder
das eines ungezogenen Jungen?

Was die Sitten anbetrifft, so ist es für Leute von Bildung
ein Gesetz, im Privatleben, wie im öffentlichen, Persönlichkeiten möglichst zu vermeiden, unter allen Umständen aber niemals zu schimpfen.
Alle von Hrn. Lammers gegen mich gerichteten Ausfälle waren eine
Reihe von Beschimpfungen und Schmähungen, und es enthielt namentlich der zuletzt von ihm veröffentlichte Artikel einen jener be-
schimpfenden Gemeinplätze, die auf Jedermann anwendbar sind und
ebendeßhalb nur von Leuten gebraucht werden, welche eben zu unfähig sind, ihre Malice in treffenden Worten auszudrücken. Ich
frage deßhalb: ist Hr. Lammers in ästhetischer Beziehung nicht ganz
derselbe, der er in theoretischer und in ethischer Beziehung ist? Ich
frage, ist Hr. Lammers nicht ein pöbelhafter Mann, der auch nicht
einen Zoll über der sittlichen Bildung jener vulgären Kneiper steht,
welche sich in Nassau als Leiter der politischen Bewegung aufgeworfen haben? Man beantworte sich diese Fragen und ziehe daraus
den Schluß, wohin wir gerathen müssen, wenn Leute wie der Lammers das große Wort führen und einen Einfluß auf die öffentlichen
Angelegenheiten gewinnen. Doch genug für heute des lämmer-
lichen Jammers und des jämmerlichen Lammers, der, so-

bald ich ihn perſönlich treffe, die Folgen ſeines Benehmens auf ſich nehmen und von mir verdienter Maßen tractirt werden wird. A. [1]

Welchen Anklang die Tapferkeit des damals am Hinter= theil noch nicht verwundeten Kämpfers Lammers bei ſeinen Geſinnungsgenoſſen und Characterverwandten in der Fort= ſchrittspreſſe gefunden, beweiſt folgender Artikel des „Rhein. Kuriers:

„Es iſt eine bekannte Taktik der mauvais sujet(s), in gewiſſen Krei= ſen irgend einen anſtändigen Mann aus irgend einem Grunde (aus irgend einem Grunde? Lammers hatte verläumdet) zum Duell auf= zufordern. Geht der Geforderte, trotz der Perſönlichkeit des Forbern= den, darauf ein, ſo tritt jedesmal die Polizei, die das Geheimniß, natürlich nur von dem mauvais sujet, erfahren hat, hindernd da= zwiſchen, natürlich jedesmal zum größten Bedauern des Hrn. mauvais sujet. Lehnt der Geforderte, wie er ſchon ehrenhalber muß, es ab, ſich mit einem gebundenen mauvais sujet zu ſchlagen, ſo ſchreit das mauvais sujet die Welt voll von ſeinem Muth und des Geforderten Feigheit und glaubt ſo in jedem Falle in den Augen der Welt, die vielleicht ſeine Vergangenheit nicht ſo genau kennt, ſich einen Schein gegeben zu haben, den ein mauvais sujet nicht hat. Die Erfahrungen ſind aber zu häufig und die Taktik zu durchſichtig, als daß dadurch die Welt ſich noch täuſchen läßt.“ (Fortſchrittsſtyl.)

Wenn aber Einer ſich nicht duellirt, ſo ſollte er wenigſtens nicht provociren, ſollte andere Leute wenigſtens nicht ſchimpfen, um, wenn er geſchimpft hat und verfolgt wird, die Thüre hinter ſich zu ſchließen und ſich in einen Winkel zu verkrie= chen. Uebrigens befleißigte ſich Herr Lammers von nun an eines anſtändigen Stillſchweigens, denn alles hat ſeine Gren= zen und ſomit auch die Dienſtwilligkeit für Parteigenoſſen.

Ich hatte von nun an in der auswärtigen Preſſe Ruhe. Ich hatte ſie den naſſauiſchen Advocaten verſchloſſen, denn

---

1) Bekanntlich ſtarb vorigen Sommer die „Südd. Ztg.“, nachdem ſie 120,000 fl. verſchlungen hatte, an Abonnentenmangel und Lam= mers, der hinten „verwundete Kämpfer“, zog nach Elberfeld in die Redaction der „Elberfelder Ztg.“ Wie ich nun kürzlich aus den Zei= tungen erſehen, ſtreitet er jetzt genau ſo mit den demokratiſchen Blättern, wie er früher mit mir ſtritt; als jene nämlich ſich höchlich darüber verwunderten, daß der ehemalige Demokrat Lammers, der noch vor 2 Jahren in Frankfurt offen zur Revolution gegen Bis= marck aufforderte, jetzt unmittelbar aus dem Cabinette Bismarck mit Zeitungsartikeln ſich bedienen laſſe, erwiderte Lammers mit — Bübereien und Gemeinheiten.

wenn auch die Redacteure der Fortschrittsblätter für die Parteigenossen mit der Gesinnung zu allen Gemeinheiten bereit sind,
so haben sie doch eine gewisse Scheu ihre werthen Leiber den
feindlichen Klingen und Reitpeitschen auszusetzen. Braun und
Bang waren von nun an auf ihr eigenes Organ angewiesen
und da sie nicht einmal mehr unter dem Schutze der Anonymität und hinter dem Schild, den ihnen der Knabe Kling
vorhielt, zu kämpfen wagten, so entstand geraume Zeit eine
feierliche Stille im „Rh. Curier", während ich unablässig
mein Ziel verfolgte, das Publicum über das Treiben der
Advocaten aufzuklären.

III. Capitel.

Erster Hexenproceß.

I.

Einige allgemeine Bemerkungen über Jurisprudenz und Juristen.

> Es erben sich die Rechte und Gesetze
> wie eine ew'ge Krankheit fort,
> Vernunft wird Unsinn.
> Göthe.

Damit sich die Menschen, wenn sie in Streit mit einander
gerathen, nicht gegenseitig todtschlagen, damit überhaupt diejenigen Güter, auf welche im menschlichen Zusammenleben
Werth gelegt wird, nämlich Leben, Ehre und Eigenthum, den
Angriffen Anderer nicht schutzles Preis gegeben seien, hat
sich überall, wo eine Gesellschaft sich bildete, auch jene Einrichtung erzeugt, welche man Rechtspflege nennt. Die Rechtspflege wird ausgeübt durch die Richter. Die Richter sind
Personen, welche Recht sprechen. Recht sprechen heißt in
Streitigkeiten um Eigenthum und Besitz erklären, was Richtig
ist, Rechtsprechen heißt ferner in Beziehung auf menschliche
Handlungen die sociale Qualität derselben bestimmen; heißt

erklären, ob eine Handlung gesellschaftswidrig, d. h. ein Un=
recht, ein Verbrechen und wie sie zu bestrafen sei. Die Strafe
besteht in der Zufügung eines Uebels, sei es nun, daß dem
Bestraften ein Theil seines Vermögens genommen, oder daß
er seiner Freiheit beraubt, oder daß ihm ein Glied seines
Körpers, gewöhnlich der Kopf, abgeschnitten wird, auf daß er
sich zu Tode verblute. Dem Richter ist somit eine wahr=
haft fürchterliche Gewalt anvertraut, eine Gewalt, womit er
über das Vermögen, die Freiheit und das Leben der in einer
Gesellschaft oder in einem Staate wohnenden Menschen verfügt.

Da sich nun in der zum Staate entwickelten menschlichen
Gesellschaft so fürchterlich ausgerüstete, mit ganz entsetzlichen
Befugnissen versehene, unter Umständen höchst gefährliche
Menschen befinden, so fragt es sich, welche Garantien auf
der andern Seite der Staat seinen Angehören gegen die
Willkühr, den bösen Willen und die Gewaltthätigkeit der
Rechtsprecher gewährt, nachdem er diesen auf der einen Seite
eine so furchtbare Gewalt in die Hände gelegt hat. Diese
Garantien liegen in den Gesetzen. Die Gesetze sind Vor=
schriften, durch welche die Functionen der Rechtsprecher und
Rechtspfleger normirt, vorherbestimmt und mit dem die Will=
kühr ausschließenden Character der Gleichmäßigkeit bekleidet
werden sollen, in welcher, wie man annimmt, die Gerechtig=
keit, das gleiche Recht für Alle enthalten sei. Die Gesetze
sind allgemeine Grundsätze und zwar Grundsätze auf dem Gebiete
nicht der theoretischen, sondern der praktischen Vernunft und
als solche das Product einer Wissenschaft und zwar der so=
genannten Rechtswissenschaft. Allgemeine Grundsätze, wenn
richtig sein sollen, müssen auf dem Gebiete der theoreti=
schen und der practischen Vernunft den Charakter der Allge=
meingültigkeit haben, sie müssen unbedingt und unter allen
Umständen auf alle Fälle, die sie umfassen, anwendbar sein,
sie müssen ferner als practische Grundsätze, einen so bestimm=
ten Gehalt, so genaue und präcise Regeln und Vorschriften
enthalten, daß sie ganz bestimmte Aussprüche und daß sie ein
bestimmtes Verfahren nothwendig nach sich ziehen.

Sollte also die Rechtspflege eine gerechte sein,
so müßten die Gesetze das allgemein Richtige, das all=
gemeine Recht, das absolute Recht, das Recht an sich ent=
halten und die Rechtspflege bestände darin, in jedem ein=

zelnen Fall Das zu urtheilen, was den Gesetzen gemäß allge=
meines Recht oder Recht an sich ist.

Untersuchen wir daher, ob es ein absolutes Recht, ein
Recht an sich gibt, oder überhaupt nur geben kann.

Recht und Unrecht bezeichnet die sociale Qualität. [1)]
Nun ist aber die Qualität als allgemein logischer Gesichts=
punkt etwas, was dem Ding nicht an sich zukommt, während
die Realität Etwas ist, was das Ding an sich hat. Alles
was ist, ist an sich absolut so wie es ist. Pferd ist Pferd,
d. h. ein Ding, das bestimmte durch zoologische Kategorien
bedingte Merkmale hat, einhufig ist, nicht wiederkäut, eine
eigenthümliche Zahnbildung besitzt ꝛc. Unter allen Umstän=
den hat das Pferd, d. h. jedes Pferd diese Merkmale, weil
diese Merkmale seine Realität ausmachen, und es ohne die=
selben nicht, nichts, wenigstens kein Pferd wäre. Aber nicht
unter allen Umständen ist das Pferd gut, werthvoll, brauch=
bar, nützlich ꝛc. Oder vielmehr das Pferd an sich hat diese
Merkmale gar nicht, sondern nur dieses Pferd, weil diese
Merkmale nicht der Realität, sondern der Qualität ange=
hören. Die Qualität des Pferdes oder vielmehr dieses Pfer=
des hängt also von den Umständen, d. h. von der besondern,
individuellen und zufälligen Beschaffenheit seiner selbst und
seines Besitzers ab. Ist das Pferd alt, gebrechlich, ohne be=
haarten Schwanz, mit Spaten, und Roß ausgestattet, so hat
es eine schlechte, ist es jung, gut dressirt, fehlerfrei, von edler
Race, so hat es eine gute Qualität. Für den Droschken=
kutscher ist ein englisches Jagdpferd zum Gebrauch werthlos,
für den Cavalier ein Percheron ebenfalls, für den armen
Häusler, wenn er es ernähren müßte, ist ein Pferd sogar
schädlich. Aber ob es gut, werthvoll, nützlich, schädlich, brauch=
bar ist, oder nicht, Pferd bleibt es unter allen Umständen,
denn das Pferdsein ist seine Realität, welche absolut, welche
nicht bedingt, welche unabhängig ist von der besondern Be=
schaffenheit des beurtheilten Objects und den individuellen
Bedürfnissen des urtheilenden Subjects. Gerade von diesem
Maßstabe dagegen hängt die Qualität ab, welche eben

---

1) Die Qualität ist eine Kategorie, aber nicht in der Kant'schen
Bedeutung.

beßhalb relativ, wechselnd von den Umständen abhän=
gig ist —.

Mit diesen Fundamentalsätzen, die zu den höchsten consti=
tutiven Principien der Logik gehören, befindet sich im schrei=
endsten Widerspruch die Rechtswissenschaft, indem sie z. B.
der Criminalgesetzgebung die Vorstellung vom absoluten Recht
und Unrecht unterlegt. Du sollst absolut nicht beleidigen,
du sollst absolut nicht den Vorsatz fassen, irgend eine Hand=
lung zu begehen, welche als mechanischer Act im Strafgesetz=
buch verboten ist. In Folge dessen werde ich bestraft, wenn
ich Jemand, der mich in der boshaftesten Weise ohne alle
Veranlassung angegriffen hat, nachträglich wieder „beleidige“
und zwar selbst, wenn diese „Beleidigung“ in Ausdrücken
verübt wird, welche die Gesetze der Aesthetik nicht verletzen,
welche also nicht an sich unstatthaft, unfläthig, gemein sind,
der Rohheit zur Form dienen.

In Folge dessen würde der Engländer, welcher sein einzi=
ges Kind, das ihm 10 Jahre vorher von einem Seiltänzer
gestohlen, von diesem körperlich und geistig corrumpirt wurde,
in der Bude des Tänzers wieder findet und diesen in seiner
„gerechten“ Entrüstung niederstößt, dieser Engländer würde
von „juristisch gebildeten“ Richtern, von den Mechanikern der
Themis wo nicht als Mörder, doch als Todtschläger bestraft
und höchstens der Gnade empfohlen, von den Geschworenen
die mit ihrem gesunden Menschenverstand und nicht mit den
Formeln des positiven Rechts denken, würde er freigesprochen.
Dieses Verbieten des mechanischen Acts widerspricht, wie ge=
sagt, den Fundamentalgesetzen der Logik, denn nichts hat an
sich eine Qualität, keine Handlung ist an sich ein Unrecht oder
Verbrechen, sondern nur nach Umständen. Je nach Umständen
ist das Umhauen eines Baumes, also der mechanische Act
ein Verbrechen oder erlaubt. Je nach Umständen ist diese
Aeußerung eine Injurie. An sich ist sie nicht in (contra)
jus, sondern nur unter bestimmten Bedingungen. Wurde sie
vom Andern provocirt, ist sie kein Unrecht, wurde sie aggres=
siver Weise verübt, ist sie ein Verbrechen. Je nach Umstän=
den ist daher auch der Vorsatz, eine bestimmte Handlung zu
begehen, rechtswidrig (dolus), keineswegs aber an sich, wie
die Juristen annehmen. Erst dann ist der dolus vorhanden,
wenn aus den besondern Umständen des Falles sich ergeben

hat, daß der mechanische Akt der Handlung ein Verbrechen
ist. Die Juristen aber behandeln jeden Vorsatz, eine Hand=
lung zu begehen, die äußerlich mit der Definition des Ge=
setzes zusammentrifft, als rechtswidrig, weil die Juristen
immer nach Formeln und Vorurtheilen sinn= und zwecklos
urtheilen.

Es kann aber auch im Civil= und Criminalrecht schon
deßhalb kein absolutes Recht, kein Recht an sich, d. h. kein
Recht geben, welches unter allen Umständen auf die zur Be=
urtheilung kommenden Fälle anwendbar wäre und den Ur=
theilen den Character der Nothwendigkeit aufdrückt, weil so,
wie der menschliche Geist einmal beschaffen ist und so wie
die Gegenstände, die er logisch zu behandeln hat, beschaffen
sind, es schlechterdings unmöglich ist, allgemeine Sätze von
so bestimmtem Inhalt aufzustellen, wie die meisten Gesetze
und Rechtsgrundsätze ihn haben, daß dieselben auf alle Fälle
passen. Schon auf dem Gebiete der Naturwissenschaften, wo
die Generalisation auf viel geringere Schwierigkeiten stößt,
ist die Aufstellung richtiger Allgemeinheiten und Gesichtspunkte
oft unmöglich. Welche Verlegenheiten bereitet den Zoologen
die Classification der einzelnen Arten und Species. Ein cha=
racteristisches, allumfassendes Merkmal der Säugethiere auf=
zustellen, das geht, aber die einzelnen Arten lassen sich nicht
so leicht unterbringen. Ja es gibt noch nicht einmal eine
Definition des Begriffs Thier und Pflanze, welche die
den Uebergang vom Thierreich zum Pflanzenreich vermitteln=
den Bildungsformen umfaßte. Nun ist auf dem Gebiete der
practischen Vernunft die Generalisirung noch viel schwieriger,
ja, ich sage es unverhohlen, sobald sie aus dem Gebiete der
reinen Logik heraustritt, geradezu unmöglich, weil die Praxis
— und sie beruht auf der Beurtheilung der Qualität und
die richterliche „Handlung" des Strafens setzt die Beurthei=
lung der Qualität voraus — sich an die Besonderheit des
Individuellen, dieses Falles, dieses Menschen rc. zu halten
hat. In Folge dessen wird in den meisten Fällen ebenfalls
der Wahrheit, d. h. dem Rechte, dem Richtigen Zwang an=
gethan, werden die Fälle gewaltsam unter unpassende Sätze,
Formeln und Gesichtspunkte subsumirt, wird deshalb in
Form Rechtens Unrecht gesprochen. Es entscheidet die richter=
liche Willkühr, die beliebige Annahme, die subjective Ansicht,

denn sobald das Gesetz nicht so beschaffen ist, daß der Rich=
ter absolut nothwendig Das sprechen muß, was er spricht, ist
nichts weiter vorhanden als Willkühr und subjectives Belie=
ben. Um die richterlichen Urtheile ist es deßhalb, was ihre
logische Nothwendigkeit und materielle Richtigkeit anbetrifft,
ein sehr zweifelhaftes Ding. Die Hauptsache daran ist, daß
überhaupt Recht gesprochen wird und dadurch die Faustkämpfe
und Dolchstiche der Streitenden ersetzt und verhütet werden.
Das Daß übt aber nicht den geringsten Einfluß auf das Wie
beschaffen. Die Qualität der richterlichen Urtheile hängt
nicht davon ab, daß überhaupt richterliche Urtheile nothwendig
sind, weil sich sonst die Staatsbürger gegenseitig zerfleischen
würden. So wie die Gesetze allenthalben noch beschaffen sind,
ja so wie die Denkgesetze überhaupt beschaffen sind, können
die falschen Generalisationen und Grundsätze, welche unsere
Gesetzbücher anfüllen, das Richtige, d. h. das materielle Recht
gar nicht hervorbringen. Die zum Spruch kommenden Fälle
sind entweder so einfach und klar, daß sie jeder einigermaßen
Gebildete mit seinem gesunden Menschenverstande zu beurthei=
len vermag, und in diesem Falle braucht man keine besondere
„Jurisprudenz", oder aber die Fälle sind verwickelt und un=
klar, die Beweise mangelhaft, die Zeugenaussagen unvollstän=
dig und verdächtig, die Anzeichen ungenau, dann aber ist alle Ju=
risprudenz in der Welt nicht, dann ist weder Ulpian, noch Papi=
nian, noch Irnerius und Acursius, oder Coccejus, oder Zachariä
und Vangerow, oder Mittermaier und Feuerbach im Stande,
gegebenen Falls das Richtige herzustellen. Die ganze Kunst
des Juristen besteht dann darin, daß er zu Fictionen und
Nothbehelfen seine Zuflucht, daß er irgend etwas annimmt,
obgleich aber auch ebensogut das Gegentheil angenommen
werden könnte, oder daß er irgend einen Satz für hier an=
wendbar erklärt, somit seine subjective Ueberzeugung spre=
chen läßt, und da dieß Jeder kann, so erlebt man sehr häufig
das erhebende Schauspiel, daß von drei Instanzen jede den
Fall anders beurtheilt und wenn 27 Instanzen vorhanden
wären, würden 27 verschiedene subjective Ueberzeugungen alias
„Urtheile" zum Vorschein kommen. Der leidige Umstand ist
eben der, daß in sehr vielen, besonders in den verwickelten, in
den interessanten Fällen kein sterblicher Mensch, so wie dessen
Gehirn einmal organisirt ist, beweisen und begründen kann,

wer von beiden Parteien Recht hat, oder ob Jemand die
That begangen habe, und wenn die Juristen dies nicht be=
greifen und daraus nicht den Schluß ziehen, daß solche Fälle
nicht mit dem Apparate des juristischen Formalismus behan=
delt werden dürfen, sondern vor einen Billigkeitsgerichtshof
(court of equity) oder einen Gerichtshof gehören, der je
nach den Umständen des gegebenen Falles urtheilt und na=
mentlich dann nicht verurtheilt, wenn das Urtheil den Cha=
racter der Nothwendigkeit nicht hat, sondern auf beliebigen
„Annahmen“ und Voraussetzungen beruht, so beweisen sie
eben, daß sie vollständig anf der Stufe der Theologen des
3. und 4. Jahrhunderts, des Mittelalters und des 15. und
16. Jahrhunderts sich befinden, welche sich bekanntlich die
hitzigsten Schlachten lieferten, in welchen alle streitigen An=
sichten Recht behielten und Recht behalten mußten, weil kein
gemeinschaftlicher, allgemein gültiger Standpunkt von ihnen
eingenommen, sondern nur subjective Meinungen ausgetauscht
wurden.

Mit der Wissenschaftlichkeit der sogenannten „Jurispru=
denz“ ist es aber auch deßhalb sehr schlecht bestellt, weil die
Rechtstheorien und Gesetze in der ganzen Welt noch durchaus
rationalistischer Natur sind, da sie in einer Zeit entstanden,
in welcher es überhaupt noch keine Wissenschaft gab und auch
eine Wissenschaft noch gar nicht geben konnte. Die ganze
Civilgesetzgebung beruht theils, das common law in England
ausgenommen, auf dem römischen Rechte, theils ist sie dem=
selben nachgebildet, das, abgesehen davon, daß das Alterthum
überhaupt keine Wissenschaft hatte, in jener Periode der rö=
mischen Geschichte zur Vollendung gelangte, in welcher Staat
und Gesellschaft bereits in Verwesung übergegangen und gar
nicht fähig war, auf dem Gebiete des Geistes etwas Gesun=
des zu erzeugen. Die ganze Criminalgesetzgebung in Deutsch=
land ist, was die logische Natur der Theorien, Grundsätze und
Gesetze anbetrifft, dem Wesen nach nicht verschieden von Kai=
ser Karls V. peinlicher Halsgerichtsordnung, diese aber ent=
stand zu einer Zeit, wo alle Wissenschaften kaum erst zu lal=
len begannen, kaum mit den Zehenspitzen des einen Fußes
die rationalistische Culturstufe betreten hatten. Es wäre deß=
halb ein logisch=psychologisches Wunder gewesen, hätte sich
allein auf dem Gebiete des Rechtswesens eine Wissenschaft

zu einer Zeit erzeugt, in welcher alle übrigen Disciplinen noch auf der untersten Stufe des Rationalismus sich befanden.

Während im Laufe der Zeit die Naturwissenschaften nach und nach die Stufe der Wissenschaftlichkeit erreichten, insofern sie die rein willkürlich und ganz einseitig von der Vernunft, ohne Beobachtung, Untersuchung und Kenntniß ihres Gegenstandes erdachten Behauptungen ausstießen und wenigstens der Hauptsache nach durch richtige Gesichtspunkte und wissenschaftlich berechtigte Grundsätze ersetzten, ist die sogenannte Rechtswissenschaft noch durchaus rationalistischer Natur und steht, was die logische Natur ihrer Sätze und den Inhalt derselben anbetrifft, ungefähr auf derselben Stufe, welche die Scholastiker, die Alchymisten, die Astrologen und Sucher des Steins der Weisen am Ende des Mittelalters einnahmen. Und der Rationalismus der „Jurisprudenz" besteht darin, daß die Gesichtspunkte und Grundsätze, nach welchen der Richter verfährt und urtheilt, theils noch gar nicht festgestellt, theils unrichtig und deßhalb als Maßstäbe des Verfahrens und Urtheilens unbrauchbar sind.

Ueber Hauptfragen, z. B. den Unterschied zwischen Civilunrecht, Verbrechen und Vergehen streiten die Juristen noch mit derselben Energie, wie einst die Theologen über Homousios und Homoiusios und disputiren über Materien, die rein willkürlich erdacht sind, wie z. B. über die Frage, ob in Vaterschaftsklagen die exceptio plurium, d. h. die Einrede, es seien an der Hervorbringung des corpus delicti Mehrere beschäftigt gewesen, rechtlich zulässig sei, mit derselben Ernsthaftigkeit, wie z. B. die Scholastiker des Mittelalters über die Frage: Ob Christus, wenn er als Kürbis auf die Welt gekommen wäre, die Menschheit auch hätte erlösen können? Oder: Wie viele Engel wohl auf einer Nadelspitze tanzen können?

Trotzdem geriren sich die Richter, wie überhaupt die Juristen, als ob sie im Besitze einer unfehlbaren, absolut gültigen Weisheit sich befänden, ihnen eingeflüstert und eingetrichtert von der Göttin Gerechtigkeit selbst in höchsteigener Person. Sie geben deßhalb ihre auf „Juristentagen" und in gerichtlichen „Urtheilen" ausgesprochenen Privatmeinungen für Emanationen einer unsichtbaren und sehr erhabenen Gottheit,

sich selbst aber für deren Priester aus, erfüllen sich in diesem
Wahne mit einem unsäglichem Priesterhochmuthe, nehmen für ihre
Kaste eine ganz bevorzugte Stellung im Staate in Anspruch,
suchen jede andere Autorität, die der Regierung, die der
Kirche neben sich, zu vernichten, sich selbst aber als „unab=
hängigem Richter= und Advocatenstand" eine vollständig sou=
veraine Machtstellung zu erringen, vor der sich Staat und
Gesellschaft, Behörde und Privatleute anbetend und mit hei=
ligem Schauer erfüllt in den Staub werfen sollen und Alles
dieß, weil sie nicht mehr im Stande sind, mit dem gesunden
Menschenverstande und den Kategorien der Logik zu denken
und zu urtheilen, sondern diese Functionen durch die Schablone
ihrer scholastischen Spitzfindigkeiten und die Formeln des po=
sitiven Rechts und ihrer überlieferten Afterwissenschaft ver=
richten. Die Rechtsverhältnisse in der Welt sind also von
der Art, daß einzelne Personen die Macht haben, über Eigen=
thum und Freiheit [1]) der Staatsangehörigen zu entscheiden
nach Bestimmungen und Grundsätzen, welche so beschaffen
sind, daß sie der menschlichen Willkür den weitesten Spiel=
raum gewähren. In Folge dessen urtheilen die Richter ent=
weder zu Gunsten derjenigen Personen und Interessen,
welche ihre Privatverhältnisse ihnen ans Herz legen, oder
besten Falls als geistlose Mechaniker, die unbekümmert um
das materielle Recht, Fälle unter Paragraphen und Formeln
subsumiren.

Einen Nachtheil dieser mangelhaften und unwissenschaft=
lichen Gesetzgebung muß ich hier ebenfalls noch berühren.
Es ist die Demoralisirung der Advocaten. So lange die
Formel regiert und das Urtheil nicht aus den besonderen
Umständen des Falles, sondern aus den falschen Generali=
sationen des positiven Rechts abgeleitet wird, bringt die

---

[1]) Das Leben derselben ist in den meisten Staaten vor ihnen sicher
gestellt worden durch die Einführung des Geschwornengerichts, welches
vor der durch rechtsgelehrte Richter verübten Rechtspflege den Vorzug
hat, daß öffentlich und mündlich verhandelt und die Möglichkeit gelassen
wird, das Wichtigste, die Thatfrage mit dem gesunden Menschenverstande
zu beurtheilen, ehe der Angeklagte den Juristen Preis gegeben wird.
Ein Uebelstand der Geschwornen ist jedoch die Beurtheilung ohne
Gründe und die Betheiligung des großen Publikums, also des unge=
bildeten Theiles der Gesellschaft in Person der Geschwornen.

Wahrheit dem Streitenden oder Angeklagten Nachtheil und
Gefahr. Er darf nicht zugestehen, daß Das ist oder gethan
wurde, was in Frage steht und wirklich auch ist oder gethan
wurde, weil für den Juristen lediglich der zufällige Umstand
in Betracht kommt, ob sich der Fall unter einen beliebigen
Paragraphen oder Satz subsumiren läßt. In Folge dessen
besteht das Geschäft des Advocaten nicht darin, daß er aus
den besondern Umständen des Falles die Berechtigung der
Thatsache nachweist, daß er sagt: ja dieß ist geschehen, dieß
hat stattgefunden, dieser Umstand ist richtig, allein so wie der
Fall in allen seinen Einzelnheiten beschaffen ist, war mein Client
vollständig im Recht; sondern die Aufgabe des Advocaten
besteht darin, daß er läugnet, entstellt, fälscht, beschönigt,
verzerrt, kurz auf jede Weise die Wahrheit maltraitirt. Wer
nun Jahre lang dieses Handwerk der Läugnung, Entstellung,
Fälschung, Beschönigung, Verzerrung der Thatsachen, also
diese Mißhandlung der Wahrheit betreibt, der muß schließlich
in seinem Charakter Noth leiden und dieser demoralisirende
Einfluß des Handwerks wird weitaus bei der großen Mehr=
zahl der Advocaten aller Länder wahrnehmbar sein. Der
Advocat, wenn er nicht ausnahmsweise mit einer unverwüst=
lichen Rechtschaffenheit von der Natur ausgerüstet wurde,
kennt nur einen Gesichtspunkt, den des formellen Rechts, alle
andern Rücksichten, die der Ehre, der Noblesse, der Gefühle
existiren für ihn nicht. Er wird in jedes Verhältniß, in
welchem er sich bewegt, die Abgefeimtheit des Advocaten mit=
bringen, er wird sich alles erlauben, was Vortheil bringt,
er wird sich überall verclausuliren und durch Cautelen ver=
barricadiren, er wird Niemand trauen und immer nur einen
Gesichtspunkt im Auge behalten, die Rücksicht nämlich, ob er
sich dem formellen Rechte gegenüber verantworten kann.
Wehe daher einem Lande, in welchem Advocaten einen großen,
namentlich einen politischen Einfluß ausüben und dreimal
Wehe einem Lande, das gar von Advocaten regiert wird,
denn die Advocaten sind die Vertreter des rücksichtslosesten
Egoismus und machen aus Dem ein Geschäft und eine Er=
werbsquelle, was anderen Leuten Sache der Gesinnung, des
Characters und der Ehre ist.

Wenn nun der trostlose Zustand, in welchem die Natur=
wissenschaften früher sich befanden, nur mangelhafte technische

Einrichtungen im Industrie= und Gewerbswesen, oder theo=
retische Irrthümer zur Folge hatte, so brachte der Rationa=
lismus in der Gesetzgebung und Rechtspflege wirklichen
Schaden, entsetzliche Leiden, unsägliches Unglück über die
Menschheit, indem er sie den Juristen an's Messer lieferte
zur Einkerkerung, Beraubung, Quälung und Abschlachtung
im Namen eines Götzen, den man das formelle Recht nennt
und dem scheußlichere Menschenopfer gebracht wurden, als
allen Bitzliputzli, Juggernauth und dergleichen angebeteten
Scheusalen zusammen. Der Entwicklungsgang der übrigen
Wissenschaften ist nur durch negative Nachtheile, Unterlassun=
gen und Irrthümer bezeichnet, die Pfade der Justiz und die
Stationen ihres Entwicklungsgangs aber sind abgesteckt durch
rauchende Scheiterhaufen, Blut und Mord, Folterqualen,
Güterconfiscationen und Schandthaten aller Art.
In dieser Beziehung sind wohl die Hexenprozesse die
merkwürdigsten Produkte der Rechtswissenschaft. Wenn in
katholischen Ländern Ketzer lebendig verbrannt, wenn ver=
mittelst der Justiz die Templer ausgerottet, wenn Cabinets=
justizmorde begangen, wenn noch bis in die neueste Zeit
frivole Hochverrathsprozesse und Demagogenverfolgungen ver=
anstaltet wurden, so lag solchen Excessen wenigstens ein po=
litisches oder ein materielles Interesse zu Grunde, wenn aber
alte Weiber, weil sie Triefaugen hatten oder ihres Nachbars
Kuh die Milch versiechte, zum Scheiterhaufen verurtheilt
wurden, verurtheilt wurden aus purem Doctrinarismus, ledig=
lich um die Justiz zu verherrlichen und weil die Rechtstheorie
es damals so vorschrieb und weil die Juristenzunft ihre For=
meln in Anwendung bringen wollte, so beweist dies eben
einfach, welche Verheerungen der menschliche Wahn anrichten
kann, namentlich wenn er von einer bestimmten Kaste ver=
treten, gehegt und gepflegt wird und sich mit dem Standes=
gefühl einer bestimmten Berufsklasse verbunden hat, und gerade
in der Juristenzunft sind die mächtigsten dieser Gefühle ver=
eint repräsentirt, nämlich Zunftgeist, Gelehrtendünkel und
Herrschsucht. Eben deßhalb war es nicht die Jurisprudenz,
welche die Hexenprozesse aus der Rechtspflege entfernte,
sondern der gesunde Menschenverstand, welcher damals von
dem Philosophen Thomasius repräsentirt war. Die Juristen
selbst, hätte die Philosophie nicht ihren Nothschrei ausge=

stoßen und den Fluch des Himmels und der Menschen auf
die leeren Schädel der Rechtszünftler und Justizmaschinisten
herabbeschworen, sie würden fortgefahren haben, Hexen zu
processiren, zu foltern, zu verbrennen zu Ehren des Sche-
mens, das man Justiz nennt.

Aber nur die Erscheinung, die Form wurde abgelegt, das
Wesen ist geblieben, das Wesen der Hexenprozesse aber bestand darin, daß die bestehenden Gesetze, ausgeheckt von
Juristen, wie sie waren, imaginäre Verbrechen erdachten und
den Richtern gestatteten, an sich rechtlich irrelevante Thatsachen und Handlungen, z. B. Triefaugen, das Aufsuchen von
Kräutern, das Tragen von Amuletten willkührlich zu deuten
und als Merkmale des im Gesetz verbotenen imaginären Verbrechens der Hexerei aufzufassen und auf Grund dieser Auffassung Strafen zu verhängen. Daß dieser Zustand der
Rechtspflege noch existirt, werde ich jetzt an einer Reihe von
Hexenprozessen nachweisen, in welche die Wiesbadener Justiz
mich verwickelt hat. Ob dabei nur der doctrinäre, juristische
Wahn, oder ein bestimmtes politisches oder gar materielles
Interesse als Motiv wirkte, will ich meinen Lesern zu beurtheilen überlassen.

II.

Erster Hexenproceß.

Infandum regina jubes, renovare — furorem.

Virgil.

Nachdem ich die Fortschrittsabvocaten in einer Weise bekämpft hatte, die aus den im vorhergehenden Abschnitte angeführten Proben ersichtlich ist und nachdem diese Bekämpfung jener Leute, welche bisher als unantastbare Halbgötter
angestaunt und verehrt worden waren, das höchste Erstaunen
im Publicum erregt, den Glauben an die Advocaten mächtig
erschüttert und das öffentliche Interesse so in Anspruch genommen hatte, daß die „N. Wiesbadner Ztg." förmlich verschlungen, sogar von Weibern und Kindern gelesen und allenthalben Partei für mich genommen wurde, mußten die Advocaten auf Abhilfe denken.

Braun, der sich kaum mehr zu helfen wußte, sandte deß=
halb seinen „Freund" Lang zum (großdeutschen) Oberappel=
lationsgerichtsprocurator Dr. Großmann und ließ um Gnade
bitten. Man solle doch um Gottes Willen endlich aufhören.
Dr. Großmann entgegnete jedoch, das sei die Nemesis. Jahre
lang haben sie, die politischen Gegner Großmanns, ihn und
seine Freunde maltraitirt, jetzt sei endlich einmal der Stiel
umgekehrt worden. Im Uebrigen könne er in der Sache
gar nichts thun, da er auf den Redacteur der „N. Wiesb.
Ztg." gar keinen Einfluß habe. Es war die letztere Bemer=
kung ganz der Wahrheit gemäß, da ich eine vollständig un=
abhängige Stellung einnahm.

Als dieser Versuch fehl schlug, äußerte sich Lang in seiner
hier ganz eigentlich cynischen Weise: „Jetzt bleibt nichts
anders übrig, als die Hergenhunde zu hetzen: dieß ist
Deine Sache Braun!" Und dazu gab sich wirklich auch bald
Gelegenheit.

Als ich im Februar 1861 nach Wiesbaden übergesiedelt
war, um die Redaction der „Mittelrh. Ztg." zu übernehmen,
abonnirte ich mich für das Mittagessen in der mir schon seit
mehreren Jahren bekannten Restauration und Weinhandlung
Dreste. In der zweiten Hälfte des Monats April fand ich
jedoch ein sehr langes und sehr schwarzes Haar in der Suppe,
von welchem sich nicht mit Sicherheit feststellen ließ, ob es
vom Haupte der Frau oder vom Haupte der Magd ab und
in den Suppentopf gefallen sei, was mich sehr ennuyirte. Ich
verließ deßhalb den Dreste'schen Mittagstisch, siedelte in
in eine andere Restauration über und verlangte einige Tage
nachher die Rechnung von Dreste. Nachdem ich diese er=
halten, verfügte ich mich zu Dreste, um ihm dieselbe zu be=
zahlen und zwar mittelst eines jede Stunde an der Landes=
bank gegen Baar umsetzbaren Werthpapieres im Betrag von
99 fl., welches Dreste wechseln sollte, um mir nach Abzug
seiner Forderung im Betrag von 16 fl. 42 kr. den Ueber=
schuß herauszuzahlen.

„Das Papier ist gut," sprach Dreste, „aber Schambe=
tist [1]) ist nicht hier, er wird erst heute Abend nach Hause

---

1) Schambetist ist Dreste's unnatürlicher Sohn, ausgezeichnet
durch eine unermeßliche Nase, welche so lang ist, daß er sie als

zurückkehren: und er führt, wie Sie wissen, die Kasse." Ich
ließ deßhalb das Papier in den Händen Dreste's zurück, um
andern Tags wieder zu kommen. Aber Schambetist war des
andern Tags noch nicht da, weßhalb ich mein Papier wieder
zu mir nahm und es selbst bidcontiren ließ. Da ich nun
den Betrag meiner Rechnung nicht sofort an Dreste absandte,
erschien derselbe in eigener Person auf meinem Zimmer, unter dem Vorwand sein Geld zu holen, in Wahrheit aber
um mir Vorwürfe darüber zu machen, daß ich sein Haus
nicht mehr besuche. Ich erklärte ihm, ich sei nicht „leibeigen"
und könne dahin gehen, wo es mir gefalle, im Uebrigen verbitte ich mir seine Besuche, da ich nicht gewohnt sei, mir
fordern zu lassen. Er möge sich deßhalb, wenn er Unannehmlichkeiten vermeiden wolle, nicht mehr bei mir sehen lassen.
Sein Geld werde ich ihm schicken.

Diese Warnung war jedoch in den Wind gesprochen. Da
ich absichtlich wieder einige Tage verstreichen ließ, pflanzte
sich Dreste eines Morgens in meinem Zimmer wieder vor
mich hin. Ich griff nun nach meiner Börse, zeigte dem
Dreste mehrere darin befindliche Goldstücke und sprach:
„Dreste! Ich habe Sie neulich schon väterlich gewarnt, nicht
mehr körperlich vor mir zu erscheinen. Trotzdem bringen Sie
mir Ihre Person wieder ins Haus. Hier ist, wie Sie sehen,
Geld, aber weil ich schlechterdings keinen Forderer in meinem
Zimmer ertrage und weil ich Sie in Ihrem sträflichen Treiben
nicht noch bestärken will, deßhalb bekommen Sie jetzt, hier
in diesem Zimmer, nicht einen rothen Liar. Ich habe Ihnen
früher Geld angeboten, Sie haben es nicht angenommen und

Schiffbrücke benützen kann, um auf ihr von Castel nach Mainz hin-
überzuspazieren. Zugleich hat der Schäcker eine Kolonie von einer
ganz neuen Species Trichinen darauf angelegt. Schambetist's Nase
ist nämlich mit unzähligen schwarzen Trichinen besäet, einer Abart der
gewöhnlichen weißen Trichine, und gewährt deshalb einen Anblick
wie ein ungeheurer Neufchateler Käse, der längere Zeit den Fliegen
ausgesetzt und von ihnen betüpfelt worden. Vater Dreste ist in
physiognomischer Beziehung der contradictorische Gegensatz Schambetist's, denn er besitzt ein kugelrundes Antlitz mit einem Näschen,
so winzig, daß es für die beiden Löcher kaum Platz hat. Statt des
Mundes hat er einen großen Einschnitt im Gesicht, auf welchem fortwährend ein süßes Lächeln und eine saure Weinerlichkeit zugleich
schwebt.

jetzt kommen Sie mit Ihrem kugelrunden Bauerngesicht leib=
haftig auf meine Stube! Wenn ich Drei gezählt habe und
Sie sind noch darin, so fliegen Sie wunderbar schnell zur
Thüre hinaus." Ich zählte nun Eins, Zwei, Drei und als
ich Drei gesagt hatte und das lächelnde Bitterwassergesicht
Dreste's noch vor mir strahlte, öffnete ich die Thüre, ergriff
den nassauischen Staatsbürger beim Kragen und braußen war
er. Einige Tage nachher sandte ich ihm den Betrag seiner
Forderung durch meine Magd, dieser bei Todesstrafe anbe=
fehlend, das Geld nur gegen Quittung abzugeben. Trotzdem
ließ sich das Weib die Zahlung von Dreste abschwatzen, ohne
Quittung dafür zu erhalten. Ich sandte deßhalb die Person
unmittelbar wieder zurück, damit sie unter den fürchterlichsten
Drohungen eine Empfangsbescheinigung von Dreste heraus=
presse. Derselbe weigerte sich jedoch hartnäckig, zu quittiren.
Wenige Tage nachher erhielt ich zu meinem großen Erstaunen
folgenden Brief:

Impresse:
Dr Emil Brück
in
Wiesbaden.

"Herrn Dr. Abt dahier.

Wiesbaden den 2. Juli 1861.

Herr C. J. Dreste hat mir so eben 16 fl. 42 überbracht, die
Sie heute Morgen an ihn bezahlt hätten. Ich habe übrigens die
Kläge für Herrn W. Ruwebel zu Idstein, Cessionar des Hrn. Dreste,
bereits vor der von Ihnen geleisteten Zahlung sofort nach Ablauf
der Ihnen in meinem Briefe vom 26. v. Mts. bezeichneten Zahlungs=
frist erhoben, muß daher auf dem Ersatz der dadurch entstandenen
Kosten, welche 4 fl. 47 betragen, bestehen und kann die Zahlung
von 16 fl. 42 nur als Abschlagszahlung auf Kapital und Kosten
annehmen. Ich ersuche Sie mit den Betrag von 4 fl. 47 kr. bald=
gefälligst zu entrichten und werde dann den Prozeß sofort sistiren,
damit weitere Kosten nicht entstehen. Achtungsvoll zeichnet
Dr. Brück."

Hierauf antwortete ich unmittelbar:

"Herrn Dr. Emil Brück, hier.

Was Sie mir von einem Ruwebel, von einer gegen mich er=
hobenen Klage, von einer Forderung von 4 fl. 47 kr. schreiben, ist
mir völlig unverständlich. Ich schuldete an Dreste 16 fl. 42 kr.,
welche ich demselben bereits vor Wochen in Form eines von einem
hiesigen zahlungsfähigen Haus acceptirten Wechsels von 99 fl. an=
bot; welche derselbe aber nicht annahm, weil der „Schambetist"
nicht zu Hause sei und er ohne diesen Schambetist keinen Wechsel
disconiren könne; welche er deßhalb später auf zubringliche Weise
persönlich bei mir einzukassiren suchte, so daß ich mich veranlaßt

sind, ihn mittelst Anwendung physischer Gewalt aus meinem Zimmer zu entfernen, ihm jedoch einige Tage nachher die Summe von 16 fl. 42 kr. in Baar zu übersenden. Im Hinblick auf diesen Thatbestand ersuche ich Sie, mich mit weiteren Zuschriften, Anforderungen ꝛc. gefälligst zu verschonen. Achtungsvoll zeichnet

... Wiesbaden, 4. Juli 1861. Abt.

¹³⁾ Ehe ich fortfahre, eine kleine Betrachtung. Wir haben hier die erste Bestätigung dessen, was ich im I. Abschnitt über die Nassauer Advocaten gesagt. Jemand faßte den Entschluß, mich, weil ich etwas unsanft und etwas schnell mit ihm verfahren war, zu verklagen und begibt sich deßhalb zu einem Procurator und zwar zu dem wenig beschäftigten und deßhalb sehr hungrigen Dr. Emil Brück. Wollte nun dieser Procurator gesetzlich verfahren, so mußte er, da der Streit zwei ortsansäßige Personen berührte, das summarische, mit geringeren Kosten verknüpfte Verfahren einschlagen und persönlich mir vor Gericht sich gegenüberstellen, um sich, da die Forderung am Tage der Einreichung der Klage bezahlt war, abweisen zu lassen. Weil aber der Procurator nach meinem Gelde lüstern war, läßt er zum Schein die Forderung cediren oder nimmt eine auf Grund einer offen zu Tage liegenden Scheincession gestützte Klage an, nimmt eine Klage auf Bezahlung einer bereits bezahlten Forderung von demjenigen an, der dieselbe bereits cedirt haben will, den sie also von Haut und Haar gar nichts mehr angeht und bestreitet nun, ausgerüstet mit dieser Scheincession, den Pfad des mit enormen Kosten bepflasterten schriftlichen Verfahrens selbst dann noch, als der angebliche Cedent erscheint und die Mittheilung macht, die Forderung sei bezahlt. Er nimmt deßhalb die Zahlung nur als Abschlagszahlung auf Kapital und Kosten an, welche sich vorläufig nur auf 4 fl. 47 kr. belaufen. Man hat in diesen wenigen Facten ein kleines Bild von dem höllischen Treiben dieser nassauischen Advocaten. Mittelst einer Scheincession erwirkt sich der gierige Procurator die Möglichkeit, das schriftliche Verfahren in Anwendung zu bringen und kaum hat er bei diesem Verfahren in Form der litis denunciatio den ersten Advocatenschritt gemacht, so belaufen sich die Kosten für eine Forderung von 16 fl. 42 kr. auf 4 fl. 47 kr., also bereits auf 25% des Streitobjects. Wahrhaftig, man hat der nassauischen Regierung in neuerer Zeit schwere und sehr unbegründete Vor-

würfe gemacht, aber unverantwortlich ist und bleibt es, daß sie das Publicum so schutzlos diesen Rechtsmardern Preis gibt und diesem höchst schädlichen, höchst verderblichen Raubzeug die Fangzähne nicht ausbricht.

Aber weiter: Ohne im Geringsten schamroth zu werden, klagte das nach meinem Geld hungernde Procuraturgeheuer auf „Capital" und „Kosten", obgleich das erstere längst bezahlt war, sogar bezahlt gewesen war, als der melodische Emil [1]) seinen ersten Rechtsgriff in meine Kasse gemacht hatte. Ich bekam die Klage, in welcher Herr Brück die ganze Civilprozeßordnung gegen mich los ließ, auf Haupteid, Detentionseid und noch wenigstens drei Eide antrug (wegen 16 fl. 42 kr.), zugestellt und einen Termin anberaumt. An diesem erklärte ich vor Gericht, daß die Forderung längst bezahlt sei, daß aber der „Ferkler" weiter prozessire, um unter dem Titel Kosten Thaler aus meinem Beutel schneiden und in dem seinigen verschwinden lassen zu können und erhielt einige Zeit später ein Beweisdecret, in welchem mir zu beweisen auferlegt wurde, daß die Forderung am Tage der Einreichung der Klage bereits bezahlt gewesen. Da der Kläger schriftlich gegen meine Kasse operirte, und mir auch ein schriftliches Beweisdecret zugestellt worden, so gab ich ebenfalls eine schriftliche Vernehmlassung zu den Akten, in welcher ich meine Magd, sowie den Restauranten Dreste den Vater, nicht den Trichinenpflanzer Schambetist den Sohn, als Zeugen bezeichnete, welche eidlich vernommen werden sollen.

Zu meinem größten Erstaunen erhielt ich einige Zeit nachher ein justizamtliches Decret, in welchem gesagt war, da ich nicht befugt sei, mit dem Gerichte schriftlich zu verkehren, so sei ich von der Beweisführung ausgeschlossen.

Man hole nun wieder einen Augenblick Athem und staune aufs Neue über diese Prozeßordnung: Meinen Gegnern ist es gestattet, wegen 16 fl. 42 kr., ja wegen 10, ja wegen 5 Gulden, ja wegen 30 kr. das schriftliche Verfahren mittelst einer Scheincession gegen mich loszulassen. Wenn ich mich nun ebenfalls schriftlich gegen diesen Angriff vertheidige, so

---

1) Derselbe sticht nämlich nicht blos Ferkel, sondern singt auch und steht einem in Wiesbaden bestehenden Minnesängervereine als „Präsident" vor.

werde ich vom Beweisverfahren ausgeschlossen und den Pro=
curatoren an das Messer geliefert, womit sie die Beutel des
Publicums aufschneiden, um sich der darin befindlichen Gel=
der zu bemächtigen. Ich soll entweder mündlich mich er=
klären und dabei einen ganzen Vormittag im Justizpalast
antichambriren, oder auch einen Procurator annehmen, auf daß
die Kosten verdoppelt werden. Diese nassauische Prozeßord=
nung ist in der That von und für Advocaten gemacht und
hat es gerade zu auf den finanziellen Ruin des Landes abge=
sehen — zu Gunsten des Advocatengeziefers!

So standen die Sachen, als ich im Herbste des Jahres
1861 nach Wien abreiste. Ein Jahr nachher kehrte ich wie=
der nach Wiesbaden zurück, und übernahm die Redaction der
„N. Wiesb. Ztg." Kaum war ich einige Tage eingetreten,
so producirte sich, wer glaubt Ihr? Es schlich in Person
des Gerichtsvollziehers der Hamster Brück an mich heran,
um 17 fl. 26 kr. aus meinem Beutel herauszumagen, denn
so hoch waren unterdessen die Kosten angewachsen. Man
staune jetzt noch einmal. Brück, der gefräßige Emil, hebt
eine Klage wegen 16 fl. 42 kr., die am Tage der Einrei=
chung der Klage bezahlt waren, mit Hilfe einer Scheincession
gegen mich an. Ich werde von der Vertheidigung gegen
diesen Angriff auf meine Kasse ausgeschlossen, weil wohl Emil,
nicht aber ich, schriftlich verfahren darf; nun procedirt das
Ungeheuer weiter, es schreitet fort auf dem Wege, der zu
meinem Beutel führt und am Ende hat es ein Stück Papier
in der Tasche, das es berechtigt, 17 fl. 26 kr. für eine
Klage auf 16 fl. 42 kr. aus meinem Beutel heraus zu
schneiden!

Das ist die Macht der Gewohnheit, das ist die Lamms=
geduld des deutschen Philisters; wäre sie nicht so unglaublich
groß, die Nassauer hätten längst, statt sich von den Advo=
caten am politischen Narrenseil herumführen zu lassen, sämmt=
liche Procuratoren, fünf ausgenommen, zerhackt und Würste
aus ihnen gemacht.

Weil nun aber doch mein Geld mir gehört, und nicht
dem Procurator Brück, und weil ich nicht ohne mich ungui=
bus et rostro zur Wehre gesetzt zu haben, mein Eigen=
thum Preis geben wollte, ließ ich als leise Warnung mit

8*

aufgehobenem Finger folgenden Artikel in der Zeitung erscheinen —.

„Ein dringendes Bedürfniß.

† Wiesbaden, 25. November.

Ein dringendes Bedürfniß in Nassau ist die Reform des Ge-
richtsverfahrens in Civilprozessen und zwar in der Weise, daß für sogenannte Bagatellsachen das öffentliche, mündliche und summarische Verfahren, so wie dasselbe in Frankreich und in allen Ländern, wo franzö-
sisches Recht gilt, eingerichtet ist. Dasselbe besteht darin, daß die kleineren
Prozesse etwa bis zum Betrage von 100—200 fl., namentlich die unbe-
strittenen Forderungsklagen von einem Richter in öffentlicher Sitzung,
nachdem die Parteien selbst oder deren Vertreter vernommen, inappellabel
sofort entschieden werden. Die Vortheile dieses Verfahrens sind nicht gering. Die Prozesse werden rasch erledigt und werden vor Allem ohne Advocaten erledigt. Hier in Nassau ist es anders. Hier blüht noch der Civil-
proceß in voller Pracht und Ausdehnung. Auf die einfachsten Forderungsklagen werden die Paragraphen der Civilprozeßordnung und der ganze
Apparat des Beweisverfahrens angewendet. Die Parteien geben ihre Vernehmlassung zu Protokoll, es werden Termine angesetzt, Beweisdecrete
erlassen, Richter und Advocaten schreiben ganze Stöße von Acten über
Fälle, deren Erledigung im öffentlichen, mündlichen und summarischen
Verfahren eine Viertelstunde in Anspruch nehmen würde. Zwar ist, soviel wir wissen, wenn beide Parteien an demselben Ort wohnen, in Bagatellsachen ebenfalls eine Art summarisches Verfahren angeordnet, allein
in den meisten Fällen wird das Gesetz umgangen, kann wenigstens umgangen werden. Die Advocaten, oder wenigstens diejenigen von ihnen,
die sich nicht schämen eine Schuldklage im Betrage von 5 fl. zu übernehmen und nach den Regeln des Civilprozesses zu tractiren.— wenn
wir nicht irren, bezeichnet man solche Geldeintreibungsmaschinen mit
dem Ausdruck: Ferkelstecher — also die Ferkelstecher halten sich für ihre
Zwecke einen auswärtigen Strohmann, einen Ruhwedel aus Idstein,
einen Meier aus Höchst ꝛc., lassen auf diesen die Forderung, die ein
am Gerichtsort wohnender Gläubiger zu machen hat, übertragen und
da die Civilprozeßordnung in diesem Falle das gewöhnliche Prozeßverfahren und die Zulassung von Advocaten gestattet, so wird dann im
Namen des abwesenden Strohmanns gegen den ansässigen Schuldner
nach allen Regeln der Kunst vorgegangen. Auf diese Weise werden die
einfachsten Schuldklagen durch die Advokaten Jahre lang in den Gerichtsacten fortgeschleppt, es entstehen enorme, den Betrag der eingeklagten Forderung uns Doppelte und Dreifache übersteigende Kosten, es
werden über die einfachsten Dinge ganze Stöße von Acten geschrieben,
Zeit wird verschwendet und Alles, die Parteien und der Staat leidet
darunter und nur die Advocaten gewinnen. Dieses ganze Verfahren ist
Ausbeutung des Publicums, ist „Erdrückung", ausgeführt auf Grund
eines schlechten Gesetzes von Leuten, welche, nachdem sie academische
Bildung genossen und Pandecten studirt haben, sich nicht schämen Geschäfte zu betreiben, zu welchen anderswo nur Winkelabvocaten und
„Entenmaier" sich hergeben.

Die Sache hat außerdem noch eine politische Seite. Sie beförbert nämlich das Wachsthum der Abvocaten, trägt wesentlich zur Vermehrung dieser in politischer Hinsicht theilweise höchst gefährlichen Menschenklasse bei. Der Abvocat ist ein Mann, dessen Handwerk es ist, Etwas zu behaupten, nicht weil es richtig ist und er die Ueberzeugung hat, daß es richtig sei, sondern weil es ihm oder Andern nützt. Der Abvocat wird also durch sein Handwerk daran gewöhnt, wider bessere Ueberzeugung oder wenigstens von einseitigen Standpunkten und Rücksichten aus Etwas zu behaupten, zu wollen, zu betreiben und beßhalb liefert der Abvocaten= stand in der Regel jene ambitiösen Demagogen und Röllchenspieler, welche, wenn die Zeitumstände es erlauben, das Publicum aufwiegeln und Umtriebe machen, nicht weil es ihnen ernstlich um die Erreichung eines Zieles oder Zweckes zu thun ist, sondern weil sie dadurch Vortheile erlangen, weil sie populär werden. Der junge Abvocat ist beßhalb, um sich eine Praxis zu gründen, fast darauf angewiesen, zugleich den De= magogen, dadurch sich selbst bekannt zu machen und eine zahlreiche Clientel zu verschaffen. Jede Civilprozeßordnung, welche das Abvocaten= thum begünstigt, förbert daher auch indirect das Demogogenthum. Möchte beßhalb die Herzogl. Regierung sobald als möglich den Ständen ein Gesetz zur Abänderung der Civilprozeßordnung und zur Einführung des öffentlichen, mündlichen und summarischen Verfahrens vorlegen! Und möchten doch die edlen und uninteressirten Volksfreunde, die wir in Nassau besitzen, auch einmal dieses bringende Bedürfniß in Niederwalluf, Rübesheim oder wo sie sich sonst versammeln, zur Sprache bringen. Es wäre erprießlicher als über die Reichsverfassung des Jahres 1849 abstimmen zu lassen."

Ich hatte also den Brück leise gewarnt und wohl mochte ihm eine innere Stimme zugeflüstert haben, daß es nicht ganz geheuer sei mit den 17 fl. 26 kr. Aber der Hunger, die Gier, die Gefräßigkeit, die Beutelust war zu mächtig und das Ferkel, schon ein Jahr lang in seiner Gewalt, war zu appetit= lich, war vom 4 fl. 47 kr.=Spanferkel jetzt zu einem ansehn= lichen Schwein von 17 fl. 26 kr. herangewachsen, er mußte es vollends abstechen und gab ihm beßhalb wieder einen Stich, indem er mich pfänden ließ. Ich erklärte dem Pfänder, daß ich kein Pfand gebe und veröffentlichte (Nr. 68) folgenden Artikel:

„(Ein sonderbarer Prozeß.) Bekanntlich heißt man in Wies= baden diejenigen Abvocaten, die ohne Rücksicht auf ihre Standesehre Prozesse übernehmen, wobei es weniger auf Rechtsgelehrsamkeit, als auf Chicane und mechanisches Geldeintreiben ankommt, „Ferkelstecher". Die= ser Ausdruck veranlaßte neulich einen Bauer aus der Umgegend zu fol= gendem Spaß: Derselbe begab sich mit einem dicken Pakete unter dem Arm zu dem hiesigen Abvocaten Emil Brück, der gegen ihn einen Pro= zeß um bereits bezahlte 16 fl. geführt und dabei eine Rechnung von 17 fl. gemacht hatte. „Was bringen Sie?" fragte Herr Brück den Bauer. „Einen Prozeß", antwortete dieser, indem er auf sein Paket zeigte. Neugierig und wahrscheinlich Acten in demselben vermuthend, forderte der Advocat den Bauer auf, den Pack zu öffnen, war aber nicht wenig erstaunt, als daraus ein wirkliches Ferkel heraus und quickend in der Schreibstube herumsprang. „Das ist für Sie zum Stechen, Herr Doctor!" sagte der Bauer lachend, indem er in der allgemeinen Verwirrung das Thier wieder einfing und sich davon machte."

Sodann in der Nummer 70 zur Erklärung für das Publicum folgende Darstellung:

„Ein Schnitt in den Beutel.

Als ein dringendes Bedürfniß wurde vor Kurzem in der „N. Wiesb. Ztg." die Abänderung der nassauischen Civilprozeßordnung bezeichnet, weil dieselbe einzelnen Advocaten Gelegenheit gibt, in einer Weise dem Publicum an den Beutel zu gehen, welche gerabezu als ein verderblicher Unfug bezeichnet werden kann. Die Nothwendigkeit, in dieser Beziehung endlich Besserung eintreten zu lassen und das Publikum vor den Angriffen gewisser Advocaten zu schützen, erlaube ich mir durch ein aus meiner eigenen Erfahrung gegriffenes Beispiel zu begründen.

Nachdem ich nicht in München oder Dresden, sondern hier in Wiesbaden mehrere Jahre lang ein hiesiges Wirthshaus frequentirt hatte, kam eines Tages etwas vor, was mich bestimmte, meinen Mittagstisch dort aufzugeben und das Haus zu verlassen. Bei einem zufälligen Zusammentreffen ersuchte ich nachher den Wirth, mir die Rechnung zu senden und als ich diese erhalten, begab ich mich zu ihm, um dieselbe zu bezahlen. Ich bot ihm zu diesem Zwecke einen guten, sofort bei der Landesbank umsetzbaren Wechsel im Betrag von 99 fl. an, den er discontiren lassen und von dessen Betrag er seine Forderung mit 16 fl. 42 kr. abziehen sollte. Der Wirth erklärte den Wechsel für gut, bedauerte aber, daß sein Sohn „Schambetist", der das Geschäft führe, nicht zu Hause sei und ohne dessen Zustimmung könne er den Wechsel nicht umsetzen. Nachdem nun aus diesem Grunde die Zahlung der Rechnung um einige Tage sich verzögert hatte, erschien der Wirth bald darauf persönlich bei mir in meinem Zimmer, um zu fordern, bei welcher Gelegenheit ich ihm erklärte, daß ich mir nie in dieser Weise ansordern lasse, deßhalb grundsätzlich in diesem Augenblick die Rechnung nicht bezahle, ich werde ihm deren Betrag in einigen Tagen ins Haus schicken, im Uebrigen verbitte ich mir für die Zukunft jeden derartigen Besuch. Trotzdem stand der Mann mit seinem Bauerngesicht [1] bald darauf wieder in meinem Zimmer, wurde nun aber durch einen kräftigen Ruck von mir gezwungen, dasselbe etwas unfreiwillig zu verlassen. Dagegen sandte ich ihm nun den Betrag seiner Rechnung mit 16 fl. 42 kr. durch meine Magd in seine Wohnung. Wie erstaunte ich daher, als mir bald nachher eine Klage mitgetheilt wurde, die der hiesige Advocat Emil Brück im Namen eines Ruhwebel von Idstein, an welchem mein Gläubiger seine Forderung angeblich cedirt habe, auf Bezahlung obiger 16 fl. 42 kr. gegen mich beim Herzogl. Justizamt erhoben hatte. Natürlich

_____

1) Anmerkung: Er hat übrigens gar kein Gesicht, sondern nur ein Maul darin.

wurde, so glaubt gewiß Jeder, vom Herzogl. Justizamt die Klage als
unbegründet zurückgewiesen und der Advocat Emil Brück in die Kosten
verurtheilt. So wäre es allerdings in jedem Lande gegangen, in welchem
für Bagatellsachen öffentliches, mündliches und summarisches Verfahren
eingeführt ist; hier in Nassau, unter der Herrschaft der nassauischen
Civilprozeßordnung, ging es jedoch anders. Als nämlich das Beweis=
verfahren in dem genannten Prozesse begonnen hatte und ich zur Er=
klärung aufgefordert worden, reichte ich diese, wie der gegnerische Advocat,
schriftlich ein. Nun aber erhielt ich vom Herzoglichen Justizamt ein
Decret, in welchem gesagt war, daß ich zur schriftlichen Erklärung nicht
berechtigt und deßhalb von der Beweisantretung ausgeschlossen sei.
Es darauf wurde das Urtheil gefällt und ich in die Zahlung von
16 fl. 42 kr., sowie zu 17 fl. 46 kr., sage siebzehn Gulden sechsund=
vierzig Kreuzer Kosten verfällt. Es ist also Thatsache, daß der Advocat
Emil Brück auf Grund einer Scheincession und mit Hilfe eines Stroh=
mannes einen Prozeß auf Bezahlung von 16 fl. 42 kr., die am Tage
der Einreichung der Klage bereits bezahlt waren, anhängig gemacht und
geführt hat, um dabei 17 fl. 46 kr. Kosten aus meinem Beutel stechen zu
können. Es ist Thatsache, daß während die nassauische Civilproceßordnung
dem Kläger einen Advocaten und schriftliches Verfahren gestattet, dem
Beklagten diese verweigert und trotzdem die aus einem Rechtsirrthum
entspringenden Nachtheile ihm zur Last legt. Ist nun, so frage ich, die
nassauische Civilprozeßordnung nicht eigentlich ganz zu Gunsten solcher Ad=
vocaten gemacht, die wie der Dr. Emil Brück, sich nicht scheuen, Prozesse,
wie der erwähnte, zu übernehmen? Ist es daher nicht ein dringendes
Bedürfniß, daß diese Civilprozeßordnung so schnell als möglich abgeändert
werde?

Dabei bemerke ich zum Schluß, daß wenigstens in England ein Ad=
vocat, der solche Prozesse übernimmt und führt, einer Gesellschaft von
Gentlemen nicht angehören und am allerwenigsten einem Verein von
Gentlemen präsibiren könnte."

Diese beiden Artikel zogen folgende Erklärungen nach sich.
Emil erklärte in den Zeitungen folgendes:

„Erklärung.

Ich sehe mich zu der Erklärung veranlaßt, daß ich gegen den Re=
dacteur der „N. Wiesb. Ztg." wegen der in Nr. 68 und 70 dieser Zei=
gegen mich begangenen Verläumbungen und Ehrenkränkungen auf
Einleitung einer Untersuchung angetragen habe, deren Resultat ich seiner
Zeit veröffentlichen werde. Die Erzählungen des Herrn Abt beruhen
theils auf Erfindung, theils ausweislich meiner bereits dem Untersuchungs=
richter von mir vorgelegten Mannalacten und der betreffenden Prozeß=
acten des Herzogl. Justizamtes dahier, auf vollständiger Entstellung des
Sachverhalts.

Wiesbaden, 16. Dec. 1862.

Dr. Brück, Hofgerichtsprocurator.

Ich erwiderte:

„Auf diese Erklärung des ruhmredelnden Rechtsgelehrten habe ich
einfach Folgendes zu erwiedern: Der „Sachverhalt" wurde in keiner

Weise von mir entstellt, denn es kann durch Zeugen nachgewiesen werden, daß der ursprüngliche Gläubiger nach der angeblichen Cession die Bezahlung angenommen, absichtlich aber und trotz mehrfacher Aufforderung, eine Quittung auszustellen, sich geweigert hat. War aber die Forderung cedirt, so konnte die Zahlung vom Cedenten nicht mehr angenommen, war sie nicht cedirt, so konnte nicht im Namen des angeblichen Cessionars Klage erhoben werden. Daß somit einer jener Kunstgriffe vorliegt, wodurch das Gesetz, welches die Vertretung vor Gericht durch Advocaten für die ortsangehörigen Parteien in Bagatellsachen ausschließt, umgangen wird, kann keinem Zweifel unterliegen. Ueberdieß wird die Untersuchung zu Tage fördern, ob Herr Brück die von dem angeblichen Cedenten angenommene Summe zu Handen des Cessionars wirklich empfangen und diesem ausbezahlt hat, ob die Cession wirklich stattgefunden und auf welchem Rechtsgeschäfte dieselbe beruhe. Im Uebrigen sehe ich dem Verlauf der wider mich erhobenen Klage in aller Gemüthsruhe entgegen (ich kannte die Hergenhähne noch nicht) und wünsche im Interesse des Herrn Dr. Brück, daß sie nicht zu seinen Gunsten ausfallen möge. Abt."

Um die Geschichte dieses verhängnißvollen Prozesses, soweit er dem Civilrecht angehört, zu beendigen, sei schließlich bemerkt, daß Brück später dem Ferkel den letzten Stich gab, indem er mich zum Offenbarungseid trieb. Ich sollte entweder schwören, daß ich keine pfändbaren Gegenstände besitze, oder das erstemal 8, das zweitemal 14 Tage, das drittemal 3 Wochen mich einkerkern lassen! Schwören konnte ich nicht, in's Gefängniß wollte ich nicht, also mußte ich zahlen und zwar jetzt circa 19 fl. (Seither geht mir, so oft ich über eine Brücke wandle, ein Ferkelstich durch's Herz.)

Wandrer, steh' wieder still und staune! Ein wenig beschäftigter Advocat übernimmt eine Forderungsklage im Betrag von 16 fl. 42 kr., welche, als die Klage eingereicht wurde, bezahlt war. Um nicht gezwungen zu sein, das summarische, etwa 3—4 fl. ihm abwerfende Verfahren einzuschlagen, bedient er sich einer Scheincession, mittelst welcher er den schriftlichen Prozeßweg betritt. Dem Beklagten wird dieser Weg nicht gestattet und als er ihn dennoch betritt, wird ihm die Vertheidigung abgeschnitten und nun durchläuft der Procurator alle Stadien des Prozesses und schneidet am Ende Kosten im Betrage von 19 fl. aus dem Beutel des Beklagten. Die Rechtsverhältnisse und die Advocaten in Nassau sind also so beschaffen, daß jeder Bagatellstreit, jede einfache unbestrittene Forderungsklage, die in allen civilisirten Ländern im summarischen Verfahren kostenfrei und ohne Zuziehung der Advocaten erledigt wird, advocatisch ausgenutzt, mit dem vollständigen Apparat des Civilprocesses tractirt werden kann, damit bei dieser Gelegenheit der Advocat 100, ja 2—300% Kosten aus dem Beutel der Parteien zu schnei= den in den Stand gesetzt wird. So beschaffen sind diese Gesetze und diese Advocaten. Zahlreiche Bankrotte, ruinirte Geschäfte, von Haus und Hof vertriebene Familienväter, jammernde Weiber, schreiende Kinder, rathlose Greise be= zeichnen den Gang der verheerenden Thätigkeit dieser Advo= caten. Wehe dem in seinen Vermögensverhältnissen nicht ganz glänzend bestellten Nassauer, dem von einem Advocaten der erste Ferkelstich beigebracht wird, er ist rettungslos ver= loren. Planmäßig wird er ausgesaugt. Mit diabolischer Raffinirtheit wird der ursprünglich vielleicht ganz geringe Betrag einer Forderung durch die Kosten des Prozeßverfahrens hinaufgesteigert. Kann der Schuldner nicht zahlen, läßt der Advocat mit der Miene des Mitleids die um den Hals seines Opfers geworfene Schlinge etwas nach und sistirt das Ver= fahren, um es bald nachher von Neuem in Gang zu setzen, dadurch neue Kosten zu verursachen und so fort, bis das Opfer einen Wechsel unterschreibt, der dann in kurzer Zeit einen Betrag erreicht, daß das Concursverfahren eingeleitet und das Schlachtopfer von Haus und Hof vertrieben werden kann. Solche Fälle sind in Nassau gar nicht vereinzelt. Gar mancher Familienvater dient jetzt zu Wiesbaden oder Homburg als Croupier am grünen Tisch, weil er von den nassauer Advo= caten in den Bankerott und von Haus und Hof vertrieben wurde. Ich weiß einen Fall, daß ein Kaufmann zu Wies= baden von mit Ferkeln verbundenen Advocaten künstlich zum Bankerott getrieben wurde, obgleich nach Bezahlung aller Gläubiger und der enormen Gerichtskosten, noch ein Rest von etwa 2000 fl. actives Vermögen übrig blieb.

Doch jetzt zu den „Richtern". Der Hof= und Appella= tionsgerichtsprocurator Brück, hungrigen Angedenkens, welcher es nicht für einen „Raub" an seiner Standesehre gehalten, mittelst einer Scheincession eine Forderungsklage im Betrag von 16 fl. 42 kr., die am Tage der Einreichung der Klage bezahlt waren, im schriftlichen Verfahren des gemeinen nassaui= schen Civilprozesses zu betreiben, erhob wegen der beiden zuletzt gedruckten Artikel Klage gegen mich auf Ehrenkränkung und Verläumbung, und etwa acht Tage später eine zweite Klage wegen des S. 116 abgedruckten Artikels: „Ein dringendes Bedürfniß."

Ich bitte nun meine Leser, selbst diejenigen, die Jurisprudenz gelernt haben, sich die incriminirten Artikel nochmals genau anzusehen. Im ersten ist die Nothwendigkeit einer Reform der nassauischen Civilprozeßordnung nachgewiesen und begründet, im zweiten ein sogenannter schlechter Witz gemacht, indem erzählt wird, ein Bauer habe dem Brück ein Ferkel zum Stechen überbracht. Im dritten ist die Entstehungsgeschichte der gegen mich anhängig gemachten Forderungsklage dargestellt und im vierten die Erklärung Brücks mit einigen Zusätzen abgedruckt. Wenn ein normal organisirter Mensch, wenn selbst ein Jurist in diesen Artikeln eine Injurie findet oder etwas mehr als einen Ausdruck, dessen Gebrauch in civilisirten Ländern höchstens mit einer mäßigen Geldstrafe belegt wird, so mache ich mich anheischig, diesen Menschen oder diesen Juristen mit Haut und Haar zu verschlingen. Ich wurde deßhalb durch die gegen mich angehobene Brucksklage nicht im Geringsten beunruhigt. Vor Gericht erschienen, erzählte ich den Thatbestand, sprach meine Ueberzeugung aus, daß Brück auf Grund einer Scheincession gegen mich prozessirt habe, daß die Klage an dem Tage eingereicht worden sei, an welchem die Forderung bezahlt war und berief mich für diese Behauptung auf das Zeugniß meiner Magd und des Dreste selbst. Jene erklärte, sie könne sich des Tages, an welchem sie das Geld abgeliefert, nicht mehr entsinnen. — natürlich es waren 1½ Jahre seither verflossen — Dreste erklärte mit lächerlich weinerlicher Grimasse, er habe wirklich die 16 fl. 42 kr. an seinen „Geschäftsfreund", den Kuh- oder Kuhwebel cedirt, die Summe sei aber, obwohl seit der angeblichen Cession 1½ Jahre verflossen, noch nicht zwischen ihnen verrechnet worden. Der Inquirent aber erklärte mir, ich sei allerdings materiell im Rechte, aber „formell" im Unrecht... Etwa zwei Monate nachher wurde das Urtheil von Hergenhahns Hof- und Appellationsgericht gefällt. Ehe ich dasselbe seinem Wortlaute nach mittheile, einige Bemerkungen über die Persönlichkeiten meiner „Richter":

Der Criminalsenat des Hergenhahn'schen Hof- und Appellationsgerichts zu Wiesbaden war damals zusammengesetzt

aus dem Hergengerichtsrath v. Reichenau, dem Hergengerichts=
rath Hehner, dem Hofgerichtsrath v. Rößler, dem Präsi=
denten des Senats v. Reichenau und dem Hofgerichtsassessor
... v. Reichenau, der Präsident, ist ein alter Mann,
Rößler, der Hofgerichtsrath, kein sehr starker Mann,
v. ...enau, der Hergengerichtsrath, ist der Neffe Hergen=
... s, ist der Hergenneffe, und Hehner, der Hergengerichts=
... ist was folgt:

... den dreißiger Jahren brach wegen der Domänenfrage
...reit zwischen den „Ständen" und der Regierung aus,
... dessen die 2. Kammer vertagt oder aufgelöst wurde.
... Mitglieder der letztern, das sich in diesem Streite
...rs hervorgethan hatte, berührte auf der Heimreise eine
...dt, in welcher ein junger Accessist Namens Hehner an=
...t war. Dieser Accessist Hehner hatte nun nichts Eili=
...zu thun, als mit der ganzen ihm zu Gebote stehenden
...horigkeit und Milchbärtigkeit sich hervorzudrängen, für
...ositionelle Landtagsmitglied einen Fackelzug zu veran=
...und dabei eine heftige Rede zu halten. Wegen dieser
...ischen Anmaßung wurde der junge Hehner gemaßregelt
auf einige Zeit suspendirt, aber wie dieß in Nassau der
... ist, sehr bald wieder zu Gnaden angenommen. In
...igentlichen Staatsdienst übergetreten, stiftete er bei der
...n Gelegenheit wieder Unfug, wurde wieder gemaßregelt
... suspendirt, und abermals zu Gnaden angenommen, stif=
...er sofort wieder politischen Unfug und wurde abermals
...irt". Er war ein „zahlreicher" Familienvater und
...sich nun in Wiesbaden nieder als Winkeladvocat, trieb
...erkelstecherei, trieb sie wirklich und stach Ferkel bis zum
...1858. In diesem Jahre stand Braun, der Advocat,
...uf dem Gipfel seiner Macht und seines Einflusses.
...ns langte derselbe in Sanct Goarshausen in der
...rthschaft seines Freundes, des bekannten Nathans —
...dieß nicht der Wiesbadener Lederhändler Nathan der
...eße, sondern sein Bruder — also bei Nathan dem
...h, einer der mächtigsten Fortschrittssäulen in Nassau,
...raun an, sah bald eine Schaar seiner Anhänger um
...rach mit ihnen die „Lage des Landes", wie der
...et täglich an Boden gewinne und äußerte bei dieser
...enheit das denkwürdige Wort: „Auch Hehner wird

binnen Kurzem reactivirt werden. Ich habe bereits dafür gesorgt". Und wirklich wurde, kurze Zeit nachher — Wandrer! staune jetzt wieder —! der Winkelabvocat und Ferkelstecher Hehner zum Hofgerichtsrath ernannt und dadurch in den Stand gesetzt, über mich, den Todfeind Brauns, seines Wohlthäters, Gönners und Patrons, zu Gericht zu sitzen.

Ueber mich urtheilten also als meine „Richter" 1) v. Reichenau, der Hergenneffe und sogar der Doppelneffe, denn er war nicht nur der Neffe des mit dem Abbocaten Braun im Gasthaus zum „Socrates" zu Frankfurt a. M. ausgesöhnten und seither enge und intim verbündeten Hofgerichtsdirectors Hergenhahn, sondern auch der Neffe des Criminalsenatspräsidenten v. Reichenau. Mich hatte also zu verurtheilen:

1) der Hergenneffe des Mannes, der mit meinem Todfeind Braun auf's Engste liirt war,

2) der Hergen-Hehner, der meinem Todfeind Braun seine Stelle verdankte und seit er in den Staatsdienst getreten, die von mir bekämpfte politische Richtung mit Eifer und beharrlichem Trotz verfochten hatte,

3) und 4) der Präsident v. Reichenau und der Hofgerichtsrath v. Rößler, welche den beiden ersten ernstliche Opposition machen weder wollten noch konnten,

5) der Hofgerichtsassessor Bernhardt, welcher allein, aber natürlich erfolglos opponirte. —

Ehe ich das gegen mich erlassene Urtheil mittheile, muß ich Einiges nachholen:

Nachdem die Akten geschlossen und ehe sie Hergenhahn's Hofgericht zur Ausstoßung des „Urtheils" vorgelegt wurden, erschien bei mir der herzogl. Polizeidirector von Rößler und sprach: „Mit der Brück'schen Klage steht es schlimmer als Sie glauben. Unsere Obergerichte sind, es ist zwar traurig, aber eine Thatsache, fast nur mit entschiedenen Demokraten und Nationalvereinlern besetzt und Sie werden ohne Zweifel hart gestraft werden. Noch sind die Akten nicht eingereicht und es wäre daher vielleicht noch möglich, die Sache rückgängig zu machen. Ich will, wenn Sie damit einverstanden sind, den Procurator Brück auf- und ihn zur Zurückziehung der Klage zu bestimmen suchen mit der Bemerkung, daß Sie

geneigt seien, eine ihn satisfacirende Erklärung in Ihrer Zei=
tung zu veröffentlichen. Sind Sie damit einverstanden?"
Ich erwiederte hierauf: „Obgleich ich von dem hungrigen
Emil schwer beleidigt wurde und derselbe mittelst einer auf
eine Scheincession gegründeten Klage einen meuchlerischen
Angriff auf meinen Beutel gemacht hat, in der Absicht,
Gelder, die mir gehören, aus demselben heraus= und in seine
Kasse hinein zu practiciren, so will ich doch, um des lieben
Friedens willen und um zu zeigen, daß mir solche Streitig=
keiten im Grund meiner Seele verhaßt sind, zur Veröffent=
lichung einer Erklärung mich anheischig machen, welche dem
nimmersatten Emil genügen und welche ich, ohne mir in
meiner Stellung etwas zu vergeben, veröffentlichen kann, falls
der Brück sich zur Zurücknahme seiner Klage versteht." Mit
dieser Erklärung ausgerüstet, begab sich Herr v. Rößler zum
hungrigen Emil, kehrte aber bald mit der Nachricht zurück,
daß derselbe nicht nachgebe und die Sache „auf's Aeußerste
zu treiben" entschlossen sei. Nun! tu l'as voulu Emile!
Du hast es bereits bitter bereut und mußt es noch bitterer
bereuen, denn Dich werde ich verfolgen bis auf den Tod!
und zwar werde ich Dich bis auf den Tod verfolgen, weil
Du mich zwingen wolltest, zwingen, zuerst 19 fl. Beutegelder
zu zahlen, zwingen sodann, durch fortwährende Preßprozesse
mich ruhig, schweigend, duldend, leidend von Dir ausbeuteln
zu lassen. Gare à toi Emile! petit Emile! tu t'en
repentiras!

Ich meinerseits zweifelte gleich Anfangs an dem Erfolge
der v. Rößler'schen Intervention, denn mein Untergang war
damals von den Advocaten bereits beschlossen und mit ihren
Complicen verabredet. Unmittelbar nachdem Brück seine Klage
eingereicht hatte, verbreitete sich das Gerücht, ich müsse wieder
fort von Wiesbaden.

Die Klage Emils, des Brück, war den Advocaten aber
nicht genug. Ich mußte als Einer erscheinen, der von Mor=
gens bis Abends nur darauf sinne, seine Nebenmenschen zu
injuriren und zu verläumden, es mußte also womöglich noch
ein Kläger aufgetrieben, noch eine Klage für das Hergen=
gericht präparirt werden und dazu gab Folgendes Veran=
lassung: Man erinnert sich, daß die Advocaten ihren „Rh.

Kurier" bei dem unermeßlichen Buchdrucker C. Abelmann in
Frankfurt drucken ließen. Dieser C. Abelmann druckte aber
nicht blos, sondern deckte auch mit seinem Namen und Bauch
als verantwortlicher Redacteur, den „Rh. Kurir" und die von
Wiesbaden gesendeten Artikel der Advocaten, also auch den
gegen mich Seite 64 erwähnten Angriff auf meine Person.
Ich hatte, wie man sich erinnert, darauf erwidert, indem ich
den Angreifer zwanzigfältig, sechzigfältig, hundertfältig mit
Repressalien überschüttete, wie dieß das Recht nicht blos
erlaubt, sondern sogar vorschreibt, mein Recht nämlich, das
Recht des gesunden Menschenverstandes und Freiherrn. Dieß
benützte Braun. Er reiste nach Frankfurt, zwang den
C. Abelmann durch die Drohung, ihm sonst den Druck des
Blattes zu entziehen, zu einer Vollmacht, in seinem Namen
Klage gegen mich zu erheben, weil ich den C. Abelmann beleidigt habe, verfaßte diese Klage und reichte sie im Namen
des C. Abelmann ein. Funkelnden Blicks, rachesschnaubend
mit geschwollenen Kämmen, gesträubtem Gefieder, gestachelten
Sporen und zum Aeußersten entschlossen, standen Hergenhahns
Hähne bereit, um sie in Empfang zu nehmen. Einige Wochen
nachher krähten sie folgendes „Urtheil" gegen mich:

Ad. Num. H. v. A. G. 1523.

Urtheil.

In Untersuchungssachen gegen den Redacteur der Neuen Wiesbadener Zeitung, Christian Gottlieb Abt zu Wiesbaden,
wegen Verläumbung und Ehrenkränkung
erkennen Wir zum Criminalsenat des Herzoglichen Hof- und Appellationsgerichts zu Wiesbaden verordnete Vorsitzender, Räthe und Assessor nach geschlossener Untersuchung, in Erwägung:

1) daß der verantwortliche Redacteur der Neuen Wiesbadner Zeitung, Christian Gottlieb Abt, aus Eßlingen im Königreich
Würtemberg, dermalen wohnhaft dahier, beschuldigt wird:

I. a) durch den in Nr. 53 der Neuen Wiesbadner Zeitung enthaltenen „Ein dringendes Bedürfniß" überschriebenen Artikel
und insbesondere die darin vorkommenden Sätze:
„Die Advocaten oder wenigstens Diejenigen von ihnen,
die sich nicht schämen, eine Schuldklage im Betrage von
5 fl. zu übernehmen und nach den Regeln des Civilprozesses zu tractiren, — wenn wir nicht irren bezeichnet man
solche Geldeintreibungsmaschinen mit dem Namen „Ferkelstecher" — also die Ferkelstecher halten sich für ihre Zwecke
einen auswärtigen Strohmann, einen Ruhwebel aus Ih-

stein, einen Maier aus Höchst 2c., lassen auf diesen die
Forderung, die ein am Gerichtsort wohnender Gläubiger
zu machen hat, übertragen 2c.

Dieses ganze Verfahren ist Ausbeutung des Publicums,
ist „Erdrückung", ausgeführt auf Grund eines schlechten
Gesetzes von Leuten, welche, nachdem sie academische Bil=
dung genossen und Pandecten studirt haben, sich nicht
schämen, Geschäfte zu betreiben, zu welchen anderswo nur
Winkeladvocaten und „Entenmeyer" sich hergeben."

b) durch den in Nr. 68 der genannten Zeitung aufgenommenen,
„Ein sonderbarer Prozeß" überschriebenen Artikel folgenden
Inhalts:

Bekanntlich heißt man in Wiesbaden diejenigen Advocaten,
die ohne Rücksicht auf ihre Standesehre Prozesse über=
nehmen, wobei es weniger auf Rechtsgelehrsamkeit, als
auf Chikane und mechanisches Geldeintreiben ankommt,
„Ferkelstecher". Dieser Ausdruck veranlaßte neulich einen
Bauer aus der Umgegend zu folgendem Spaß: Derselbe
begab sich mit einem dicken Pakete unter dem Arm zu dem
hiesigen Advocaten Emil Brück, der gegen ihn einen Pro=
zeß um bereits bezahlte 16 fl. geführt und dabei eine Rech=
nung von 17 fl. gemacht hatte. „Was bringen Sie?"
fragte Herr Brück den Bauer. „Einen Prozeß", antwor=
tete dieser, indem er auf sein Paket zeigte. Neugierig und
wahrscheinlich Akten in demselben vermuthend, forderte der
Advocat den Bauer auf, den Pack zu öffnen, war aber
nicht wenig erstaunt, als daraus ein wirkliches Ferkel
heraus und quiekend in der Schreibstube herumsprang. „Das
ist für Sie zum Stechen, Herr Doktor!" sagte der Bauer
lachend, indem er in der allgemeinen Verwirrung das Thier
wieder einfing und sich davon machte."

c) durch den in Nr. 70 derselben Zeitung eingerückten „Ein
Schnitt in den Beutel" überschriebenen Artikel und insbe=
sondere durch die darin enthaltenen Sätze:

„Als ein „dringendes Bedürfniß" wurde vor Kurzem in
der Neuen Wiesbadener Zeitung die Abänderung der
nassauischen Civilprozeßordnung bezeichnet, weil dieselbe
einzelnen Advocaten Gelegenheit gibt, in einer Weise dem
Publicum an den Beutel zu gehen, welche geradezu als
verderblicher Unfug bezeichnet werden kann. Die Noth=
wendigkeit, in dieser Beziehung endlich Besserung eintreten
zu lassen und das Publicum vor den Angriffen gewisser
Advocaten zu schützen, erlaube ich mir durch ein, aus
meiner eigenen Erfahrung gegriffenes Beispiel zu be=
gründen 2c."

„Es ist also Thatsache, daß der Advocat Emil Brück
auf Grund einer Scheincession und mit Hülfe eines Stroh=
mannes einen Prozeß auf Bezahlung von 16 fl. 42 kr.,

die am Tage der Einreichung der Klage bereits bezahlt
waren, anhängig gemacht und geführt hat, um dabei 17 fl.
26 kr. aus meinem Beutel stechen zu können ꝛc."

Dabei bemerke ich zum Schluß, daß wenigstens in England ein Advocat, der solche Prozesse übernimmt und
führt, einer Gesellschaft von Gentlemen nicht angehören
und am allerwenigsten einem Verein von Gentlemen präsidiren könnte".

endlich:

d) durch den in Nr. 72 der genannten Zeitung aufgenommenen,
mit den Worten:

„Im „Tagblatt" und der „Mittelrheinischen Zeitung" veröffentlicht Herr Brück folgende Erklärung"
beginnenden und mit den Worten:
„und wünsche im Interesse des Herrn Dr. Brück, daß sie
nicht zu seinen Gunsten ausfallen möge"
schließenden Artikel durch den darin gegen den Hofgerichtsprocurator Dr. Brück gerichteten Ausdruck „ruhmwedelnden
Rechtsgelehrten"

den Hofgerichtsprocurator Dr. Emil Brück verläumdet und an
seiner Ehre gekränkt zu haben;

II. a) durch den in Nr. 37. der „Neuen Wiesb. Ztg." aufgenommenen und Frankfurt den 3. November datirten Artikel folgenden Inhalts:

„Wie man hört, weiß sich Herr C. Abelmann, Druckereibesitzer, fast nicht mehr zu helfen, da er so Manches zu
verantworten hat, was er gar nicht mehr verantworten
kann."

b) durch den in Nr. 39 derselben Zeitung eingerückten Artikel,
datirt Frankfurt den 6. November, so lautend:

„Der Buchdruckereibesitzer C. Abelmann gerieth gestern
Abend beim Nachhausegehen in eine Schlägerei, bei welcher
Gelegenheit ihm das Nasenbein vollständig zerschmettert
wurde. Der arme Mann ist ganz entstellt und hatte schon
vorher mehr zu verantworten, als er verantworten kann."

c) durch den in Nr. 40 der genannten Zeitung enthaltenen, aus
Homburg vor der Höhe, den 8. Novbr. datirten Artikel, so
lautend:

„Heute wurde von dem Druckereibesitzer und verantwortlichen Redacteur des „Rh. K." C. Abelmann von Frankfurt, in Verbindung mit einem gewissen Lammers, der an
der „Südd. Ztg." und einem gewissen Kruse, der die
„Cöln. Ztg." redigirt, die Bank gesprengt. Die drei Herren
führten sodann in ihrer Freude einen indianischen Kriegstanz im Saale auf, aus dem sie sich jedoch sofort entfernen
mußten;"

endlich:

d) durch den in Nr. 45 derselben Zeitung aufgenommenen

„Schrecklicher Kampf eines Menschen mit einem Thiere" über=
schriebenen Artikel folgenden Inhalts:

„Gestern hat sich hier ein tragischer Fall ereignet. Herr
C. Abelmann, Druckereibesitzer, verantwortlicher Redacteur
des „Rh. Kuriers" und Mitglied des gesetzgebenden Kör=
pers, war, wie wir schon neulich berichteten, in seiner Ei=
genschaft als Redacteur des „Rh. K." beim Nachhausegehen
Abends in eine Schlägerei gerathen, bei welcher Gelegen=
heit ihm das Nasenbein zerschmettert wurde. In Folge
dessen wurde Herr Abelmann bettlägerig. Und so lag er
denn da im Bette. Da kriecht plötzlich etwas an seinem
Körper hinauf, duftet schlecht, beißt und brennt und ent=
setzt Herrn Abelmann. Herr Abelmann rafft sich auf, setzt
sich zur Wehre und verfolgt das Thier. Das Thier flüchtet
sich, kriecht ihm endlich in das rechte Nasenloch und ver=
theidigt sich hier, indem es zwei Sinne des Herrn Abel=
mann auf einmal empfindlich verletzt, den Geruchsinn durch
Mißduft und das Gefühl durch Beißen und Zwicken. Herr
Abelmann wird fast wahnsinnig vor Schmerz, schlägt um
sich, schlägt endlich auf die Nase, auf die frisch verbundene
Nase, schlägt sie in Trümmer und was entdeckt er? Eine
Wanze von der größten Sorte, eine 1½ Zoll lange Wanze.
— Die Wanze wird ergriffen, aber o Wunder! nun zeigt
es sich, daß die Wanze nichts anderes ist, als ein aus dem
„Rh. Kurier" entsprungener Artikel, der Fleisch und Blut
angenommen nnd in eine Wanze sich verwandelt hat."

In novas fert animus mutatas dicere formas, zu deutsch:
Stinkend verwandelt in Wanzen das Wort sich des „Rh.
Kuriers".

„Die Wanze wurde sofort Herrn Lammers, dem Re=
dacteur der „Südd. Ztg." übergeben, welcher das niedliche
Thierchen einbalsamiren und in seiner Zeitung abdrucken
will. Die Nase des Herrn Abelmann ging, wie schon be=
merkt, bei dieser Gelegenheit in Trümmer nnd diesem edlen
Gliede ihres Ernährers weinen jetzt vier unversorgte Kin=
der und eine trostlose Gattin tiefbekümmert nach."

sich des Verbrechens der Verläumbung und Ehrenkränkung gegen
den Buchdruckereibesitzer C. Abelmann zu Frankfurt schuldig ge=
macht zu haben;

2) daß der Beschuldigte, nachdem auf Klage der Beleidigten die
Untersuchung gegen ihn eingeleitet war, zugestanden hat, die sämmt=
lichen unter I. und II. erwähnten Artikel selbst verfaßt und durch
Aufnahme in die von ihm redigirte „Neue Wiesbadener Zeitung"
verbreitet zu haben;

3) daß in dem unter I c erwähnten Artikel der Thatbestand des
Verbrechens der Verläumbung gefunden werden muß, da
darin der Procurator Dr. Brück der bestimmten unsittlichen Hand=
lung beschuldigt wird, er habe, um 17 fl. 26 kr. aus dem Beutel
des Beschuldigten stechen zu können, auf Grund einer Scheincession

und mit Hülfe eines Strohmanns einen Prozeß auf Bezahlung von
16 fl. 42 kr., die am Tage der Einreichung der Klage bereits bezahlt gewesen, anhängig gemacht und geführt; welche Handlungsweise, wenn sie wahr wäre, den Procurator Dr. Brück in der öffentlichen und seiner Standesgenossen Meinung verächtlich machen und
herabsetzen würde, daran aber, daß diese Anschuldigung
wissentlich falsch geschah, nach dem Ergebniß der Untersuchung und insbesondere auch um deßwillen nicht
gezweifelt werden kann, weil dem Angeschuldigten
vorher der wahre Sachverhalt durch den von Procurator Dr Brück erhaltenen Brief vom 2. Juli v. J.
bekannt gemacht worden war;

4) daß in demselben Artikel, sowie in den weiter unter L. a, b, d bezeichneten Artikeln, in ihrem Zusammenhang, auch das Verbrechen der fortgesetzten Ehrenkränkung durch die Presse
enthalten ist, da in dem Artikel unter I. c Procurator Dr. Brück
dadurch verächtlicher Gesinnung beschuldigt wird, daß er darin als
ein Advocat bezeichnet ist, welcher dem Publicum in einer Weise
an den Beutel gehe, daß dies als verderblicher Unfug bezeichnet
werden müsse, und da ihm außerdem durch die Bemerkung, ein
Advocat, der solche Prozesse übernehme und führe, könne in England einer Gesellschaft von Gentlemen nicht angehören und am
allerwenigsten einem Verein von Gentlemen präsidiren, — Verachtung bezeigt wird;

Gleiches aber durch die unter l. a, b erwähnten Artikel geschieht; der Procurator Dr. Brück darin als „Ferkelstecher", als
ein Advocat, der ohne Rücksicht auf Standesehre chicanöse Prozesse
übernehme, bezeichnet und der Ausbeutung des Publicums, was
mit „Erdrückung" als gleichbedeutend bezeichnet ist, beschuldigt,
auch „Ruhmredelnder Rechtsgelehrter" genannt wird, in welchem
Ausdruck die Absicht zu beleidigen, die überhaupt nach
der ganzen Darstellungsweise und im Hinblick auf
die Aussagen des Zeugen Biebricher klar vorliegt,
nach dem Vorhergegangenen offenbar gefunden werden muß;

5) daß die unter II. b, c erwähnten Artikel anlangend, darin ebenfalls der Thatbestand des Vergehens der Ehrenkränkung enthalten
ist, da durch die unwahre Angabe: C. Adelmann sei in eine
Schlägerei auf der Straße gerathen und er habe nach stattgehab-
tem Spielen an der Bank in Homburg in einem öffentlichen Local
einen Tanz nach der Art roher und ungesitteter Menschen aufgeführt, dem Buchdrucker C. Adelmann offenbar Verachtung bezeigt
und er also an seiner Ehre gekränkt ist, und dasselbe durch die
Artikel unter II. a, d dadurch geschieht, daß ihm darin ein angeblicher Kampf mit einer Wanze in der offenbaren Absicht, ihn lächerlich und verächtlich zu machen, nachgesagt und ihm vorgeworfen
wird, daß er sich in Folge unverantwortlicher Handlungen kaum
mehr zu helfen wisse;

6) daß rücksichtlich der letzterwähnten Beleidigung zwar strafmildernd
in Betracht kommt, daß der Beschuldigte vorher in Nr. 259 des

— 131 —

von C. Abelmann redigirten Rheinischen Kuriers ebenfalls persönlich angegriffen und dadurch gereizt worden war, daß dagegen
rücksichtlich der übrigen dem Angeschuldigten zur Last
fallenden Verläumbungen und Ehrenkränkungen, die
besonders große Geflissenheit, mit der sie in einer
Reihe von Artikeln systematisch fortgesetzt wurden,
die stattgehabte Verbreitung durch Druck und der
Umstand erschwerend in Betracht kommt, daß dieselben für den Geschäftsbetrieb des Beleidigten in
hohem Grade nachtheilig sein konnten und den Charakter der Privatrache an sich tragen;

mit Anwendung der Artikel 297, 299 pos. 1, 300 pos. 2, 301, 302
pos. 1, 303, 119 pos. 2, 311 und 313, sowie 101 des St.-G.-B. zu
Recht:

> daß wegen der oben näher bezeichneten Ver-
> brechen der Verläumbung und Ehrenkränkung
> durch die Presse Christian Gottlieb Abt aus
> Eßlingen in Würtemberg, dermalen Redacteur
> der Neuen Wiesbadener Zeitung dahier, zu
> einer Correctionshausstrafe von drei Monaten
> und in die Untersuchungskosten, welche an
> Stempeltaxen 18 fl. 24 kr. betragen und für
> welche die für die Neue Wiesbadener Zeitung
> gestellte Caution haftet, zu verurtheilen sei;
> verfügen, daß die Nummern 37, 39, 40, 45, 53,
> 68, 70 und 72 der Neuen Wiesbadener Zeitung,
> soweit sie nicht in Privatbesitz übergegangen
> sind, zu confisciren seien, und erklären die
> Beleidigten Hofgerichtsprocurator Dr. Emil
> Brüd von hier und Buchdruckereibesitzer C.
> Abelmann zu Frankfurt a. M. für berechtigt,
> sich zur öffentlichen Verkündigung des sie be-
> treffenden Theils dieses Urtheils auf Kosten
> des Beschuldigten der Neuen Wiesbadener Zei-
> tung zu bedienen.

V. R. W.

Wiesbaden, den 13. Februar 1868.

(L. S.) (gez.) v. Reichenau.

Besehen wir uns nun einen Augenblick dieses höchst merkwürdige Aktenstück, dieses „Urtheil", dieses Produkt der Rechtswissenschaft, diese Emanation der nassauischen Hergens- und
Fortschrittsjustiz, diese Offenbarung einer demokratisch, natio-
nal-vereinlich und bräunlich gesinnten mit dem Advocaten
Braun kebsig verbundenen Göttin der Gerechtigkeit. Die
Hergenrichter sagen: es müsse — selbstverständlich von ihnen

9*

— der Thatbestand des Verbrechens der Verläumbung ge=
funden werden in den Stellen des Artikels „Ein Schnitt in
den Beutel", welche folgendermaßen lauten:

„Als ein „dringendes Bedürfniß" wurde vor Kurzem in der Neuen
Wiesbadener Zeitung die Abänderung der nassauischen Civilprozeßord=
nung bezeichnet, weil dieselbe einzelnen Advocaten Gelegenheit gibt, in
einer Weise dem Publicum an den Beutel zu gehen, welche geradezu als
verderblicher Unfug bezeichnet werden kann. Die Nothwendigkeit, in
dieser Beziehung endlich Besserung eintreten zu lassen und das Publi=
cum vor den Angriffen gewisser Advocaten zu schützen, erlaube ich mir
durch ein, aus meiner eigenen Erfahrung gegriffenes Beispiel zu be=
gründen ꝛc."

„Es ist also Thatsache, daß der Advocat Emil Brück auf Grund
einer Scheincession und mit Hülfe eines Strohmannes einen Prozeß auf
Bezahlung von 16 fl. 42 kr., die am Tage der Einreichung der Klage
bereits bezahlt waren, anhängig gemacht und geführt hat, um dabei
17 fl. 26 kr. aus meinem Beutel stechen zu können ꝛc.

„Dabei bemerke ich zum Schluß, daß wenigstens in England ein
Advocat, der solche Prozesse übernimmt und führt, einer Gesellschaft von
Gentlemen nicht angehören und am allerwenigsten einem Verein von
Gentlemen präsidiren könnte."

Und zwar müsse der Thatbestand des Verbrechens der
Verläumbung deßhalb in jener Stelle gefunden werden, weil
darin der Procurator Brück beschuldigt werde, er habe um
17 fl. 42 kr. aus meinem Beutel stechen zu können, auf
Grund einer Scheincession und mit Hülfe eines Strohmanns
einen Proceß auf Bezahlung von 16 fl. 42 kr., die am Tage
der Einreichung der Klage bereits bezahlt gewesen, anhängig
gemacht und geführt, welche Handlungsweise, wenn sie wahr
wäre, den Brück in der öffentlichen und seiner Standesge=
nossen Meinung verächtlich machen und herabsetzen würde,
daran aber, daß diese Anschuldigung wissentlich falsch geschah
— nach dem Ergebniß der Untersuchung und ins=
besondere auch um deßwillen nicht gezweifelt werden könne,
weil dem Angeschuldigten vorher der wahre Sachverhalt durch
den von Brück erhaltenen Brief vom 2. Juli v. J. bekannt
gemacht worden war. —

Sehen wir, ehe wir zur Beurtheilung übergehen, das
nassauische Strafgesetzbuch an. Dasselbe sagt:

„Art. 297. Wer einen Andern wissentlich falsch einer bestimmten
unsittlichen oder verbrecherischen Handlung beschuldigt, welche, wenn sie
wahr wäre, denselben in der öffentlichen oder seiner Standesgenossen
Meinung verächtlich machen oder herabsetzen würde, ist des Verbrechens
der Verläumbung schuldig."

Man sieht also, daß Strafgesetzbuch hütet sich wohl, mit irgend einer Sylbe zu bestimmen, was eine „unsittliche" Handlung sei, es überläßt die Definition dieses Begriffs und die Anwendung desselben auf einen gegebenen Fall vollständig der Willkühr des Richters. Da nun Fortschrittsrichter mich richteten, da der Neffe des mit Braun, der das größte Interesse an meiner Verurtheilung hatte, enge und intim liirten alten Hergenhahns, der junge Reichenau, der Hergenneffe, da ferner der ehemalige Winkeladvocat Hergen=Hehner, dem Braun die Hergengerichtsrathsstelle verschafft hatte, der also ein Schützling Brauns war, über mich zu Gericht saßen und im Hergengericht das große Wort führten, so benützten sie die ihnen vom Gesetz gestattete Willkühr und sagten, es wäre eine unsittliche Handlung, wenn ein Advocat auf Grund einer Scheincession und mit Hilfe eines Strohmanns einen Prozeß auf Bezahlung von 16 fl. 42 kr., die am Tage der Einreichung der Klage bereits bezahlt waren, anhängig machen würde. Das ist Jurisprudenz, das ist das Recht, das sind die Gesetze. Die Jurisprudenz ist so, daß sie in Form von Gesetzen allgemeine Grundsätze und Vorschriften hervorbringt, welche so inhaltsleer, so vage und unbestimmt, so unwissenschaftlich sind, daß sie gerade das, was sie verhindern sollen, die richterliche Willkühr förmlich sanctioniren. Mittelst dieser Willkühr sagen nun meine politischen Gegner, die Freunde und Verbündeten meiner politischen Gegner, sagen nun die „Richter": es ist eine unsittliche Handlung, wenn ein Advocat auf Grund einer Scheincession und mit Hilfe eines Strohmanns eine Forderungsklage einreicht und sie sagen dieß, ohne durch das geringste Gründchen ihre Sage zu beweisen, sie sagen das nur so hin, car tel est leur plaisir! Und sie sagen ferner: wer obiges von einem Advocaten behauptet, macht sich, wenn die Anschuldigung nicht wahr ist, der Verläumdung schuldig. Ich frage beiläufig die Juristen und Advocaten aller Herren Länder, ob die Betreibung einer Forderungsklage auf Grund einer Scheincession und mit Hilfe eines Strohmanns nicht jeden Tag 1000mal vorkommt und irgend Jemand darin eine unsittliche Handlung erblickt. Ich selbst erblicke keine unsittliche, sondern nur eine gemeine, eine malhonette, eine advocatische, eine brückische Handlung darin, eine Handlung wie sie gemeine, ordinäre, untergeordnete, dem großen Haufen angehörende, lediglich durch Geldhunger und Beutelust getriebene Geschäftsleute jeden Tag vornehmen.

Dadurch bekanntlich unterscheidet sich der Edelmann vom Geschäftsmann — und der Advocat ist Geschäftsmann und der kleine Brück ist sechsfacher Advocat — daß der Edelmann sein Verhalten in der menschlichen Gesellschaft nicht blos durch die Rücksicht auf materiellen Vortheil und Gelderwerb bestimmen läßt, während der Geschäftsmann lediglich durch die Rücksicht auf das Geldmachen in Bewegung gesetzt wird. Nicht blos die deutsche Sprache, sondern der gemeine Mann selbst, d. h. das Volk erkennt diesen Unterschied an, indem es sorgfältig unterscheidet zwischen nobel und gemein und indem jeder möglichst nobel nicht zu sein, sondern zu scheinen und angesehen zu werden bestrebt ist. Damit ist aber nicht gesagt, daß der Geschäftsmann unsittlich sei. Er ist blos nicht nobel, er ist gemein, weil er einer Klasse der Bevölkerung angehört, deren höchstes Interesse im Geldmachen besteht. Wer auf Grund einer Scheincession eine Forderungsklage anhebt und fortsetzt, lediglich um 19 fl. Kosten aus einem Beutel herausschneiden zu können, obwohl er weiß, daß die Cession eine Scheincession und die Forderung bereits bezahlt ist, der begeht keine unsittliche, wohl aber eine gemeine, eine malhonette, eine abbokatische Handlung, eine Handlung, an welcher sich der Edelmann (gentleman) schämen würde. Ein solcher Geschäftsmann ist vom Standpunkt der bürgerlichen Ehre aus gar nicht zu verachten, während der Unsittliche von diesem Standpunkt aus beurtheilt zu verachten ist. Dagegen wird den Anschauungen der höheren Klassen der Gesellschaft gemäß ein solcher Geschäftsmann gering geschätzt und nicht für ebenbürtig, nicht für gleichgültig erachtet und deßhalb von ihren Kreisen ferne gehalten.

In diesem Falle befand sich der Advocat Brück. Er hatte sich eine malhonette Handlung zu Schulden kommen lassen, ich brachte diese Handlung öffentlich zur Sprache und wurde von ihm beklagt, weil er öffentlich nicht für das gelten will, was er wirklich ist, weil er öffentlich als anständiger Mann angesehen werden will, während er im Geheimen schofle Pro-

zeffe führt und auf Grund von Scheincessionen Klagen anhebt, um die enormen Gebühren des schriftlichen Verfahrens
anrechnen zu können.

Es sei aber nicht wahr, behaupten die Hergenrichter in
ihrem „Urtheil", daß Brück dieser Handlung sich schuldig
gemacht habe, ich habe ihn also wissentlich falsch einer
unsittlichen Handlung und zugleich einer Handlung beschuldigt,
welche ihn in der öffentlichen und seiner Standesgenossen
Meinung herabsetzen würde.

So, es ist also nicht wahr, daß Brück auf Grund einer
Scheincession und mit Hülfe eines Strohmanns, lediglich um
19 fl. Kosten aus meinem Beutel herausschneiden zu können,
eine Forderungsklage gegen mich anhob? Ebensogut könnte
man sagen, es ist nicht wahr, daß die Sonne scheint. Sehet,
in Nassau ist es allgemeiner Advocatenbrauch, mittelst Scheincessionen sich die Anwendung des schriftlichen Verfahrens zu
ermöglichen, es ist dieß ein so notorischer Brauch, daß wenn
man heute in ganz Nassau herumfragte, jeder Nassauer darauf
schwören würde: „Ja, der Brück hat mit Hülfe einer Scheincession den fraglichen Prozeß anhängig gemacht." Als ich die
Sache publicirte, sagte Jedermann zu Wiesbaden: „Ich weiß
nicht, warum der Abt gerade über den Brück herfällt, der
macht es wie alle andern Advocaten." Allein abgesehen davon,
waren die besonderen Umstände des Falles so beschaffen, daß
jedes Geschwornengericht, wenn es darüber zu urtheilen hätte,
ebenfalls sagen würde, ja der Brück hat auf Grund einer
Scheincession prozessirt. Der Fall war so beschaffen, daß
jedenfalls in mir der Glaube erweckt werden mußte, es liege
eine Scheincession vor, daß also jedenfalls von dolus und
wissentlich falsch gar nicht die Rede sein konnte. Der angebliche Cedent war durch mich gereizt und wollte sich wegen
Hinauswurfs rächen dadurch, daß er mir Kosten verursachte:
Er cedirt also zum Scheine an den Ruh= oder Kuhwedel und
obgleich er cedirt haben will, bestellt er die Klage selbst und
obgleich er cedirt haben will, nimmt er die Zahlung in Empfang und verweigert absichtlich die Quittung, und als dieser
angebliche Cedent bei dem Brück erscheint und im Namen
des Cessionärs Klage bestellt und später anzeigt, daß er das
Geld in Empfang genommen, als dieser Cedent dieses Geld

für sich behält und nicht dem Brück als Anwalt des angeblichen Cessionars übergibt, wie er hätte thun müssen, wenn eine reelle Cession vorlag, da entstehen in dem Brück keine Zweifel über die Wahrheit der Cession, er vermuthet nicht im Geringsten, daß eine Scheincession vorliege, sondern er prozessirt lustig darauf los, denn es winken ihm 19 fl. Kosten für eine Forderungsklage im Betrag von 16 fl. 42 kr., welche am Tage der Einreichung der Klage bereits bezahlt waren.

Durch einen Brief, den mir Brück am 2. Juli geschrieben habe, sagen die Hergenrichter, sei mir der wahre Sachverhalt bekannt geworden. Nun, dieser Brief ist S. 112 abgedruckt. Es steht darin, daß Dreste den Betrag der Forderung überbracht, daß er (Brück), was mir bis jetzt ganz unbekannt war, die Klage für den Cessionar Ruhwedel angehoben und zwar, wie er mir schon am 26. Juni angezeigt habe, weßhalb er 4 fl. 47 kr. Kosten verlange. Es steht darin also gar kein Sachverhalt, sondern es steht darin mir völlig unverständliches Zeug, von Ruhwedel und Cessionar und Klage ꝛc., lauter Dinge, die mir gänzlich unverständlich waren und mich, da ich die Forderung Drestes bezahlt hatte, auch gar nichts angingen. Was also die Hergenrichter in ihrem Urtheile darüber sagen, daß der wahre Sachverhalt mir bekannt geworden und deßhalb der Thatbestand des Verbrechens der Verläumdung angenommen werden müsse, ist eine Flause und leerer Vorwand, denn jener Brief ertheilt nicht die geringste Andeutung, welche mich zu der Ansicht hätte bestimmen können, es liege keine Scheincession vor.

Man sieht also abermals, mit welcher Willkühr, Frivolität und Grundlosigkeit mir das „wissentlich falsch", der dolus untergeschoben wird, wie also gerade in Beziehung auf das, was hauptsächlich in Betracht kommt, die Motive nämlich und den subjectiven Thatbestand, lediglich das individuelle Ermessen der Rechtssprecher entscheidet, welche, wenn sie zufällig Hergenrichter sind, natürlich verurtheilen, sobald der Angeklagte ein Gegner ihrer Freunde ist. Ich war ihnen ein Dorn im Auge, weil ich das idyllische Verhältniß zwischen Hergengerichtsräthen und Hergengerichtsprocuratoren zu stören drohte, und diesen Dorn suchten sie sich „Von Rechtswegen" aus dem Auge zu ziehen.

Die Brück'sche Handlungsweise, heißt es weiter in dem „Urtheil", würde, wenn sie wahr wäre, denselben in den Augen seiner Standesgenossen und in der öffentlichen Meinung herabsetzen. Rein erfundener Vorwand! Purste Willkühr! Wider notorischen Thatbestand „wissentlich falsch" aufgestellte Imputation! In Nassau ist das Publikum an diese Scheincessionen schon so gewöhnt, dieses Prozessiren auf Grund von Scheincessionen ist so notorisch, so allgemeiner Brauch, daß kein Mensch mehr Anstoß daran nimmt, daß man es für ebenso natürlich hält, wie den Straßenkoth nach dem Regen, und am allerwenigsten erblicken die Standesgenossen Brück's, die Advocaten, eine verächtliche Handlung darin, weil sie sonst, fünf ausgenommen, alle selbst sich verachten müßten, was ihnen nicht einfällt.

Im Gegensatz zu diesen Entscheidungsgründen konnte man ganz mit demselben Rechte also schließen: „Der Thatbestand des Verbrechens der Verläumdung kann in den incriminirten Stellen nicht gefunden werden, denn das Betreiben eines Prozesses auf Grund einer Scheincession ist an sich keine unsittliche Handlung, sie würde auch, da sie hier von den meisten Rechtsanwälten geübt wird, den Kläger weder in der öffentlichen noch in der Meinung seiner Standesgenossen herabsetzen und verächtlich machen. Außerdem sind die besondern Umstände des Falles so beschaffen, daß der Beklagte, namentlich im Hinblick darauf, daß der angebliche Cedent die Klage bestellte, die Zahlung in Empfang nahm, diese für sich behielt und nicht verrechnete, auf den Glauben kommen mußte, es liege eine jener Scheincessionen vor, daß er somit angesehen werden muß, als habe er in bona fide gehandelt. Kläger wird deßhalb abgewiesen und in die Kosten verurtheilt." Ohne das Strafgesetz oder die Logik im Geringsten zu verletzen, hätte man ganz gut auch so schließen können. Warum schlossen die Hergenrichter nicht so? Weil sie nicht wollten, denn: „Thut nichts, der Jude wird verbrannt."

Ferner, sagt das „Urtheil" der Wiesbadener Gerechtigkeitsgötter, sei das Verbrechen der fortgesetzten Ehrenkränkung durch die Presse in dem Artikel „Ein dringendes Bedürfniß", sowie auch noch in dem Artikel: „Ein Schnitt in den Beutel" enthalten, weil darin Brück dadurch verächtlicher Gesinnung

beschuldigt worden, daß er darin als ein Advocat bezeichnet
ist, welcher dem Publikum in einer Art und Weise an den
Beutel gehe, daß dieß als verderblicher Unfug bezeichnet
werden müsse und da ihm außerdem durch die Bemerkung,
ein Advocat, der solche Prozesse übernehme und führe, könne
in England einer Gesellschaft von Gentlemen nicht angehören
und am allerwenigsten einem Verein von Gentlemen präsi=
diren. So die Hergenrichter in ihrem „Urtheil". Sie
stützen sich dabei auf Art. 301 des Strafgesetzbuchs, welcher
also lautet:

„Art. 301. Wer einem andern rechtswidrig durch Rede, Schrift,
Zeichen, bildliche Darstellung oder Thätlichkeit Verachtung bezeigt oder
ihn verächtlicher Eigenschaften oder Gesinnungen bezüchtigt, macht sich
der Ehrenkränkung schuldig."

Merkwürdiger Weise ist auch dieser Artikel logisch wieder
so beschaffen, daß er ganz dieselbe Wirkung hervorbringt, als
ob er gar nicht existirte. Er läßt es nämlich vollständig
dahin gestellt und unerklärt, was verächtliche Gesinnung sei,
indem der diese Definition und deren Anwendung auf einen
bestimmten Fall abermals der richterlichen Willkühr an=
heimgibt und sich lediglich auf eine Umschreibung des Worts
Ehrenkränkung beschränkt. Das Gesetz soll dem Richter An=
haltspunkte an die Hand geben, die so beschaffen sind, daß sie
ein bestimmtes Urtheil nach sich ziehen müssen. Oder wenn
das Gesetz dieß nicht kann und somit die richterliche Willkühr
als höchste Norm proclamirt, so sollen wenigstens andere
Garantien gegen diese Willkühr geschaffen werden, als die
Appellation von einer Krähe an die andere. Der citirte Ar=
tikel des nassauischen St.=G.=B. läßt also das, was bestimmt
werden und für den Richter eine zwingende Vorschrift ent=
halten sollte, durchaus unbestimmt.

In Folge dessen sagen die Herren „Richter", von denen
der eine ein Hergen= und Doppelneffe des alten mit dem Ad=
vocaten Braun auf's engste verbündeten Ur=Hergenhahns und
der andern eine Kreatur, ein förmliches Geschöpf dieses näm=
lichen Braun ist, der das größte Interesse an meiner Ver=
urtheilung und beide Criminalklagen provocirt hatte, die
Herren „Richter" sagen also: Da der Bruck als ein Advocat
bezeichnet wird, der dem Publikum in einer Weise an den
Beutel geht, daß dieß als verderblicher Unfug bezeichnet

— 139 —

werden muß, so ist dieß eine Beschuldigung verächtlicher Ge=
sinnung und da ferner gesagt ist, daß ein solcher Advocat
in England weder einer Gesellschaft von Gentlemen angehören,
noch einem Verein von Gentlemen präsidiren könnte, so ist
dieß abermals Beschuldigung verächtlicher Gesinnung und
somit Ehrenkränkung. Aber habe ich ein Wort von der Ge=
sinnung des hungrigen Emil gesprochen, habe ich mich über
sein Inneres geäußert, habe ich dieses Innere, das freilich
ebenso beschaffen ist wie sein Aeußeres, einer Werthschätzung
unterzogen, seiner Moralität nach bestimmt? Nein, ich habe
nur etwas Aeußerliches vom Doctor Brück besprochen, ich
habe nur eine seiner Handlungen qualificirt und diese Hand=
lung, welche factisch und unbestreitbar darin bestand, daß er
mit Hülfe einer Scheincession nur an den Beutel ging, als
einen verderblichen Unfug bezeichnet und ein verderblicher
Unfug ist dieser nassauische Advocatenbrauch, durch Schein=
cessionen das schriftliche Verfahren möglich zu machen in
Fällen, in welchen das Gesetz summarisches Verfahren
vorschreibt.

Habe ich ferner nur mit einem Worte über die Gesinnung
des stechenden Emils mich geäußert, als ich eine cultur=
historische Bemerkung über England machte und sagte: in
England könnte ein Advocat, der sich zur Betreibung einer
Forderung von 16 fl. 42 kr. und noch dazu mit Hülfe einer
Scheincession und noch dazu, wenn diese Forderung am Tage
der Einreichung der Klage bezahlt ist, ein Advocat, der sich
zu so ferkelstechenden Operationen hergäbe, könnte in England
weder einem Verein von Gentlemen angehören, noch einem
Verein von Gentlemen präsidiren, was die Wahrheit ist.
Nicht einmal in einer größeren deutschen Stadt wäre dieß
möglich. Wird aber dadurch, daß Jemand nicht als Gentl=
leman und als in gewissen Kreisen nicht zulässig angesehen
wird, verächtlich, und wird er dadurch, daß er als Nicht=
Gentleman indirect bezeichnet wird, verächtlicher Gesinnungen
oder Eigenschaften bezüchtigt? Nicht im Geringsten. In
England wird Jeder, der unmittelbar mit dem Publikum in
Detailgeschäften verkehrt, nicht als Gentleman, keineswegs
deßhalb aber als ein verächtlicher Mann angesehen. Wer
z. B. in England fabrikmäßig und im Großen die Ferkel=
stecherei betreibt, ist ein Gentleman und wird in gewissen

Kreisen gebildet, wer aber nur hie und da oder im Taglohn ein=
zelne Ferkel absticht, ist kein Gentleman und hat in Salons
und gewissen Gesellschaften keinen Zutritt. Die Hergenhähne
wußten dieß nicht, oder vielmehr, sie wußten es recht gut,
daß ein gewaltiger Unterschied existirt zwischen Nicht=Gent=
leman und Verächtlich, aber der Jude sollte verbrannt
werden und deßhalb sagen sie, wenn Einer vom Andern sage,
dieser sei kein Gentleman, so mache er jenem dadurch ver=
ächtliche Eigenschaften und Gesinnungen zum Vorwurf und
müsse dafür in's Correctionshaus. Das ist Justiz! So be=
schaffen sind die Gesetze! Oder ist dieß blos Hergenjustiz?

Hergenhahns Richter behaupten ferner in ihrem Urtheile,
ich habe dem Brück in dem Artikel: „Ein sonderbarer Prozeß"
Verachtung bezeigt, weil Brück darin als „Ferkelstecher", als
ein Advocat, der ohne Rücksicht auf Standesehre chikanöse
Prozesse übernehme, bezeichnet sei. Damit greifen sie nun
geradezu zur Lüge, um ihren Gegner zu verderben. Man
lese den incriminirten Artikel: „Ein sonderbarer Prozeß".
Ist hier davon die Rede, daß Brück ein Ferkelstecher sei?
nenne ich darin den Brück einen Ferkelstecher? sage ich, er
sei ein Advocat, welcher ꝛc.?

Nein, ich sage nur, was man in Wiesbaden unter einem
„Ferkelstecher" verstehe und sage, daß dieser Ausdruck einen
Bauer zu einem Spaße, nämlich zum Hineintragen eines Fer=
kels in die Schreibstube des Brück veranlaßt habe, ich selbst
aber enthalte mich jeder Bezeichnung des Brück, spreche gar
nicht von Brück, trotzdem lügen mir diese „Richter" Aeuße=
rungen über Brück an, damit sie diese Aeußerungen als „Be=
zeigung von Verachtung" bezeichnen und mich verurtheilen
können!

Ich habe dem Brück ferner Verachtung dadurch „bezeigt",
sagen Braun's Freunde in ihrem Urtheil, daß ich die Aus=
beutung des Publicums als gleichbedeutend mit „Erbrückung"
bezeichnet habe. Der Artikel „Ein dringendes Bedürfniß"
war so allgemein und so aller Anspielungen baar, daß selbst
der Brück 4 Wochen lang nicht die geringste Injurie darin
witterte. Jener Artikel erschien nämlich am 26. November,
Seine erste Klage wegen der am 15. und 16. Dec. erschie=
nenen Artikel: „Ein sonderbarer Prozeß" und „Ein Schnitt

in den Beutel" reichte Brück etwa am 18. oder 20. Dec.
ein und erst 10 Tage später nachträglich noch eine Klage
wegen des am 26. Nov. erschienenen Artikels „Ein bringen=
des Bedürfniß." Offenbar wurde er darauf aufmerksam ge=
macht, daß auch am 26. Nov. der Ausdruck „Erbrückung"
von mir angewendet worden sei und daß dieser Ausdruck in
der Urtheilsfabrikation recht wohl gebraucht werden könne.

Alles in Hexenprozessen, Ketzerprozessen, Demagogenpro=
zessen bis jetzt Dagewesene, übersteigt aber die Bezeichnung
des Ausdrucks „Ruhwedelnder Rechtsgelehrter" als Injurie.
Bekanntlich hieß der Strohmann, auf dessen Namen mittelst
einer Scheinzession von Brück prozessirt wurde, Ruhwedel.
Dieser Name ist so provocirend lächerlich und paßt so sehr
für den Advocaten Brück, daß ich mir den Genuß nicht ver=
sagen konnte, den Brück als „ruhwedelnden Rechtsgelehrten"
zu bezeichnen.

Bezeigung von Verachtung, Injurie, der Jude muß
verbrannt werden! krähen nun die Hergenhähne und verur=
theilen mich, weil ich den Brück als „ruhwedelnden Rechts=
gelehrten" bezeichnete. Hätte der Strohmann Meier oder
Schmidt, oder Stecher, oder Schneider, oder Miau geheißen
und ich hätte gesagt „Brück ist ein maiernder, ein schneibern=
der, ein stechender, ein miauender Rechtsgelehrter", diese
„Richter" hätten dieß ebenfalls als Injurie bezeichnet und
mich verurtheilt.

Bis zur Absurdität und zur Lächerlichkeit des höchsten
Grades versteigen sich aber die Justizleute in Folgendem:
Man rufe sich die Späße ins Gedächtniß zurück, womit ich
den C. Adelmann für den Angriff gezüchtigt hatte, den er
in seinem Blatte, dem „Rhein. Kurier", gegen mich hatte
abdrucken lassen, als ich so frei gewesen, die Redaction der
„N. Wiesbad. Ztg." zu übernehmen. Er hatte von mir ge=
sagt: ich habe Manches zu verantworten, was ich nicht ver=
antworten könne; ich sagte nun ebenfalls: „der arme Mann
habe mehr zu verantworten, als er verantworten könne."
Diesen Ausdruck falschmünzen die Wiesbadner Urtheilsfabri=
kanten dahin um, daß sie mir die Behauptung unterlegen,
ich habe dem C. Adelmann unverantwortliche Hand=
lungen vorgeworfen und dies sei Ehrenkränkung. Ich sagte:

der C. Abelmann hat Manches zu verantworten, was er nicht verantworten kann, also möglicher Weise: mangelhaften Kirchen= besuch, Vernachlässigung der österlichen Beichte, allzu häufigen Biergenuß, in Folge dessen Ansammlung dicker Fleischmassen und ranzigen Speckes auf seinem Körper, Nachlässigkeit in der Klei= dung, Mangel an Reinlichkeit, unzureichende Kinderzucht, unvor= sichtiges Schäckern mit der Dienstmagd, Bekneifung des Kinns dieser Dienstmagd, Betätschelung der Wangen und anderer runder und weicher Körpertheile dieser Dienstmagd und was dergl. Kleinigkeiten mehr und zugleich gewissen Personen z. B. der eigenen Hausfrau, ferner der Kirche und sich selbst gegen= über nicht zu verantworten sind, die Hergenhähne aber machen daraus absolut unverantwortliche Handlungen und zwar der Ehre, der Moralität, dem Gesetze gegenüber unver= antwortliche Handlungen, welche ich dem C. Abelmann vor= geworfen habe, bezeichnen diesen Vorwurf als Ehrenkränkung und verurtheilen mich.

Ich hatte gesagt, C. Abelmann sei beim Nachhausegehen in eine Schlägerei gerathen und es sei ihm das Nasenbein zerschmettert worden. Ich hatte also von einem Unglück erzählt, das den C. Abelmann nächtlicher Weile etwa in einem engen Gäßchen betroffen habe, oder meinem Wunsche gemäß hätte betreffen sollen, wie es schon sehr häufig sich ereignete, daß völlig unbetheiligte und ganz harmlose Personen in einen Knäul sich prügelnder Menschen verwickelt wurden. Die „Richter“ verfälschen meinen Ausdruck dahin, daß sie ihm die Deutung geben, ich habe behauptet, C. Abelmann habe sich an einer Schlägerei als Mitwirkender actib be= theiligt, erklären diese mir untergefälschte Behauptung für eine Ehrenkränkung und verurtheilen mich.

Ich hatte gesagt, in Verbindung mit dem A. Lammers von der „Süddeutschen“ und dem B. Kruse von der „Köln. Ztg.“, habe der C. Abelmann in Homburg die Bank ge= sprengt und dann mit genannten Herren einen indianischen Kriegstanz aufgeführt. Die Hergenhähne dagegen fälschen: ich habe behauptet, C. Abelmann habe einen Tanz „in der Art roher und ungesitteter Menschen“ aufgeführt. Während ich also von einem indianischen Kriegstanze, also von Tanzbewegungen, Wendungen und Figuren spreche, wie sie

— 143 —

die Indianer ausführen, wenn sie eine feindliche Schaar gesprengt haben und sage, ganz dieselben Tanzbewegungen, Wendungen und Figuren führte mit dem A. Lammers und dem B. Kruse der C. Abelmann aus, als diese drei A.=B.=C.= Schützen die Bank zu Homburg gesprengt hatten, begehen die Hergenhähne die Fälschung, zu deuteln, ich habe dem C. Abelmann die Vernunft= und Charakterbeschaffenheit der Indianer, nicht als Tänzer, sondern als Indianer, als Menschen zugeschrieben. Während ich die Bein= und Fußbewegungen der Indianer als tertium comparationis gebrauchte, unterlegen mir Hergenhahns Richter eine Anspielung auf das Herz und die Gesinnung der Rothhäute, erblicken darin eine Ehrenkränkung und verurtheilen mich.

Endlich charakterisiren mich die Rechtsprecher noch deßhalb als Injurianten, weil — Wanderer staune jetzt nicht mehr, sondern wälze dich auf der Erde herum, zapple mit den Beinen in der Luft, stoße eine gellende Lache aus und — spucke — weil in meinem Artikel dem C. Abelmann ein angeblicher Kampf mit, sage mit einer Wanze, nachgesagt worden und dies eine Injurie sei. — Dieser Tollhäuslerschluß verdient natürlich keine Beleuchtung und keine Widerlegung. Wenn nach diesem Maßstab die Humoristen und Satyriker beurtheilt und von nassauischen Hergenrichtern beurtheilt würden, alle säßen zu lebenslänglicher Zuchtshausstrafe längst hinter Schloß und Riegel.

Sehen wir nun, wie sie mich bestraften, die guten Freunde und Verbündeten der Advocaten Braun und Lang, sehen wir aber vorher, welche Strafen das nassauische Strafgesetzbuch der Injurie und Verläumbung androht. Art. 299 sagt:

„Die Verläumbung wird bestraft 1) im Falle des Art. 297 (der oben citirt ist und auf mich angewendet wurde) mit Gefängniß oder mit Correctionshaus bis zu zwei Jahren; 2) im Falle des Art. 298 (wenn sie verübt wurde, „ohne daß die wissentlich falsche Eigenschaft der Beschuldigung erhellt") mit Gefängniß, oder mit Correctionshaus bis zu neun Monaten oder Geldbuße bis zu 300 fl.

---

1) Anmerk. „Wissentlich falsche Eigenschaft der Beschuldigung!" Juristensprache. Die Leute wollten sagen: wenn die Beschuldigung die Eigenschaft habe, wissentlich falsch vorgebracht worden zu sein. Daraus machen sie eine wissentlich falsche Eigenschaft. Man glaubt wahrhaftig, Redacteur Reißinger habe dieses Gesetz redigirt.

Bezüglich der Ehrenkränkung heißt es im nassauischen St.=G.=B.:

Art. 302. „Wenn die Ehrenkränkung für die Standesverhältnisse des Beleidigten, seinen Geschäftsbetrieb oder sein Fortkommen nach= theilige Folgen haben könnte, 2) wenn sie gegen Personen, denen der Beleidiger zu besonderer Achtung oder Ehrerbietung verpflichtet war, verübt wurde; 3) wenn die Beleidigung an einem öffentlichen Orte, oder vor einer Versammlung, oder vor der Obrigkeit geschehen ist; so wird auf Gefängniß oder Correctionshaus bis zu 6 Monaten oder Geldbuße bis zu 300 fl. erkannt.“

Art. 303. „Ist die Ehrenkränkung vermittelst bleibender Zeichen, sei es durch Druck, Lithographie, Schrift, oder auf sonstige Weise, je= doch unter dem wahren Namen des Beleidigers verbreitet oder ver= öffentlicht worden, so findet Gefängnißstrafe oder Geldbuße bis zu 150 fl. statt.

Treten einer oder mehrere der im vorhergehenden Artikel unter Nr. 1, 2 und 3 erwähnten Umstände hinzu, so kann auf Corrections= haus bis zu 6 Monaten oder auf Geldbuße bis zu 300 fl. erkannt werden.“

Man sieht also, das Strafgesetzbuch legt es vollständig in die richterliche Willkühr, die Verläumdung und Ehrenkränkung als leichtes Vergehen oder als schweres Verbrechen aufzu= fassen und dieselbe mit einer leichten Geldbuße oder leichtem Gefängniß oder aber mit mehrmonatlichem, ja mehrjährigem infamirendem Zwangsarbeitshaus (Correctionshaus) zu be= strafen, denn das Gesetz überläßt es vollständig der Willkühr des Richters, ob er annehmen will, die Anschuldigung sei wissentlich falsch gemacht, und die Ehrenkränkung hätte für die Standesverhältnisse und den Geschäftsbetrieb des Be= leidigten nachtheilig sein können. In Folge dessen, d. h. Kraft der Willkühr, welche das nassauische Strafgesetz dem Richter gestattet, konnten sie mich also mit einer mäßigen Geldbuße oder mit kurzem Gefängniß, sie konnten mich aber auch mit Zwangsarbeitshaus bestrafen, wie sie z. B. 2 Jahre früher den Redacteur des Advocatenblattes „Rhein=Lahnzeitung“, den Adam Trabert, der einen herzoglichen Amtmann, also eine Person, welcher „der Beleidiger zu besonderer Achtung oder Ehrerbietung verpflichtet“ war, in seinem Blatte, also mittelst der Presse, ohne alle Veranlassung, also doloser Weise, einen Esel geschimpft, also in den erschwerendsten Umständen injurirt hatte, zu einer Gefängnißstrafe von 4 Wochen ver= urtheilten, und ihn außerdem noch dem Staatsministerium zur

Begnadigung bringend empfahlen. Aber Abam Trabert war Redacteur des Fortschrittsblattes und im Dienste der Abvocaten Lang und Braun, ich aber war unabhängiger Redacteur eines Blattes, welches diese nämlichen Abvocaten Braun und Lang heftig bekämpfte und dessen Untergang durch die Verurtheilung seines Redacteurs zur Zwangsarbeit, jene eben so heftig begehrten, ich wurde deßhalb verurtheilt, nein nicht verurtheilt, sondern verwünscht zu Drei Monaten Corrections=, das ist: Zwangsarbeitshaus!!!

Ja, die Justizwuth war so heftig bei ihnen ausgebrochen, daß der Referent meines Prozesses, der Ehrenmann heißt v. Reichenau der Jüngere, Hergen= und Doppelneffe, sechs Monate Correctionshaus beantragte und sie auch durchgesetzt hätte, wenn nicht Assessor Bernhard opponirt und v. Reichenau der Aeltere, sowie v. Rößler einiger Maßen denselben unterstützt hätte.

Gegen dieses Urtheil appellirte ich, schon um Zeit zu gewinnen an die dritte Instanz. Die dritte richterliche Instanz für das gesammte Herzogthum wird gebildet durch den Oberappellationsgerichtsrath Ebbhardt, den Oberappellationsgerichtsrath Lautz und den Oberappellationsgerichtsrath Reichmann nebst diversen Nullen. Reichmann und Lautz sind Männer, die sich von andern Männern, die auf der Straße herumlaufen, im Allgemeinen durch nichts als durch den eingefleischtesten Oranismus und die damit verbundene Abvocatenliebe unterscheiden. Im Uebrigen ganz gewöhnliche Leute. Ebbhardt ist ein Mann, dessen Charakter aus folgender Geschichte beurtheilt werden mag.

Im Jahre 1851 gab der provisorische Vorstand des „Vereins für die evangelische Kirche im Herzogthum Nassau", zusammengesetzt aus nachfolgenden fünf Geistlichen: Pfr. Klein, Caplan Dr. Köster, Decan und Pfr. C. D. Vogel, Pfr. J. G. Wilhelmi und Pfr. Eibach, eine Schrift, betitelt: „ein Wort brüderlicher Mittheilung und Einladung an alle Evangelischen im Lande" heraus, in welcher der Verein seine Constituirung anzeigte und zum Beitritt einlud. Auf S. 11 dieser Schrift findet sich folgende Stelle: „Zu dieser Gefahr, welche unsrer Kirche vom Staat selber droht, kommt nun aber noch eine andere, gegen welche sie der alte Staat (vor

1848) wenigstens einigermaßen geschützt hat, der neue dagegen nicht mehr schützen kann. Das sind die gegen sie gerichteten Feindseligkeiten und Angriffe des Antichrist's, jenes nicht mehr blos ungläubigen, sondern mit Haß gegen Christum und sein Evangelium erfüllten und zur Verheerung und Vernichtung thätigen Haufens, der in unsrer Zeit so zahlreich ist und sein Werk mit einem Eifer, einer Frechheit, einer Macht und einer Tücke treibt, daß in der ganzen Geschichte seines Gleichen nicht gefunden wird. Man denke nur an das Treiben der sog. freien Gemeinden und ihrer Führer, an den Samen, der hie und da mit Wort und That selbst von Solchen ausgestreut wird, welche sich verpflichtet haben, die Lämmer und die Schaafe Christi zu weiden ꝛc."

Zu Wiesbaden befanden sich damals einige Individuen, welche viel Bier tranken, dabei nicht blos der politischen, sondern auch der religiösen Freiheit fröhnten und sich für eine "freie Gemeinde" ausgaben. Als die Anführer dieser vom Staat weder gekannten noch anerkannten "freien Gemeinde" obige Schrift und die citirte Stelle lasen, fühlten sie sich sogleich getroffen und klagten im Namen der "freien Gemeinde" wegen "Ehrenkränkung und Verläumbung" begangen durch die Presse von 27 nassauischen Pfarrern, welche den "evangelischen Verein" damals ausmachten. Die Klage gelangte an den Criminalsenat des Hofgerichts, welcher über die Zulässigkeit derselben zu erkennen und je nach Umständen die Angeklagten (damals noch) vor die Assisen zu verweisen hatte. In diesem Criminalsenat führte zu jener Zeit das große Wort unser Ebbhardt und unser Ebbhardt entschied, daß das Verbrechen der "Ehrenkränkung und Verläumbung" von 27 Pfarrern an der "freien Gemeinde" zu Wiesbaden verübt sei und diese 27 Pfarrer den Assisen zur Aburtheilung übermacht werden müssen, eine Entscheidung, welche der Verurtheilung ins Correctionshaus gleich kam, denn das Institut der Jury war damals noch so neu und ungewohnt, daß die braven zu Geschworenen avancirten und überdieß noch vom Jahr 1848 her sehr freisinnig und freigemeindlich gesinnten Philister es für Gewissenspflicht hielten, genau nach dem Antrage der Staatsbehörde zu urtheilen. Vergebens beriefen sich die Angeklagten darauf, daß die "freien Gemein-

ben" keine geschlossene Religionsgesellschaft bilden, da sie kein
Bekenntniß hätten, wie etwa die Deutschkatholiken; daß sie
ferner vom Staate gar nicht anerkannt seien; vergebens ließ
die „Berliner evangelische Kirchenzeitung" einen Schrei der
Entrüstung durch ganz Deutschland schallen über diese Scan=
dalklage und diese Scandalverfügung des Ebbhardt, wodurch
27 der geachtetsten Geistlichen (die meisten sind jetzt Kirchen=
räthe und Decane) wegen eines mehr als imaginären Ver=
brechens auf die Anklagebank ver= und der Verurtheilung
ins Correctionshaus überwiesen wurden, es war Alles ver=
gebens. Ebbhardt hatte gesprochen, Ebbhardt hielt die 27
Pfarrer reif fürs Correctionshaus und da Ebbhardt Jurist
war, so war Ebbhardt ein Gott und somit unfehlbar. Nun
begab es sich, daß noch vor Beginn der Assisen einer der
angeklagten Pfarrer zufällig mit dem Herzog selbst in Be=
rührung kam. Auf die freundliche Frage des letztern wie es
jenem gehe, erwiderte der Pfarrer ganz ruhig: „Ins Cor=
rectionshaus geht es Hoheit!" „Wie so?" fragte der Herzog
erstaunt. Nun erzählte ihm der Pfarrer den Sachverhalt,
und wenige Tage nachher flog dieser Criminalsenat nach allen
Richtungen der Windrose auseinander. Ebbhardt selbst flog
auf eine Bezirksstelle in den Westerwald („wo auch Menschen
wohnen") und vom neuen Criminalsenat wurde die Klage
abgewiesen, weil kein vom Staate anerkanntes Rechtssubjekt
beleidigt worden, somit Kläger zur Anstellung der Klage gar
nicht berechtigt seien. Abermals ein Beweis davon, was
Justiz ist.

Ich habe mir bezüglich dieses Falles namentlich über die
Motive den Kopf zerbrochen, welche den Ebbhardt zu dieser
geradezu wahnwitzigen Entscheidung verführten, konnte aber
nie klar darüber werden. War es gewohnheitsmäßige Jus=
wuth, war es die Wollust, in Form „Rechtens" eine Bru=
talität ausüben und den Meister spielen zu können, war es
der Kitzel, den Gottesgelehrten die Ueberlegenheit der juristi=
schen über die theologische Facultät ad hominem zu beweisen,
war es politische und religiöse Sympathie für jene, welche die
„freie Gemeinde" bildeten? welches Motiv bestimmte den
Ebbhardt dafür zu sorgen, daß 27 fromme Pfarrer Wolle
kümmen müssen, während er als Gott der Gerechtigkeit er=
haben im Criminalsenate zu Wiesbaden throne, zu richten

10*

alle diejenigen, die in seine Criminalkrallen fielen. Ich ver=
mag diese Fragen heute noch nicht anders zu beantworten,
als daß ich wiederhole: Ebbhardt war damals ein Mitglied
des Wiesbadner Hofgerichts und dieses ist, wie aus dem
vorhin angeführten, gegen mich ausgestoßenen „Urtheil" er=
sichtlich, in Beziehung auf Gründe und Vernunftthätigkeit
eine incommensurable Potenz.

Leider flog der Ebbhardt bald wieder aus dem Wester=
wald zurück und aufs neue in das Obergericht hinein, wie
denn bis etwa vor einem Jahre das Avancement der Staats=
diener in Nassau desto schneller von Statten ging, je größeren
politischen Unfug sie stifteten. Wenn man die Personalakten
in dieser Beziehung durchstöbert, wird man finden, daß gerade
diejenigen öffentlichen Diener, die am öftesten gemaßregelt
werden mußten, die besten Carrieren machten. Vide den
ehemaligen Winkeladvocaten Hehner.

Ebbhardt war also wieder im Oberappellationsgericht zur
Zeit, als meine Appellation dort eingereicht wurde und erließ
im Verein mit dem Reichmann, dem Lautz u. s. w., folgen=
des Urtheil:

Ad Num. O. A. G. 365.

„Urtheil.

In der Untersuchung gegen den Redacteur der Neuen Wiesbadener
Zeitung Christian Gottlieb Abt zu Wiesbaden,
wegen Verläumdung und Ehrenkränkung,
erkennen Wir zum Herzoglich Nassauischen Oberappellationsgericht ver=
ordnete Direktor und Räthe auf die Appellation des Angeschuldigten
zu Recht:
daß das Urtheil des Herzoglichen Hof= und Ap=
pellationsgerichts vom 13. Febr. 1863 ad Num.
1523 zu bestätigen sei, mit Verurtheilung des
Angeschuldigten in die Kosten der hiesigen In=
stanz, wovon die Stempeltaxen mit Ausnahme der durch
das Dekret vom 3. dieses Monats ad Num. 296 bereits über=
tragenen 16 fl. 21 kr. betragen.
V. R. W.

Wiesbaden, den 27. März 1863.
(L. S.)   (gez.) v. Löw." [1]

1) v. Löw ist ein sehr musikalischer, sehr für Gemälde und derglei=
chen Nippsachen eingenommener und sehr alter Mann, der unter die
Bestätigungen Ebbhardts, Reichmanns und des Lautz seinen Namen als
Director zu schreiben pflegt.

Man sieht, die Herren Ebbhardt, Reichmann und Lauß waren sehr kurz angebunden. Mit welcher Gewissenhaftig= keit und Gründlichkeit sie die Gründe der Hergenrichter und meine Vertheidigungsschrift prüften und mit welcher Virtuo= sität sie zu „bestätigen" wußten!

Bezüglich dieser „Urtheile" muß ich mir vor Allem jetzt eine Erleichterung verschaffen. Die Freunde Brauns gerirten sich als meine „Richter" und benützten die ihnen anvertraute Gewalt hauptsächlich auch dazu, daß sie mich durch Anwün= schung von Nachtheilen abhalten wollten, Mißliebiges über ihre Advocaten im Allgemeinen und Brück und Braun und Lang und Blech und Raht im Besondern zu veröffentlichen. Sie verboten mir in ihren „Urtheilen", zu sagen was ich sagte und pflanzten sich damit als höhere Gewalt vor mir auf. Gerade deßhalb und ihnen zum Troß, behaupte ich nun „geflissentlich", „fortgesetzt", „wissentlich wahr": Der Brück hat auf Grund einer Scheincession und mit Hilfe eines Stroh= mannes um 17 fl. 26 kr. und im Ganzen 19 fl. Kosten aus meinem Beutel herausschneiden zu können, eine Forderungs= klage auf Bezahlung von 16 fl. 42 kr., die am Tage der Einreichung der Klage bereits bezahlt waren, gegen mich ein= gereicht. Ich behaupte ferner: es ist dies ein verderblicher Unfug, und Brück, als ein Advocat, der ohne Rücksicht auf seine Standesehre so chikanöse Prozesse führt, dem Publicum in dieser Weise an den Beutel geht und es so ausbeutet, würde in England in keiner Gesellschaft von Gentlemen ge= duldet, könnte noch weniger einem Verein von Gentlemen präsidiren. Ich behaupte ferner: der Brück ist nicht nur ein ruhmwedelnder, sondern auch ein Kuh=, ein Schaaf=, ein Pferde=, ein Ochsenwedelnder Rechtsgelehrter. Ich behaupte ferner, nicht ein Bauer kam zu Brück, sondern 6 Bauern kamen zu ihm, warfen ihm 6 Ferkel vor die Füße und sprachen alle sechs: „da stechen Sie diese Herr Doctor!"

Ferner behaupte ich den Hergenrichtern zum Troß: der E. Adelmann hat nicht nur Manches, sondern noch viel mehr als Manches zu verantworten, was er nicht verantworten kann. Er wurde beim Nachhausegehen nicht blos in eine, sondern in sechs Schlägereien zugleich verwickelt und es wurde ihm dabei nicht nur die Nase zer=, sondern es wurden ihm auch die Zähne eingeschlagen. In Homburg sprengte er mit Lammers und mit Kruse die Bank nicht blos einmal, sondern zweimal und führte mit beiden nicht blos einen indianischen, sondern auch einen Kaffern-Kriegstanz auf. Endlich behaupte ich, dem C. Abelmann ist nicht nur eine Wanze, sondern auch eine Laus in die Nase gekrochen. Beide Thiere haben sich darin angesiedelt, häuslich eingerichtet und als Bastard einen kleinen Lausewänzel erzeugt, welcher später jus studirte und sich dann in Wiesbaden als Ferkelstecher niederließ, um auf Grund von Scheincessionen Forderungsklagen im Betrag von 16 fl. 42 kr. zu betreiben und bei dieser Gelegenheit Kosten im Betrag von 19 fl. aus den Beuteln zu schneiden.

So, dieß behaupte ich, nur um Euch zu beweisen, daß ich mir von Euch nichts ge- und verbieten, daß ich mich durch Gewaltthätigkeit nicht unterdrücken lassen und daß ich selbst im Kampfe mit Hergenrichtern stets Recht behalten muß.

Gehen wir jetzt weiter. Die Hergenrichter haben gegen mich „Urtheile" erlassen, welche einen Angriff auf meine Freiheit enthielten. Angriffen jeder Art gegenüber halte ich am Grundsatz der Repressalie fest: Aug um Aug und Zahn um Zahn, also Urtheil gegen Urtheil; ich werde deßhalb auch Urtheile publiciren und zwar zunächst ein Urtheil des Stadtgerichts zu Frankfurt. In dieser freien Stadt Frankfurt existirte nämlich vor einigen Jahren die von Max Wirth redigirte Handelszeitung, welche sich seither in die Löblich Sonnemannsche Neue Frankfurter Zeitung verwandelt hat. Diese Handelszeitung veröffentlichte einst einen Artikel, in welchem dem Hergenhahn, sage nochmals Hergenhahn, und zwar dem Hofgerichtsdirector Hergenhahn, Brauns intimem Freund, in welchem also dem Hergenhahn und Genossen, als Verwaltungsrath einer Eisenbahn der Vorwurf gemacht wurde, er habe durch Unwahrheiten das Publicum in grober Weise getäuscht, um dasselbe zur Zeichnung von Aktien zu „verlocken." Natürlich fühlte sich Hergenhahn an seiner Ehre verletzt und reichte beim Stadtgerichte zu Frankfurt a. M. eine Klage gegen Max Wirth wegen Ehrenkränkung und Verläumbung ein. Auf diese Klage fällte das Stadtgericht besagter freien Stadt Frankfurt ein Urtheil, auch ein Urtheil und dieses Urtheil lautete folgendermaßen:

Oeffentliche Sitzung des Stadtgerichts als Zuchtpolizei= gericht der freien Stadt Frankfurt den 28. April 1857,
wobei zugegen

Herr Stadtgerichtsrath Dr. Schmidt, als Vorsitzender,
„   „   Mettenius,
„   „   Eckhardt,
Der Secretär   Dr. Fabricius.

Nachdem in der öffentlichen Sitzung vom 18. dieses Monats in Gegen=
wart der sämmtlichen Vorstehenden der Anwalt der Kläger den Gegen=
stand der Klage vorgetragen, die Beweisaufnahme stattgefunden, der
Anwalt der Kläger die Klage und seinen Antrag begründete, der Anwalt
des Beklagten, des Redacteurs der Handelszeitung, Max Wirth von Hof,
35 Jahre alt, mit seiner Erklärung und Begründung seiner Anträge
gehört und die Urtheilsverkündigung auf heutige öffentliche Sitzung ver=
tagt worden;
Nach stattgehabter Berathung
I. in Verwahrung des Beklagten gegen die von Seiten des Klägers in
der Sitzung überreichten Urkunden betreffend:
In Erwägung:
daß eine solche Ueberreichung nach Analogie des Art. 277, §. 2 des
Strafverfahrens an sich nicht zu beanstanden ist, auch eine Be=
schränkung der Vertheidigung durch die erst in der Sitzung erfolgte
Kenntnißnahme der fraglichen Urkunden ab Seiten des Beklagten
thatsächlich nicht stattgefunden hat und ein Antrag auf Verlegung der
Verhandlung von dem Beklagten überdieß nicht erhoben worden ist,
so hat die eingelegte Verwahrung auf sich zu beruhen.
II. Die Sache selbst anlangend.
In Erwägung:
daß die Kläger ihre Klage darauf gründen, daß Beklagter in Nr. 18
vom 11. Dec. 1856 der von ihm redigirten Handelszeitung in dem
„Die nassauischen Eisenbahnen" überschriebenen Artikel sich der Ver=
läumdung und Ehrenkränkung der Kläger schuldig gemacht.
In Erwägung:
daß dieser Artikel sich als eine öffentliche Besprechung des von den
Klägern beabsichtigten Eisenbahnunternehmens, insbesondere als eine
Kritik des von ihnen im „Journal des Debats" unter dem 25. Nov.
1856 erlassenen Aufrufs zur Betheiligung an diesem Unternehmen
darstellt.
In Erwägung:
daß eine kritische Besprechung eines derartigen an die Oeffentlichkeit
getretenen, auf Privatspeculation beruhenden Unternehmens, auch
wenn sie demselben ungünstig ist und das Publikum davon abmahnt,
namentlich einer der Erörterung über Handels= und Aktienunter=
nehmungen gewidmeten Zeitung, unbenommen sein muß.
In Erwägung:
daß jedoch der Beklagte, wenn er bei dieser Besprechung des frag=
lichen Unternehmens den derzeitigen Verwaltungsrath der Gesellschaft

wissentlich falsch einer bestimmten unsittlichen Handlung beschuldigt
hätte, welche, wenn sie wahr wäre, denselben in der öffentlichen Mei=
nung herabsetzen würde, den einzelnen Mitgliedern dieses Verwal=
tungsraths nach Art. 304 des Strafgesetzbuchs wegen des Vergehens
der Verläumbung haftbar wäre.

In Erwägung:
daß in dem Vorwurfe einer versuchten groben Täuschung
des Publikums, wie er in der fraglichen Nummer der „Handels=
zeitung" dem Verwaltungsrathe in Bezug auf den im „Journal
des Debats" am 25. Nov. 1856 erschienenen Aufruf des Verwal=
tungsraths unter dem Anführen einzelner Thatsachen gemacht wird,
allerdings die Beschuldigung einer bestimmten unsitt=
lichen Handlung im Sinne des Gesetzes gefunden werden muß.

In Erwägung jedoch:
daß der fragliche Aufruf allerdings Unrichtigkeiten
und Zweideutigkeiten enthält, welche geeignet waren,
das betreffende Eisenbahnunternehmen in den Augen
eines mit den Verhältnissen nicht vertrauten Publi=
kums zu heben, in günstigerem Lichte darzustellen und
zur Betheiligung an demselben anzulocken [1]), wohin vor=
nehmlich zu zählen ist

1) daß Mitglieder des Verwaltungsraths unter am Orte der
Veröffentlichung in besonderer Geltung stehenden Titeln aufgeführt
sind, die ihnen, wie die stattgefundene Verhandlung ergab, nicht zu=
kommen, wie Herr v. Rößler nicht Staatsrath (conseiller d'état),
auch nicht Verwalter der herzogl. Bank von Nassau (administrateur
de la banque ducale de Nassau), sondern Regierungsrath und
Mitglied der Verwaltung der Landesbank, Herr Dr. Großmann nicht
herzoglicher Anwalt (procureur ducale), sondern Oberappellations=
procurator ist;

2) daß der Aufruf sagt, um die Rheineisenbahn bis Köln aus=
zubauen, sei nur eine Linie, von Koblenz bis zur Grenze von Nassau,
gegenüber (en face) Koblenz, zu bauen übrig, während von dem
Endpunkte der nassauischen Eisenbahn keineswegs gesagt werden
könne, daß er Koblenz gegenüber liege, wie denn auch, um die Ver=
bindung mit Köln herzustellen, jedenfalls für die Strecke von der
nassauischen Grenze bis Koblenz, die selbst bis heute nicht ertheilte
Concession der kgl. preuß. Regierung erforderlich ist, somit eine höchst
wesentliche Unterbrechung der Rheinbahn vorliegt;

3) daß der Aufruf anführt, zwei Drittel des Gesellschaftskapitals
sind geliefert (sont fournis) in herzogl. nassauischen Obligationen,
welche 4 Procent garantirte Zinsen tragen, während, wie durch die
vorgelegten Actenstücke dargethan ist, keineswegs herzogl. nassauische
d. h. Staats=Obligationen, sondern nur Prioritäts=Obligationen der
Gesellschaft, d. h. Privat=Obligationen, für deren Zinsen vom

---

1) „Anzulocken" heißt es. Vater Hergenhahn wollte also das Pu=
blikum „anlocken", der Hahn wurde zum Lockvogel.

Staate auf 50 Jahre Garantie geleistet wird, ausgegeben werden sollten;

4) daß der Aufruf die Zinsengarantie als eine unbedingte er= scheinen läßt, während nach positio II des in dem Aufruf in Bezug genommenen Beschlusses der Ständekammer vom 16. August 1856 die Zinsengarantie von Bedingungen, insbesondere von der Leistung einer spätestens am 1. December 1856 zu hinterlegenden baaren Caution von Einer Million Gulden abhängig gemacht war, eine Bedingung, der, wie sich insbesondere aus den Zeugenaussagen er= gab, weder zur Zeit des Aufrufs im „Journal des Debats", noch zur Zeit des Erscheinens des incriminirten Artikels in der Handels= zeitung nachgekommen war.

In Erwägung:

daß die angeführten Punkte genügen, um die Meinung zu begrün= den, es sei durch den fraglichen Aufruf eine Täuschung des Publi= kums versucht worden, daß somit der Beklagte Grund hatte, solches für wahr zu halten und dem Publikum gegenüber auszusprechen und es hienach von einer wissentlich falschen Beschuldigung gegen die Kläger, wie solche zum Thatbestand der Verläumbung nach Art. 304 des St.=G.=B. erforderlich ist, nicht die Rede sein könne, daher es denn auch auf die übrigen in dem fraglichen Artikel der „Handels= zeitung" enthaltenen thatsächlichen Anführungen, auch wenn sich ein= zelne derselben als unrichtig ergeben haben, nicht wieder ankommt.

In Erwägung:

daß in dem fraglichen Artikel ebensowenig der Thatbestand der Ehrenkränkung im Sinne des Art. 308 des St.=G.=B. gefunden werden kann, wie auch eine solche von den Klägern nicht näher be= gründet worden ist.

In Erwägung:

daß bei dieser Sachlage das Vorbringen des Beklagten, daß die er= hobene Klage jedenfalls durch Aufnahme des Inserats in Nr. 122 der Handelszeitung als durch Vergleich erledigt anzusehen sei, nicht weiter in Betracht zu ziehen ist.

In Erwägung:

daß es bei der erfolgenden Freisprechung des Angeklagten nach Art. 3 und 4 des Einführungsgesetzes vom 10. Sept. 1856 auf die Zeit des Erscheinens des incriminirten Artikels gültig gewesene Straf= rechts=Normen nicht ankommt.

A. D. G.

wird der Beklagte unter Abweisung der Kläger mit ihrer Klage und Verurtheilung derselben in die Kosten, von der Beschuldigung der gegen die Kläger durch die Presse verübten Verläumbung und Ehrenkränkung freigesprochen.

Also geurtheilt und verkündigt in öffentlicher Sitzung des Stadtgerichts als Zuchtpolizeigericht der freien Stadt Frankfurt den 28. April 1857.

(gez.) Dr. Schmidt. Dr. Mettenius. Dr. Eckhard.

gez. Dr. Fabricius,

(L. S.)   für die Abschrift: Humser.

Ein schönes Urtheil! Ein herrliches Urtheil! Ein weises Urtheil! Ein mir große Freude bereitendes Urtheil! Solche Urtheile hättet Ihr auch in Wiesbaden fällen sollen! Ge= liebte „Richter"! Sehet, in diesem Urtheil des Frankfurter Stadtgerichts sind sämmtliche Thatsachen, die ihm zur Grund= lage dienen, genau angeführt und reiflich erwogen und in den Entscheidungsgründen offen vor Augen gelegt. Ihr aber, Hergenrichter von Wiesbaden, behauptet in Eurem „Urtheil" nur so darauf los: es müsse das Verbrechen der Verläum= dung angenommen werden, es müsse angenommen werden, daß die incriminirten Behauptungen wissentlich falsch gemacht worden seien. Ihr sprecht nur so im Allgemeinen von dem „Ergebniß der Untersuchung", aus welchem mein dolus ersichtlich sei, ferner von einem Briefe, in welchem die Sach= lage dargestellt sein soll, ohne daß Ihr anführt, worin diese Darstellung bestanden, Ihr schlüpft über alle diese Vorwände und Scheingründe hinweg wie Einer, der ein böses Gewissen hat und sich auf Beweisführungen nicht einlassen kann. Lernt doch, Ihr Hergenrichter, an diesem Urtheile des Frankfurter Stadtgerichts, wie man überhaupt gerichtliche Urtheile abfaßt und wodurch sich wohlbegründete gerichtliche Urtheile von gerichtlichen Verwünschungen, Correctionshausdecretirungen und Rechtsmeucheleien unterscheiden.

Uebrigens möchte ich das Gesicht Vater Hergenhahns ge= sehen haben, als ihm dieses Urtheil bekannt wurde. „Wäre ich doch," wird er ausgerufen haben, wie jener heidnische Frankenkönig, dem die Missionäre die Kreuzigung Christi erzählten, „ja, wäre ich mit meinen Hergenräthen dagewesen, wie würden wir den Max Wirth zugerichtet haben!" Max Wirth wäre dann allerdings zu mehreren Monaten Correc= tionshaus verurtheilt worden, denn die Hergenräthe wären um Gründe nicht verlegen gewesen und hätten mit merkwür= diger Geläufigkeit in den Tag hinein behauptet, „es müsse der Thatbestand des Verbrechens der Verläumdung in dem Artikel der Handelszeitung gefunden werden, da darin der Hofge= richtsdirector Hergenhahn und Genossen der bestimmten un= sittlichen Handlung beschuldigt seien, sie haben, um das Pub= likum zur Betheiligung an dem Eisenbahnunternehmen „an= zulocken" (diese Lockvögel!), falsche Nachrichten über den Stand dieses Unternehmens verbreitet, das Publicum also grob getäuscht, welche Handlungsweise, wenn sie wahr wäre, den Hofgerichtsrath Hergenhahn und Genossen in der öffentlichen und seiner Standesgenossen Meinung verächtlich machen und herabsetzen würde, daran aber, daß diese Anschuldigung wissentlich falsch geschah, nach dem Ergebniß der Untersuchung nicht gezweifelt werden könne."

Auf solche Entscheidungsgründe hin wäre Max Wirth unfehlbar verurtheilt worden, denn wie man sieht, passen solche Gemeinplätze auf jeden Fall und können nach Belieben angewendet werden, so oft Hergenrichter sich entschlossen haben, einen Redacteur unschädlich zu machen.

Daß übrigens das Stadtgericht zu Frankfurt ganz richtig geurtheilt, sollte Vater Hergenhahn noch viel schmerzlicher empfinden. Er appellirte nämlich an das Appellationsgericht und als dieses, nicht zusammengesetzt aus Ebbhärdten, Läußen und Reichmännern, in noch schärferen Ausdrücken das Verfahren Hergenhahns verurtheilte und Max Wirth noch glänzender freisprach, appellirte er an das Spruchcollegium der Juristenfacultät zu Tübingen und erlebte den Verdruß, daß diese Instanz noch viel schärfer als die Frankfurter Gerichte sein Verfahren beurtheilten und Max Wirth noch glänzender freisprachen [1].

Die Frage, ob ein Mann, dem ungestraft öffentlich vorgeworfen werden darf, er habe durch grobe Täuschung des Publicums dieses zur Betheiligung an einem Eisenbahnunternehmen verlocken wollen, ob ein Mann, der sich in zweifelhafte Actienunternehmungen einläßt, ob ein solcher Mann als Director einem Obergerichte vorstehen konnte und wie beschaffen die Justiz gewesen sein möge, welche dieser mit dem Hofgerichtsadvocaten Braun so enge verbündete Director bewerkstelligt hat, diese Frage überlasse ich meinen Lesern zu beantworten, namentlich wenn sie die Lectüre dieser Schrift beendigt haben werden.

Ich will jetzt noch ein Urtheil anführen und zwar ein Urtheil des hofgerichtlichen Civilsenats zu Wiesbaden.

---

1) Merkt Euch also: in Frankfurt appellirt man vom Stadtgericht ans Appellationsgericht und von diesem an das Spruchcollegium einer Juristenfacultät.

Zu Hochheim am Main, wo der ber
wächst, befindet sich eine Schaumweinfabr
trieben von den Herren Burgeff und Sch
dem die beiden Gesellschafter längere Zei
gabe fabricirt und zum Lohne für ihre n
mühungen, der Menschheit das Leben s
versüßen, gute Geschä te gemacht hatten, s
schluß, sich zu trennen. Sie kamen übe
unter sich in der Art zu versteigern, daß b
Gebot mache, dasselbe verbleiben, währe
bestimmte Geldsumme erhalten solle. H
besonderer Vertrag aufgesetzt und zwar vo
seimtesten Juristen des Landes, von dem „
der mit juristischer Finesse alle Thüren un
schloß, wodurch später irgend ein Einwa
griff auf die Gültigkeit des Pacts hätte
Nichtsdestoweniger fing der ausgetretene Ges
hardt geraume Zeit nach Abwickelung des (
geff, dem die Fabrik verblieben, einen P
unter dem Vorwand, er habe sich bei Abs
trags geirrt. Schweickhardt gebrauchte zu
den Advocaten Braun als Vertheidige
gewann richtig auf jene Einrede hin den A
geff verurtheilt wurde, an seinen ehemal
nachträglich noch 60,000 fl. Entschädigung
Daß sich Braun außer seinen gesetzlichen E
Prozeßführern stets noch bedeutende „A
dingte, werden wir später erfahren.

Aber ich habe noch ein schönes „Urthei
Justiz mitzutheilen!

Vor noch nicht sehr langer Zeit gerieth
— Schuster aus Wiesbaden wegen mit e
der Artillerie unterhaltenen hinderlichen Ve
minaluntersuchung. Diese Untersuchung w
einem genau unterrichteten Manne mitg
„schön“ durchgeführt, daß sämmtliche Au
schuldigten durch Thatsachen widerlegt wer
Angeschuldigte wird deßhalb auch vom H
Instanz zu 4 Jahren Correctionsha

Nun appellirt der Verurtheilte, der den Advocaten Braun zum Vertheidiger angenommen, an das Oberappellationsgericht. Jedermann erwartet Bestätigung des erstinstanzlichen Urtheils. Braun selbst, nachdem er von den Acten Einsicht genommen, räth seinem Clienten Anfangs zur Flucht, führt aber die Appellation aus und das Appellationsgericht, ohne im Geringsten das erstinstanzliche Urtheil zu bestätigen, spricht den Angeklagten frei[1]). Seht! sage ich abermals, so verschieden sind die Ansichten der Juristen über das, was Recht ist und Unrecht, daß ein Collegium von Richtern in demselben Fall 4 Jahre Zwangsarbeitshaus erkennt, in welchem die Appellationsinstanz freispricht. Aber Braun ist ein geschickter Advocat!

Da der Inhaber podicis delicti als Artillerist dem Militärgerichte unterworfen war, gingen die Acten an dieses und nachdem das Generalauditorat ausdrücklich rescribirt hatte, daß das Auditorat sich nicht im Geringsten um das Urtheil des Appellationshofes zu kümmern, sondern den Fall nach seinen eigenen Erhebungen und der actenmäßigen Sachlage nach zu prüfen habe, wurde der Soldat als Gehülfe und Theilnehmer an demselben Verbrechen, in Beziehung auf welches der den bürgerlichen Gerichten unterworfene Verführer und Urheber freigesprochen wurde, zu mehrjähriger Correctionshausstrafe verurtheilt. Selbstverständlich hatte der Soldat den Advocaten Braun nicht zum Anwalt.

So endete mein erster Hexenprozeß, der alle Merkmale der vulgären bis ins letzte Viertel des vorigen Jahrhunderts von den Gerichten betriebenen Hexenprozesse an sich trägt.

Welche Stimmung in den mich verurtheilenden Kreisen herrschte, ist endlich noch klar ersichtlich aus der Behandlung, welche neben dem Urtheil herlief.

Ich wurde eines Tages zur Publicirung des erstinstanzlich Spruchs vorgeladen auf Nachmittags drei Uhr vor das herzogl. Justizamt zu Wiesbaden. Da ich wußte, daß ich

---

1) Als mein Gewährsmann, ein nassauischer Jurist, mir den Fall erzählte, konnte er sich einer Geberde der Verachtung und des Ausrufs: „Unsere Oberappellationsgerichtsräthe sind eben alte E —", keineswegs enthalten und ich fühlte mich nicht veranlaßt, ihm zu widersprechen.

zu drei Monaten Correctionshaus verurtheilt sei und sofort
nach Verkündigung des Spruches in Haft genommen werden
solle, obgleich mir die Appellationsinstanz noch offen stand,
so begab ich mich, es war Samstag, schon Nachmittags 12½
Uhr in das Gerichtsgebäude, um anzufragen, ob es nicht
möglich sei, mir das Urtheil erst am Montag zu eröffnen,
für den Fall nämlich, daß ich verurtheilt sei, mittelst einer
Caution mich von der Haft befreien möchte und etwa am
nämlichen Tage noch meinen Anwalt nicht treffe, der die
Caution zu besorgen habe. Guten Muthes begab ich mich
also in das Gerichtsgebäude und trug diese Anfrage dem vor
wenigen Tagen erst ins Amt getretenen Assessor Hergen-Reim
vor, welchem eine so traurige Rolle in meinen Hexenprozessen
zu spielen noch vorbehalten war.

Hergen-Reim erwiederte: Sie sind zwar erst auf Nachmittag drei Uhr vorgeladen, da Sie aber jetzt schon erscheinen,
verkündigen wir Ihnen jetzt schon das Urtheil und, sügte er,
nachdem dieses verkündigt war, bei, nehmen Sie jetzt schon
auf Befehl des Hof- und Hergengerichts in Haft. Sprach's
und führte mich in's Gefängniß ab, wo ich bis zum Montag
verbleiben mußte, bis es meinem Anwalt gelungen war, meine
Freilassung gegen eine Caution von fünfhundert Gulden
beim Hof- und Hergengericht zu erwirken. Ein und ein
halbes Jahr zuvor war der Redacteur des Fortschrittsblattes
„Rhein-Lahnzeitung", der enthüllte A. Trabert, ebenfalls zu
2 Monaten Correctionshaus verurtheilt worden. In Beziehung auf diesen, das Schooßkind Brauns, welcher wieder
ein Schooßkind der Hergenhähne war, hatte aber Hergenhahns Hofgericht die Vorsicht gebraucht, mit dem Urtheil zugleich ein Rescript an das Justizamt abgehen zu lassen und
dieses darin zur Annahme einer Caution und zur Festsetzung
des Betrages derselben zu ermächtigen. Durch diese väter-
liche Vorsichtsmaßregel ersparte das Hergengericht dem Schooß-
kinde seines Schooßkindes die Verhaftung. Das Justizamt
setzt sofort die von Seiten des A. Trabert zu leistende Caution auf etwa 120 fl. fest und A. Trabert blieb auf freien
Redacteursfüßen.

Nicht mit derselben väterlichen Zärtlichkeit wurde ich behandelt, denn ich redigirte keine Fortschrittszeitung, bekämpft

im Gegentheil die Fortschreiter. Einmal nämlich wurde das gegen mich geschleuderte Urtheil zur Verkündigung absichtlich an einem Samstag an das Justizamt abgeschickt, sodann wurde das Justizamt zur Annahme und Bestimmung einer Caution nicht ermächtigt; da nun Hergenhahns Hofgericht am Sonntag keine Sitzung hielt und ich seinem Befehle gemäß sofort verhaftet wurde, so war wenigstens so viel erreicht, daß ich während des Sonntags verhaftet blieb und daß in der Stadt ausgesprengt werden konnte, der Redacteur der „N. Wiesb. Ztg." ist verhaftet worden wegen großer Injurirung und Verläumdung des kleinen Brück, und schließlich setzte das Hergengericht die von mir zu stellende Caution auf 500 fl., sage auf 500 enorme Gulden fest, in der stillen Erwartung, ich werde diese Summe nicht zur Verfügung haben.

In Nassau wußte man also, wie man sieht, die zum Rechtsschutze der Staatsangehörigen anvertraute Gewalt von Seiten des Hergengerichts recht wohl zu benützen, um nach Links mit väterlich besorgter Zärtlichkeit das Sammtpfötchen zu reichen, nach Rechts aber die scharf gespitzten Krallen oder Hahnensporen einzuhacken. Das Publikum sagt in dieser Beziehung, das Recht habe eine wächserne Nase, die sich drehen und wenden lasse und sich auch, lüge ich hinzu, immer nach der Seite wendet, wo die Tabaksdose steht.

Es begaben sich aber noch merkwürdigere Dinge im Gefolge dieses ersten Hexenprozesses, wie im folgenden Abschnitt erzählt werden soll.

VI. Capitel.

Die Advocaten mischen sich in die Justiz ein, eilen den Hergenrichtern zu Hilfe und schleppen Holz zum Scheiterhaufen herbei, auf welchem der Hexenmeister verbrannt werden soll.

Ihr habt das Recht gesittet Pfui! zu sagen.

Göthe.

Das auf mich abgeschossene „Urtheil" hatte in Wiesbaden in allen Kreisen das höchste Erstaunen, in den meisten die tiefste Entrüstung hervorgerufen.

„Wie würden Sie denn geurtheilt haben, Herr Präsident! wenn Abt den Procurator Brück nun gar geprügelt hätte[1])?" fragte mein Anwalt den alten Präsidenten des Criminalsenats v. Reichenau und erhielt darauf zur Antwort ein Achselzucken, das etwa besagen wollte, gegen Hergenhehners und meines Hergenneffen Anbringen war nicht aufzukommen. Im Uebrigen, was liegt mir daran, ob ein Redacteur mehr oder weniger in „Form Rechtens" in's Correctionshaus verwünscht wird.

In einer Gesellschaft der höheren Kreise Wiesbadens richtete einige Tage nach Veröffentlichung des Urtheils ein Kirchenrath an Herrn v. Löw, den Präsidenten der Ebbhardt-Lautz-Reichmann'schen Bestätigungsanstalt, ernsthafte Bemerkungen, indem er meinte, ein solches Urtheil lasse sich doch kaum rechtfertigen und sei ja ganz entsetzlich. Herr v. Löw aber erwiderte: im Gegentheil, das Urtheil sei ganz gesetzlich und fuhr fort ein Gemälde zu bewundern und zugleich eine Arie aus einer Oper zu pfeifen.

Eines der Mitglieder des Justizamts äußerte in einem öffentlichen Lokale: „Wir beantragen immer das möglichst härteste Strafmaaß" und verlangten deßhalb 2 Monate Correctionshaus, erwarteten aber etwa 6 Wochen Gefängniß und und nun kommt das Hofgericht und erkennt auf drei Monate Correctionshaus! Ein Mitglied des Hofgerichts selbst äußerte: das Urtheil ist bezüglich des Strafmaaßes so enorm und auffallend hoch gegriffen, daß Abt sich mit Recht dagegen beschweren kann. Aehnlich wurde dieses „Urtheil" in allen Kreisen beurtheilt.

Diesem Rumor mußte vorgebeugt, der öffentlichen Meinung mußte die Ansicht beigebracht werden, daß die mir zugestoßene Strafe ganz gerecht sei und zu meinem Verbrechen im richtigen Verhältniß stehe, diese Verbrechen mußten deßhalb dem Publikum gegenüber im schwärzesten Lichte dargestellt, in's Ungeheuerliche aufgebläht, aufgeschwellt und übertrieben und zugleich die andern noch in petto gehaltenen Maßregeln eingeleitet werden.

Kurz, es war bringend geboten, den Hergenrichtern, nachdem sie ihren Streich gegen mich geführt, in der Presse bei-

---

1) Verdient hätte er es.

zuspringen, und zu diesem Zweck hatten ja die Advocaten ihren „Rh. Kurier". In Nr. 41 vom 18. Februar erschien deßhalb, nachdem das Fortschrittsblatt lange geschwiegen, aus der Feder des Herrn Braun folgender Artikel:

„Die Redaction der „Neuen Wiesbadener Zeitung" vor den Gerichten.
* Wiesbaden, 16. Febr.

Nachdem Herr Abt, der Redacteur der hier erscheinenden „Neuen Wiesbadener Zeitung", des von dem „großdeutschen Reformverein" in Nassau gewählten Organs, vor Kurzem aus der Wechselhaft durch die Bürgschaft eines hiesigen Banquiers befreit worden war, ist er gestern aufs Neue verhaftet worden und zwar diesmal in Strafsachen. Auf Klage des Herrn Dr. Brück von hier und des Herrn C. Abel= mann von Frankfurt und auf Grund einer deßhalb gegen Hrn. Abt eingeleiteten Untersuchung, hat das hiesige Hofgericht denselben wegen Beleidigungen zu einer Correctionshausstrafe von drei Monaten verurtheilt und zur Sicherung des Strafvollzugs die sofortige Ver= haftung angeordnet. Herr Abt hat Appellation gegen das hofgericht= liche Erkenntniß eingelegt.

Bei dieser Gelegenheit müssen wir eine kurze Erklärung abgeben über unsere Beziehungen zu der „Neuen Wiesbadener Zeitung". Die= selbe hat unter der Redaction des Herrn Abt einen Ton angeschlagen, der bis jetzt seines Gleichen in der deutschen Presse kaum, in Nassau aber sicher nicht gefunden hat. Die gröbsten Schimpfreden und per= sönlichen Beleidigungen bildeten und bilden noch heute den alltäglichen stehenden Inhalt sogar der Leitartikel des Blattes, und sie schlugen zuletzt in förmlicher Wuth in Aeußerungen über, die nicht nur das verletzten, was die gute Sitte vorschreibt, sondern die auch nach dem Strafgesetzbuch mit schweren Strafen bedroht sind. Der= artige Angriffe sind fortwährend und planmäßig namentlich gegen die= jenigen gerichtet worden, die als Anhänger des Nationalvereins be= kannt sind, und die mit dem „Rheinischen Kurier" in befreundeten Beziehungen stehen. Die ganze Art und Natur dieser Angriffe und Ausfälle mußte Jedermann verbieten, auf dieselben zu antworten oder gar Gleiches mit Gleichem zu vergelten. Die Angegriffenen konnten solche Aufführung mit aller Ruhe der Beurtheilung des ganzen Landes und selbst des nicht ganz befangenen Theils der eigenen Parteigenossen der „Neuen Wiesbadener Zeitung" überlassen. Mit seltener Einmü= thigkeit ist bei Freund und bei Gegner das Verhalten verurtheilt worden, mit der die „N. W. Ztg." ihrer Sache zu dienen vermeinte, in Wahrheit aber nur schadete. Nur in den Kreisen, die von persön= licher Leidenschaftlichkeit gegen Andersdenkende beherrscht sind, und da, wo die Verblendung überhaupt zu Hause ist, haben (sic) an Schmähun= gen Gefallen gefunden, zu denen man selbst sich herzugeben doch wohl Anstand genommen haben würde. Wir haben, so oft Veranlassung war, das System und die Partei gekennzeichnet, die in der erwähnten Weise vorgeht und ihr Nichts geschenkt, im Uebrigen aber hat man selbst wegen der mit schwerer Strafe bedrohten Beleidigungen gegen

11

den Redakteur, der „Neuen Wiesbad. Ztg." Klage zu erheben nicht für geboten und auch nicht für der Mühe werth gehalten; und man wird auch heute noch in der öffentlichen Stimmung vorerst keine Veranlassung finden, davon abzugehen. Welche Strafen indessen gegen Herrn Abt erkannt worden sein würden, wenn er wegen aller Uebertretungen des Strafgesetzbuches, die sich die „Neue Wiesbad. Ztg." erlaubt hat, in Untersuchung genommen worden wäre, ergibt das Eingangs erwähnte Straferkenntniß und die Betrachtung, daß die von demselben getroffenen Beleidigungen gegen Herrn Dr. Brück und Hrn. Abelmann noch lange nicht die schwersten sind; die das Blatt begangen hat und daß demselben namentlich eine erhebliche Anzahl von Amts- und Dienstehrenverletzungen gegen Gemeinde- und Bezirksräthe noch aus der letzten Zeit zur Last fallen.

Es wird wohl in dem geschilderten Verhalten der „N. W. Ztg." seine Veranlassung haben, daß man, obgleich das Blatt vorzugsweise in Hof- und gewissen Regierungskreisen gehalten und empfohlen wird, officiell fortwährend jede bestimmte Beziehung der Behörden zu demselben in Abrede stellt. Hierzu gibt folgendes eine eigenthümliche Illustration: Das Hofgericht hat zur Vervollständigung der gegen Herrn Abt von dem Justizamt geführten Untersuchung eine Abschrift der Urkunde über Bestellung der Zeitungscaution für nöthig gehalten und hat deßhalb das Justizamt und dieses wieder die Polizeidirection requirirt. Aus diesem Umstande mußte natürlich geschlossen werden, daß nach Ansicht des Hofgerichts eine nicht ganz unbedeutende Strafe in Aussicht stehe. Die Erhebung der verlangten Abschrift war natürlich ein Werk von einer Viertelstunde: Trotzdem hat die Polizeidirection, dreimaliger Mahnung ungeachtet, zur Beibringung dieser Abschrift mehr als vierzehn Tage gebraucht! Während dieser Zeit haben verschiedne hochgestellte Personen, namentlich auch Herr Polizeidirector selbst versucht, den Herrn Dr. Brück zur Rücknahme seines Strafantrages zu bewegen!

Wir wollen es auch hier lediglich der allgemeinen Einsicht anheimstellen, ob aus diesem Umstande auf Beziehungen von Behörden selbst zu dem strafbaren Inhalt der „Wiesbadener Zeitung" und ihrer Urheber geschlossen werden darf, oder umgekehrt. Ob, wie man vielfach als sicher annimmt, solche Umstände auch noch in dem ferneren Verlauf dieser Sache sich ergeben werden, müssen wir von der nächsten Zukunft erwarten. Einstweilen aber müssen wir schon jetzt fragen, wie die von der Regierung der Presse feierlichst zugesicherte gleiche Behandlung vor dem Gesetz behauptet werden will, wenn man das eine Blatt ohne Urtheil und Recht todtschlägt, oder ihm jede Antwort auf ein Concessionsgesuch vorenthält, da es vor den Gerichten nicht zu erreichen ist, das andere aber in Schutz nimmt gegen die gesetzliche Strafe, die der gesetzliche Richter zu erkennen im Begriff ist?!"

Dieser Artikel legt unsere Advocatenseelen[1] blos wie bei

---

1) Die Seele eines Advocaten gleicht wie ein Ei dem Andern, der Licentiaten-Seele, die Gil Blas von Santillana auf der Straße, ich glaube, von Toledo nach Salamanca unter einem Steine hervorgrub.

Schnitt des Secirmeffers die Bauchhöhle eines halbfaulen Cadavers.

Ich hatte sie drei Monate lang politisch bearbeitet, hatte die Principien, die sie als Vorwände ihrem Treiben unterlegten, kritisch beleuchtet und in ihrer Nichtigkeit nachgewiesen, hatte jede ihrer Aeußerungen, jeden ihrer Schritte mit der Lupe der Kritik in der Hand verfolgt, hatte ihr ganzes Treiben dem Publicum enthüllt, hatte sie in der öffentlichen Meinung von ihrer usurpirten Stellung herabgesetzt auf die Armensünderbank, hatte sie verwundet, gereizt, lächerlich gemacht hatte alle Waffen gegen sie in Anwendung gebracht, welche im Parteikampfe zu gebrauchen der Anstand erlaubt und sie hatten still geschwiegen, hatten nicht gemuckst, hatten sich ruhig und schweigend die umgehängte Löwenhaut abziehen laffen und nachdem sie nie gewagt, mit mir die Klingen zu kreuzen und den Angriffen mit geistigen Waffen die Abwehr mit geistigen Waffen entgegenzusetzen, endlich, endlich laffen sie sich hören und wie? Dadurch, daß sie ein Jubelgeschrei anstimmen über meine Verurtheilung, dadurch, daß sie ein von ihnen veranstaltetes und bestelltes gerichtliches Urtheil verherrlichen und dem Publicum als eine noch viel zu gelinde Ahndung meiner Uebelthaten darstellen und zu diesem Behufe mir Uebelthaten anlügen, die ich niemals begangen. Wenn etwas geeignet ist, die geistige und moralische Beschaffenheit dieser Advocaten, namentlich der Advocaten Braun und Lang, ins richtige Licht zu stellen, so ist es diese elende Feigheit, so ist es namentlich dieser so eben citirte nichtswürdige, von dem Procurator Braun verfaßte Artikel. Sie, die Jahre lang sich als große Genies und politische Helden ersten Rangs auspofaunten und durch ihre Stabstrompeter auspofaunen ließen, sie die mit soviel Selbstgefälligkeit an der Spitze des naffauischen „Volkes" trommelnd einhermarschirten, sie die eine Idee, die Idee des „Fortschritts" zu repräsentiren vorgaben, sie die sich, nicht zufrieden mit einer bereits bestehenden „liberalen" Zeitung, ein ausschließlich für ihre Feder bestimmtes Organ geschaffen und unbedingt zur Verfügung hatten, ein Organ in welchem sie mich widerlegen oder gar vernichten konnten, sie reden 3 Monate lang nicht ein Wort und als endlich die ihnen befreundeten Gerichtspersonen auf von ihnen theils mittelbar provocirte, theils

11*

unmittelbar eingereichte Privatklagen mir ein „Urtheil" ins
Gesicht schleuderten, wodurch ich unschädlich gemacht werden
sollte, da schreien sie Hurrah! stimmen sie ein Te diabolum an
und suchen aus Leibeskräften dieses Urtheil als ein Meister=
stück richterlicher Unparteilichkeit und als eine noch viel zu
gelinde Bestrafung meiner angeblichen Verbrechen dem Publicum
darzustellen, indem sie dabei, wie gewöhnlich, ihre Hauptwaffe,
die Lüge, in Anwendung bringen. Dieses zu Hilferufen der
mechanischen Gewalt von Seiten derjenigen, welche mich hät=
ten logisch vernichten sollen, diese ganz gemeine Intrigue,
wodurch die Abvocaten sich eines unbequemen Gegners zu
entledigen suchten, war es, was mich am meisten erbitterte
und ich war von dem Moment an, als ich die Intrigue durch=
schaut und das Netz klar vor mir ausgespannt sah, entschlossen,
jetzt einen Kampf auf Leben und Tod zu führen und ich habe
ihn durchgekämpft diesen Kampf. Damals erwiderte ich auf
den „Rh. Kurier"=Artikel folgendes:

„Entgegnung.

* Wiesbaden, 18. Februar.

Im „Rh. Kurier" veröffentlicht gestern ein bekannter hiesiger Ab=
vocat über mich und die von mir redigirte Zeitung einen Artikel, in
welchem Etwas gerechtfertigt, Etwas vorbereitet und Etwas verhindert
werden soll, einen Artikel, der, soweit er sich über den gegen mich ein=
geleiteten Preßproceß äußert, aus triftigen Gründen vorerst unerwidert
bleiben muß, den ich aber bezüglich seiner Behauptungen über die „N.
Wiesb. Zeitung" vorläufig näher beleuchten werde.

Der Artikel des „Rh. Kuriers" gibt eine „kurze Erklärung" ab, über
„unsere" Beziehungen zu der „N. Wiesb. Ztg.", d. h. über die Be=
ziehungen eines oder mehrerer, an der Spitze der agitirenden Partei sich
befindenden Abvocaten. Es heißt in dieser Erklärung: „Die „N. Wiesb.
Ztg." habe unter meiner Redaction einen Ton angeschlagen, der bis jetzt
seines Gleichen in der deutschen Presse kaum, in Nassau aber sicher nicht
gefunden habe. Die gröbsten Schimpfreden und persönlichen Beleidigun=
gen bildeten und bilden noch heute den alltäglichen stehenden Inhalt
sogar aller Leitartikel dieses Blattes und sie (nämlich die Schimpfreden)
schlugen zuletzt in förmlicher Wuth in Aeußerungen über (Schimpfreden
können somit auch wüthend werden und überschlagen), die nicht nur
das verletzen, was die gute Sitte vorschreibt, sondern die auch nach dem
Strafgesetz mit schwerer Strafe bedroht sind. Namentlich seien diese
Angriffe fortwährend und planmäßig gegen Diejenigen gerichtet worden,
die als Anhänger des Nationalvereins und Mitarbeiter des „Rh. Ku=
riers" bekannt sind.

Mit seltener Einmüthigkeit sei bei Freund und Feind die „N. Wiesb.
Ztg." verurtheilt worden und nur die von persönlicher Leidenschaftlichkeit
beherrschten Kreise haben Gefallen an ihr gefunden.

Die Angegriffenen haben übrigens (wahrscheinlich aus Großmuth) gegen die von mir ausgegangenen Beleidigungen Klage zu erheben nicht für geboten erachtet und auch nicht für der Mühe werth gehalten, ob= gleich ich schwerer Strafe nicht entgangen wäre, wie aus dem gegen mich von der ersten Instanz bereits gefällten Urtheile zu ersehen sei, denn die „N. Wiesb. Ztg." habe sich sogar eine erhebliche Anzahl von Amts= und Diensteherverletzungen gegen Gemeinde= und Bezirksräthe noch in neuester Zeit zu Schulden kommen lassen.

So läßt sich der bekannte Advocat im „Rh. K." vernehmen. Ich habe, wie gesagt vorläufig, Folgendes darauf zu erwidern:

Es ist eine Lüge, wenn behauptet wird, die „N. Wiesb. Ztg." wimmle von den gröbsten Schimpfreden, persönlichen Beleidigungen und Angriffen auf die gute Sitte, denn diese Behauptung ist ohne alle Beweise und Beweise unter das Publikum geschleudert, um zu verdächtigen, Etwas zu rechtfertigen, Etwas vorzubereiten und Etwas zu verhindern.

Es ist eine Lüge, daß die Mehrzahl des Publikums die Haltung der „N. Wiesb. Ztg." verurtheilt, sondern die Mehrzahl des Publikums ist mit der Haltung dieses Blattes vollständig einverstanden, Beweis dafür, die vielfachen mündlichen und schriftlichen Erklärungen, die aus allen Theilen des Landes bei der Redaction einlaufen, Beweis ferner die Ver= fünffachung der Abonnentenzahl, vortheilhaft abstechend von dem Abon= nentenverlust, den der „Rh. Kurier" seit 1. Januar erlitten.

Es ist eine Lüge, daß die „N. Wiesb. Ztg." sich eine erhebliche Anzahl von Dienst= und Amtsehrverletzungen gegen Gemeinde= und Bezirksräthe habe zu Schulden kommen lassen, denn diese Behauptung ist nicht mit einem einzigen Worte bewiesen und beweisbar.

Es ist eine Lüge, daß die Advocaten der Nationalvereinspartei und die „Rh. Kuriers" aus irgend welchem Grunde von einer gerichtlichen Verfolgung der „N. Wiesb. Ztg." Abstand genommen, sondern sie lagen von Anfang an vergebens auf der Lauer, wie die Marder, um ein ver= fängliches Wort, das Stoff zu einer Klage dargeboten hätte, zu erhaschen, und noch in neuester Zeit hat der Advocat, der obige Lüge aussprach, den E. Adelmann ausdrücklich veranlaßt, Klage gegen mich zu erheben, auf Grund jener Artikel, womit ich, nothgedrungen und durch die schänd= lichsten Angriffe auf meine Person veranlaßt, Repressalien geübt habe.

Ich übernahm die Redaction der „N. Wiesb. Ztg." in der Absicht, den politischen Standpunkt, den ich seit Jahren schon im Allgemeinen in der Presse geltend gemacht habe, auch hier in kleinerem Kreise und für specielle Verhältnisse angewendet, geltend zu machen, und zwar meinen politischen Gegnern gegenüber in einer, den Gesetzen des guten Tones entsprechenden Form und Sprache.

Ich glaubte in der That Anfangs nur politische Gegner und zugleich nur durch Meinungsdifferenzen von mir sich unterscheidende Männer vor mir zu haben. Als aber gleich am Tage, nachdem ich mein Amt angetreten, das Organ dieser Männer, der „Rh. Kurier", einen Artikel über mich veröffentlichte, in welchem ich persönlich ange= griffen, beschimpft und verläumdet wurde, als diese persönlichen Angriffe, Beschimpfungen und Verläumbungen sich wiederholten, zuletzt nur noch schüchtern im Inseratentheile des „Rh. Kur." sich wiederholten, während nicht ein einziges Mal eine meiner Behauptungen angegriffen oder wider= legt wurde, als ferner diese Angriffe, Beschimpfungen und Verläumbun= gen in der auswärtigen Presse fortgesetzt wurden, als ich ferner die tägliche Erfahrung machte, daß das Organ meiner politischen Gegner nicht mehr ein literarisches Unternehmen genannt werden könne, in welchem politische Ansichten und Grundsätze debattirt, Regierungsmaß= regeln beurtheilt werden, sondern ein brandstifterisches Werkzeug einer Conspiration genannt werden müsse, in welchem seit Jahr und Tag Nassaus Gesetzgebung, Verwaltung, Finanzlage, Kassencontrole, Eisen= bahnbetrieb, Behörden, Beamte, z. B. noch ganz neulich in dem „Wies= badener Wochenkalender" in der nichtswürdigsten Weise mit Koth be= worfen wurden, so, daß es nachgerade für eine Art von Beschimpfung gilt, im „Rh. Kur." noch nicht beschimpft worden zu sein, als ich diese Erfahrungen machte, und es mir klar geworden, daß ich mich nicht einer Partei ehrlicher Gegner, sondern einer Rotte gemeiner Intriguanten mich gegenüber befinde, da war es für mich bringend geboten, die Feder mit dem Kolben zu vertauschen und mit den Gegnern eine Sprache zu reden, wie man sie der Büberei gegenüber sprechen muß, wenn man nicht untergehen will.

Ja, ich führte eine derbe, eine rücksichtslose Sprache und sie hat Anklang gefunden im Lande Nassau und ein Echo hervorgerufen, das in den Ohren der Gegner bereits ertönt, wie das Brausen der herannahen= den Fluth, von der sie doch noch verschlungen werden, diese Gegner, von denen noch nicht vor langer Zeit Einer auf einer Versammlung außer= halb des Landes damit sich brüstete, das Land Nassau sei von ihm so verarbeitet worden, daß es widerstandslos Preu= ßen zu Füßen liege.

Ich habe eine derbe und rücksichtslose Sprache geredet, ich habe einen sehr hörbaren Ton angeschlagen, allein ich war dazu gezwungen jenen Menschen gegenüber, die unfähig, einen regelmäßigen Kampf führen, immer nur mit vergifteten Pfeilen aus dem Hinterhalt der Anonymität hervorschießen; denen der Sinn für Wahrheit und — vollständig abhanden gekommen; denen kein Mittel zu schlecht ist, die mit der Lüge, der Verdächtigung, der Verläumbung fortwährend im Bunde, in Acht und Bann, aber nicht an die Spitze einer Partei gehören.

Man lese in dieser Beziehung nur den Eingang des oben erwähnten Artikels im „Rh. Kurier". Es heißt dort: „Nachdem Herr Abt Kurzem aus der Wechselhaft durch die Bürgschaft eines hiesigen quiers befreit worden ic." Diese wenigen Zeilen enthalten eine Nieder= trächtigkeit und eine Lüge. Was hat die Wechselhaft — der ich bemerkt, einige Tage verfiel, weil ich im Jahre 1861 für einen Bekannten Verbindlichkeiten übernommen hatte, — was haben solche Privatange= legenheiten mit der Politik und der Tendenz einer Zeitung zu thun?

Kein anständiger Redacteur in Deutschland, einige Scandalblätter in Frankfurt ausgenommen, öffnet solchen Persönlichkeiten seine Spalten kein anständiger Mensch mengt sie in politische Kämpfe.

Ja, wenn es sich darum handelte, daß ein nassauischer Kammer= präsident im Sitzungslokal eigenhändig Jemand durchprügelte, das war

ein politisches Ereigniß! Außerdem ist es eine Lüge, daß die Wechsel=
haft durch Bürgschaft beendet wurde, sie wurde durch Zahlung beendet.
Ebenso entstellt sind die über meinen Preßprozeß veröffentlichten
Daten. Ich wurde nicht ohne Weiteres in Haft genommen und befinde
mich auch nicht mehr in Haft, sondern ich wurde in Haft genommen,
weil das Hofgericht nicht die Rücksicht beobachtet hatte, das Justizamt
zur Entgegennahme einer Caution zu ermächtigen, eine Rücksicht, welche
in anderen Fällen immer beobachtet wurde.
Wäre diese Rücksicht auch gegen mich beobachtet worden, so war keine
besondere Sitzung des Hofgerichts erforderlich, die von mir gestellte Cau=
tion von 500 fl. konnte sofort vom H. Justizamt entgegengenommen
werden, und eine provisorische Haft war nicht nöthig.
Doch hierüber vorläufig nichts weiter. **A.**

Ich muß jetzt noch einige Bemerkungen an meine Erwi=
derung knüpfen.

Man wird mir vor Allem zugestehen, daß ich in derselben
alle Rücksichten gegen das mich verurtheilende „Gericht" be=
obachtete, Rücksichten, die dasselbe zwar nicht verdient hatte,
die ich aber, so lange ich nicht zum Aeußersten getrieben war,
immer im Auge behalten mußte. Ich deutete die Absicht der
Advocaten, den mit ihnen verbundenen Gerichtsleuten zu se=
cundiren, nur ganz verblümt an, indem ich von einem Artikel
des „Rh. Kuriers" sprach, in welchem „Etwas gerechtfertigt,
etwas vorbereitet und etwas verhindert werden soll", indem
ich also gewiß in den schonendsten Ausdrücken auf die perni=
ciöse Verbindung der Hergengerichtsleute mit den Advocaten
zielte. Hierauf will ich jetzt schon ausdrücklich aufmerksam
gemacht haben.

Was ferner die „Wechselhaft" anbetrifft, so ist mit der=
selben an sich eine wo möglich noch größere Advocatengemein=
heit verbunden, als mit ihrer Hereinziehung in die Spalten
eines Zeitungsblattes. Ich werde dieß im nächsten Abschnitte
klar machen.

Was sodann die „gröbsten Schimpfreden" und die „per=
sönlichen Beleidigungen", was den „unerhörten Ton" anbetrifft,
welchen ich angeschlagen haben soll. Ton und Schimpfreden,
welche sogar mit schweren Strafen durch das St.=G.=B. be=
droht seien, so hatte ich unmittelbar in dem oben citirten Artikel
der „Neuen Wiesb. Ztg." diesen Vorwurf ganz einfach als
eine Lüge bezeichnet. Um mich nun Lügen zu strafen, brauchte
Braun, der den Vorwurf ausgesprochen hatte, ebenso einfach

und ruhig eine Blumenlese dieser „gröbsten Schimpfreden" aus den Artikeln der „N. Wiesb. Ztg." zu veranstalten und als Erwiderung auf meine Erwiderung zu veröffentlichen und ich war in den Augen des gebildeten Publicums gerichtet. Allein Braun veranstaltete keine solche Blumenlese, sondern schwieg, nachdem er seine Verdächtigung in die Welt geschickt, ganz stille, wollte gar nichts mehr von Schimpfreden wissen, und er schwieg deßhalb stille, weil in meiner Zeitung gar keine Schimpfreden, geschweige denn „grobe" und am allerwenigsten die „gröbsten Schimpfreden" enthalten waren. Enthalten waren in meiner Zeitung solche Ausdrücke, wie sie die Advocaten nicht liebten, weil sie ihnen auf der Haut brannten, wie sie aber von jedem Schriftsteller gebraucht werden, der nicht in Gemeinplätzen, sondern in Originalausdrücken seine Gedanken zu äußern im Stande ist. Aber der Advocat Braun mußte das „Urtheil" seiner Freunde rechtfertigen und deßhalb unterlog er mir die „gröbsten Schimpfreden" und stellte mich als injurirendes Ungeheuer dar, das noch viel zu gelinde bestraft sei.

Daß der Advocat im Verlaufe seiner Darstellung sich die Miene gibt, als habe „man" (d. h. er) selbst die mit schwerer Strafe bedrohten in meiner Zeitung enthaltenen Beleidigungen großmüthig ignorirt, enthält wieder eine Lüge, welche in ihrer ganzen Perfidie aus dem später folgenden Abschnitt „Brauns Klage" hervorleuchten wird, denn Braun hatte damals bereits eine ein ganzes Buch ausfüllende Klagschrift gegen mich beim Justizamte eingereicht. Aber dem Publicum sollte die Ansicht beigebracht werden, nicht aus Unfähigkeit, sondern aus Vornehmheit ignoriren die Advocaten meine Angriffe.

Nun kommt ein Passus in dem Artikel des „Rh. Curiers", welcher die von mir bereits bezeichnete Absicht desselben, dem Publicum die Meinung beizubringen, als habe ich eigentlich noch viel schwerere Verbrechen begangen, als die Beleidigung des Brück und Abelmann, welch' letztern der Braun zur Klage förmlich gezwungen hatte und als sei das mir hinterrücks in den Leib gestoßene „Urtheil" eigentlich noch gar keine rechtliche Ausgleichung meiner Verbrechen, in ihrer vollen Gemeinheit durchschimmern läßt. „Welche Strafen gegen mich erkannt worden sein würden, wenn alle Beleidigten geklagt

hätten, ergebe das bereits gegen mich erkannte Straferkennt=
niß, sowie die Betrachtung, daß die Beleidigungen „gegen"
Brück und Abelmann, d. h. des Brück und des Abelmann,
noch lange nicht die schwersten seien", sagt Herr Braun und
will damit sagen, daß die Hergenräthe, welche mich drei Mo=
nate ins Correctionshaus hineinstampfen wollten, noch lange
nicht strenge genug verfahren, und sogar sehr nachsichtige
Richter seien. Aber warum führte denn der Advocat diese
schweren Beleidigungen nicht an, die er mir vorwirft? Und
was hat denn er mit diesen Beleidigungen zu schaffen? Ist
denn er Staatsanwalt? Hat er den Auftrag oder die Pflicht,
oder vielleicht ein Interesse, die von mir verübten Beleidi=
gungen aufzuspüren?

Doch er führt solche Beleidigungen an, indem er sagt,
meine Zeitung habe sich namentlich eine erhebliche Anzahl
von Amts= und Dienstehrenverletzungen „gegen" Gemeinde=
und Bezirksräthe noch aus der letzten Zeit schuldig gemacht.
Wie leicht sich eine solche Beschuldigung niederschreibt! Würde
der Raum es gestatten, so ließe ich sämmtliche Artikel der
„R. Wiesb. Ztg." hier abdrucken, in welchen von Gemeinde=
und Bezirksräthen die Rede ist.

Es war in der „R. Wiesb. Ztg." nur von Einem Ge=
meinderath und nur von einem Bezirksrathe die Rede und
zwar damals, als Braun auf Commando für den preußisch=
französischen Handelsvertrag agitirte und bei dieser Gelegen=
heit seinen Wiesbadner Gemeinde= und seinen Rüdesheimer
Bezirksrath in Bewegung setzte und Beschlüsse fassen ließ.

Diese Beschlüsse bezeichnete ich als eine Parteidemonstra=
tion und bemerkte noch, daß es auffalle, unter den Positionen
des im Rüdesheimer Amtsbezirksrathe gestellten Antrags jene
Lappereien zu finden, welchen wir gewöhnlich im Munde der
handelsverträglichen Nationalvereinsadvocaten begegnen.

Dieß sind meine Artikel und Aussprüche über Gemeinde=
und Bezirksräthe. Sind hierin Beleidigungen der Amts= und
Dienstehre enthalten?

Wie kommt nun Braun, der Anführer der Partei des
Fortschritts, der Kämpfer für Freiheit und Preßfreiheit dazu,
mir Preßvergehen anzudichten, mich wegen Preßvergehen zu
denunciren, die ich gar nicht begangen? Warum mischt sich

dieser Mensch in meine Privatsachen, zerrt die Privatklagen des Brück und Adelmann in die Oeffentlichkeit und macht aus diesen Privatklagen ein politisches Ereigniß? Theils weil er den üblen Eindruck zu vermischen, die Entrüstung abzuschwächen sucht, welche die mir wiberfahrene Verurtheilung durch seine Herzensfreunde und Herzencompliken überall hervorgerufen. Theils weil er überhaupt mit Vorliebe jenen Kniff in Anwendung zu bringen sucht, welcher darin besteht, daß man seine Privatzwecke für öffentliche Interessen ausgibt und für diese Privatzwecke sich Mitinteressenten und Theilhaber künstlich zu schaffen sucht. Es ist dieß eine bekannte Taktik des Advocaten Braun. Er selbst gibt sich den Anschein, als habe er meine Angriffe ignorirt, aber sagt er, das Ungeheuer, das soeben und zwar noch viel zu gelinde bestraft worden ist, hat nicht nur den Brück und Adelmann und mich selbst, sondern auch verschiedene Gemeinde- und Bezirksräthe injurirt und wie entsetzlich und frevelhaft diese letzteren Injurien sind, dieß kann man aus dem Urtheil erkennen, das ihn wegen der Beleidigung Brücks und Adelmanns betroffen hat, denn wurde er schon wegen Beleidigung dieser Leute mit drei Monaten Correctionshaus und zwar noch sehr milde bestraft, wie würde er bestraft werden, wenn gar die Gemeinde- und Bezirksräthe klagten.

Das ist die Advocatenlogik, das aber ist auch die Advocatenverworfenheit, mit welcher mir Injurirung der Gemeinde- und Bezirksräthe angelogen und diese selbst gegen mich aufgehetzt werden, auf daß der gegen mich begangene dreimonatliche Correctionshaus revel vom Publicum als ein gerechtes Urtheil angesehen werde.

Schulze aus Delitsch und aus dem Klabberadatsch! Ihr beiden Repräsentanten jener durch ganz Deutschland verzweigten Partei, welche für die Freiheit und alles Edle und Gute kämpft und welcher auch die Nassauer Advocaten, darunter der Braun angehört, Ihr beiden Schulze! seid ihr wirklich damit einverstanden, daß Euer Mitbruder, Mitkämpfer, Mitstreiter und Mitschwelter, daß der Advocat Braun aus Wiesbaden, nachdem sein politischer Gegner in einen Privatpreßprozeß verwickelt und zu einer tollduslerisch hochgegriffenen Strafe verurtheilt wurde, daß der Braun herbeieilt und dem

Publicum zuruft: meinem Feinde ist nicht blos recht, sondern noch viel zu wenig geschehen, er hätte noch viel mehr verdient, denn er hat nicht blos die Kläger, sondern noch eine Menge anderer Leute injurirt, die bis jetzt noch gar nicht geklagt haben. Schulze aus Delitsch und aus dem Klabberadatsch! Ihr beiden Repräsentanten des Fortschritts in Preußen, hat der preußische Fortschritt auch die Gewohnheit, Preßverurtheilungen seiner Gegner zu bejubeln, Preßvergehen seinen Gegnern an den Hals zu lügen, Preßvergehen seiner Gegner aufzuspüren und zu denunciren? Schulze aus Delitsch und aus dem Klabberadatsch, seid Ihr wirklich einverstanden mit dieser Aufführung Eures Freundes und Mitbruders in progressu, der da heißet Carl Braun aus Wiesbaden und Advocat ist?

Was endlich die von Braun, Lang und Consorten nicht blos einmal, sondern zehn und hundert mal mir angelogenen „gröbsten Schimpfworte, Beleidigungen und unerhörten Ton" anbetrifft, so muß ich nochmals darauf zurückkommen. Es ist wahr, ich habe während meiner Redaction eine Sprache geführt, wie ich sie früher nie geführt habe, und es ist schon lange her, daß ich eine Stellung in der Presse einnehme. Es ist aber auch wahr, daß ich noch nie in einer Lage gewesen, noch nie solchen Gegnern gegenüber gestanden, wie in Wiesbaden. Nie hatte ich Gegner vor mir, deren Vernunft- und Charakterbeschaffenheit mir eine solche Verachtung eingeflößt hätte, wie diese Procuratoren des Fortschritts, aus deren Munde aber auch gar nichts anderes hervorging, als Lügen, Fälschungen, Entstellungen, Verdächtigungen, Aufhetzereien und perfide Intriguen. Wenn ich dann meinen Gefühlen und ihrer Handlungsweise den richtigen Ausdruck verlieh, wenn ich bezeichnete, nachdem sie provocirt hatten, wenn ich sie traf und sie sich getroffen fühlten, dann sprangen sie auf und schrieen: das ist unanständig. Unanständig hießen sie, was ihnen angenehm war, Derbheit nannten sie Rohheit, treffende Ausdrücke und Bezeichnungen gaben sie für Injurien aus und weil sie außer Stand waren, sich selbst ihrer Haut zu wehren, riefen sie nach der Polizei und den Gerichten. Sie, die Rücksichten gegen Andere und Andersdenkende bei Seite gesetzt hatten, sie, die Niemand, der ihnen mißfiel, unbeschmutzt ließen, sie, die in jeder Nummer ihres Blattes Anstand und

Sitte mit Füßen traten, schrien ächt advocatisch über Ver=
letzung des Anstandes, weil sie wohl wissen, daß eine solche
Anklage ebenso schwer zu widerlegen, als leicht aufzustellen
ist. Dieses Schmerzensgeschrei über meinen Ton war nichts
Anderes als der Ausbruch des Schmerzes und des tiefen Mißbe=
hagens über treffende Bezeichnungen, „witzige Bosheiten“,
wie die „Frankfurter Postzeitung“ sich ausdrückte und jene
epigrammatischen Stechpalmen, welche ich gegen meine Geg=
ner in Anwendung zu bringen pflege, welche ich auch
gegen die Advocaten in Anwendung brachte, und über welche
sie sich so ärgerten, weil sie dadurch lächerlich gemacht und
dem Publicum Gegenstände des Spottes wurden. Die meisten
meiner Ausdrücke gingen ins Volk über, curfiren noch jetzt
im ganzen Lande und bereiten dem Publicum heute noch
Freude. Die Advocaten aber, die nur zu intriguiren, zu ver=
dächtigen, anzuschwärzen und zu lügen verstehen, konnten in
dieser Beziehung nicht mit mir concurriren, daher die Wuth
über meinen Styl.

Daß aber dieser Styl trotz seiner Schärfe — und scharf
war er, weil Spiritus „schärfer“ ist, als Lauwasser — die
Grenzen des Anstandes nie überschritt, das beweisen folgende
Umstände.

Der großdeutsche Reformverein hatte — nachdem ich zwei
Monate als Redacteur thätig gewesen, die „N. Wiesb. Ztg.“
zu seinem Organ erklärt und ließ im ganzen Lande für die=
selbe wirken. Auf allen Versammlungen jenes Vereins wurde
meine Zeitung rühmend erwähnt und ich förmlich aufgefor=
dert, in meiner Kampfweise fortzufahren. Alles dieß war un=
möglich, wenn ich so schrieb, wie die Advocaten über mich
logen, wenn ich Anstand und gute Sitte verletzte.

Ich hatte diesem Vorwurf gegenüber meine Gegner wie=
derholt aufgefordert, ihre Anklagen doch nur auch mit einer
einzigen Thatsache zu belegen und die Schimpfreden anzu=
führen, die ich mir erlaube. Wenn, sagte ich einmal:

„Wenn die „N. Wiesbad. Zeitung“ schimpft, so zählt doch die
Schimpfreden auf, deren sie sich schuldig macht und giebt sie der öf=
fentlichen Verachtung preis. Der „Rhein. Kurier“ scheint endlich diese
Nothwendigkeit zu fühlen, denn er zählt in seiner neuesten Nummer
einige unserer Schimpfreden auf. Wir haben, sagt er, die National=
vereiner als Intriguanten, eigennützige Betrüger, Schufte,

bestochene **Vaterlandsverräther**, Menschen, die nur nach
Sitzen in der Kammer strebten, **Narren**, Spaßvögel, Eierausbrüter
bezeichnet. Ist dies wahr?

Wahr ist, daß wir die leitenden Persönlichkeiten als Intriguanten,
als Streber nach Sitzen in der Kammer, als Spaßvögel, und daß
wir den Redacteur Lammers als den Eierausbrüter seiner nassauischen
Genossen bezeichneten, dies ist wahr. Wir haben diese Ausdrücke gebraucht und zwar einfach deshalb, weil sie Wahrheit enthalten. Alle
übrigen Ausdrücke jedoch sind so schamlos wieder erfunden und erlogen, daß wir uns anheischig machen, sofort von der Redaction der
„R. Wiesb. Ztg." zurückzutreten, wenn in einer ihrer Nummern einer
jener oben unterstrichenen Ausdrücke aufgefunden werden kann. Ihr
habt also eine sehr gute Gelegenheit, Euch einen verhaßten Gegner
vom Halse zu schaffen. So liefert doch den Beweis, daß wir in der
von Euch lügnerisch erfundenen Weise geschimpft haben."

In dieser Stelle ist der förmliche Beweis geliefert, daß
der Advocat Lang, denn er verfaßte den betreffenden Artikel
des „Rh. Kuriers", absichtlich und wissentlich falsch Schimpfreden mir andichtete, daß er log, um aus meiner Lüge einen
Beweis gegen mich zu schmieden. Obige Erwiderung blieb
natürlich ohne jede Antwort, denn die Lüge war ausgesprochen
und dieß genügte dem Advocaten. Uebrigens stellte ich einst
folgende Schimpfreden der „R. Wiesb. Ztg." und des „Rh.
Kuriers" einander gegenüber, um zu beweisen, wie die Advocaten schimpften und wie ich „schimpfte".

Schimpfereien der „R. Wiesbad. Ztg.":

„* Wöllstein, in Hessen-Darmstadt, 9. Sept. Nächsten Sonntag
wird der Circus Metz hier in der Zungenturnerei und Kunstrednerei
große Vorstellung geben. Die Metzische Truppe wird vollzählig erscheinen und noch durch Mitglieder auswärtiger Kunstrednergesellschaften
verstärkt werden, u. A. wird Hr. Christian aus Sulzbach, der beredte
Fortschrittsbauer, sich hören lassen. Herr Metz selbst, dessen Zungen-
krankheit wieder gehoben, und dessen Durchfall in Nassau bereits ver-
schmerzt ist, wird die Vorstellung eröffnen mit einem unerhörten und
angesehenen Kunststück. Er wird nämlich in einem Sprühregen von
Fortschrittsphrasen die preußische Spitze erklettern, welche für das
größere Publicum unsichtbar bleibt, so daß der große Phrasenadvocat
an seinem eigenen Zopf an die Decke des Saales hinaufkletternd erscheint. Auf der Spitze der Spitze angelangt, wird er den „Fürsten-
tag" mit einem Bisse verschlingen und schließlich sich an Etwas an-
klammern, was gar nicht existirt, nämlich an die Reichsverfassung vom
Jahre 1849. Zur Belebung der Scene ist bereits eine Menge Bei-
fallsjubler engagirt, welche den großen Hexenmeister von Zeit zu Zeit
mit Bravo's unterbrechen werden."

Schimpfereien des „Rh. Kuriers":

„Anfrage an den großdeutschen Briefkasten:

Wiesbaden, 13. Sept. Wie lange werden die ehrlichen Leute, die aus Ueberzeugung dem großdeutschen Vereine angehören, es sich noch gefallen laffen, daß eine Bande von feigen Lügnern, Ueberläufern, Denuncianten, Speculanten und Beutelschneidern die Gelder des Vereins dazu verwendet und das officielle großdeutsche Organ dazu mißbraucht, um ihre eigennützigen Interessen zu verfolgen und die Denunciationen und Schmähungen zu bezahlen, welche die großdeutsche Sache schänden? Wie lange werden anständige Leute diese Menschen sich als dominirende Wortführer gefallen lassen? Bitte um Antwort, Herr Siebert, Herr Rau, Herr Link!"

Nächst dem Vorwurf, ich schimpfe, war es eine stehende Verdächtigung der Advocaten, meine Zeitung als eine vom Hof und der Regierung inspirirte und unterstützte Hof= und Regierungszeitung zu bezeichnen. Die Advocaten wußten, daß eine solche Bezeichnung für den Fortschrittspöbel hinreicht, um ihm den gründlichsten Abscheu vor einem solchen Blatte einzuflößen. Ich hatte deßhalb wiederholt versichert, daß ich ganz unabhängig von Jedermann redigire, keine andere Einnahme beziehe als meine Besoldung vom Verleger und vor Allem keine Beiträge und Mittheilungen von der Regierung erhalte. Aber nein, ich war jetzt verurtheilt worden und um sagen zu können, seht, mit einem Blatte, das soeben wegen fürchterlicher Verbrechen gerichtlich verurtheilt wurde, hängt unsere schlechte Regierung zusammen; um die Regierung also verdächtigen zu können, bezeichneten sie meine Zeitung lügnerischer Weise als Regierungsorgan. Ja, ein Regierungsorgan ist diese Zeitung, denn, sagt Braun, als das Hofgericht eine Abschrift der Urkunde über die Bestellung der Zeitungscaution verlangte[1]), seien zur Beibringung dieser Abschrift mehr als 14 Tage „gebraucht" worden. Weil also aus irgend welchen Gründen die Abschrift der Urkunde 14 Tage lang auf sich warten ließ, deßhalb war die „N. Wiesb. Ztg." das Organ der Regierung, „vorzugsweise in Hof= und gewissen (nicht

----

1) Natürlich nur in der Absicht, um zu erfahren, ob wirklich eine Caution gestellt sei und wenn nicht, um sofort den Advocaten mitzutheilen, es sei keine Caution gestellt, also von Seiten der Regierung sträfliche Nachsicht geübt worden.

oranischen) Regierungskreisen gehalten". Aber woher wußte denn Braun, daß die Beibringung jener Abschrift 14 Tage lang sich verzögerte? Aus den Acten wußte er es oder aus dem Munde eines seiner verbündeten Hergenräthe! Aus der verspäteten Beibringung einer Abschrift auf die Verbindung einer Zeitung mit der Regierung zu schließen, dieß ist ein Abschluß, die Erwähnung jenes Umstandes durch den Advocaten Braun in einem öffentlichen Blatte aber ist der klare Beweis von der Verbindung dieses Braun mit dem Hof- und Hergengericht. Nicht umsonst versammelte sich der Hofgerichtsdirector Hergenhahn, der Lockvogel, die Woche mehrmals zum Schmäuschen bei dem Hofgerichtsprocurator Braun!

„Während der 14 Tage haben verschiedene hochgestellte Personen, namentlich auch der Herr Polizeidirector selbst, versucht, den Brück zur Rücknahme seiner Klage zu bewegen, sagt ferner Herr Braun und bringt dadurch abermals ein Verbrechen an den Tag, welches unwiderleglich die Verbindung der „N. Wiesb. Ztg." mit der Regierung beweist. Freilich tritt der kleine Umstand dazwischen, daß Braun absichtlich, wider besseres Wissen, somit lügnerischer Weise aus einem Polizeidirector „mehrere hochgestellte Personen" macht. Es war nämlich, wie ich schon früher darstellte, nur ein Polizeidirector bei dem Brück gewesen, um eine Vermittlung zu versuchen, was natürlich ein großes Verbrechen war und zwar ein Verbrechen, an dem sich damals die ganze Stadt betheiligte. Jeder anständige Mensch erwartete und sprach es laut aus, daß der Brück, nachdem das „Urtheil" gegen mich erlassen, er also vollständig in seiner kleinen gekränkten Ehre wiederhergestellt worden, auf die Vollziehung des Urtheils Verzicht leisten und dadurch die Milderung oder Aufhebung desselben im Gnadenwege erleichtern werde. Aber Brück wollte nicht. Tu l'a voulu Emile! Et tu t'en repentiras! Außer diesem einzigen Polizeidirector hatte aber sonst Niemand und am allerwenigsten „hochgestellte Personen" mit dem Brück verkehrt. Dieß lügt der Braun seiner Gewohnheit gemäß hinzu, um einen Zweck zu erreichen und um klar zu machen, daß „Behörden" in Beziehungen zu dem strafbaren Inhalte der „N. Wiesb. Ztg." gestanden! Die ganze Deduction Brauns beruht, wie man sieht, auf der absichtlichen Verwechslung der

Begriffe: Interesse und Verbindung. Eine Regierung kann ein Interesse daran haben, daß eine Zeitung erscheint, aber von diesem Interesse bis zur Verbindung mit einer Zeitung ist eine Kluft, welche die nassauische Regierung nie überschritt. Ich stand nie mit ihr in Verbindung.

Nun kommt endlich der Schluß des Artikels und in diesem Schluß tritt Brauns Charakter in seiner vollen Reinheit ans Tageslicht. Er fragt nämlich ob es recht sei, das eine Blatt todtzuschlagen (die „Rh.-Lahnztg." wurde 1861 unterdrückt wegen Unverschämtheit gegen den Herzog), das andere aber in Schutz zu nehmen gegen die gesetzliche Strafe, die der gesetzliche Richter zu erkennen im Begriff ist? Ich frage nun, sind in den von Braun angeführten Thatsachen, selbst wenn man sie ihrem ganzen Umfange nach als wahr annimmt, sind darin irgend welche Anhaltspunkte enthalten, welche zu der Behauptung berechtigen, ein Blatt werde in Schutz genommen gegen die gesetzliche Strafe und dadurch das Prinzip der Gerechtigkeit verletzt und Parteilichkeit geübt!

Wird dadurch, daß die Einsendung der Abschrift einer Urkunde sich 14 Tage lang verzögert und daß Jemand einen Injurienkläger zu einem Vergleiche und zur Rücknahme der Klage bewegen will, eine Zeitung gegen die „gesetzliche Strafe" in Schutz genommen? Dieser Vorwurf wäre die reinste Absurdität, wenn ihr nicht wieder eine geheime Absicht zu Grunde läge. Ich war soeben zu einer himmelschreienden „Strafe" verurtheilt worden. Diese Strafe hatte das Publikum so entrüstet, war so wahnwitzig hoch gegriffen, daß für die Advocaten die Vermuthung nahe lag, sie könnte im Gnadenweg gemildert werden. Um nun das Schlachtopfer nicht aus den Händen zu verlieren und der ihnen drohenden Gefahr der Begnadigung zu begegnen, schreit der Braun jetzt schon über „Schutz gegen gesetzliche Strafe", um dadurch betreffenden Orts einzuschüchtern und von vornherein die Begnadigung als ein Attentat auf die Gerechtigkeit darzustellen. Der Jude sollte um jeden Preis verbrannt werden.

Ich nehme jetzt den Faden der Darstellung wieder auf, anknüpfend an die Thatsache, daß ich wegen Advocatenbeleidigung zu drei Monaten Zwangsarbeitshaus verurtheilt wurde. Wie ich bereits mittheilte, wurde dieses „Urtheil" von Ebbhardt, Lautz und Reichmann in der dritten Instanz schlechtweg ohne Anführung von Gründen bestätigt.

In Beziehung auf diese Bestätigung ereignete sich nun Etwas, was in jedem andern Staate gewiß unerhört ist. — In Frankfurt am Main wurde der „Rh. Kurier", das Organ der nassauischen Advocaten, gedruckt, zu welchen unter Anderen der mit dem Hofgerichtsdirector und Lockvogel Hergenhahn, den Hofgerichts= und anderen Räthen eng befreundete und verbündete Carl Braun gehörte.

Während es nun in allen civilisirten Staaten Gerichtsbrauch ist, gerichtliche Urtheile zunächst den Betheiligten, dem Kläger und Beklagten mitzutheilen, hatten meine Gegner solche Eile, die Bestätigung des Herzen=Urtheils durch Ebbhardt, Lautz und Reichmann der Welt zu verkündigen, daß sie es nicht zuerst mir, sondern ihren befreundeten Advocaten publicirten, so daß am Donnerstag den 2. April 1863 der „Rh. Kurier" mit der Nachricht von Frankfurt in Wiesbaden anlangte, jetzt sei auch vom Oberappellationsgericht das gegen den Redacteur der „N. Wiesb. Ztg." gefällte Urtheil von 3 Monaten Correctionshaus bestätigt worden. Und Hurrah! heulten die Frankfurter Fortschrittsblätter, an ihrer Spitze der süddeutsche Kammers, im Chorus nach: „auch in dritter Instanz wurde das Urtheil gegen das Ungeheuer zu Wiesbaden bestätigt!" Mir selbst war nicht eine Sylbe bekannt gemacht worden. Mir selbst wurde das Urtheil erst am 8. April eröffnet. Was also im Schooße des herzogl. nassauischen Oberappellationsgerichts dem Wunsche der Advocaten gemäß gegen den Redacteur der „N. Wiesb. Ztg." ausgeheckt worden, mußten und veröffentlichten die Advocaten schon am 2. April, während ich selbst erst 6 Tage nachher, am 8. April amtlich davon in Kenntniß gesetzt wurde. In keinem andern Lande werden sonst gerichtliche Urtheile gegen conservative Zeitungen 6 Tage vorher, ehe sie dem Verurtheilten mitgetheilt werden, den Fortschrittsparteien publicirt und in den Oppositionsblättern veröffentlicht. In Nassau geschah dieses Unerhörte, weil sie in ihrer Raserei nicht schnell genug mit der fröhlichen Botschaft vor das Publikum treten konnten und weil das Dienst= und Amtsgeheimniß der Gerichte den Advocaten gegenüber nicht existirte.

12

Dieß war mir nun aber doch zu toll und ich beschloß, den Herren „Richtern" einen kleinen Wink zu ertheilen. Nacheinander erschienen folgende Artikel in der „N. Wiesb. Ztg.":

Sonderbar, höchst sonderbar!

* Wiesbaden, 4. April.

Als vor einiger Zeit ein Preßprozeß gegen mich anhängig gemacht wurde, und die Acten desselben noch vollständig unter dem Schutze des Amtsgeheimnisses sich befanden, oder vielmehr sich hätten befinden sollen, verkündigte ein Wiesbadener Correspondent des „Frankfurter Journals" der Welt: bereits seien die Acten an den Criminal-Senat des Herzogl. Hofgerichts abgegangen und das Urtheil werde bemnächst gefällt werden. Und richtig wurde das Urtheil einige Tage nachher gefällt.

Ich habe gegen dasselbe Appellation eingelegt und es ist mir bis auf den heutigen Tag über das Schicksal dieser Appellation noch keine Eröffnung gemacht worden.

Trotzdem schreibt der „Rhein. Kur.", das Amtsblatt der nassauischen Contreregierung, bereits in seiner letzten am Donnerstag hier ausgegebenen Nummer: „das Urtheil des Hofgerichts zu Wiesbaden, wonach der Redacteur Abt zu einer dreimonatlichen Correctionshausstrafe verurtheilt worden, ist nunmehr nach erfolgter Bestätigung durch das Herzogl. Oberappell.-Gericht rechtskräftig geworden."

Ich constatire nun vor Allem die Thatsache, daß der „Rhein. Kur.", das Organ der nassauischen Oppositionspartei, durch seine Verbindungen in den Stand gesetzt ist, über den Inhalt von Gerichtsacten, welche unter dem Schutze des Amtsgeheimnisses stehen sollen, über den Inhalt eines vom höchsten Gerichtshof des Landes beschlossenen Urtheils, dem Publikum Mittheilungen zu machen, noch ehe das Urtheil dem Angeklagten nur verkündigt ist. Diese Thatsache wirft ein sehr bedenkliches Licht auf die politischen Zustände des Herzogtums Nassau.

Sie beweist, daß die Oppositionspartei ihre Verbindungen und Verzweigungen bis in die unabhängigen Gerichte hinein zu flechten wußte, sie beweist, daß vor den geheimen Agenten dieser Partei kein Amtsgeheimniß mehr sicher ist, sie beweist, daß die wichtigsten Interessen der Staatsbürger dieser Partei Preis gegeben werden, sie beweist, daß neben den ordentlichen, sichtbaren, greifbaren Behörden eine geheime Macht existirt, deren Einflüsse bis in die Gerichte hinein sich erstreckt, eine Macht, welche von Allem in Kenntniß gesetzt wird, was in der amtlichen Thätigkeit der Behörden sich ereignet, welche deßhalb in der Lage ist, in jedem einzelnen Falle in ihrem Interesse ihre Maßregeln zu treffen und ihre geheimen Zwecke zu verfolgen.

Dieß ist übrigens der Zustand, den die nassauische Oppositionspartei als politisches Ideal aufstellt, den sie zum großen Theil bereits hergestellt hat, den sie zu erhalten bemüht ist. Dieß ist das „liberale", das „volksthümliche" Regiment, dessen Segnungen diese Partei fortwährend anpreist. Neben der ordentlichen Staatsregierung, welche offen vor den Augen des Publikums regiert und als solche der öffentlichen Meinung und der Volksvertretung verantwortlich ist, soll eine geheime Contre- und Winkelregierung, repräsentirt durch die Leiter der Partei, ihre verderbliche Wirksamkeit ausüben, soll die Behörden dominiren, die Gerichte beeinflussen und mit Hülfe der ihr zu Gebot stehenden Schreckens- und Aufmunterungsmittel, durch Drohungen und Gefälligkeiten ihre Privatabsichten und Privatinteressen durchsetzen können. Dieß ist der Zustand, den diese Partei anstrebt und leider theilweise schon erreicht hat, dieß ist aber auch der heillose, verderbliche, gemeinschädliche Zustand, gegen den anzukämpfen ich nicht aufhören werde, so lange ich die Feder zu führen vermag.

Obige Nachricht des „Rhein. Kuriers" anlangend, so ist sie, wie sich von selbst versteht, wieder eine Fälschung und Entstellung, und es ist aus dem Eifer, womit sie verbreitet wird, abermals zu ersehen, daß die gegen mich angehobene Klage zu einer Parteisache geworden ist, zu einer Parteisache, in welcher alle Hebel in Bewegung gesetzt werden, um die Vernichtung und Unterdrückung eines unbequemen Gegners durchzusetzen. Nehmen wir aber auch an, das Herzogl. Oberappellationsgericht habe das gegen mich gerichtete hofgerichtliche Urtheil bestätigt, und ich zweifle nicht mehr daran, nachdem das Amtsblatt der Nassauischen Contreregierung diese Bestätigung publicirte, so ist dadurch die Rechtskräftigkeit des Urtheils noch nicht eingetreten. Denn in allen monarchischen Staaten steht bekanntlich dem Landesherrn das Recht der Begnadigung und dem Verurtheilten das Recht zu, die landesherrliche Gnade anzurufen. Ehe also in dieser letzten Instanz entschieden ist, kann von einer Rechtskräftigkeit des Urtheils nicht die Rede sein.

Es versteht sich natürlich von selbst, daß ich den Gnadenweg betreten werde, und ob Gründe vorhanden sind, welche das Herzogl. Staatsministerium bestimmen können, mein Gnadengesuch dem Staatsoberhaupt empfehlend vorzutragen, das werde ich in den nächsten Nummern dieses Blattes näher beleuchten.

Für heute beschränke ich mich auf die Anführung der Thatsache, daß der Redacteur Löwenthal wegen Angriffs auf die Religion zu acht Tagen Gefängniß, ich aber wegen Beleidigung von Privatpersonen, die mir noch dazu Veranlassung gegeben, zu drei Monaten Correctionshaus verurtheilt wurde, daß gegen den Redacteur der demokratisch-radicalen „RheinLahnztg." in einem ähnlichen Falle nicht blos eine bedeutend geringere Strafe verhängt, sondern auch in der ganzen Behandlung eine an Zärtlichkeit grenzende Berücksichtigung in Anwendung gebracht wurde, während ich mit einer Härte behandelt werde, welche der Buchstabe des Gesetzes nur irgend gestattet. Ich glaube deßhalb annehmen zu dürfen, daß die gegen mich anhängig gemachten Preßprozesse eine kritische Bedeutung erlangen werden. A.

Bedenkliche, höchst bedenkliche Thatsachen.

Wiesbaden, 7. April.

In unserer letzten Nummer haben wir eine Thatsache mitgetheilt, welche wir ohne Weiteres als einen unerhörten Scandal bezeichnen können, die Thatsache nämlich, daß das Organ der nassauischen „Fortund Umsturzpartei" den Inhalt eines vom Oberappellationsgericht beſtätigten Strafurtheils etwa acht Tage vorher verkündigen konnte, ehe daſſelbe dem Beſtraften eröffnet wurde. Und es iſt ferner eine Thatſache, daß ſchon zu einer Zeit, als das fragliche Urtheil noch im Schooße des Oberappellationsgerichts ſich befand, oder kaum erſt an das Hofgericht übermittelt worden ſein konnte, ſeinem Inhalte nach einem hieſigen Bürger bekannt war, und von demſelben im Eiſenbahnwagen auf der Fahrt nach Frankfurt ſeinen Mitreiſenden erzählt wurde. Dieſe Thatſachen erſcheinen um ſo bedenklicher, wenn man bedenkt, daß der hieſige Advocat Carl Braun, oder da derſelbe den Ausdruck Advocat auf ihn angewendet für eine Injurie erklärt, der hieſige Hofgerichtsprocurator und als ſolcher mit Director, Präſident und Räthen wohlbekannte Procurator ein ungemeines Intereſſe an dem fraglichen Preßprozeß und ſeinem tragiſchen Ausgang hat und fortwährend an den Tag gelegt hat. Nicht nur, daß der „Rh. Kurier“ und andere dem Advocaten Braun naheſtehende Blätter über den erwähnten Prozeß das Publicum fortwährend in Athem hielten und über das Stadium, in welchem derſelbe jeweils ſich befand, förmliche Bülletins veröffentlichten, ſo war es auch Advocat Braun, der den C. Abelmann, einen der Kläger, zur Anſtellung der Klage veranlaßte und dieſelbe auf ſeiner Schreibſtube verfaſſen ließ.

Ob nun Carl Braun, der „mächtige Bär“ (mit den ſtumpfen Zähnen und den lahmen Tatzen), der Canal iſt, durch welchen der Inhalt des erwähnten Strafurtheils ſo frühzeitig, ſo raſch, ſo übereilt und bedenklich ſchnell ſeinen Weg in die Spalten des „Rheiniſchen“ dem Procurator Braun bekanntlich zur Verfügung ſtehenden „Kuriers“ gefunden hat, wollen wir nicht mit Beſtimmtheit behaupten, auch für heute nicht weiter auf die tröſtlichen Schlüſſe eingehen, welche in Beziehung auf die naſſauiſche Rechtspflege und die naſſauiſchen Obergerichte ſich von ſelbſt ergeben müßten, wenn ſich nachweiſen ließe, daß Brauns Hände bei der Veröffentlichung des Strafurtheils mitgewirkt haben.

Dagegen möchten wir noch andere bedenkliche, höchſt bedenkliche Thatſachen zur Sprache bringen.

Daß ſeiner Zeit Jemand, der einen Polizeibedienſteten mit Nennung des Namens öffentlich der Beihilfe an einem Diebſtahl fälſchlich beſchuldigt hatte, mit vierzehn Tagen Gefängniß, welche im Gnadenweg auf ebenſoviele Gulden reducirt wurden, bedacht worden iſt, das iſt nicht bedenklich. Daß ſeiner Zeit der Redacteur des demokratiſch-radicalen Oppoſitionsblattes, die „Rhein-Lahnzeitung“, wegen von Amtswegen verfolgter Beleidigung der Dienſtehre mit zwei Monaten Correctionshaus beſtraft und daß dieſes Urtheil vom Oberappellationsgericht nicht beſtätigt, ſondern durch vier Wochen Amtsgefängniß erſetzt wurde, das iſt auch nicht bedenklich. Aber bedenklich im höchſten Grade iſt es, daß nach ſolchen Präcendenzfällen der Redacteur der nicht demokratiſchen, nicht radicalen, nicht wühleriſchen, nicht bemagogiſchen „N. Wiesb. Ztg.“ mit drei Monaten Correctionshaus beſtraft wurde, weil er nicht ohne im höchſten Grade provocirt worden zu ſein, an zwei Privatperſonen eine Injurie und Verläumbung begangen haben ſoll, und daß dieſe drei Monate Correctionshaus nicht in vier oder ſechs Wochen Amtsgefängniß verwandelt, ſondern vom Oberappellationsgericht beſtätigt wurden oder vielmehr beſtätigt werden, denn vorläufig findet ſich die Beſtätigung erſt in den Spalten des „Rheinischen Kuriers", dem Amtsblatt der nassauischen Contreregierung. Wir finden dieß im höchsten Grade bedenklich.

Daß das Herzogl. Hofgericht in dem Proceß gegen den Redacteur der „Rhein=Lahnzeitung" dem Strafurtheil zugleich die Ermächtigung für das Herzogl. Justizamt beifügte, vom Verurtheilten eine Caution anzunehmen und zu bestimmen, das finden wir nicht bedenklich, sondern vielmehr höchst rücksichtsvoll, schonend, fast zärtlich und besorgt für den Redacteur der „Rhein=Lahnzeitung", denn derselbe brauchte in diesem Fall nicht in Haft genommen zu werden. Daß aber dem gegen den Redacteur der „N. Wiesb. Ztg." erlassenen Strafurtheil keine solche Ermächtigung für das Herzogl. Justizamt, sondern die Weisung beigelegt wurde, den Angeklagten sofort in Haft zu nehmen; daß die Urtheilsverkündigung auf einen Samstag verlegt wurde, so daß der Angeklagte jedenfalls während des Sonntags verhaftet bleiben mußte, da das Hofgericht erst am Montag über die Caution Sitzung halten und beschließen konnte, das finden wir, nach dem beschriebenen Präcebenzfalle höchst bedenklich.

Daß der wegen Dienstehrebeleidigung ursprünglich zu zwei Monaten verurtheilte Redacteur der „Rhein=Lahnztg." nur eine Caution von etwa 120 fl. zu stellen brauchte, finden wir gar nicht bedenklich, bedenklich dagegen finden wir es, daß nach diesem Vorgang dem Redacteur der „N. Wiesb. Ztg." für drei Monate Correctionshaus eine Caution von 500 fl. abverlangt und abgenommen wurde.

Weitere Bedenklichkeiten werden wir morgen mitzutheilen haben. Ach wie bedenklich sind die Zustände eines Landes, in welchem solche bedenkliche Thatsachen sich ereignen, Thatsachen, die nicht nur das größere Publicum entrüsten und mit Besorgnissen erfüllen, sondern auch die Juristenfacultäten der deutschen Universitäten zu starrer Verwunderung hinreißen müssen, sobald sie ihnen mitgetheilt sein werden.

„Memento mori!

Wiesbaden, 9. April.

Konstanz liegt am Bodensee, ist Sitz eines Hofgerichts, sonst aber eine recht angenehme Stadt. In den vierziger Jahren, lange vor den Märzerrungenschaften, erschienen dort die „Seeblätter", eine kleine politische Zeitung, ungefähr halb so groß als die „N. Wiesb. Zeitung", und in diesen „Seeblättern", redigirt von dem bekannten Fickler, war eines Tages zu lesen: Unser hochpreisliches Hofgericht ist zusammengesetzt aus lauter Vettern, Schwägern, Onkeln, Neffen, Schwiegervätern und Schwiegersöhnen. Die Sitzungen werden bei günstiger Witterung im Freien, in Hembärmeln, beim Imbiß abgehalten und zwar im Gartenhause des Herrn Hofgerichtsdirectors. Acht Tage nach dem Erscheinen dieses Artikels war das Konstanzer Hofgericht auseinander gesprengt und durch Mitglieder ersetzt, die nicht mehr verwandt und vervettert waren, die Prozesse nicht mehr unter sich in Hembärmeln und beim Glase Wein aburtheilten, sondern in förmlicher Sitzung, nach reiflicher Erwägung und Debatte, wie es ordentlichen Hofgerichtsräthen geziemt. Solches begab sich im Großherzogthum Baden in den vierziger Jahren.

Nehmen wir nun aber an, die „Seeblätter" hätten noch andere Dinge
veröffentlicht, hätten veröffentlicht, der Director des Konstanzer Hofgerichts
sei durch ein im Nachbarstaate gefälltes gerichtliches Urtheil des Betrugs
bezüchtigt worden. Nehmen wir ferner an, die „Seeblätter" hätten ver=
öffentlicht, der Director des Konstanzer Hofgerichts begebe sich die Woche
mehrere Male in die vor den Thoren der Stadt gelegene Wohnung eines
Hofgerichtsabvocaten (im Badischen heißen sie nicht Procuratoren) und
hier werde dann beim Schmäuschen das Schicksal der von jenem Hof=
gerichtsabvocaten betriebenen Prozesse zum Voraus entschieden und zwar
so entschieden, daß es gar keinem Collegen mehr möglich sei, gegen ihn
aufzukommen. Nehmen wir ferner an, die „Seeblätter" hätten veröffent=
licht, daß ein Konstanzer Hofgerichtsrath den beim Hofgerichte prozessiren=
den Parteien juristischen Rath ertheile. Nehmen wir also an, die „See=
blätter" hätten solches veröffentlicht, so wäre das großherzogl. badische
Hofgericht zu Konstanz nicht bloß auseinander gesprengt, sondern es
wäre die strengste Disciplinaruntersuchung anbefohlen und angehoben
worden, sintemalen es aus ist mit der Gerechtigkeit, wenn die Justiz
eines Landes in solche Hände gelegt ist."

Dieser Artikel brachte im Hergenhahnenhof eine Wirkung
hervor, wie der Platzregen auf die Hasen. Hergenhahn, der
alte Lockvogel, der sonst jeden Morgen le front haut, stolzen
Schrittes und das Gefühl, Herzog von Nassau zu sein, in
Gesicht und Haltung zur Schau tragend, durch die Haupt=
straße auf das Hofgericht marschirt war, schlich sich nach Er=
scheinung dieses Artikels mit eingeklemmtem Frackzipfel und
gebeugten Hauptes durch finstre Nebengäßchen in den Hof=
gerichtspalast, wo die Hergenhähne, nach dem Ausdruck eines
Procurators, sich zusammenduckten wie verscheuchte Hühner.

Ich habe also nachgewiesen, daß mich die Gerichte zu Wies=
baden wegen angeblicher Ehrenkränkung und Verläumbung zu
einer in civilisirten Ländern unerhörten, zu einer wahrhaft
enormen und monströsen Correctionshausstrafe verurtheilten
und diese Verurtheilung durch Gründe motivirten, die eine
genauere Prüfung sofort als unstichhaltig, als willführliche
und sogar geradezu falsche Annahmen erkennen wird, daß
die Gerichte mich auch in anderer Beziehung mit einer Strenge
behandelten, welche auffallend von der zärtlich besorgten Milde
absticht, die sie früher dem Redacteur des Advocatenblattes
angedeihen ließen, daß die mit den Gerichtspersonen enge
verbundenen Advocaten, die jener Verurtheilung vorhergehen=
den Klagen veranlaßten und bestellten, daß die Advocaten,
während der Prozeß schwebte, in alle Einzelnheiten desselben
eingeweiht waren und in den Stand gesetzt wurden, das Urtheil

6 Tage, ehe es mir publicirt wurde, in ihrem Organe zu veröffentlichen, daß sie das höchste Interesse an meiner Verurtheilung an den Tag legten und dieselbe, als sie ausgesprochen war, öffentlich vertheidigten, Partei für die „Gerichte", Partei gegen mich nehmend und so aus einer Privatklage ein politisches Ereigniß zu machen sich bestrebten; die Schlußfolgerungen aus diesen Thatsachen überlasse ich meinen Lesern, ich selbst erlaube mir unter diesen Umständen die Behauptung: Zu Wiesbaden bestand im Jahr 1863 zwischen den Gerichten und einigen Fortschrittsadvocaten ein die Unparteilichkeit jener im höchsten Grad compromittirender Zusammenhang.

V. Capitel.

Zweiter Hexenprozeß.

Die Hexenhähne legen schon wieder ein Ei. Die Advocaten brüten es abermals aus, indem sie denselben noch lauter zu Hilfe schreien und sich correctionshausdurstig und justizschnaubend der Gnade entgegenstemmen.

> Ich bin das Wild auf das sie pirschen,
> Die Bluthund' wetzen schon den Zahn.
> W. Hauff.

Während meines Aufenthaltes zu Wiesbaden im Jahre 1862 hatte ich, als die Vorbereitungen zur Gründung der „Wiesbadener Zeitung" getroffen wurden, dem Dr. Koch-Conradi mehrere Wechsel girirt. Einer davon, im Betrag von 100 fl., befand sich, als ich im Jahre 1862 dort wieder eintraf, noch unbezahlt in den Händen eines bekannten sehr fetten Geldgeschäftemachers und wurde mir von diesem zur Zahlung präsentirt. Da mir diese unmittelbar nach meinem Eintritt in die von mir 2 Monate lang gratis geführte Redaction der „N. Wiesb. Ztg." beschwerlich fiel, so erwirkte ich mir vom fetten Geldmann eine Frist, welche auch bereitwillig zugestanden wurde. Indessen erfuhren die Abvocaten von der Sache, kauften den Wechsel, der protestirt und eingeklagt war und ließen mich eines Tags ganz unerwartet in Wechselhaft setzen. Nachdem ich in Erfahrung gebracht, wer eigentlich meine Gläubiger seien, bezahlte ich einige Tage nach meiner Verhaftung den Wechsel und wurde natürlich wieder in Freiheit gesetzt, was den Abvocaten sehr unangenehm war. Um sich jedoch nicht ganz umsonst Mühe gegeben zu haben, verübten sie eine literarische Schandthat, welche bis jetzt wenigstens in der deutschen Presse unerhört war. Zum Beweis, was für ein Ungeheuer die „N. Wiesb. Ztg." redigire, erzählten sie zunächst, wie schon oben citirt wurde, in ihrem eigenen Organ, dem „Rh. Kur.", daß ich vor Kurzem durch Bürgschaft eines Banquiers von der Wechselhaft befreit worden, was, da die Abvocaten es schrieben, wieder eine Lüge war, da keine Bürgschaft, sondern Zahlung und von keinem Banquier, sondern von mir geleistet wurde.

Ich frage nun wieder, existiren außer Nassau sonst noch Abvocaten, die einen politischen Gegner mit solchen Waffen bekämpfen? die zuerst einen protestirten Wechsel aufkaufen, dadurch die Wechselhaft erwirken und damit nicht genug, in ihrem dem „Fortschritt" und Schulze-Delitschismus gewidmeten Organe diese Wechselhaft, also eine reine Privatangelegenheit zur Sprache bringen? Ist es solchen Menschen gegenüber ein Wunder, wenn ich über sie eine Sprache redete, die in jedem Wort und jeder Sylbe die tiefste Verachtung ausströmte? eine Verachtung, aus der man, wenn sie sich in Fäden spinnen ließe, einen Strick drehen könnte, lang genug, um den Erdball sechsmal damit zu umwickeln.

Schulze von Delitzsch! mit diesen Abvocaten enge befreundeter Schulze! Sind Sie damit einverstanden, daß Ihre Freunde, die Braun und Lang, solche Mittel in Anwendung bringen? Halten Sie es wirklich für möglich, daß durch Menschen, von dem Schlage Ihrer Freunde, politische Zwecke angestrebt und erreicht, preußische Spitzen in Deutschland aufgepflanzt werden können? Halten Sie immer noch an dem Gedanken fest, diese nassauischen Abvocaten hätten politische Tendenzen verfolgt und glauben Sie immer noch, es sei die Freiheit unterdrückt worden, als diesen Advocaten endlich das Handwerk gelegt wurde?

Es wäre indeffen einigermaßen schmählich erschienen, wenn das Organ der naffauer Advocaten allein unter allen Fort=schrittsblättern der Umgegend meine Wechselhaft verkündigt hätte, meine ehrenwerthen Gegner sahen sich daher nach Bundesgenoffen um. Aber vergebens, selbst Lammers, der sonst so schimpfbereite Advocatenhehler, wollte nicht anbeißen, auch Löb Sonnemann von der „N. Frankf. Ztg.“ nicht, denn die Gemeinheit war doch gar zu stark. Endlich aber fanden die Advocaten einen Bundesgenoffen.

In Frankfurt erscheint das „Frankfurter Journal“. Dieses „Frankfurter Journal“ hatte bis jetzt die zwischen mir und den Advocaten ausgefochtenen Kämpfe mit keiner Sylbe er=wähnt. Es hatte als vollständig unbetheiligter Zuschauer aus sicherer Ferne respectvoll das Aufeinanderplatzen der Hiebe mit angesehen, mich aber und die „N. Wiesb. Ztg.“, wie gesagt, mit keiner Sylbe erwähnt. Endlich brach es sein Stillschweigen und mischte sich auch in den politischen Kampf, der zu Wiesbaden geführt wurde, indem es eine Correspon=denz aus Wiesbaden abdruckte, folgenden Inhalts:

„Wiesbaden, 10. Februar. Seit dem ersten dieses sitzt der Redacteur der „N. Wiesb. Ztg.“, Herr Abt, in Wechselhaft, auf An=trag des Weinhändlers Dögen.“

In dieser Weise mischte sich das „Frankfurter Journal“ in den politischen Kampf, nachdem es drei Monate lang von demselben nicht die geringste Notiz genommen.

Ich muß nun vor Allem die Frage beantworten, wie es kam, daß dieses Journal erst nachträglich, erst 5—6 Tage, nachdem ich aus der Wechselhaft entlaffen war, der Welt das politische Ereigniß mittheilte, daß ich wechselhäftig sei und damit zugleich eine Lüge aussprach, denn ich befand mich, als das „Frankfurter Journal“ sein Bulletin veröffentlichte, längst wieder auf meinen zwei freien Füßen. Es erklärt sich dies so: Zuerst hatte Braun bei den übrigen Fortschritts=blättern Versuche gemacht, seine Nachricht unterzubringen, war aber abgewiesen worden. Da nun das „Frankf. Journal“ bis dahin sich gänzlich neutral verhalten hatte und somit die geringste Aussicht darbot, hatte er sich an dieses Blatt erst

zuletzt gewendet und auch richtig Anfangs eine abschlägliche
Antwort erhalten. Allein Braun kannte seine Leute. Er begab
sich noch einmal persönlich nach „Frankfurt" zu „Hammeran
und seinem Kellner" (jener ist der Eigenthümer und Heraus=
geber, dieser war damals noch der „Redacteur" des „Jour=
nals"), versuchte zuerst politische Gründe geltend zu machen,
zeigte wie wichtig es wäre, das Ungeheuer zu Wiesbaden
in der öffentlichen Meinung zu vernichten und die Wechsel=
haft desselben zu veröffentlichen und als die Gründe nicht
durchdrangen, zog er eine 10=Gulden=Note aus der Tasche
und frug: „Genügt dieß?" Nun sah Hammeran seinen Kellner
und Kellner sah seinen Hammeran an und die beiden verstanden
sich sogleich. Hammeran sprach sofort: „Wenn Sie es ab=
solut haben wollen, Herr Procurator! so wollen wir es thun."
Und Kellner nickte zustimmend, konnte aber doch nicht umhin,
zu seufzen: „Es wird uns übel bekommen". Hierauf legte
Braun die 10=Gulden=Note auf einen Tisch und der Artikel,
in welchem gelogen wurde, ich befinde mich seit 10 Tagen
(also noch) in Wechselhaft, erschien am andern Tag in dem
Fortschrittsblatt, das da heißet „Frankfurter Journal".

Wie erklärt sich nun dieses Benehmen der beiden Ehren=
männer psychologisch? ein Benehmen, das seines Gleichen
nicht hat und nicht hatte in der deutschen Presse, das Organ
der nassauischen Advocaten, den „Rh. Kurier" ausgenommen,
ein Benehmen, das gewiß den höchsten Grad von Gemeinheit
enthält, deren sich die Presse schuldig zu machen im Stande
ist? Die nassauer Advocaten kämpften wenigstens für ihre
politische Existenz, für ihre Stellung, ihre Gebühren und die
Erhaltung der Möglichkeit, in ihrer Weise das Publicum
ausbeuteln zu können, Hammeran und sein Kellner aber, die
bis jetzt dem ganzen Streite vollständig neutral zugesehen
hatten, von mir nie auch nur oberflächlich berührt, geschweige
beleidigt worden waren, machten sich für 10 fl. anheischig,
eine Privatangelegenheit, eine reine Privatangelegenheit meiner
Person in die Oeffentlichkeit zu zerren, für 10 fl. mich zu
compromittiren, für 10 fl. mich öffentlich zu beschimpfen.
Ebenso gut hätte ich von dem Preßmeuchler Kellner damals
schreiben können: Hammerans Kellner leidet seit dem ersten
dieses Monats an einer unsäglichen Krankheit. Es erklärt
sich diese Gemeinheit einfach aus der Persönlichkeit der beiden

Vorstände des „Frankfurter Journals". Hammeran war ursprünglich Barbier und rasirte als solcher den Eigenthümer des „Frankfurter Journals" Jahre lang so gut, daß er von diesem aus Dankbarkeit als Associé aufgenommen wurde. Aber so mächtig sind die ersten Jugend=Eindrücke und Gewohnheiten, daß Hammeran nie ganz von der Barbierkunst und was dazu gehört, sich lossagen konnte. Noch als Eigenthümer des „Frankfurter Journals" bereitet er eigenhändig einen herrlichen Frostbalsam und eine äußerst wirksame Hühneraugensalbe, welche fast in jeder Nummer des „Frankf. Journals" unter dem frommen Titel: „Pfarrer Wahler'sche Hühneraugensalbe" dem Publicum angepriesen wird. Dadurch, daß Hammeran seine Salbe mit dem Namen eines Pfarrers ausschmückt, will wahrscheinlich der Schlaukopf in dem Publicum den Glauben erwecken, ein Pfarrer sei der Vater dieser Salbe und habe, um sie wirksamer zu machen, außer den gewöhnlichen Ingredienzen auch noch seinen Segen hineingerührt. Die Fabrication des Frostbalsams, der Hühneraugensalbe und des „Frankf. Journals" machten den Hammeran im Laufe der Zeit zu einem sehr wohlhabenden, aber auch zu einem sein Geld sehr wohl und fest haltenden Mann. Hammeran hat nur ein Gefühl, ein Motiv, eine Triebfeder in seinem Leibe, nämlich durch den Frostbalsam, die Hühneraugensalbe und das „Frankf. Journal" Geld, viel Geld zu verdienen, dieses Geld aber auch zu behalten. Trieb er doch seiner Zeit seinen eigenen Schwiegersohn, den Buchhändler Meidinger, wegen eines Darlehens von 5000 fl., das an Stelle des Heirathsguts von ihm gegeben worden, in den Bankerott.

Die Fabrikation des Frostbalsams, der Hühneraugensalbe und des damit verbundenen „Frankf. Journals" hatte, da die Winter immer kälter, die Stiefel immer enger und die Zeitungsleser immer dummer werden, in der letzten Zeit eine solche Ausdehnung gewonnen, daß Hammeran sich nach einem Gehülfen umsehen mußte.

Dieser mußte vor allen Dingen die Barbierkunst und was zur niedern Chirurgie gehört verstehen.

Hammeran durchsuchte deßhalb lange alle Barbierstuben Frankfurts, aber vergeblich, denn er bot nur 4 fl. per Woche

nebſt freier Koſt und Logis. Endlich aber führte der Zufall
den Kellner nach Frankfurt. Kellner iſt ein Barbiergehülfe
aus Kurheſſen, der bis in die fünfziger Jahre in Rotenburg
an der Fulda raſirt und nebenbei auch noch den Hunden
der Umgegend die Schwänze beſchnitten und die Ohren ge=
ſtutzt hatte. Die Aufhebung der kurheſſiſchen Verfaſſung vom
Jahre 1851 alterirte aber ſein patriotiſches Gemüth ſo ſehr
— Barbiere ſind bekanntlich überall ſehr freiſinnig — daß
er den Staub von den Schuhen ſchüttelte, das unglückliche
Vaterland verließ und nach Amerika wanderte, oder vielmehr
nach Amerika ſich durchraſirte. In Amerika trieb er ſich lange
als Peblar herum, Seifenkugeln, Raſirpinſel, Raſirmeſſer,
Streichriemen, Fleckenwaſſer, Pomade, Haaröl und Haar=
bürſten, ſowie auch eine Hühneraugenſalbe, aber nicht die
„Pfarrer Wahler'ſche", ſondern ſein eigenes Fabrikat feilbietend
und zugleich auf den Farmen, wo er übernachtete, gegen freie
Zehrung Alles raſirend, was einen Bart trug, auf Verlangen
ſelbſt die Ziegenböcke. An dieſen oft 4 Wochen alten ſtrup=
pigen und borſtigen Farmer=, Squatter=, Pionier=, Trapper=
und Bocksbärten erwarb ſich Kellner jene wundervolle Fertig=
keit im Raſiren, die ihn heute noch allen Frankfurter Bar=
biergehülfen, zum angeſtaunten Ideale macht. Sie gab ihm
aber auch Gelegenheit zu einer Heldenthat, welche der Nachwelt
aufbewahrt zu werden verdient und Kellner im Elyſium einen
Platz neben Winkelried und Leonidas auswirken wird. Kellner
war nämlich einige Zeit im Dienſte des Amerika bereiſenden
Barons von Müller, natürlich als Haarkünſtler, Coiffeur,
Bartſchaber und Bartwichſer. Es war in der Nähe der
Rocky Mountains, als der Baron v. Müller mit ſeiner Be=
gleitung in einen von den Comanches gelegten Hinterhalt
gerieth und ohne ſeinen Kellner Scalp und Leben verloren
hätte. Bereits waren ſämmtliche Begleiter todt oder ver=
wundet, v. Müller kämpfte, aus mehreren Wunden blutend,
im dichteſten Haufen der Feinde, jeden Augenblick den Todes=
ſtoß zu erhalten gewärtig. In dieſem kritiſchen Augenblicke
eilt Kellner mit ſeinem furchtbaren Raſirmeſſer herbei und
raſirt die ganze Indianerbande in einem Augenblicke
„raſch mit drei geſchickten Griffen"
ſo kahl und glatt, daß die Wilden vor Entſetzen ſtarr wer=
den und nicht anders glaubend, als der Teufel raſire hier,

ventre à terre davonsprengen und die unheimliche Stätte verlassen. Kellner wird noch heute in den Kriegsliedern jener Indianer unter dem Namen „der rasende Teufel" besungen.

Nachdem Kellner seinen Herrn in dieser Weise aus dem dichtesten Schlachtgewühl herausrasirt hatte, schenkte ihm dieser zur Belohnung das nöthige Reisegeld, um nach Europa zurückkehren zu können. Da unterdessen die kurhessische Verfassung vom Jahr 1831 wieder hergestellt worden und Kellner somit keinen Grund zur Meidung der Heimath mehr hätte, so reiste er sofort ab, traf zu der Zeit in Frankfurt ein, als Don Balsamo Hühneraugensalbabros Hammeran, der Rabenschwiegervater, einen Gehülfen in sein Balsam=, Salben= und Journal = Fabrikationsgeschäft suchte und da verwandte Geister sich leicht finden, so war der Pact zwischen beiden bald abgeschlossen. Ueberdieß war Kellner ganz der Mann, wie ihn sein Hammeran brauchte. Kellner, als höherer Barbier und niederer Chirurg, ist selbst nicht unbewandert in der Erzeugung von Balsam, Salben, Waschwasser und dergleichen Nebenfabrikaten des „Frankfurter Journals", zugleich besitzt er als Barbier jenen Styl, den die Leser des „Frankf. Journals" allein verstehen, weil er nicht besser ist als ihr eigener, und so konnte Kellner in dreifacher Beziehung von seinem Hammeran ausgenutzt werden: bei der Bereitung des Frostbalsams, bei der Brauung der Hühneraugensalbe und bei der Zusammenschmierung des „Frankf. Journals".

Im Hinblick auf diese Vergangenheit, diese Culturstufe, diese Charakterbeschaffenheit des Don Balsamo Hühneraugensalbabros Hammerans und seines Kellners wird es psychologisch erklärlich sein, daß beide Ehrenmänner um 10 fl. eine reine Privatangelegenheit meiner Person in die Oeffentlichkeit brachten und noch dazu mit lügnerischer Zuthat und Vergrößerung. Ich ließ nun als Repressalie folgende Artikel in der „N. Wiesb. Ztg." erscheinen.

Wiesbaden, 13. Febr. Schon vor längerer Zeit wurde uns von Frankfurt nachfolgende Correspondenz eingesendet: „Seitdem der Schwiegersohn des Frankfurter Journal-Herausgebers Hammeran einen so bedeutenden Bankerott gemacht hat, lebt die Tochter des Letzteren wieder im elterlichen Hause, getrennt von ihrem Mann, um als quasi Wittwe „ihre Tage zu vertrauern". Natürlich machten wir von dieser Nachricht keinen Gebrauch, denn Privatangelegenheiten und Persönlichkeiten in die Spalten der öffentlichen Blätter ohne Noth hereinzuziehen, halten wir, abgesehen von allem Andern, für eine Niederträchtigkeit. Das „Frankf. Journal" scheint in dieser Beziehung anders zu denken, denn es druckt eine Wiesbadener Correspondenz ab, welche folgendermaßen lautet: „? Wiesbaden, 10. Febr. Seit dem 31. v. M. sitzt der Redacteur der „R. Wiesb. Ztg." auf Klage des hiesigen Weinhändlers Dögen in Wechselhaft."

Diese Nachricht war zur Zeit, als sie geschrieben und als sie gedruckt wurde, eine unverschämte Lüge, ausgehend von jenem Advocaten, dem wir so gründlich das Handwerk gelegt haben, daß er jetzt nur noch das „Frankf. Journal zur Verfügung hat, obige Nachricht hatte auch nicht das geringste politische Interesse, war von uns in keiner Weise provocirt, es bleibt somit im Hinblick auf den Character des „Frankf. Journals" nichts anderes anzunehmen übrig, als daß für die Aufnahme des Schmähartikels wieder eine Summe Geldes bezahlt worden ist. Unsere Verachtung über ein solches Benehmen in Worten auszudrücken, halten wir für überflüssig.

* Frankfurt, 12. Febr. Hammeran, dem Herausgeber des „Frankf. Journals", der bekanntlich an eine der häßlichsten Frauen verheirathet ist, wurde heute von einem Weinhändler ohne allen Erfolg ein Wechsel zur Zahlung präsentirt. Ob und wann Wechselhaft für Hrn. Hammeran eintreten wird, kann noch nicht mit Bestimmtheit behauptet werden.

* Frankfurt, 12. Febr. Heute wurde der Dr. W. Kellner, verantwortlicher Redacteur des „Frankf. Journals", auf einem Spaziergang vor der Stadt von drei Männern ergriffen und über eine Bank gelegt. Der Eine hielt ihn beim Kopfe, der Andere bei den Beinen und der Dritte zählte ihm mit einem spanischen Rohre fünfundzwanzig Hiebe auf denjenigen Theil seines Körpers auf, welchen die Redigirung des „Frankf. Journals" hauptsächlich in Anspruch nimmt. Man vermuthet, Hr. Kellner habe sich diese Züchtigung durch einen injuriösen Artikel zugezogen, den er ohne alle Veranlassung über einen der Angreifer in seinem Scandaljournal veröffentlicht hat.

Zur Nachricht.

Gegen gute Bezahlung werden von den Unterzeichneten fortwährend Privatangelegenheiten, Familiengeschichten, Angriffe auf Persönlichkeiten in Form von Correspondenzen aufgenommen und veröffentlicht. Wer sich in dieser Weise an einem Gegner zu rächen wünscht, wende sich, unter Beilegung von mindestens zehn Gulden, an die

Redaction
des „Frankfurter Journals".
Herausgegeben von Hammeran, redigirt von
W. Kellner.

Diese Artikel waren natürlich wieder Wasser auf die Justizmühle zu Wiesbaden. Hatte ich durch meine Erwiderung nicht wieder Stoff zu einer Klage gegeben? War dadurch

nicht von Neuem die Gelegenheit geboten, mich als ein Un=
geheuer erscheinen zu lassen, daß sogar die beiden harmlosen
Schaafe Hammeran und seinen Kellner injurire? Freilich!
Und deßhalb eilte Braun sofort wieder nach Frankfurt und
drang in Hammeran und seinen Kellner, Klage gegen mich
anzuheben bei den „Gerichten" zu Wiesbaden. Beide Bar=
biere wollten anfänglich nichts davon wissen, denn es sei, wie
Kellner bemerkte, zu befürchten, daß ich noch schärfer gegen=
stoßen werde. Als jedoch Braun abermals eine 10 fl.=Note
aufmarschiren ließ, sagte Hammeran: „Ach was! Wer A sagt,
muß auch B sagen und beide Ehrenmänner klagten gegen
mich beim Justizamt zu Wiesbaden wegen Ehrenkränkung und
Verläumbung. In dieser Klage fiel mir namentlich ein Punkt
auf. Nachdem die beiden Barbiere wahrhaft Zeter geheult
hatten, darüber, daß ich den Frevel beging, ein „trauriges
Familienereigniß" Hammerans, also eine „reine Privatange=
legenheit" in den Spalten meiner Zeitung zu berühren (meine
Wechselhaft war natürlich ein freudiges Familienereigniß und
eine rein politische Angelegenheit) und nachdem sie ganz ernst=
haft die Miene beleidigter Ehrenmänner angenommen hatten,
die von mir ohne alle Veranlassung gekränkt worden seien,
bezeichnen sie die aus der „N. Wiesb. Ztg." soeben citirte
Darstellung des dem Kellner widerfahrenen Unfalls als un=
fläthig. Ich hatte gesagt, 25 Hiebe seien Hammerans
Kellner auf denjenigen Theil seines Körpers aufgezählt worden,
welcher bei der Redaction des „Frankf. Journals" haupt=
sächlich in Anspruch genommen werde, ich überließ es also
vollständig der Willkühr des Lesers, sich unter den verschie=
denen Körpertheilen des Frankfurter Journal=Kellners den=
jenigen herauszuwählen, welcher, so wie das „Frankf. Journ."
damals redigirt wurde, als der redigirende Körpertheil des
berühmten Barbiers angenommen werden müsse. Ich schloß
also z. B. den Kopf nicht von diesen Körpertheilen aus. Er
aber, der Kellnerkläger, wohl wissend, daß er nicht mit dem
Kopfe arbeitet, dachte sofort an denjenigen Theil seines Kör=
pers, womit er in der That das „Frankf. Journal" redigirt
und bezeichnet diesen Theil als unfläthig, obgleich es nicht
meine Schuld ist, daß der Mensch diesen Körpertheil über=
haupt besitzt und daß Hammerans Kellner ihn zur Redigirung
des „Frankf. Journals" verwendete.

Nachdem also die beiden Mitglieder der Fortschrittspresse für 10 fl. über mich gelogen hatten, ich sei am 10. Febr. noch in Wechselhaft gesessen, und somit eine reine Privatangelegenheit in der Absicht veröffentlichten, mich empfindlich zu beleidigen und öffentlich zu compromittiren, verklagten sie mich, weil ich ebenfalls eine Privatangelegenheit Hammerans und seines Kellners veröffentlicht und die beiden injurirt und verläumbet habe. Es ist dieß eine so ungeheure und zugleich so naive Unverschämtheit, daß sie sich nur aus der completten Verschrobenheit erklären läßt, welche sich im Laufe der Zeit der Köpfe dieser Preßleute bemächtigt und ihnen die Ansicht beigebracht hat, wer sich an der Presse befindet, habe die Ehre, den guten Namen und die Person aller Uebrigen zur Verfügung, dürfe über Jedermann lügen, dürfe Jedermann angreifen und beleidigen, dürfe die delicatesten Privatangelegenheiten veröffentlichen und wenn sich Einer dagegen wehre, so mache er sich eines Verbrechens schuldig und werde mit Recht verklagt. Daß sie dieß thaten, daß sie mich bei den Wiesbadener Gerichten verklagten, von welchen sie mit Sicherheit eine Verurtheilung und zwar ins Zwangsarbeitshaus erwarten konnten, daß sie mich also ins Correctionshaus sperren lassen wollten, weil ich ihren Angriff nicht ruhig und unterthänig mir gefallen ließ, sondern mich meiner Person wehrte, das wird den beiden Barbieren nicht mehr verziehen. Ich habe noch mit einigen anderen Fortschrittspreßleuten hier abzurechnen, ich lasse es jedoch mit dieser Abrechnung vorläufig bewenden, weil die andern mich wenigstens nicht verklagten, mich nicht bei der Wiesbadener Justiz verklagten, was unter den damaligen Umständen ein wahres Verbrechen, ganz eigentlich ein Attentat auf meine Freiheit war, aber den Hammeran und seinen Kellner lasse ich nicht mehr aus meiner Feder, denn diese beiden Ehrenmänner verklagten mich, verklagten mich bei den Wiesbadener Gerichten, nachdem sie mich für zehn Gulden persönlich angegriffen, mich beleidigt und gereizt hatten.

Einige Worte jetzt über das Hergenurtheil, wodurch ich wegen Hammerans- und Kellnerbeleidigung zur Correctionshausstrafe verurtheilt wurde.

Dasselbe lautete:

„**Urtheil.**

In Untersuchungssachen gegen ben Rebacteur ber Neuen Wiesbabner Zeitung, **Christian Gottlieb Abt** bahier,

wegen Verläumbung unb
Ehrenkränkung

erkennen Wir zum Criminalsenat bes Herzogl. Nass. Hof= unb Appellationsgerichts zu Wiesbaben bestellte Vorsitzenber, Räthe unb Assessor, nach geschlossener Untersuchung in Er= wägung:

B. baß **Christian Gottlieb Abt** beschulbigt wurbe ꝛc. burch folgenbe in Nr. 38 unb Nr. 39 ber Neuen Wiesbabner Zeitung aufgenommene Artikel:

a) „Wiesbaben, 13. Febr. Schon vor längerer Zeit wurbe uns von Frankfurt nachfolgenbe Corresponbenz eingesenbet: ꝛc. unb insbesonbere bie am Schlusse vorkommenbe Stelle: „Diese Nachricht war zur Zeit als sie geschrieben unb als sie ge= bruckt wurbe, eine unverschämte Lüge, ausgehenb von jenem Abvocaten, bem wir so grünblich bas Hanbwerk gelegt haben, baß er jetzt nur noch bas Frankfurter Journal zur Verfü= gung hat, obige Nachricht hatte auch nicht bas geringste poli= tische Interesse, war von uns in keiner Weise provocirt, es bleibt somit im Hinblick auf ben Character bes Journals nichts anbers anzunehmen übrig, als baß für bie Aufnahme bes Schmähartikels wieber eine bebeutenbe Summe Gelbes bezahlt worben ist. Unsere Verachtung über ein solches Be= nehmen in Worten auszubrücken, — halten wir für über= flüssig;"

b) „Frankfurt, ben 12. Febr. Hammeran, bem Herausgeber bes Fankfurter Journals, ber bekanntlich an eine ber häß= lichsten Frauen verheirathet ist, wurbe heute von einem Weinhänbler ohne allen Erfolg ein Wechsel zur Zahlung präsentirt. Ob unb wann Wechselhaft für Hammeran ein= treten wirb, kann noch nicht mit Bestimmtheit — behauptet werben;"

c) „Frankfurt, 12. Febr. Heute wurbe ber Dr. W. Kellner, verantwortlicher Rebacteur bes „Frankfurter Journals" auf einem Spaziergange vor ber Stabt von brei Männern er= griffen unb über eine Bank gelegt, ber Eine hielt ihn beim Kopfe, ber Anbere bei ben Beinen unb ber Dritte zählte ihm mit einem spanischen Rohr fünfunbzwanzig Hiebe auf ben= jenigen Theil seines Körpers auf, welchen bie Rebigirung bes Frankfurter Journals hauptsächlich in Anspruch nimmt. Man vermuthet Herr Kellner habe sich biese Züchtigung burch einen injuriösen Artikel zugezogen, ben er ohne alle Veran= lassung über einen ber Angreifer in seinem Scanbal=Journal — veröffentlicht hatte."

13

d) „Zur Nachricht. Gegen gute Bezahlung werden von der
Unterzeichneten, fortwährend Privatangelegenheiten, Familiengeschichten, Angriffe auf Persönlichkeiten in Form von Cor-
respondenten aufgenommen und veröffentlicht. Wer sich in dieser Weise an einem Gegner zu rächen
wünscht, wende sich unter Beilegung von mindestens zehn
Gulden an die

Redaction
des „Frankfurter Journals"
herausgegeben von Hammeran, redigirt von
Dr. W. Kellner."

den Dr. Wilhelm Kellner [1]) in Frankfurt a. M. und
den Johann Andreas Hammeran daselbst verläumdet
und an ihrer Ehre gekränkt zu haben;

4. daß in den unter B a und d bezeichneten Artikeln der
Thatbestand der fortgesetzten Verläumbung gegen den
Herausgeber und Redacteur des Frankfurter Journals
Johann Andreas Hammeran und Dr. Wilhelm Kellner
zu Frankfurt a. M. enthalten ist, da demselben darin
die bestimmte unsittliche Handlung vorgeworfen wird,
sie seien bereit gegen Geld jeden von Privatrache dictirten Angriff auf Persönlichkeiten, sowie Privatangelegenheiten und Familiengeschichten betreffenden Schmähartikel in das Frankfurter Journal aufzunehmen, wie
dieses bereits von ihnen geschehen sei und forderten
auf, ihnen derartige Artikel mit wenigstens 10 fl. zu-
zusenden; — davon aber, daß diese Beschuldigung wissentlich falsch geschah nach den vorliegenden Umständen
und der Erklärung des Angeschuldigten selbst kein Zweifel besteht;

5. daß durch die unter B c erwähnten Artikel Dr. Wil-
helm Kellner und durch den unter B d bezeichneten
Johann Andreas Hammeran an ihrer Ehre gekränkt
erscheinen, da ihnen dadurch nach Inhalt und Form
Verachtung bezeigt wird, der Angeschuldigte auch diese
Absicht daraus mit Nothwendigkeit erkennen mußte;

8. daß bei Zumessung der Strafe der Hang des Angeschuldigten zu derartigen Vergehen erschwerend in Betracht kommt, welcher ihn bestimmte, auch nach geschehe-

---

1) Derselbe ist nämlich Doctor — inferioris maxillae.

ner Verurtheilung zu einer mehrmonatlichen Corrections=
hausstrafe in Verübung derselben Vergehen fortzufahren;
und als weitere Erschwerungsgründe die geschehene
Verbreitung durch den Druck, sowie die durch die frag=
lichen Ehrenkränkungen für den Geschäftsbetrieb des
J. A. Hammeran und Dr. Wilhelm Kellner möglicher=
weise nachtheiligen Folgen in Anwendung kommen, wäh=
rend die unwahre Angabe in dem Frankfurter Journal
bezüglich der gegen den Angeschuldigten angeordneten
Wechselhaft, welche übrigens lediglich die Zeitdauer der=
selben betraf und daher nicht in so hohem Grade ver=
letzend für den Angeschuldigten erscheint, jedenfalls nur
als Strafmilderungsgrund bezüglich der Ehrenkränkun=
gen gegen 2c. Hammeran und 2c. Kellner, nicht aber
bezüglich der weiteren Verläumdungen betrachtet wer=
den kann;

9. daß übrigens die Strafe nur als Zusatz zu der durch
Urtheil des unterzeichneten Gerichts vom 13. Februar
l. Js. erkannten Strafe wegen gleichen Vergehens aus=
zusprechen ist, da die fraglichen Vergehen zwar nach
Erlaß des erwähnten Urtheils, aber vor dessen Rechts=
kraft verübt worden sind; mit Anwendung der Art. 297,
298, 299, 300 pos. 2, 301, 302 pos. 1, 306, 311,
101, 102 und 108 und 110 des Strafgesetzbuchs
zu Recht:

daß wegen der obenerwähnten Verläumdungen und Ehrenkrän=
kungen Christian Gottlieb Abt, gebürtig aus Eßlingen in
Würtemberg, wohnhaft dahier, Redacteur der Neuen Wies=
badener Zeitung zu einer Correctionshausstrafe von Einem
Monat als Zusatz zu der durch Urtheil des unterzeichneten
Gerichts vom 18. Februar l. Js. erkannten dreimonatlichen
Correctionshausstrafe, sowie in die Untersuchungskosten, welche
an Stempeltaxen 25 fl. 10 kr. betragen und für welche die
für die Neue Wiesbadner Zeitung gestellte Caution haftet,
zu verurtheilen sei; erklären die Beleidigten für berechtigt,
sich zur öffentlichen Verkündigung des sie betreffenden Theils
des Urtheils auf Kosten des Verurtheilten der Neuen Wies=

gabener Zeitung zu bedienen und verfügen, daß die Untersuchung im übrigen einzustellen sei.

V. R. W.

Wiesbaden, ben 25. April 1863.

(L. S.)   v. Reichenau.

Es heißt also in diesem Urtheil, ich habe dem Hammeran
und seinem Kellner die bestimmte „unsittliche" Handlung vorgeworfen, sie seien bereit, gegen Geld jeden von Privatrache
dictirten Angriff auf Persönlichkeiten, sowie Privatangelegenheiten und Familiengeschichten betreffende Schmähartikel in
das „Frankfurter Journal" aufzunehmen, wie dieß bereits von
ihnen geschehen sei.

Was diesen Passus anbetrifft, so bin ich durchaus damit
einverstanden. Ich habe dem Hammeran und seinem Kellner
die erwähnte „unsittliche" Handlung vorgeworfen, ich werfe sie
ihnen hier noch einmal vor und werde sie ihnen noch oft
vorwerfen. Die Frage ist jetzt nur, ob ich zu diesem Vorwurfe burch Thatsachen berechtigt war und noch bin, oder
nicht. — Diese Frage wird von den Hergenrichtern dahin
beantwortet, daß sie ohne alles Weitere sagen, meine Anschuldigung sei wissentlich falsch gemacht worden, dieß
gehe aus den „vorliegenden Umständen" und „meiner eigenen
Erklärung" hervor. Seht meine Herren! in dieser Weise
fabricirten die nassauischen Rechtspfleger Urtheile auf Bestellung der Advocaten. Wie, es geht aus den „vorliegenden
Umständen" hervor, daß ich obigen Vorwurf einer unsittlichen
Handlung dem Hammeran und seinem Kellner wissentlich
falsch gemacht habe? Aus welchen Umständen benn? Warum
werden benn diese Umstände nicht angeführt? Und wenn diese
Umstände nicht angeführt zu werden brauchen, kann bann nicht
Jedermann in's Corrections- und Zuchthaus oder gar zum
Tobe verurtheilt werden, so oft drei Hergenrichter sich hin-
setzen und ein Urtheil fabriciren, bas die ihnen befreundeten
Advocaten mit Sehnsucht erwarten.

Die „vorliegenden Umstände" waren aber gerade von der
Art, daß sie in Jedermann die Ueberzeugung erwecken müssen,
Hammeran und sein Kellner geben sich dazu her, ums Geld
Angriffe auf Persönlichkeiten, dictirt von der Privatrache,

Privatangelegenheiten und Familiengeschichten in ihr Blatt
aufzunehmen. Haben sie denn nicht die Geschichte meiner
Wechselhaft, eine reine Privatangelegenheit und traurige Fa=
miliengeschichte in ihrem Blatte veröffentlicht, haben sie diese
Veröffentlichung nicht veranstaltet, ohne von mir im Geringsten
provocirt worden zu sein, haben sie die Wechselhaft, also eine
reine Privatangelegenheit meiner Person, nicht veröffentlicht,
nachdem sie drei Monate lang systematisch, also aus Gründen,
über meine politischen Kämpfe und meine politische und pu=
blicistische Thätigkeit das tiefste Stillschweigen beobachtet
hatten? Liegt also nicht der Schluß nahe, daß nur ein ganz
bestimmtes Motiv sie zu einer veränderten Haltung gegen
mich, d. h. zur Veröffentlichung jener Wechselhaft veranlaßt
habe, zu einer Veröffentlichung, die mir schaden, die meinen
Credit untergraben mußte, die also nur von meinen Feinden
veranlaßt und im Hinblick auf den Charakter Hammerans
und seines Kellners nur durch Geld bewerkstelligt worden sein
konnte. Und die Themiskarrenschieber zu Wiesbaden sagen,
ich habe dem Hammeran wissentlich falsch den Vorwurf
gemacht, sie haben meine Wechselhaft ums Geld veröffentlicht.
Während die Thatsache vorliegt, daß Hammeran und sein
Kellner eine reine Privatangelegenheit veröffentlichten, während
zur Erklärung dieser Veröffentlichung, so wie die Umstände
vorliegen, gar kein anderer Grund aufgefunden werden kann,
als die Annahme, Hammeran und sein Kellner seien durch
Geld bestimmt worden, haben sich von Braun erkaufen lassen,
während die Thatsachen so beschaffen sind, sagen die Justizleute
zu Wiesbaden, sagt der Hergenneffe Reichenau und der
Hergenbehner, ich habe wissentlich falsch meinen Vorwurf
ausgesprochen.

Wissentlich falsch wider besseres Wissen, im Wider=
spruch mit den Thatsachen und in der Absicht, mich justizlich
zu ruiniren und zu Gunsten der Advocaten unschädlich zu
machen, schleppen diese „Richter" das „wissentlich falsch"
an den Haaren herbei und kleben es mir an.

Ich habe selbst erklärt, meinen Vorwurf wissentlich
falsch ausgesprochen zu haben, sagen sie noch, die gerechten
Richter. Aber ich habe so etwas nie erklärt. Erklärt habe
ich, daß ich die Erzählungen über Hammeran und seinen

Kellner in der Absicht veröffentlichte, die beiden dafür zu züchtigen, daß sie ums Geld eine reine Privatangelegenheit meiner Person in die Oeffentlichkeit brachten, um mich dadurch zu compromittiren und mir zu schaden.

Ferner heißt es in dem Hergenurtheil: in den Artikeln B. b. und B. c. werde dem Johann Andreas Hammeran und seinem Kellner nach Inhalt und Form Verachtung bezeigt, deßhalb sei ich strafbar und werde zu Correctionshaus verurtheilt. Aber ich bitte, sind denn zwei Leute, die sich von den Gegnern eines Redacteurs bestimmen lassen, dessen Wechselhaft zu veröffentlichen, sind das etwa zwei achtbare Leute und darf man solchen Leuten keine Verachtung bezeigen? Indessen habe ich die erwähnten Artikel gar nicht geschrieben und veröffentlicht, um dem Hammeran und seinem Kellner Verachtung zu bezeigen, denn diese Zwei kümmern sich um meine Achtung und Verachtung, wenn 10 fl. dabei in's Spiel kommen, sehr wenig. Sondern ich habe jene Artikel geschrieben, um dem Hammeran und seinem Kellner wehe zu thun, um ihnen Unangenehmes und Uebles zuzufügen, um ihnen Schmerzen zu bereiten und in ihnen dadurch den Entschluß zu erzeugen, künftig Gemeinheiten zu unterlassen, wie sie sich mir gegenüber eine hatten zu Schulden kommen lassen.

Hammeran und Kellner hatten über mich geschrieben und noch dazu lügnerisch geschrieben: „seit dem 31ten v. M. sitzt der Redacteur der „N. Wiesb. Ztg." auf Antrag des Weinhändlers Dögen in Wechselhaft." Ich schrieb: „dem Hammeran, der an eine der häßlichsten Frauen verheirathet ist, wurde ohne allen Erfolg ein Wechsel zur Zahlung präsentirt, ob und wann Wechselhaft eintreten wird, ist noch unbestimmt." Ich schrieb also über den Hammeran ganz dasselbe, was Hammeran über mich geschrieben und ich schrieb es, weil Hammeran mich dazu provocirt hatte, während ich den Hammeran nicht zu seinem Schreiben provocirt hatte und ich schrieb es, um in dem Hammeran Gewissensbisse, Buße und Reue hervorzurufen. Und nun urtheilen die Wiesbadner Priester der Themis, das ist „Bezeigung von Verachtung!" Ins Correctionshaus mit dem Kerl, der unsern Freunden, den Advocaten so verhaßt ist.

Ich schrieb ferner, dem Kellner seien 25 auf den redigirenden Theil seines Körpers aufgezählt worden, ich erzählt

damit Etwas, was der Kellner jeden Tag, jede Stunde ver=
übt, was ihm jeden Tag, jede Stunde begegnen kann und
ich erzählte es, weil er sich mir gegenüber eine ausgesuchte
Niederträchtigkeit hatte zu Schulden kommen lassen.

"Das ist, rufen die Hergenrichter wieder, das ist Be=
zeigung von Verachtung, ins Correctionshaus mit dem Kerl,
der unsere Freunde, die Advocaten, immer so empfindlich
angreift."

Bei Zumessung der Strafe komme, sagen die Rechtsge=
lehrten von Wiesbaden, noch als Erschwerungsgrund in Be=
tracht mein Hang zu derartigen Vergehen.

Dieser Hang ist aber eine Lüge. Ich habe gar keinen
Hang zu Injurien. Ich habe gar Niemand, seit ich die Feder
führe, angegriffen und ohne Veranlassung beleidigt. Ich war
in allen Fällen provocirt und gereizt. Ich habe allerdings
den „Hang", jeden, der mir zu nahe tritt, von hinnen zu
stoßen, Ohrfeigen mit Fußtritten, Angriffe mit Represfalien
zu beantworten, weil ich mich selbst zu vertheidigen weiß und
keine Gerichte dazu bräuche und weil ich es für eine Feigheit
halte, zu klagen, wenn man sich selbst Recht zu verschaffen
im Stande ist. Ich habe also keinen Hang zu Injurien und
Verläumbungen, sondern ich habe nur einen Hang zu Repres=
falien, d. h. zu Handlungen, welche, wenn sie nach richtigen
Gesichtspuncten beurtheilt werden, sehr berechtigte Handlungen
und nichts weniger als Injurien und Verläumbungen sind.
Dagegen hatten die Hergenrichter den größten Hang mir In=
jurien und Verläumbungen wissentlich falsch zuzuschieben, um
mich, ganz wie es die Advocaten wünschten, im Corrections=
haus unschädlich zu machen.

Glänzend strahlt noch die naffauer Justiz in der Bemer=
kung hervor, die Veröffentlichung meiner Wechselhaft durch
den Hammeran und seinen Kellner „erscheinen nicht in so
hohem Grade verletzend für mich". Was doch diesen unpar=
teiischen Richtern nicht alles erscheint! Handelt es sich darum,
Erschwerungsgründe gegen mich aufzuspüren, so sagen sie ohne
allen Grund und Beweis, es muß angenommen werden,
der Angeschuldigte habe wissentlich falsch seinen Vorwurf
gemacht, es muß ferner ein Hang zu Injurien, es muß die
Absicht zu beleidigen bei ihm angenommen werden. Haus

belt es sich nun aber um Milderungsgründe für mich, so sagen sie, allerdings hat das Frankfurter Journal lügnerischer Weise behauptet, der Angeschuldigte sitze am 10. Februar in Wechselhaft, aber die Veröffentlichung einer reinen Privatangelegenheit, wodurch der Angeschuldigte öffentlich compromittirt, in seinem Credit erschüttert werden sollte, ach das „erscheint" nicht so verletzend, deßhalb ins Correctionshaus mit dem Kerl, der unsere Freunde, die Advocaten, nicht in Ruhe läßt! Das ist Hergenjustiz!

Mit Hammeran und seinem Kellner zugleich klagte aber noch ein anderer, den ich hier, da er gestorben ist, kürzer abmache, als dieß ursprünglich ausgeführt war. Es klagte nämlich der Pfarrer Koch von Klingelbach. Derselbe war Mitglied der zweiten Kammer, ließ sich, als dieselbe zusammentrat, von Braun bewegen, diesem bei der Präsidentenwahl seine Stimme zu geben. Ueber diesen Fall schrieb ich einen Artikel, in welchem folgende Stelle vorkommt:

„Nun aber begab sich folgendes. Während auf der einen Seite wie gewöhnlich die Hände in den Schooß gelegt und die Dinge ihrem Laufe überlassen wurden, versammelte Herr Procurator Braun den Tag vor der Wahl die beiden ausschlaggebenden Stimmen Jäger und Koch bei sich zu einem Abendschmause und setzte ihnen die Vortheile auseinander, welche — natürlich dem Lande erwachsen würden, wenn er selbst den Präsidentensitz wieder besteigen könnte. Höchst wahrscheinlich wurde beigefügt, daß eine Wahl die andere nach sich ziehen werde, daß Herr Pfarrer Koch ganz geeignet wäre, als Vicepräsident den Herrn Schmidt zu ersetzen, während Herr Bürgermeister Jäger als Schriftführer sich ebenfalls ganz gut ausnehmen würde, und daß Herr Braun und seine Parteigenossen Alles dieß bereits reiflich überlegt und sich entschlossen haben, den Vicepräsidenten und Schriftführer gegen den Präsidenten auszutauschen.

Diese Gründe scheinen bei Herrn Pfarrer Koch, der eine der besten Pfarreien des Landes inne hat und bei Herrn Bürgermeister Jäger nicht auf steinigen Boden gefallen zu sein, denn sie stimmten am Wahltag mit den erbittertsten Gegnern der Regierung und halfen eine Wahl zu Stande zu bringen, welche wohl außerhalb Nassau in keinem anderen constitutionellen Staate Europa's möglich gewesen wäre. Mögen die beiden Herren ihr Benehmen dem Lande gegenüber verantworten und dasselbe nie zu bereuen haben."

Wegen dieser Stelle klagte Pfarrer Koch, denn es sei, wie er sagte, zwischen den Zeilen eine Verläumdung enthalten. Ich habe ihm vorgeworfen wider seinen Abgeordneteneid gehandelt zu haben. Und die Hergenrichter verur-

theilten mich wegen Versäumbung zwischen den Zeilen zu
4 Wochen — Correctionshaus! Im Ganzen also zu 4 Monaten
Correctionshaus!

Ich richtete nun ein Gnadengesuch an den Herzog, worin
ich um Aufhebung dieser excessiven Strafen oder wenigstens
um Verwandlung derselben in mäßige Geldbußen nachsuchte.

Hatten nun die Advocaten schon unmittelbar nach Verkündigung des erstinstanzlichen „Urtheils“ zum Voraus gegen
eine möglicher Weise eintretende Begnadigung gewüthet, so
lärmten und tobten sie jetzt, nachdem ich wirklich ein Gnadengesuch eingereicht hatte, geradezu wie besessen.

Zuerst benützte Advocat Lang seine Stellung als Abgeordneter, um gewissermaßen in amtlicher Eigenschaft und von
geheiligter Stätte aus gegen die bevorstehende Begnadigung
zu donnern, um einzuschüchtern und abzuschrecken.

Die Regierung hatte zur Vertretung ihrer Interessen in
der Presse vom Landtag 3500 fl., welche derselbe das Jahr
zuvor bewilligt hatte, wieder verlangt. Advocat Lang stand
nun auf und trug einen Artikel aus dem „Rh. Kurier“ vor,
in dem er sagte, das verlangte Geld sei höchst wahrscheinlich
zur Unterstützung der „M. Wiesb. Ztg.“ bestimmt, dieselbe
vertheidige die Regierungsmaßregeln, werde von der Regierung begünstigt und empfohlen, und aus Regierungskreisen
bedient, verletze aber alle Regeln des Anstandes, sei wegen
flagranter Verletzungen des Strafgesetzbuches bereits zu Correctionshausstrafe verurtheilt, der Redacteur der Zeitung habe
aber ein Gnadengesuch höchsten Orts eingereicht, in welchem
er die gegen ihn erlassenen Urtheile als einen Racheact
bezeichnet habe und es sei ihm der mündliche Bescheid ertheilt
worden, er werde die Correctionshausstrafe nicht verbüßen,
denn man sei froh, endlich einen Mann gefunden zu haben,
der ein Wort im Sinne der Regierung und für dieselbe zu
schreiben verstehe.

Wegen dieser Ausfälle bearbeitete ich den Advocaten
Lang in vier aufeinander folgenden Artikeln. Ich forderte
ihn auf, seine Behauptungen zu beweisen. Er schwieg. Ich
erklärte hierauf drei-, viermal öffentlich: Lang habe seine
Stellung als Abgeordneter dazu gemißbraucht, drei handgreif-

liche Lügen über einen politischen Gegner auszusprechen. (Lang unter diesen Umständen einen Lügner zu heißen, verbieten die Juristen, dagegen darf man sagen: Lang habe gelogen. Eine merkwürdige Wissenschaft dieß, welche zu sagen erlaubt, Jemand habe gemalt, aber verbietet zu sagen, Jemand sei ein Maler!) Lang schwieg. Ich erklärte von Neuem und wiederholt, Lang habe öffentlich gelogen und verdiene nicht länger in der Kammer zu sitzen. Lang schwieg beharrlich. Endlich drohte ich, die ganze Angelegenheit vor die Kammer zu bringen und nun veröffentlichte Lang endlich eine Erklärung, in welcher er sagte, was er in der Kammer behauptet, sei ihm von irgend welchen Leuten mitgetheilt worden. An allen seinen Behauptungen war kein wahres Wort. Nie während meines Aufenthalts in Wiesbaden erhielt ich von Seiten der Regierung die geringste Mittheilung, den Staatsminister Prinzen von Wittgenstein kannte ich blos vom Sehen, den Regierungspräsidenten v. Wintzingerode gar nicht. Nie sprach ich ein Wort mit ihnen. Nie genoß ich einer Unterstützung von Seiten der Regierung. Nie wurde mir von dieser direct oder indirect eine Mittheilung gemacht. Nie nannte ich ein gerichtliches Urtheil einen „Racheact", nie sprach der Herzog zu mir, was ihm Lang lügnerischer Weise in den Mund legte, sondern als ich in der Audienz, welche nachzusuchen mir der Rath ertheilt worden, empfangen wurde, um mein Gnadengesuch noch persönlich vorzutragen, sprach der Herzog, nachdem er meiner Zeitung alle Anerkennung hatte zu Theil werden lassen, gerade das Gegentheil von dem, was ihm Lang lügnerisch in den Mund gelegt hatte. Er drückte nämlich seine Mißbilligung über die Persönlichkeiten aus, welche in der Zeitung öfters zu lesen seien, worauf ich erwiderte, daß ich dazu wider Willen durch meine Gegner gezwungen werde, welche mich fortwährend persönlich so angreifen, daß ich zu Repressalien genöthigt sei. Ich möchte nun doch wissen, ob außerhalb Nassau ein Volksvertreter möglich wäre, dem man wiederholt öffentlich vorwerfen kann, er habe, um Jemand zu verdächtigen, in seiner Eigenschaft als Abgeordneter infam gelogen und der diesen Vorwurf hinnimmt ohne zu mucksen.

Was aber Lang in der Kammer sprach, war nur die Einleitung zu einer Reihe von Artikeln des „Rhein. Kuriers", in welchen Lang selbst und Braun sich heiser darüber schrieen, daß eine in einem Privat=Ehrenkränkungsprozeß erlassene Strafe von 4 Monaten Correctionshaus in 4 Wochen Festungs= strafe verwandelt wurde; denn vier Wochen Festung wurden vom Herzog, wie dieß sein Recht war, an die Stelle von 4 Monaten Zwangsarbeitshaus gesetzt und jene Festungsstrafe mußte ich auch wirklich erstehen. Schon früher, sagte Braun im „Rh. Kurier", sei in Nassau das Begnadigungsrecht ge= mißbraucht worden.

„Soweit, wie im vorliegenden Falle aber, wo das Begnadigungsrecht gebraucht wird, um vermeintliche Dienste, die theilweise von der Moral (Braun spricht von Moral) verworfen und von den Gesetzen des Staats mit schweren Strafen bedroht sind, zu belohnen, ist man unseres Wissens selbst in Nassau bis heute nicht gegangen."

Allerdings gebe es Fälle, in welchen die Gnade Platz greifen müsse.

Im Falle des Redacteurs der „N. Wiesb. Ztg." dagegen werden „die Begnadigungsgründe nicht hergenommen aus der besonderen Beschaffen= heit des Falles, oder der Persönlichkeit und den Motiven des Thäters; Nein! aus ganz anderen, der Sache vollständig fremden Verhältnissen. Die Gnade wird gespendet oder doch in Aussicht gestellt für die guten Dienste, die der Ansuchende nach Ansicht der Regierung ihr im Uebrigen gegen ganz andere Personen geleistet hat, und so zum Voraus bei Fort= dauer dieser guten Dienste Straflosigkeit zugesichert in anderen ähnlichen Fällen; m. a. W. ein Ablaß, ertheilt für die Zukunft, wie der Abgeord= nete Lang es genannt hat!

Hofgerichtsprocurator Dr. Brück, wird aus Veranlassung einer For= derungsklage, die er in pflichtmäßiger Ausübung seines Berufs und nach dem Urtheil des Gerichts in vollkommen ordnungsmäßiger (?) Weise gegen den Redacteur der „N. Wiesb. Ztg." erhoben hat, von demselben in dieser Zeitung fortgesetzt in der infamsten Weise beleidigt und an seiner Ehre beschädigt. Selbst helfen darf er sich nicht; er sucht seine Genug= thuung bei den Gerichten; der Beleidiger wird zu Correctionshausstrafe in zwei Instanzen rechtskräftig verurtheilt. Weil er aber der Regierung nach deren Meinung gegen Oppositionsmänner gute Dienste geleistet hat, wird ihm zur Belohnung dieser Dienste Begnadigung zugesichert, und Herr Dr. Brück zahlt mit der Entbehrung seiner Genugthuung, also nach der gesetzlichen Auffassung mittelst Einbuße an seiner äußeren Ehre, zwei= malige Dienste, die ebenfalls wieder Gegenstände strafrechtlicher Unter= suchungen geworden sind!

Das ist der Gebrauch, den die nassauische Regierung von dem Ma= jestätsrecht der Begnadigung macht, dem „herrlichsten Edelstein der Krone" im Sinne der „höheren Gerechtigkeit"!

Diesen Entstellungen brauche ich nichts mehr entgegen-
zuhalten, nachdem ich meine Leser durch Veröffentlichung der
betreffenden Actenstücke selbst zu urtheilen in Stand gesetzt
habe, wie „infam" die Weise war, in welcher ich den Brück
beleidigte, worin überhaupt die Vergehen bestanden, wegen
deren ich von den Freunden der Advocaten Braun und Lang
in's Correctionshaus verwünscht wurde. Ich hatte in allen
Fällen mich gegen Angriffe vertheidigt, gegen den Angriff
des Brück auf meinen Beutel, gegen die Angriffe der Presse
auf meine Ehre und Person. Ich hatte in allen Fällen nur
die Wahrheit gesagt und weil ich wegen des Sagens dieser
Wahrheit zu einer tollhäuslerisch wahnwitzigen Strafe verurtheilt worden, deßhalb war die Verwandlung derselben in
eine mildere Haft vollständig gerechtfertigt.

Uebrigens hetzten die Advocaten noch 8 Tage lang in
ihrem Organ. „Drei Begnadigungen in Nassau", „Die Gerechtigkeit in Nassau" 2c. waren die Artikel betitelt, in welchen
Braun und Lang darüber tobten und wütheten, daß ihnen ihr
Schlachtopfer entging und nicht in's Correctionshaus gesperrt
wurde. Ich blieb natürlich nichts schuldig, sondern beharrte
darauf, daß ich nur die Wahrheit gesagt und auf eine mon-
ströse Weise verurtheilt, auch von den Gerichten ganz anders
behandelt worden sei als seiner Zeit der Redacteur des Fortschrittsblattes. Und hieraus entspannen sich, wie man später
sehen wird, neue Prozesse und neue Verurtheilungen.

Jetzt aber noch einige Bemerkungen und zwar Bemerkungen, die ich wieder an Sie richte, Herr Schulze aus Delitsch!
Sie sind ebenfalls Fortschrittsmann. Auch Sie gehen darauf
aus, eine politische Idee zu verwirklichen und zwar die Idee,
Deutschlands „Freiheit" müsse dadurch hergestellt werden, daß
man die Souverainität den historischen Trägern derselben, den
Fürsten, wegnehme und sie auf die vom „Volke", d. h. von
derjenigen Majorität, welche in einem Wahlkampfe zufällig
sich bildet, gewählten Vertreter übertrage.

In Nassau standen als Vertreter dieser nämlichen Idee
an der Spitze der Fortschrittsleute einige Advocaten, über
deren publicistisch-politisches Treiben ich soeben ein Stück von
dem Schleier gelüftet, hinter welchem sie zu operiren pflegten.
Diese Advocaten führten bis zu meiner Ankunft in Wiesbaden

das große Wort, waren als Halbgötter, ganze Genies und große Männer verehrt von einem Schweife politisch geiler, aus ihrem natürlichen Ideenkreise herausgerissener und in verschrobene Kannegießer verwandelter Philister. Ich störte diese Advocaten in ihrem politischen Treiben, ich griff sie an, wie man Parteimänner anzugreifen pflegt und das Recht hat, indem ich fortwährend darauf aufmerksam machte, daß diese vollauer politischen Größen eigentlich nichts weiter seien als kleine unbedeutende Geister, denen das äußerst leichte Kunststück gelungen war, Leute aus dem großen Haufen, Kupferschmiede, Schirmmacher, Schuhmacher, Ziegelmacher, Käsehändler, Tabak= und Cigarrenhändler e tutti quanti für sich zu gewinnen und sich zu Abstimmungspudeln heranzubressiren. Ich griff ihre angeblichen Principien an, indem ich nachwies, daß dieselben theoretisch und an sich betrachtet nichts weiter seien, als die leeren Phrasen der rationalistischen Staatsphilosophie der Franzosen des 18. Jahrhunderts, factisch aber lediglich Vorwände und Hülfsmittel für ganz gewöhnliche Demagogen, angewendet von diesen, um sich einen Einfluß auf's Publikum und die Staatsangelegenheiten zu verschaffen und schließlich zu nichts führend, als zur Herrschaft, zur unbedingten Herrschaft dieser Demagogen und zur systematisch betriebenen Beutelschneiderei.

Nicht mit einem Wort erwiderten sie auf meine Angriffe. Nicht einen Laut gaben sie von sich, als ich meinen Standpunkt in besondern Artikeln sowohl als in der Behandlung der Tagesfragen entwickelte. Lautlos erduldeten sie die Streiche, die ich auf sie führte und wagten es höchstens, in auswärtigen Blättern hie und da Schmerzensschreie auszustoßen. Da wurde ich in einen Preßprozeß verwickelt, weil ich von einem Advocaten der Wahrheit gemäß behauptet hatte, er habe auf Grund einer Scheincession sich die gesetzlich ihm verbotene Anwendung des schriftlichen Verfahrens ermöglicht, um sich höhere Gebühren zu verschaffen für eine Forderungsklage, deren Object am Tage der Einreichung der Klage bereits bezahlt war.

Nun kam plötzlich Leben und Bewegung in die bisher so stummen Sünder.

Um die Schwierigkeit meiner Stellung zu vermehren, verdoppelten sie durch Drohung und Kauf die ursprüngliche

Klage des Einen. Als das Urtheil gefällt war, gefällt von ihren in den Gerichten sitzenden Freunden und Genossen und auf eine in civilisirten Ländern unerhörte, geradezu wahnwitzig enorme Strafe lautete, beeilten sie sich, dieses Urtheil der öffentlichen Meinung mundgerecht zu machen und es als einen Ausfluß der göttlichen Gerechtigkeit, ja als noch viel zu gelinde darzustellen. Sie schwellten zu diesem Zwecke die mir zur Last gelegten Preßvergehen zu einem unsühnbaren Frevel, zu einem Capitalverbrechen auf. Sie denuncirten mir Preßvergehen an, die ich gar nicht begangen. Sie machten selbst die Preßpolizei. Einen Privatinjurienprozeß, der sie von Haut und Haar gar nichts anging, suchten sie in eine politische cause célèbre zu verwandeln. Sie logen, sie fälschten, sie verdächtigten, sie entstellten, sie hetzten, sie, die seither nicht ein Wort zu flüstern gewagt, stießen jetzt in die Lärmtrompete und schlugen mit beiden Schlägeln auf die große Trommel, sie läuteten Sturm und trugen Holz zum Scheiterhaufen herbei, auf dem ihr politischer Gegner verbrannt, durch physische Gewalt unschädlich gemacht werden sollte, und sie thaten dieß, weil sie unfähig waren, ihn mit geistigen Waffen zu bekämpfen oder gar zu widerlegen. Und als die Möglichkeit herannahte, die gegen mich gestoßene Strafe könnte im Gnadenwege gemildert werden, da schrieen sie laut: der Rechtsstaat ist in Gefahr, wir Alle sind verloren, Niemand ist mehr seines Lebens, seiner Ehre sicher, wenn die Strafe nicht vollzogen und der Verbrecher nicht ins Correctionshaus gesperrt wird. Und sie setzten Himmel und Hölle in Bewegung, sie suchten zu erschrecken und einzuschüchtern, sie tobten und rasten und plärrten und heulten und geberdeten sich wie toll und stampften mit den Beinen und wälzten sich auf dem Boden herum und warfen sich correctionshausdurstig und nach Justiz schnaubend der Gnade in den Weg, um zu verhindern, daß ein Schriftsteller, der wegen eines leichten Preßvergehens zu einer entehrenden Strafe verurtheilt war, von der Erstehung dieser Strafe ganz oder theilweise befreit werde. Und als dennoch meine Strafe im Wege der Gnade — nicht aufgehoben, sondern nur gemildert, d. h. in eine Form verwandelt wurde, in welcher sie jedes unparteiische Gericht schon ursprünglich ausgesprochen hätte, da ergriff sie das delirium correctionis, da begann das

— 207 —

Toben und Rasen, das Geschrei und das Geheul von Neuem wieder so, als wären sie von der Tarantel gestochen.

Herr Schulze aus Delitsch! Wie beurtheilen Sie dieses Benehmen Ihrer Freunde und Gesinnungsgenossen, der Fortschrittsprocuratoren in Nassau, vor allem des edlen Freundespaares Braun und Lang, an welche auch Sie durch die Bande intimer Freundschaft geknüpft sind? Halten Sie es mit der Ehre eines Mannes, der eine gewisse Stellung in der Gesellschaft einnimmt, halten Sie es mit der Stellung eines politischen Parteiführers für verträglich, wenn er sich zum Henkersknecht der Justiz herabwürdigt? Halten Sie es für statthaft, daß Leute, die mit Ihnen auf einer Bank im Nationalvereinsausschusse sitzen, wie eine Meute hungriger Doggen hinter dem Schlachtopfer einer verdächtigen Justiz herhetzen, um dasselbe ins Zuchthaus zu treiben? wenn Leute eine politische Rolle spielen, welche die Angriffe eines politischen Gegners dadurch abzuwehren suchen, daß sie ihn wegen angeblicher Privatinjurien ins Zuchthaus zu bringen suchen und die von der Presse keinen andern Gebrauch zu machen wissen, als damit ein in einem Privatpreßprozeß gefälltes schauderhaftes Urtheil zu verherrlichen und die Vollziehung desselben aus Leibeskräften zu unterstützen, die Milderung desselben ebenso heftig zu verhindern? Wie Sie diese Fragen beantworten, Herr Schulze aus Delitsch, weiß ich nicht, ich wette indessen, Sie werden sie beantworten wie der Parteifanatismus es gewohnt ist, d. h. Sie werden lediglich den Umstand im Auge behalten, daß die soeben gezeichneten Ehrenmänner die Hauptstütze Ihrer Parteizwecke in einem deutschen Kleinstaate sind, oder wenigstens gewesen sind. Ich aber sage: aus den angeführten Thatsachen kann man erkennen, in welche Hände die Leitung der Presse und der politischen Bewegung in den deutschen Kleinstaaten, wenigstens am Rheine gerathen ist, ich sage aber auch: Krieg auf Tod und Leben diesen verdorbenen Subjecten, die in ihrer Unfähigkeit kein anderes Mittel zur Bekämpfung ihrer Gegner in Anwendung zu bringen vermögen, als zu lügen, zu verdächtigen, zu fälschen, zu verleumden und einer unqualificirbaren Justiz Schergendienste zu leisten!

VI. Capitel.

Dritter Hexenprozeß.

> Schlimmer als der Zorn von tausend
> Elephanten, ist die Feindschaft
> einer einzigen kleinen Wanze.
>
> Heine.

Wiederholt und wiederholt war ich von den Abvocaten in in- und ausländischen Blättern beschuldigt worden, ich habe mir die schwersten Ehrenkränkungen und Verläumbungen zu Schulden kommen lassen, ich habe namentlich den Brück in der „boshaftesten" und „infamsten" Weise ehrengekränkt und verläumbet, während er, der „redliche Mann", doch nur seine Pflicht erfüllt habe. So oft eine solche Beschuldigung sich hören ließ, verfehlte ich nie, sofort darauf zu erwidern und den Thatbestand der angeblichen Injurien und Verläumbungen aufs Neue auseinander zu setzen, denn ich ertrage es einmal nicht und mag daraus entstehen was da will, zu schweigen, wenn auf meine Kosten der Wahrheit so schaamlos ins Gesicht geschlagen, wenn auf meine Kosten so gelogen, gefälscht, entstellt und verdächtigt wird, wie diese Abvocaten es im Brauch hatten.

So z. B. hieß es in Nr. 120 der „N. Wiesb. Ztg.":

„Bekanntlich wurden wir wegen „Ehrenkränkung und Verläumbung" des auch die Eintreibung der unbedeutendsten Forderung nicht ver- schmähenden Hofgerichtsprocurators Brück zu einer Correctionshausstrafe von 2½ Monaten rc. verurtheilt."

Ich sagte in Nr. 125 der „N. Wiesb. Ztg."

„Ferner ist 2) bekannt, daß der Redacteur dieser Blätter zu einer Zwangsarbeitshausstrafe von drei Monaten verurtheilt wurde, nicht weil er ohne Veranlassung in frivoler Weise irgend Jemand beleidigt hatte, sondern weil er den Abvocaten Brück „beleidigt" hatte, nachdem von diesem auf Grund einer, das gesetzlich unstatthafte schriftliche Verfahren, also die Umgehung des Gesetzes ermöglichenden Scheincession eine For- derung eingeklagt worden, die am Tage der Einreichung der Klage be- zahlt war."

In Nr. 126 der „N. Wiesb. Ztg." sagte ich:

„* Wiesbaden, 1. Juni. In der zu Ems abgehaltenen General=
versammlung des nassauischen Anwaltvereins wurde, wie der „Rhein.
Kurier" meldet, Procurator Brück in die Disciplinarcommission gewählt,
mit der ausdrücklichen Erklärung, daß ihm dadurch eine Satisfaction
für die ungerechten Angriffe der „Neuen Wiesbadner Zeitung" zu Theil
werden solle.

Die Grundlosigkeit eines der dem hofgerichtlichen Urtheil vom 15. Fe=
bruar unterlegten Entscheidungsgründe wird dadurch auf's Neue bewiesen.
Das Hofgericht hat nämlich den Redacteur der „N. Wiesbabener Ztg."
zu Zwangsarbeitshausstrafe u. A. auch deßhalb verurtheilt, weil durch
den von demselben gegen Brück gerichteten Akt der Nothwehr Brück in
den Augen seiner Standesgenossen herabgesetzt und verächtlich gemacht
werde. Wie die Erklärung der Emser Versammlung beweist, ist dieß
gar nicht der Fall, ist bieß um so weniger der Fall, als eine große Zahl
der Standesgenossen des Brück es keineswegs unter der Würde des
Advocatenstandes hält, von wegen höherer Gebühren auf Grund einer
Scheincession eine Forderungsklage zu betreiben, welche ohne
Scheincession, also ohne Umgehung des Gesetzes gar nicht statt=
haft wäre.

Wir werden übrigens die Brück'sche Handlungsweise noch einer an=
deren Instanz zur Beurtheilung vorlegen und zwar der öffentlichen
Meinung von Deutschland und wir zweifeln gar nicht daran, daß diese
Autorität den Brück gerade so beurtheilen wird wie wir selbst.
Im Uebrigen halten wir den Tag für den leuchtendsten Glanzpunkt
der deutschen Geschichte, als nach der Schlacht im Teutoburger Walde
unsere Altvordern die römischen Advocaten, welche deutsches Recht ver=
drängt und mit römischen Formeln und Distinctionen in Germanien
das Recht gebeugt hatten, abfingen, ihnen die Zungen ausschnitten und
an Bäume aufhängten. Wir selbst würden heute noch mit größtem
Vergnügen einige Procuratoren, etwa an der Leichtweißhöhle eigen=
händig abschlachten, der Wissenschaft zum Sühnopfer, den Raben zum
Fraß. —"

Und so weiter, so oft ich beschuldigt wurde, ohne Ver=
anlassung die Brückehre gekränkt zu haben.

Endlich druckte ich auf Befehl des Hofgerichts das erste
gegen mich erlassene Urtheil in meiner Zeitung ab und zwar,
da mir dieß zweckmäßiger erschien, nicht in einer Nummer,
sondern absatzweise in mehreren auf einander folgenden
Nummern.

Wegen dieser Vergehen reichte nun Emil Brück, der kleine
Procurator, von Neuem eine Klage ein und ich wurde von
Neuem verurtheilt zu 2½ Monaten Correctionshaus. Ich
wurde zu einer Correctionshausstrafe von 2½ Monaten per=

14

urtheilt, weil ich ein gerichtliches Urtheil nicht in einem Zu=
sammenhang, sondern in Absätzen abdruckte, ich wurde
verurtheilt, weil ich wiederholt der Wahrheit gemäß behaup=
tete, der Brück habe auf Grund einer Scheincession eine
Forderung von 16 fl. 42 kr., die am Tage der Einreichung
der Klage bezahlt war, gegen mich eingereicht, um Kosten im
Betrag von über 17 fl., im Ganzen von etwa 19 fl., aus
meinem Beutel herausschneiden zu können! Ich wurde ver=
urtheilt, obgleich alle incriminirten Artikel lediglich gegen ent=
stellende Darstellungen des Thatbestandes gerichtet, ohne allen
animus injuriandi geschrieben waren. Ich erwidere hierauf
das einzige Wort: Hergenjustiz! und mache wiederholt
darauf aufmerksam, daß das mich verurtheilende „Richter"=
Collegium dießmal nur aus etwa 3 „Richtern" zusammenge=
setzt war, worunter der Hergenhehner, welcher präsidirte und
der von dem Abvocaten Braun in das Hofgericht hineinbe=
sorgt worden war, worunter ferner der Hergen= und Doppel=
neffe Reichenau, Blutsverwandter des alten mit dem Abvo=
caten Braun so enge, so innig verbündeten Hergenhahn.

Zur Zeit, in welcher die eigentlichen Hexenprozesse florirten,
wurden alte Weiber lebendig verbrannt, weil sie Triefaugen
hatten, oder weil der Kuh des Nachbars die Milch versiegte
und die „Richter" in diesen Thatsachen eine sträfliche Ver=
bindung mit dem Teufel erblickten. Das war schrecklich, aber
die Zeiten waren darnach. Noch entsetzlicher ist es jedoch ohne
allen Zweifel, wenn im Jahre 1863 von nassauischen Hergen=
richtern ein Schriftsteller lebendig zu 2½ Monaten ins Cor=
rectionshaus verurtheilt wird, weil er ein gerichtliches Urtheil
absatzweise abdruckte und behauptet, es sei eine Scheincession
vorhanden gewesen, wenn der angebliche Cedent die Klage
selbst bestellt und den Betrag der Forderung nach der angeb=
lichen Cession in Empfang nimmt und weil in dieser Behaup=
tung die „Richter" eine Injurie und Verläumdung erblicken.

Also auch dieses Urtheil gründet sich nicht auf wirkliche
Vergehen und Verbrechen, sondern lediglich auf die Willkühr,
auf die Ansicht von Richtern, die das größte Interesse daran
hatten, die vom heißesten Wunsche beseelt waren, den Ver=
urtheilten, einen verhaßten Gegner ihrer Freunde, unschädlich
zu machen. Zugleich wollten diese „Richter" um jeden Preis

die Veröffentlichung des Treibens der nassauischen Advocaten
verhindern. Brück hatte auf Grund einer Scheincession eine
Klage eingereicht, hatte die Scheincession dieser Klage unter=
legt, um sich dadurch die Anwendung des kostspieligen schrift=
lichen Verfahrens zu ermöglichen und 19 fl. Kosten aus
meinem Beutel herauszuschneiden. Daß Brück dieß wirklich
practicirte, daß Braun dieß sogar fabrikmäßig practicirt, wuß=
ten die „Richter" ganz genau und gewiß, aber als Freunde
der Advocaten standen sie in den Riß, verboten die öffentliche
Blamirung dieses schoflen Advocaten=Treibens und bestraften
Den, der es zur Sprache brachte, mit Correctionshaus. Die
Advocaten sollten nicht gehindert werden, das Publicum zu
scheeren. Aus diesen Gründen erklärten sie mit juristischem
Raffinement, das Betreiben einer Forderungsklage auf Grund
einer Scheincession für eine unsittliche Handlung, legten dem
Kritiker des Advocatentreibens die Beschuldigung einer unsitt=
lichen Handlung zur Last und verurtheilten ihn zu Correc=
tionshaus, selbst dann, wenn er blos um die fortwährenden,
im höchsten Grade provocirenden Vorwürfe, er habe frivol
injurirt und verläumdet, zu widerlegen, wenn er also lebig=
lich in der Absicht, die Wahrheit zu sagen, keineswegs aber
in der Absicht zu injuriren, also ohne „animus injuriandi",
und noch viel weniger „wissentlich falsch" Behauptungen auf=
stelle. Dieses Verfahren der Hergenrichter war so enorm,
daß sie sich endlich selbst daran schämten. Während in allen
früheren „Urtheilen" die incriminirten Stellen meiner Zei=
tung wörtlich angeführt wurden, citirten die Hergenrichter
im zuletzt erwähnten „Urtheil" die incriminirten Sätze nur noch
mit den Anfangs= und Schlußworten. Das Publicum sollte
nicht augenscheinlich wahrnehmen, wie beschaffen die Bagatelle
waren, wegen deren mich Brauns Freunde ins Corrections=
haus verurtheilten.

Indessen lasse ich mich einmal schlechterdings nicht unter=
drücken, ich lasse mir nicht verbieten, die Wahrheit zu sagen,
die Hergenrichter und der Brück dürfen nicht Meister bleiben,
ich muß das letzte Wort haben und deßhalb wiederhole ich:

Um sich die Anwendung des schriftlichen Verfahrens zu
ermöglichen, welches die Verrechnung unerträglicher Gebühren
gestattet, sind nassauische Advocaten, Fünf ausgenommen, auf

14*

den Kunstgriff verfallen, mittelst Scheincession selbst dann das schriftliche Verfahren einzuleiten, wenn dasselbe gesetzlich nicht stattfinden sollte. Zu diesen Abvocaten gehört vorzugsweise der wenig beschäftigte und deßhalb sehr hungrige Brück, ein armer Emil. Derselbe reichte auf Grund einer Scheincession, ich behaupte dieß wiederholt, fortgesetzt, geflissentlich wissentlich wahr, er reichte auf Grund einer Scheincession eine Klage auf bereits bezahlte 16 fl. 42 kr. gegen mich ein, um sich 19 fl. Kosten zu erbrücken, um 19 fl. Kosten aus meinem Beutel herauszuschneiden.

Es ist dieß ein advocatischer Unfug, es ist dieß eine Ausbeutung des Publicums, die den Brück in England und in jedem größeren deutschen Staate unfähig machen würde, einem Verein von Gentlemen anzugehören, oder gar einem solchen Verein zu präsidiren. Brück ist in der That ein ruhmedelnder Rechtsgelehrter, der Pandecten nur deßhalb studirt hat, um Forderungen von 16 fl. 42 kr. mittelst des gemeinen nassauischen Civilprozesses einzutreiben. Fünfundzwanzig Bauern drückten einst ihre Meinung über Brück ganz bezeichnend dadurch aus, daß sie demselben 25 Ferkel in die Schreibstube warfen und sie ihm zum Stechen darboten. Diese 25 Ferkel sprangen quickend am Brück hinauf, Brück wehrte sich eine Zeitlang, weicht aber endlich der Uebermacht, entflieht dem Rheine entlang, die 25 Ferkel immer hinter ihm. Brück springt in den Rhein, die 25 Ferkel springen auch in den Rhein. Brück schwimmt ans linke Ufer hinüber, die Ferkel schwimmen mit. Brück rettet sich in den Mäusethurm bei Bingen, die Ferkel retten sich auch dahin. Brück verkriecht sich in ein Mausloch, die Ferkel wühlen ihn heraus und als sie ihn herausgewühlt hatten, da fressen sie den Brück. Brück, der während seines Lebens so viele Ferkel gestochen, endete seine advocatische Laufbahn, indem er endlich selbst von den Ferkeln gefressen wird. Aber Brück ist ungenießbar und unverdaulich. Wie Jonas, nachdem er drei Tage im Bauche des Wallfisches verweilt, wieder an's Tageslicht gespien wurde, so wurde auch Brück, nachdem er 8 Tage lang in den Bäuchen der 25 Ferkel gehaust hatte, wieder an den Tag gespieen, kehrte natürlich wieder zurück nach Wiesbaden und fährt fort, dort Ferkel zu stechen und als ruhmedelnder Minnesänger dem Cäcilienverein vorzustehen.

Nun Ihr Justizgötter von Wiesbaden! wollt Ihr mich nicht wieder für diese Stelle in's Correctionshäuschen verurtheilen? Nicht wahr, diese 25 Ferkel wären ein „gefundenes Fressen" für Euch? Um übrigens den Beweis zu liefern, daß der Brück nicht unschuldig von mir tractirt wurde, wie die Hergenrichter behaupteten, will ich doch noch einige Stückchen aus seiner Praxis mittheilen.

Unmittelbar nachdem ich die ersten Aufsätze über Brück veröffentlicht hatte, klopfte es eines Morgens an meiner Thüre und herein mit bedächtigem Schritt ein Wiesbadner Bürger tritt und spricht: „Sie haben dieser Tage ein Stückchen über den Advocaten Brück veröffentlicht und zwar mit Recht, denn er gehört zu den schlimmsten Advocaten, die wir haben. Ich war gestern Abend in einer Gesellschaft, in welcher noch ganz andere Geschichten von diesem Herrn erzählt wurden." Was für denn? fragte ich. „Ai", erwiderte der Wiesbadner, (alle Nassauer fangen nämlich jeden Satz mit „Ai" an) „Ai, der Goldwaarenhändler Heimerdinger, er hat seine Bude in der alten Colonnade, erzählte, vorigen Sommer habe eine Badegästin ein goldnes Armband für 120 frcs. bei ihm bestellt, unter der Bedingung, es bei Ablieferung baar zu bezahlen. Als das Armband überbracht wurde, habe sie Aussteuungen daran gemacht und Veränderungen anbefohlen. Zum zweiten Male überreicht, sei es wieder nicht angenommen worden, obgleich die Bestellung ganz vorschriftmäßig ausgeführt worden. Nun habe Heimerdinger mit Klage gedroht, was zur Wirkung gehabt habe, daß das Halsband acceptirt und er auf den andern Tag zur Empfangnahme der Zahlung bestellt worden sei. Am andern Tage gekommen, habe er im Zimmer Niemand getroffen, als — den kleinen Brück. Brück habe ihn sehr freundlich empfangen, ein Bankbillet von 100 frcs. auf den Tisch gelegt und gesagt, das Mädchen ist eben fortgeschickt worden, um Silber zu holen, unterschreiben Sie einstweilen die Quittung. Heimerdinger habe nun die Quittung unterschrieben und sie in die Hände Brücks gelegt, welche sofort mit ungeheurer Behendigkeit das Billet de 100 frcs. ergriffen und in die weiten Taschen Brücks gesteckt haben, während Brück selbst sagte: „Sie haben jetzt die Wahl, entweder lassen Sie sich 40 frcs. abziehen, oder Sie bekommen gar nichts." Da Brück die Quittung in der Tasche hatte, habe Heimerbinger sich natürlich fügen müssen und auf diese Weise 40 frcs. verloren."

Diese Mähre erschien mir nun aber doch, obwohl ich dem Brück viel zutraute, so unglaublich, daß ich mich sofort persönlich zu Heimerbinger in seine Bude (alte Colonnade vor dem Kursaal) verfügte und da ich ihn zum ersten Male nicht traf, einige Stunden später wieder kam und mich bei ihm nach dem Sachverhalt erkundigte. Ich traf Heimerbinger als Reconvalescent und erzählte ihm die obige Mittheilung mit der Frage, ob sich die Sache wirklich so verhalte. „Die Sache verhält sich nicht so, wie sie Ihnen erzählt worden ist," erwiederte mir Heimerbinger, setzte aber sofort hinzu, „sondern sie ist noch viel schlimmer. Ich kann sie Ihnen jetzt nicht erzählen, denn der Arzt hat mir alle Aufregung verboten und wenn ich daran denke, so kommt mein ganzer Körper in Aufruhr. Später wenn ich vollständig genesen bin, werde ich Ihnen die ganze Geschichte mittheilen. Nur so viel kann ich Ihnen heute bemerken, daß ich dem Brück ins Gesicht hinein sagte: „bis jetzt hatte ich alle Achtung vor Ihrer Familie, Herr Brück! Aber seit Sie mir diesen Streich gespielt, verachte ich, was Brück heißt." „Was, Sie wollen mich injuriren?" fuhr mich hierauf Brück an. „Ich werde Klage gegen Sie erheben." „Klagen Sie nur, Herr Brück, erwiderte ich, Sie werden Ihren Pelz selbst zum Kürschner tragen."

Also Heimerbinger aus der alten Colonnade vor dem Kursaal in Wiesbaden. Ich konnte nun von der Sache natürlich keinen Gebrauch machen und kam später auch nicht mehr dazu, mich bei Heimerbinger zu erkundigen und so verfolgte ich diese schmutzige Geschichte nicht weiter, da Brück in der öffentlichen Meinung ohnehin gerichtet war.

Ferner erzählte mir eine Dame aus den ersten Familien Wiesbadens, sie habe einmal eine Magd wegen Veruntreuungen entlassen. Einige Tage nachher sei Procurator Leisler, einer der bekanntesten Advocaten Wiesbadens mit der Mittheilung gekommen, er sei von der Magd beauftragt, eine Klage auf etwa 20 fl. gegen sie (die Dame) einzureichen, weil sie der Magd für Trinkgelder in diesem Betrage garantirt habe. Da, wie ich selbst weiß, die betreffende Familie

gar kein Haus macht und deßhalb auch äußerst wenig Besuche
erhält, somit die angebliche Garantie von Trinkgeldern als
ein reiner Erpressungsvorwand erschien, so drückte die Dame
ihr höchstes Erstaunen darüber aus, daß ihr überhaupt eine
solche Forderung gemacht und daß namentlich von Seiten des
Curators Leisler [1]) (eines der meistbeschäftigten Advocaten)
überhaupt ein solcher Prozeß übernommen werde. Dieß schien
gewirkt zu haben. Der Rechtsgelehrte, der gehofft hatte, der
Dame 20 fl. abzuzwacken, entfernte sich etwas beschämt. Leisler
mochte sich also eine solche Klage fortzusetzen, sah sich deß=
halb nach einem minder schamvollen Stellvertreter um und
dieß lag näher als Brück. In der That ruhwedelte auch unser
Brück, unser auch das Kleinste nicht verschmähende Brück
und Zeit nachher die Klage ins Justizamt hinein, natürlich
auf Grund einer Scheincession, setzte sie beharrlich fort und
ruhte nicht eher, bis die Dame einen Eid geschworen hatte
und Herr Brück, als Anwalt der Magd, mit Forderung und
Streben abgewiesen war.

Es ist dieß abermals ein Beweis, wie beschaffen die Nas=
sauer Advocaten und Gesetze sind, welche Prozesse jene be=
gehen und wie die erbärmlichsten Bagatelle von ihnen auf=
sucht und benutzt werden, um in aller Form Rechtens einen
neuen Prozeß daraus zu spinnen.

Noch ein ganz kleines, aber höchst merkwürdiges, die Wies=
badener Gerechtigkeit im höchsten Grade charakterisirendes Hexen=
zeichen muß ich hier einfügen. Nachdem Don Frostbalsamo
Feueraugensalbadros Hammeran und sein Kellner mich in
der früher beschriebenen Weise insultirt hatten, ließ ich diese
zwei würdigen Vertreter der deutschen Fortschrittspresse nicht
mehr aus meiner Feder. Ende Februar gab ich u. A. fol=
gende kleine Notiz:

* Wiesbaden, 26. Febr. Zur Charakteristik des „Frankf. Jour=
nal" theilen wir mit, daß unter seinen Wiesbadner Correspondenten sich
auf der Schreibstube des Advocaten Braun beschäftigte Fst. Heu=
in befindet. Außer diesem Scribenten soll die Redaction des ge=
achten Journals auch unter den hiesigen „Dienstmännern" noch einen
Correspondenten angeworben haben."

1) Daß der Leisler überhaupt eine solche Klage angenommen, das
charakterisirt wieder das nassauische Advocatenthum.

Dieß ist nun, wie der betreffende Heumann selbst zuge=
stand und in seiner Klage freiwillig erklärte, die bittere blutige
Wahrheit. Ein Advocatenschreiber, der Abschreiber Heumann,
Brauns des Advocaten Amanuencis, ist und zwar politischer,
Mitarbeiter an Hammerans und seines Kellners „Frankfurter
Journal." Nun besehe man sich obige Notiz, nachdem man
sein Auge mit der schärfsten Brille bewaffnet und spüre in
obigen Zeilen eine Injurie auf. Ist dieß möglich?

Daß es außerhalb Nassau Leute gebe, selbst jurisprudente
Leute, welche in obigen Sätzen nur das geringste Injürchen
zu entdecken vermöchten, ist sicher nicht möglich. Den Wies=
badner Hergengerichten war es beinahe möglich, war es um ein
Haar möglich, auch dieses juristische Kunststück zu liefern. Der
Schreiber Huimann klagte nämlich, nachdem er zugestanden, er sei
politischer Mitarbeiter am „Frankf. Journal" und dessen ständiger
Correspondent, er klagte, weil ich seinen Namen statt mit
einem B mit einem U geschrieben, weil ich also in Beziehung
auf seine winzige Persönlichkeit der Welt ein U für ein B
vorgemacht habe. Dadurch habe ich andeuten wollen, daß
er Heu statt Hirn im Kopfe habe (es ist die buchstäbliche
Wahrheit!) und dadurch habe ich ein Loch in seine Advocaten=
schreibers=Ehre geschrieben. Ich habe ihn aber auch durch
die Behauptung, daß das „Frankfurter Journal" außer ihm
auch unter den Wiesbadner „Dienstmännern" einen Corre=
spondenten angeworben habe, injurirt, denn es sei eine In=
jurie, ihn mit „Dienstmännern" in Verbindung zu bringen,
endlich habe ich ihn auch deßhalb injurirt, weil ich ihn einen
auf der Schreibstube des Advocaten Braun beschäftigten Heu=
mann genannt und diesem Heumann die Abreviatur Fst. vor=
gesetzt und denselben dadurch als Brück? nein als Ferkelstecher
bezeichnet habe.

Diese Klage wurde vom Wiesbadner Justizamt angenom=
men. Ich bestand ein fünfstündiges Verhör und die Acten
wurden dem Hof= und Hergenricht zur Aburtheilung einge=
sendet. Da ich nun im Verhöre entgegengehalten, der Heu=
mann sei wirklich Schreiber bei Braun, die Schreibung seines
Namens mit U statt mit B, wenn sie als Anspielung auf
Heu im Kopfe ausgelegt werde, könne sie ebensogut als An=
spielung auf Heu im Magen und demgemäß als Anspielung
auf Rindvieh, Schaaf, Pferd, Maulesel, simpler Esel ꝛc. ge=

deutet werden, ich habe nicht gewußt, daß der Huimann ein
J. im Wappen führe. Das Fst. könne ebensogut Faustin be=
deuten als Ferkelstecher und ich habe wieder nicht gewußt,
daß der Häsmann nicht Faustin, sondern Kilian Esau heiße,
im Uebrigen müsse ich es dem unparteiischen Gerichte anheim=
stellen, eine Injurie aus den incriminirten Stellen herauszu=
schnüffeln.

Dießmal sprach mich mein Hergengericht frei, aber nur
deßhalb, weil mir nicht habe bewiesen werden können, daß ich
den Namen Huimanns wissentlich falsch geschrieben habe.
Hätte dieß bewiesen werden können, so wurde ich ins Cor=
rectionshaus verurtheilt, weil ich einen Namen mit dem U
statt mit dem J, weil ich Heumann, statt Häymann schrieb.
Aber a n g e n o m m e n wurde die Klage, verhört wurde ich, pro=
zessirt und inquirirt, chicanirt und vexirt, maltraitirt und tormen=
tirt wurde ich in einem fünfstündigen Verhör, weil ich Heumann
statt Huimann geschrieben. Und zwar wurde das fünfstündige Ver=
hör vorgenommen, obgleich ich bereits unter der Amtsführung
des Assessors Oppermann schriftlich auf die Klage erwidert
hatte. Diese schriftliche Erwiderung genügte aber dem unter=
dessen angelangten Nachfolger Oppermanns, dem Hergen=Keim
nicht, derselbe maltraitirte mich fünf Stunden lang im münd=
lichen Verhör, weil ich den Namen eines Schreibers mit dem
U statt mit dem J, weil ich Heumann statt Huimann ge=
schrieben hatte! Ob in andern Fällen Klagen ebenso schnell
angenommen und ebenso hitzig durchinjurirt und mit einem
fünfstündigen Verhöre beantwortet wurden, als damals, da
der S c h r e i b e r d e s A b v o c a t e n B r a u n klagte, werden
wir später erfahren.

Ich komme jetzt zu einem womöglich noch merkwürdigeren
Hexenprozeß.

VII. Capitel.

Vierter Hexenprozeß.

Brauns Klage und Brauns Praxis.

I.

Brauns Klage.

> Spring' Klage tönt in diesem Schilfe.
> *Schiller.*

> Horaz sagt: purus sceleris non eget
> Mauri jaculis.
> *Langbein.*

Während Brauns Organ, der „Rh. Kurier", fortwährend versicherte, die „N. Wiesb. Ztg." bediene sich der gröbsten Schimpfworte gegen ihre Gegner, injurire diese ohne alle Veranlassung, befleißige sich des rohesten Tones, ohne daß die Beleidigten indessen „es für geboten erachten, klagend dagegen aufzutreten, hatte der große Procurator Carl Braun schon am 3. März 1863 eine, ein ganzes Buch ausfüllende und etlich und dreißig Nummern meiner Zeitung incriminirende Klage beim herzogl. Justizamt gegen mich eingereicht, in welcher ganz sorgfältig alle Verbrechen aufgezählt waren, die ich mir während 4 Monaten hatte zu Schulden kommen lassen. Diese Klage ist ein sehr merkwürdiges, die Persönlichkeit Brauns im höchsten Grade charakterisirendes Actenstück, ein Actenstück, aus welchem klar zu ersehen, was diese Vorkämpfer der Preßfreiheit unter Preßfreiheit verstehen, was sie im Fache der Behauptungen verboten, bestraft und durch mechanische Gewalt unterdrückt und verhindert wissen wollen, was sie aber auch in ihrer Stellung den Gerichten anmuthen und bei ihnen bestellen konnten. Zur Zeit als die Klage eingereicht wurde, war das herzogl. Justizamt zu Wiesbaden noch nicht auf dem Punkte der Besinnungslosigkeit angelangt, den es nachher erreichte, als der zum Amtmann beförderte Assessor Oppermann durch den jungen Keim, durch den Hergenkeim ersetzt und dadurch die letzte Schranke entfernt wurde, welche das servile Werkzeug der

Advocaten, den Juſtizamtmann Dübell zu Wiesbaden, bisher
von den ärgſten Juſtizexceſſen abgehalten hatte. Ebendeßhalb
wurde mir damals noch geſtattet, auf die ſchriftlich eingereichte
Klage Brauns eine ſchriftliche Erklärung abzugeben, ſtatt
1000 Antworten in unzähligen mündlichen Verhören, und ich
bekam deßhalb eine Abſchrift von „Brauns Klage“, eine Ab=
ſchrift, die dem Verfaſſer dieſer Klage manche ſchlafloſe Nacht
verurſachen ſollte. Die Ankunft dieſer Klage zeigte ich dem
Publicum in folgendem Artikel an:

„Braun's Klage.

Mädchen, warum klageſt du, weineſt du,
Klageſt du ſo ſehr?
Volkslied.

*Wiesbaden, 20. März. Wir waren ſtets der Anſicht, daß im
Kampfe mit politiſchen Gegnern deren perſönliche und bürgerliche Ehre
unangetaſtet bleiben muß, wir waren aber ebenſowohl der Anſicht, daß
einem politiſchen Gegner gegenüber alle Waffen und Mittel in Anwen=
dung gebracht werden dürfen, welche geeignet ſind, demſelben und der
von ihm vertretenen Sache politiſch zu ſchaden, ſofern dadurch höhere
Rückſichten der Moral und des Anſtandes nicht verletzt werden.
Als wir die Redaction dieſer Blätter übernahmen, fanden wir im
Herzogthum Naſſau einen Ausläufer jener politiſchen Partei vor, deren
Grundſätze und Plane von uns ſchon ſeit einer Reihe von Jahren mit
allen uns zu Gebote ſtehenden Waffen des Geiſtes bekämpft wurden.
An der Spitze dieſer Partei erblickten wir den Hofgerichtsprocurator
Dr. Braun, einen Mann, über den ſich die Sage verbreitet hatte, er ſei
eine Capacität erſten Ranges, ein tiefer Denker, ein ſcharfſinniger Juriſt,
ein gewiegter Politiker, ein unvergleichlicher Volkswirth, ein ſchlagfertiger
Kämpe, ein gefürchteter Gegner, kurz, ein wahres Menſchenjuwel und
eine ſo berühmte Berühmtheit des 19. Jahrhunderts, daß er ſogar bereits
in der „Leipziger illuſtrirten Ztg.“, wie er leibt und lebt, abgemalt
wurde. Er, als vornehmſter Führer der Gegenpartei, mußte deßhalb
vor allen Anderen von uns gepackt werden, und einen ſolchen Mann als
Gegner zu bekämpfen und zu beſiegen, hielten wir für eine ebenſo ehren=
volle, als ſchwierige Aufgabe und machten uns auf einen heißen Zwei=
kampf gefaßt. Seit länger als vier Monaten dauert nun bereits die
Fehde, indem wir nicht unterließen, tagtäglich unſere Kugeln in's feind=
liche Heerlager zu ſenden und den feindlichen General durch unausge=
ſetztes Bombardieren endlich zur Annahme einer Schlacht zu nöthigen,
ihn endlich dazu zu bewegen, daß er ſich und ſeine Partei uns gegen=
über vertrete, ſeine Grundſätze und Ziele vertheidige, uns widerlege und
wiſſenſchaftlich vernichte. Alle Aufforderungen und Aufreizungen blieben
jedoch bis jetzt erfolglos, alle unſere Geſchoſſe prallten ab an dem dicken
Felle des Stillſchweigens, in welches General Braun ſich gewickelt; wir
hatten uns bereits mit dem Gedanken vertraut gemacht, es ſei unmöglich,
den berühmten Heerführer des Nationalvereins jemals vor die Klinge
zu bekommen, und wir ſchickten uns an, das Maaß von Geduld, Sanft=

muth, christlicher Feindesliebe und quäckerischer Ruhe, womit unser fried-
fertiger Gegner nothwendig erfüllt sein mußte, höchlich zu bewundern.

Da wurden wir dieser Tage benachrichtigt, General Braun habe
endlich gehandelt und „Braun's Rede" in „Braun's Klage" verwandelt,
d. h. wegen Ehrenkränkung und Verläumbung uns bei Herzogl. Justizamte belangt. Herr Braun klagte wirklich. Andere Leute klagen auch
und klagen mit Recht, wenn sie an ihrer Ehre gekränkt und verläumbet
werden. Braun's Klage jedoch ist so eigenthümlich, daß wir vorläufig
unseren Lesern davon Mittheilung machen müssen.

Braun klagte nämlich nicht in einer gewöhnlichen Klageschrift, sondern
in einem dicken Buche, das er über uns verfaßte, und welchem er nicht
weniger als etliche dreißig Nummern der „N. Wiesb. Zeitung" beifügte,
alle Artikel enthaltend, in welchen Braun's Ehre gekränkt und er verläumbet worden sei.

Was nun Herr Braun unter Ehrenkränkung und Verläumbung versteht, erlauben wir uns, unseren Lesern in einigen Beispielen nachzuweisen.

Herr Braun behauptet nämlich, so oft in der „N. Wiesb. Ztg." von
„einem hiesigen Advocaten", von dem „bekannten Advocaten", von einem
„bekannten Volksfreund", von „hiesigen Nationalvereinsmännern", von
den „Patronen des Nationalvereins", von den „Männern, die sich in
Nassau als Leiter der politischen Bewegung aufgeworfen haben", von
„Röllchenspielern", von den „Advocaten, Demagogen, Patronen des
„Rh. Kuriers" gesprochen werde, sei mit Hülfe dieser Ausdrücke er, der
Herr Procurator Carl Braun, bezeichnet und injurirt worden. Sodann
erzählt der Kläger die Injurien und Verläumbungen im Einzelnen auf.
In einer Nummer der „N. Wiesb. Ztg." sei der „Rh. Kurier", „das
Organ der Herren Braun, Lang und Löwenthal" genannt, und dieß sei
eine Injurie. In einer anderen Nummer (41 v. J.) heiße es, die französischen Fabrikanten haben Geld genug, „um durch die Presse die Nationalvereinsprediger und Freihandelsadvocaten in ihrem Interesse für
den Handelsvertrag wirken zu lassen" und damit sei Herr Braun injurirt
und verläumbet.

In einer anderen Nummer werde ein Artikel des „Rh. Kuriers" besprochen und dabei bemerkt, „dieß sei die Art der Opposition, welche von
zwei bekannten Procuratoren im „Rh. Kurier" der herzogl. Regierung
gemacht werde" und dieß sei abermals Beleidigung und Verläumbung
des Herrn Braun.

In einer anderen Nummer sprechen wir von einigen „ambitiösen
Advocaten" und den „wenigen Einzelnen, welche sich hinter die Anonymität eines im Ausland erscheinenden Schmutzblattes verstecken", was
abermals eine an Procurator Braun begangene Injurie und Verläumbung sei. „Von Wiesbaden, heiße es in einer anderen Nummer, laufen
im „Rh. Kurier" Denunciations- und Hetzartikel ein" und durch diese
Behauptung werde offenbar wieder Braun injurirt und verletzt.

Ja, klagt Herr Braun, die „N. Wiesb. Ztg." sei so weit gegangen,
von „Braun's Rede" geringschätzig zu sprechen, und habe mit diesem
Ausdrucke einen und denselben Vortrag bezeichnet, den er, Herr Braun,

an verschiedenen Orten gehalten, was offenbar wieder nur in der Absicht geschehen sei, ihn zu verkleinern und herabzusetzen.

Und in diesem Tone klagt der Dulder Braun weiter über die zahllosen Injurien und Verläumbungen der „N. Wiesb. Ztg.“

Am Ende seiner Klage stellt er natürlich den Antrag, die Redaction der „N. Wiesb. Ztg.“ mit Correctionshaus zu bestrafen und verlangt zugleich: Herzogliches Justizamt wolle geeignete Maßregeln treffen, daß das Verbrechen nicht wiederholt werde ꝛc., was offenbar nichts anderes bezeichnen kann, als: das Herzogl. Justizamt solle die „N. Wiesb. Ztg“ entweder censiren oder confisciren, d. i. daß in derselben der Name Braun genannt und nicht lobhudelnd, sondern kritisch behandelt werde. Es wird über die Geschichte der „N. Wiesb. Ztg.“, ihre Kämpfe und Schicksale, in nicht sehr langer Zeit ein ausführlicher Bericht an das deutsche Publikum gerichtet werden und deßhalb beschränken wir uns für heute mit dieser Mittheilung. Aber aufmerksam möchten wir doch darauf machen, daß der Mann, der in oben erwähnter Weise klagt und wimmert und die Hülfe der Gerichte zum Schutz gegen die Presse anruft, daß das derselbe Mann ist, der vielleicht schon fünfzigmal „Braun's Rede“ über die Preßfreiheit gehalten und fortwährend gegen Preßzwang und Preßfreiheitsunterdrückung declamirt. Aber nicht wahr, wenn man den Styl umwendet und ihn gegen Euch selbst kehrt, so ist Euch dieß unangenehm und dann schreit Ihr, um zu antworten, Polizei Hilf! Thut aber nichts, noch sind manche andere Pfeile in unserem Köcher, noch oft wird einer vom Bogen schwirren und wenn er getroffen, dem Herrn Braun Gelegenheit geben, zu sagen: Das war wieder Tell's Geschoß!“

Brauns Klage selbst, welche mit meinen daran geknüpften Bemerkungen beinahe 3 Druckbogen ausfüllen würde, kann ich eben deßhalb nicht vollständig, sondern nur in Auszügen geben, diese lauten: [1]

„Herzogliches Amt!

§. 1. Der Angeklagte hat mich, seitdem er im Monat October v. J. die Redaction der „N. Wiesb. Ztg.“ übernommen, zum Gegenstand unausgesetzter Angriffe in diesem Blatte gemacht. So lange sich diese Auslassungen noch einigermaßen in den Grenzen hielten, welche man sonst in der politischen Presse bei Urtheilen über Persönlichkeiten einzuhalten pflegt, erachtete ich es mit Rücksicht auf den Character des Blattes, in welchem sie enthalten waren, nicht für geboten, denselben zu begegnen. Da nun aber der Angeklagte, ermuntert durch mein Stillschweigen, in neuerer Zeit einen Ton angeschlagen hat, der alles bis jetzt Gehörte übersteigt, da er nicht aufhört, Verläumbung auf Verläumbung zu häufen, und da er es öffentlich ausgesprochen hat, von seinem Vorgehen nicht ablassen zu wollen, bis er mich vollständig in der öffentlichen Meinung

---

[1] Das Petit gedruckte ist der Wortlaut der Klage. Die Garmondschrift enthält die Bemerkungen, welche ich in der „N. Wiesb. Ztg.“ dazu machte.

ruinirt habe, so kann ich nicht länger anstehen, das Einschreiten der Gerichte gegen benselben zu veranlassen."

Folgen nun einige allgemeine „Jeremiaden.

„§. 3. Ich gehe nun zur Aufzählung der einzelnen Injurien über, welche sich der Angeklagte gegen mich schuldig gemacht hat.

In den Anlagen 1 und 2 stellt mich berselbe in verletzender Absicht zusammen mit einem in 1861 und 1862 bei der Redaction der „Wies= babener resp. der „Neuen Wiesbadener Zeitung" beschäftigten und damals in verschiedenen Untersuchungen verwickelten und wegen Herabwürdigung der Religion bestraften, überhaupt in nicht gutem Rufe stehenden Lite= raten Namens Löwenthal, indem er den in Frankfurt erscheinenden „Rh. Kurier" das Organ der Herren Braun, Lang und Löwenthal nennt.

Ich habe mit dem Literaten Löwenthal weder in Beziehung auf den „Rh. Kurier", noch sonst jemals in irgend einer Gemeinschaft gestanden.'

Wir hatten in Nr. 15 der „N. Wiesb. Ztg." gesagt, der „Rhein. Kurier" sei das Organ der Herren Braun, Lang und Löwenthal und zwar mit Recht, denn die Herren Braun und Lang schreiben in den „Rhein. Kurier" und der kleine Löwenthal schrieb in den „Rhein. Kurier", indem er in seiner Weise dem Publikum die Nachricht mittheilte, er sei wegen Unfähigkeit von der Redaction der „N. Wiesb. Ztg." entfernt worden und diese in die Hände des gegenwärtigen Redacteurs übergegangen. Der betreffende Artikel war der Form nach eine Injurie und Verläumbung, trotzdem nahm ihn der „Re= bacteur" des „Rhein. Kuriers" auf, meßhalb wir sagten, der „Rhein. Kurier" sei das Organ der Herren Braun, Lang und Löwenthal. Damit ist nun nichts anders gesagt, als Braun, Lang und Löwenthal schreiben in den „Rh. Kurier" und benützen ihn als Organ, damit ist aber keineswegs gesagt, daß Braun und Lang irgend eine andere Gemeinschaft mit Löwenthal haben, als daß sie gemeinschaftlich den „Rhein. Kurier" als ihr Organ benützen. Man kann bekanntlich mit andern Leuten einen Abtritt gemeinschaftlich frequentiren, ohne deßhalb mit ihnen eine andere Gemeinschaft zu haben, als die Benutzung desselben Lokals. Trotzdem sagt unser Fortschritts= procurator Braun, er sei durch die Zusammenstellung mit dem Literaten Löwenthal injurirt worden, denn dieser sei wegen Herabwürdigung der Religion gestraft worden und nicht in gutem Rufe gestanden.

· Braun klagt also weiter:

„In der Anlage 2 (Seite 1, Spalte 3) sagt der Angeklagte von dem „Rhein. Kurier", nachdem er denselben wie angegeben bezeichnet hat, weiter, derselbe beschäftige sich lediglich damit, Thatsachen zu entstellen, Personen zu verdächtigen, Lügen und Verläumdungen zu verbreiten ꝛc. Wegen der nahen Verbindung mit meinem Namen und da der Angeklagte in der Anlage 6 ausdrücklich behauptet, daß seine Angriffe auf den „Rh. Kurier" gegen die Patrone und Parteiführer dieses Blattes gerichtet seien, muß angenommen werden, daß die be= mittelten Vorwürfe direct gegen meine Person gerichtet sein sollen."

(Unser berühmter Vorkämpfer für die Preßfreiheit, unser ausgezeichneter Logiker und Jurist Braun klagt also folgender= maßen: Der Redacteur der „N. Wiesb. Ztg." hat in ver= schiedenen Nummern seiner Zeitung behauptet, der „Rhein. Kurier" sei das Organ der Herren Braun, Lang und Löwen= thal. In dieser Zusammenstellung Braun's mit Löwenthal ist bereits eine schwere Injurie enthalten. Außerdem aber bezeichnet der Angeklagte auch den „Rhein. Kurier" als ein Blatt, das sich lediglich damit beschäftige, Thatsachen zu ent= stellen, Personen zu verdächtigen ꝛc. Da nun der Angeklagte den „Rh. Kurier" als das Organ der Herren Braun, Lang und Löwenthal bezeichnet hat, so sind obige dem „Rh. Kurier" zur Last gelegten Vorwürfe direct gegen Braun gerichtet und dieser ist abermals schwer injurirt.

Nun ist aber ganz klar, daß mit der Behauptung, der „Rh. Kurier" sei das Organ der Herren Braun, Lang und Löwenthal, nur gesagt ist, diese drei werthen Herren bedienen sich dieses Blattes zur Veröffentlichung ihrer Gedanken, es ist aber keineswegs gesagt, daß sie die Artikel verfaßt haben, in welchen Thatsachen entstellt, Personen verdächtigt werden ꝛc. und noch weniger ist gesagt, daß gerade Braun diese Artikel verfasse. Trotzdem wurde die Klage vom Herzogl. Justizamt an=, und der Redacteur der „N. Wiesbad. Ztg." in Unter= suchung genommen, um zu Correctionshausstrafe verurtheilt zu werden, weil er sagte, der „Rh. Kurier" entstelle That= sachen, verdächtige Personen ꝛc. und weil Braun diesen Vor= wurf auf sich bezog.

Ferner ist in der Anlage 2 (Seite 1, Spalte 2) eine Andeutung enthalten, welche ich hier nur des besseren Verständnisses eines später zu besprechenden Artikels halber anziehen will.

Es ist dort nämlich aus vorausgegangenen Erörterungen der (mit Fettschrift gedruckte) Schluß gezogen, daß die französische Champagnerfabrikanten große Opfer zu bringen vermöchten, um durch die Presse, die Nationalvereinsprediger und Freihandels-Advocaten in ihrem Interesse für das Zustandekommen des Handelsvertrages wirken zu können."

(Die Ausdrücke: Nationalvereinsprediger und Freihandels-Advocaten, bezieht Braun auf sich und fühlt sich getroffen, wenn gesagt wird, die französischen Champagnerfabrikanten vermögen Opfer zu bringen, um durch dieselben für den Handelsvertrag wirken zu lassen, klagt, und das Herzogl. Justizamt nimmt diese Klage an!!!)

„In der Anlage 4 — fährt Braun fort zu klagen — nennt der Angeklagte in einem „die nassauischen Wühler" überschriebenen Artikel mich und diejenigen, welche in gewissen politischen und volkswirthschaftlichen Bestrebungen mit mir übereinstimmen (die Beziehung insbesondere auf mich dürfte durch die darin vorkommenden Ausdrücke „einige ambitiöse Advocaten", die wenigen Einzelnen, welche sich „hinter die Anonymität eines außer Landes erscheinenden Schmutzblattes verstecken", außer Zweifel gestellt sein), Unterminirer und Wühler, publicumharanguirende Schreier und Schwätzer, er behauptet, daß wir zur Verdächtigung, zur Lüge und zur Verläumdung griffen, daß wir Demagogen und Volksbethörer seien u. s. w."

Braun fährt klagend fort:

„In der Anlage 5 Seite 2 spricht der Angeklagte u. A. von den „von Wiesbaden (in dem „Rh. Kurier") einlaufenden Denunciations-und Hetzartikeln". Nach dem oben Bemerkten kann nicht anders angenommen werden, als daß der Angeklagte als die Verfasser von solchen Artikeln mich und den Procurator Lang im Auge hat und bezeichnen will."

(Braun klagt also wegen Injurien gegen die „N. Wiesb. Ztg.", weil in einem ihrer Artikel gesagt war: „von Wiesbaden laufen fortwährend Denunciations = und Hetzartikel im „Rhein. Kurier" ein", als deren Verfasser aber seien Braun und Lang bezeichnet, weil in einer früheren Nummer der „N. Wiesb. Ztg." von zwei bekannten Procuratoren die Rede und gesagt war, der „Rhein. Kurier" sei das Organ der Herren Braun, Lang und Löwenthal, kurz, weil einmal Braun und Lang in Verbindung mit dem „Rh. Kurier" gebracht worden, erblickt Braun in jedem Worte, das gegen dieses Blatt gesagt ist, eine auf ihn sich beziehende Injurie klagt, und das Herzogl. Justizamt, das alle gegen die „Rh. Lahnztg." gerichteten Privatklagen abgewiesen hatte, nimmt Braun's Klage, die gegen die „Neue Wiesbadener Zeitung" gerichtet ist, an.)

Herr Braun fährt klagend fort:

„Die Anlage 6 (Nr. 80 der „N. Wiesbad. Ztg." 30. Dec. 1862) enthält:

1) unter der Ueberschrift „Brauner Guano" eine mit Beziehung auf die darin angeführte Notiz der „Neuen Frankf. Ztg.", als deren Verfasser der Angeklagte mich fälschlicher Weise angibt, geschriebenen, direct gegen mich gerichteten Artikel, worin ich als „der bekannte, mit so geringen Mitteln ausgerüstete kleine Wiesbadener Intriguant", als „volksfreundlicher Rabulist" bezeichnet, worin mir Unfähigkeit, Feigheit und nichtsnutzige Art vorgeworfen, worin von Pfiffen und Kniffen und sogar von Miserere und andern Unfläthigkeiten die Rede ist."

(Man traut in der That seinen Augen kaum. Die incriminirten Stellen lauten: „In diesem Artikel spiegelt sich der bekannte, mit so geringen Mitteln ausgerüstete kleine Wiesbadener Intriguant, der so gerne eine große Rolle spielen möchte, wie er leibt und lebt". Ferner: „Und daran erkennen wir abermals die nichtsnutzige Art, womit die bekannten volksfreundlichen Rabulisten ihre Gegner zu bekämpfen gewohnt sind". Nun kommt Herr Braun und sagt, der „bekannte kleine Wiesbadener Intriguant" und der „volksfreundliche Rabulist" das bin ich (obgleich nicht mit einem Buchstaben auf Herrn Braun hingedeutet ist), dadurch bin ich injurirt, und das Herzogl. Justizamt nimmt die Klage an und Correctionshaus steht in Aussicht, weil wir sagten, in Wiesbaden gebe es einen bekannten kleinen Intriguanten und volksfreundlichen Rabulisten. Wir fragen, wer ist sicher vor einer Criminalklage und Correctionshaus, wenn solche Klagen angenommen werden?

Braun klagt weiter:

„2) Eine Correspondenz, datirt Frankfurt, 28. Decbr., worin behauptet wird, daß ich in einer daselbst bestehenden Zeitung pueriie Leitartikel veröffentliche."

(In der incriminirten Stelle ist von dem „Präsidenten der zweiten Kammer eines benachbarten Staates", aber nicht von Braun die Rede.)

„In der Anlage 7 wiederholt der Angeklagte die unter pos. berührte Behauptung über die Urheberschaft des daselbst bezeichneten Artikels der „Neuen Frankf. Zeitung", indem er sich in weiteren Ausfällen über meine Person ergeht, mich zu den „Feiglingen" zählt, die aus sicherem Hinterhalt vergiftete Pfeile abschießen, mir vorwirft, daß ich verdächtigende und verläumberische Nachrichten über die naffauische

15

Regierung und über den Hof in auswärtigen Blättern verbreite und mit injuriöser Tendenz eine Andeutung dahin macht, als habe ich Director der nassauischen Staatseisenbahn werden wollen, was mir aus guten Gründen nie eingefallen ist.

Diese Klage bezieht sich auf den Leitartikel in Nr. 81 der „N. Wiesb. Ztg." vom 31. Dezbr. 1862. In demselben ist von der Verwilderung der Presse, von Feiglingen, die aus sicherem Hinterhalte hervor vergiftete Pfeile schießen, welche verdächtigen und verläumberische Nachrichten verbreiten, von dem Hofgerichtsprocrurator Carl Braun ist aber mit keiner Sylbe die Rede. Trotzdem klagt Herr Braun, das Herzogl. Justizamt nimmt die Klage an und die Folge davon sind nimmer endende Citationen, Inquisitionen und Unannehmlichkeiten aller Art.)

Braun klagt weiter:

„In der Anlage 8, S. 13, heißt es in einer, „Cteville 31. Decbr." datirten Correspondenz, von den „Patronen" des „Rh. Kuriers", bei welcher Bezeichnung mich der Angeklagte nach dem Angeführten stets im Sinne hat, daß es in ihrer Art liege, die Wahrheit nur halb und diese (Hälfte) noch entstellt zu sagen, zu verdächtigen und nur zu Parteizwecken zu arbeiten."

Wenn man den Wortlaut des incriminirten Artikels in Betracht zieht, so erhebt sich wirklich die Frage, ob es, wäre nicht in vorstehender Klage der aktenmäßige Beweis geliefert, überhaupt denkbar ist, daß im Jahr 1863 in einem deutschen Staate irgend Jemand und gar noch ein Procurator des „Fortschritts", der für die Preßfreiheit kämpft, eine solche Klage erheben und daß das Gericht eines deutschen Staates eine solche Klage überhaupt annehmen könne? Die incriminirte Stelle des betreffenden Artikels der „N. Wiesb. Ztg." Nr. 3 vom 4. Jan. 1863, lautet nämlich folgendermaßen:

Doch wie es in der Art des „Rh. Kuriers" und seiner Patrone liegt, sagt er die Wahrheit nur halb und diese Hälfte noch entstellt, so daß man zuletzt handgreiflich sieht, daß er verdächtigen und nur zu Parteizwecken arbeiten will."

„In der Anlage 9 (Nr. 7 der „N. Wiesb. Ztg." vom 9. Jan. 1863) sagt der Angeklagte, von den Patronen und Aktionären des „Rh. Kuriers" (zu den Aktionären gehöre ich wirklich) zu welchen er, wie bemerkt, mich überall zählt, daß sie Wirthshauspolitik treiben, die übrigen deutschen Fürsten zu Gunsten der Krone Hohenzollern mediatisiren (also einen Hochverrath begehen) wollen, daß sie den „Rh. Kurier" gegründet hätten und unterhielten, um tagtäglich die naffauische Regierung und Unterbehörden zu beschimpfen', zu verdächtigen und zu verläumben, um durch diese Beschimpfungen ꝛc. das naffauische Volk in einer fortwähren= den Aufregung zu erhalten, es aufzuwiegeln und aufzuhetzen."

Wir wollen jetzt, um die unerhörte Frivolität dieser braunen Klage klar zu machen, die incriminirte Stelle des betreffenden Artikels wörtlich abdrucken laffen; sie lautet:

„Dagegen sagen wir, wählt keine jener Advocaten, welche Mitglie= der und Anhänger des Nationalvereins sind, wählt keine jener Advo= caten, welche Patrone und Aktionäre des „Rh. Kuriers" sind, welche in Niederwalluf, Rüdesheim und St. Goarshausen und wo es sonst sein mag, Wirthshauspolitik treiben. Der Nationalverein hat zum Zweck, Preußen an die Spitze von Deutschland zu bringen, Oesterreich auszu= schließen und die übrigen deutschen Staaten zu Gunsten der Krone Hohen= zollern zu mediatisiren. Dieser Zweck wurde früher offen eingestanden und angestrebt und wird jetzt zwar nur noch im Geheimen verfolgt, allein er ist nichtsdestoweniger der Parteizweck der Wiffenden des Nationalvereins. Es ist aber ein Zweck, der nur mit Hülfe des Bürger= kriegs erreicht werden könnte, da sich Oesterreich nicht aus Deutschland und die übrigen Staaten zu Gunsten Preußens nicht aus der Souve= ränetät hinaustreiben laffen. Der Nationalverein verfolgt also gemein= gefährliche, höchst schädliche und verderbliche Plane und Zwecke, er ver= folgt Plane und Zwecke, die schon beßhalb schädlich und verderblich sind, weil sie bei einem Theile des deutschen Volkes die Einsicht in das, was wirklich Noth thut und erreichbar ist, nicht aufkommen laffen ꝛc.

Wo ist hier von Procurator Braun die Rede? Wo ist hier der Procurator Braun injurirt? Es ist hier vom Na= tionalverein und vom „Rh. Kurier" die Rede und die poli= tische Qualität des Nationalvereins ist beurtheilt. Und diese Beurtheilung, tausendmal in hundert deutschen Zeitungen auf= gestellt, erklärt der Procurator Braun für eine Kränkung seiner Ehre und Person und das Herzogl. Justizamt in Wies= baden nimmt eine solche Klage an und citirt und inquirirt den Angeklagten!!

Herr Braun fährt wörtlich fort zu klagen:

„In dem Leitartikel der Anlage 10 (Seite 2) nennt der Angeklagte die „Leiter der politischen Bewegung in Naffau", bei welchem Ausdruck er auch mich im Auge hat, vulgäre Kneiper von geringer sittlicher Bildung."

Die incriminirte Stelle des betreffenden, ausschließlich gegen den Redacteur Lammers in Frankfurt gerichteten Ar= tikels lautet:

„Ich frage: ist Herr Lammers' (der geschimpft und dann jede Satis= faction verweigert hatte) nicht ein pöbelhafter Mann; der auch nicht
15*

einen Zoll über der sittlichen Bildung jener vulgären Kneiper steht, welche sich in Nassau als Leiter der politischen Bewegung aufgeworfen haben?"

Wenn nun Herr Braun auf diese Stelle eine Injurien= klage gründet, durch diese Stelle sich für injurirt erklärt und das Herzogl. Justizamt in Wiesbaden eine solche Klage an= nimmt, hört da nicht, fragen wir mit dem „Rhein. Kurier", Alles auf, oder hört Alles auf, oder was hört auf?

Herr Braun fährt fort:

„In derselben Nummer nennt er in einem Artikel „Wiesbaden, 13. Januar" mich und meine Collegen geriebene Advocaten und spielt gleich darauf in offenbar verletzender Absicht auf eine Stelle von Heine an."

Die Stelle des Artikels, welcher von einer Versammlung in St. Goarshausen berichtet, lautet: „Bezüglich der Nota= bilitäten, deren Ankunft die „Mittelrh. Ztg." neulich in Aus= sicht stellte, vernehmen wir aus ihrem Berichte, daß sich die= selben auf die Advocaten Lang und Braun, Schenck und Freudenberger, sowie auf Hrn. Reisinger beschränkten, von welchen die ersteren zwar geriebene Advocaten, aber nichts weniger als Notabilitäten sind und der letztere zwar geriebener Redacteur, aber nichts weniger als Notabilität ist." Ferner heißt es: „die Verhandlungen anlangend, so kann man sie in den früheren Jahrgängen der „Mittelrh. Ztg." nachlesen, denn es sind immer dieselben O— (beinahe hätten wir uns eines Heine'schen Ausdrucks bedient), also dieselben Personen, welche sprechen, und immer dieselben Reden, die gehalten werden ꝛc." Es ist somit klar, daß Herr Braun den Aus= druck „geriebene Advocaten" für eine Injurie erklärt, aber, fragen wir, was kann dann nicht Alles für Injurie erklärt werden, wenn der Ausdruck „geriebene Advocaten" die Ehre kränkt? Spaßhaft ist die Incriminirung des O—, welches als eine in verletzender Absicht citirte „Stelle" „von Heine" erklärt wird. Offenbar reichte die Literaturkenntniß des Klägers hier nicht aus, er wußte nicht, welche Stelle der Werke Heine's gemeint ist, er spricht deßhalb auf's Gerathe= wohl von einer in verletzender Absicht citirten Stelle, obgleich das O— nichts Anderes bezeichnet, als O—cculi da kommen sie. Dahin, d. h. zu solchen Klagen, führt es, wenn der Kläger erwartet, daß, mag er beklagen was er will, jede

Klage angenommen wird. Nächstens wird er klagen, die „N. Wiesb. Ztg." habe „und" gesagt und damit Braun und Lang gemeint und natürlich auch injurirt.

§. 7. Braun klagt fortwährend:

„In der Anlage 11 befinden sich:
1) Zwei Artikel, datirt, Wiesbaden, 14. Januar, deren erster in der bei dem Angeklagten stets zu präsumirenden, übrigens auch aus der Form der Mittheilung, die nicht zu einem bestimmten Zweck eine Kritik üben will, sondern lediglich diesen Ausfall enthält, erkennbaren Absicht, mich in der öffentlichen Meinung herabzusetzen, es tadelt, daß ich als Präsident der Ständekammer mich in's Parteigewühl stürze und im Lande umherziehe, um Theil zu nehmen an Versammlungen eines wühlerischen Vereins und deren zweiter wiederum andeutet, daß ich mich vergeblich bemüht habe, Eisenbahndirector zu werden."

Die incriminirte Stelle lautet:

„Wiesbaden, 14. Jan. Es möchte uns fast bedünken, als sei es im höchsten Grade unpassend, wenn ein Kammerpräsident, der seiner Stellung nach eine möglichst würdevolle, unbefangene und unparteiische Haltung beobachten sollte, sich mitten in's Parteigewühl stürzt und im Lande umherzieht, Theil zu nehmen an Versammlungen, welche von einem wühlerischen Vereine veranstaltet werden. In keinem andern deutschen Staate außer Nassau findet sich ein so parteinehmender Kammerpräsident, wie es auch in keinem andern deutschen Staate ein Oppositionsblatt gibt, das dem „Rheinischen Kurier" an gewissen Eigenschaften gleichkäme."

Was ferner die zweite Incrimination anbetrifft, so lautet der Artikel der „N. Wiesb. Ztg.":

„Wiesbaden, 14. Jan. Geschichtsforschern ist es gelungen, festzustellen, daß Achilles grollend in sein Zelt sich zurückzög und Coriolan in's Lager des Volskischen Nationalvereins wanderte, weil beide gerne Eisenbahndirectoren werden wollten, beide aber keine Eisenbahndirectoren geworden sind."

In diesem Artikel ist offenbar von dem Griechen Achilles und von dem Römer Coriolan, aber nicht von dem Nassauer Braun die Rede. Wie kommt nun der Nassauer Braun dazu, das auf sich zu beziehen, was über den Griechen Achilleus und den Römer Coriolan gesagt ist? Kommt er dazu, weil er troß der ganz unbestimmten Behauptung eine Anspielung darin erblickt? Wie? Warum kam er dazu, sich injurirt zu fühlen, wenn von Achilles und Coriolan die Rede ist? Herr Braun ist doch kein Achilles und kein Coriolan, sondern ein Fortschrittsprocurator aus Wiesbaden, mit dem der Bauer Pauli aus Laubach als Landstandscandidat concurriren wird, wenn er, Herr Braun, darauf beharren sollte, nochmals in die Kammer eintreten zu wollen.

Und der Braun klagt weiter:

„§. 8. Von der Nummer 17 seines Blattes v. J. 1863 an — Anlage 12 — beginnt der Angeklagte in zahlreichen Wiederholungen von „Braun's Rede", worunter derselbe verschiedene von mir auf öffentlichen Versammlungen über den Zollverein und die dem Fortbestand desselben drohenden Gefahren, sowie über den zwischen Preußen und Frankreich vereinbarten Handelsvertrag gehaltene, allerdings in der Tendenz übereinstimmende, aber in Form und Fassung wesentlich abweichende Vorträge begreift, zu sprechen, indem er mit diesem Ausdruck sagen will, was er auch in den Anlagen 12 und 13 ausdrücklich ausspricht, daß ich auf diesen verschiedenen Versammlungen umhergezogen sei, um ein ein für allemal festgestelltes und auswendig gelerntes Elaborat über die bemerkten Gegenstände herzudeclamiren.

Die Absicht des Angeklagten, dadurch zu verletzen und zu verkleinern ist unverkennbar."

Diese Klage geht nun aber doch über das Bohnenlied. Braun klagt nämlich darüber, daß in der „N. Wiesb. Ztg." zu wiederholten Malen davon die Rede war, Braun habe „Braun's Rede" vorgetragen. Nun hat doch offenbar Braun, so oft er über den Handelsvertrag sprach, „Braun's Rede" vorgetragen und weil wir sagten: „Braun habe „Braun's Rede" vorgetragen", deßhalb verklagt uns Braun wegen Injurien. Braun erklärt es also für eine Injurie, wenn Jemand sagt, er, Braun, habe „Braun's Rede" vorgetragen. Damit will er offenbar andeuten, daß in dem Ausdruck: „Braun's Rede vortragen", eine Nichtanerkennung der Geistreichigkeit Brauns und somit eine Injurie enthalten sei. Nun hat man Kunde davon, daß im Alterthum, wenn wir nicht irren, Cäsar gewisse Seeräuber hinrichten ließ, weil sie seine Gedichte nicht lobten, allein seit Cäsar wurde es nicht mehr erhört, daß die Nichtanerkennung eines Geistesproductes für ein Verbrechen erklärt wurde. Ein solches Verbrechen wieder zu erfinden, war dem großen Fortschrittsprocurator Braun vorbehalten, der darüber klagt, daß wir „Braun's Rede" nicht respectvoll als eine ausgezeichnete Rede, sondern schlechtweg als „Braun's Rede" bezeichneten. Nein, selbst Jeremias könnte nicht so klagen, wie Braun hier geklagt hat.

Er klagt weiter:

„Von derselben Nummer 17 an beginnt der Angeklagte auch in ebenso zahlreichen Wiederholungen mich nur noch „den Advocaten Braun" zu nennen.

Die häufige und geflissentliche Anwendung des Ausdruckes „Advocat" oft ohne alle Veranlassung zur Bezeichnung meines Standes, und nachdem der Angeklagte meinen Namen bereits genannt hat, in müßiger Apposition, läßt auch hier den animus injuriandi als unzweifelhaft vorhanden erscheinen.

„Die einzelnen Stellen der übergebenen Nummern der „N. Wiesb. Zeitung", in welchen der Angeklagte sich der gedachten ehrverletzenden Ausdrücke bedient, sind mit Rothstift angestrichen, (wenngleich meist nur in solchen Artikeln, die außerdem noch anderweite Ausfälle enthalten) und es wird deßhalb anstatt einer Aufzählung der einzelnen Fälle die Beziehung darauf zur Begründung des Strafantrags genügen."

Hat er vorhin geklagt, daß wir Braun's Rede nicht als ein Meisterwerk in unterthänigster Anerkennung bezeichneten wie die Fortschrittsblätter, so klagt Advocat Braun jetzt, daß wir ihn einen Advocaten genannt haben. Aber um Gottes Willen ist denn Braun vielleicht Kupferschmied oder Schirmmacher, oder Lederhändler, oder Cigarrenhändler oder Schuhmacher, oder ist er Advocat? oder führt er nicht Prozesse für Stähler in Oberzeuzheim, für Großmann in Hochheim, für Kölsch in Wiesbaden, für Pauli in Laubach, gegen Sachs in Caub? Wie, führt er nicht solche Prozesse? Ist er also nicht Advocat? Und ihn Advocat zu nennen, soll eine Injurie sein? Offenbar war es im Oberhäuschen dieses Mannes, als er die Klage niederschrieb, nicht mehr so beschaffen, wie es sein sollte, und offenbar war er ergriffen vom Raptus zu klagen, und klagte sehr, der Advocat Braun.

Und er klagt:

„In der Anlage 12 (Leitartikel, überschrieben „die Bürgerversammlung") sind ferner die Veranstalter der darin besprochenen Versammlung Wiesbadener Bürger zum Zweck der Berathung einer Petition an Herzogliche Landesregierung in Sachen der schwebenden Zollvereinskrisis und des Handelsvertrags und darunter auch ich der Täuschung und Bethörung beschuldigt."

Die betreffende Stelle der Nr. 17 vom 21. Januar 1863 lautet:

„Was die zu Gunsten des Handelsvertrags an die Regierung zu übermittelnde Petition anbetrifft, so geben wir folgenden Rath: Sobald die Petition eingereicht ist, greife man irgend einen der Unterzeichner heraus und unterwerfe ihn einem Examen, um zu erfahren, ob er das, was er unterschrieben und um was er petitionirt, auch wirklich begrifsen hat und versteht. Ist dieß nicht der Fall, so stelle man die Petition als Käsebier einfach bei Seite, schreite aber gegen die Veranstalter derselben gerichtlich ein, wegen Täuschung und Bethörung. Gestatten dieß die bestehenden Gesetze nicht, so wäre dem nächsten Landtag ein entsprechender Gesetzentwurf vorzulegen."

Braun klagt fort:

„In der Anlage 13 (Artikel Wiesbaden 21. Januar) spricht der Angeklagte von Advocaten-Kniffen und einem kniffigen Advocaten, den er mores gelernt habe. Alles das ist gegen mich gerichtet."

Aber kann man denn gar nicht mehr von Kniffen und kniffigen Advocaten sprechen, ohne daß Hofgerichtsprocurator Carl Braun von Wiesbaden sich durch diese Ausdrücke getroffen und injurirt fühlt und Klage erhebt?

Durchbringender klagt er im nächsten §., wenn er sagt:

§. 9. Die Anlage 16 (Nr. 20 der „N. Wiesb. Ztg.") bezeichnet die in der vorgedachten Versammlung beschlossene Petition als monströs wegen ihrer Urheber, unter welchen auch ich genannt wurde (als „Advocat Braun").

Der Artikel lautet:

„Wiesbaden, 23. Jan. Hr. B. bläht in seiner neuesten Correspondenz in der „Kölner Ztg." die auf den beiden Nationalvereinsversammlungen hauptsächlich durch die Bemühungen der Herren Reisinger (Redacteur) und Braun (Advocat) zu Stande gebrachte, von hiesigen Mitgliedern des Nationalvereins unterschriebene Petition zu einer Monstrepetition der Bürgerschaft auf. Monströs ist die Petition allerdings, aber nicht wegen der Zahl der Unterschriften, sondern wegen ihres Inhalts und ihrer Urheber!"

Welcher Frevel, welches Verbrechen! Eine Monstre-Petition monströs zu nennen!

Und er klagt und er klagt:

§. 10. Die Anlage 16 und 17 enthält auf Seite 2 einen Artikel, datirt: Wiesbaden, 26. Januar, welcher in wenigen Zeilen drei verschiedene Ausfälle enthält:
1) ist darin gesagt, daß nicht ich, sondern „der Bürgermeister von Sarbam", womit der hiesige Redacteur Reisinger genannt ist, einen in der hiermit unter Anlage 31 übergebenen Nummer 21 der „Neuen Wiesb. Ztg." verarbeiteten, nach der Ansicht des Angeklagten und auch in Wirklichkeit an vielen logischen und stylistischen Mängeln laborirenden Artikel der „Mittelrh. Ztg." verfaßt habe. Der Angeklagte will damit offenbar sagen, daß ich in logischer und sprachlicher Bildung dem in dieser Beziehung nicht sehr vortheilhaft bekannten Redacteur der „Mittelrh. Ztg." gleichstehe."

Wenn nicht „Brauns Klage" noch viel Unglaublicheres enthielte, wie sich der geneigte Leser später noch überzeugen wird, so möchten wir den vorstehenden Passus für das Höchste erklären, was im Fache der Absurdität ein vom Klagefieber ergriffenes Gemüth zu leisten vermag. Man lese doch die incriminirte Stelle der „N. Wiesb. Ztg.", sie lautet:

„Wiesbaden, 26. Jan. Sicherem Vernehmen nach hat den in unserer letzten Nummer berührten Artikel der „Mittelrh. Ztg." „über die Niederlage des Delegirtenprojects" nicht Herr Advocat Braun, sondern wirklich der Bürgermeister von Saarbam geschrieben."

Wenn man also sagt, nicht der Advocat Braun, sondern der Bürgermeister von Saarbam hat einen Artikel geschrieben, so ist der Advocat Braun injurirt! Hat man je so etwas außerhalb Nassau erlebt? Wurde je eine solche Klage einge= reicht und angenommen? Und warum ist jene Stelle injuriös? Weil es dem Kläger beliebt, zu sagen: der Bürgermeister von Saarbam, das ist Hr. Reisinger, und wer diesem gleich= gestellt wird, ist injurirt. Abgesehen von der Kühnheit der Interpretation: unter dem Bürgermeister von Saarbam Hrn. Reisinger zu verstehen, der gewiß nie in Saarbam und dort noch viel weniger Bürgermeister gewesen ist, welch' ein Ge= müth kommt in dieser Klage zum Vorschein? Nachdem Braun Jahre lang mit Hrn. Reisinger, einer der ersten Fortschritts= notabilitäten, an dem Zustandekommen der Freiheit gearbeitet, mit ihm im Lande herumgezogen und Versammlungen abge= halten, mit ihm auf diesen Versammlungen Reden gehalten hatte, geht er her und erklärt es für eine Injurie, Herrn Reisinger gleichgestellt zu werden, und geht sogar so weit, ihn als Bürgermeister von Saarbam zu bezeichnen! Braun, der Herzog des nationalvereinlichen Fortschritts, erklärt es für eine Injurie, einem der bekanntesten Mitglieder der Fort= schrittspartei, einem der hervorragendsten Köpfe und Redner dieser Partei, dem Journalisten und Historiographen dieser Partei, gleichgestellt zu werden! Ja, Braun, der selbst der Fortschrittspartei angehört, der fortwährend behauptet, das Land müsse nach den Grundsätzen dieser Partei regiert werden, erklärt, daß sich unter den Leitern der Fortschrittspartei ein in sprachlicher und logischer Beziehung nicht sehr vortheilhaft bekannter Mann befinde, daß das bedeutendste journalistische Organ dieser Partei von jenem Manne redigirt werde, und

daß es eine Injurie sei, diesem Manne gleichgestellt zu wer=
den. Jahre lang war dieser Mann der Freund, Mitarbeiter
und Bundesgenosse Braun's, und ehe der Hahn dreimal ge=
kräht hatte, war er dreimal verläugnet.

Und Braun klagt weiter:

„2) ist darin gesagt, daß ich dagegen der Verfasser des im vorigen
Paragraphen berührten Artikels der „Kölnischen Ztg." sei. Es sind
damit alle in der Anlage 13 über mich, als den angeblichen Verfasser
des letzteren Artikels, enthaltene Injurien wiederholt, und werde ich
ferner, hier wie dort, der Selbstbelobung beschuldigt."

Der incriminirte Schluß des Artikels lautet:

„Dagegen soll unser ehrwürdiger Kammerpräsident der Verfasser
jener Bulletins sein, welche über die „Monstrepetition", und was da=
mit zusammenhängt, in der „Köln. Ztg." berichteten. Ob sich dieses
journalistische Treiben mit der Würde eines Kammerpräsidenten
verträgt?

Und er klagt weiter:

„3) kommt der Angeklagte auch hier wieder auf mein angebliches
„journalistisches Treiben" und dessen Unverträglichkeit mit meiner
Stellung als Präsident der zweiten Kammer der Stände zu sprechen."

Braun klagt immer noch und klagt wie folgt:

„In dem Leitartikel der Anlage 18 (Nr. 20 der „N. Wiesb. Ztg.")
ist unter Bezeichnungen, die eine Beziehung oder Mitbeziehung auf
meine Person mit Rücksicht auf die schon mehr gedachte Ausdrucks=
weise des Angeklagten und die in dem Artikel besprochenen Gegenstände
nicht zweifelhaft lassen, von Leuten die Rede, die aus verwerflichen
Motiven in ihren handelspolitischen Grundsätzen und Bestrebungen wech=
seln, von Umtrieben, Röllchenspielern, Advocaten und Demagogen, die nur
nach einem Sitz im Parlament trachten, endlich von verschmitzten Ad=
vocaten als Abstimmungs= und Petitionirungsmaschinen.

Die incriminirte Stelle lautet:

„Dieser Umschwung der Meinungen (in Beziehung auf handelspo=
litische Ansichten) ist gar nicht auffallend und ganz consequent."
„Merkwürdig an diesem ganzen Treiben ist nur das, daß sich im=
mer wieder Leute finden, welche sich als Werkzeuge und Statisten be=
nützen, welche sich von den Röllchenspielern beschwatzen lassen, welche
Vereinen beitreten, Versammlungen anwohnen, Adressen unterschreiben,
abstimmen — um einzelnen Advocaten und Demagogen einen Namen
und nöthigenfalls einen Sitz im Parlamente zu verschaffen. Aber
hoffentlich kommt endlich auch einmal die Zeit, in welcher das öffent=
liche Bewußtsein so gebildet ist, daß die Bürger ihre Interessen selbst
in die Hand zu nehmen sich entschließen, selbst sich versammeln um
über ihre politischen Bedürfnisse zu berathen und sich schämen, fort=
während von einigen verschmitzten Advocaten als Abstimmungs= und
Petitionirungsmaschinen sich gebrauchen zu lassen."

Wenn Einer so weit gekommen ist, daß er über Injurien klagt, weil geschrieben steht, „diesen Artikel hat nicht Braun, sondern der Bürgermeister von Saarbam geschrieben", so fehlt nicht mehr viel dazu, daß er über Nichts klagt. Diesen Schritt macht Braun in der heutigen Fortsetzung seiner Klage wirklich. Man höre, Braun klagt weiter:

„In dem Leitartikel der Anlage 19 werde ich, unter der stereotypen Bezeichnung als „Advocat Braun", ein Geistesverwandter des Herrn Reisinger genannt, worin in der Absicht des Angeklagten jedenfalls eine Herabsetzung liegen soll."

Die incriminirte Stelle des Leitartikels, in welchem von einer Bürgerversammlung zu Rüdesheim die Rede ist, lautet:

„Da war der Hr. Weinhändler Dilthey, ein rebseliger National-vereinsmann, da waren verschiedene Advocaten, z. B. Advocat Erlen-meyer, Advocat Raht, Advocat Hehner, Advocat Braun, da waren ferner zwei Redacteure: Redacteur Reisinger, Braun's strebsamer Mitkämpfer, sowie auch Redacteur Lammers aus Frankfurt, Hrn. Reisinger's Gesinnungs-, Vereins- und Geistesver-wandter."

Hier ist also mit dürren Worten gesagt, Redacteur Lammers aus Frankfurt sei ein Geistesverwandter Rei-singer's, von Braun ist aber gar Nichts gesagt. Trotz-dem klagt Braun. Er klagt über Nichts, er klagt, weil über ihn gar Nichts, dagegen über Lammers Etwas gesagt ist, er klagt, weil er das Klagefieber hat und dieses Fieber ver-wirrt seine Sinne dermaßen, daß er nicht einmal mehr zwi-schen sich und dem Redacteur Lammers zu unterscheiden weiß, während doch er Braun, dieser aber Lammers heißt, was ein Unterschied ist. Braun hat also sogar das Bewußtsein der Identität seiner Person verloren, verwechselt sich mit Lam-mers, sieht den Lammers für sich und sich für den Lammers an und klagt, weil über ihn Nichts, über Lammers aber gesagt ist, er sei ein Geistesverwandter Reisinger's. Solche Klagen werden im Jahre des Heils 1863 in Nassau ange-stellt, von nassauischen Gerichten angenommen und führen zu Criminaluntersuchungen gegen den Beklagten!! Und man sagt noch, die „N. Wiesb. Ztg." schimpfe und schmähe die Gerichte! Braun klagt weiter:

„Und wird von mir gesagt, daß ich nicht in eine Versammlung nassauischer Bürger, sondern in eine Canzlei des preußischen Ministe-riums, oder in eine Vereinigung Berliner Fortschrittsphilister gehöre;

schließlich kommt der Angeklagte auch hier wiederholt auf „Brauns Rede" zu sprechen."

Injurie ist also, wenn man sagt, Braun gehöre nicht in eine Versammlung nassauischer Bürger, Braun gehöre in eine Canzlei des preußischen Ministeriums, Braun habe nicht Reisinger's Rede, sondern „Braun's Rede" vorgetragen. Risum teneatis amici, das sind die Anführer der Fortschrittsphilister in Nassau!

Braun klagt:

„Im „Premier" der Anlage 20 spricht der Angeklagte von den „Lappereien", denen man gewöhnlich im Munde der handelsverträglichen Nationalvereinsadvocaten begegne, und im Schlusse des Artikels von „unseren Nationalvereinsagitatoren", die recht gut wüßten und es mit der Hand greifen könnten, aus welchen Gründen sie den Handelsvertrag zu einem Agitationsobject gemacht hätten."

Und er klagt weiter:

„Eine weitere Verunglimpfung enthält die Anlage 21 auf Seite 3, überschrieben: „Leise Anfrage". Der Angeklagte behauptet dort fälschlich, daß ich einen, die amtliche Wirksamkeit des Regierungspräsidenten Dr. Möller verherrlichenden Hymnus gedichtet habe (was nicht wahr ist) um mich der unmännlichen Unterwürfigkeit, der „Speichelleckerei" zu beschuldigen nnd mir dabei zur Hervorhebung des Gegensatzes mit injuriöser Ironie in einem Athem die Epitheta „Nationalvereinsführer, democratischer Held, im Glanze der Popularität strahlender handelspolitischer Retter des Vaterlandes und Volksfreund" beizulegen."

Die incriminirte Stelle lautet:

„Wie heißt der Abgeordnete, Nationalvereinsführer und democratische Held, der jetzt im Glanze der Popularität strahlt und namentlich als handelspolitischer Retter des Vaterlandes auftritt, der aber seiner Zeit dem früheren Regierungspräsidenten Möller zu dessen Geburtstag einen von Ergebenheit strotzenden, die amtliche Wirksamkeit des Präsidenten verherrlichenden, auf braunes Papier geschriebenen Hymnus unterthänigst überreichte."

Und er klagt weiter:

„In der Anlage 22 Seite 3 wird mir in einer weiteren „leisen Anfrage" unter der Bezeichnung „Volksfreund" vorgeworfen, wegen Ueberforderung eines Clienten von der vorgesetzten Behörde zu einer Disciplinarstrafe verurtheilt worden zu sein."

Die incriminirte Stelle lautet:

„Wie heißt der braune Volksfreund, der als Advocat wegen Ueberforderung eines Clienten von der vorgesetzten Behörde zu einer Disciplinarstrafe verurtheilt wurde?"

Hier wird ganz einfach gefragt, aber es wird Niemand Etwas vorgeworfen. Da indessen Herr Braun die Anfrage auf sich bezog, so sahen wir uns veranlaßt, auf die Personal=acten des Hofgerichtsprocurators Dr. Carl Braun aus Wies=baden zu verweisen und in diesen Acten stand nun ganz leser=lich geschrieben, daß Herr Hofgerichtsprocurator Carl Braun vom Herzogl. Hofgericht mit einer Disciplinarstrafe von 5 fl. belegt worden ist und zwar deßhalb, weil derselbe seinem Clienten, dem Goldarbeiter Kölsch, die Summe von 79 fl. abgenommen hatte, die er bis auf wenige Gulden herauszu=geben gezwungen wurde. Wir hoffen, man nennt dieß in der deutschen Sprache zum mindesten Ueberforderung [1]).

Braun klagt weiter:

In der Anlage 23 Seite 3, unter „Vermischtes“, wird mir vor=geworfen, „gegen die projectirte Actienbrauerei in Wiesbaden Intri=guen ins Werk gesetzt zu haben“.

„Durch den Vergleich mit einem angeblichen ähnlichen Vorfalle in Darmstadt soll angedeutet werden, daß es mir bei diesen angeblichen Intriguen um die Erreichung eines Vortheils zu thun gewesen sei.“

In dem incriminirten Artikel heißt es, gewisse in Darm=stadt seiner Zeit gegen die dort projectirte Bank in's Werk gesetzte Machinationen haben viele Aehnlichkeit „mit den brau=men, gegen die projectirte Actienbrauerei in Wiesbaden kürz=lich in's Werk gesetzten Intriguen“. Diese Intriguen wurden wirklich hier in's Werk gesetzt, gaben Veranlassung zu ge=richtlichen Nachforschungen, da Flugblätter ohne Angabe des Druckortes verbreitet wurden, und Jedermann nannte sie keine Intriguen. Warum? wissen wir nicht, wir adoptirten einfach den cursirenden Ausdruck.

Braun klagt weiter:

„In demselben Artikel werde ich (wenigstens läßt sich die Notiz nach der Darstellung des Angeklagten nicht anders deuten, als auf mich, und ist von Jedermann auf mich bezogen worden) beschuldigt, im Jahre 1848 mich in einem Anfalle von Tapferkeit verkrochen zu haben und politische Gegner durch Verbreitung von Lügen zu be=kämpfen.“

Die incriminirte Stelle lautet:

[1) Es war eine Prellerei.

„Darmstadt, 13. Febr. Als seiner Zeit die hiesige **Bank** gegründet wurde, machte sich sehr bald eine Agitation gegen dieses Institut bemerklich, welche viele Aehnlichkeit mit den braunen, gegen die
projectirte Actienbrauerei in Wießbaden kürzlich in's Werk gesetzten
Intriquen hatte. Da kam der Director der Bank auf den Gedanken,
den Advocaten Metz als deren Anwalt zu bestellen, und von Stunde
an hörte die Agitation auf. Im Jahre 1848 wurde ein junger **Ad-**
vocat aus einem Kamin hervorgezogen, in welches er sich in einem
Anfalle von Tapferkeit verkrochen hatte, derselbe ist seither zu **hohen**
nationalvereinlichen Ehren gelangt und gründete eine Zeitung, **welche**
sich u. A. auch damit befaßt, politische Gegner durch Verbreitung
brauner Lügen zu bekämpfen."

Jn diesem Artikel ist lediglich von Metz, dem Darmstädter
Metz, die Rede. Wie aber Braun schon einmal klagte, weil
Lammers ein Geistesverwandter von Reisinger genannt
wurde, so klagt er jetzt, weil vom Darmstädter Metz gesprochen wird. Nächstens wird er klagen, wenn vom König
von Dahomey die Rede ist.

Und Er klagt und er klagt:

„§. 13. Höchst ehrenrührige Beschuldigungen und Angriffe gegen
mich enthält ferner die Anlage 24. Es ist darin:

1) in einem Artikel datirt: Wießbaden, 17. Febr., behauptet, daß
ich zwei ihrem Inhalte nach näher bezeichnete Zeitungsartikel, deren einer
läppische und unfläthige Redensarten enthalte und deren anderer der
Form nach weniger abgeschmackt und nicht geradezu unfläthig sei, verfaßt habe.

Der Angeklagte droht sodann, nicht eher ruhen zu wollen, bis er
meine „vollendete Nichtswürdigkeit" dem Publikum klar gemacht habe.
Endlich spricht er mit Beziehung auf mich von „Praktiken", indem er
mir die Uebung einer sehr verachtungswerthen Praktik zuschreibt, von
„Lügen, Perfidien und Abgeschmacktheiten" und nennt mich zum Schluß
einen Jntriguanten."

Der incrimitirte Artikel lautet:

„Wießbaden, 17. Febr. Vor Kurzem hatte sich die „Mittelrh.
Ztg." auf den Satz der vom großdeutschen Reformverein erlassenen
Einladung, in welchem gesagt ist, es sei eine Verläumdung, daß unser
Herzog in seiner ächt deutschen Haltung von seinem Volke verlassen sei,
geworfen und zwar theils mit läppischen, theils mit unfläthigen Redensarten. In seiner neuesten Nummer kommt nun auch der „Rh. Kurier"
auf jene Stelle zu sprechen, indem er, obwohl der Form nach weniger
abgeschmackt nnd nicht gerade zu unfläthig, ebenfalls davon redet, daß
„Seine Hoheit der Herzog gleichsam als großdeutscher Partei-Häuptling"
proclamirt worden sei. Beide Aeußerungen flossen aus der Feder eines
und besselben Advocaten, eines Advocaten, in Beziehung auf welchen

wir nicht ruhen werden, bis wir seine vollendete Nichtswürdigkeit dem Publikum klar gemacht haben."

Und Braun klagt, ja, er klagt:

„In der Anlage 25, im Leitartikel, beschuldigt mich der Angeklagte, indem er mich mit den Ausdrücken: „ein bekannter hiesiger Advocat" und „der bekannte Advocat", bezeichnet und mir die Autorschaft eines von dem „Rh. Kurier" gebrachten Artikels zuschreibt, in verschiedenen auf einanderfolgenden Kraftsätzen der Lüge und der Verdächtigung, spricht von Menschen, die, unfähig, einen regelmäßigen Kampf zu führen, mit vergifteten Pfeilen aus dem Hinterhalt ihrer Anonymität hervorschießen, denen der Sinn für Recht und Wahrheit abhanden gekommen, die mit der Lüge, der Verdächtigung, der Verläumbung fortwährend im Bunde stehen u. s. w., zu welchen Menschen vor allen Dingen der Angeklagte mich zählt, wie die in dem übrigen Inhalte des Artikels vorkommenden Andeutungen auf meine Person deutlich ergeben, und behauptet schließlich, daß ich als Landtagspräsident im Sitzungslokale der nassauischen Ständekammer eigenhändig Jemand durchgeprügelt habe."

In dem ganzen von dem Kläger incriminirten Artikel ist mit keiner Sylbe von Braun, dem Procurator, die Rede. Alle in vorstehender Klage angeführten Stellen und Ausdrücke sind darin enthalten, das ist wahr, es ist darin von einem bekannten hiesigen Advocaten die Rede, es ist von unfähigen Menschen die Rede, es ist von vergifteten Pfeilen die Rede, es ist von Leuten die Rede, denen der Sinn für Recht und Wahrheit abhanden gekommen, die mit der Lüge, der Verdächtigung, der Verläumbung fortwährend im Bunde stehen, kurz, es ist von Allem die Rede, was der Braun in vorstehender Stelle seiner Klage incriminirt hat. Aber es ist mit keiner Sylbe von Braun die Rede, es ist nicht mit einem Buchstaben angedeutet, daß die incriminirten Bezeichnungen und Ausdrücke für den Braun gelten, und trotzdem klagt Braun!

Wenn nun solche Klagen angestellt und solche Klagen angenommen werden, ist es dann nicht ganz offenbar, daß man einzelne Worte der deutschen Sprache in einer nassauischen Zeitung überhaupt gar nicht mehr gebrauchen, daß man gar nicht mehr von einem „bekannten Advocaten", von „vergifteten Pfeilen" oder von Beutelschneidern, Betrügern, Fälschern, Unterschlagern, kurz, von all' den Verbrechen und Verbrechern sprechen darf, welche sich nicht auf die brastisch=räuberische, sondern auf die subtile Geldmachung beziehen, ohne daß irgend ein Advocat von Wiesbaden herkommt und sagt: ich bin ge

meint und getroffen und injurirt, deßhalb „schlagt mir den
Kerl zu todt, Ihr, meine Herren!"

Welche Ansicht von den nassauischen Gerichten muß aber
auch Braun gehegt, welche Bereitwilligkeit, ihm zu dienen,
seine Gegner und Feinde durch Urtheile todt zu machen, muß
er ihnen zugetraut haben, als er diese Klage niederschrieb,
von der er nicht erwarten konnte, daß sie der Oeffentlichkeit
übergeben werde!

Was übrigens das Durchprügeln anbetrifft, so wurde
actenmäßig erörtert, daß Herr Braun wirklich Thätlichkeiten
mit dem Redacteur Boczek im Sitzungssaale der zweiten
Kammer ausgetauscht hat.

Und er klagt:

„§. 14. Die in der Anlage 25, zu dem Artikel „München, 19. Februar" gemachten Redactionsbemerkungen, dürften die mit Bezug auf
die Anlage 20 in §. 11 oben gegen den Angeklagten erhobene Anschuldigung erheblich unterstützen. Die sonst ganz unerklärliche Animosität,
welche sich in der Aufeinanderhäufung von Ausdrücken, wie „geldgierig,
raubsüchtig, besitzlüstern u. s. w.", kundgibt, beweist, daß es der Angeklagte mit Personen aus der nächsten Nähe und mit solchen, denen er
seinen ganzen Haß zugewendet hat, zu thun hat."

Dieß ist offenbar eine der merkwürdigsten Stellen von
Braun's Klage. In der Nr. 45 der „N. Wiesb. Ztg." ist
ein Artikel der „Bayerischen Ztg." reproducirt, in welchem
gesagt ist, Jemand in Berlin habe 500,000 Frcs. erhalten,
um für den preußisch-französischen Handelsvertrag zu wirken.
An diesen Artikel sind dann folgende Bemerkungen geknüpft:

„(Wir bitten unsere Leser, sich zu erinnern, wie oft wir
darauf hinwiesen, welche Summen Frankreich, der Regierung
und den Fabrikanten zu Gebote stehen, um für den Handelsvertrag in Deutschland umtreiben, Versammlungen halten,
Petitionen bereiten lassen zu können und welch' günstige Gelegenheit damit geldgierigen, habsüchtigen, raubsüchtigen, besitz-
lüsternen, gewinnburstigen, profitschnappenden, beutehungriger
Leuten geboten ist, ihre Leidenschaft zu befriedigen und
Summen zu erwerben.)"

Und er klagt noch immer und wird es schließlich beklagen:

„In den angestrichenen Stellen des Leitartikels der Nr. 46, Anlage
26, geht der Angeklagte wieder in gewohnter Weise mit den „Patronen
und Mitarbeitern" des „Rh. Kuriers" um."

Hat der Mann früher geklagt, weil er mit seinem Freunde
Dr. Reisinger zusammengestellt wurde, hat er dann geklagt,
weil über ihn gar Nichts, dagegen Etwas über den Redac=
teur Lammers gesagt war, so klagt er jetzt, weil wir in einem
Leitartikel der „N. Wiesb. Ztg." in „gewohnter Weise" mit
den Patronen des „Rh. Kuriers" „umgegangen" sind. Der
Procurator des Fortschritts Carl Braun in Wiesbaden, ge=
wesener Kammerpräsident und gewesenes Mitglied der zweiten
Kammer, wird demnach injurirt, wenn man in „gewohnter
Weise" mit den Patronen des „Rh. Kuriers" „umgeht",
wenn man so mit ihnen umgeht, daß nicht einmal darauf
hingewiesen werden kann, wie man mit ihnen umgeht. Man
ist ganz im Allgemeinen mit Patronen des „Rh. Kuriers"
in gewohnter Weise „umgegangen" und hat dadurch Braun
injurirt! Ob wohl bei den Hottentotten jemals ein Procu=
rator eine solche Klage anhob?

Und er klagt weiter:

„§. 15. 1) In dem Leitartikel der Anlage 27 beschuldigt mich (den
„Advocaten B."), nach verschiedenen Ausfällen gegen die „Patrone des
„Rh. Kuriers", der Angeklagte fälschlich, einen in dem „Rh. Kurier"
über die am 25. Febr. auf dem hiesigen Schloßplatze von Sr. Hoh. dem
Herzoge abgehaltene Parade veröffentlichten Artikel geschrieben zu haben,
offenbar in gehässiger und verdächtigender Absicht."

S. dagegen S. 57.

„2) In einem Artikel auf Seite 2 derselben Nummer spricht der An=
geklagte von den „beiden politischen Spaßvögeln in Wiesbaden", womit,
nach seinen zahlreichen Außlassungen gegen „die Patrone des „Rhein.
Kuriers" zu schließen, derselbe jedenfalls mich und den Procurator Lang
dahier bezeichnen will."

Ach, wie lieblich! Die incriminirte Stelle lautet:

„Herr Lammers ist nämlich ein getreuer Bundesbruder, Redegenosse,
Mitumtreiber und Eierausbrüter der beiden politischen Spaßvögel in
Wiesbaden, welche vor nicht langer Zeit noch eine Partei hinter sich
hatten."

Also politischer Spaßvogel ist eine Injurie! Und wenn
von zwei politischen Spaßvögeln aus Wiesbaden die Rede ist,
so kann darunter Niemand verstanden sein, als die beiden
Procuratoren Braun und Lang, denn der Ausdruck: politische
Spaßvögel paßt nur auf diese beiden Procuratoren! Glaubt
man nicht, einen kleinen Knaben zu hören, der unter Thränen
seinem Vater klagt, ein Kamerad habe ihn einen Spaßvogel
geheißen! Und hier haben wir einen 40jährigen Procurator

16

vor uns, der ausstudirt hat, Doctor ist, der Kammer präsidirt hat und trotzdem klagt, es habe ihn Einer einen politischen Spaßvogel geheißen. Sieht übrigens die ganze Klage Brauns nicht gerade so aus, als wenn sie ein Spaßvogel verfaßt hätte?

Und er klagt:

„In der Anlage 28 spricht der Angeklagte außer dem Bemerkten, noch in einem Artikel auf Seite 1 und 2 in allem Dargestellten zufolge un= verkennbarer Beziehung gegen mich aus Veranlassung eines Artikels im „Rh. Kurier" von dem „Wuthausbruche eines in seiner Stellung er= schütterten Advocaten", von „dummtollen Ergüssen", von den „hinter dem „Rh. Kurier" verborgenen Advocaten, welche das ganze Herzogthum terrorisirt hätten", von politischem Schwindel, Unverschämtheit und Be= thörung des Volkes."

Ja, so ist es. In dem betreffenden Leitartikel ist wirklich von den Wuthausbrüchen eines in seiner Stellung erschütterten Advocaten die Rede, es gibt sogar einen Advocaten, der in seiner Stellung erschüttert ist und bereits den größten Theil seiner Schreiber entlassen hat in Folge mißtrauisch gewor= denen Publikums, da aber der Procurator Braun nicht der einzige Advocat im Lande Nassau ist, so kommt es ihm nicht zu, wegen obiger Ausdrücke sich für injurirt zu erklären und Klagen anzustimmen. Ebensowenig als es ihm zu klagen zu= kommt, wenn von dummtollen Ergüssen, von hinter dem „Rh. Kurier" verborgenen Advocaten, welche das ganze Herzogthum terrorisirten, von politischem Schwindel, Unverschämtheit und Bethörung des Volkes die Rede ist, denn dummtolle Ergüsse, Advocaten, Unverschämtheit und Bethörung des Volkes gibt es in der Welt, man darf also davon sprechen, und wenn sich Einer durch dieses Sprechen getroffen fühlt, so ist das seine Sache, aber klagen darf er nicht, wenigstens außerhalb Nassau nicht, weil sonst der Gebrauch von mindestens der Hälfte der Wörter und Ausdrücke der deutschen Sprache verboten werden müßte.

Eines ist uns an der Klage Braun's besonders aufgefallen. Man wird bemerkt haben, daß Braun Bezeichnungen und Behauptungen, als da sind: Advocat, Nationalvereinspredi= ger x., ferner die Behauptung, es gebe in Nassau Advocaten, welche aus dem Hinterhalte der Anonymität hervor vergiftete Pfeile schießen x. auf sich bezog. Es ist dieß sehr auffallend.

Noch auffallender aber ist es, daß er andere Stellen von derselben Unbestimmtheit nicht auf sich bezog. So heißt es z. B. in Nr. 23 der „N. Wiesb. Ztg." dicht neben einer von ihm eingeklagten Stelle.

„Auch ist es unpassend, wenn ein Advocat eine politische Rolle spielt, welcher, einen Clienten in einem Criminalprozeß vertretend mit diesem einen Vertrag abschließt, worin dieser sich zur Zahlung einer bedeutenden Summe verbindet, falls es dem Vertheidiger gelinge, die Zucht= hausstrafe abzuwenden und höchstens Corrections= hausstrafe zu erlangen, und zwar in Beziehung auf ein Vergehen, das ursprünglich im Gesetze nur mit Correctionshaus bedroht ist."

Diese Stelle, die eben so unbestimmt oder eben so be= stimmt ist als andere von Braun incriminirte, Braun berührt sie nicht und fühlt sich dadurch nicht injurirt. Woher und warum diese Inconsequenz? —

Hiermit hat nun die arme Seele Ruhe, denn der Klä= ger ist am Schlusse seiner Klage angelangt und stimmt noch ein allgemeines Recitativ seines Klageliedes an, indem er sagt:

„§. 16. Hiermit, d. h. mit der jüngsten Nummer der „N. Wiesb. Ztg.", schließt sich für jetzt die Reihe der von dem Angeklagten unauf= hörlich und planmäßig gegen mich ausgespielten Verläumdungen, Ver= dächtigungen und Beschuldigungen.

„Es concurriren die schwersten Verläumdungen (wider besseres Wissen) mit qualificirten und einfachen Ehrenkränkungen (z. B.: der Bürger= meister von Sarbam habe einen Artikel verfaßt, aber nicht Braun, Dr. Reisinger sei ein Geistesverwandter von Lammers, es gebe in Wies= baden zwei politische Spaßvögel, wie auch Advocaten, Demagogen, Röllchenspieler, Nationalvereinsprediger und was dergleichen schwere Verläumdungen und einfache Injurien mehr sind).

„Ich beantrage den Angeklagten wegen dieser sämmtlichen Injurien nach der Strenge der Gesetze zu bestrafen.

„Zugleich beantrage ich:

    1) die Untersuchung auch gegen die Eigenthümer und Drucker des Blattes, nämlich die mir unbekannten Inhaber der Han= delsfirma: Müller und Comp. zu richten;

    2) die Inculpaten entweder zu verhaften, oder zur Cautions= stellung anzuhalten;

3) geeignete Vorsorge zu treffen, daß das Verbrechen nicht wie=
derholt wird (b. h. ein Decret zu erlassen, in welchem auf
ewige Zeiten bem Redacteur ber „N. Wiesb. Ztg." verboten
wird, zum Procurator Braun einen „Zusatz" zu machen, b. h.
über ihn anders, als mit unterthäniger Ehrfurcht und Be=
wunderung zu sprechen).

Vor allem beantrage ich, die Untersuchung zu beeilen und prote=
stire dagegen, daß sie mit einer andern verbunden und dadurch ver=
zögert wird.

Ich bitte gehorsamst:

> Herzogl. Amt wolle wegen der in Voranstehendem aufge=
> zählten Vergehen die Untersuchung gegen den Angeklagten
> einleiten und demnächst die Acten dem Hohen Hof= und
> Appellationsgerichte, Criminalsenat, dahier zur Urtheils=
> fällung vorlegen.

Verehrungsvoll
Herzoglichen Justizamts
gehorsamster Ankläger.

Wiesbaden, ben 3. März 1863."

Dieß ist „Braun's Klage", b. h. das Klagebuch, das er
über die „N. Wiesb. Ztg." verfaßt hat. Sogleich folgt noch
der Nachtrag mit den dazu gehörenden Zeugenaussagen.

Dieß ist Brauns Klage. Ich empfehle sie zur Lectüre
allen Fortschrittsblattredacteuren, auf daß sie erkennen, wie
einer ihrer Mitbrüder und Mitschreiter die Preßfreiheit aufge=
faßt wissen will.

Ich empfehle dieses merkwürdigste aller Actenstücke zur
Lectüre aber auch Jedermann deßhalb, weil darin alle „Schimpf=
reden" sorgfältig aufgezählt sind, welche ich mir während vier
Monate hatte zu Schulden kommen lassen.

Brauns Klage dient ferner als Beweis dafür, daß mich
diese unfähigen Fortschrittsadvocaten durch Preßprozesse zu
ruiniren suchten, da sie die Unmöglichkeit mich mit der Feder
zu bekämpfen, erkannt hatten.

Braun reichte aber noch eine Klage gegen mich ein, der
ich folgende Einleitung vorausschicken muß.

Meine Bekämpfung der Advocaten des Fortschritts, theils
in wissenschaftlich gehaltenen Leitartikeln, theils in spitzigen
gegen ihre Personen gerichteten Bosheiten, aber auch das
absoluteste Stillschweigen, womit mir die Herren antworteten,
erregte im ganzen Lande das höchste Erstaunen. Man konnte

es gar nicht begreifen, daß die Fetische, welche man bis jetzt
als Wesen von übermenschlicher Weisheit und Kraft verehrt,
vor denen sich bis zu meiner Ankunft Alles ehrfurchtsvoll
gebeugt hatte, daß diese Fetische den kecken Gegner nicht mit
ihren Genieblitzen in den Staub schmetterten und man fing
an zu begreifen, daß diese Fetische nichts weniger als Götter,
sondern aus ganz gemeinem Holz oder Thon gefertigte Götzen
seien, welchen nur die unsägliche Borniertheit der nassauischen
Fortschreiter eine Bedeutung beilegen konnte. Wochen lang
wurde öfters in allen Wirthshäusern Wiesbadens nur von
Braun und Lang und meinen Angriffen auf sie gesprochen,
Leute aus der Provinz, wenn sie nach Wiesbaden kamen,
kehrten expreß in dem Hotel, wo ich speiste, ein, um den
Mann persönlich kennen zu lernen, der es gewagt hatte, die
allmächtigen Advocaten anzugreifen und dem es gelungen war,
dieselben zu bändigen. Der Einfluß dieser Advocaten auf die
Fortschreiter selbst war im höchsten Grade compromittirt. Es
galt deshalb, alle Hebel anzusetzen, um mich unschädlich zu
machen. Als Haupthebel wurden die Preß= und Hexen=
prozesse von den Advocaten in Anwendung gebracht. Da
diese indessen einen ziemlich langsamen Verlauf nahmen, ver=
fielen sie noch auf ein anderes Mittel, nämlich auf die moralische
Tödtung, auf „biographische Studien" bezüglich meiner Per=
son, wie sich Braun ausdrückte, der eigens einen aus Amerika
zurückgekehrten Flüchtling wieder dahin zurückgeschickt hatte,
um dort bei Bekannten Nachtheiliges über mich aufspüren zu
lassen. Welches Resultat diese „biographischen Studien" und
Nachforschungen zu Tage gefördert, ist aus folgendem Artikel
meiner Zeitung zu ersehen:

„Die nassauische Fortsturzpartei und ihr Organ.

* Wiesbaden, 26. März.

Vor Kurzem wurde ich von einem unserer Abonnenten ersucht, um
des lieben Friedens willen mit den Gegnern einige Zeit etwas glimpf=
licher zu verfahren. Nachdem ich mich vergebens bemüht hatte, die
Erfolglosigkeit dieses Versuches unserem Abonnenten von vornherein
klar zu machen, da Leute von dem Schlage der nassauischen Fort=
schrittsadvocaten nur durch Furcht und Schrecken im Zaume gehalten
werden können, willigte ich, um einen thatsächlichen Beweis von der
Richtigkeit meiner Beurtheilung der den Fortschritt und Fortsturz in
Nassau vertretenden Leute zu liefern, endlich ein, einige Tage lang
die Friedenspfeife zu rauchen und die Gegner ungeschoren zu lassen,

verfehlte aber nicht, von vornherein darauf aufmerksam zu machen, daß nicht drei Tage vergehen werden, ohne daß im „Rhein. Kurier" wieder irgend eine Gemeinheit zum Vorschein komme.

Ich hatte mich in der That nicht getäuscht. Auf der Rückseite der Nr. 72 des Organs der nassauischen Fortschrittspartei ist folgender Artikel zu lesen:

„In der Schrift von Carl Marx: „Herr Vogt" (London, 1860), ist ein Brief des Herrn Imandt, Professor am Seminar in Dundee, England, abgedruckt, worin derselbe erzählt, ein gewisser Abt, welcher sich zu Anfang der 1850r Jahre in Genf aufgehalten habe, sei von einer dortigen Gesellschaft¹) Deutschen als infam und des Umgangs der Flüchtlinge und Arbeiter unwürdig ausgeschlossen und später wieder- holt durch einen einstimmig angenommenen Antrag für einen „infamen Verläumder" erklärt worden. Die Gesellschaft habe zum größeren Theile aus früheren Parlamentsmitgliedern bestanden."

Wenn die in obigem Citat behaupteten Thatsachen sich wirklich er- eignet hätten, oder wenn ich in Beziehung auf die im Jahre 1860 in London erschienene Schrift des Communistenführers Marx still ge- schwiegen hätte, so könnte man dem „Rhein. Kurier" obigen Angriff verzeihen und ihn dazu sogar für berechtigt erklären. Obiges Citat enthält aber von Anfang bis zu Ende eine infame Lüge, eine Lüge, welche eben so gut auf jeden Andern angewendet werden könnte, als auf mich. Eben so gut könnte man z. B. sagen, ein gewisser Braun, Hofgerichtsprocurator von Wiesbaden sei, wie Hr. Imandt, „Professor", behauptet von einer Gesellschaft von früheren Parlamentsmitgliedern als infam ausgeschlossen worden, denn eben so wenig, als Hofgerichts- procurator Braun, wurde ich je von einer Gesellschaft von Parla- mentsmitgliedern als infam ausgeschlossen, weil ich überhaupt nie einer solchen oder andern Gesellschaft angehört habe.

Dazu kommt aber noch, daß ich schon im Jahre 1861 öffentlich in einem allen literarischen Kreisen, auch zu Frankfurt und z. B. auf der Re- daction der „Südd. Ztg." recht wohl bekannten Artikel der „Stimmen der Zeit" dem Carl Marx antwortete und gewisse Vorfälle, welche sich während meines Aufenthaltes in Genf ereigneten, wahrheitsgemäß darstellte und zwar so, daß Carl Marx das Verfahren der nassauischen Fortschrittsadvocaten nachzuahmen, d. h. still zu schweigen für gut fand. Was es mit jenen, im höchsten Grade unwichtigen, auf Privatstreitigkeiten sich beziehenden Vorfällen für eine Bewandtniß hat, werden die Leser der „R. Wiesb. Ztg." aus dem erwähnten Ar- tikel der „Stimmen der Zeit": die Bürstenheimer ersehen, welcher jetzt von heute an im Feuilleton der „Neuen Wiesb. Ztg." abgedruckt wird und abgedruckt werden muß, nachdem der „Rhein. Kurier" diese Angelegenheit nach 13 Jahren zur Sprache gebracht hat.

Dieß zur Sache. Nun aber möchte ich an den Mann, der Scho- nung und Glimpflichkeit anrieth und an alle andern, die etwa seiner

---

1) In der Marx'schen Schrift ist übrigens nicht von einer „Ge- sellschaft", sondern vom „Arbeiterverein" die Rede, dem ich nie ange- hörte.

Meinung sein könnten, die Frage richten, ob man gegenüber einer Partei, deren Organ in so schaamloser Weise den Krieg führt, ob man einer solchen Partei gegenüber anders verfahren kann, als ich bis jetzt verfahren bin?

Dieses Volk ist durch seine Jahre lang dauernde Alleinherrschaft, durch die Erfolge seines Terrorismus so sehr daran gewöhnt worden, sich durch die niederträchtigsten Angriffe auf die Persönlichkeit, durch systematische Verdächtigung, Anschwärzung und Verläumbung der Personen, in der Herrschaft zu erhalten und Furcht und Schrecken um sich zu verbreiten, daß man rettungslos verloren wäre, daß man bis über die Schultern von ihnen in den Koth hineingezogen würde, welcher ausschließlich die Grundlage ihrer politischen und socialen Existenz bildet, wenn man nicht auf jeden Angriff zehn Repressalien folgen ließe, wenn man nicht jeden Backenstreich mit zwanzig Maulschellen zurückwiese, jeden Schlag auf den Kopf mit dreißig Stockprügeln bezahlte.

Wie oft habe ich ihnen gesagt: Ihr seid Nichtskenner und Nichtskönner, Ihr versteht von Politik so viel, als von der Logik und von der Logik so wenig als von der Politik, Ihr seid nicht im Stande, einen einzigen Eurer Sätze zu vertheidigen, einen einzigen meiner Sätze zu widerlegen, Ihr seid nichts mehr und nichts weniger als ganz seichte Schwätzer und Schreier, welche wohl im Stande sind, der Masse gewisse landläufige Redensarten vorzuplaudern, aber Ihr seid nicht im Stande, mit Sach- und Fachmännern einen wissenschaftlichen Streit auszufechten. Ihr seid keine Politiker, sondern Intriguanten, Ihr kümmert Euch nicht um Grundsätze, sondern um Geldsäcke, die Politik ist für Euch nur ein Mittel, um Eure weiten Taschen zu füllen und die des Publikums zu leeren. Wie oft habe ich ihnen dieß gesagt und nachgewiesen! Und was haben Sie darauf erwidert? Haben sie je etwas Anderes geantwortet, als: neue Lügen, neue Verläumbungen, neue Angriffe auf die persönliche Ehre? Diese Frage stelle ich an die Leser dieser Zeitung und bitte sie, dieselbe im Gedächtniß zu behalten, wenn sie von heute an die Zuchtpeitsche wieder knallen hören werden. Im Uebrigen stehe ich keinen Augenblick an, schließlich zu erklären, daß es eine Schande und eine Schmach ist, einer Partei anzugehören, welche den „Rh. Kurier" zum Organ hat."
                                                                    A.

II.

Braun's Praxis.

Ad defensionem vocatus omni crumenae aurum tollere unice studet.
                                                    Alte Definition.

Zugleich fing ich nun an, Enthüllungen über die Advocatenpraxis Braun's zu veröffentlichen und zwar zuerst durch folgende Anspielung:

Leise Anfrage an den Mann mit den weiten Taschen.

Herr Procurator So und So wird andurch höflichst um Auskunft darüber gebeten, ob ein nach Ulp. Digest. 50, 13, 1. § 12 erworbenes palmarium sich zwischen Oberzeughcim und Habamar in ein trallarium perfectum verwandeln könne!

Am nächsten Tag richtete ich an Braun direct folgende Epistel und zwar selbstverständlich in der „N. Wiesbadner Zeitung".

An den Hofgerichtsprocurator Carl Braun!

Wiesbaden, 30. März.

Herr Hofgerichtsprocurator Carl Braun! Der „Rhein. Kurier", das Organ des nassauischen Nationalvereins- alias „Fortschrittspartei", dessen Actionär und Mitarbeiter Sie sind, gefällt sich seit einigen Tagen darin, über eine Person meines Namens Lügen, Verläumbungen und Schimpfworte zu verbreiten, welche zum ersten Male vor drei Jahren in bie Oeffentlichkeit gebracht wurden und zu einem literarischen Streite Veranlassung gaben, den ich als längst abgemacht betrachten konnte, da die im Auslande befindlichen und beßhalb unerreichbaren Urheber jener Lügen, Verläumbungen und Schimpfreden, als ich ihnen öffentlich entgegengetreten, sich, wie es Feiglingen und Verläumbern geziemt, in ein Stillschweigen zu hüllen für gut gefunden hatten, an dem sich die Führer der nassauischen Fortschrittspartei nicht zu schämen brauchten.

Ich konnte mich beßhalb füglich der Arbeit entheben, auf jene in maßgebenden Kreisen längst gerichteten, von dem Organ Ihrer Partei, Herr Procurator Braun! reprobucirten Angriffe ein Wort zu erwibern, wenn nicht die Wiederholung derselben in einem für das größere Publicum bestimmten Blatte, darauf berechnet wäre, mich in den Augen des letzteren zu compromittiren, und wenn diese Absicht nicht durch den Umstand gefördert würde, daß dem größeren Publicum die hierher gehörenden Verhältnisse und Thatsachen vollständig fremd sind, und daß dasselbe überhaupt dem ersten Eindrucke sich hinzugeben gewohnt und geneigt ist. Alles dieß bestimmt mich, wie Sie, als eifriger Leser meiner Zeitung bereits bemerkt haben werden, die zur Sache gehörenden und die Sache aufklärenden Actenstücke wiederholt zu veröffentlichen, und Sie werden daraus ersehen, Herr Procurator Braun! daß ich so wenig, als sonst Jemand, als Sie selbst, es verhindern kann, von Gassenbuben aus sicherem Hinterhalte hervor angegriffen und geschimpft zu werden.

Derselbe Carl Marx, auf dessen Schrift das Organ Ihrer Partei sich beruft, bezeichnet in derselben den von dem „Rhein. Kurier" wiederholt gepriesenen Carl Blind als „infamen Lügner", häuft ferner alle nur erdenkliche Schmach und Schande auf Carl Vogt, den Sie, Herr Procurator, ebenfalls als Autorität anerkennen. Die Injurie und die Verläumbung ist bekanntlich die Conversationssprache der Fortschrittsgesellen, welche überhaupt Jeden für infam halten und erklären, der ihnen widerspricht.

Die Darstellung der Sachlage genügt mir indessen nicht, Hr. Procurator Braun! Ich muß, da die Wiederholung der Angriffe, Lügen, Verläumbungen und Schimpfreden in dem Organe Ihrer Partei vor sich geht, auch mit Ihnen selbst noch einige Worte darüber wechseln.

Ob der Abbruck der erwähnten Lügen und Schimpfreden auf Ihre Weisung erfolgte, vermag ich natürlich mit juristischer Bestimmtheit nicht zu behaupten oder zu beweisen. Indessen vernehme ich aus guter Quelle, Herr Procurator Braun! daß Sie seit einiger Zeit in einem äußerst gereizten Zustande sich befinden, daß Sie schlaflose Nächte durchseufzen und durchstöhnen, daß Sie Verwünschungen ausstoßen und solche erst neulich in einer Privatgesellschaft heftig bewegt ausgestoßen haben, und daß in diesen Ausbrüchen eines gereizten und verletzten Gemüthes der Name der „N. Wiesb. Ztg." und ihres dermaligen Redacteurs hervortönt. Wäre dies wahr, so wäre Grund zur Vermuthung vorhanden, in den neuesten Veröffentlichungen des „Rh. Kuriers" habe sich der Gemüthszustand, in dem Sie sich dermalen befinden, eine Erleichterung zu verschaffen gesucht. Ich will jedoch darüber keine genaueren Nachforschungen anstellen. Es genügt mir, daß der Angriff im „Rh. Kurier" gestanden, und für alle im „Rhein. Kurier" stehenden Angriffe auf meine Person kann ich Jeden verantwortlich machen, der als Actionär, Leiter und Mitarbeiter jenes Blattes bekannt ist.

Sie, Herr Procurator gehören notorisch zu den Personen, welche auf den „Rh. Kurier" einen Einfluß ausüben.

Eben deßhalb muß ich nun die Frage an Sie richten, ob wohl außerhalb Nassau sonst noch ein Kammerpräsident sich vorfindet — und Sie sind zur Zeit noch Präsident der zweiten Kammer, Herr Braun! — der einer Partei angehört, in deren Organ so infame Lügen und Verläumbungen verbreitet werden, wie sie in den letzten Nummern des „Rh. Kuriers" gestanden? Und wissen Sie, Hr. Braun! was die Leute zu diesen Angriffen sagen? Man sagt, Sie können sich auf einen politischen Kampf gar nicht einlassen, Sie seien nicht im Stande, mit Ihrem Gegner sich zu messen, Sie können sich nicht vertheidigen und deßhalb greife der „Rh. Kurier", der Ihre Interessen und Ihre Person zu vertreten hat, zu dem trostlosen Mittel, die Schimpfreden der Gassenbuben zu citiren. Das Publicum hat in dieser Beziehung nicht so ganz unrecht. Es gehört gar keine Kunst dazu, es ist ungemein leicht, sich in den Geruch eines berühmten Mannes, einer logischen, politischen und volkswirthschaftlichen Autorität zu bringen, wenn man gewisse Mittel in Anwendung bringt, wenn man sich in illustrirten Zeitungen abmalen läßt, wenn man zwei Zeitungen zur Verfügung hat, die das ganze Jahr hindurch in die Trompete blasen und so lange dem Publicum mittheilen: Braun ist ein großer Mann, Braun ist ein Genie, Braun ist der „mächtige Bär", der alle Gegner zermalmt, Braun hat wieder eine jener Reden gehalten, die Deutschland bewundert, bis am Ende die Sage, der Mythus sich bildet, in dem Procurator Braun besitzen die Nassauer wirklich den Mann des Jahrhunderts und eine Autorität ersten Ranges.

Etwas anderes aber ist es, eine durch solche Mittel errungene Stellung zu behaupten, etwas anders ist es, den Beweis zu liefern,

daß man wirklich die angedichteten Fähigkeiten besitzt, daß man nicht
bloß im Stande ist, eine vorher möglicher Weise auswendig gelernte
Rede vor Leuten aus dem Volke herzusagen, und jene politischen Re-
bensarten zu wiederholen, welche nachgerade jedem Schüler geläufig
geworden, daß man nicht bloß als zahmer Atta Troll Klagen aus-
stößt, sondern daß man wirklich ein „mächtiger Bär" ist, der seine
Gegner zermalmt.

Das Letztere haben Sie bis jetzt unterlassen und zwar sehr zu
Ihrem Nachtheil. Sie haben noch Niemand zermalmt, Sie haben noch
nie widerlegt, Sie haben überhaupt noch nie gekämpft, Sie haben
höchstens geklagt und gestöhnt und schließlich ruhig mit angesehen,
wie das Organ Ihrer Partei den von schmutzigen Gesellen aufge-
häuften Koth im Lande Nassau colportirte. Dieses Verhalten, Herr
Braun, hat nicht dazu beigetragen, die Bewunderung des Publicums
hervorzurufen und Ihre Stellung zu befestigen, und auf diesen Punkt
möchte ich Sie besonders aufmerksam gemacht haben.

Sodann scheint sich das Organ Ihrer Partei sehr für Moralität,
Ehre und Ehrlosigkeit zu interessiren. In der letzten Nummer der
„N. Wiesb. Ztg." war eine rührende Geschichte von einem Fortschrittsprocurator und zwar von dem Fortschrittsprocurator mit den weiten
Taschen enthalten, war von einem Palmarium, einem nicht erfüllten
Versprechen und widerrechtlich eingesäckelten 250 fl. die Rede. Heute
kommt ein Wechsel zur Sprache, der in den Händen des Fortschrittsprocurators mit den weiten Taschen binnen 9 Monaten von 1500
auf 3000 fl. anwuchs und dem Fortschrittsprocurator binnen 6 Monaten einen Reingewinn von mindestens 1500 fl. verschaffte, ohne daß
derselbe einen Kreuzer aus seiner Tasche einzusetzen hatte, indem er
lediglich seine Stellung zur Betreibung von Wuchergeschäften zu benutzen brauchte. Morgen wird von einer förmlichen Prellerei die Rede
sein, die der Fortschrittsprocurator mit den weiten Taschen sich zu
Schulden kommen ließ. Warum, frage ich nun, warum, Hr. Braun,
sorgen Sie nicht dafür, daß der „Rhein. Kurier" derartige Dinge be-
spricht, warum betreiben Sie die öffentliche Besprechung dieser enormen Beschädigung des Publicums nicht, Sie, der Sie als eines der
hervorragendsten Mitglieder der sogenannten „Fortschrittspartei" gewiß
ein Interesse daran haben, daß das Publicum nicht so schonungslos
ausgeplündert, daß die Schaafe, welche sich um den „Fortschritt"
schaaren, nicht so unbarmherzig geschoren, daß die Partei des „Fortschritts" durch Mitglieder von dem Schlage des erwähnten Fortschrittsprocurators mit den weiten Taschen nicht compromittirt werde. Ich
will daher hoffen, daß wir künftig nicht bloß Aussprüche von Schiller
und Schuriman, sondern auch von dem Treiben des Fortschrittsprocurators mit den weiten Taschen lesen und zeichne mit den Ihnen
gebührenden Werthschätzung. Abt.

Dieselbe Nummer meiner Zeitung enthielt eine Fortsetzung
der Enthüllungen in folgender Form:

„* Wiesbaden, 30. März. (Wie man den Fortschritt betreibt.) Der Fortschrittsprocurator mit den weiten Taschen hatte einen Wechsel über circa
1500 fl. einzuklagen. Gegen starke Prozente läßt er sich von dem zahlungsun-

fähigen Schuldner einen neuen Wechsel ausstellen und zwar im Betrage
von 2000 fl., in welchem Procente, Gebühren, Kosten ꝛc. enthalten sind.
Schuldner kann nach drei Monaten nicht zahlen, stellt beßhalb einen
neuen Wechsel von 2500 fl. aus. Nach weiteren drei Monaten kann
Schuldner wieder nicht zahlen und stellt beßhalb wieder einen neuen
Wechsel von 3000 fl. aus, der dann am Verfalltag wirklich bezahlt wird.
Die weiten Taschen des Fortschrittsprocurators füllten sich somit binnen
9 Monaten mit 1500 fl., welche geradezu aus dem Beutel eines Bürgers geschnitten wurden und mit den 250 fl. am Palmarium zurückbe-
haltenen Gulden richtig 1720 fl. ausmachen. Und man behauptet noch,
es gebe keinen „Fortschritt“ und in „Fortschritt“ zu machen, sei nicht
ein ganz gutes Geschäft?“

Hierauf erklärte Braun öffentlich, er werde eine neue
Klage auf Ehrenkränkung und Verläumdung gegen mich einreichen, was auch geschah. Mit welchem Erfolg werden wir
sehr bald erfahren.

In Nr. 81 stand folgende:
Leise Anfrage!
Warum sind denn eigentlich die hiesigen Droschkenkutscher noch nicht
uniformirt?

In Nr. 82.
Laute Antwort!
Warum die Droschkenkutscher noch keine Uniform haben, weiß man
nicht. Sie sollen sich jedoch freiwillig entschlossen haben, sich eine solche
machen zu lassen und zwar grüne Beinkleider, rothe Westen und hell-
braune Röcke, die letztern mit sehr weiten Taschen.

In Nr. 83.
Leise Anfrage!
Aber führten die Droschkenkutscher in Uniformsangelegenheiten nicht
eine Querel? Und was hat es mit dieser Querel für eine Bewandtniß?

In Nr. 84.
Laute Antwort!
Mit dieser Querel hat es zunächst die Bewandtniß, daß sich die
Droschkenkutscher ins Gesammt zu einem Hofgerichtsprocurator begaben,
ihm mittheilten, sie seien — bei Vermeidung einer Strafe — zur An-
schaffung von Uniformen durch die Polizei aufgefordert worden und
Rath von ihm verlangten.

In Nr. 85.
Leise Anfrage!
Welchen Rath ertheilte dann der Hofgerichtsprocurator den Droschkenkutschern?

In Nr. 86.
Die laute Antwort
wollen wir aufsparen bis der „Rh. Kurier“ wieder mephitisch wird.

Halten wir einen Augenblick hier inne, um einige Auf= klärungen bezüglich der vorstehenden Notizen zu vernehmen.

Was zunächst das sogenannte Palmarium anbetrifft, so wird in der Juristensprache diejenige Bezahlung so genannt welche sich ein Advocat außer seinen vom Gericht zu decre= tirenden Gebühren von einem Clienten ausbedingt, für den Fall, daß er in dem Prozesse den Sieg davon trägt. (Pal= marium: Siegeslohn.) Die Ausbedingung und Annahme eines solchen Palmariums ist in allen Gesetzgebungen strenge verboten und wurde schon im römischen Rechte verpönt Justinian, ein weiser Kaiser, der seine Juristen genau kannte, wußte recht wohl, daß solche Palmarien möglicher Weise benützt werden könnten, um z. B. den Director eines Obergerichts oder einzelne Räthe zu bestechen, damit sie dem bestechenden Advocaten den Prozeß gewinnen lassen. So ein Director hat eine einflußreiche Stellung und wenn seine Räthe aus ergebenen, dienstwilligen Personen, aus Vettern und Freunden bestehen, so kann er z. B. durch Ernennung des Referenten, durch seinen Vortrag und sein Votum im Colle= gium auf die Entscheidung eines Prozesses großen Einfluß ausüben. Eben deßhalb verbot Justinian den Advocaten die Ausbedingung und Annahme eines Palmariums, und dieses Verbot ist in alle anderen Gesetzgebungen, also auch in's nassauische Recht übergegangen.

Für Braun existirte dieses Gesetz natürlich nicht und ich wurde in die Lage gesetzt, ihm unter Anderem die Ausbe= dingung und Annahme eines solchen Palmariums gerichtlich nachzuweisen.

Wie man sieht, war der Artikel über den wucherisch hinaufgetriebenen Wechsel nicht genauer gefaßt, als die Anzeige über das Palmarium. In beiden Artikeln war der Procu= rator, der sich das Delict hatte zu Schulden kommen lassen gar nicht näher bezeichnet, als durch den Ausdruck „weite Taschen", dessen Bedeutung indessen in Wiesbaden und im ganzen Nassauer Lande jetzt Jedermann bekannt ist. Trotz= dem klagte Braun wegen des Palmariums nicht im Geringsten, klagte lediglich wegen des wucherisch hinauf= geschraubten Wechsels. Ich drang jedoch bei Gericht energisch darauf, daß bezüglich des Palmariums Untersuchung ange=

hoben und daß die betreffenden Personen eidlich als meine Entlastungszeugen vernommen werden, und sie wurden vernommen und es bezeugte eidlich

1) C. Matti aus Hadamar. Er habe, von dem Wirth Stähler aus Oberzeuzheim wegen eines Erbschaftstreits zu Rathe gezogen, diesem erklärt, er werde nächstens nach Wiesbaden reisen und dann mit dem Procurator Braun darüber sprechen. Deß sei Wirth Stähler aus Oberzeuzheim froh gewesen und Matti habe dann in der That einige Zeit nachher, bei seiner Anwesenheit in Wiesbaden, mit dem Braun Rücksprache wegen des Prozesses genommen und sogleich bemerkt, daß Wirth Stähler gerne bereit sei, 500 fl. zu zahlen, wenn er den Prozeß gewinne, dessen Object sich auf etwa 20,000 fl. belief. Braun habe nach dieser Mittheilung freudig ausgerufen: „O! solche Prozesse habe ich schon viele gewonnen, (glaub's wohl!) Wirth Stähler soll nur kommen!" Hierauf habe Matti erklärt, aber schließlich müsse er, der den Prozeß doch ausfindig gemacht habe, die Hälfte des Siegeslohns mit 250 fl. erhalten, was Braun ohne Murren zugegeben und feierlichst versprochen habe. Sodann sei Matti nach Hadamar zurückgereist und habe den Wirth Stähler in Oberzeuzheim veranlaßt, persönlich mit Braun sich zu besprechen [1]).

Diese Aussage wurde von Matti aus Hadamar eidlich bezeugt und ist noch in den Gerichtsacten aufgezeichnet.

2) Wirth Stähler aus Oberzeuzheim bezeugte eidlich: Bei Braun eingetroffen, habe er diesem die Sachlage mitgetheilt und die Antwort erhalten, daß er, Braun, schon viele solche Prozesse gewonnen habe. Es sei nichts leichter, als auch diesen zu gewinnen. Aber Stähler müsse ihm außer den gesetzlichen Gebühren noch 500 fl. bezahlen. Stähler habe dieses zugesagt, hierauf habe Braun wieder das Wort ergriffen und gesagt: „Aber Sie wissen, daß mir die

---

1) Hier haben wir also ein sprechendes Beispiel aus der nassauischen Advocatenpraxis, welche bekanntlich bei den Meisten auf einer eigenthümlichen Verbindung zwischen Procuratoren und Winkeladvocaten beruht, von welchen diese das Wild aufspüren und jenen es in die Küche treiben, um es da gemeinschaftlich mit ihnen zu verspeisen. Braun fand es jedoch, wie man sieht, manchmal für zweckmäßig, die Beute ganz allein zu verzehren.

Ausbedingung dieser 500 fl. gesetzlich verboten
ist. Da wir nun einen Vertrag darüber ab=
schließen, muß dieser Vertrag auf den Namen
meines Schreibers Stein ausgestellt werden.
Und also sei es geschehen. Braun habe wirklich den Prozeß
sehr schnell gewonnen, habe dann sofort den Schreiber Stein
abgesendet und bei Wilh. Stähler von Oberzenzheim die
500 fl. einkassiren lassen. Aber erklärte dann wieder Matti

3) Von den mir versprochenen 250 fl. habe ich bis auf
den heutigen Tag noch keinen Kreuzer gesehen. Als jedoch
die Geschichte in der „N. Wiesb. Ztg." veröffentlicht wurde,
hat Braun an mich geschrieben und mich aufgefordert, ich
solle in einer öffentlichen Erklärung lügen, daß
an der ganzen Sache kein wahres Wort sei, welche Auffor=
derung ich natürlich abgelehnt habe. So die Zeugen. That=
sache ist somit, daß der Hofgerichtsprocurator Carl Braun in
Wiesbaden, mehrere Jahre lang „Präsident" der 2. „Kammer",
Vorsitzender des volkswirthschaftlichen Congresses, einen ge=
setzlich verbotenen Siegeslohn von 500 fl. sich ausbedingte
und ausbezahlen ließ, um einen Erbschaftsprozeß zu führen
und natürlich auch zu gewinnen, daß besagter Herr also den
Beutel eines nassauischen Staatsbürgers, eines Mannes aus
dem „Volke", für dessen „Freiheit" er kämpft, widerrechtlich
um 500 fl. erleichterte, daß er über diese widerrechtliche
Herausschneidung von 500 fl. aus dem Beutel eines braven
Nassauers einen förmlichen Vertrag abschloß und um das
Gesetz „geflissentlich" und „wissentlich falsch" zu umgehen,
diesen Vertrag auf den Namen seines Schreibers Stein aus=
stellte, daß er die Hälfte des Palmariums, die er einem
Andern, der ihm den Kunden zugeführt hatte, feierlichst ver=
sprochen, diesem nicht ausbezahlte, sondern entweder in seinen
weiten Taschen für sich zurückbehielt, oder einem Dritten
damit eine Gefälligkeit erwies [1]), daß er, als die Geschichte
ruchbar wurde, an einen der Betheiligten die Aufforderung
richtete, derselbe solle öffentlich lügen, die ganze Geschichte
sei nicht wahr. Solches verübte der Hofgerichtsprocurator

1) Braun! Wem haben Sie die 250 fl. gegeben, nachdem Sie auf=
fallend schnell Ihren Prozeß gewonnen hatten?

Dr. C. Braun in Wiesbaden, mehrere Jahre lang Kammer=
präsident, Präsident des volkswirthschaftlichen Congresses,
Präsident des Alterthumsvereins zu Wiesbaden und Mitglied
mehrerer gelehrten und ungelehrten Gesellschaften, Vorkämpfer
des Liberalismus und Vertreter alles Schönen, Guten, Er=
habenen, Edlen und Idealen. Herr Lette,. Herr Schulze aus
Delitsch, Herr Faucher, Max Wirth! wie gefällt Ihnen Col=
lege Braun?

Man wird nun vor Allem begierig fragen, was zunächst
das Hofgericht zu Wiesbaden, dirigirt wie es war, durch den
alten Hergenhahn, dem einst ein Frankfurter Blatt öffentlich
ten Vorwurf machte, einen Aufruf veröffentlicht zu haben,
in welchem das Publikum, um es zur Betheiligung an einem
Eisenbahnunternehmen „anzulocken“ grob, „geflissentlich“
„wissentlich falsch“ berichtet, also getäuscht wurde, was also
zunächst dieses von dem Lockvogel Hergenhahn dirigirte Hof=
gericht dazu sagte, wird man wissen wollen? Dieses Hof=
gericht war manchmal sehr strenge gegen Procuratoren. Ich
weiß, daß es einst einen Procurator beinahe suspendirt hätte,
weil sich derselbe erlaubt hatte, vor Liquidirung der Gebühren
sich abschlagsweise von einem Clienten einige Gulden aus=
bezahlen zu lassen. Wie wird es also den Procurator
Braun gezüchtigt haben, der sich ein so grobes und so schweres
Vergehen gegen die Gesetze schuldig gemacht und einem un=
schuldigen nassauischen Bürger 500 fl. widerrechtlich aus dem
Beutel gedrückt hatte? Rathet einmal, wie das Hofgericht
unseren Braun, Carl und Procurator bestrafte. Lange
Zeit bestrafte es ihn gar nicht und als ich endlich
unablässig, „geflissentlich“, „fortgesetzt“ das Palmarium zur
Sprache brachte und auf Brauns Bestrafung drang, da strafte
es diesen um — nun? es bestrafte ihn nicht mit Fünfund=
zwanzig, sondern es strafte ihn um fünfundzwanzig Gulden
südd. Währung. Seht! wie nachsichtig, wie väterlich, wie
milde, wie duldsam, wie human, wie rücksichtsvoll, wie christ=
lich=barmherzig, wie englisch=sanft dieses Hofgericht zu strafen
wußte, wenn nicht ein mißliebiger Redacteur, sondern wenn
ein gehätschelter, befreundeter, verbündeter Procurator, wenn
das Schooßkind, wenn der Herr und Meister Braun vor
ihm stand.

Geldstrafen, wenn sie angesetzt werden wegen widerrecht=
lich zugeeigneten Vortheils, betragen in allen Staaten zum
Mindesten das Alterum tantum, werden jedenfalls so hoch
angesetzt, als die widerrechtlich angeeignete Summe beträgt,
sonst wären sie keine Strafe, sondern eine Aufmunterung, das
Vergehen zu wiederholen, weil, wenn die Strafe weniger
beträgt als die durch das Vergehen erschnappte Beute, für
den Delinquenten ein Gewinn herauskäme. Im vorliegenden
Falle machte daher in der That Braun ein sehr gutes Ge=
schäft. Fünfhundert rheinische Gulden hatte er einem Der=
jenigen, für deren Recht und Freiheit er so uninteressirt vor=
kämpft, abgedrückt und fünfundzwanzig Gulden mußte er
Strafe bezahlen, macht reinen Nettogewinn 475 fl. So be=
strafte das von Hergenhahn dirigirte Hofgericht den Pal=
marienschwindel.

Sehen wir jetzt, wie es den bestrafte, der diesen Schwindel
an's Tageslicht brachte.

Wegen des Palmariumsartikel hatte Braun nicht geklagt,
aber er klagte wegen des wucherisch auf 3000 fl. hinaufge=
triebenen Wechsels. Damit verhielt es sich nun folgender
Maßen: Es wurde mir u. A. von Jemand mitgetheilt, daß
ein Wiesbadener Bürger, Namens Daniel Müller, in der
oben erwähnten Weise von Braun geschoren worden sei, daß
nämlich Braun einen Wechsel im Betrag von 1500 oder
1800 fl. gegen ihn einklagte, sich jedoch bewegen ließ, die
Klage zu sistiren und einen neuen Wechsel in höherem Betrage
anzunehmen und als dieser verfallen, einen dritten und sofort,
bis am Ende Daniel Müller 3000 fl. schuldete, welche dann
auch beigetrieben wurden. Daniel war damals, als mir diese
Mittheilung und zwar von dem nämlichen Manne gemacht
wurde, der Daniels Angelegenheit bei Braun vertrat und
besorgte, nicht mehr in der Löwengrube, sondern Geschäfts
halber in Rußland, aber sämmtliche Wechsel wurden mir ein=
gehändigt. Auf diesen Wechseln, es waren deren ungefähr 5
und ich gab sie alle zu den Acten, war nun als Gläubiger
allerdings nicht Braun, wohl aber dessen Schreiber Häimann
gezeichnet und dieser Schreiber Heumann, als Zeuge vor
Gericht geladen, erklärte auch wirklich vor Gericht, das Ge=
schäft sei allerdings auf Braun's Schreibstube abgemacht

worden, aber hinter dem Rücken und ohne Vorwissen des Letztern, ganz allein auf seines, des Schreibers Heumann Rechnung und Namen [1]). Ich wandte natürlich ein, es sei ja gerade Brauns Praxis, in solchen Practiken immer seinen Schreiber vorzuschieben, wie denn auch der Pact mit Stähler um Palmariums Willen auf den Namen des Schreibers Stein ausgestellt worden sei. Ich sagte ferner: wie kann ein Advocatenschreiber ohne Wissen und Willen seines Prinzipals eine Wechselklage 9 Monate lang sistiren und während dieser 9 Monate auf Grund des eingeklagten Wechsels ein Wuchergeschäft machen, bei dem er 200 % verdient. Ich verlangte ferner die Abhörung des Daniel Müller selbst auf dem Wege der Requisition, aber vergebens, die Acten wurden geschlossen, in die Hofgerichtsmühle gesteckt und aus dieser kam nachher ein Urtheil heraus, welches mich wegen Verläumbung und Ehrenkränkung Brauns zu 2 Monaten Correctionshaus verwünschte und zwar unmittelbar vor den Wahlen zum Landtag, in welchen Braun palmarios ungenirt als Candidat für Rüdesheim und St. Goarshausen auftrat.

Braun wurde zu einer Geldstrafe von 25 Gulden verurtheilt, weil er einem nassauischen Staatsbürger 500 fl. widerrechtlich aus dem Beutel gedrückt hatte, und ich wurde zu 2½ Monaten Correctionshaus verurtheilt wegen „Brauns Klage" überhaupt und weil ich nicht blos behauptet, sondern auch nachgewiesen hatte, daß auf dem Bureau eines Advocaten ein ursprünglich auf 1500 oder 1800 fl. lautender Wechsel in kurzer Zeit wucherisch und volksfreundlich, liberal und freisinnig auf 3000 fl. hinaufpuffirt worden sei. Hergenjustiz!

Im Laufe dieser merkwürdigen Untersuchung kamen aber noch ganz andere Dinge zum Vorschein. Ich verlangte nämlich um meine bona fides, hier also meinen begründeten Glauben an die Wahrheit und Thatsächlichkeit der mir gemachten Mittheilung über die an Daniel Müller verübte Wechselbraunung zu beweisen, daß noch Jemand, daß auch der

---

1) Heumann gestand also selbst zu, ein Geschäft gemacht zu haben, das genau so aussieht, wie der gemeinste Wucher. Der Wucher ist in Nassau gesetzlich verboten und muß von Amtswegen verfolgt werden. Wer aber gegen Brauns Schreiber nicht einschritt, das waren die Wiesbadener Gerichte.

Goldarbeiter Köllsch von Wiesbaden als Zeuge vernommen
werde. Und Goldarbeiter Köllsch von Wiesbaden wurde als
Zeuge vernommen und sagte Folgendes aus und zwar eidlich:
Vor zwei Jahren wurde ich in eine Criminaluntersuchung ver=
wickelt und nahm Braun als Anwalt. Die erste Frage, die
er an mich richtete, lautete also: „Haben Sie Vermögen?"
Ja erwiederte ich, „ich habe Einiges." „So wollen wir vor
Allem meine Gebühren festsetzen. Wieviel wollen Sie geben?"
„Ai, ich will vorerst 30 fl. geben." „Gut! erwiederte
Braun, Quittung brauchen Sie keine, mein Name wird Ihnen
genügen." Ich gab also 30 fl. Einige Zeit nachher wurde
ich in Haft genommen und Braun machte eine Reise nach
Italien. Da derselbe in meiner Sache weder etwas gethan
hatte, noch von Italien aus etwas darin thun konnte, entzog
ich ihm das Mandat und nahm Lang als Vertheidiger an.
Lang vertheidigte mich vor den Assissen und ich wurde frei=
gesprochen. Nach Hause zurückgekehrt, erfuhr ich von meiner
Frau, daß Braun, während ich in Haft saß, auch ihr noch
49 fl. und etliche Kreuzer abgenommen, so daß er im Gan=
zen 79 fl. aus meiner Tasche in die seinige hinüberpracticirt
hatte und zwar ohne für mich das Geringste gethan zu haben.
Voll Entrüstung verfügte ich mich nun zu Braun und ver=
langte mein Geld zurück. Dieser aber drohte mir, das Din=
tenfaß aus Haupt zu werfen, wenn ich mich nicht fortmache,
weßhalb ich ihm drohte, ihm den Aktenbeschwerer an den Kopf
zu werfen, wenn er sich seines Dintenfasses bediene. Nach=
dem wir diese Complimente ausgetauscht, schied ich ohne von
Braun mein Geld erhalten zu haben. Ich richtete nun eine
Beschwerde ans Hofgericht und als ich dieß gethan hatte, ließ
mich Lang einige Tage nachher zu sich rufen. Der empfing
mich barsch und sprach: Sie haben sich unterstanden meinen
Freund Braun beim Hofgericht zu verklagen? „Ja das habe
ich!" „Wollen Sie diese Klage sofort wieder zurücknehmen?"
„Nein das will ich nicht." Bis hieher war das Zwiegespräch
von Seiten Langs imponirend und im tiefsten Baßton geführt
worden. Nun aber schlug er einen zärtlichen Discant an und
sprach: „Mein lieber Köllsch, nehmen Sie Ihre Klage zurück
und Sie sollen Ihr ganzes Geld wieder haben." Ich aber
sprach: „Nein, das thue ich nicht." „Also unter keiner Be=
dingung?" „Unter keiner Bedingung!" Nun sah mich Lang

bös an, ich aber machte mir gar nichts daraus und ging.
Später wurde mir eine Entscheidung des Hofgerichts vorge=
lesen, welche den Braun zur Herausgabe der 79 fl. bis auf
5 und zu 5 fl. Strafe verurtheilte. Also sagte der Gold=
arbeiter Köllsch von Wiesbaden eidlich vor Gericht aus und
seine Aussage wurde durch die im Original beigebrachte Ent=
scheidung des Hofgerichtes bestätigt. Es ist somit abermals
eine nicht blos eidlich bezeugte, sondern auch actenmäßig be=
wiesene Thatsache, daß der Hofgerichtsprocurator Carl Braun
von Wiesbaden, mehrere Jahre „Präsident“ der zweiten „Kam=
mer“, Präsident des volkswirthschaftlichen Congresses und
Präsident des Alterthumsvereins zu Wiesbaden wie auch noch
Mitglied verschiedener anderer Gesellschaften einem seiner Clien=
ten, statt fünf Gulden, wozu er höchstens berechtigt gewesen,
79 aus der Tasche herausnahm und sie erst dann wieder
hineinlegte, als gerichtliche Klage erhoben wurde. Und es
ist ferner wiederum Thatsache, daß das milde menschenfreund=
liche, herzensgute, väterlich wohlwollende, bundesfreundliche
Hofgericht dieses Delict, d. h. die widerrechtliche Erleichte=
rung der Taschen eines Wiesbadner Bürgers um 74 fl., ver=
übt durch den Hofgerichtsprocurator Carl Braun mit der
fabulosen Strafe von fünf Gulden ahndete.

Ich rief aber noch einen Entlastungszeugen auf, der weder
Matti, noch Stähler, noch Köllsch hieß, sondern Großmann
von Hochheim, wo der Dombechant wächst. Großmann von
Hochheim, wo der Dombechant wächst, ist Gastwirth und
gerieth wegen Erpressung in Untersuchung. In seiner Noth
war auch er in die Löwengrube gegangen, wie Daniel Müller
oder vielmehr in die Bärenhöhle, denn Braun führt im Lande
Nassau den Namen „mächtiger Bär.“ Es hat ihn sein eige=
nes Organ der „Rh. Kurier“ so getauft.

Der „mächtige Bär“, einer der vornehmsten Barone an
König Hergenhahns Hof wurde also Anwalt Großmanns von
Hochheim, welcher wegen Erpressung angeklagt und auch zu
einem Jahr Correctionshaus verurtheilt worden war. Groß=
mann von Hochheim reichte ein Cassationsgesuch ein und zwar
vom Gefängniß aus. „Am Abend vor der Cassationshof=
sitzung,“ deponirte Großmann vor Gericht, „ließ ich Braun
zu mir bitten, um mit ihm wegen meiner Vertheidigung Rück=

sprache zu nehmen. Braun kam aber nicht, Braun kam erst
am andern Tag, eine Viertelstunde, ehe ich in die Sitzung
abgeführt wurde. Bei seinem Eintritt in meine Zelle wendete er sich an den Gefängnißwärter und auf meine beiden
Mitgefangenen deutend, sprach er: „Schaffen Sie mir die
zwei Leute fort und bringen Sie mir Dinte, Feder und Papier." Als die Schreibmaterialien gebracht waren, sagte er
zu mir: „ich habe auch meine Gebühren zusammengerechnet
und Sie müssen mir da „Etwas" unterschreiben."

„Ich in meiner Angst vor der bevorstehenden Sitzung glaubte
nicht anders, als ich müsse etwas, was sich auf meine Vertheidigung beziehe, unterschreiben und unterschrieb in der Verwirrung ein kleines Stück Papier, das mir Braun vorlegte,
ohne daß ich wußte, was es war. Vom Cassationshof wurde
ich abgewiesen und mußte meine Strafe antreten. Nachdem
ich etwa ein Vierteljahr in der Strafanstalt zugebracht, fragte
meine Frau bei mir an, ob ich dem Procurator Braun einen
Wechsel über 100 fl. unterschrieben, denn ein solcher sei ihr
präsentirt worden. Ich antwortete: „Nein!" Hierauf wurde
die Wechselklage gegen mich erhoben und zwar von Procu-
rater Lang im Namen des Wechselinhabers Stein, eines auf
dem Bureau Brauns beschäftigten Schreibers. Natürlich mußte
meine Frau bezahlen und zwar im Ganzen 120 fl. 12 kr.
welche dem Schreiber Stein vom Bürgermeister zu Hochhein
ausbezahlt wurden. Stein wollte damals den Wechsel selbst
nicht herausgeben, sondern statt dessen eine Quittung aus
stellen und erst als der Bürgermeister Zahlung verweigerte
wenn der Wechsel nicht zurückgegeben werde, verstand er sich
nach langem Zögern dazu. Außerdem suchte Braun noch
meine Verwandten in Mainz durch einen seiner Schreibe
Geld abzuquälen, so daß diese endlich bei dem dortigen Staats
procurator Schutz suchten, von welchem sie aber an die nas
sauischen Gerichte gewiesen wurden."

Also deponirte Großmann von Hochheim, wo der Dom
dechant wächst, eidlich vor Gericht und den Wechsel, den e
Braun in der Verwirrung unterschreiben mußte, ohne z
wissen, daß es ein Wechsel über 100 fl. sei, gab ich in Or
ginal zu den Acten. Vor mir liegt die Kostenberechnun
des Procurators Lang, der die Wechselklage betrieb. S
lautet:

Kostenrechnung
des Procurators Dr. Lang zu Wiesbaden
in Sachen
des Heinrich Stein zu Wiesbaden, Klägers
ad
den Adam Großmann zu Hochheim, Beklagten
wegen Wechselforderung.

Monat	Tag	Specification	Geb.		Ausl.	
1858			fl.	kr.	fl.	kr.
Octbr.	10.	Klage	1	30	—	—
		Information	1	30	—	—
		Stempel u. Duplicat	—	—	—	16
		Aul. A. Gebühr	—	30	—	—
		Stempel u. Copie	—	—	—	22
		Beglbg.-Dupplicat	—	—	—	10
		B. Stempel	—	—	—	8
		Cop. dupl. u. cop. ad acta . .	—	—	—	6
		Decret u. Protocoll	—	—	—	48
		2 Insinuationen	—	—	—	12
		Porto u. Protocoll	—	—	—	5
		„ der Schrift	—	—	—	6
		Nachricht	—	15	—	—
Decbr.	24.	Termin in Hochheim, Diäten . .	3	—	—	—
		Zehrung	—	—	1	41
		Eisenbahn hin u. zurück . .	—	—	1	18
		Substitutions-Vollmacht-Stempel.	—	—	—	20
		Stempel Decret	—	—	—	40
	30.	Termingebühr	3	—	—	—
		Zehrung	—	—	1	41
		Transport	—	—	1	18
		Substitutions-Vollmacht-Stempel.	—	—	—	20
		Stempel-Decret	—	—	—	20
		Copialien	—	—	—	4
			9	45	9	55
1859						
Januar	2.	Nachricht	—	15	—	—
		Insinuation	—	—	—	12
		Porto u. proc.	—	—	—	5
			10	—	10	12
					10	—
		Total . .			20	12
		Dazu Hauptschuld . .			100	—
		Total . .			120	12

Ich knüpfe nun, ehe ich noch andere ebenfalls höchst interes=
sante Thatsachen veröffentliche, einige Betrachtungen über das
Institut der Advocatenschreiber in Nassau hier an, welche in
diesem Advocatenparadies eine Stellung einnehmen, wie sie
in keinem andern deutschen Staate geduldet werden würde.
Der nassauische Procurator hat neben diversen Lehr=
lingen einen ersten Gehülfen, oder auch mehrere, welche
nichts weniger als studirt, welche vielmehr als Schreiber ge=
lernt haben. Die Functionen dieses Schreibers, und wenn
ein Procurator mehrere hat, dieser Schreiber, bestehen darin,
daß sie als „Substituten" ihrer Principale diese vor Gericht
vertreten und in deren Namen instructionsgemäß die Prozesse
führen, zum Beweis, welchen Grad von wissenschaftlicher
Bildung die Praxis der Advocaten voraussetzt. Die Aufgabe
dieser Schreiber besteht aber auch darin, daß sie dem Meister
Prozesse aufspüren, das Wild ins Garn jagen und im Noth=
falle für ihn mit ihrem Namen in den Riß stehen. Wie wir
soeben gesehen haben, agirt im Vordergrunde der Scene nie=
mals Meister Braun selbst, sondern sein Geselle, der Stein
heißt oder Häimann. Stein gibt seinen Namen her zum
Palmariums=Pact mit Stähler aus Oberzeuzheim, auf Steins
Namen wird der dem Großmann von Hochheim untergeschobene
Wechsel girirt und eingeklagt. Nicht Braun ist es ferner,
welcher ostensibel und visibel die Wechselgeschäfte mit dem in
die Löwengrube oder vielmehr Bärenhöhle gerathenen Daniel
Müller abschließt, sondern es ist der Schreiber Häimann.
Dieser Advocatenschreiber ist somit ein wahrer Leporello, der
seinem Herrn das Wild zuführt, die Thüren öffnet und die
Stege bereitet, ein Gehülfe, vermittelst dessen der Herr und
Meister sich verbrei= und vervierfachen kann. In andern
Staaten, wo nur Juristen und patentirte Advocaten vor Ge=
richt verhandeln dürfen, kann der Advocat nur so viel mal
zu gleicher Zeit vor Gericht auftreten, als er selbst körperlich
exiſtirt, also da er nur einmal als dieser Advocat exiſtirt, in
derselben Zeit nur einmal. In Nassau dagegen, wo die Ad=
vocatenschreiber vor Gericht verhandeln dürfen und der Ad=
vocat per Vollmacht seinen Schreiber substituiren darf, kann
er sich so vielmal vervielfältigen, als er Schreiber oder im
Lande umher zerstreute Ferkelstecher in seinem Dienste be=
schäftigt. Es kann also der Advocat zu gleicher Zeit an zehn

verschiedenen Orten zehn verschiedene Prozesse vor Gericht betreiben und für jeden einzelnen Prozeß „Gebühren", „Zehrung", „Eisenbahnfahrten" verrechnen.

In der oben citirten Kostenrechnung Langs, des Procurators aus Langenschwalbach, figurirt zweimal der Posten: Substitutionsvollmachtsstempel 20 kr., was nun nichts anderes heißt, als daß Lang nicht selbst nach dem zwei Stunden entfernten Hochheim hinausfuhr, dort zehrte, vor Gericht verhandelte und wieder zurückfuhr, sondern daß sein oder einer seiner Schreiber, ausgerüstet mit einer „Substitutionsvollmacht", nach Hochheim hinausfuhr, vor Gericht verhandelte, dort zehrte und wieder zurückfuhr. Nichtsdestoweniger verrechnete Lang die vollen Procuratorgebühren: zweimal à 3 fl., ferner Zehrung zweimal 1 fl. 41 kr., ferner Eisenbahnfahrt zweimal à 1 fl. 18 kr., obgleich ein Advocatenschreiber offenbar nicht zweiter Klasse fahren und nicht so viel verzehren darf, als ein Advocatenmeister. Und möglicher Weise betrieb Lang damals an zehn verschiedenen Justizämtern zehn verschiedene Prozesse, indem er zehn beliebige Nichtjuristen, Schreiber, Ferkelstecher mit Substitutionsvollmacht versehen, ausmarschiren ließ, natürlich für jeden die vollen Procuratorgebühren berechnend. Das Aufheiterndste an dieser Einrichtung ist offenbar der Umstand, daß das Publicum den Schreiber in dem Substitutionsvollmachtsstempel noch besonders, also theurer bezahlen muß, als den Herrn selbst, der keiner Substitutionsvollmacht und somit auch keines Substitutionsvollmachtstempels bedarf, sondern in natura erscheint. Es ist Gottsvergessen von der Regierung, daß sie diesen Advocatenschwindel duldet, das Publicum so aussaugen läßt und zugibt, daß beliebige Ferkelstecher mit Substitutionsbefugniß von einem Procurator versehen vor Gericht auftreten dürfen. In Würtemberg z. B. wird keiner dieser schmutzigen Vampyre, wird überhaupt kein nicht patentirter Advocat vor Gericht als Anwalt zugelassen, denn es ist traurig genug für die Parteien, mit Advocaten überhaupt zu thun haben zu müssen, wozu also noch Afteradvocaten.

Der Advocatenschreiber in Nassau bezieht nun für seine ganze Mühewaltung die anscheinend geringe Besoldung von jährlich 600 fl. vom Meister. Diese 600 fl. bilden jedoch

nur ein Trinkgeld für ihn ober ein Nadelgeld für seine Frau.
Denn, eingeweiht wie er ist in alle Geschäftsgeheimnisse des
Meisters[1]) überläßt ihm dieser einen bestimmten Antheil an
der Beute und gestattet ihm auch wohl, immer natürlich unter
des Procurators Firma, Ferkelstecherei zu treiben und kleinere
Prozesse auf eigene Rechnung zu führen. Während daher
z. B. in Oestreich, wo die Advocaten und zwar in beschränkter
Anzahl ebenfalls von der Regierung ernannt werden wie in
Nassau, der erste Geschäftsführer auf einem Advocatenbüreau,
stets ein Jurist ist, der alle Examina absolvirt hat und einstweilen bis die Reihe Advocat zu werden an ihn kommt, als
„Advocaturconcipient“ arbeitet, eine Besoldung von höchstens
12—1500 fl. jährlich bezieht, stellt sich der nassauische Advocatenschreiber, der keine Studien gemacht hat, auf seine
3000 fl. wie auf einen Kreuzer. Und hat er einige Jahre als
Schreiber practicirt, so tritt er aus, fängt sein eigenes „Geschäft“ an, „practicirt“ auf eigene Rechnung unter der Firma
irgend eines Procurators und verdient als „Ferkelstecher“
seine 5—6000 fl. jährlich. Es gibt in Wiesbaden Ferkelstecher, die sich im Laufe von zehn Jahren ferkulirend ein
Vermögen von 50—60,000 fl. erwerben. „Heitere Zustände
dieß!“ pflegte der „Rh. Kurier“ zu sagen. Wenn die nassauische
Regierung dieser Beutelschneiderei nicht steuert, versündigt
sie sich an Gott und der Menschheit!

Um nun aber wieder auf die Praktik unseres lieben guten
Braun zurückzukommen, so hat es mit den Droschkenkutschern
folgende Bewandtniß:

Von der Polizeibehörde wurde den Droschkenkutschern
vorgeschrieben, sich zu uniformiren. Die Droschkenkutscher,
ein widerspenstiger Menschenschlag, wie sie überall sind, wollten sich aber nicht uniformiren und wandten sich deßhalb um
Hülfe an Braun. „Ja, das dürft Ihr freilich nicht dulden“,
sprach Braun, „und es ist nichts leichter als an das Ministerium (wenn ich nicht irre) zu recurriren, solche Recurse
habe ich schon viele gewonnen. Einstweilen macht Ihr mir

---

1) Braun überwarf sich eines Tages mit seinem Schreiber und
drohte mit Entlassung. Der Schreiber erwiderte jedoch gutes Muths:
„Seien Sie froh, Herr Procurator, daß ich Sie nicht entlasse!“

einen Vorschuß von 1 fl. per Mann". Macht, da 50 Drosch=
kenkutscher erschienen waren, zusammen 50 fl. Und die Kut=
scher zahlten. Indessen ging die Polizeibehörde mit Strafen
vor gegen die Widerspenstigen und diese wandten sich wieder
um Rath an ihren Freund Braun. Braun aber sprach:
„Zahlt keine Strafe, läßt Euch pfänden." Und siehe da, sie
wurden gepfändet und mit neuen noch höhern Strafen be=
droht. Wiederum wandten sie sich an Braun und Braun
sprach: „Ach, mit diesem Ministerium ist eben gar nichts an=
zufangen, mir thuts leid!" Und die Droschkenkutscher mußten
sich uniformiren und Braun sandte nachträglich noch einem
jeden eine Rechnung von 1 fl. 10 kr. ins Haus.

Aber siehe da, den Kutschern war unterdessen ein helles
Licht aufgegangen und sie ergrimmten über Braun und schwu=
ren, ihn mit ihren Peitschen zu berühren und zahlten nichts
mehr. Braun aber begnügte sich damit, hatte er doch die
50 fl. am Anfang erhalten und wenigstens den Versuch ge=
macht, nochmals 50 × 1 fl. und 50 × 10 kr. aus jedem
Kutscher herauszuquetschen.

Diese Geschichte ist in Wiesbaden so stadtbekannt, daß
man mir sagte, wenn ich die Kutscheruniformirungsangelegen=
heit nur leise berühre, wisse Jedermann, was ich damit meine.
Was das Palmarium von 500 fl., 79 fl. Kölsch und etwas
Weißes anbetrifft, das Braun den halb besinnungslosen Groß=
mann von Hochheim unterschreiben ließ und was sich 3 Mo=
nate später als ein Wechsel über 100 fl. herausstellte, so
bemerke ich, daß ich diese Thatsachen wenigstens 20 Mal in
der „N. Wiesb. Ztg.", einmal in Nr. 337 der „Postzeitung"
und zwar mit Namensunterschrift veröffentlichte. Braun er=
widerte dagegen, so lange ich in Wiesbaden war, nie eine
Sylbe, verklagte mich auch nicht. Vor etwa einem halben
Jahre dagegen log er mit nie dagewesener Frechheit in der
„Mittelrh. Ztg.", ich sei wegen Veröffentlichung dieser That=
sachen zu Correctionshaus verurtheilt worden.

Ich vervollständige übrigens das Bild der Braun'schen
Advocatenpraxis noch durch folgende schöne Züge:

In Wiesbaden befand sich vor einigen Jahren ein Kauf=
mann und hieß mit Namen K., verkaufte damals auch Kaffee
und diesen bezog er aus Indien über Köln am Rhein. Eines

Tages kam ein Ballen an, der Havarie gelitten hatte und deßhalb verdorbene Bohnen enthielt. Wurde also zurück=, oder wie es in der Kaufmannssprache heißt, zur Disposition gestellt. Es vergaß jedoch K. dem Absender die Zurückstellung des Ballens anzuzeigen und da er denselben natürlich nicht bezahlte, wurde er verklagt. Klagen that im Namen des Kölners Niemand anders als unser lieber guter Braun, der seiner Zeit so rührende Klagen auch gegen mich erhob, Kläger gegen mich warb und aufkaufte und mich mit aller Gewalt ins Correctionshaus zu bringen versuchte. Wollte sehr Unangenehmes mir zufügen, der Mann, und muß daher jetzt sehr Unangenehmes hören. Muß es hören, denn

Auf das Unrecht folgt das Uebel,
Wie die Thrän' auf den herben Zwiebel,
Auf das U kommt gleich das W
Das ist die Ordnung im A B C.

Also Braun klagte dießmal nicht auf Ehrenkränkung und Verläumdung, sondern auf Bezahlung des Kaffee's. In Folge dessen begab sich unser guter lieber Kaufmann in die Höhle des Bären und sprach: Herr Procurator! Ich weiß, daß ich nachläßiger Weise es unterlassen habe, von der zur Dispositionsstellung des Kaffee's dem Kölner Hause Mittheilung zu machen und muß deßhalb bezahlen. Indessen ist es mir jetzt im Augenblick nicht gelegen, ich werde aber die Sache am 1. des nächsten Monats bereinigen. Schenken Sie mir so lange Frist.

Da lächelt der Braune mit arger List
Und spricht nach kurzem Bedenken:
„Wohlan ich will sie Euch schenken,
Doch wisset, wenn sie verflossen die Frist,
Ehe die Schuld an mich bezahlet ist,
So müsset Haare Ihr lassen,
Ich lasse, Ihr wißt, nicht mit mir spassen."

Ich will also die Klage nicht weiter fortsetzen, es werden dadurch die Kosten erspart." (Kosten erspart, sagte Braun.) Mit diesem Bescheid ging unser Kaufmann vergnügt von dannen und stellte sich pünktlich am 1. des nächsten Monats ein, um seine Schuld zu entrichten.

„Ach, wollen Sie doch nur gefälligst an meinen Schreiber im nächsten Zimmer bezahlen, der hat die Sache unter sich," empfing mit herzgewinnender Freundlichkeit Braun unsern guten Kaufmann. Man ging deßhalb ins nächste Zimmer zum Schreiber und bezahlte die Kaffeerechnung. Und als man diese bezahlt hatte, fügte der Schreiber listig hinzu: „Jetzt sind aber auch noch 23 fl. Kosten zu bezahlen." „Was, Kosten?" erwiderte der Kaufmann. „Die Klage ist ja kaum eingereicht und Hr. Procurator hat mir ja selbst versprochen, daß sie nicht weiter geführt werde, damit keine Kosten ent=stehen!" „Thut nichts, es sind 23 fl. Kosten zu bezahlen." „Nun das wollen wir doch sehen", erwiderte der Kaufmann und ging eilends zurück ins Allerheiligste zum Herrn und Meister Braun selbst.

Dieser aber schrie ihn heftig an und rief: „Was wollen Sie von mir? Meine Zeit ist kostbar! Ich kann mich nicht mit Ihnen abgeben!" Sprach's und warf die Thüre zu. Der Kaufmann aber, um Weitläufigkeiten zu vermeiden, zahlte 23 fl. Kosten und ging. Zur Zeit, als ich auf Brauns Haupt die glühendsten Kohlen sammelte und die ganze Stadt von Braun sprach, lud der Mann mich zu einem Besuche ein und entdeckte mir die ganze Geschichte.

Man erkennt daraus abermals, mit welcher Plumpheit der edle Volksfreund zu Werke ging. Wohl wissend, daß unter hundert 99 sich durch Grobheit verblüffen lassen und nicht wagten, Beschwerde gegen ihn zu erheben, sicher, wenn eine solche je erhoben würde, höchstens um einige Gulden vom väterlich milden, befreundeten und verbündeten Hofgericht bestraft zu werden, riskirte er jeden Tag und bei jedem, der ihm in die Finger gerieth, Ehre und guten Namen, auch auf die Gefahr hin, als Preller entlarvt und öffentlich besprochen zu werden. Diese enorme Frechheit und Scheulosigkeit ist es hauptsächlich, was diesen Mann charakterisirt.

Aber weiter. In Nr. 23 der „N. Wiesb. Ztg." druckte ich einen Artikel ab, in welchem u. A. Folgendes geschrieben stand:

„Auch ist es unpassend, wenn ein Advocat eine politische Rolle spielt, welcher einen Clienten in einem Criminalprozeß vertretend, mit diesem einen Vertrag abschließt, worin der Client sich zur Zahlung einer be=deutenden Summe verpflichtet, falls es dem Vertheidiger gelinge, die Zuchthausstrafe abzuwenden und höchstens Correctionshausstrafe zu er=langen und zwar in Beziehung auf ein Vergehen, das ursprünglich im Gesetze nur mit Correctionshaus bedroht ist."

Es wäre nun gewiß nicht auffallend, daß Herr Braun über diese Stelle nicht klagte, wenn er nicht über Stellen in der nämlichen Nummer der „N. Wiesb. Ztg." geklagt hätte, welche noch viel unbestimmter gehalten und ungleich weniger verletzend sind, als das soeben angeführte Citat. Vergl. oben „Brauns Klage".

Braun bezog die Anspielungen derselben und andere ganz gewiß nicht einmal injuriöse Ausdrücke, wie z. B. „Advocat", „Nationalvereinsprediger", „Spaßvogel" 2c. stets auf sich, legte also eine ungeheure Empfindlichkeit in Beziehung auf leichte Kläpse an den Tag, während er Schläge, wie sie in dem Artikel der Nr. 23 der „N. Wiesb. Ztg." ausgetheilt waren, gar nicht fühlte. Warum nur Braun für Kleinigkeiten und harmlose Bezeichnungen so überaus empfindlich, gegen schwere Beschuldigungen aber so unempfindlich war? Wer löst mir dieses psychologische Räthsel? Der Fall, auf welchen in obigem Citat übrigens angespielt wurde, ist folgender:

Ein Jude kam wegen Diebshehlerei in Untersuchung und gebrauchte einen gewissen Procurator als Anwalt. Dieser Procurator machte es nun ganz genau mit dem Juden so, wie es Braun mit dem Germanen aus Hochheim gemacht hatte. Er schloß nämlich mit dem im Gefängniß sich befindlichen Sohn Esaus einen Pact ab, wenn ich nicht irre, ebenfalls in Form eines Wechsels, worin der Nachkomme jenes Erzvaters sich zur Zahlung einer hübschen Summe verpflichtete, wenn es dem Procurator gelinge, Zuchthausstrafe zu verhindern und höchstens Correctionshausstrafe zuzulassen. Nun bestimmt aber das nassauische St.=G.=B. nur Correctionshaus für Diebshehlerei, der Procurator gewann also unter allen Umständen die Wette, denn der Inculpat konnte natürlich schlimmsten Falls nur zu Correctionshaus verurtheilt werden und wurde es auch. Aber den Wechsel hatte der Procurator in der Tasche und ließ ihn am Verfalltage auch einkassiren. Aber Geld hatte er wieder gemacht. Und auch diesmal war es wieder ein Client, in dessen Tasche er mit seinen langen Fingern hineingriff.

Noch ein schönes Stückchen aus der nassauischen Advocatenpraxis ist in folgender, der Nr. 214 der „N. Wiesb. Ztg." vom 12. Sept. 1863 entnommenen Bemerkung enthalten, welche lautet:

„Aus der Fortschrittsprocuratur.

Eine Frau hatte einen Erbschaftsprozeß zu führen, der nicht verloren werden konnte, und übergab denselben einem Fortschrittsprocurator, den wir nicht zu nennen brauchen, verlangte aber zugleich ein Anlehen von

500 fl., auf Rechnung der Erbschaft. Der Procurator nahm den Prozeß an und gab das Darlehen zu 5 Proc., so daß die Frau über diese menschenfreundliche Uneigennützigkeit in dankbares Erstaunen ausbrach. Wie verschwand aber die Dankbarkeit, und wie steigerte sich das Erstaunen der guten Frau, als sie nach Erledigung der Sache in der Abrechnung einen Posten mit 100 fl. entdeckte, den der freisinnige Procurator als „Rifikogeld" für das Darlehen von 500 fl. für die Dauer von nicht ganz einem Jahre berechnete. Rifikogeld! Der Ausdruck ist wirklich sinnreich erdacht!"

Die Thatsache ist factisch. Die Frau ist die jetzt auswärts verheirathete Schwester eines in Wiesbaden practicirenden Zunftgenossen von Hammerans Kellner. Einem meiner Bekannten erzählte besagter Zunftgenosse Kellners die Sache während des Rasirens. Ich bat meinen Gewährsmann, sich noch genauere Data zu verschaffen und womöglich den Bruder der um 100 fl. erleichterten Frau zu bestimmen, daß er seine Aussage vor Gericht geltend mache. Leider ist indessen dieser gute Bruder als Barbier natürlich zugleich Fortschrittsmann und deßhalb nicht aufgelegt, gegen Braun zu zeugen. „Ich will nicht, sagte er, daß die Geschichte in den Zeitungen herumgezogen wird. Braun hat von mir seine Titel erhalten (das Geld natürlich aber behalten) und dabei soll es verbleiben." Ich konnte aus diesen Gründen die Sache nicht vor Gericht anhängig machen. Indessen da Braun so eifrig daran arbeitete, mir eine Stelle im Correctionshaus zu verschaffen, so mußte ich ihm wenigstens den Gefallen thun, ihm zu zeigen, daß ich von der Angelegenheit wisse. Wenn man sich so freundlich gegenübersteht, wie ich dem Procurator Braun und er mir, muß man sich schon solche Gefälligkeiten erweisen.

Es kommt jetzt aber noch eine Testamentsangelegenheit zur Sprache und zwar folgender Maßen. Ich schrieb auf der Festung Marxburg, wo ich meine Correctionshausstrafe verbüßte, folgenden Artikel:

„* Marxburg, 17. Juli. Der „Rh. Kurier" enthält in Nr. 164 folgenden Artikel:

„? Ems, 14. Juli. Unsere Eisenbahndirection ist eifrig bemüht, durch Benutzung aller Quellen der Eisenbahn Reisende zuzuführen. So hat unser bekannter Badecommissär Graf v. Bismarck ein Freibillet erster Klasse erhalten, damit derselbe ganz unbehindert durch das mitunter lästige Lösen des Billets die Aufgabe erfüllen kann, Lustpartien auf der Eisenbahn zu arrangiren. Wir machen darauf aufmerksam, daß von diesem Gesichtspunkte aus noch andere Personen, welche die Route zwischen hier, Wiesbaden und Homburg häufig machen, als der Mittelpunkt gewisser Gesellschaftskreise und Vergnügungen gelten und gerne in einiger Gesellschaft zu reisen pflegen, zum Empfange von Freibillets qualificirt erscheinen möchten."

Da der „Rh. Kurier" es ist, welcher obige Thatsache und Thatsachen veröffentlicht, so vermuthen wir, ohne das Nähere davon zu kennen, daß dieselben wieder entweder geradezu erfunden und erlogen, oder bis zur Unkenntlichkeit entstellt sind. Mittelst solcher Artikel hat aber die Fortschrittspartei bisher ihre Erfolge errungen, indem sie durch lügnerische und perfid andeutende Artikel mißliebige Personen so lange verfolgte, bis diese sich beugten, und die Uebrigen, aus Furcht vor ähnlichen Verfolgungen, freiwillig dem Advocatenregiment sich unterwarfen.

Dieß darf nicht so fortgehen, dieß muß unterbleiben! Wir dulden derartige Angriffe, seien sie gerichtet gegen wen sie wollen, unter keiner Bedingung und bringen deßhalb das bewährte Mittel der Repressalien in Anwendung, indem wir ebenfalls erzählen. Wir erzählen heute nicht von einem Freibillet und von Eisenbahnfahrten, sondern von einem Testament und von einem Fortschrittsprocurator, von einem bekannten Fortschrittsprocurator.

Es war ein alter Herr in der Stadt angekommen mit einer Dame, die ihn verpflegte. Der alte Herr wollte ein Testament machen und die Dame, mit Uebergehung ohnehin schon sehr reicher Seitenverwandten, zur Universalerbin einsetzen. Man begab sich also zum Fortschrittsprocurator und ließ durch diesen das Testament abfassen, mit dem Auftrage, solches bei Herzogl. Justizamte zu hinterlegen. Der Fortschrittsprocurator verfaßte das Testament und ließ sich dafür bezahlen, und Alles schien somit in Ordnung zu sein. Nun begab es sich, daß sich gewisse Gerüchte verbreiteten und auch zu den Ohren der Dame drangen. In Folge dessen kam der Dame die Idee, ob es nicht möglich sei, daß ein solcher Fortschrittsprocurator mit den Seitenverwandten sich in Verbindung gesetzt und ihnen zu lieb um guter Worte willen das Testament nicht bei Amt hinterlegt, sondern zurückbehalten haben könne. Durch diese Idee wurde die Dame veranlaßt, einmal einen Gang auf's Herzogliche Justizamt zu wagen und hier nachzufragen, ob das betreffende Testament hinterlegt worden sei. Und siehe da, ihre Vorsicht war nicht überflüssig gewesen, denn auf Herzogl. Justizamte war überall kein Testament hinterlegt worden und auch keines aufzufinden. Natürlich wandte sich der Testator jetzt an einen anderen Procurator und ließ durch diesen das Testament nochmals abfassen und wirklich bei Herzogl. Justizamte hinterlegen. Wäre dieß nicht geschehen, so gelangte die Erbschaft nach dem Tode des Erblassers an die — gewiß dankbaren — Intestaterben, und die Dame hatte das Nachsehen.

Es lebe die Freiheit! Es lebe der Fortschritt! Es lebe der Handelsvertrag! Es lebe die preußische Spitze! Es lebe die Fortschrittsprocuratur! Es lebe der „Rh. Kurier", der solche Dinge unwillkürlich an den Tag bringt!"

Meine Freunde in Wiesbaden waren, als sie vorstehende Erzählung lasen, alle der Meinung, sie haben es mit einer

Ausgeburt meiner Phantasie zu thun. Als jedoch dem „Rh. Kurier" das untenstehende „Eingesandt" entschlüpfte, ersahen sie zu ihrem großen Erstaunen, daß ein Procurator sich wirk= lich getroffen fühlte und deßhalb den höchst unglücklichen Versuch machte, mittelst des apagogischen Beweises die Un= möglichkeit einer Thatsache zu deduciren. Aber was ist, das ist und wenn tausend Gründe für seine Unmöglichkeit aus irgend welchen Sätzen abgeleitet werden. Mir wurde die Geschichte, nämlich die Ankunft der Frau auf dem Justizamt und ihre Nachfrage, von einem Augen= und Ohrenzeugen mitgetheilt, als daher der „Rh. Kurier" das Organ des Procurators Braun sein „Eingesandt" veröffentlichte, sagte ich:

* **Marxburg,** 22. Juli. Bezüglich unserer neulich mitgetheilten neutestamentlichen Erzählung enthält der „Rhein. Kurier" folgendes Eingesandt:

„Wiesbaden, 19. Juli. Ein hiesiges Blatt erzählt in seiner be= kannten Manier eine Geschichte, wie ein Procurator verabsäumt habe, ein Testament bei Amt zu hinterlegen u. f. w. Bekanntlich werden aber bei uns die Testamente nicht durch Procuratoren oder sonstige Bevoll= mächtigte, sondern nur durch die Partei selbst hinterlegt. Das ganze Geschäft des Anwalts beschränkt sich darauf, den Entwurf des Testaments zu fertigen. Bei Gericht übergeben kann es nur der Testamentserrichter in eigener Person. Der Anwalt darf und kann kein Testament für seinen Clienten hinterlegen. Sapienti sat."

Auch der Nicht-Sapiens wird auf den ersten Blick einsehen, daß, ge= rade weil Procuratoren die Testamente nicht bei Gericht einreichen dürfen, ein Procurator dem Testator oder der betreffenden Dame ver= sprochen haben kann, an ihrer Stelle das Testament bei Amt zu hinter= legen. An der von uns erzählten Thatsache ändert die im „Eingesandt" des „Rh. Kuriers" mitgetheilte gesetzliche Vorschrift gar nichts. That= sache ist, daß sich die betreffende Dame, seither im Glauben erhalten, das Testament sei hinterlegt worden, später erkundigte und überzeugte, daß bei Amt das Testament nicht hinterlegt wurde, und daß sie deßhalb ein neues Testament anfertigen ließ. Könnte übrigens der „Rh. Kurier" nicht mittheilen, wer das „Eingesandt" ihm übermachte, und welcher Procurator sich getroffen gefühlt hat?

Da der „Rh. Kurier" nichts erwiderte, so fragte ich:

„Leise Anfrage!

Hat eigentlich der Procurator des Fortschritts, der das Testament abfaßte, aber nicht hinterlegte, hat er enge oder weite Taschen?

Laute Antwort!

Wir wollen das nächste Urtheil abwarten."

Es erhebt sich nun offenbar die Frage, ob Braun im Criminal= oder im Civilprozeß Größeres leistete.

Ich für meinen Theil halte ihn für einen besseren Crimi=
nalisten als Civilisten. Zwar gewann er, wie man sich noch
erinnern wird, den Prozeß Schweickardt gegen Burgeff, so
daß der letztere an erstern 60,000 fl. bezahlen mußte auf
Grund der einfachen Einrede des Klägers Schweickardt: er
habe sich bei Abschließung eines Wochen lang reiflich erwo=
genen, von einem geriebenen Juristen abgefaßten Vertrags
geirrt. Ob Schweickardt ein Palmarium und in welchem
Betrag an Braun bezahlen mußte und falls dieß geschah, wie
Braun dieses Palmarium verwendete, konnte ich nie in Er=
fahrung bringen. Braun gewann ferner auch den Erbschafts=
prozeß für Stähler in Oberzenzheim und säckelte bei dieser
Gelegenheit einen Siegeslohn von 500 fl. ein, was in An=
betracht der Leichtigkeit, womit der Sieg errungen wurde,
sehr viel ist. Von diesen 500 fl. gab er nicht, wie er feier=
lich versprochen, die Hälfte an Matti, sondern — mit wem
theilte er die 500 fl.? Ferner wußte Braun mit unnachahm=
licher Virtuosität civiliter dem Kaufmann K. 23 fl. aus
dem Beutel heraus zu practiciren und zwar, wie wir gesehen
haben, für nichts und wieder Nichts. In der Kanzlei des
Amts Nastätten befinden sich ferner Actenstücke, welche über
die unnachahmliche Gewandtheit, mit welcher Braun den
Juden Kerberger von Holzhausen palmarisch ausbeutelte,
Auskunft geben. Trotz alledem halte ich Braun für einen
besseren Criminalisten als Civilisten, denn das Criminalfach ist
eigentlich wie gemacht für einen Mann von dem Schlage Brauns.

Wer in einen Criminalprozeß verwickelt ist, wird zer=
knirscht, betrübt, kummer= und sorgenvoll, und namentlich
wenn er in Haft sitzt und sich einiger Schuld bewußt ist, zu
allem willfährig. Wie bereitwillig unterschrieb z. B. Groß=
mann aus Hochheim „in der Verwirrung" ein Stück Papier,
das ihm Braun darreichte und das sich nachher als ein
Wechsel über 100 fl. herausstellte! Mit welcher Gewandtheit
wußte Braun dem Goldarbeiter Kölsch 79 fl. aus der Tasche
zu locken, und zwar ohne auch nur eine Feder für ihn einge=
taucht zu haben! Ich habe daher, wie gesagt, die feste Ueber=
zeugung, daß Braun im Criminalfach noch Größeres leistete
und verdiente, als im Civilfach, und daß er vorzugsweise auf
Clienten speculirte, welche mit der Strafjustiz zu thun hatten.
Zur Begründung dieser Ansicht führe ich noch einen wahrhaft

erschütternden Fall an, einen Fall, der wirklich einen tra=
gischen Charakter besitzt.

Vor einigen Jahren begab sich der Oberförster Carl
Müller von Königstein nach Wiesbaden, um dort ein zum
Zureiten eingestelltes Pferd abzuholen. Der nassauische Ober=
förster hat studirt, sein Staatsexamen abgelegt, ist Staats=
diener, bezieht eine Besoldung von circa 1400 fl., die sich
sehr häufig noch durch Nebeneinkünfte nicht unbedeutend er=
höht. Müller selbst stammt aus einer angesehenen und sehr
vermöglichen Beamtenfamilie, ist der Schwiegersohn eines
geheimen Regierungsraths, dessen Tochter ebenfalls ein Ver=
mögen von 12—15,000 fl. besitzt. Kurz, Müller lebt in sehr
günstigen, ja, für einen in einem nassauischen Landstädtchen
angestellten Beamten sogar glänzenden Verhältnissen, ist von
Jugend auf als Ehrenmann bekannt, beim Herzog sehr wohl
gelitten und hat sogar Aussicht, Forstmeister zu werden.

An jenem verhängnißvollen Tage läßt er sich in Wies=
baden von einem Bekannten verleiten, den Spielsaal zu be=
suchen und sogar zu spielen. Müller verlor bei dieser
Gelegenheit seine Baarschaft. Aus dem Spielsaal wegge=
gangen, spaziert er durch eine der Colonnaden (bedeckte, in
der Nähe des Spielsaals befindliche Gänge, in deren Hinter=
grund sich die Buden allerlei Händler befinden). Auf dem
Ladentisch einer dieser Buden bemerkt Müller Reitpeitschen,
ergreift eine davon, klatscht damit, um sie zu probiren und
fragt nach dem Preise derselben. Die Eigenthümerin verlangt
5 fl. 30 kr. Müller bietet 4 fl. und ersteht sie endlich um
fünf, und da er kein Geld mehr bei sich hatte, entfernt er
sich mit den Worten: „Ich werde wieder kommen." Er war
nämlich früher mehrere Jahre in Wiesbaden angestellt ge=
wesen, trug außerdem seine Uniform und glaubte deßhalb der
Händlerin bekannt zu sein. Nach seinem Weggang entdeckt
die Händlerin, daß sie sich im Preise der Peitsche geirrt,
5 fl. statt 10 fl. gefordert hatte, sie eilt dem Oberförster
nach und ruft ihm von ferne zu: „Ich habe mich geirrt, die
Peitsche kostet ja 10 fl." und erregt dadurch den Unwillen
Müllers, der sie eine dumme Person nennt und ihr, als sie
sagt: „Nur nicht so grob, Sie haben ja die Peitsche noch

18

gar nicht bezahlt", dieselbe wieder zuwirft. Müller begibt sich nach dieser Scene zum Polizeidirector v. Rößler und klagt gegen die Händlerin wegen Injurien. Dieselbe wird auf die Polizei citirt, dort protokollarisch vernommen und erklärt, daß ein Irrthum stattgefunden habe und nicht im Geringsten an eine Entwendung zu denken sei, wie sie anfänglich einem Polizeidiener gegenüber bemerkt habe, um die von ihr gegen den Oberförster gebrauchten Ausdrücke zu rechtfertigen und die Injurienklage abzuschwächen.

Indessen war der Vorfall bekannt und zum Gerücht geworden, Müllers Vorgesetzten und Todfeind zu Ohren gekommen und wurde von diesem in einem höchst leidenschaftlich abgefaßten Bericht der höheren Behörde angezeigt. In Folge dessen wurde Müller in Untersuchung genommen, und da die Händlerin unter den Händen des Inquirenten und aufgehetzt von „Forstleuten" ihre vor der Polizei gemachten Angaben nicht nur widerrief, sondern geradezu behauptete, Müller habe die Peitsche entwendet, zu einer Gefängnißstrafe von 3 Wochen wegen Diebstahls verurtheilt.

Bis hierher haben wir einen jener schauderhaften Justizmorde vor uns, an welchen das geheime, schriftliche, inquisitorische Verfahren an sich so reich ist und welche dieses Verfahren nicht blos ausnahmsweise, sondern in der Regel nach sich ziehen muß.

Im vorliegenden Fall standen sich zwei Aussagen gegenüber, die des Angeschuldigten und die der Händlerin, welch' letztere in ihrem ersten Verhör vor der Polizei ganz zu Gunsten des ersten ausgesagt, später aber unter den Händen des Inquirenten und aufgehetzt durch „Forstleute", d. h. durch die Feinde des Angeschuldigten (was sie einem klassischen Zeugen förmlich gestanden), ihre erste Aussage zurückgenommen hatte, weil sie, wie sie sagte, d. h. wie ihr in den Mund gelegt wurde, wohl gewußt habe, daß sie von der Polizei nicht vereidigt werden konnte und deßhalb die Unwahrheit habe sagen dürfen. Warum wird nun einem alten Weibe geglaubt, sobald dieses eine juristische Formel erfüllt, d. h. einen Zeugeneid geschworen hat, dem Angeschuldigten aber nicht? Warum werden ferner alle zu Gunsten des Angeschuldigten sprechenden Umstände, namentlich dessen persönliche Verhältnisse, welche die Annahme eines Diebstahls im Betrag von 7 fl. geradezu als Absurdität erscheinen lassen, ferner die psychologischen Momente, die bei den Belastungszeugen in Betracht kommen, die günstigen Aussagen anderer Zeugen nicht in Betracht gezogen? Warum wird die Aussage eines Zeugen, der Händlerin, die noch dazu Partei, also befangen ist, für hinreichend erachtet, um darauf eine Verurtheilung zu gründen?

Auf alle diese Fragen gibt es nur eine Antwort und diese heißt: geheime, inquisitorische, Aktenjustiz! Wer dieser in die Hände fällt, ist ein verlorener Mann, sobald ihm der Richter, der Inquirent und der Urtheiler, nicht wohl will.

Nun kommt aber noch folgendes in Betracht. Carl Müller erklärt nämlich selbst, wie folgt:

„Im Jahr 1860 stand ich in Untersuchung wegen Entwendung einer Reitpeitsche. Anfänglich hatte ich mir zum Anwalt den Procurator Lang gewählt. Mit diesem jedoch unzufrieden, wendete ich mich an Procurator Carl Braun zu Wiesbaden.

Nachdem ich diesem den Stand der Sache mitgetheilt hatte, erklärte er mir, daß er meine Vertheidigung übernehmen und hoffentlich ein günstiges Resultat erzielen werde.

Wenige Tage nachher eröffnete mir Braun, daß ich ihm 1000 fl. zu zahlen versprechen müsse.

Damals schien mir die gegen mich anhängige Untersuchung nicht so bedenklich und wichtig, wie sie es später leider wurde, ich entgegnete daher, daß ich keine so enorme Summe zahle.

Procurator Braun sagte hierauf: „Ueberlege es Dir und komme später noch einmal zu mir." Ich ging von ihm in die Restauration von Christmann, wo ich des Braun's Gehülfe Heymann traf und dieser rieth mir die geforderte Summe zu zahlen, vielleicht, bemerkte er, genügen auch 800 fl.

Herr Heymann theilte mir damals mit, daß Herr Dr. S. vor nicht langer Zeit in einen Criminalprozeß verwickelt gewesen, jedoch durch die Bemühungen des Herrn Braun, wofür eine fixe, jedoch höhere, als die von mir verlangte Summe bedungen wurde, sei jener freigesprochen worden.

Später begab ich mich wieder zu Braun und trotz dessen

18*

Vorstellung, daß es viel Mühe, Geld für Zeugen ꝛc. koste
mich herauszuziehen, beharrte ich auf meiner Weigerung
worauf Braun aufbrauste und die Thüre zuschlug.

Diese Darstellung bin ich zu jeder Zeit eidlich zu er=
härten bereit.

C. Müller,
Forstmeister a. D."

Nach dieser Darstellung verlangte also Braun um die
Freisprechung eines Angeschuldigten zu erwirken, wieder eine
horrible Summe und als diese nicht bezahlt wurde, gab der
Procurator unter einem Vorwand das Mandat wieder zurück.

Müller nahm einen andern Anwalt und nach seiner Ver=
urtheilung in erster Instanz appellirte er an die zweite, näm=
lich an das Hofgericht zu Wiesbaden und von diesem wurde
das erstinstanzlich ausgesprochene Urtheil bestätigt. Refe=
rent beim Hofgericht in dieser Sache, war der mit dem Ad=
vocaten Braun eng befreundete Hofgerichtsrath Horstmann,
den Braun später als Rath in die Regierung hineinbesorgte
und der vor 1½ Jahren, als eine partielle Säuberung der
höhern Stellen von den Anhängern Brauns stattfand, wieder
aus der Regierung hinaus und wieder in das Hofgericht hinein=
geworfen wurde.

Schließlich bemerke ich: Als die erste Instanz Müller
verurtheilt hatte, erklärten sämmtliche Juristen seines Wohn=
orts, dieses Urtheil könne nicht aufrecht erhalten werden, das
Hofgericht müsse ihn freisprechen.

Der Anwalt des Verurtheilten gab dessen Schwieger=
vater die bestimmteste Versicherung, das Hofgericht müsse das
erstinstanzliche Urtheil aufheben und auf Freisprechung er=
kennen. Indessen Horstmann, der Referent in der Sache,
Braun's intimer Freund beantragte Bestätigung und das Hof=
gericht bestätigte. Dem Oberförster Müller wurde im Gna=
denweg die Strafe von 3 Wochen Gefängniß erlassen, aber
Amt und Ehre verlor er.

Das Gnadengesuch wurde vom Gericht erster Instanz
lebhaft unterstützt. Trotzdem behauptete Braun, als er später
aus Veranlassung der mir zu Theil gewordenen Strafmilde=
rung über den „Mißbrauch des Begnadigungsrechts" in Nassau

donnerte, Oberförster Müller sei begnadigt worden, obgleich die Gerichte die Begnadigung für unzulässig erklärt hätten.

Ich werde übrigens diesen höchst tragischen Fall noch gründlicher behandeln und erzähle zum Schlusse noch ein Stückchen.

Während meines Aufenthaltes zu Wiesbaden gerieth eine mit einem alten Manne verheirathete Frau, die nebenbei die Prostitution betrieb, wegen Abtreibung der Leibesfrucht in Untersuchung. Ein sehr reicher Fabrikant wurde von ihr als moralischer Urheber der That bezeichnet und deßhalb ebenfalls in die Untersuchung verwickelt, nahm aber Vorsichtshalber sofort Braun zum Vertheidiger. Während nun die Untersuchung noch schwebte, erschien beim betreffenden Untersuchungsrichter ein Mann, denn ich C. nennen will und es entspann sich zwischen ihm und dem Richter folgendes Gespräch:

C.: Es ist doch höchst unangenehm für G. in diese Untersuchung verwickelt zu sein.

Der Richter: Ganz gewiß höchst unangenehm.

C.: Ich glaube, G. würde sich viel Geld kosten lassen, wenn er außer Verfolgung gesetzt würde.

Der Richter: Ich glaube das auch.

C.: Sie verstehen mich nicht. Ich glaube G. würde sich z. B. mit Vergnügen dazu verstehen, einen Ihrer Söhne auf seine Kosten studiren zu lassen, wenn die Untersuchung eine günstige Wendung für ihn nähme.

Der Richter. Jetzt habe ich Sie verstanden, aber jetzt entfernen Sie sich auch augenblicklich aus meinem Hause. Sie gemeiner Mensch! Sie! der Sie mir solche Anträge zu machen wagen."

Ich bemerke, daß der Untersuchungsrichter für den Unterhalt seiner Familie und die Erziehung seiner Kinder lediglich auf seine Besoldung angewiesen ist. Zugleich gehört er nicht zu den Oraniern, sondern ist conservativ und großdeutsch gesinnt.

Soviel über Braun, Braun's volksfreundliche Advocatenpraxis und seine Virtuosität in Erwirkung von Freisprechungen im Criminal= und in der Gewinnung von fetten Prozessen im Civilverfahren.

Ich frage nun, gibt es heut zu Tage in Deutschland einen
Souverain, der das zu bewirken im Stande wäre, was Braun
vermochte? Und gibt es ferner einen deutschen Staat, in
welchem ein Advocat Jahre lang das verüben könnte, was
Braun verübte, ohne gestraft zu werden?

Ich erwarte, daß Braun das vorstehende Capitel wie
überhaupt das ganze Buch nicht stillschweigend hinnehmen,
sondern sehr klagend gegen mich auftreten wird. Ebendeßhalb
habe ich mir noch einige pikante Fälle aufgespart. Ich habe
noch verschiedene Personen zur Verfügung, welche als Entlastungszeugen ebenso vortreffliche Dienste leisten werden, als
seiner Zeit Stähler aus Oberzeuzheim, Matti aus Hadamar,
Großmann aus Hochheim und Kölsch aus Wiesbaden. Bemerken will ich nur noch, daß Braun am Beginn seiner Laufbahn der ärmste aller Accessisten war und jetzt auf 3 bis
400,000 fl. geschätzt wird, so wie auch sein Schreiber Heumann, der Sohn eines ganz mittellosen Zöllners, sich auf
Brauns Bureau bereits ein Vermögen von circa 36,000 fl.
er—spart hat.

Endlich sei noch Folgendes angeführt. Als ich meine Ent-
hüllungen über Braun veröffentlichte und nicht blos die Ein-
heimischen, sondern auch die Fremden mit Staunen erfüllte,
fragte der in Wiesbaden anwesende Graf v. Kervily den
Procurator Siebert, einen sonst ganz hartgesottenen Fortschrittsadvocaten: „Mr. Abt aura-t-il des preuves?" Herr
Siebert erwiderte seufzend; „Il peut en avoir!" (zu deutsch:
„Hat Herr Abt wohl Beweise?" „Ja, er kann solche haben.")
Also selbst ein Bundesgenosse Brauns und Mitadvocat kannte
Braun's Praxis so gut, daß er die Möglichkeit zugab, ich
könne die über Braun behaupteten horriblen Thatsachen be-
weisen.

Ich werde nun sogleich wieder zur nassauischen Justiz zurückkehren, vorher aber noch eine andere Geschichte erzählen.

VIII. Capitel.

Fünf und Siebenzigtausend Gulden auf einen Schlag.

Dulce est pro patria mori.

Aus der Darstellung meiner Preßkämpfe und der Geschichte meiner Verurtheilungen leuchtet hauptsächlich die durchsichtige Fadenscheinigkeit der Fiction: Presse und Preßfreiheit hervor.

Wir werden jetzt einer andern Fiction begegnen, einer Fiction, die nicht minder fadenscheinig, illusionär und eine Täuschung ist, als die „freie Presse" und die „Preßfreiheit".

Großen Nachdruck legten die Abvocaten fortwährend auf die „Stände" des Landes, auf die „2. Kammer", auf die „Volksvertretung" und geberdeten sich stets, als ob diese „Stände", diese „2. Kammer", diese „Volksvertretung" ein Wesen wäre, ausgerüstet mit einem so hohen Grade von Einsicht und Weisheit, daß seinen Aussprüchen, namentlich der Regierung gegenüber, eine ebenso große Autorität zukomme, als den „Urtheilen" der Gerechtigkeitsgötter. Sehen wir nun, was diese „Stände", diese „Kammer", diese „Volksvertretung", von aller Fiction entkleidet, in Wirklichkeit waren.

Die nassauische „zweite Kammer" zählt 24 Mitglieder. Von diesen 24 Mitgliedern gehörten im Jahr 1863 die Hälfte dem Fortschrittsbürger- und Bauernstande an, während der Rest aus einigen Abvocaten, Beamten und Pfarrern bestand. Die Majorität bildete somit das soeben genannte Fortschrittselement. Bezüglich der Culturstufe der Leute, aus welchen dieses Element zusammengesetzt ist, will ich nur einige Thatsachen hervorheben. Der „Vicepräsident" Knapp, ein Branntweinbrenner aus Dauborn, sprach auf dem vorletzten Landtag fortwährend von der diesjährigen Landtags-„Saison". Das liberale und fortschrittliche Mitglied Eigner, ein vom „leinenen Kittel" auf gedienter Bauer, spricht beharrlich das

Wort Chaussee nicht Schossee, sondern wie es geschrieben
wird, Kaussee aus. Es ist sogar eine Thatsache, daß der
Fortschritts-Eigner sich letzten Sommer mit einem andern
Landtagsabgeordneten deßhalb entzweite, weil dieser behauptete,
man sage nicht Kaussee, sondern Schossee, und diese Behauptung
von Eigner als eine unerhörte Anmaßung und Rechthaberei
bezeichnet wurde, denn überall, sagte er, stehe geschrieben
Kaussee aber nie Schossee!

Ein anderes liberales Mitglied dieser 2. Kammer, Namens
Kling, berichtete letzten Sommer über die Wahl in Rüdesheim und St. Goarshausen, indem es einen von dem Advocaten Braun verfaßten Bericht ab- und dabei wiederholt statt
Vorführungsbefehl: Verführungsbefehl las.

In Hochheim hatten sie das letztemal einen Wirth Namens Stilger gewählt. Dieser Weinwirth Stilger hatte ungefähr 20 Jahre lang bei einem Pfarrer als Knecht gedient
und war vor einigen Jahren zu einer mehrwöchentlichen Gefängnißstrafe verurtheilt worden, weil er einem an einer
Landstraße aufgepflanzten Kruzifix mit Steinen die Zehen und
die Nase wegbombardirt hatte.

Eines Tags trat, um wegen eines auf dieses Kruzifix-
Bombardement sich beziehenden Artikels zu reclamiren, eine
Gestalt bei mir ein, untersetzter Statur, sommersprossige Hände
und deßgleichen Antlitz, rothe Haare und Augbrauen, hell-
grünen Rock am Körper, schwarzen Schlapphut auf dem
Haupte und eine so verschmitzte, abgefeimte Physiognomie mit
sich führend, daß ich ihn Anfangs für einen Schweinehändler
hielt. Es war der später zum Volksvertreter gewählte
Kruzifix-Bombardeur Stilger.

Vorigen Sommer saß in der Kammer ein Volksvertreter,
der geradezu aussah wie jener von einem Karpfen mit einer
Katze gezeugte Bastard, den Barnum einst in Newyork öffentlich vorzeigte oder wenigstens vorzeigen wollte.

So beschaffen sind die Leute in der Nähe, von Ferne und
in den Fortschrittszeitungen erscheinen sie als der „Vicepräs-
sident" Knapp, der in der heutigen Sitzung präsidirte, als
das liberale Landtagsmitglied Eigner, oder Kling oder Stilger,
das diesen oder jenen Antrag in der „Kammer" gestellt hat,
in ihrer Gesammtheit als die „2. nassauische Kammer" oder
als die „liberale Kammermajorität".

Von dieser ganzen Majorität ist, die Abvocaten ausge=
nommen, nicht ein Mann im Stande, nur zwei Sätze richtiges
Deutsch zu sprechen, geschweige zu schreiben. Sie sind deß=
halb in ihrer jämmerlichen Hülflosigkeit den Advocaten voll=
ständig leibeigen. Diese müssen die Anträge verfassen, die
jene halten, diese müssen die Vota einrichtern, die jene ab=
geben, diese müssen den Inhalt herbeischaffen, womit jene
Gefäße erfüllt werden. Von diesen Fortschrittsbauern wird
aber auch nicht ein Satz in der Kammer gesprochen, der nicht
vorher von einem der Advocaten concipirt und dem Redner
zum Auswendiglernen eingehändigt worden wäre. Ich nehme
deßhalb gar keinen Anstand, die Verhandlungen einer solchen
Kammer für eine jämmerliche Farce zu erklären, für eine
Komödie, welche von einigen Advocaten mittelst einer Anzahl
von Statisten aufgeführt wird. Ganz dasselbe Resultat würde
erreicht, wenn Braun und Lang allein das nassauische Volk
in der Kammer verträten, denn was so ein Fortschritts=Bauer=
Brenner=Wirth oder =Posthalter sprechen oder abstimmen mag,
es ist alles nachgesprochen, was die Advocaten vorgesprochen und
vorgeschrieben haben. Daher die Erscheinung, daß diese
Bauern=Brenner=Wirths= und Posthaltermajorität gefügig ist
wie ein Lamm, nicht zu mucksen wagt und Allem zustimmt,
wenn zufällig die Souffleure in der Kammer oder in den
Ausschußsitzungen nicht anwesend sind, um nachher widerborstig
zu werden wie die Igel und die Zustimmungen zurückzu=
nehmen, wenn die Faiseurs zurückgekehrt sind und das Leit=
seil wieder in die Hand genommen haben.

Ich will nun eines der interessantesten Facta aus diesem
parlamentarischen Leben mittheilen; es ereignete sich · im
Sommer 1863.

Die Regierung hatte der „Kammer" einen Gesetzesentwurf
vorgelegt, welcher die Zustimmung zur Convertirung verschie=
dener nassauischer zu 5 % verzinslicher Staatsschulden im
Betrag von 5,800,000 fl. in ein Lotterieanlehen bezweckte,
welches einem Consortium Frankfurter Banquiers übertragen
werden sollte. Kam das Gesetz zu Stande, so wurde dem
Staate nicht nur jährlich 13,000 fl. an Zinsen erspart, son=
dern zugleich die Tilgung des Anlehens durch allmählige
Amortisation ermöglicht. Dieses Gesetz fiel in der zweiten

„Kanuner" und unter welchen Umständen, ist aus nachfolgen=
dem Artikel der „N. Wiesb. Ztg." zu ersehen, welchen ich
über die Angelegenheit veröffentlichte:

Unabhängige Männer.

* Wiesbaden, 12. August.

Wählt unabhängige Männer! So lautet eine jener Phrasen, wo=
mit auf Volks= und andern Versammlungen das Publicum für die
Wahlen instruirt wird. Wer Logik studirt hat und wer namentlich
in die Natur der menschlichen Begriffe eingedrungen ist, weiß, daß
diese Parole eine nichtssagende Phrase ist, die eben deßhalb gar keine
Richtschnur enthält und eben deßhalb nichts anderes bezeichnet, als
den Willen; den Willen, den Wunsch irgend Jemandes, irgend einer
Partei oder Gesellschaft, daß a n g e n e h m e, g e f ä l l i g e Männer ge=
wählt werden sollen, Männer, die so stimmen, wie man es will und
wünscht. Wir haben schon häufig darauf aufmerksam gemacht und es
ist ein logisches Gesetz, daß alle Ausdrücke, welche ohne einen bestimm=
ten Inhalt zu besitzen, als Richtschnur zum Handeln aufgestellt wer=
den, nichts anderes ausdrücken als die Willkühr und nichts anderes
hervorbringen als die Willkühr. Der Ausdruck V o l k z. B., diese
hohlste, leerste und abgeschmackteste aller Phrasen, sobald ihm eine
bestimmte Bedeutung beigelegt und er als Grund benutzt wird, wel=
cher maßgebend sein soll, er bezeichnet nichts anderes als die Willkühr,
er führt zu nichts anderem als zur Willkühr einer Partei, weil das
Volk als ein mit Willen ausgerüstetes Wesen gar nicht existirt, son=
dern alle Einzelnen und alle Parteien, alle Stände und Berufsklassen,
welche innerhalb eines Staates sich vorfinden, in sich enthält. Was
das Volk will, ist also nichts anders, als was diese Einzelnen, dieser
Theil vom Ganzen, diese Parteien, dieser Stand, diese Classe, diese
Gesellschaft, dieser Haufe wollen. Zu sagen etwas soll sein, weil es
das Volk will, ist deßhalb ein absurder, ein unsinniger Satz, weil er
auf einer Unwahrheit, weil er auf einem Begriffe beruht, dem eine
Bedeutung beigelegt wird, die er nicht hat und nicht haben kann.

So verhält es sich mit dem famosen Wort: U n a b h ä n g i g. Wählt
unabhängige Männer! dieser Rath, diese Aufforderung wäre ver=
nünftig, wäre berechtigt, wenn man genau sagen könnte, was ein un=
abhängiger Mann ist, wenn es überhaupt unabhängige, von keiner
Rücksicht abhängige Männer gäbe und geben könnte, wenn der Be=
griff: Unabhängig nicht ein unklarer wäre, dessen Wahrheit im Um=
wenden nach Hegels Ausdruck „schaal" würde, wie die Ausdrücke
Vorn oder Hinten, die ihre Bedeutung wechseln, je nachdem man
dem Gegenstand den Rücken zukehrt oder die Vorderseite. Jetzt ist
das Haus vorn, weil ich es im Gesicht habe, wende ich mich aber
um, so ist das Haus hinten und die Wahrheit ist schaal geworden.
Unabhängig ist dieser Mann, wenn ich ihn in Betracht ziehe, daß er nicht
im Staatsdienst sich befindet und daß er keinen Vorgesetzten hat, ziehe
ich aber in Betracht, daß er vom Vorschußvereine Geld braucht und
daß die Ausfolgung des Darlehns vom Advocaten abhängt, der im

Directórium des Vorschußvereins sitzt, so ist der Mann nicht mehr unabhängig, sondern die Wahrheit ist schaal geworden. Der Ausdruck unabhängig gehört somit zu den Begriffen mit wechselndem und un= bestimmtem Inhalte und kann eben deßhalb für die Wahlen nicht als Richtschnur gebraucht werden. Für den, der Logik studirt hat, ist dies eine Wahrheit: „a priori", d. h. die sich von selbst ergibt, „a poste= riori", d. h. erfahrungsmäßig ist sie aber auch in der letzten Kam= mersitzung auf überzeugende Weise an den Tag gebracht worden.

Es handelte sich um die Verwandlung verschiedener Staatsschulden im Betrag von 5,800,000 fl. in ein Lotterie=Anlehen und damit um eine Finanzoperation, welche dem Staate ein Zinsersparniß von 13,000 fl. per Jahr im Durchschnitt und zugleich die Tilgung der Schuld durch allmählige Amortisirung ermöglicht hätte. Sämmtliche Mitglieder der zweiten Kammer, die nicht zur Leibgarde der Fort= schrittsadvocaten gehören, waren deßhalb für den Plan, es waren dafür namentlich auch Herr Hammerschlag und unser werther geist= licher Herr, der Vice=Präsident Koch von Klingelbach, zwei Herren, welche sonst mit jener Garde marschirten. Bei der ersten Abstimmung erklärte sich deßhalb auch Hammerschlag für den Plan und Herr Koch erklärte sich nicht blos dafür, sondern arbeitete auch aus Leibeskräften, arbeitete mit dem vollen Gewicht seiner umfangreichen Persönlichkeit darauf hin, daß das Lotterie=Anlehen im Submissionsweg an Ban= kers vergeben werde. Nun begab es sich aber, daß die Advocaten gegen das Gesetz sich erklärten und zwar aus Gründen, die weiter unten berührt werden. Und siehe da! sie zogen hinaus auf die Mühle der Dieten und ließen sich dort nicht blos durch die Leiber ihrer Ge= treuen decken, sondern nahmen auch ihren Kammergardisten das Ge= löbde ab, gegen das Convertirungsgesetz zu stimmen, wenn es noch= mals zur Berathung in die Kammer gebracht werde.

Und als dieß letzten Samstag geschah und die Regierung erklärte, daß sie, entgegen ihrer früheren Ansicht, auf den Wunsch, das Anlehen im Submissionswege zu vergeben, eingehe, da begab sich das Uner= hörte, daß Herr Hammerschlag sich vor der Abstimmung entfernte und Herr Pfarrer Koch, der sich vorher alle Mühe gegeben hatte, das Gesetz zu Stande zu bringen, gegen dasselbe ein Nein in die Urne warf. Und hierüber zur Rede gestellt, entschuldigte sich Hr. Hammer= schlag damit, daß man ihm die Pistole auf die Brust gesetzt, d. h. daß man ihn von Seiten der Advocaten genöthigt habe, vor der Ab= stimmung sich zu entfernen, und Hr. Pfarrer Koch gestand zu, schon auf der Dietenmühle nach dem Schmäuschen mit Handschlag verspro= chen zu haben, gegen das Gesetz zu stimmen und gestand ferner zu, noch in der Sitzung haben die Advocaten ihm erklärt, wenn er bin= nen einer Viertelstunde nicht sein Wort gebe, gegen das Gesetz zu stimmen, so würden sie die Sitzung verlassen.

Das, Volk! sind deine unabhängigen Männer, das Volk! sind deine Fortschrittsadvocaten —.

Aber warum waren denn die Advocaten gegen das Gesetz so er= picht? Es scheint damit einen eigenen Haken gehabt zu haben. We=

kanntlich melbeten sich zur Uebernahme bes Anlehens zwei Finanzbynastien, bie Dynastie Rothschild unb bie Dynastie Erlanger. Wie
jebe Dynastie, so haben auch bie Finanzbynastien Anhänger unb zwar,
wie es scheint schlug sich unser hochverehrter Präsident Braun auf bie
Seite ber Dynastie Erlanger, während unser feingebilbter Procurator
Lang unb unser ehrwürbiger Procurator Rath für bie Dynastie
Rothschild sich interessirten.

Im Fortschrittslager selbst brach beßhalb Zwiespalt aus, es ent-
stanb Zerwürfniß zwischen ben sonst verbunbenen Häusern Braun,
Lang unb Rath unb ber erstere verreiste aus irgenb welchen Grünben
acht Tage vor ber Sitzung unb überließ bas Felb ben Partisanen
ber Dynastie Rothschild.

Unb also wurbe bas Lotterieanlehen verworfen, nachbem wieberum
unsere Fortschrittsabvocaten barin gerührt hatten! Wählt keine unabhängigen Männer in bie Kammer, wählt, wen Ihr wollt, wählt Alles,
nur keine Fortschrittsabvocaten!

Als ich biesen Artikel schrieb, kannte ich nur bie Thatsache, baß bie Abvocaten unerhörte, ganz außerorbentliche unb
unverhältnißmäßige Anstrengungen gemacht hatten, um bas
Gesetz zu Falle zu bringen, baß sie ihren Collegen Braun,
ber Grünbe hatte, bafür zu stimmen, in bie Schweiz sich zu
entfernen gezwungen, baß sie bie ganze Fortschrittsma-
jorität auf einem eigens bazu veranstalteten „Bankett auf ber
Dietenmühle" Mann für Mann, förmlich burch Hanbschlag
unb Ehrenwort zur Verwerfung bes Gesetzes gezwungen, baß
sie sogar ben Pfarrer Koch, ber bis zu jenem Bankett als
Berichterstatter Alles aufgeboten hatte, um bie submissionsweise Begebung bes Anlehens von ber Regierung zu erlangen,
zur Verwerfung bes submissionsweise zu vergebenben Anlehens,
also zur Verwerfung seines eigenen Antrags genöthigt, baß
sie enblich ben Abgeorbneten Hammerschlag, ber erklärte, es
gehe gegen sein Gewissen, gegen bas Gesetz zu stimmen, burch
bie Drohung gezwungen hatten, sie würben, wenn er nicht
Nein sage, in corpore mit ber Majorität ben Saal verlassen, Alles bies wußte ich, kannte aber bie eigentlichen Motive bieser obstinaten Hartnäckigkeit noch nicht, obwohl ich
eine Abvocatenintrigue ahnte. Später wurbe mir nun aus
zuverlässiger Quelle mitgetheilt, ein Frankfurter Banquier,
bessen Interessen bas Lotterieanlehen sehr burchkreuzt hätte,
habe es sich große Summen kosten lassen, um basselbe in
ber Kammer zum Durchfall zu bringen, ich machte also zuerst

eine kleine Anspielung in Nr. 236 der „N. Wiesb. Ztg." vom 8. Oct. Sie lautete:

* Wiesbaden, 7. Oct. Aus ganz zuverlässiger Quelle erfahren wir, daß ein bekanntes Bankhaus nicht 25,000, wie wir schon früher hörten, sondern 75,000 fl. aufgewendet habe, um die von der Herzogl. Regierung vorgeschlagene Convertirung der Staatsschulden, welche dem Lande 13,000 fl. jährlich an Zinsen erspart hätte, zu hintertreiben.

Als die Advocaten sich, wie gewöhnlich, wenn sie ein böses Gewissen hatten, ganz ruhig verhielten, schrieb ich:

„Wiesbaden, 10. Oct. In einem ganz unscheinbaren und nicht langen Artikel behauptet der „Rh. Kurier", man soll jetzt „bei der Finanzbehörde mit dem Plan eines sich auf einen weit größeren Theil der (Staats) Schuld erstreckenden Convertirungsprojects beschäftigt sein". Bekanntlich wurde das Project, das dem Lande 13,000 fl. Zinsen jährlich erspart hätte, vom Fortschritt in der Kammer verworfen. (75,000 fl. L. N. H. — B.)

Als die Advocaten auch diesen Stich mit dem tiefsten Stillschweigen beantworteten, ließ ich folgende Correspondenz abdrucken:

Aus dem Amte Rennerod, 26. Oct. Bezüglich der bereits besprochenen Fortschritts-Versammlung zu Emmerichenhain sende ich Ihnen nachträglich noch einige Ergänzungen:

Wie es sich von selbst verstand, ließ Herr Menk unverzüglich den Hrn. Procurator Raßt vorrücken, der in bekannter Weise die Verschwendung der Regierung beklagte und von der nothwendigen Unabhängigkeit des Abgeordneten sprach, dagegen aber wohlweislich von den Intriguen schwieg, welche angewendet worden sind, um das Gesetz über Convertirung von Schulden bei Rothschild in Anlehensloose in der Kammer durchfallen zu lassen, wodurch der Staatskasse ein jährlicher Profit von 13,000 fl. während 60 Jahren entgangen ist, auch offenbar vergaß er den bereits in diesen Blättern erwähnten Act der Unabhängigkeit, welcher den Abgeordneten Koch, einen Gesinnungsgenossen der Advocaten, veranlaßt hat, gegen das bezeichnete Gesetz zu stimmen. Doch mit einer solchen Vergeßlichkeit war den schlichten Männern, die in ihrer Mehrzahl gekommen waren, um erforderlichen Falles ernstlich mit den Democraten zu sprechen, nicht gedient; einer derselben erhob sich und fragte nach Auskunft, warum die Advocaten gegen das Convertirungsgesetz und somit gegen die Ersparung gestimmt hätten. Nachdem durch das bekannte rohe Lachen gewisse Menschen diesen Gegenstand vergeblich niederzudämpfen versucht hatten, begrüßte Herr Raßt die Anregung dieser Sache und zog nun in der von ihm schon so oft gehörten Weise gegen das Herzogl. Staatsministerium los; doch auch dies wollten die meisten Anwesenden so wenig hören, daß der vorhin erwähnte Sprecher sich wieder erhob und um Auskunft darüber hat, wie es sich mit der verbreiteten Nachricht verhalte, daß, um das Convertirungsgesetz zu hintertreiben, bei gewissen Advocaten 75,000 fl. angewendet worden seien.

Herr Raht, am ganzen Körper zitternd, schlug sich mit der Versicherung auf die Brust, daß Er nichts von dem Gelde bekommen habe und fügte hinzu, wenn der Fragende ihn damit meinte, so würde er sofort hinter Schloß und Riegel gesetzt werden. (Wir glauben, daß Hr. Raht sich sehr irrt, wenn er auch den Criminalsenat des Herzogl. Hofgerichts zu Dillenburg zu den Fortschreitern rechnet. Wir sahen Hrn. Raht unzweideutig an, daß er nicht mächtig genug war, seine Gefühle über die auf der Versammlung erlittene Niederlage ganz zu unterdrücken.)

Dieß zündete. Die Sache war jetzt nicht länger mehr zu vertuschen und nachdem sie 4 Wochen lang vergeblich sich hatten anbohren lassen, brachte der „Rh. Kurier" endlich folgenden Artikel, der zugleich als Beispiel des guten Tones dienen kann, zu dessen Vertreter jenes Blatt der „Neuen Wiesbad. Ztg." gegenüber so oft sich aufgeworfen:

„Großdeutsche Verläumdungen.

* Wiesbaden, 30. October.

Mit welcher Niederträchtigkeit die bekannte Schwefelbande von Lügnern, Ueberläufern, Verläumbern und Denuncianten in dem großdeutschen Organ ihr Unwesen weiter treibt, davon gibt insbesondere die heutige Nummer des Organs eine Probe. Auch da wird wieder versteckt, jedoch deutlich genug, daß es Jedermann verstehen kann, die niederträchtige Verläumdung wiederholt, die Fortschrittsprocuratoren im Landtag oder einige derselben hätten 75,000 fl. von dem Hause Rothschild erhalten, für Hintertreibung des Convertirungsgesetzes.

Abgesehen von der Albernheit, die sich kund gibt in der Lüge, Rothschild habe 75,000 fl. geopfert, um nach der eigenen großdeutschen Angabe für ein Jahr 13,000 fl. [1]) zu gewinnen und dann von Neuem dieselbe angebliche Gefahr zu laufen, gibt auch das officielle stenographische Protokoll so vollständige und klare Auskunft über den ganzen Sachverhalt und die Gründe der Verwerfung des Gesetzes, daß die ganze Schamlosigkeit der bekannten Gesellschaft dazu gehört, eine Lüge und Verläumdung zu wiederholen, bezüglich deren man aus feiger Furcht vor der Justiz sich durch allerlei Verstecke zu sichern sucht.

Seit Jahren ist kein Gesetzentwurf von der Regierung mit größerem Eifer, mit mehr Aufwand von zulässigen und selbst bedenklichen Mitteln (davon nächstens) vertheidigt und empfohlen worden, als der Convertirungs-Gesetzentwurf. Schon diese Art und Weise der Vertheidigung hat bei vielen Mitgliedern Befremden und Bedenken erregt, da Niemand sich denken konnte und die bisherige Erfahrung auch nicht gezeigt hat, daß dem Ministerium das Geldinteresse der Landessteuerkasse schwerer

---

1) Nicht für ein Jahr, sondern viele, viele Jahre lang jährlich 13,000 fl.

wiege, als dem Landtage, den Steuerzahlenden und deren Vertretern! Es waren nicht die „Fortschrittsprocuratoren", sondern es waren, nachdem das ganze Finanzcollegium, das doch auch wohl nicht bestochen ist und auch nicht verschwendet, schon vorher den ganzen Gesetzentwurf heftig bekämpft hatte, die Herren König und Knapp, die als Ausschußmitglieder in zweiter Kammer zuerst dem Gesetzentwurf energisch entgegentraten und zwar mit so guten Gründen, daß selbst die erste Kammer, von ihrem ersten lediglich zustimmenden Beschlusse abgehend, sich der zweiten Kammer anschloß. Man wollte nicht unbedingt die Convertirung verwerfen, aber man wollte sie auch nicht der Willkühr des Ministeriums überlassen, sondern man wollte zum allerwenigsten Vergebung im Submissionswege. Nach langem Zögern und Fehlschlagen der letzten Mittel erklärte endlich das Ministerium, um nur den Gesetzentwurf um jeden Preis zu retten, sich mit diesem Vorschlag einverstanden. Aber gleichzeitig ergaben sich deutliche Anzeigen dafür, daß mit einem Consortium von Banquiers, dessen Agenten damals in Wießbaden auf dem Ministerium ab- und zugingen und einzelne Kammermitglieder Tag und Nacht umschwärmten und ihnen erwiesener Maßen ansehnliche Geldvortheile wenigstens anboten (weiter wissen wir allerdings Nichts!), der Convertirungsvertrag bereits abgeschlossen und daher eine aufrichtige Submissionsweise zum wenigsten höchst unwahrscheinlich sei. Ja! bei weiterer Nachforschung mußte das Ministerium, welches Anfangs auch die Vorlage der Akten verweigert hatte, auf das Aeußerste gedrängt, selber zugestehen, daß sowohl das Bankhaus Rothschild, als das Bankhaus Philipp Nicolaus Schmidt von der Concurrenz mit dem Consortium durch das Ministerium selbst geradezu ausgeschlossen worden sei!! Dies war aber denn doch auch den Ruhigsten zu arg! Man glaubte nicht an eine aufrichtige submissionsweise Vergebung und war voll Mißtrauen in der ganzen Sache; und so fiel denn der Gesetzentwurf und mußte fallen zum Heile des Landes. Ueber diese Vorgänge geben die gedruckten Protokolle der zweiten Kammer (Seite 266, 268—316 und S. 331 und erster Kammer S. 253, 270, 277, 283, 295) so ausgiebige klare Auskunft, daß wohl kaum irgend Jemand, der unbefangen und ehrlich ist, den Kammerbeschluß mißbilligen wird. Wir verweisen auf die angezogenen Stellen und bitten das ganze nassauische Publikum bringendst, dieselben nachzulesen. Sie sind in vielfacher Beziehung von dem größten Interesse, mehr als irgend ein anderer Theil der Kammerverhandlungen, und sie charakterisiren den Geist und das Verfahren der Regierung und der ihr anhängenden s. g. Großdeutschen so bestimmt, daß es namentlich den Wählern nicht genug empfohlen werden kann, sich dort zu informiren über das, was man auf großdeutsch aufrichtig und ehrlich nennt und wie man dort die Landesinteressen versteht. Wir wollen nicht Gleiches mit Gleichem vergelten, sondern wollen es dem unbefangenen Leser überlassen, zu beurtheilen, ob und nach welcher Seite hin Bestechung stattgefunden haben kann oder hat. Der Leser wird aber staunen über die Schamlosigkeit, mit der gerade von der Seite Bubenstücke ersonnen und verübt werden, die am meisten Ursache hätte, insbesondere

über diesen Punkt zu schweigen. Nochmals: Pfui über die nichtswür-
digen, feigen Buben!"

Ich erwiderte:

Großdeutsche Wölfe und fortschrittliche Schaafe.

* Wiesbaden, 3. November.

„Mit welcher Niederträchtigkeit die bekannte Schwefelbande von Lügnern, Ueberläufern, Verläumdern und Denuncianten in dem großdeutschen
Organ ihr Unwesen weiter treibt, davon gibt insbesondere wieder die
heutige Nummer des Organs eine Probe. Auch da wird wieder versteckt, jedoch deutlich genug, daß Jedermann es verstehen kann, die niederträchtige Verläumbung wiederholt, die „Fortschrittsprocuratoren" in
dem Landtag oder einige derselben hätten 75,000 fl. (!) von dem Hause
Rothschild erhalten für Hintertreibung des Conventirungsgesetzes".

Mit diesem Satze läßt sich der „Rheinische Kurier", bekanntlich der
Vertreter des „guten" und der abgesagte Feind des „üblen Tons" in
der Presse, endlich herbei, über eine Angelegenheit sich zu äußern, welche
er längst hätte zur Sprache bringen sollen.

Warum der „Rhein. Kurier" ebenso zornig als gut tönend eine ganze
„Schwefelbande von Lügnern, Ueberläufern, Verläumdern und Denuncianten" aufmarschiren läßt, wenn es sich um die Wiberlegung oder
Aufklärung eines Gerüchts handelt, das wäre unerklärlich, wenn man
nicht annehmen würde, ein durch das Gerücht getroffener, durch die
Veröffentlichung des Gerüchts erboßter und schuldbewußter Procurator
habe den betreffenden Artikel verfaßt.

Solche Dinge könnte man recht gut in aller Ruhe besprechen, ohne
sofort mit einem Heere von Schimpfworten auszurücken, in welchen sich
ja doch nichts anders ausspricht, als der Ingrimm ihres Urhebers. Aber
der „Rhein. Kurier" speculirt, wie wir schon öfter bemerkten, hauptsächlich auf die Dummheit des Publikums, oder vielmehr auf das dumme
Publikum, und Schimpfreben machen bekanntlich auf dumme Leute
immer einen Eindruck.

Doch zur Sache. Der „Rhein. Kurier" behauptet, wir hätten die
„niederträchtige Verläumbung" wiederholt, daß Fortschrittsprocuratoren
vom Hause Rothschild 75,000 fl. erhalten haben für Hintertreibung des
Convertirungsgesetzes. Dieß ist jedoch nicht wahr und nicht mehr und
nicht minder als eine gewöhnliche „Kurier"lüge. Mit keinem Worte haben
wir des Bankhauses Rothschild erwähnt, mit keinem Worte behauptet,
die Fortschrittsprocuratoren haben 75,000 fl. erhalten, um die Convertirung des Anlehens zu hintertreiben. Sondern wir haben behauptet,
ein Frankfurter Bankhaus habe 75,000 Gulden aufgewendet, um besagte
Convertirung zu hintertreiben, und dieß haben wir behauptet, weil es
in Frankfurt von Jedermann, weil es z. B. vom Bankier R. C. Jedem
gegenüber, der es hören will, ebenfalls behauptet wird, Frankfurter Bankhäuser aber sind über solche Dinge gewöhnlich gut unterrichtet. Natürlich vermögen wir nicht mit Bestimmtheit anzugeben, in welcher Weise
die 75,000 fl. verwendet wurden, haben jedoch unsere Vermuthungen in
dieser Beziehung.

Ferner haben wir nicht behauptet, Fortschrittsprocuratoren haben jene 75,000 fl. erhalten, sondern wir haben eine Correspondenz aus Rennerod abgedruckt, in welcher von einer Fortschrittsversammlung und bezüglich der 75,000 fl. Das berichtet wurde, daß einer der Theilnehmer an jener Versammlung eine Auskunft über die Geschichte der Verwerfung des Convertirungsgesetzes verlangt und dadurch den anwesenden Procurator Raht veranlaßt habe, auf die Brust zu schlagen und zu erklären, er für seinen Theil habe nichts von jenen 75,000 fl. erhalten.

Wir haben endlich behauptet, während des Festessens auf der Dietenmühle seien die anwesenden Mitglieder der sog. Fortschrittspartei, soweit sie Kammermitglieder waren, mit Wort und Handschlag förmlich und feierlich verpflichtet worden, gegen die Convertirung des Anlehens zu stimmen. Es sei sogar während der betreffenden Kammersitzung ein Fortschrittsabgeordneter, der erklärt habe, er könne es nicht über sein Gewissen bringen, gegen das Gesetz zu stimmen, förmlich gezwungen worden, vor der Abstimmung sich zu entfernen, es sei ferner ein anderer Fortschrittsabgeordneter dermaßen bearbeitet worden, daß er gegen das Gesetz und die Vergebung der Convertirung im Submissionswege stimmte, obgleich er selbst sich lange Zeit die größte Mühe gegeben hatte, die Submissionsvergebung in der Kammer durchzusetzen.

Behauptet haben wir also Thatsachen, und zwar 1) die Thatsache, daß ein Frankfurter Bankhaus 75 Tausend Gulden aufgewendet habe, um die Convertirung des Anlehens zu hintertreiben; 2) daß Procurator Raht öffentlich erklärte, er habe von diesen 75,000 fl. nichts erhalten; 3) daß die größten Anstrengungen gemacht, daß einzelne Abgeordnete förmlich terrorisirt wurden, um das Convertirungsgesetz durchfallen zu lassen; 4) daß das Gesetz wirklich fiel, weil die sog. Fortschrittspartei dagegen stimmte, obgleich dem Lande jährlich 13,000 fl. erspart worden wären, wenn es angenommen wurde.

Diese Thatsachen haben wir behauptet, und gegen diese Thatsachen mußte der „Rh. Kurier" seine Polemik richten. Statt dessen schlug er einen anderen Weg ein, einen von den Sophisten schon seit Jahrtausenden betretenen Weg, indem er durch künstliche Deductionen zu beweisen sucht, Etwas, was wirklich ist, könne nicht sein.

Zuerst behauptet der „Rh. Kurier", es wäre widersinnig, wenn Rothschild 75,000 fl. opfern würde, um 13,000 fl. zu gewinnen, welche ihm für das Anlehen, so lange es nicht in ein Lotterieanlehen verwandelt sei, als Zinsen bezahlt werden müssen, während jede neue Kammer das Convertirungsproject wieder aufnehmen könne.

Damit ist jedoch keineswegs bewiesen, daß 75,000 fl. nicht aufgewendet wurden. Denn nehmen wir an, Rothschild sei der Spender der 75,000 fl. gewesen, konnte er nicht andere Motive für die Hintertreibung des Convertirungsprojectes haben, konnten ihn nicht Börsenverhältnisse bestimmen, um neues Preis ein neues Lotterieanlehen vom Markte fern zu halten und sich das nassauische Anlehen nicht durch andere Unternehmer aus der Hand winden zu lassen?

Ferner sagt der „Rh. Kurier", das Ministerium habe mit solchem Eifer den Convertirungsgesetzentwurf empfohlen, daß derselbe Befremden

19

und Bedenken erregte. Die Herren König und Knapp haben den Ge=
setzentwurf mit so guten Gründen bekämpft, daß selbst die erste Kammer
sich der zweiten angeschlossen habe.

Wenn also das Ministerium Eifer für das Zustandekommen eines
Gesetzes zeigt, so muß der Fortschritt hinter diesem Eifer Verrath wit=
tern und das Gesetz verwerfen! Und wenn die Abg. König und Knapp
gute Gründe entwickeln, so braucht sie der „Rh. Kurier" gar nicht näher
zu berühren, es genügt, wenn er sagt, die Abg. König und Knapp haben
gute Gründe entwickelt! Und wenn in Folge von Mißverständnissen
und Unklarheiten einzelne Mitglieder der 1. Kammer gegen das Con=
vertirungsgesetz stimmten, so ist dieß ein Beweis, daß 75,000 fl. nicht
aufgewendet wurden, um das Gesetz zu hintertreiben!

Noch schöner lautet aber folgende Vertheidigung: Nachdem die Kam=
mer den Wunsch ausgesprochen, das Lotterieanlehen solle im Submis=
sionswege vergeben werden und nachdem das Ministerium sich endlich
selbst dazu bereit erklärt habe, sei entdeckt worden, es befinden sich Agen=
ten eines Consortiums von Banquiers in Wiesbaden, welche das Lotterie=
anlehen übernehmen wollten, zugleich habe das Ministerium selbst zuge=
standen, daß die Bankhäuser Rothschild und Nicolaus Schmidt von der
Concurrenz mit obgenanntem Consortium ausgeschlossen worden seien.
„Dies war aber denn doch auch", sagt nun der „Rh. Kurier", „dem
Ruhigsten zu arg."

Es entstand Mißtrauen und auf der Dietenmühle wurde Himmel
und Hölle in Bewegung gesetzt und einzelne Abgeordnete wurden förm=
lich terrorisirt und das Gesetz fiel.

Das Gesetz fiel also, weil das Gerücht sich verbreitet hatte, das Mi=
nisterium habe bereits mit einem Consortium von Banquiers abge=
schlossen, das Gesetz fiel auf ein Gerücht hin, und ehe man sich über=
zeugt hatte, ob jenes Consortium von Banquiers günstige oder ungünstige
Bedingungen gestellt hatte, das Gesetz fiel, weil Rothschild und N. Schmidt
nicht als Concurrenten zugelassen wurden!

Deßhalb fiel das Gesetz, durch welches dem Lande jährlich 13,000 fl.
erspart worden wären, es fiel, weil ein Gerücht von einem Consortium
von Banquiers sprach, deren Anerbietungen der Regierung als vortheil=
haft erschienen seien, es fiel, ehe man sich über diese Anerbietungen näher
unterrichtet hatte, es fiel, weil irgend welche Personen ein hohes, ein
höheres, ein höchstes Interesse hatten, das Gesetz zu Falle zu bringen
und sich deßhalb alle erdenkliche Mühe gaben, mit Wort und Handschlag
sich die Verwerfung des Gesetzes versprechen ließen und einen wahren
Terrorismus ausübten! Warum gaben sich gewisse Leute alle erdenk=
liche Mühe, das Gesetz zu Falle zu bringen, eine Mühe, wie sie nie
vorher in Beziehung auf irgend ein anderes Gesetz aufgewendet worden
ist? Dieß ist die Hauptfrage und diese Frage hätte der „Rh. Kurier"
beantworten, dieses Dunkel hätte er aufklären sollen, anstatt zu schimpfen
und zu heulen: Abermals seien die unschuldigen Fortschrittsschaafe von
den großdeutschen Wölfen verläumdet und zerrissen worden. Dreizehn=
tausend Gulden jährlich kostet dem Land der Fall des fraglichen Gesetzes
dessen Verwerfung so auffallend eifrig, so energisch, so interessirt, so
fanatisch betrieben wurde."

Unterdessen hatte der „Rh. Kurier" noch folgenden Ar=
tikel gebracht:

Zur Convertirung.

„* Wiesbaden, 2. November. Zu den in Nummer 257 mitge=
theilten Notizen aus den Verhandlungen über den Convertirungsgesetz=
entwurf ist noch Einiges nachzutragen, wenn nicht unsere Leser vorziehen
sollten, die Protokolle darüber selbst nachzulesen. Die Kammerverhand=
lungen werden mit dem Intelligenzblatte versendet und finden sich also
auch auf jeder Bürgermeisterei vor, wo sie Jeder haben kann.

Der Convertirungsgesetzentwurf war vor seiner Einbringung in die
Kammern den Behörden zur Berichterstattung mitgetheilt worden, und
siehe da! alle Finanzbehörden des Landes, also die Behörden,
denen vorzugsweise Kenntnisse im Finanzfache zuzutrauen sind, Finanz=
colleg und Landesbank, haben sich gegen den ganzen Ge=
setzentwurf ausgesprochen; nur das Ministerium Wittgenstein
war von dessen Vortrefflichkeit überzeugt (aber noch lange nicht alle Mi=
nisterialräthe!)¹). Da aber bekanntlich in Nassau der Minister nie selbst
einen Gesetzentwurf vertheidigt, sondern dieß durch Commissarien thun
läßt, so mußte man auch diesmal sich nach einem solchen umsehen, und
was wäre natürlicher gewesen, als daß man dazu einen Beamten aus
dem Finanzfache gewählt hätte. Das geschah aber nicht und in der
Kammer wurde geradezu behauptet, es habe sich dazu Niemand bereit
gefunden, weder Herr Bertram noch Herr Flach, noch Herr Reuter,
noch Herr Wirth, noch Herr Vigelius. Man griff daher auf ein Re=
gierungsmitglied, das mit Finanzangelegenheiten früher in seinem Leben
praktisch Nichts zu schaffen hatte. — Das Ministerium verweigerte nun
zunächst die Vorlage der Akten über die Entstehung des Gesetzentwurfes
auf das allerentschiedenste, so daß in beiden Kammern die Berichte ohne
die Akten abgefaßt werden mußten, weil die Großdeutschen und die son=
stigen Regierungsstimmen sich dem Verlangen der Fortschrittspartei auf
Vorlage der Akten nicht anschlossen. Beim Beginn der Berathung
aber erklärte die Majorität der zweiten Kammer, daß sie das Gesetz
verwerfen werde, wenn nicht die Vorlage der Akten erfolgte. Das wirkte
endlich und nun kamen — Bruchstücke der Akten. Es ergab sich daraus
zunächst die abweichende Meinung der Finanzbehörden und — daß noch
Weiteres verhandelt worden sei. Den unablässigen Bemühungen der
Fortschrittspartei gelang es nach und nach, immer mehr Licht in die
Sache zu bringen, die Kammer wurde immer mißtrauischer und das
Ministerium war endlich gezwungen, weitere Aktenstücke vorzulegen, aus
denen sich dann ergab, daß nicht nur mit dem Banquierconsortium ein
Abkommen bereits getroffen sei, sondern daß auch zwei Banquierhäuser,
Rothschild und Phil. Nic. Schmidt, welche gleiche und eventuell billi=
gere Bedingungen als das „Consortium" geboten hatten, von der Con=
currenz geradezu durch das Ministerium ausgeschlossen worden waren.
Alle diese Umstände hatte man dem Landtage sorgfältig verheimlicht.

Während das Ministerium ursprünglich ohne Vorlage der Akten ein=
fach die Genehmigung des Gesetzentwurfes verlangte und ganz freie Hand

---

1) Woher mußten dies die Advocaten?

19*

in Vergebung des Anlehens, die natürlich nur an das Consortium statt=
gefunden haben würde, bestritt es die Zulässigkeit der Vergebung im
Submissionswege sehr heftig als unmöglich, schädlich und unthunlich.
Da aber die Opposition sich damit nicht abspeisen ließ, gab man so wie
die Akteneinsicht auf Andrängen auch die Submission nach, nur um den
Gesetzentwurf zu retten, und wohl in der Hoffnung, das Weitere werde
sich finden. Aber die erwähnten Vorgänge hatten die zweite Kammer
so mißtrauisch gemacht, daß man nicht für einen Gesetzentwurf stimmen
konnte, der von allen Finanzbehörden bekämpft war und für eine Sub=
mission, nachdem das Ministerium selbst zwei sehr respektable Concur=
renten, die man zum Vortheile der Landessteuerkasse hätte zulassen müssen,
zurückgewiesen hatte. Man folgerte aus diesem letzteren Umstand, daß
das Ministerium doch eine eigentliche Concurrenz nicht wolle, und daß
man doch mit dem Consortium unter den bereits vereinbarten Bedin=
gungen abschließen werde. Und wie verhielten sich die „Großdeutschen"
in dieser Sache?

Als das Ministerium die Acten vorenthielt, erklärten sie, daß man
auch ohne die Acten vorangehen müsse, und stimmten dem Gesetzentwurfe
einfach bei. Als die Acten verstümmelt vorgelegt wurden, erklärten sie
dies für genügend und die Berichte der Finanzbehörden für unmaßgeblich,
und stimmten dem Gesetzentwurf bei; sie bekämpften und verwarfen aus=
drücklich wiederholt den Submissionsantrag, selbst nachdem klargestellt
war, daß zwei Banquierhäuser von der Concurrenz zurückgewiesen waren!
Endlich aber ging das doch nicht mehr an. Ohne die Submission war
die Verwerfung des Gesetzentwurfes sicher und da ging die Regierung
auf die Submission ein, die wenige Tage vorher noch als eine Unmög=
lichkeit bezeichnet worden war. Und nun stimmten natürlich auch die
Großdeutschen für dieselbe Submission, die sie noch am Tage vorher
so verwerflich gefunden hatten!

Dies sind in kurzem Auszuge die in dem Kammerprotokolle acten=
mäßig festgestellten Thatsachen. Wir bitten unsere Leser nochmals drin=
gendst, die Protokolle nachzulesen und sich davon zu überzeugen, daß
dieselben noch weitere Aufschlüsse geben über Dinge, die wir hier gar
nicht berühren können.

Und wenn unsere Leser diese Protokolle gelesen haben, dann wollen
wir sie später fragen, ob die saubere Gesellschaft, die hinter dem Groß=
deutschen Organ steht, Ursache hat, die liberale Partei oder einzelne
Mitglieder derselben zu verlästern und zu verläumden wegen der Con=
vertirungsangelegenheit. Prüfe Jeder! Wenn Bestechung stattgefunden
haben sollte, so kann es die liberale Partei ruhig dem Publikum über=
lassen zu beurtheilen, nach welcher Seite hin die Bestechung stattgefunden
haben mag.

Ich erwiderte:

„* Wiesbaden, 4. Nov. In dem Artikel, in welchem der „Rh.
Kurier" die Hintertreibung des Convertirungsgesetzes zu beschönigen
versucht, legt er ein Hauptgewicht darauf, daß angeblich das ganze
Finanzcollegium schon vorher den ganzen Gesetzentwurf heftig bekämpft
habe. Dieß ist jedoch einfach nicht wahr. Wahr ist nur, daß vor
einem Jahr schon das Finanzcollegium oder der Director desselben

gegen das Project sich ausgesprochen hat, so lange dasselbe nicht auf sämmtliche nassauische Staatsanlehen ausgedehnt werde. Wir haben also abermals wieder einen Kurierkniff vor uns, mittelst dessen die äußerst bedenkliche Thatsache bemäntelt werden soll, daß sich Fortschrittsprocuratoren die aller erdenklichste Mühe gegeben, ein Gesetz zu Falle zu bringen, wodurch dem Staat jährlich 18,000 fl. Zinsen erspart worden wären, ein Gesetz, dessen Hintertreibung ein Frankfurter Bankhaus 75,000 fl. sich kosten ließ.

Dabei hat der „Rh. Kurier" die Frechheit, ganz unverblümt dem Herzogl. Staatsministerium vorzuwerfen, dasselbe habe sich von einem Consortium von Banquiers bestechen lassen. Der „Rh. Kurier" sagt nämlich, Agenten dieses Consortiums, die erwiesener Maßen ansehnliche Geldvortheile anboten, seien auch auf dem Ministerium ab- und zugegangen, und außerdem läßt der „Rh. Kurier" in jeder Zeile seines Artikels durchblicken, das Herzogl. Staatsministerium habe sich in ganz verdächtiger Weise benommen, das Publikum werde aber wohl zu beurtheilen wissen, ob und nach welcher Seite hin Bestechung stattgefunden habe.

Daß nun der „Rh. Kurier" den Verdacht, bestochen worden zu sein, von seinen gewiß nicht bestechlichen und gar nicht geldgierigen Patronen ab und auf das Herzogl. Staatsministerium zu wälzen sich bemüht, bildet ein würdiges Seitenstück zu den „altersschwachen Cavallerie-Officieren" und der „verkommenen Hof- und Adelsklique!" Indessen wird man es erklärlich finden, wenn der „Rh. Kurier" fortfährt, die höchste Behörde des Landes mit Schmutz zu bewerfen, nachdem unter dem Vorsitze des Hofgerichtsraths Hehner der Criminalsenat des Hofgerichts gegen den „Rh. Kurier" eine Klage anzunehmen sich für incompetent erklärt hat, während die Gerichte aller andern Staaten in einem solchen Falle sich nicht für incompetent erklären." ¹)

Nun kam der „Rh. Kurier" wieder und sprach:

§* Wiesbaden, 4. Nov. Auch in der Convertirungsangelegenheit tritt das Organ der sauberen Gesellschaft, die sich zu Wiesbaden als Großdeutsche aufspielt, den ihm geläufigen feigen Rückzug an. Nachdem es in verschiedenen Artikeln zwar versteckt, aber doch deutlich genug, um verstanden zu werden, die Fortschrittsprocuratoren in der Kammer (es bezeichnete sie sogar mit den Anfangsbuchstaben) beschuldigt hatte, von dem Frankfurter Banquierhause Rothschild (dieser Name ist genannt ²) und mit voller Deutlichkeit von diesem Hause behauptet, daß es 75,000 fl. aufgewendet habe) mit 75,000 fl. zur Hintertreibung des Lotterie-Anlehens bestimmt worden zu sein, sagt es jetzt, da aus den Protokollen nachgewiesen wird, daß das ganze Vorbringen eine strafbare Verläumdung sei, es habe nicht gesagt, daß Fortschrittsprocuratoren vom Hause Rothschild 75,000 fl. erhalten

---

1) Siehe in dieser Beziehung den nächsten Abschnitt.

2) Welche Lüge! Nicht mit einem einzigen Buchstaben war das Haus Rothschild als Spender der 75,000 fl. genannt worden.

hätten für Hintertreibung des Convertirungsgesetzes, es nennt die beßfallsige Behauptung (langer Styl!) eine Lüge und sagt wörtlich:

„Mit keinem Worte haben wir das Bankhaus Rothschild erwähnt, mit keinem Worte behauptet, die Fortschrittsprocuratoren haben 75,000 fl. erhalten, um die Convertirung des Anlehens zu hintertreiben."

Daß Niederträchtigkeit stets mit Feigheit gepaart ist, dafür ist diese großdeutsche Taktik ein neuer Beweis."

Man sieht, mit welcher Plumpheit den Kurierlesern die Meinung beigebracht werden soll, ich habe das Materielle meiner Behauptung zurückgenommen, während ich doch nur gegen die Form der Behauptung protestirte, welche mir von den Procuratoren unterlogen wurde. Ich sagte deßhalb:

„* Wiesbaden, 6. Nov. Der „Rh. Kurier" sagt, um in seiner Weise wieder zu bethören und zu fälschen, wir hätten in Beziehung auf die Convertirungsangelegenheit einen feigen Rückzug angetreten, weil wir behaupteten:

„Mit keinem Worte haben wir das Bankhaus Rothschild erwähnt, mit keinem Worte behauptet, die Fortschrittsprocuratoren haben 75,000 fl. erhalten, um die Convertirung des Anlehens zu hintertreiben." Diese Stelle ist jedoch gänzlich aus dem Zusammenhang gerissen und bezieht sich selbstverständlich nur auf die formelle Seite einer vom „Rh. Kurier" uns fälschlich zugeschriebenen Aeußerung.

Dagegen haben wir in materieller Beziehung ausdrücklich behauptet:

1) Die Thatsache, daß ein Frankfurter Bankhaus 75,000 fl. aufgewendet habe, um die Convertirung des Anlehens zu hintertreiben;

2) daß Procurator Naht öffentlich erklärte, er habe von diesen 75,000 fl. nichts erhalten;

3) daß die größten Anstrengungen gemacht, daß einzelne Abgeordnete förmlich terrorisirt wurden, um das Convertirungsgesetz durchfallen zu lassen;

4) daß das Gesetz wirklich fiel, weil die sogenannte Fortschrittspartei dagegen stimmte, obgleich dem Lande jährlich 13,000 fl. erspart worden wären, wenn es angenommen wurde.

Dieß haben wir behauptet und behaupten es noch; und wir glauben, daß in diesen Sätzen genug und klar genug behauptet ist. Der „Rh. Kurier" dagegen nennt es eine mit Feigheit gepaarte Niederträchtigkeit, daß wir die Personen nicht namentlich bezeichneten, welche die 75,000 fl. unter sich getheilt haben, womit ein Frankfurter Bankhaus das Convertirungsgesetz hintertrieb. Sehr naiv von dem plumpen Mann des „Rh. Kuriers."

Dem „Rh. Kurier" sollte aber noch auf andere Weise gedient werden. Er hatte noch folgende Artikel über die fragliche Angelegenheit veröffentlicht:

Eine Bitte.

+ Wiesbaden, 4. Nov. An der Spitze des Banquierconsortiums, welches mit dem Ministerium den Vertrag wegen Convertirung von Anlehen abgeschlossen und den oft besprochenen Gesetzentwurf veranlaßt hat, steht das Frankfurter Banquierhaus Raphael Erlanger; der hiesige Geschäftsfreund und Anwalt dieses Hauses, namentlich auch Agent der von diesem Hause gegründeten Hypothekenbank, ist der seitherige Abgeordnete Procurator Dr. Großmann, welcher in der Conver=tirungsangelegenheit in erster Kammer sich ganz besonders hervorgethan hat, welcher namentlich gegen die Verfolgung des an das Ministerium gerichteten Verlangens auf Vorlage der Acten war, und welcher mit großer Rührigkeit gegen jede Vergebung im Submissions= wege, also gegen jede Zulassung einer Concurrenz mit dem Banquierconsortium war. Das großdeutsche Organ für Nassau, zu dessen Hauptpatronen Herr Großmann gehört (er hat z. B. einen Theil der gesetzlichen Caution für dasselbe geleistet) behauptet in seiner heutigen Nummer gelegentlich der Besprechung der Convertirungsangelegenheit ganz bestimmt, der Frankfurter Banquier R. E. (offenbar Raphael Erlanger) behaupte Jedem gegenüber, der es hören wolle, ein Frankfurter Bankhaus (kann nach allen Umständen nur Rothschild gemeint sein, weil es sich um Convertirung eines von ihm negociirten Anlehens han= delt), habe 75,000 fl. aufgewendet, um besagte Conver= tirung zu hintertreiben. — Wenn nun die Annahme nicht zu ge= wagt ist, daß die Verläumdung gegen die Fortschrittsprocuratoren von Raphael Erlanger ersonnen und von seinem Geschäftsfreund, Dr. Groß= mann in dessen Organ, dem großdeutschen Lügenblatt, weiter verbreitet worden sei, so wären wir der Lügenfabrik in diesem Punkte gerade nahe genug gekommen, um durch eine letzte Erkundigung die ganze Sache klar stellen zu können. Wir bitten daher Sie und unsere Frankfurter Freunde, uns öffentliche Nachricht darüber zu geben, ob wirklich Raphael Er= langer „Jedem, der es hören will" die fragliche Mittheilung macht, oder ob er sie blos seinem Geschäftsfreunde Dr. Großmann gemacht und dieser die weitere Bereitwilligkeit nur vermuthet hat. Es würde gewiß auch das nassauische Publikum im allgemeinen interessiren, die Art und Weise kennen zu lernen, wie das sichtbare Oberhaupt des Consortiums, das in Zukunft, so es Gott wie den Großdeutschen gefällt, der nassau= ische Banquier sein wird, seine Geschäfte betreibt. — Vielleicht könnten Sie bei dieser Gelegenheit auch erfahren, ob nicht gewisse andere in Aussicht stehende Anlehen mit der Convertirung im großdeutschen Zu= sammenhange stehen. Wir haben darüber nur so unsere Vermuthungen. Genaue Auskunft ergeben die Acten darüber nicht, da der bisherige Ge= brauch, wonach die ordentlichen Finanzbehörden oder Commissäre aus denselben mit den Banquierhäusern verhandelten, verlassen worden ist, seitdem das Banquierconsortium aufgetreten ist, und mit diesem die Ver= handlungen durch andere, außerhalb des ordentlichen Finanzdienstes stehenden Personen verhandelt wird, wie denn ja auch der Convertirungs= Gesetzentwurf in diesem Jahre bekanntlich von einem jedesmal mit spe= cieller Instruction des Ministeriums versehenen Regierungsrathe und in zweiter Linie von den Großbeutschen, insbesondere Herrn Dr. Großmann, vertheidigt worden ist.

Fragen an die Großmanns-Deutschen.

** Wiesbaden, 4. November.

Wenn Jemand ein Geschäft abschließen will, z. B. Etwas kaufen oder miethen, so sucht er Concurrenz unter den Verkäufern oder Ver- miethern hervorzurufen, weil es eine bekannte Erfahrung ist, daß ver- schiedene Verkaufs- oder Vermiethluſtige sich regelmäßig herunter bieten. Dies weiß jeder einfache Bauersmann. Wie kommt es nun, daß die Großdeutschen in Nassau dies nicht wissen? Und wie kommt es z. B., daß, als es sich darum handelte, mit einem gewissen Banquierconsortium, an dessen Spitze Raphael Erlanger steht, den Convertirungsvertrag ab- zuschließen, und sich zwei Frankfurter sehr solide Banquierhäuser, Roth- schild und Phil. Nic. Schmidt, als Concurrenten einstellten und gleiche, ja eventuell billigere Bedingungen anboten, als das Consortium, das Ministerium diese Häuser gerabezu abwies mit ihren Anbietungen und so die Concurrenz ausschloß? Und wie kömmt es, daß die Großdeutschen, den Geschäftsfreund des Raphael Erlanger, Herrn Abgeordneten Dr. Großmann an der Spitze, diese Ausschließung guthießen und von der Concurrenz ebenfalls nichts wissen wollten? Könnte uns nicht Herr Großmann in seinem Organ barüber Auskunft geben? Und wäre dieß nicht ein zur Besprechung auf einer großbeutschen Versammlung sehr ge- eigneter Gegenstand, namentlich für Herrn Großmann, ben vielerfahrenen, ben staatsmännischen Geschäftsmann und ben geschäftsmännischen Staatsmann?

Wir haben auf wiederholte Aufforderung des „Rheinischen Kuriers" die Verhandlungen über das Convertirungsgesetz nochmals genau nach- gelesen und müssen es bestätigen, daß dieselben, selbst im Vergleich mit ber famosen Defizitsangelegenheit äußerst charakteristisch und interessant sind. Das Land wird sich allerdings nicht wenig verwundern, wenn es sieht, wie hier zu Lande Finanzangelegenheiten von gewisser Seite her behandelt werden. Eines ist uns noch besonders aufgefallen. Als es sich um bas letzte Eisenbahnanlehen handelte, da verlangten Herr Groß- mann und seine großbeutschen Schüler in Finanzsachen mit großer Energie submissionsweise Vergebung des Anlehens, oder boch zum min- besten nicht nur Zulassung, sondern sogar Eröffnung einer wirksamen Concurrenz, weil „das Geld auf biese Art billiger werbe," und die Kammer ging bereitwillig ein auf biese Empfehlung der Concurrenz. Warum soll nun dieses Jahr biese Concurrenz schädlich, und warum soll sie ausgeschlossen sein? Würbe sie vielleicht dieses Jahr das Geld ver- theuert haben? Oder war es dieses Jahr nicht barum zu thun, bas Geld billig zu machen, weil Raphael Erlanger, der „Geschäftsfreund" des Herrn Großmann, schon ein Uebriges in Billigkeit geleistet hatte? — Was wir hier anführen, sind lauter actenmäßige Thatsachen, wegen beren wir nicht den feigen Rückzug antreten werden, die aber auch bie Großdeutschen wohl nicht läugnen können und beren Aufklärung gleich- wohl sehr wünschenswerth wäre. Wir machen insbesondere die Wähler bes Herrn Großmann barauf aufmerksam, daß sie von ihrem Abgeorb-

neten Aufklärung über diese Finanzoperationen und sein Verhalten dazu
mit Fug und Recht verlangen können. Dieses sind Thatsachen gegen
seine Lügen und Verläumbungen."

Hierauf erwiderte der Oberappellationsprocurator Dr.
Großmann, Mitglied des großdeutschen Ausschusses in einem
namentlich unterzeichneten von mir eingeleiteten Artikel
wie folgt:

Ein Beitrag zur Geschichte des Convertirungsgesetzes.

* Wiesbaden, 10. November.

Wir haben wiederholt darauf aufmerksam gemacht, daß ein Frankfurter Bankhaus 75,000 Gulden aufwendete, um das Lotterieanlehen zu
hintertreiben und daß auf der Dietenmühle die ungeheuersten Anstrengungen gemacht wurden, um die dem Fortschritt ergebenen Kammermitglieder zur Verwerfung des Convertirungsgesetzes zu bestimmen, Anstrengungen, welche beweisen, daß diejenigen, welche sie machten, bei der
Verwerfung des Gesetzes im höchsten Grade interessirt waren. Durch
diese Veröffentlichung eines Fortschrittsstreiches sieht sich der „Rh. Kur.",
nachdem er lange geschwiegen, veranlaßt, die Taschendiebe nachzuahmen,
welche, auf der That ertappt, die gestohlenen Sachen Andern in die
Taschen zu schieben pflegten. Der „Rh. Kur." bemühte sich nämlich,
den Verdacht von sich ab und zuerst auf das Herzogl. Staatsministerium,
sodann auf großdeutsche Kammermitglieder zu wälzen. Er wandte bei
dieser Gelegenheit eine Menge läppischer und nichtssagender Redensarten ꝛc. auf, welche durch nachstehende Erklärung des Herrn Dr. Großmann auf ihren wahren Werth zurückgeführt werden:

„Die Leser dieser Zeitung werden noch nicht vergessen haben, mit
welchen Lügen der „Rh. Kur." vor einigen Monaten meine Wirksamkeit in
der Kammer zu verdächtigen bemüht war.

So hatte er behauptet, daß ich die Sobener Eisenbahngesellschaft bei
den Verhandlungen über den Verkauf der Bahn als Anwalt vertreten
und deßhalb in deren Interesse für die Annahme der Regierungsvorlage
in der Kammer gewirkt hätte.

Auf diese Verläumbung hatte ich in öffentlicher Kammersitzung erklärt, „daß zu solchen Verdächtigungen nur Menschen fähig seien, welche,
selbst jeden Gefühls für Ehre und Rechtlichkeit baar, andere Leute durch
ihre Verläumbungen zu sich herabziehen zu können vermeinen, wie es
denn zu den eckelhaftesten Erscheinungen unserer Zeit gehöre, daß man
den Gegner mit so niedrigen Mitteln bekämpfen zu dürfen glaube."
Auf meine an die Herzogl. Regierungs-Commission gerichtete Frage hat
dieselbe bestätigt, daß ich weder mit der Herzogl. Regierung, noch mit
einem Mitgliede einer Behörde über den Ankauf der Sobener Bahn
irgend eine Verhandlung gepflogen habe.

Auch heute noch würde ich die Regierungsvorlage unterstützen und
ich freue mich, daß Soben und seine Umgebung durch die Beihülfe derer,
welche die Regierungsvorlage in der Kammer unterstützt haben, wieder
der Vortheile seiner Eisenbahn theilhaftig geworden ist.

Statt sich Asche auf das Haupt zu streuen, brachte der öffentlich als Verläumber gebrandmarkte Schreiber sofort die neue Lüge, daß ich als Anwalt der Rhein-Eisenbahn mich nicht gescheut, in der Kammer im Jahr 1860 dafür zu wirken und zu stimmen, daß der mit dieser Gesellschaft abgeschlossene Contract die Genehmigung der Stände erhielt.

Auch diesmal wurde der Calumniant sofort entlarvt, indem ich durch die gedruckten Kammerprotokolle von 1860 p. 291 und 315 sgg. nachwies, daß ich weder Mitglied des betreffenden Ausschusses, noch in der Sitzung, in welcher über diesen Gegenstand berathen und abgestimmt wurde, anwesend gewesen war.

Obgleich in wenigen Tagen zweimal der ehrlosesten Verläumbung überführt, entnahm der „Rhein. Kurier" alsbald eine neue Verdächtigung aus meiner Stellung als Landesbankbeirath und Consulent der Frankfurter Hypothekenbank, ungeachtet er sehr wohl wußte, daß ich bereits vorher unter allseitiger Wahrung der Rechte der Stände „um jeder Mißbeutung vorzubeugen" mein Mandat als Beirath der Landesbank in die Hände der Ständeversammlung zurückgegeben hatte. Diese entschied die bei den Haaren herbeigezogene Collisionsfrage durch meine Wiederwahl zum Landesbankbeirath.

Trotzdem, daß der „Rh. Kurier" bei jedem Angriff der absichtlichen Lüge und Verläumbung sofort von mir überführt worden war, setzte er seine Angriffe fort und es wäre dies beinahe unerklärlich, da ich meine politischen Gegner persönlich nicht angegriffen, noch beleibigt habe, hätte der „Rh. Kurier" nicht selbst mit frivoler Offenherzigkeit erklärt, seine Angriffe gegen mich erfolgten nicht deshalb, um ein von mir etwa begangenes Unrecht zu tadeln, sondern um sich dafür zu rächen, daß in der „N. Wiesb. Ztg." Angriffe enthalten seien, welche ich und die Mitglieder des großdeutschen Reformvereins zu vertreten hätten, da diese Zeitung auch das Organ dieses Vereins sei.

Obgleich ich mit meiner Namensunterschrift bereits vor Wochen erklärt habe, „daß die „N. Wiesb. Ztg." von dem großdeutschen Verein gänzlich unabhängig ist, und daß der Streit, welchen der Redacteur mit Personen oder mit den Gerichten führt, den großdeutschen Verein, dessen Vorstand und insbesondere mich auch nicht im Entferntesten berührt; daß der großdeutsche Verein die „N. Wiesb. Ztg." zu seinem Organ gewählt hat, weil sie die großdeutsche Idee vertritt, daß er aber damit eine Verantwortlichkeit nur für diejenigen Artikel übernommen hat, welche von ihm ausgehen, nicht mehr und nicht weniger; daß sämmtliche Artikel, welche von dem großdeutschen Verein ausgegangen sind, sachlich gehalten waren, Meinungen und Ansichten vertheidigt oder widerlegt, Personen aber in keiner Weise angegriffen haben"; trotz dieser meiner Erklärung macht mich der „Rh. Kur." in seiner Nr. 262 vom 7. Nov. in zwei Artikeln wieder für die „N. Wiesb. Ztg." verantwortlich und gießt Lügen und Verdächtigungen nochmals in reichem Maße über mich aus.

Um der Schändlichkeit, der gegen mich verbreiteten Verdächtigung, als hätte ich aus einem Privatinteresse in der Convertirungsfrage für die Regierungsvorlage gestimmt, zu entschuldigen, schickt der Schreiber der beiden Artikel die unwahre Behauptung voraus, „ich sei ein

Hauptpatron der „Neuen Wiesbadener Zeitg.", ich hätte z. B. einen
Theil der gesetzlichen Caution für dieselbe geleistet und es sei deßhalb
die Annahme nicht zu gewagt, daß die Mittheilung der „N. Wiesb.
Ztg.": der Frankfurter Banquier M. E. behaupte Jedem gegenüber,
der es hören wolle, ein Frankfurter Bankhaus habe 75,000 fl. aufge=
wendet, um die beabsichtigte Convertirung eines Theils der nassaui=
schen Anlehen zu hintertreiben, von mir gemacht und von mir in der
„Neuen Wiesb. Ztg.", oder — um mit dem „Rhein. Kurier" zu re=
den — in meinem Organ, dem großdeutschen Lügenblatt, weiter ver=
breitet worden sei."

Von all' Dem ist nun auch nicht das Geringste wahr. Das Alles
ist rein erdichtet und erlogen. Da mich der „Rh. Kur." nicht loben
will, so muß es als eine ebenso häßliche Verdächtigung bezeichnet
werden, daß ich mich in der Convertirungsangelegenheit in erster Kam=
mer ganz besonders hervorgethan habe. Der „Rh. Kurier", welcher
die Convertirungsangelegenheit tagtäglich, anfänglich zur Verdächti=
gung der Regierung, später der Großdeutschen, deren Wiederwahl er
befürchtet, benutzt, hat seine Leser jedesmal aufgefordert, ja die deß=
fallsigen Kammerprotokolle nachzulesen, indem darin gar rare Sächel=
chen enthalten seien. Warum führt er denn jetzt nicht die pag. der
Protokolle an? Warum erzählt er nicht, wie ich mich in einer auf=
fallenden oder unzulässigen Weise „hervorgethan" habe? Die Wahr=
heit ist die, daß die Verhandlungen der ersten Kammer, sowohl die
des Ausschusses als die öffentlichen, in vollständiger Ruhe und Würde
verlaufen sind und, nachdem ich die Protokolle nachgelesen, billige ich
noch heute vollständig die von mir ausgesprochene Ansicht und be=
dauere nur im Interesse des Landes, daß meine Befürchtungen hin=
sichtlich des Geldmarktes schon so schnell eingetreten sind.

Es ist kaum glaublich, daß diejenigen, welche die Ablehnung der
Gesetzesvorlage in der zweiten Kammer bewirkt haben, von Leiden=
schaft so verblendet sind, daß sie auch jetzt noch nicht einsehen sollten,
daß sie dem Lande dadurch einen nicht unbedeutenden Schaden zuge=
fügt haben!

In der ersten Kammer ist die ganze Frage gar nicht als eine po=
litische (leider geschah dieß schon in 1862 in der zweiten Kammer L.
pag. 480 in fln.) betrachtet worden, wie auch die Schlußabstimmung
gezeigt hat, indem Groß= und Kleindeutsche dafür und dagegen stimm=
ten. Für die Annahme des Gesetzes stimmten nämlich: Prinz Nico=
laus, Wilhelmy, Graß, Casselmann, Magdeburg, Gourbé, Kraus, v.
Trapp, v. Breidbach, Jost und Großmann, dagegen aber nur Hilf,
Born, v. Eck und Höchst.

Daß ich gegen die Verfolgung des an das Ministerium gerichteten
Verlangens auf Vorlage der Akten gewesen, ist erlogen und wider=
spricht dem Inhalt der Protokolle, ist lediglich zum Zweck meiner Ver=
dächtigung aus der Luft gegriffen. Man lese den Eingang des Be=
richtes pag. 270 nach und man wird finden, daß der Ausschuß, zu
dem auch ich gehörte, in seinem Bericht eine Verwahrung gegen das
Verfahren der Regierung niedergelegt hat!

Wenn weiter behauptet wird, daß ich ein Geschäftsfreund des Bankhauses R. Erlanger sei, so ist dieses ebenso wahr, als daß ich ein Geschäftsfreund des Bankhauses M. A. v. Rothschild und Söhne bin; jedenfalls habe ich in den letzten Jahren mit dem letzteren viel bedeutendere Geschäfte gemacht, als mit ersterem. Es war mir vollständig gleichgültig, ob Hr. v. Rothschild oder Hr. v. Erlanger das Geschäft abschloß. — Auf die in 1862 in der zweiten Kammer durch die Herren Weinbach, Ruß und Hammerschlag gestellten Anträge und Empfehlungen hatte die Regierung nach längeren Verhandlungen mit den Offerenten einen vollständig ausgearbeiteten Plan zu einem Lotterieanlehen den Ständen vorgelegt (die Vorlage war so vollständig und so ins Detail gehend, wie wohl noch wenige von einer Regierung irgend einer Ständeversammlung vorgelegt worden sind). Nach meiner wiederholt ausgesprochenen Meinung war es daher Sache der Stände — ohne alle Rücksicht auf Personen — sachlich zu prüfen, ob es im Interesse des Landes liege, ob es vortheilhaft sei, die Regierungsvorlage anzunehmen, ob nicht. Da es sich bei dieser Prüfung herausstellte, daß mindestens 370,000 fl. durch Annahme der Regierungsproposition dem Lande erspart würden — und dieß hat bis jetzt von Niemanden bestritten werden können — so war es nicht schwer, zum Entschluß zu kommen, so daß die Vorlage gegen nur 4 Stimmen in der ersten Kammer angenommen wurde.

Was nun die weiter an mich gerichtete Frage des „Rhein. Kur." betrifft, „warum ich jetzt nicht für die Submission gestimmt hätte, während ich doch, als es sich um das letzte Eisenbahnanlehen bei Rothschild handelte, mit großer Energie submissionsweise Vergebung des Anlehens oder doch zum mindesten Zulassung und Eröffnung einer wirksamen Concurrenz verlangt hätte, und daß die Kammer bereitwillig auf diese Empfehlung der Concurrenz eingegangen sei", so kann deren Beantwortung aus den von mir „Kurier" so oft empfohlenen Kammerprotokolle entnommen werden.

Nach pag. 256 habe ich bezüglich der Submission wörtlich gesagt: „Wir (die Minorität des Ausschußes — der Abgeordnete Magdeburg, so viel bekannt kein Großdeutscher, und ich —) haben diesem Antrag nicht zustimmen zu sollen geglaubt, weil damit das Zustandekommen der ganzen Sache in Frage gestellt würde. Es ist dieselbe Frage bereits im vorigen Jahr bei der Berathung über den Gesetzentwurf wegen Aufnahme des Eisenbahnanlehens von 7,200,000 fl. in dieser hohen Versammlung zur Sprache gekommen und ich habe schon damals erklärt, da bereits Verhandlungen eingetreten seien, die zu einem günstigen Resultate zu führen schienen, wie das auch jetzt wieder der Fall ist, so solle man davon absehen, die Submission zur Pflicht zu machen, sondern man solle der Regierung überlassen, den Abschluß unter den günstigsten Bedingungen zu machen und ihr dafür auch die Verantwortlichkeit übertragen. In eine solche Angelegenheit, d. h. in die Vollziehung, kann sich die Kammer nicht einmischen. Wenn die Regierung erklärt, die und die Anträge sind gemacht worden, das scheint der Regierung das Vortheilhafteste, so haben wir das zu prüfen, und finden wir die Sache im Interesse des Landes, so geben wir unsere Genehmigung."

Also, obgleich ich in vorstehender Erklärung ausdrücklich auf meine
damit übereinstimmende Ansicht, die ich in 1862 bei Berathung des
mit Rothschild abgeschlossenen letzten Eisenbahnanlehens von 7,200,000 fl.
niedergelegt hatte, verwiesen habe, behauptet der „Rh. Kurier" in
demselben Artikel, in welchem der Schreiber sagt, er habe die Kammerprotokolle nachgelesen, das Gegentheil von dem, was daselbst steht.

Wie in den Verhandlungen der ersten Kammer von 1862 pag. 326
nachzulesen ist, habe ich damals gesagt:

„Meiner Meinung nach liegt die Sache so, daß die hohe Versammlung die Verantwortlichkeit nicht übernehmen kann, daß auf dem
von dem Herrn Abgeordneten vorgeschlagenen Weg der Submission
wir das Anlehen unter billigeren Bedingungen würden erhalten können, als auf dem der Verhandlung. Es erscheint dieß vielmehr sehr
zweifelhaft und wir sollten uns daher hüten, eine solche Verantwortlichkeit durch Annahme seines Antrags auf uns zu nehmen. Wir
haben uns daher im Ausschuß (Höchst, Krauß, v. Ed und Großmann) einfach darauf beschränkt, der Regierung auch diesen Weg zur
Berücksichtigung zu empfehlen und ihr so die Verantwortlichkeit hinzuweisen, wie sie am besten und billigsten das Anlehen glaubt erlangen zu können."

Nun, das Publikum mag urtheilen, was von der Darstellung des
Kurier-Correspondenten zu halten ist, der versichert, „auf die wiederholte Aufforderung des „Kuriers" die Verhandlungen über das Convertirungsgesetz nochmals genau nachgelesen" zu haben!

„Was wir anführen", sagt der „Rhein. Kurier", „sind lauter
aktenmäßige Thatsachen, wegen deren wir nicht den feigen Rückzug
antreten werden; das sind Thatsachen gegen feige Lügen und Verläumbungen."

Ja wohl, es gibt Menschen mit so frecher Stirne, daß sie nie er-
röthen und schamlos genug, stets neue Lügen und Verdächtigungen
zu erfinden, wenn sie auch wiederholt der nichtswürdigsten Lüge und
Verläumbung öffentlich überführt sind. Mitleidswerthe Menschen, die
für alles Handeln Anderer unedle Beweggründe annehmen, weil sie
für das eigene keine anderen kennen!

Wiesbaden, 9. November 1863.

Dr. C. Großmann."

Aus diesen Aktenstücken ist nun Folgendes ersichtlich:

1) Daß die Wiesbadener Procuratoren des Fortschritts
(Braun diesmal ausgenommen, der für einige Zeit in die
Schweiz verbannt wurde) sich eine auffallende, höchst seltsame
und unverhältnißmäßige Mühe gaben, ein Gesetz zum Falle
zu bringen, dessen Zustandekommen ihnen politisch gleichgültig
sein konnte und in der That auch in der ersten Kammer ohne
alle Parteirücksichten behandelt wurde. Ihr Eifer war so
groß, als ob es sich um eine Lebensfrage handelte. Sie

nöthigten ihren Anhängern, den Kammermitgliedern aus den
verschiedenen Zünften das förmliche und feierliche Versprechen
ab, gegen das Gesetz zu stimmen. Sie zwangen den Berichterstatter, der sich wochenlang für das Zustandekommen des
Anlehens in einem bestimmten Modus abgemüht und für
diesen Modus in seinem Bericht plaidirt hatte, am Tage der
Abstimmung seine eigenen Anträge zu bekämpfen und dagegen
zu stimmen. Sie zwangen ein anderes Mitglied, das nicht
Nein sagen wollte, sich vor der Abstimmung aus der Sitzung
zu entfernen.

2) Als ich die erste sehr deutliche Anspielung auf die
eigentlichen Motive dieses ganz außergewöhnlichen und anscheinend ganz unmotivirten Eifers machte, suchten sie die
Sache todt zu schweigen und gingen vier Wochen lang nicht
darauf ein.

3) Als ich nicht nachließ zu bohren und als auf einer
Wählerversammlung die Sache zur Sprache gebracht, der
Procurator Naht namentlich damit in Verbindung gebracht
wurde, vertheidigte er sich, indem er seine Betheiligung läugnete.

4) Als ich den Bericht über diese Versammlung, in welchem Naht als ein Mann dargestellt wurde, der das Factum
selbst zugestand, veröffentlichte, reklamirte Naht nicht dagegen.

5) Als in Folge dessen die Angelegenheit nicht länger
todtgeschwiegen werden konnte, veröffentlichen sie Artikel voll
alberner Ausreden und Unwahrheiten und begingen die Frechheit, die gegen sie erhobene Beschuldigung Andern zuzuwälzen.

6) Als in Folge dessen Procurator Dr. Großmann in
einer namentlich unterzeichneten Erklärung ihre Unwahrheiten
und Ausflüchte in ihrer vollen Blöße kennzeichnete und sie
selbst, die Urheber der fraglichen Artikel, die Beschuldigten
förmlich brandmarkte — schwiegen sie stille.

Ich frage nun, würde nicht jedes unbefangene Gericht
unter diesen Umständen die Frage: Ist es glaubhaft oder gar
erwiesen, daß sich die in der nassauischen 2. Kammer im Jahr
1863 befindlichen Procuratoren des Fortschritts, Braun ausgenommen, durch bedeutende Geldsummen bestimmen ließen,
eine von der herzogl. Regierung beantragte Finanzoperation
in der Kammer zu Falle zu bringen, durch welche dem Staat

jährlich 13,000 fl. an Zinsen erspart und Staatsschulden im Betrage von 8,500,000 fl. in 50 Jahren amortisirt worden wären?" ich frage, würde nicht jedes unbefangene Gericht diese Frage mit „Ja" beantworten.

Wenn nun aber mit unzweifelhafter Gewißheit constatirt werden kann, daß ein solches Factum sich ereignete, was beweist dies? Dieses Factum beweist, daß in kleinen Staaten die Volksvertretung, deren Majorität, wie dies z. B. in Nassau der Fall ist, nur aus 1½ Dutzend nicht einmal mit den gewöhnlichen Elementarkenntnissen ausgerüsteten Land= und Gewerbsleuten besteht, daß eine solche „Volksvertretung" von einigen Intriguanten aus dem Advokatenstand als willen= loses Werkzeug für Privatzwecke und Privatinteressen zum Nachtheil des Landes gebraucht und gemißbraucht werden kann. Und diesen Beweis wollte ich in diesem Capitel her= stellen. Ich wollte auf die Gefahren aufmerksam machen, welche einem k l e i n e n Staate drohen, wenn auf Grund des sogenannten constitutionellen Princips Einrichtungen geschaffen werden, wodurch ein Theil der Souverainetät u n v e r a n t = w o r t l i c h in die Hände einer kleinen Anzahl von irgend= welchen Leuten aus den unteren und ungebildeten Volksklassen gelegt wird.

IX. Capitel.

Fünfter Hexenprozeß,

nach welchem jedoch kein Hergenhahn mehr krähte. Krieg gegen und für die Justiz. Parforcejagd. Hallali.

Schön ists unterm freien Himmel
stürzen in das Schlachtgewimmel,
wenn die Kriegstrommete schallt,
wenn die Rosse muthig jagen,
wenn die Männer aufeinanderschlagen
und das Blut der Helden wallt.

Altes Lied.

Noscitur ex sociis, qui non cognoscitur ex se.

In der bisherigen Darstellung wurde zur Genüge nach= gewiesen, daß die Advokaten die gegen mich anhängig ge=

machten Preßprozesse, resp. Privatinjurienklagen, als Mittel für ihre Zwecke benutzten. Ich sollte durch gerichtliche Verurtheilungen ruinirt werden, und auf daß durch das Endresultat schließlich das Publikum nicht gar zu sehr allarmirt werde, hatten die Advokaten schon von Anfang an planmäßig über meine Preßprozesse und Verurtheilungen referirt, einmal sogar ein „Urtheil" im „Rh. Kurier" 6 Tage vorher veröffentlicht, ehe es mir selbst publizirt wurde. Vor Allem waren es die „Frankfurter Fortschrittsblätter" und an ihrer Spitze das Journal Hammerans und seines Kellners, welche sich mir zum Trotz, mir zum Mißvergnügen und mir zum Nachtheil in dieser Weise von den Wiesbadner Advokaten als Werkzeuge gebrauchen ließen. Jede solche Veröffentlichung war aber ein Angriff auf mich schon deßhalb, weil, so lange Gerichtsverhandlungen nicht öffentlich sind und nicht alle Verurtheilungen von den Zeitungen gemeldet werden, Niemand das Recht hat, meine Privatangelegenheiten ausnahmsweise in der Presse zu veröffentlichen. Ein Angriff auf meine Person lag aber auch deßhalb in jenen Berichten über meine Preßprozesse, weil die „Urtheile" stets in ihrer vollen Blöße und Nacktheit referirt wurden und ich somit fortwährend als Angreifer erschien, der Jedermann ohne Veranlassung mit Injurien und Verläumdungen anfalle. Außerdem ist es für Verwandte und Bekannte keineswegs erfreulich, wenn sie alle paar Wochen in den Zeitungen lesen, man sei wieder zu Correctionshaus verurtheilt worden. Mit diesen Zeitungen ergeht es Einem in der That wie mit den Hunden. Wenn Einer anfängt, machen die andern alle nach. Wenn der Kellner in seinem Journal bemerkt, jetzt ist das Ungeheuer von Wiesbaden schon wieder zu Correktionshaus verurtheilt worden, so geht's wie ein Laufwasser durch alle Blätter und am Ende ist man vollständig benetzt.

Ich griff deßhalb wie gewöhnlich zur Repressalie, indem ich auf jede vom „Frankfurter Journal" veröffentlichte Nachricht über eine mir widerfahrene Verurtheilung oder über den Stand eines meiner Prozesse, einen jener Späße folgen ließ, welche das Publikum auf Kosten Hammerans und seines Kellners zum Lachen brachten oder diese beiden Bartkünstler sonst ärgerten.

So z. B. schrieb ich Ende Mai, als das „Frankfurter Journal" dem „Rh. Kurier" eine Lüge über meine Begnadigung nachdruckte, Folgendes:

„* Frankfurt, 29. Mai. Dem Herausgeber des „Frankfurter Journals" und seinem Redacteur=rasour Kellner widerfuhr heute etwas Stinkendes. Beide Herren waren auf einem Spaziergange so unvorsichtig, in eine Pfütze zu fallen, welche hier unter dem sonderbaren Namen „Rheinischer Kurier" bekannt ist und in welcher sich Abwasser, Jauche, alter Kohl und Juchten aus der Nachbarschaft ansammelt. Gänzlich durchnäßt und am ganzen Leibe übel riechend flüchteten sich die Unglücklichen in ein nahgelegenes Wirthslokal, durften jedoch Geruches halber nicht lange dort verweilen, sondern wurden in einer Droschke nach Hause gebracht, wo sie das ganze Redactionslokal so nachdrücklich durchdufteten, daß man es der zweiten Beilage zu Nr. 147 des „Frankfurter Journals" noch anriecht. *— Nachschrift. Soeben erfahre ich, daß auch der kleine Lammers in das Schicksal der eben genannten Herren verwickelt wurde und zwar noch viel tiefer, als diese selbst. Herr Lammers, welcher zufällig auf dem Schauplatz des Unglücks sich einfand, als seine beiden Collegen in die Pfütze gerathen waren, wollte denselben hülfreiche Hand leisten, fiel jedoch, wie dieß häufig der Fall ist, selbst hinein und da er bekanntlich ein sehr kleiner Herr ist, der kaum die Größe eines mäßigen Eskimo erreicht, so ging er unter bis über die Nase und wurde ebenfalls ein stinkendes Opfer seiner Menschenfreundlichkeit."

In Nr. 143 stand abermals als Repressalie folgende Nachricht zu lesen:

„* Frankfurt, 20. Juni. Auf Anbringen der Schuldirection wurden dem Redactionspersonal des „Frankfurter Journals" in der höheren Knabenschule die nöthigen Freiplätze und unentgeltlicher Unterricht in der deutschen Sprache von der Behörde angeboten, von wegen der Vertheidigung vor einem Angriff und dem Begriff über Fortschritt."

In Nr. 145 wurde diese Nachricht folgendermaßen berichtigt:

„* Frankfurt, 23. Juni. Das Anerbieten einer hinreichenden Anzahl von Freiplätzen in den höheren Knabenschulen hat die Redaction des „Frankfurter Journals" nicht angenommen, will jedoch in ihrem eigenen Locale bei einem der Lehrer Privatunterricht in der deutschen Sprache nehmen."

Daß ich zu diesen Bemerkungen übrigens auch sachlich vollständig berechtigt war, ergibt sich z. B. aus folgendem, dem „Frankf. Journal" entnommenen Citate. Ich schrieb nämlich einst in meiner Zeitung:

„* Wiesbaden, 31. Octbr. Nicht im politischen und Parteiinteresse, sondern im Interesse des deutschen Styls und in der Absicht, abermals

durch Thatsachen nachzuweisen, in welche Hände die Frankfurter Fort=
schrittspresse gerathen ist, müssen wir uns mit einem Artikel des „Frankf.
Journals", Organs der vernichtenden Kritik beschäftigen. In diesem
Artikel, der im Gewande des Leitartikels auftritt und an der Spitze des
Blattes kühn sich aufstellt, will einer jener Redakteure, die nicht blos
redigiren, sondern noch eine andere Beschäftigung treiben, über die (im
Oktober 1863 zu Frankfurt abgehaltene) großdeutsche Versammlung witzig
werden und wählt sich zum Gegenstand seiner schäumenden Satyre den
humoristischen Vortrag des Dr. Bärens aus Hannover. Früher, heißt
es im gedachten Leitartikel, haben die Fürstenhöfe sich lustige Räthe ge=
halten, „dabei verstand es sich aber von selbst, daß der scharfe und oft
schärfste Witz (derselben) innerhalb des eigenen Kreises bleiben mußte."
Der Witz mußte also innerhalb des eigenen Kreises bleiben, obgleich bis
jetzt Niemand etwas davon wußte, daß der Witz einen eigenen Kreis
hat. (In diesem Bleiben im eigenen Kreis) „bestand seine Pointe und
sein Gewürz, seine heilsame kritische Wirkung." Die Pointe, das Ge=
würz, die heilsame kritische Wirkung des Witzes bestand also darin, daß
er in seinem eigenen Kreis bleiben mußte. Welche Barbierphantasie!
Dagegen seien die „theatralisch=possenhaften Schnuren" des Herrn Bä=
rens nicht in ihrem eigenen Kreise geblieben, sondern nur „auf fremde
Kosten ausgekramt worden." Welcher Gegensatz! An den alten Fürsten=
höfen ein Witz, der im eigenen Kreise bleibt, in der großdeutschen Ver=
sammlung ein Witz, der auf fremde Kosten ausgekramt wurde! Gut
rasirt! Um, abgesehen von der logischen Seite dieser Kritik, wissen zu
können, gegen was dieser Gallimathias gerichtet ist, müssen unsere Leser
sich daran erinnern, daß Dr. Bärens über den Nationalverein sprach,
was im „Frankfurter Journal" durch die „fremde Kosten" angedeutet
werden soll.

Das Organ der vernichtenden Kritik kommt dann auf die Entrüstung
der Versammlung über den Frhrn. von Künßberg, welche (nämlich Ent=
rüstung) „womöglich noch lächerlicher sich ansah als die schmunzelnde
Zustimmung zu der Burleske des Dr. Bärens." (Eine Entrüstung hat
sich also angesehen! Wie sie dieß nur zu Stande gebracht hat? Ver=
mittelst eines Spiegels oder wie?

Doch, sagt das „Journal de barbiers", wäre alles dieß verzeihlich
gewesen, „hätte dieses Schleppträgerthum einer fremden aufoctroyirten
Initiative nur eine einzige selbstständige Idee entwickelt!" Also

1) Schleppträgerthum. Nächstens wird dieses Organ des Barbier=
Styls vom Wasserträgerthum, vom Feuerwehrmännerthum sprechen.

2) Schleppträgerthum einer Initiative! Hat Carlchen Mießnik jemals
eine solche Phrase zu Tage gefördert? Aber

3) gar noch: Schleppträgerthum einer aufoctroyirten Initiative.
Aufoctroyirt! Nicht wahr, brave Culturzwitter des Fortschritts, Ihr
sagt auch: Wegseparirt, verdesenbirt und Mitcollegen? aber
solche Ausdrücke sind den gebildeten Herren vom Handwerk geläufig.

Schließlich wird der großdeutschen Versammlung vorgeworfen: sie
habe sich gegen die leiseste Spur eines demokratischen Hauchs abgesperrt".
Absperrung gegen einen Hauch, Absperrung gegen einen demokratischen

Hauch, Absperrung sogar gegen die Spur, ja gegen die leiseste Spur eines Hauchs! Nein dieß geht über den Bürgermeister von Saarbam. Wenn deutsche Zeitungen so schreiben, hört alles auf, jedenfalls die Kritik.

Der Kellner und sein Hammeran
Sie leiden Pein und klagen ꝛc."

Kellner wurde übrigens vor Kurzem wegen seiner Unfähig= keit entlassen und zog sich wieder nach Rotenburg an der Fulda zurück, um dort eine Rasirstube zu eröffnen. Ersetzt wurde er durch den Nationalvereinler Jungermann, (nomen omen) welcher wenigstens deutsch schreiben und redigiren kann und in der That hat das „Frankfurter Journal" unter seiner Leitung in formeller Beziehung sichtlich gewonnen. Da= gegen hat Jungermann als ächter Nationalvereinler bereits mehrere Nassauer Abvocatenlügen über mich drucken lassen, was ihm sicher keinen Gewinn bringen wird.

Meine Repressalien wurden größtentheils im Monat März, April und Mai in meiner Zeitung veröffentlicht und ich fing bereits an, mich der Hoffnung hinzugeben, daß ich dießmal meinen Zweck erreicht und die beiden Bartkünstler zum Schweigen gebracht habe, da erhielt ich im Monat Sep= tember wieder eine Citation vor Gericht zu erscheinen we= gen „Beleidigung und Verläumbung" der J. G. Hammeran und W. Kellner von Frankfurt. Die beiden Barbiere hatten bei Gott! schon wieder geklagt und hatten außerdem den Ab= druck des ersten von ihnen bestellten und im Monat April verfertigten Urtheils verlangt. Außerdem hatte der Raben= schwiegervater Hammeran für sich allein wegen eines Briefes geklagt, den ich ihm im Monat April geschrieben und worin ich ihn als „Unverschämter Hammeran! Rabenschwiegervater!" angeredet und ihm ernstlich untersagt hatte, meinen Namen und meine Verhältnisse noch einmal in seinem Klatschblatte zu berühren.

Diese Hammerans= und Kellnerklage empörte mich im höchsten Grade aus verschiedenen Gründen.

Erstens war ich dem Hammeran und seinem Kellner gegen= über vollständig im Recht. Denn während sie mich fort= während, ohne alle Veranlassung angriffen, übte ich lediglich Repressalien und Nothwehr, that ich gar nichts anderes, als

Etwas, wozu sie die Ursache gehetzt hatten, indem ich auf die mittelst der Presse gegen mich geführten Stöße, ebenfalls in der Presse Gegenstöße nachfolgen ließ. Mit ihrer Klage wollten sie mir also mein Recht abschneiden, wollten mir die Vertheidigung unmöglich machen, wollten mich durch rein mechanische Gewalt unterdrücken, wollten mich in einen Zustand versetzen, in welchem ich passiv, leidend, wehrlos mich von ihnen maltraitiren lassen sollte. Gegen einen solchen Zustand aber empört sich jede Faser, jeder Nerv, jede Muskel, jede Ader meiner Person.

Zweitens war die Klage wieder bestellt, bezahlt und erkauft und mit den Wiesbadner Advocaten im Complotte verübt. Es war zwischen den Advokaten und ihren Verbündeten ein förmliches Complott geschmiedet worden, zum Zweck, mich durch Preßprozesse zu ruiniren. Zu den Mitgliedern dieses Complotts gehörten Hammeran und sein Kellner zwar nicht, aber sie ließen sich von den Complotteuren bestimmen, sie ließen sich anwerben als Mitwirker an dem mir zugedachten Ruin. Es ist dieß ganz klar ersichtlich, wenn man den Zeitpunkt ins Auge faßt, in welchem die angeblichen Delicte begangen und in welchem die Klagen angehoben wurden. Drei bis vier Monate lang waren die journalistischen Bartkünstler ruhig und dachten nicht daran, mich zu belangen oder den Abdruck eines 4 Monate vorher fabricirten Urtheils zu erwirken. Da reist Braun wieder nach Frankfurt, zeigt Geld und nun fällt es dem Rabenschwiegervater Hammeran und seinem Kellner ein, daß 4 Monate vorher ein Urtheil verfertigt wurde, das noch zu veröffentlichen sei, daß vor 4 Monaten „injuriöse" Artikel über sie in der „Wiesbb. Ztg." gestanden, daß 4 Monate vorher ich in einem Briefe den Hammeran mit: „Unverschämter alter Hammeran! Rabenschwiegervater!" angeredet hatte und nun klagen sie 4 Monate, nachdem Alles dieß geschehen, nach Wiesbaden hinunter zu den Hergengerichten, um mich ins Correctionshaus verwünschen zu lassen.

Drittens war ich durch die fortwährenden Verhöre in Folge der ersten, der zweiten Brücks Klage, Brauns Klage, Hammerans und Kellners Klage, Kochs Klage, Brauns zweiter Klage, so zusammen inquirirt, daß ich neue Verhöre nicht

mehr ertrug. Jedes Verhör erregt nämlich in mir ein Ge=
fühl, als ob mir eine verschluckte Katze am Schwanz wieder
durch den Hals heraufgezogen würde.

Endlich ersah ich aus der Annahme dieser Klage von
Seiten des Justizamts, daß dasselbe an dem gegen mich ge=
richteten Complotte betheiligt war, denn wie ich weiter unten
darstellen werde, hatte dasselbe ein Jahr zuvor alle gegen
das Fortschrittsblatt der Advokaten, die „Rhein=Lahnztg.",
erhobenen, selbst die begründetsten Klagen unter nichtigen
Vorwänden abgewiesen, während es jedes Gewinsel als be=
gründet anerkannte, das von den Advokaten oder ihren Ver=
bündeten gegen mich angestimmt wurde. Ich entschloß mich
also, was das Gericht anbetraf, demselben den Gehorsam zu
kündigen und dadurch die Katastrophe, die unausbleiblich
hereinbrechen mußte, zu beschleunigen, zugleich aber mit scharf=
gespitzter Feder demselben auf den Leib zu rücken. Wie ich
dieß ausführte, ist sogleich zu lesen. Das Justizamt zu
Wiesbaden betreffend, so schlug ich jede Citation in den
Wind und erschien gar nicht mehr vor Gericht. Ich wurde
citirt bei Vermeidung von 5 fl. Strafe und erschien nicht,
bei 10 fl. Strafe und erschien wieder nicht, bei 15 fl., ich
erschien aber nicht, bei 20 fl., erschien gar nicht, bei 25 fl.
und erschien erst recht nicht. Bei Vermeidung der Vor=
führung, ich schloß mich ein und bezog ein anderes Quartier,
die Landjäger suchten mich, aber ich erschien nicht und so
trieb ich das Verhör hinaus bis in den Monat November
und damit natürlich auch die Fabrikation eines Urtheils.
Gegen die beiden Barbiere aber ließ ich jetzt täglich einen
jener Späße erscheinen, für welche das große Publikum so
empfänglich ist. Ich wollte es absichtlich dahin bringen, daß
jede Nummer der „N. Wiesb. Ztg." einen Preßprozeß nach
sich zog, immer natürlich wegen Aeußerungen, die in jedem
andern Lande straflos bleiben. Es erschienen also der Reihe
nach in jeder Nummer folgende Späße:

„†* F r a n k f u r t, 4. Oct. Gestern hatte der Redactionskellner
des „Frankf. Journals" das Unglück, beim Rasiren sich mit dem
Rasirmesser sehr unangenehm zu verwunden. Er fiel vor Schreck auf
denjenigen Theil seines Körpers, der beim Redigiren des „Frankfurter
Journals" vorwiegend in Anspruch genommen wird und klagte sehr."

„†* F r a n k f u r t, 5. Oct. Gestern widerfuhr Hammeran, dem
Schwiegervater, das Unglück, daß ihm, als er sich zum Rasiren an=

schickte, eine Seifenkugel in der Hand platzte und ihn bedenklich verletzte. Auch er fiel zu Boden auf denjenigen Theil seines Körpers, welcher beim Redigiren des „Journals" hauptsächlich in Anspruch genommen wird und stöhnte und klagte sehr."

„†* Frankfurt, 6. Oct. Als sich gestern Hammeran schwiegerväterlich zum Rasiren bereit gemacht hatte, trat sein Kellner bei ihm ein, sah den Seifenschaum für Vanillecreme an und verzehrte ihn rasch aus Versehen. Kellner wurde von den heftigsten Leibschmerzen ergriffen, fiel um auf den redigirenden Theil seines Körpers, wimmerte und klagte sehr.

„†* Frankfurt, 7. Oct. Ueber das dem Kellner zugestoßene Unglück alterirte sich Hammeran so, daß er in der Alteration den Rasirpinsel verschluckte, welchen er zufällig in der Hand hielt. Ein fürchterliches Leibschneiden stellte sich ein, Hammeran fiel ebenfalls um auf den redigirenden Theil seines Körpers und winselte und klagte sehr."

„†* Frankfurt, 8. Oct. Ueber das seinem Hammeran zugestoßene Unglück entsetzte sich der Kellner, welcher sich unterdessen wieder erholt hatte, dermaßen, daß er seinerseits in der Alteration die Barbierschüssel verschluckte. Sie war von Blech. Heftige Colik stellte sich sofort ein, Seifenblasen entströmten seinem Munde, er fiel wieder auf den redigirenden Theil seines Körpers, winselte und klagte sehr bis nach Wiesbaden hinunter."

„†* Frankfurt, 10. Oct. Gestern wurde hier ein Wettrasiren veranstaltet. Den ersten Preis trugen davon Hammeran und sein Kellner. Beide hatten sich zu gleicher Zeit gegenseitig eingeseift, glatt rasirt und abgetrocknet. Die ganze Operation war das Werk einer halben Minute und als es vollbracht war, fielen sie auf den redigirenden Theil ihrer Körper und klagten sehr und wurden vom „Rh. Kurier" zu „zwei bei Freund und Feind in allgemeinster Achtung stehende Männer" ernannt.

Man singt gegenwärtig im Lindenfels folgendes Lied:

Der Kellner und der Hammeran,
Sie leiden Pein und Plagen
Und fangen in der Kammer an,
Schon Morgens Schaum zu schlagen
Und klagen.

Der Kellner und der Hammeran,
Sie ließen auf — sich hetzen
Und müssen um so strammer dran,
Scheermesser nun zu wetzen
Für's Hetzen.

Der Kellner und der Hammeran,
Sie klagen und sie winseln;
Jetzt müssen's, seht den Jammer an!
Gesichter schaumbepinseln
Und winseln.

Der Kellner und der Hammeran,
Die können's nimmer tragen;
Denn täglich fängt der Jammer an
Von Neuem, da sie klagen,
Sehr klagen."

„†* Frankfurt, 12. Oct. Gestern bereitete das „Frankfurter Journal" seinen halbjährigen Bedarf der bekannten „Pfarrer Wähler'schen Hühneraugensalbe", womit es Handel treibt und welche ein wesentliches Ingredienz seiner Leitartikel bildet." ꝛc. ꝛc.

Daß übrigens die Klage Hammerans und seines Kellners die Katastrophe wesentlich beschleunigte, werde ich jetzt nach=weisen, indem ich den „Krieg mit der Justiz" beschreibe, in den ich unmittelbar durch jene Klage verwickelt wurde.

Im Jahr 1863 stand als Amtmann an der Spitze des Hofgerichts zu Wiesbaden ein Mann Namens Dübell, ein Dübell, dessen physische, moralische und geistige Persönlichkeit weniger an einen Mann und noch weniger an einen Amt=mann, dagegen sehr lebhaft an jenen Schneidergesellen er=innerte, welcher mit Heine auf der Harzreise ein Stück Wegs weit lief und nachdem er kaum eine Viertelstunde gelaufen, sich unter einen Apfelbaum warf und ausrief: „jetzt bin ich armes Schindluderchen schon wieder ganz caput". Dübell war stets caput, eben weil er ohne caput war. Dübell war ein Amtmann nach dem Herzen Hergenhahns und noch mehr nach dem Herzen der Advocaten. Dienstlich von Hergenhahn, dem Hofgerichtsdirector abhängig und wohlbekannt mit den Zuständen und Intentionen dieses Hofgerichts, daher fest ent=schlossen, dieses Hofgericht nie zu beleidigen, nie etwas zu thun, was diesem Hofgericht mißfallen und noch weniger etwas zu thun, was den Advocaten nicht gefallen könnte, war Dübell ganz eigentlich das Werkzeug der gegen mich gerichteten, auf meine Ruinirung durch Preßprozesse hinarbeitenden Conspi=ration. Bis zu welchem Grad die Gefügigkeit dieses dehnbaren Werkzeuges der Advocaten ging, will ich einleitend an einigen

der naſſauiſchen Gerichts= und Advocatenpraxis entnommenen
Beiſpielen klar machen.

Es wurde einſt ein Prozeß geführt, in welchem der Hof=
gerichtsprocurator v. Eck, ein in ganz Naſſau trotz ſeiner
Fortſchrittsſchrullen hochgeachteter Mann und der Advocat
Lang, ein trotz ſeiner fortſchreitenden Geſinnung im Lande
Naſſau nicht ſehr hoch geachteter Mann, ſich ſtreitend gegen=
über ſtanden. Hofgerichtsprocurator v. Eck hatte ein um=
faſſendes, viel Zeit und Mühe koſtendes „Libell" ausgearbeitet
und erhielt deßhalb vom Juſtizamt zu Wiesbaden das Ma=
ximum der geſetzlich zuläſſigen Advocatentaxe decretirt. Ad=
vocat Lang dagegen hatte nur eine wenige Zeilen umfaſſende
Erwiderung eingereicht und erhielt deßhalb nur das Mini=
mum jener Taxe zuerkannt. In Folge deſſen eilte nun Lang
getrieben von ſeinem Patriotismus, ſeiner Volksfreundlichkeit,
ſeinem Freiſinn und ſeiner Liebe zur deutſchen Nation aufs
Juſtizamt und herrſchte da zunächſt den Acceſſiſten, der den
Prozeß behandelt hatte, an, warum ihm nur wenige Gulden
decretirt worden ſeien, er ſei beſchädigt, verkürzt, benachthei=
ligt. Der Acceſſiſt, zufällig ein unabhängiger an den Staats=
dienſt nicht gebundener Mann, wies den Advocaten jedoch
kurz ab und erklärte: Was beſchloſſen iſt, iſt beſchloſſen und
wird nicht mehr abgeändert. Hierauf ſtiefelte Lang in den
bekannten geſchmierten Fortſchrittsſtiefeln hart auftretend zum
Aſſeſſor, machte auch dieſem Vorwürfe und verlangte ebenfalls
Aufbeſſerung ſeines Lohnes, wurde aber ebenfalls abgewieſen.
Nun aber trabte Lang zum Juſtizamtmann Dübell, trat noch
härter vor dieſem auf, wiederholte ſeine Klagen und Vor=
würfe, und der Dübell, geſchwind wie der Wind, ergriff eine
Feder und that wie der Advocat verlangte, indem er ihm
ebenfalls das Maximum der Taxe decretirte. Bezahlen mußte
natürlich das „Volk", d. h. ein Theil des Volks, die ſtrei=
tende Partei nämlich und bezahlen mußte dieſer Theil des
Volks, weil der Amtmann Dübell befahl, daß bezahlt werden
müſſe und der Amtmann Dübell befahl, weil die Fortſchritts=
advocaten in Naſſau eine ſolche Machtſtellung ſich errungen
hatten, daß Dübell einem Fortſchrittsadvocaten nichts ab=
ſchlagen konnte.

Zeuge für die weſentliche Richtigkeit dieſer Thatſache iſt
der betreffende Amtsacceſſiſt und Aſſeſſor, deren Namen zur

Verfügung stehen und genannt werden, sobald Lang [1]) oder Dübell mich verklagt haben wird.

Ein anderes Bild.

In Wiesbaden wurden Kinder geraubt und zwar von einem Mann, der getrennt von seiner Frau lebte und zwar wurden sie eben dieser Frau geraubt. Dieser Kinderraub gab schon im Jahr 1861 Veranlassung zu einem Preßprozeß, in dem Braun die „Wiesbadener" sowie die „Kasseler Ztg." wegen Verläumbung verklagte und zwar, weil sie ihn der Mitwirkung an diesem Kinderraube bezüchtigt hatten. Wie die Klage gegen die „Kasseler Ztg." endete, weiß ich nicht, da nichts mehr davon verlautete, gegen die Redacteure der „Wiesbadener Ztg." wurde das Verfahren sistirt, nachdem sie sich von Wiesbaden entfernt hatten, die beraubte Frau aber, Mitangeklagte, wurde, wenn ich nicht irre, um 10 fl. bestraft.

Die geraubten Kinder wurden von dem Manne nach Wien verpflanzt, wohin sich derselbe zurückgezogen hatte, um sehr bald dort zu sterben: Nachdem in dieser Weise der Gatte vom Schauplatz verschwunden war, verlangte die in Wies= baden zurückgebliebene Gattin und Mutter ihre Kinder zurück, wendete sich deßhalb an das Justizamt zu Wiesbaden mit dem Gesuch, vermittelst diplomatischer Requisition die Kinder von Wien herbei und ihr wieder in's Haus zu schaffen.

Die Angelegenheit gelangte an einen Assessor zur Erle= digung, welcher dann auch das Gesuch so natürlich, so mo= ralisch und juristisch gerechtfertigt fand, daß er demselben zu willfahren den Beschluß faßte und demgemäß ein Requisi= torium anfertigte, welches der Amtsvorstand, unser Dübell, zu unterschreiben hatte. Der Assessor hatte jedoch die Rech= nung ohne den Braun, oder vielmehr ohne die Furcht vor dem Braun gemacht, denn als das Instrument zur Unter= zeichnung an Dübell gelangte, weigerte sich dieser entschieden einen Beschluß auszuführen, den im Namen des Justizamts

---

1) Bei dieser Gelegenheit möchte ich dem Herrn Lang Z & A in Erinnerung bringen und bemerken, daß ich diese Firma und was dazu gehört nur deßhalb nicht schon im Januar 1863 öffentlich berührte, weil mich Rücksichten für einen andern Mann davon abhielten.

der zweite als Richter bestellte Beamte gefaßt hatte. Braun war nämlich Anwalt des räuberischen Mannes und Ankläger der beraubten Frau gewesen und gegen Braun den allmächtigen, mit dem Vorgesetzten Hergenhahn, dem verlockenden Director des Hofgerichts so intim verbündeten Advocaten Partei zu nehmen, nein! das vermochte Dübell nicht. Eher hätte er sich den Finger in der Westentasche abgebrochen, als gegen Braun entschieden.

So ging es unter Dübell zu in Wiesbaden im Justiz= palast erster Instanz! Wir haben hier vor Allem ein klaf= sisches Beispiel von der in Nassau etablirten, in jedem andern Staate unerhörten Advocatenherrschaft. Wie man sieht, waren die nassauischen Beamten, ich spreche von der Mehrzahl, weil Dübell, trotz seiner Schneiderseeligkeit, als gefügiges, unter= würfiges, zu Allem bereites, vor den Advocaten zitterndes und bebendes Werkzeug nicht allein stand, sondern die Mehr= zahl der Beamten war so gesinnt oder dressirt; wie man also sieht, waren diese Beamten viel weniger herzogliche, als Ad= vocaten=Diener, Diener, deren Willfährigkeit so weit ging, daß sie in Civilprozessen die Gebühren der Advocaten, nach= dem dieselben vom Gerichte bereits festgesetzt waren, zum Nachtheile der Clienten erhöhten. Wie man sieht, war aber auch diese Advocatenherrschaft schließlich nur auf den Geld= erwerb gerichtet. Die politischen Umtriebe der Advocaten, ihre Reden, Versammlungen und Vereine, ihre Volksfreund= lichkeit, ihr Liberalismus, Freisinn und Patriotismus, alles dieß war lediglich ein Mittel für sie, durch welches sie sich zu einer Macht emporarbeiteten, vor der die Staatsbehörden so tief sich beugten, daß z. B. Gerichte auf Antrag der Ad= vocaten sogar die an sich schon enormen, bereits gerichtlich festgesetzten Gebühren in einzelnen Fällen beliebig erhöhten.

Ich selbst hatte jedoch am Meisten in diesem Zustande zu leiden, denn für mich hatte derselbe das zur Folge, daß das Justizamt zu Wiesbaden jede, auch die frivolste Klage gegen mich annahm und da das Hergengericht mich wegen jeder, auch der frivolsten Klage zu Correctionshaus verur= theilte, so lag das Schicksal meiner Person und meiner Zei= tung vollständig in den Händen des Amtmanns Hergen=Dübell und seines Assessors Hergen=Reim und dieß umsomehr, als nach naffauischem Recht eine Injurien= und Verläumbungsklage, wenn sie in erster Instanz abgewiesen ist, von dem Kläger nicht appellando an die zweite Instanz gebracht werden kann. Wies also der Hergen=Dübell die gegen mich eingereichten Klagen ab, so war ich gerettet, nahm er sie an, so war ich zum Correctionshaus verurtheilt.

Ich habe nun schon früher darauf aufmerksam gemacht, daß eine förmliche Conspiration gegen mich angezettelt war, darauf gerichtet, mich durch Preßprozesse zu ruiniren. Schwebend waren noch Brauns Klage, Brücks Klage, von welchen jede das Correctionshaus nach sich zog und nun wurde schließlich auch wieder Hammeran und sein Kellner als Kläger käuflich erworben, um zu klagen gegen mich wegen Artikel, welche 4 Monate vor Einreichung der Klage veröffentlicht worden und z. B. die Injurie enthielten, die Stadt Frankfurt habe den genannten Männern Freiplätze in der höheren Bürgerschule angeboten. Außerdem lagen noch andere Anzeichen einer förmlich angezettelten und planmäßig durchgeführten Conspiration vor.

Zur Zeit meiner Ankunft in Wiesbaden war als Affessor für das Criminalwesen beim dortigen Justizamte angestellt Herr Oppermann. Als derselbe gegen Ende des Jahres 1862 zum Amtmann in Jbstein ernannt, Wiesbaden verließ, begleiteten ihn die Achtung und das Wohlwollen des Publikums, sowie die Anerkennung seiner Vorgesetzten. Zu denjenigen, welche für die Person des Herrn Oppermann mit hoher Achtung erfüllt waren und sein Scheiden von Wiesbaden schmerzlich bedauerten, gehöre auch ich, obgleich Herr Oppermann mehrere Preßprozesse gegen mich zu leiten hatte. Zu denjenigen, welche den Abzug seines Nachfolgers des Hergen=Reim von Wiesbaden mit Freuden, ja mit Jubelgeschrei begrüßten, und welche für diesen Herrn mit nichts weniger als hoher Achtung erfüllt sind, gehöre ich aber auch. Woher nun dieser Unterschied der Beurtheilung und des persönlichen Verhältnisses? Beide Herren instruirten Preßprozesse, beide „arbeiteten in Untersuchungen" gegen mich; wenn ich nun beide verschieden beurtheile, den einen liebe und achte, den andern aber nicht, so kommt dieß offenbar daher, daß beide mich ganz verschieden behandelten.

Herr Oppermann, ohne seine Pflichten als Beamter im
Geringsten zu verletzen, führte die Untersuchungen gegen mich
in humaner Weise, ohne Absicht und Eifer dem Justizamt=
mann Hergen=Dübell gegenüber eine selbstständige Stellung
einnehmend. Er übertrug die Untersuchung einem Accessisten,
er verlangte keine Caution von mir, er gestattete mir schrift=
liche Vernehmlassung, so daß die peinlichen Verhöre über=
flüssig wurden, er behandelte mich nicht wie einen Criminal=
verbrecher und legte diesen Hexenprozessen keine majestäts=
verbrecherische Bedeutung bei.

Kaum war der Hergen=Keim als sein Nachfolger einge=
troffen, so änderte sich Alles dieß sehr zu meinem Nachtheil.
Hergen=Keim gerirte sich wie der leibhaftige Gott der Ge=
rechtigkeit und legte einen Eifer gegen mich an den Tag, als
hätte ich einen Hochverrath begangen. Ich kam zum ersten=
mal mit ihm in Berührung, als mir ein Urtheil eröffnet
werden sollte. Dazu war ich auf Nachmittag 3 Uhr vorge=
laden. Als ich nun schon um 12½ Uhr in seiner Kanzlei
mich einfand, um zu fragen, ob ich nicht nöthigenfalls am
andern Tage erst zur Urtheilseröffnung erscheinen könne, da
ließ er mich packen und in's Gefängniß abführen. Die bereits
von dem Accessisten angefangenen Untersuchungen nahm er
sofort selbst in die Hand. Meine schriftliche Erwiderung auf
Brauns Klage, von Herrn Oppermann bereits acceptirt, wurde
verworfen und ich über dieses Monstrum einer Preßklage,
einem bis in's minutiöseste Detail gehenden, Monate lang
dauernden mündlichen Verhör unterworfen. In meine Privat=
verhältnisse inquirirte er bis auf den Namen meines Groß=
vaters hinein, er durchstöberte meine ganze Vergangenheit,
alle Aufenthaltsorte, wo ich verweilt, alle Reisen, die ich ge=
macht, meine Universitätsjahre und verhörte mich auf's Neue
wegen jeder Carcerstrafe, die ich 20 Jahre vorher als Stu=
dent abgesessen[1]). Wegen jeder Lappalienklage verlangte er

---

1) Es ist dies die blutige Wahrheit. „Sie sind, lauteten die Fragen,
im Jahr 1841 wegen Rauchens aus einer unbedeckten Pfeife mit 1 fl.
30 kr., Sie sind wegen Spazierengehens im Schlafrock mit 1 fl. 30 kr.,
Sie sind wegen Tragens verbotener Farben mit 8 Tagen Carcer be=
straft worden, was haben Sie darauf zu erwidern?" Solche Verhöre
stellte im Jahr 1863 ein nassauischer Assessor mit einem Schriftsteller

500 fl. Caution. Er verbot mir — verfassungswidrig — während meines ganzen Lebens die gegen mich erlassenen Urtheile zu beurtheilen. Er verfolgte mich bis auf die Festung mit seinen Verhören, kurz, er behandelte mich wie einen Capitalverbrecher, und als eines Morgens sämmtliche Assessoren wie gewöhnlich vor Beginn der amtlichen Thätigkeit zur Besprechung beim Hergen=Dübell versammelt waren und einer der Assessoren, als die „N. Wiesb. Ztg." erwähnt wurde, die Aeußerung von sich gab, daß die Behandlung des Redacteurs dieser Zeitung schlimme Folgen nach sich ziehen dürfte, da nahm Hergen=Keim das Hergengericht energisch in Schutz und behauptete, daß mir ganz recht geschehe. Aus diesem ganzen Verfahren und Benehmen dieses Anfangs bornirten, später boshaften Pedanten, ein Verfahren und Benehmen, das sich von der Haltung seines Vorgängers wesentlich unterschied und im höchsten Grad animos war, erkannte ich, daß ich es mit einem vorgefaßten Plane zu thun hatte, daß Hergen=Keim beauftragt, überredet, „verlockt" war, so gegen mich zu verfahren, wie ich es eben geschildert. In dieser Ueberzeugung wurde ich aber bis zur Gewißheit bestärkt, als ich das Verfahren des Justizamts in anderen Preßklagen mit der mir zu Theil gewordenen Behandlung verglich.

Im Jahr 1861 hatte ich gegen den „enthüllten Trabert", den Redacteur des Advocatenblattes „Rhein=Lahnzeitung", Klage auf Ehrenkränkung erhoben. Der Thatbestand der Ehrenkränkung und Verläumdung war so evident, daß die Klage angenommen werden mußte. Ich hatte sie eingereicht im Juni 1861. Im April 1862 erhielt ich eine Vorladung nach Wien zum Termin zu erscheinen und da ich natürlich nicht erschien, wurde die Untersuchung vom Justizamt niedergeschlagen. Hergen=Dübell hatte die gegen den Schützling des Associe's seines Vorgesetzten Hergenhahn eingereichte Klage absichtlich ½ Jahr hinausgezögert.

Im Jahr 1861 klagten die Redacteure der „Wiesbadner Zeitung" gegen Jemand, der sie als „Gelichter" bezeichnet

an, der wegen Injurien und Verläumdung von Privatpersonen verklagt worden. Aber er wollte Erschwerungsgründe für die Urtheiler und Stoff zu üblen Nachreden für die Advocaten aufstöbern!

hatte, auf Ehrenkränkung. Hergen=Dübell wies die Klage ab, weil der Ausdruck „Gelichter" keine Injurie sei. [1]

Gegen mich klagte ein Hälmann, weil ich seinen Namen mit dem U statt mit dem Y geschrieben und diese Klage wurde von Hergen=Dübell angenommen; freilich klagten im ersten Fall Redacteure, welche mit Braun und Lang im Streit lagen, im letzten Fall aber klagte ein Schreiber, welcher mit Braun nicht im Streite, sondern vielmehr als dessen Schreiber in engster Geschäftsverbindung und Bundesgenossenschaft lag. Er gab bekanntlich den Namen zu Braun's Finanzoperationen her.

Im Jahr 1860 waren gegen die „Rhein=Lahnzeitung", das Organ der Braun und Lang, zweier Advocaten, 5 — 6 Klagen auf Ehrenkränkung, Verläumbung und Dienstehrenbeleidigung eingereicht worden.

Diese Klagen waren, wie ich weiter unten nachweisen werde, alle wohlbegründet. Hergen=Dübell aber wies sie alle ab, denn sie waren gerichtet gegen den enthüllten Trabert, welcher war ein Schützling Braun's, welcher war ein Associe Hergenhahns, des publicumverlockenden Hofgerichtsdirectors.

Die gegen den Redacteur des Fortschritts= und Advocatenblatts gerichteten Klagen waren also und selbst die begründetsten abgewiesen worden, die gegen mich eingereichten Urtheilsbestellungen dagegen, selbst die frivolsten, wurden alle angenommen und prompt effectuirt, zuletzt noch die Hammerans= und Kellnerklage. Gegen einen solchen Zustand war nichts anderes mehr anzuwenden als Gewalt und die rücksichtsloseste Rücksichtslosigkeit. Ich zog deßhalb wieder vom Leder und führte auf die Saracenen der nassauischen Justiz folgende Schwabenstreiche.

In Nr. 204 der „N. Wiesb. Ztg." vom 1. September begann ich unter dem Titel: „Nassauische Justiz" eine Reihe von Artikeln folgenden Inhalts:

„Die Entscheidung naht! Wer die Verhältnisse des Herzogthums Nassau kennt, ist keinen Augenblick darüber im Zweifel, daß zwei Dinge

---

[1] In Folge dessen sprachen die Redacteure der „Wiesb. Ztg." in der nächsten Nummer ihres Blattes von dem „Justizamtsgelichter" und Hergen=Dübell mußte den Ausdruck einstecken.

auf die Länge hier nicht neben einander bestehen können, nämlich die „Neue Wießbadner Zeitung" und das Advocatenregiment mit seinen Verzweigungen und Complicen in den höheren Beamtenkreisen Nassau's. Die Advocatenclique, nicht wurzelnd im Volk, im Gegentheil von diesem verachtet, lediglich gestützt auf einige Schreier aus dem Publicum und jene malcontanten, intriguirenden und conspirirenden Staatsdiener, welche dem Herzog Treue geschworen und dem Nationalverein sie halten, welche ihre Amtsgeheimnisse verschachern und mit den Advocaten die Beute theilen, wir sagen die Advocatenclique sah ihren unvermeid= lichen Untergang vor sich, an dem Tage, an welchem ein unabhängiges Blatt anfing ihr Treiben dem Publicum zu enthüllen.

Es wurde deßhalb schon vorigen Winter der Versuch gemacht, die „N. Wießb. Ztg." zu vernichten und zwar zu vernichten durch Veran= lassung von Preßprozessen und gerichtlichen Urtheilen, es wurden zu diesem Zwecke Kläger gegen die „N. Wießb. Ztg." förmlich geworben und es wurden schließlich Urtheile erlassen, welche das Staunen und die Entrüstung nicht bloß des größern, sondern auch des juristischen Publi= cums im In= und Auslande hervorriefen.

Der Plan scheiterte an der Umwandlung der dem Redacteur der „N. Wießb. Ztg." zuerkannten Correctionshausstrafe in Festungshaft.

Ein zweiter Plan wird jetzt wieder vorbereitet. Die Verschwornen kämpfen um ihre Existenz und beabsichtigen bießmal ein Strafurtheil hervorzurufen, welches Se. Hoh. dem Herzog durch seine Höhe die Be= gnadigung unmöglich machen soll. Zu diesem Zwecke sind bereits wieder auswärtige Kläger geworben und zwar der Redacteur und Herausgeber des sauberen „Frankfurter Journals". Es hat in Folge dieser Machi= nationen bereits der Setzer Hammeran wegen eines am 3. April von dem Redacteur der „N. Wießb. Ztg." an ihn gerichteten Briefs Klage erhoben und es hat ferner derselbe Setzer Hammeran, nebst seinem Re= dactionskellner, wie wir vermuthen, wegen verschiedener polemischer Ar= tikel der „N. Wießb. Ztg.", Klage erhoben und es haben diese beiden würdigen Herren Abbruck des am 25. April gegen uns erlassenen Ur= theils beantragt.

Wir werden nun in einer Reihe von Artikeln das Verfahren der nassauischen Justizbehörden, namentlich des dem Hofgerichtsdirector Her= gen=Hahn (Urtheil des Frankfurter Stadtgerichts vom 28. April 1857) untergebenen Amtmanns Dübell des Näheren beleuchten und beschränken uns für heute auf folgende Mittheilung.

Von diesem herzogl. Justizamt Wiesbaden, das dieser Amtmann Dübell repräsentirt, erhielten wir vorgestern ein Decret, dessen Verfasser im träumenden Zustande sich befunden haben muß, als er dasselbe niederschrieb. In dem Decret wird uns nämlich der Abbruck eines zu Gunsten der s. v. Hammeran und Kellner erlassenen Urtheils aufge= tragen und dabei bemerkt: wir haben uns jeden Zusatzes dazu, „sei es in der betreffenden Nummer der Zeitung oder einer früheren oder späteren Nummer der Zeitung zu enthalten." Nun ist ein Zusatz eine Behauptung. Behauptungen unter Verantwortlichkeit gegenüber dem Strafgesetz veröffentlichen zu dürfen, ist Preßfreiheit, Preßfreiheit ist ein

Nassau verfassungsmäßig garantirtes Recht jedes im Lande wohnenden Menschen. Es ist somit obige Verfügung des vom Amtmann Dübell dem Untergebenen Hergen-Hahns repräsentirten Justizamts, da sie die Veröffentlichung einer Behauptung praeventiv und für ewige Zeiten verbietet, ein Angriff auf ein verfassungsmäßiges Recht. Wir erklären deßhalb diese Verfügung für rechtlich ungültig, für nulle et non avenue und für eine Zumuthung, um die wir uns keinen Pfifferling kümmern werden. Morgen werden wir Beweis davon liefern."

Zugleich war in derselben Nummer folgende „leise Anfrage" enthalten:

„Es ist actenmäßig festgestellt, daß sich der Advocat Braun ein Palmarium von 600 fl. versprechen und ausbezahlen ließ. Solches ist gesetzlich den Anwälten verboten. Wird wohl Herr Hergenhahn gegen den Dr. Braun eine Disciplinaruntersuchung anheben lassen oder nicht?"

Dieser Artikel erregte in den Hergenkreisen Wiesbadens die höchste Entrüstung. Die Hergen waren nämlich der Ansicht, ich solle mich lautlos abschlachten lassen und ihnen für jedes „Urtheil", das sie mir hinterrücks in den Leib stießen, noch respectvoll vorne die Hand küssen. Sie prätendirten, ich solle Achtung haben vor der nassauischen Hergenjustiz, denn da sie Justiz sei, so seien eben deßhalb alle ihre Aeußerungen, selbst wenn diese nichts weniger als Recht, sondern nur Haß, Parteilichkeit und Willkühr athmen, Emanationen unfehlbarer Wesen. (Der ehemalige Winkeladvocat Hergen-Hehner gehörte auch zu diesen Wesen.)

Die großdeutschen Männer, mit denen ich in Verbindung stand, äußerten sich über vorstehenden Artikel folgendermaßen: So darf man nicht schreiben, sagten sie. Wir begreifen und fühlen, daß Sie in gerechter Entrüstung gehandelt haben, denn das Verfahren der Gerichte ist schändlich und man ist Mensch. Aber es schadet der Sache. Mäßigen Sie sich also um der Sache willen in der Form, es ist dies unser aller Wunsch, obgleich wir alle wissen, daß auf Ihren Schultern die ganze Last der Situation ruht, daß Sie zum Schlachtopfer auserkoren sind, aber endlich müssen dem Herzog die Augen aufgehen. So können die Dinge nicht fortgehen. So lange diese Persönlichkeiten in den Gerichten und einflußreichen Stellen sich befinden, ist jede Anstrengung vergebens, wäre selbst eine ganz conservative Kammer unwirksam. Also sprach man auf großdeutscher Seite. Ich versprach mein Möglichstes zu thun, erklärte aber, daß ich die der elendesten

Feigheit entsprungene Mißhandlung durch diesen Dübell nicht länger ertrage. Am nächsten Tage schrieb ich:

„Preßfreiheit, und sie ist in Nassau verfassungsmäßig garantirt, schließt jede Präventivmaßregel. d. h. jede Maßregel aus, welche der Veröffentlichung eines Schriftstückes zuvor kommt. Wo also Preß= freiheit existirt, ist eine Staatsbehörde rechtlich nicht befugt, die Ver= öffentlichung eines Schriftsatzes zum Voraus zu verbieten. und zu be= drohen. Trotzdem erhielten wir, wie gestern schon bemerkt, ein justiz= amtliches Decret, worin uns untersagt wird, in Beziehung auf ein zu veröffentlichendes Urtheil des Hofgerichts einen Zusatz, d. h. eine Be= merkung in der betreffenden Nummer der Zeitung oder in einer frü= heren oder späteren Nummer der Zeitung anzubringen. Abge= sehen davon, daß dieser Befehl in rein logischer Beziehung widersinnig ist, da die Bemerkung über ein hofgerichtliches Urtheil, wenn dieselbe nicht unmittelbar räumlich diesem angefügt ist, nie und nimmermehr als Zusatz betrachtet werden kann, so enthält die justizamtliche Ver= fügung ein Attentat auf die Preßfreiheit und wir handeln deßhalb dieser Verfügung zuwider, indem wir über das abzudruckende Hof= gerichtliche Urtheil folgende Bemerkung uns erlauben.

Den Thatbestand anlangend, hatte das „Frankfurter Journal" im Februar dieses Jahres in einer Wiesbadener Correspondenz gesagt: der Redacteur der „N. Wiesbadener Zeitung" sitze in Wechselhaft. Es war dies eine Nachricht, welche, selbst wenn sie wahr gewesen wäre, einen so unverschämten und moralisch kaum qualificirbaren An= griff enthielt (einen Angriff, den sich in keinem civilisirten Staate Europas ein nur einiger Maßen auf Anstand haltender Redacteur erlaubt hätte), daß wir zur Repressalie genöthigt und berechtigt waren. Wir erklärten deßhalb die Behauptung des „Frankf. Jour= nals" für eine unverschämte Lüge, sprachen die Ansicht aus, dasselbe werde wohl die Aufnahme des Artikels sich haben bezahlen lassen, veröffentlichten eine Anzeige, in welcher sich das „Frankf. Journal" zur Aufnahme ähnlicher Artikel gegen Einsendung von 10 fl. bereit erklärt und erzählten, dem Redactionskellner des „Frankf. Journals" seien 25 auf denjenigen Theil seines Körpers aufgezählt worden, wel= cher bei der Redaction des „Frankf. Journals" hauptsächlich in An= spruch genommen werde.

Wegen dieser Repressalie verurtheilte uns das Wiesbadener Hof= gericht zu einer Correctionshausstrafe, verurtheilte uns zur Zwangs= arbeit, wegen einiger in öffentlicher Fehdemit Journalisten untergeord= neten Ranges gebrauchter Ausdrücke und Wendungen!

In den Entscheidungsgründen dieses Hofgerichtlichen Urtheils heißt es, der Angeschuldigte werde zu dieser Strafe verurtheilt u. A., weil der Hang desselben zu derartigen Vergehen erschwerend in Betracht komme.

Dazu bemerken wir nun, daß dieser Hofgerichtliche Grund nicht den geringsten Grund hat. Wir haben gar keinen Hang zu derarti= gen Vergehen, es ist dies ganz unrichtig und falsch. Wir haben noch nie Jemand ohne Veranlassung und ohne die triftigsten Gründe be=

leibigt, wir haben noch nie angegriffen. Aber wir haben den Hang, jedem Angreifer, sei er, wer er wolle, sei er eine Privat= oder eine amtliche Person, aus Leibeskräften auf den Kopf zu schlagen und un= ser Recht, unsere Ehre, unsere Person zu vertheidigen durch kräftige Zurückgabe des Angriffs. Wir weisen also die Behauptung, wir hät= ten einen Hang zu derartigen Vergehen, mit Protest zurück.

Ferner heißt es, die Strafe sei ausgesprochen worden, weil der Angriff des „Frankf. Journals" nicht in sehr hohem Grade verletzend erscheine. So also, wenn in öffentlichen Blättern fälschlich behauptet wird, es sitze Einer in Wechselhaft, ja wenn selbst der Wahrheit ge= mäß eine solche Privatangelegenheit offenbar in der Absicht zu scha= den, zu verletzen, in den Augen des Publikums zu blamiren vor die Oeffentlichkeit gebracht wird, so ist dies nicht in hohem Grade ver= letzend? Der Criminalsenat des Wiesbadener Hofgerichts scheint eigen= thümliche Ansichten über die Wirkungen zu haben, welche derartige schmähliche Angriffe im Gemüthe des Verletzten hervorbringen. Wir wären doch begierig zu erfahren, in welchem Grade es verletzen würde, wenn Jemand ohne Veranlassung, in gehässiger Absicht, ein gewisses Urtheil (des frankfurter Stadtgerichts) der Oeffentlichkeit Preis gäbe?

Wir erklären also auch diesen Entscheidungsgrund für durchaus unstichhaltig. Dies sind die Bemerkungen, die wir vor dem Abdruck des Urtheils diesem voranschicken.

Wir haben übrigens gegen die Verfügung des Justizamtes an die höhere Behörde uns gewendet, und sollten wir schließlich dennoch zum Abdruck des Urtheils angehalten werden, so wird derselbe von uns nur in der Absicht veranstaltet, an den erwähnten Entscheidungs= gründen dem Publikum zu zeigen, in welchem Geiste, in welchem ani= mus die „N. Wiesb. Ztg." von den Gerichten behandelt wird.

Unter diesen Umständen und so lange dieser Geist in den Gerich= ten herrscht, ist es aber auch kein Wunder, wenn sich eine förmliche Conspiration bildet, darauf ausgehend, die „N. Wiesb. Ztg." durch gerichtliche Urtheile vernichten zu lassen."

Am nächsten Tage schrieb ich:

„Wir haben bereits darauf aufmerksam gemacht, daß deutliche An= zeichen von einer Verschwörung vorhanden sind, welche darauf aus= geht, die „N. Wiesb. Ztg." durch Klagen und Preßprozesse zu ruini= ren und sie etwa nach Mainz zu vertreiben, damit von dort aus die saubere Gesellschaft und ihre Mitschuldigen mit glühenden Kugeln be= schossen und ihre mittelmäßigen Köpfe mit Schwefelsäure eingesalbt werden können. Wie verflossenen Winter der Buchdrucker Adelmann aus Frankfurt requirirt wurde, um Klage gegen den Redacteur der „N. Wiesb. Ztg." zu erheben, weil der letztere auf Adelmanns in= famen durch gar nichts provocirten Angriff rückschlagend erwidert hatte, so werden jetzt wieder die beiden würdigen Vertreter der deut= schen Presse, Setzer Hammeran und sein Kellner, veranlaßt, zu kla= gen, theils wegen eines von uns am 3. April, also vor 4 Monaten, an den Hammeran abgesendeten Briefes, theils, wie wir vermuthen, wegen verschiedener polemischer Artikel, in welchen wohl Ausdrücke

gebraucht sind, wie sie in journalistischen Fehden ge[f]   [...]raucht werden,
ohne daß es einem Journalisten deßhalb zu klagen   [...]onst einfällt, in
welchen aber keine Injurien gebraucht sind. Wir m   [...]erben das Nähere
nachtragen. Sodann erfahren wir heute, daß b   [...]er Abvocat Braun
zwei neue Klagen gegen uns erhoben hat, warum   [...]wissen wir bis jetzt
eben so wenig, als wir es vermuthen können.   Die Frage ist nun:
wie verhalten sich diesen Versuchen gegenübe   [...]c die herzoglichen Ge=
richte, vor Allem das herzogliche Justizamt,   welches über die Zuläs=
[...]t einer Klage zunächst zu entscheiden h   [...]t? Es ist dies eine be=
[...]utungsvolle Frage.

Die „N. Wiesb. Ztg." vertritt eine p[...]olitische Tendenz, welche
der vollsten Billigung aller verständig[...]en und conservativen Männer
sich erfreut, weil sie in voller Uebere[...]instimmung mit den Principien
sich befindet, die in unserer Zeit ein[...]er rationellen Staatsregierung zu
Grunde gelegt werden müssen und[...] nichts Anderes bezwecken, als die
Herstellung eines möglichst guten Rechtszustandes und einer möglichst
guten Verwaltung, und weil sie zugleich dem verderblichen Treiben
der Parteien und Parteiführer entgegentritt und die Grundlagen der
socialen Ordnung zu wahren sucht, gegen die fortwährend auf diesel=
ben gerichteten Angriffe der. Leidenschaft, der Thorheit, des Unver=
standes und der systematischen Unterwühlung. Die „N. Wiesb. Ztg."
vertritt eine Tendenz, welche der Staatsregierung und dem
Staatsoberhaupte zu wahrenden Interessen förderlich ist.

Die Justizbehörden haben in der Beurtheilung der Verläumbungs=
klagen den weitesten Spielraum, da, wie wir gestern an den Ent=
scheidungsgründen eines hofgerichtlichen Urtheils gezeigt haben, das
Meiste von der subjectiven Ansicht, der Meinung, dem Belieben des
beurtheilenden und erkennenden Richters abhängt. Ihm ist es in den
meist zweifelhaften Fällen überlassen, zu entscheiden, ob der That=
bestand eines Vergehens vorliegt, ob ein Umstand strafmildernd oder
erschwerend und in welchem Grade einwirkt, ob böser Wille oder gu=
ter Glaube des Thäters, ob die Absicht zu beleidigen vorhanden ist,
oder nicht, kurz, die Lehre von der Injurie und Verläumdung ist so
dunkel und zweifelhaft, die gesetzlichen Bestimmungen sind so unbe=
stimmt und anhaltslos, daß derselbe Fall je nach der Persönlichkeit
des beurtheilenden und erkennenden Richters als nicht strafbar, höch=
stens als leichtes Vergehen, oder aber als schwere Missethat aufgefaßt
werden kann, weßhalb nach Willkür des beurtheilenden und erkennenden
Richters, weßhalb auch jede Aburtheilung eines solchen Vergehens im
geheimen, schriftlichen Verfahren, ohne Oeffentlichkeit und Mündlichkeit
an sich schon ein halber Justizmord ist.

In der Behandlung und Beurtheilung der Injurien und Ver=
läumbungsklagen tritt somit die Privatmeinung und Privatgesinnung
des Richters, und wenn diese Klagen gar Parteizwecke dienen sollen,
die politische Gesinnung des Richters ganz offen zu Tage.

Wie behandeln nun unter diesen Umständen die Herzogl. Gerichte
zunächst das Herzogl. Justizamt, begleitet von Männern, welche alle
geschworen haben, dem Landesfürsten treu, hold und gewärtig zu sein,

21*

und sein Interesse zu. fördern, wie behandeln nun diese Herzogl. Beam=
ten eine Zeitung, welche ihrer politischen Tendenz und Wirksamkeit wegen
wenigstens nicht übelwollend zu behandeln, wenigstens nicht zu mißhan=
deln, das Interesse der Regierung und des Staatsoberhaupts unzweifel=
haft erheischt, wie behandeln sie diese Zeitung?

Wir werden diese Frage durch Thatsachen beantworten lassen und
leiten diese Antwort ein mit dem Hinweis auf die Behandlung, welche
die nassauischen Gerichte dem Organ der Oppositions=, d. h. derjenigen
Partei angedeihen ließen, die der Regierung geradezu feindlich gegen=
übersteht. Wir werden also zunächst nachweisen, wie die gegen den Re=
dacteur der „Rhein=Lahnztg." vor zwei Jahren angebrachten Klagen von
dem Herzoglichen Justizamte zu Wiesbaden aufgefaßt wurden."

Zugleich stellte ich wieder folgende

Leise Anfrage!

Wir haben schon früher darauf aufmerksam gemacht, daß ein hier
wohnender Fremder, ein Engländer, zu Gunsten einer Dame, welche ihn
verpflegt, durch einen hiesigen Procurator ein Testament anfertigen ließ,
daß dieses Testament bei Amt von dem letztern nicht hinterlegt wurde,
obwohl der Testator und seine Dame, wahrscheinlich auf Grund eines
von dem Procurator ihnen gemachten Versprechens, fest überzeugt waren
das Testament sei hinterlegt worden, so daß, wenn nicht dieselben, miß=
trauisch geworden durch gewisse Gerüchte, aufs Nachforschen sich ver=
legt und die Abwesenheit des Testaments auf dem Justizamt nicht recht=
zeitig entdeckt hätten, das Vermögen des Testators später an die reichen
und gewiß sehr dankbaren Intestaterben gefallen wäre. Wird wohl Hr.
Hofgerichtsdirektor Hergenhahn eine Disciplinaruntersuchung wegen dieser
Angelegenheit einleiten?"

In der nächsten Nummer wurde der Justizartikel folgen=
dermaßen fortgesetzt:

„Daß die nassauischen Gerichte, daß namentlich auch das Herzogl.
Justizamt mit der „R. Wiesb. Ztg." nicht glimpflich verfahren sind, ist
den Lesern dieses Blattes bekannt. Da nun die „R. Wiesb. Ztg." eine
Richtung verfolgt, welche der Herzogl. Regierung nicht bloß nicht feind=
lich, sondern in sofern sogar nützlich ist, als dieselbe vielfältig gegen
ungerechte Angriffe von uns in Schutz genommen wird, da ferner von
den Gerichten in Behandlung der Injurien und Verläumdungsklagen
ein an völliges Belieben grenzender Spielraum gestattet ist, so wird man
unzweifelhaft erwarten — wenn man nämlich die nassauischen Verhält=
nisse nicht kennt — daß die Herzogl. Gerichte, daß namentlich das Her=
zogliche Justizamt die „Rhein=Lahn=Zeitung", als das Organ einer der
Regierung feindlichen Tendenz und Richtung, als das Organ der Op=
positionspartei, in dem die Herzogl. Behörden sehr häufig sogar mit
unwürdigen Waffen bekämpft wurden, man wird unzweifelhaft erwarten,
sagen wir, daß die Gerichte, darunter das Herzogliche Justizamt, diese
„Rhein=Lahnzeitung", als dieselbe noch am Leben war, noch viel un=
glimpflicher, noch viel strenger, noch viel rücksichtsloser behandelt haben
werden, als die „R. Wiesb. Ztg.", der man vielfältig sogar nachsagt,

sie sei das Organ der Regierung. Man wird dieß um so mehr erwarten, als die Gerichte und somit auch das H. Justizamt, für Beurtheilung der Injurien= und Verläumdungsklagen in einem unendlich weiten Spielraum sich bewegen können und als die Mitglieder dieser Gerichte sammt und sonders dem Herzog Treue und Ergebenheit geschworen haben, somit geschworen haben, gutwillig, treu, hold und gewärtig, Alles zu thun, was gesetzlich erlaubt ist, um die Interessen des Staats und des Staatsoberhauptes zu wahren und zu fördern, Interessen die im höchsten Grade beeinträchtigt würden, wenn die der Staatsregierung feindliche Zeitung glimpflicher, schonender, milder, rücksichtsvoller, nachsichtiger, freundlicher, gnädiger, sympatischer behandelt würde, als das Blatt, das in vielen Fällen die Interressen der Staatsregierung vertheidigt.

Lassen wir nun die Thatsachen sprechen.

Laut eines Artikels in Nr. 49 der „Rhein=Lahnzeitung" vom 27. Februar 1861 waren bis zu dieser Zeit folgende Injurien= und Verläumdungsklagen gegen dieses Blatt beim Herzogl. Justizamt eingelaufen: Den Reigen der Ankläger hatte Hr. Pfarrer Kriegsmann zu Langenschwalbach eröffnet. Hr. Amtmann Vonhausen folgte ihm, diesem Hr. Amtmann Rullmann als Dritter. Dem wieder der Frhr. Friedr. v. Preuschen (Jurist) und dieser wurde abgelöst durch die gemeinsame Klage zweier Dillenburger Herren, des Amtmanns Metzler und des Bürgermeisters Gail."

Es hatten somit gegen die „Rhein=Lahnztg." geklagt wegen Ehrenkränkung, Verläumdung oder Dienstehrenbeleidigung fünf öffentliche Beamte, darunter drei Herzogliche Amtsvorstände, ein Pfarrer, ein Bürgermeister und ein Privatmann. Sämmtliche Kläger gehörten somit den gebildeten Ständen an und nahmen eine Stellung ein, die eine frivole Klage von ihnen nicht erwarten läßt, vier darunter sind sogar selbst Juristen. Welchen Erfolg erzielten nun diese Kläger, als sie an das Herzogliche Justizamt Recht suchend mit der Bitte sich wandten, ihre gekränkte Ehre gegen das der Regierung feindliche und gehässige Oppositionsblatt in Schutz zu nehmen? Die Antwort auf diese Frage lautet: Bis auf Einen wurden sämmtliche Ankläger vom Herzoglichen Justizamte zu Wiesbaden abgewiesen, ab und zur Ruhe verwiesen und nur einer einzigen Klage wurde entsprochen und zwar einer Klage wegen eines Vergehens, das von Amtswegen verfolgt werden mußte.

Leider sind uns bis jetzt der Thatbestand der eingeklagten Vergehen und die Gründe der Abweisung der Kläger in drei der abgewiesenen Fällen unbekannt geblieben, in Beziehung auf einen aber liegen uns alle Einzelheiten vor. Es ist dieß die Klage der Herren Amtmann Metzler und Bürgermeister Gail von Dillenburg, „Schmähung von Staatsbehörden' und öffentliche Dienstehrenkränkung durch die Presse betreffend". Wir möchten die Einzelheiten des dieser Klage zu Grunde liegenden Thatbestandes, sowie das Abweisungsdecret und die Geschichte dieses Abweisungsdecrets gerne unsern Lesern heute noch mittheilen, denn es hat eine gar sonderbare Bewandtniß damit und kommt dabei viel Merkwürdiges zu Tage. Indessen reicht uns für heute der Raum nicht, auch

wollen wir das Herzogl. Justizamt zu Wiesbaden, das dieser Tage ein
so schönes Decret gegen uns erlassen und wieder vier liebliche Klagen
gegen uns angenommen hat, Klagen des Hammeran und Kellner, zweier
Vertreter, freilich zweier sauberen Vertreter der Presse und Klagen unseres
werthen Kammerpräsidenten und Advocaten Braun, eines begeisterten
Vorkämpfers für die Preßfreiheit; das Herzogl. Justizamt zu Wiesbaden,
das vier neue Klagelieder der genannten Jeremiasse angenommen hat,
wollen wir gerne noch eine Nacht in angenehmer Spannung erhalten.
Es wird also morgen von der Sache die Rede sein und es werden drei
Amtsassessoren citirt werden, drei Amtsassessoren, welche in Beziehung
auf die abgewiesene Klage der Herren Amtmann Metzler und Bürgermeister Gail sehr bemerkenswerthe, wirklich sehr bemerkenswerthe, jedoch
auf steinigen Acker gefallene Ansichten ausgesprochen hatten."

Als ich so auftrat, brach auch der „Rh. Kurier" sein bereits seit Monaten beobachtetes Schweigen und er mußte es
brechen, denn er konnte seine Genossen nicht im Stiche lassen,
er konnte die Kläger nicht im Stiche lassen, welche sich von
den Advocaten hatten auffaufen lassen, er konnte aber auch
die Gerichte, welche seine Advocaten so prompt bedienten,
nicht widerstandslos preisgeben. Seine Gegenreden bestanden
wie immer in der Verdächtigung, Entstellung und Fälschung.
Zunächst knüpfte er an eine von mir gemachte Bemerkung an.
Ich brachte nämlich in Nr. 204 zugleich mit meinem ersten
Artikel über die nassauische Justiz folgende Correspondenz:

„† Eltville, 30. Aug. Gestern Morgen gegen 9 Uhr fuhren zwei
reich beflaggte Dampfboote hier rheinabwärts vorbei. Der Donner der
Böller und die rauschenden Klänge der Musik lockten die Neugierigen
herbei. Viele waren der Ansicht, daß die deutschen Fürsten eine Rhein-
fahrt machen. In Wahrheit waren es aber etliche 100 Juristen, die
von Mainz aus einen Ausflug nach Rüdesheim machten.[1]) Die ganze
Herrlichkeit dieser Vergnügungsfahrt war übrigens durch das anhaltende
Regenwetter sehr getrübt rc.

Hiezu machte ich folgende Redactionsbemerkung:

Wäre übrigens bei dieser Fahrt das Dampfschiff untergegangen, so
kehrten die dasselbe betrachtenden Juristen zu ihren Collegen, den Fischen,
zurück. Wir betrachten nämlich die Juristen, die Vertreter einer, wenn
nicht antediluvianischen, so doch antesecularen Vernunftbeschaffenheit.

---

1) Die Verwechslung lag übrigens nahe. Juristen und Advocaten
bilden, wenigstens in einzelnen Staaten, bereits die Souveraine, und
wenn es z. B. in Nassau noch wenige Jahre so fortgegangen wäre, wie
es seit einigen Jahren fortging, so hätte der Herzog des Landes ebenfalls fortgehen und den Juristen das Feld überlassen können.

D. Red.

als eine Art logifcher Saurier, Plefiofaurier, Jchtnofaurier, welche ihrer Formation nach bekanntlich dem Fifchgefchlechte fehr nahe ftehen. Die Bertreter jeder anderen menfchlichen Berufsclaffe wiffen etwas, der Mediciner, Chemifer, Phyfiologe 2c., der Kaufmann, der Landmann, der Handwerfer weiß etwas, der Jurift als folcher weiß gar nichts, fann nur von in der Regel ganz unrichtigen Sätzen aus deduciren und verhält fich den Regeln des gefunden Menfchenverftandes gegenüber fehr häufig wie ein Fifch."

Man fieht, ich fpreche in obiger Bemerfung einen ganz allgemeinen Satz aus über die logifche Natur der Jurisprudenz, der Abvocat Braun aber fochte feiner Gewohnheit gemäß, daraus vermittelft Entftellung und Fälfchung folgendes Berdächtigungsfaift, um gegen mich aufzuhetzen. Er fchrieb nämlich im „Rh. Kurier":

„S* Wiesbaden, 2. Sept. Das Minifterium Wittgenftein läßt in dem von ihm protegirten und empfohlenen Blatt, von dem man alfo annehmen muß, daß es des erften Anfichten nach Wunfch vertritt, neben fortwährenden Angriffen auf die naffauifchen Gerichte überhaupt, nun in toller Wuth den ganzen Juriftenftand in einer Weife angreifen, die, nachdem das erfte Staunen vorüber ift, nach und nach ein der Gefundheit ganz heilfames Lachen erregt. In der heutigen Nummer läßt das Minifterium Wittgenftein[1]) wörtlich fchreiben: „Die Bertreter" 2c. — fehe oben bis: — fehr häufig wie ein Fifch." Nun find doch alle die Männer, die den naffauifchen Staatsfarren im Gange halten, die Faber, die Wintzingerode, die Bertram, die Horftmann 2c. Juriften und es wäre daher von dem Standpunkt des minifteriellen und Hofblattes aus ganz erflärlich, daß es in Naffau geht wie es geht. Wer fich aber noch nicht zu diefer Auffaffung hinaufgefchwungen hat und wer einfach die Thatfache betrachtet, daß in allen Staaten, gut und fchlecht regierten, die Gefchäfte faft ausfchließlich durch Juriften beforgt werden, der darf doch wohl das Minifterium Wittgenftein fragen, durch was es denn legitimirt ift, die Juriften für Nichtswiffer und Unfähige zu erflären, was es denn gethan hat, um feine Kenntniffe und Fähigfeiten zu beweifen und warum es denn nicht dienftunfähig gewordene Kavallerieoffiziere[2]) hat aufführen laffen unter den Berufsklaffen, die doch Etwas wiffen? Man wird aus diefen Gegenfragen erfehen, daß man nicht weit fommt mit allgemeinen Berunglimpfungen, wie das Minifterium fie nach und nach allen Berufsklaffen angedeihen läßt."

Ich erwiderte:

---

1) Braun weiß recht gut, daß das Minifterium Wittgenftein der „R. Wiesb. Ztg." im Allgemeinen und dem fraglichen Artifel felbft fo ferne ftand, als die Abvocaten felbft, trotzdem macht er das Minifterium Wittgenftein zum Urheber des Artifels — um aufzuhetzen.

2) Prinz Wittgenftein war früher General der Kavallerie.

.* **Wiesbaden,** 5. Sept. — Was die Angriffe auf den Juristenstand anbetrifft, so bestehen diese darin, daß wir den Juristenstand gar
nicht angegriffen, daß wir die Juristen nirgends für „Nichtswisser und
Unfähige" erklärt haben, wie der „Rhein. Kurier" lügt und die „Südd.
Ztg." nachlügt. Wir haben zwar allerdings keinen großen Respect vor
der philosophischen Bildung der Herren Braun, Lang und Consorten,
allein wir haben hierüber uns gar nicht geäußert. Wir haben nur behauptet, die Jurisprudenz sei keine **Wissenschaft,** sondern nur eine
Theorie, weil sie über die Natur irgend welcher Dinge nichts aussage
und lediglich practische Grundsätze und Regeln für die Behandlung und
Auffassung von Dingen und Verhältnissen enthalte. Es ist dieß eine
Ansicht, die wir nicht in der „N. Wiesb. Ztg." zum ersten Male aussprechen und die durchaus begründet ist. Wenn wir deßhalb sagten, der
Jurist als solcher wisse nichts, während der Mediciner, Physiologe,
Chemiker ꝛc. etwas wisse, so ist in dieser Sage kein Angriff auf den
Stand der Juristen, sondern nur eine Behauptung über die Natur der
Jurisprudenz als Wissenschaft enthalten, noch weniger sind die Juristen
dadurch für Nichtswisser und Unfähige erklärt worden. Das lügt blos
der „Rh. Kurier", und die „Südd. Ztg." lügt es nach.

Den Regeln des gesunden Menschenverstandes gegenüber verhalte sich
der Jurist sehr häufig wie ein Fisch, sagten wir allerdings, aber wir
wissen recht gut, warum wir dieß sagten. Wenn eine Amtsehrenbeleidigung, die im Jahre 1843 in Württemberg vollständig abgestraft wurde,
im Jahre 1863 in Wiesbaden dadurch nochmals abgestraft werden sollte,
daß ein Preßvergehen deßhalb härter abgestraft wird, weil der Thäter
schon einmal zwanzig Jahre vorher wegen Amtsehrenbeleidigung [1] bestraft wurde, und wenn ein solches Verfahren den Grundsätzen der
Rechts„wissenschaft" entspricht, so schreit der gesunde Menschenverstand
laut auf und ist berechtigt zu sagen, der Jurist verhalte sich den
Regeln des gesunden Menschenverstandes gegenüber sehr häufig wie ein
Fisch. Fische könnten allenfalls den Satz aufstellen, daß ein Vergehen,
das bereits abgestraft ist, unter Umständen zwanzig Jahre später nochmals bestraft werden müsse. Menschen, und zwar Menschen mit ge-
sundem Verstande, können dagegen einen solchen Satz nicht wohl aufstellen!"

Zugleich fuhr ich in meiner Beleuchtung der nassauischen
Justiz fort und schrieb wie folgt:

Die Nr. 45 der „Rhein=Lahn=Zeitung" vom 22. Februar 1861 enthielt folgende Correspondenz:

.*V **Dillenburg,** 19. Februar. (Justiz und Verwaltung.)
Was die neuliche Correspondenz von Eltville über die Uebergriffe der

---

1) Ich hatte nämlich im Jahr 1843 als Repressalie den Titel eines
württembergischen Amtmanns in einer Zuschrift hinter statt vor dessen
Namen gesetzt. Deßhalb verurtheilten mich die württembergischen Ju-
risten „wegen Amtsehrebeleidigung" zu 6 Wochen Gefängniß. Die
Wiesbadener Herrenrichter citirten aber im Jahr 1863 diese Strafe als
Erschwerungsgrund in den Entscheidungsgründen eines ihrer „Urtheile."

Polizei in Nr. 41 Ihres Blattes bewirkt, so ist es allerdings richtig und kann es auch von hier aus bestätigt werden, daß derartige Vorfälle nicht vereinzelt stehen. Ließ doch dahier, am Sitze einer Centralbehörde, am 13. d. Mts. der Bürgermeister einen Burschen, welcher bei seinem Dienst= herrn ein Glas über den Durst getrunken, obwohl derselbe sich nicht die mindeste Polizeicontravention durch Lärmen oder dgl. erlaubte, ohne Weiteres kraft souveräner Machtvollkommenheit in das Amtsgefängniß dirigiren (es scheint, beiläufig bemerkt, in dieser Beziehung ein eigen= thümliches Abkommen zwischen der Orts= und der Amtsbehörde zu be= stehen), woselbst der Missethäter zwei Tage lang schmachtete, bevor er bei dem Amte verhört, und natürlich, da nicht das Mindeste gegen ihn vorlag, nach überstandenem Verhör entlassen wurde. Es ist um so mehr Pflicht der Presse, derartige Willkürmaßregeln zu rügen, als die davon Betroffenen sich der Allgewalt der Beamten gegenüber völlig schutzlos fühlen und daher fast niemals eine Beschwerde erheben, wozu ihnen auch regelmäßig Mittel und Befähigung abgehen. Es dürften aber diese Vor= kommnisse gleichfalls einen schlagenden Beleg für die dringende Noth= wendigkeit der Trennung der Justiz und Verwaltung liefern, welche allein eine Schutzwehr gegen solche Uebergriffe zu bieten vermag."

In dieser Darstellung wurde ein einfacher Vorgang vollständig ent= stellt und gefälscht und auf Grund dieser Entstellung und Fälschung dem Herrn Bürgermeister Gail von Dillenburg vorgeworfen, gesetzwidrige Handlungen begangen und dem Herzogl. Amtmann Metzler von Dillen= burg vorgeworfen, an diesen gesetzwidrigen Handlungen durch Gestattung derselben auf Grund „eines eigenthümlichen Abkommens" mit dem Bürgermeister sich betheiligt zu haben. Der wirkliche Thatbestand war folgender:

Ein dem Trunke ergebener Taglöhner, D. K., wurde von seinem Arbeitgeber besinnungslos betrunken gemacht, in diesem Zustand auf ein Kärrchen geladen und unter großer Begleitung der Schuljugend in der Stadt umher und an seine Wohnung zu seinem Bruder gefahren. Dieser weigerte sich aber ihn aufzunehmen, worauf sich der Zug von Neuem durch die Stadt in Bewegung setzte und der Betrunkene endlich in das Rathhaus und zwar in die für die Nachtwache bestimmte Stube ge= bracht wurde. Weil er hier des Abends noch betrunken war, das Zimmer verunreinigt hatte, dem Polizeidiener grob begegnete, schließlich auch das Zimmer für die Wachtmannschaft geräumt werden mußte, wurde er dann spät Abends in das Polizeigefängniß abgeliefert, aus dem er am 15. d. Mts., nachdem festgestellt worden war, daß ihm ein weiteres Vergehen nicht zur Last lag, von der Gerichtsbehörde entlassen wurde.

Es ist somit unwahr, daß ein Taglöhner, der nur ein Glas über Durst getrunken hatte, daß also ein nüchterner Taglöhner eingesperrt wurde. Es ist ferner nicht wahr, daß dieser Taglöhner keine Veran= lassung zu der incriminirten Maßregel gegeben hatte, sondern derselbe wurde im Amtsgefängniß untergebracht, nachdem derselbe sich so be= sinnungslos betrunken hatte, daß ein öffentlicher Scandal mit ihm auf= geführt werden konnte, und nachdem derselbe das Zimmer beschmutzt und den Polizeidiener insultirt hatte. Der Betreffende wurde ferner in dem Amtsgefängniß untergebracht, weil er sonst obbachlos unter freiem Himmel hätte zubringen müssen und schließlich, nachdem er, wie man zu sagen pflegt, seinen Rausch ausgeschlafen hatte, wieder entlassen.

Dieser Thatbestand wurde von dem Correspondenten der „Rhein-Lahn-Zeitung" in oben erwähnter Weise entstellt und gefälscht und diese Fälschung und Entstellung wurde benutzt, um darauf den Vorwurf gesetzwidriger Handlungsweise, begangener „Willkürmaßregeln" dem Bürgermeister Gail und dem Amtmann Metzler in einem öffentlichen Blatte in's Gesicht zu schleudern.

Herr Amtmann Metzler klagte deßhalb gegen die „Rhein-Lahn-Ztg." wegen „Schmähung von Staatsbehörden und öffentlicher Dienstehrenkränkung", und es wird nicht zu viel gesagt sein, wenn man behauptet, daß die große Mehrzahl aller etwa zur Beurtheilung des Falls berufenen Juristen, die Klage für vollständig begründet erklären würden. Dieser Ansicht waren auch die drei Amtsassessoren, welche vom Vorstand des Justizamts Wiesbaden um ihre Meinung über den Fall gefragt wurden. Sie, nämlich die Herren Frech, Eifert und Ley, erklärten einstimmig, daß sie nicht mehr das Justizamt, sondern nur das Hofgericht für competent zur Aburtheilung dieses Preßvergehens halten, so schwer erscheine ihnen dasselbe. Am Tage, nachdem der Herzogl. Amtsvorstand Dübell diese Berathung mit den Herren Assessoren gepflogen, erließ derselbe folgendes Urtheil:

„U r t h e i l zc.

„In Erwägung, daß nach dem Inhalte der von dem Herzogl. Amte zu Dillenburg hierher mitgetheilten Acten die Anzeige gegen den wegen eines Straßenunfugs von dem Bürgermeister Gail zu Dillenburg am 13. Februar d. Js. verhafteten Daniel Kegel von da nicht im Laufe des nächstfolgenden Tages, sondern erst am 15. Februar bei dem Herzogl. Amt zu Dillenburg eingegangen, und diese Ueberschreitung der gesetzlichen Frist, nach welcher ein wegen eines Vergehens Verhafteter innerhalb 24 Stunden und längstens im Laufe des nächstfolgenden Tages an das Herzogl. Amt, als die Untersuchungsbehörde, abzuliefern war, durch irgend welche Umstände weder gerechtfertigt noch entschuldigt ist; — mithin der Artikel in Nr. 45 der „Rhein-Lahn-Zeitung", auf welchen sich die Anklage stützt, bezüglich des Verhaltens des Bürgermeisters Gail zu Dillenburg eine die Kritik seiner Handlungsweise überschreitende Aeußerlassung nicht enthält, indem derselbe nur die oben bezeichnete Ueberschreitung zum Gegenstande hat; — daß ferner weder aus dem Inhalte noch aus der Fassung des angeführten Artikels entnommen werden kann, daß das dienstliche Verhalten des Amtmanns Metzler bei dem fraglichen Vorfall einem Tadel unterworfen werde; — daß sodann schließlich auch aus dem Artikel in Nr. 50 der „Rhein-Lahn-Ztg." der Thatbestand einer Ehrenkränkung gegen den Herrn Amtmann Metzler nicht zu entnehmen ist, so wird hierdurch zu Recht erkannt, daß die Untersuchung einzustellen sei unter Niederschlagung der Untersuchungskosten. Wiesbaden, 20. März 1861. Herzogliches Justizamt." zc.

Die Gesetze des Herzogthums Nassau gestatten es also, eine Klage gegen einen Zeitungsredacteur abzuweisen, obgleich derselbe auf Grund einer Entstellung und Fälschung von Thatsachen, den Kläger, einen Herzogl. Amtmann, beschuldigt hatte, an einer gesetzwidrigen Handlung durch die auf Grund eines „eigenthümlichen Abkommens" erfolgte Gestattung der Handlung sich betheiligt zu haben.

Der verklagte Redacteur hieß Trabert und redigirte die „Rhein=Lahn=Zeitung", das Organ gewisser Advocaten und der der Herzogl. Regierung feindlich gegenüber stehenden Opposition.

Sehen wir nun, welche Klagen anzunehmen diese nassauischen Gesetze gestatten, wenn die Klagen gegen den Redacteur der „N. Wiesb. Ztg." gerichtet sind, welche kein Oppositionsblatt ist und der Herzogl. Regierung nicht feindlich gegenüber steht."

„Ehe wir zur Darstellung der Behandlungsweise übergehen, welche man der „N. Wiesb. Ztg." angedeihen läßt, sei es uns gestattet, noch auf eine Klage zu verweisen, welche im Jahr 1860 gegen die „Rhein=Lahn=Zeitung" angehoben wurde.

Die Nr. 63 vom 14. März 1860 dieses Organs nassauischer Advocaten enthielt folgenden Artikel:

„Aus dem Amte Selters, 12. März. (Concordatliches.) Auf welche Weise die Unterschriften unter die Petitionen um ein Concordat zusammen gebracht werden, darüber ließen sich auch aus dem hiesigen Amte mancherlei Geschichten erzählen. In B., wo ein sonst sehr toleranter und achtbarer Geistlicher wohnt, war am Sonntag zum Unterschreiben der aufliegenden Petition von der Kanzel herab aufgefordert worden, diese Aufforderung muß aber ohne besondern Erfolg gewesen sein, denn an einem der nächstfolgenden Tage wurde durch den Gemeindediener mit der Schelle bekannt gemacht: „Wer bis heute Mittag nicht unterschrieben hat, wird nicht absolvirt!" Das fruchtete. Deßhalb wird aber doch Niemand glauben, daß das Volk ein Bedürfniß nach dem Concordat hat. Der größte Theil würde nicht unterschreiben, wenn er wüßte, um was er supplicirt."

Da nun im Amte Selters nur ein katholischer Pfarrort sich befindet, dessen Name mit B. beginnt, nämlich Breitenau, da ferner gesagt ist, die von der Kanzel herab an die Pfarrkinder gerichtete Aufforderung des Pfarrers von B., eine Petition zu unterschreiben, scheine erfolglos geblieben zu sein, denn es sei durch den Gemeindediener mit der Schelle bekannt gemacht worden: „Wer bis heute Mittag nicht unterschrieben hat, wird nicht absolvirt", so unterliegt es keinem Zweifel, daß in dem angeführten Artikel der „Rhein=Lahn=Zeitung" Herr Pfarrer Zahn von Breitenau, wenn auch nicht namentlich, doch auf eine Jedermann erkennbare Weise beschuldigt wird, durch den Gemeindediener die erwähnte Drohung mittelst der Schelle bekannt gemacht zu haben. Wäre dem Herrn Pfarrer Zahn zur Last gelegte Handlung wirklich begangen worden, so hätte sich derselbe eines Mißbrauchs seiner geistlichen Amtsgewalt schuldig gemacht, denn die Verweigerung der Absolution, welche die Kirche lediglich an die Reue und Buße geknüpft hat, ist eine Drohung, welche der Seelsorger am wenigsten durch den Gemeindediener öffentlich ausschellen und am allerwenigsten als Mittel zur Erreichung nicht kirchlicher Zwecke benutzen darf.

Nun war aber an der ganzen Geschichte kein wahres Wort. Herr Pfarrer Zahn von Breitenau hielt sich deßhalb für schwer verläumdet und reichte bei dem herzoglichen Justizamt Wiesbaden eine Klage wegen Verläumdung durch die Presse ein und hierauf erließ das Herzogl. Justizamt folgendes Decret:

„Dem Pfarrer Zahn zu Breitenau, Herzogl. Amts Selters, wird auf seine „Anklage gegen den Redacteur der „Rhein-Lahn-Zeitung" und den Drucker derselben wegen Verläumbung durch die Presse in Nr. 63 der genannten Zeitung"", hierdurch bekannt gemacht, daß in dem bezeichneten Zeitungsartikel eine Ehrenkränkung des Anklägers nicht gefunden werden kann, da darin nicht, wie in der Anklage unrichtig unterstellt, gesagt ist, daß die öffentliche Bekanntmachung: „Wer bis heute Abend nicht unterschrieben hat, wird nicht absolvirt", — von dem Pfarrer Zahn erlassen oder sonst bewirkt worden ist — daß mithin ein Grund zu der beantragten Untersuchung nicht vorliegt.

Wiesbaden, 22. Mai 1860.

Herzogliches Justizamt.
Dübell."

Also abermals eine gegen das Organ der feindseligen und gehässigen Opposition gerichtete Klage, welche vom Herzogl. Justizamt Wiesbaden einfach abgewiesen wurde, und zwar abgewiesen ohne die geringste Er-örterung der für die Klage allein in Betracht kommenden Frage, ob der incriminirte Artikel den Verläumbeten genau genug bezeichnet hatte, um ihn Jedermann erkenntlich zu machen.

Man wird zugestehen, daß es für die „Rhein-Lahn-Ztg." sehr leicht war, unter einem so gütigen und wohlwollenden Justizamt — ohne Preßprozesse durch die Welt zu kommen."

Diese Artikel erregten im ganzen Lande das höchste Er-staunen und der Justizamtmann Dübell gerieth in das höchste Stadium des Entsetzens, denn wie er Justiz trieb, lag hier thatsächlich nachgewiesen vor Jedermanns Augen. Ich wurde, weil ich erzählt hatte, ein Procurator „mit den weiten Ta-schen" habe einen Wechsel von ursprünglich 15—1800 fl. wucherisch auf 3000 fl. hinaufgesteigert criminell procedirt und zu Correctionshaus verurtheilt, obgleich ich den Procu-rator weder namentlich bezeichnet, noch besonders kenntlich gemacht hatte. Die Klagen gegen den Fortschrittsredacteur Trabert dagegen wurden abgewiesen, obgleich derselbe den Amtmann Metzler und den Pfarrer Zahn in einem verkäum-berischen Artikel so genau bezeichnet hatte, daß jede andere Persönlichkeit ausgeschlossen wurde. Unter diesen Umständen mußten die Advocaten ihrem Werkzeug Dübell energisch zu Hilfe eilen und es erschien zunächst folgender gegen meinen erften Auffag über die naffauifche Juftiz gerichteten Artikel im „Rh. Kurier":

„Die liberalen Staatsdiener in Naffau.

§* Wiesbaden, 3. Sept.

Das Organ des großdeutfchen Vereins, welches fich der befonderen Protection des Minifteriums Wittgenftein erfreut, fährt fährt, den befferen Theil der Staatsdiener, insbefondere die Richter, fchmachvoll zu verunglimpfen und zu denunciren. Sie hätten dem Herzog Treue gefchworen, fagt es, und hielten fie dem Rationalverein.

Es foll damit gefagt fein, daß (und fo ift es auch) bei weitem der größere Theil der naffauifchen Staatsdiener nach der liberalen und nationalen Seite fich neigt, und mit vollem Ekel fich abkehrt von der Richtung, in die man fie drängen will. Während in Preußen, in den beiden Heffen, in Würtemberg, in Baden 2c. die wiffenfchaftlich juriftifch gebildeten Elemente, deren eine in Oppofition politifch thätige Partei in dem heutigen Staat nun einmal nicht entbehren kann, großentheils, zum Theil vorzugsweife aus dem Richter- und Beamtenftande hervorgehen, hält in Naffau der Beamtenftand zwar im Ganzen zur liberalen Sache, tritt aber dermalen aus Furcht vor Maßregelungen thätig gar nicht hervor. Der Verdächtigung und Denunciation entgeht er damit indeffen, wie er täglich erfährt, doch nicht und es dürfte daher an der Zeit fein, daß er es fich überlegt, was beffer und ehrenvoller ift, feine äußere Stellung ängftlich wahrzunehmen und fich beleibigen und denunciren zu laffen, oder offen und mannhaft hervorzutreten mit einer Meinungsäußerung und ebenfalls fein Halt! zuzurufen dem Syftem, das fich durch Lüge und Denunciation kennzeichnet."

Es erfchienen ferner nach einander folgende Artikel in demfelben Blatte, alle aus der Feder des Advokaten Braun:

„Krieg gegen die Juftiz in Naffau.

Das Minifterium Wittgenftein läßt in dem von ihm empfohlenen und protegirten Organ des großdeutfchen Vereins für Naffau den Krieg gegen die Juftiz fortfetzen mit einem Eifer, der einer guten Sache werth wäre (mon dieu! Ich wurde jeden Tag zum Verhör citirt, wegen frivoler Hammeransklagen, Kellnerklagen, Braun- und Brüdlklagen, daher der Eifer). — Nachdem das minifterielle Organ des großdeutfchen Vereins rechtskräftig von dem Oberappellationsgericht (d. h. Ebbhardt, Lautz u. Reichmann, die fich von Reichenau und Hergen-Hehner unterfcheiden wie eine Krähe von der andern) beftätigt, wegen fortgefetzter Lüge und Verläumbung (im Gegentheil wegen Veröffentlichung von, den Advokaten unangenehmen Thatfachen) zu Correctionshausftrafe verurtheilt (es war ein correctionshäuslerifch wahnwitziges Urtheil, wodurch von der Enthüllung der Advokaten abgefchreckt werden follte), vor der Verbüßung diefer Strafe aber nur durch den unerhörteften Gebrauch des Begnabigungs-

rechts (der unerhörteste Mißbrauch der richterlichen Gewalt wurde
durch Strafmilderung einigermaßen ausgeglichen, 4 Monate Correc=
tionshaus wurden in 4 Wochen Festungshaft verwandelt) geschützt
worden war, begann es eine planmäßige Verunglimpfung und Herab=
setzung der Gerichte und speziell einzelner Richter (durch Aufdeckung
von Thatsachen und Hinweis auf die parteiliche Behandlung der
Fortschrittspresse), die selbst diejenigen mit wachsendem Erstaunen
(über die Enormität der enthüllten Thatsachen) erfüllte, welche wissen,
wie das ministerielle Organ zu schreiben pflegt und unter welchen
Auspicien es so schreiben darf. Wenn auch nur ein ganz kleiner
Theil dessen begründet wäre, was den nassauischen Gerichten tagtäg=
lich an den Kopf geschleudert wird, so wäre es fast ehrenrührig dem
nassauischen Richterstande anzugehören (ganz einverstanden! leider war
nicht blos ein Theil meiner Behauptungen, sondern Alles, was ich
sagte, begründet), und wenn die Ehre des nassauischen Richterstandes
in der Meinung des Landes nicht zu fest stünde und älter wäre als
die Anwesenheit des Literaten Abt und des Ministeriums Witt=
stein in Nassau, so würde irgend ein Vertrauen zu den Gerichten
nicht mehr bestehen können 1). Das ministerielle Organ sieht es kom=
men, daß auf die neuen gegen es obschwebenden Klagen unabwend=
bar nur Verurtheilungen ergehen müssen (aber nicht „Von Rechts
wegen“, sondern „von Brauns wegen“. Angefangen hatte ich be=
kanntlich meinen Cursus über die nassauische Justiz, nicht um Ver=
urtheilungen vorzubeugen, sondern um das Justizamt wegen frivoler
parteilicher Annahme der frivolen Hammerans= und Kellnerklage zu
drangsaliren und zu zeigen, mit welcher Parteilichkeit gegen mich ver=
fahren werde). Deßhalb beginnt es von Neuem eine Fluth von Ver=
dächtigungen und Denunciationen über die Gerichte auszugießen (die
ich in den citirten Artikeln, und andere schrieb ich nicht, etwas an=
deres als Thatsachen behauptet und diese Thatsachen beurtheilt?) und
macht von Neuem den Versuch in gewissen Kreisen die Sinne zu be=
rücken durch die Verbreitung von Irrlehren, welche die Kreuzzeitungs=
partei erfunden hat. So weit geht das Vertrauen des ministeriellen
Blattes auf seine Straflosigkeit, daß es von den Gerichten einen be=
sondern Schutz verlangt wegen seiner Parteistellung, „welche, wie es
sagt, den von der Staatsregierung und dem Staatsoberhaupte zu
wahrenden Interessen förderlich ist“ (hier lügt mir der Advokat wie=

1) Ein gegenwärtig im Hofgericht zu Wiesbaden befindlicher Jurist
äußerte zu derselben Zeit einem meiner Bekannten gegenüber: Abt hat in
seiner Beurtheilung unserer Gerichte ganz Recht, nur ist er in der
Form zu schroff. Ein andermal suchte ein im Ehescheidungsprozeß
befindlicher Mann wegen eines unerhörten gegen ihn erlassenen Be=
weisdecrets (Braun war Gegenanwalt) Rath bei einem ihm bekann=
ten Beamten, der jetzt auch im Hofgericht zu Wiesbaden sitzt, der
Mann erhielt von diesem Beamten den ernsthaften Rath, zu Abt
zu gehen und ihm das Beweisdecret zu zeigen. Ich war nämlich so
ziemlich die vierte Instanz im Wiesbadner Hofgerichtssprengel ge=
worden.

der das Verlangen eines Schutzes unter, während ich wiederholt
und wiederholt nichts anderes verlangt hatte, als von den Gerichten
ebenso behandelt zu werden, wie das Fortschrittsblatt: „Rhein= Lahn=
zeitung"), so weit, daß es neben Hohn und Spott über eine wegen
Veröffentlichung eines Strafurtheils ergangene justizamtliche Verfü=
gung, weil dieselbe gegen die in Nassau verfassungsmäßig bestehende
Preßfreiheit (?) verstoße, geradezu erklärt, es werde sich um dieselbe
keinen Pfifferling kümmern! Da hört denn doch Alles auf! (Nament=
lich die Justiz und der gesunde Menschenverstand, wenn einem Redac=
teur amtlich verboten wird, irgend eine Behauptung „weder in einer
früheren, noch in einer späteren Nummer seiner Zeitung" zu
drucken zu lassen. Um solche Verbote kümmere ich mich in der That
keinen Pfifferling!) Ein Beispiel größerer Mißachtung der Justiz, wie
es hier das vom Ministerium Wittgenstein protegirte Blatt aufführt,
hat wohl kaum ein deutsches Land aufzuweisen (weil wohl kein deut=
sches Land eine Justiz besitzt, die so wahnwitzig ist, einem Redacteur
auf Zeitlebens zu verbieten, irgend etwas drucken zu lassen) und
selbst die Kreuzzeitung bleibt dahinter zurück (gerade so weit als die
preußischen Gerichte in der Parteilichkeit für Fortschrittsadvokaten
und ihre Blätter hinter den nassauischen Hergengerichten). Freilich
hat das ministerielle, großdeutsche Organ leicht so schreiben, es weiß
aus Erfahrung, daß es damit bei in gewissen Kreisen gern gehörten
Ton gegen die „unbotmäßigen" Gerichte und (Hergen) Richter trifft,
die Gesetz und Recht (d. h. die Wünsche der mit ihnen verbündeten
Advokaten) höher stellen wollen, als ministerielle und sonstige Wünsche,
und daß es im schlimmsten Falle straffrei ausgeht, also einen wahren
Freibrief besitzt. (Ich war noch nie straffrei ausgegangen, sondern
mußte 4 Wochen auf der entsetzlichen Marxburg absitzen, in welcher
sich noch eine vollständige Folterkammer mit allen Folterwerkzeugen
befindet.) Denn als die erste Verurtheilung des Redacteurs Abt zu
Correctionshausstrafe erfolgt war, wegen fortgesetzter Verläumdung
(im Gegentheil wegen fortgesetzter Sagung der Wahrheit, die den
Hergenrichtern und ihren Verbündeten sehr unangenehm war), be=
gnadigte ihn das Ministerium Wittgenstein (eine Lüge! die wahn=
witzige Strafe von 4 Monaten Zwangsarbeitshaus, dictirt wegen
Aussprechung unangenehmer Wahrheiten, wurde verwandelt in 4 Wo=
chen Festungshaft. Gegen diese Verwandlung schreib und schreibt
abermals Braun, der Vorkämpfer der Preßfreiheit); als er die Ge=
richte und einzelne Richter in schmählichster Weise an ihrer Richterehre
angriff, lehnte das Ministerium die Einleitung des gerichtlichen Ver=
fahrens ab (und mit Recht, denn ich hatte so wenig etwas Unwahres
gesagt, daß selbst Braun es nicht wagt, mit einem Worte die angeb=
lichen Angriffe auf die Richterehre anzuführen, sondern sich auf Ge=
meinplätze beschränkt, für welche nicht das Ministerium Wittgenstein
oder Ich, sondern Er verantwortlich ist); es ließ, um den Hohn voll
zu machen, zu, daß erklärter (und gesetzlich gestatteter) Maßen
die Redaction der „N. Wiesb. Ztg." von der Marxburg geführt und
daß förmlich aus der Strafanstalt datirt, die gehässigsten Angriffe
auf die Gerichte mit größter Ungenirtheit fortgesetzt wurden nach wie
vor (da diese Angriffe nur als Lügen des Advokaten Braun existi=

ren, aber nicht als Thatsachen, so kann dafür Niemand ein Vorwurf treffen). Man müssen also die angegriffenen Gerichte und Richter für die moralischen Urheber des Scandals halten, der gegen sie aufgeführt wird? (Ihre eigene Parteilichkeit und Verurtheilungswuth.) Während die "Rhein-Lahnzeitung" im Verwaltungsweg unterdrückt wurde, weil sie zwei Hofbeamte als Miturheber des berühmten Schatullendeficits bezeichnete (und bei dieser Gelegenheit den herzoglichen Hofhalt beschmutzt hatte), begnadigt und protegirt dasselbe Ministerium ein Blatt (die reinste Sage), das die Ehre der nassauischen Gerichte fortwährend mit Füßen tritt (aber nur durch Veröffentlichung von Thatsachen!). Wird endlich das Volk in Nassau begreifen, was unter diesen Umständen eine Ehrensache für es ist? (Nämlich eine Revolution zu machen und ein Advokatenministerium Braun-Lang zu schaffen.) Fort mit dem Ministerium Wittgenstein!" (Ein Ministerium Braun her! Ein Palmarienministerium mit weiten, sehr weiten Taschen!)"

An diesen Artikel reihte sich unmittelbar folgender:

„§* Wiesbaden, 4. Sept. Wenn nicht Juristen und Männer, die sich das Studium der Staatswissenschaften zur Lebensaufgabe gemacht haben, den Staat regieren, sondern altersschwache Cavallerieofficiere [1]), so darf man zwar nicht erwarten, daß die höchste Idee des Staats erkannt und festgehalten, daß namentlich die Verwirklichung des Rechts angestrebt und das Rechtsbewußtsein im Volke gefördert werde (durch Palmarien von 500 fl. 79 fl., Kölsch und etwas Weißes, das sich nachher als ein Wechsel über 100 fl. herausstellt), aber man sollte doch glauben, jede Regierung, auch die unfähigste, werde es als eine Ehrensache betrachten, daß die von ihr eingesetzten Behörden der äußeren Ehre wenigstens theilhaftig bleiben (selbst wenn sie eine Prellerei eines Advokaten nur mit 5 fl. bestrafen und über ein unterschlagenes Testament gar keine Untersuchung anheben lassen?), ohne die eine gedeihliche Dienstführung geradezu unmöglich ist. Sieht man aber wie das Ministerium Wittgenstein in dem von ihm gegen die Strafjustiz in Schutz genommenen, begönnerten Organe neuerlichst das hiesige Justizamt und resp. den doch gewiß nicht nach der Demokratie (aber nach Hergenhahn und seinem Freund Braun) hinneigenden Justizrath Dübell von einem Menschen, über dessen Leben die Untersuchungsakten nunmehr genügende Auskunft geben (sie lagen noch in einem schwebenden Prozeß unter dem Schutz des Amtsgeheimnisses, waren aber den Advokaten bereits bekannt und enthielten gar keine solche Auskunft), herunter machen und beschimpfen läßt (durch Anführung von Thatsachen), so sollte man fast denken, daß, nachdem die Verwaltung in Nassau in gewissen Regionen sich selbst fertig gemacht hat, nunmehr die Justizbehörden von dem Organ der dermalen herrschenden Partei fertig gemacht werden sollten."

----

1) Prinz Wittgenstein war früher, wie schon bemerkt, General der Cavallerie.

In diesem Artikel wird also dem Ministerium Wittgen=
stein schwer vorgeworfen, daß es nicht im Verwaltungsweg
gegen ein den Advocaten mißliebiges Blatt einschreite, es
wird ihm ferner vorgeworfen, daß es die Gerichte und Richter
des Landes in diesem Blatte beschimpfen und an der Ehre
angreifen lasse und es wird ferner mit Beziehung auf den
Prinzen Wittgenstein behauptet, das Land Nassau werde von
altersschwachen Cavallerie=Officieren regiert. In Folge dieser
Insulten wurde die betreffende Nummer des „Rh. Kuriers"
nicht etwa confiscirt, noch wurde das Blatt verboten, noch
wurde sonst eine Verwaltungsmaßregel dagegen ergriffen, son=
dern das Ministerium ließ bei den Fortschrittsgerichten Klage
auf Dienst= und Amtsehrenbeleibigung gegen den Redacteur
des Blattes erheben, mit welchem Erfolg werde ich später
mittheilen.

Gegen den „Rh. Kurier" schrieb ich:

Der „Rheinische Kurier" als Vertheidiger der „liberalen" Staatsdiener in Nassau.

* Wiesbaden, 8. September.

Die Nr. 208 des „Rh. Kur.", welche einen schon von einem unserer
Mitarbeiter gewürdigten Artikel über die „liberalen Staatsdiener" in
Nassau enthält, ist erst heute in unsere Hände gelangt und soll nach=
träglich noch mit einigen Worten berührt werden.

Im Eingang des Artikels ist gesagt, daß das Organ des großdeutschen
Vereins, nämlich die „N. Wiesb. Ztg.", fortfahre, den bessern Theil der
Staatsdiener, insbesondere die Richter schmachvoll zu verunglimpfen und
zu denunciren. Wir hätten, heißt es im „Rhein. Kurier", gesagt, jene
besseren Staatsdiener haben dem Herzog Treue geschworen und halten
sie dem Nationalverein.

Wenn diese Behauptung eine schmachvolle Verunglimpfung und De=
nunciation ist, so haben wir allerdings schmachvoll verunglimpft und
benuncirt, allein auffallend ist es, daß der „Rh. Kurier" diese schmach=
volle Verunglimpfung und Denunciation selbst wiederholt und die von
uns geäußerte Behauptung ausdrücklich bestätigt. Der „Rh. Kurier"
gibt nämlich selbst zu und behauptet ausdrücklich, „daß bei weitem der
größte Theil der nassauischen Staatsdiener nach der liberalen und na=
tionalen Seite sich neige." Mehr haben wir selbst nicht gesagt, ja wir
haben nicht einmal soviel gesagt, denn wir haben nicht vom „größten
Theil" der nassauischen Staatsdiener, sondern nur von einzelnen der=
selben gesprochen. Wenn deßhalb der „Rh. Kurier" unsere Ansicht nicht
blos bestätigt, sondern ausdrücklich unsere Behauptung noch erweitert
und vergrößert, so können wir ihm dafür nur dankbar sein und uns
für die Richtigkeit unserer Auffassung der politischen Verhältnisse des

22

Herzogthums Nassau, auf dessen Zeugniß berufen. Mit einer Einschränkung jedoch. Der „Rh. Kurier" behauptet, der größte Theil der nassauischen Staatsdiener und in seinen Augen der bessere Theil derselben neige sich nach der „liberalen und nationalen Seite" und in dieser Beziehung ist zu bemerken, daß die liberale und nationale Partei in Nassau nichts weniger bedeutet, als das nassauische Volk, das in seiner Mehrheit dem Herzog treu und ergeben ist, sondern nur einige Advocaten mit ihrem Anhang unter den sogenannten Fortschrittsphilistern. Diese repräsentiren die „liberale und nationale Seite", und daß sich gewisse Staatsdiener oder gar die meisten Staatsdiener, wie der „Rh. Kurier" ausdrücklich bestätigt, zu dieser Seite hinneigen, das beklagt mit uns das ganze Land als eine öffentliche Calamität, als eine Calamität, die deshalb so schmerzlich empfunden wird, die deßhalb so verderblich wirkt, weil die Interessen des Staates und des Staatsoberhauptes empfindlich verletzt werden, wenn ein Theil der Staatsdiener zu diesen Advocaten sich „hinneigt".

In seiner neuesten Nummer 210 tritt der „Rhein. Kurier" abermals für die angeblich von uns angegriffenen Staatsdiener und Gerichte in die Schranken. Wir lesen in diesem von der Angst ausgepreßten Artikel folgende Stelle:

„Das ministerielle Organ (unter dem „ministeriellen Organ" versteht Herr Braun die „N. Wiesb. Ztg.", welche mit dem Herzogl. Ministerium so wenig in einer Verbindung steht, als der „Rh. Kurier") sieht es kommen, daß auf die neuen gegen es obschwebenden Klagen unabwendbar nur Verurtheilungen ergehen müssen. Deßhalb beginnt es von neuem eine Fluth von Verdächtigungen und Denunciationen über die Gerichte auszugießen und macht von Neuem den Versuch in gewissen Kreisen die Sinne zu berücken durch die Verbreitung von Irrlehren, welche die Kreuzzeitungspartei erfunden hat. So weit geht das Vertrauen des ministeriellen Blattes auf seine Straflosigkeit, daß es von den Gerichten einen besonderen Schutz verlangt wegen seiner Parteistellung, „welche, wie es sagt, den von der Staatsregierung und dem Staatsoberhaupte zu wahrenden Interessen förderlich ist," so weit, daß es neben Spott und Hohn über eine wegen Veröffentlichung eines Strafurtheils ergangene justizamtliche Verfügung, weil dieselbe gegen die in Nassau verfassungsmäßig bestehende Preßfreiheit (?) verstoße, geradezu erklärt, es werde sich um dieselbe keinen Pfifferling kümmern. Da hört denn doch Alles auf!"

Sehen wir uns diesen Advocatenkniff ganz ruhig an, und untersuchen wir, was diesen Verdächtigungen zu Grunde liegt. Wir haben die Erfahrung gemacht, daß von Seiten unserer politischen Gegner, welche in den nächsten Kammerwahlen zu unterliegen befürchten, wenn wir fortfahren, sie so erfolgreich zu bekämpfen, wie bisher, ein Complott geschmiedet wurde, um uns durch Preßprozesse zu erdrücken. Zu diesem Zwecke wurde der Herausgeber des „Frankf. Journals" aufgehetzt, auf Grund eines vor 4 Monaten, sage vier Monaten, an ihn geschriebenen Briefes Klage zu erheben, ferner Klage zu erheben auf Grund von polemischen Artikeln, die uns noch gar nicht bezeichnet sind, die aber nicht den zehnten Theil der Angriffe enthalten, welche das „Frankfurter Journal" von der in Frankfurt erscheinenden „Wochenschrift des Reformvereins" hinnimmt, ohne zu klagen, ferner zu verlangen, daß wir jetzt (Ende August) ein Urtheil abdrucken, das am 25. April gefällt wurde. Außer dem Herausgeber des „Frankf. Journals" hat der Advocat Braun zwei neue Klagen gegen uns erhoben, obgleich wir seit geraumer Zeit diesen Advocaten in unseren Spalten nicht mehr erwähnten.

Es liegt also ein vollständiges Complott vor, geschmiedet in der Absicht, uns durch Preßprozesse zu ruiniren, und geschmiedet im Vertrauen darauf, daß die Herzogl. Gerichte den von der „liberalen und nationalen Seite" kommenden Anforderungen willfährig entsprechen werden. Wir haben uns deßhalb entschlossen, das Publicum auf die Behandlungsweise aufmerksam zu machen, welche man seiner Zeit dem Organe der „liberalen und nationalen Seite" angedeihen ließ, und haben nachgewiesen und werden fortfahren nachzuweisen, daß sämmtliche gegen den Redacteur der „Rhein-Lahnztg." eingereichte Klagen bis auf eine, die von Amtswegen verfolgt wurde und deßhalb angenommen werden mußte, abgewiesen wurden. Wir haben nachgewiesen, daß die Klage des Amtmanns Metzler aus Dillenburg, welchen die „Rhein-Lahn-Zeitung" auf Grund einer lügnerischen Entstellung der Thatsache einer Willkürmaßregel und Mißbrauchs der Amtsgewalt beschuldigt hatte, abgewiesen wurde. Wir haben nachgewiesen, daß die Klage des Pfarrers Zahn von Breitenau, welchen die „Rhein-Lahn-Zeitung" des Mißbrauchs der Amtsgewalt beschuldigt hatte, abgewiesen wurde. Wir haben nachgewiesen, daß die Klage des Freiherrn von Preuschen, des Amtmanns Bonhausen abgewiesen wurde. Und nachdem nun alle diese Klagen vom Herzogl. Justizamte abgewiesen wurden, nimmt dieses, um vorläufig nur ein Beispiel anzuführen, den Redacteur der „N. Wiesb. Ztg." in Untersuchung, weil ein Schreiber des Advocaten Braun geklagt hatte, genannter Redacteur habe den Namen Häimann mit U, statt mit Y geschrieben und dadurch den Häumann injurirt!!!

Auf diese Thatsachen haben wir hingewiesen, diese Thatsachen haben wir vor das Publicum gebracht und werden sie vor ein noch größeres Publikum bringen, um klar zu machen, wie die Klagen behandelt werden, die von der „liberalen und nationalen Seite" kommen, und wie man die Klagen behandelt, welche gegen das Organ der „nationalen und liberalen Seite" eingereicht werden.

Wo ist nun die „Fluth von Verdächtigungen und Denunciationen?" In welchen Ausdrücken haben wir verdächtigt und denuncirt? Heraus mit der Sprache, heraus mit den Beweisen, führt sie an, die Verdächtigungen und Denunciationen, die Ihr uns zur Last legt. Oder genügt es vielleicht, im „Rh. Kurier" so mir nichts dir nichts von einer Fluth von Verdächtigungen und Denunciationen zu sprechen, um die Leichtgläubigkeit Eures Publicums zu bethören? Jedenfalls werden wir uns nicht abhalten lassen, durch Veröffentlichung von Thatsachen Eure Plane zu durchkreuzen und Euer Complott der öffentlichen Meinung zu „denunciren".

Wir haben ferner behauptet, der Spielraum, den die Gesetze den Gerichten für Beurtheilung von Injurien- und Verläumdungsprozessen gestatten und dieser Spielraum ist, wie man sieht, sehr weit, sollte nicht dazu benützt werden, alle Klagen gegen die conservative Zeitung anzunehmen, alle Klagen gegen das Organ der „liberalen und nationalen

Seite" aber abzuweisen. Hieraus macht der „Rh. Kurier" das Ver=
langen eines Schutzes. Während wir froh wären, wenn wir behandelt
würden wie der Redacteur Trabert und nichts verlangen als Gleichheit
vor dem Gesetz und Gleichheit der Behandlung, unterschiebt uns der
„Rh. Kur." das Verlangen eines privilegirenden Schutzes und behauptet
zugleich, wir verbreiteten Irrlehren, welche die „Kreuzzeitung" erfunden
habe. Wir verbreiten Irrlehren, sagt der „Rh. Kurier", weil wir die
Nationalvereinsafterpäpste bekämpfen, und wir verbreiten Irrlehren der
„Kreuzzeitung", weil wir uns gegen das Ministerium Bismarck und
seine Preßordonnanzen erklären! Das ist nun freilich viel zu brav
und zu lang, als daß wir nur ein Wort darüber verlieren möchten.

Als einen unerhörten Angriff auf die Autorität der Gerichte bezeich=
net ferner der „Rh. Kurier" unseren Widerstand gegen das justizamtliche
Decret, in welchem uns auf ewige Zeiten verboten wurde, eine Ver=
theilung eines hofgerichtlichen Urtheils zu veröffentlichen. Keine Behörde
in Nassau hat das Recht zum Voraus irgend eine Kritik, deren Inhalt
noch gar nicht bekannt ist, zu verbieten. Verbietet sie dennoch im Voraus,
so verletzt sie die Verfassung, erläßt ein rechtlich ungültiges Verbot und
um rechtlich ungültige Verbote und Gebote kümmern wir uns allerdings
keinen Pfifferling und sprechen damit eine Ansicht aus, welcher selbst
Staatsdiener, die nach der „liberalen und nationalen Seite" sich neigen,
zustimmten, indem sie das betreffende Decret in den stärksten Ausdrücken
verurtheilten.

Der „Rheinische Kurier" erwiderte:

„Aus der heutigen Auslassung des großdeutschen Organs haben wir
einen merkwürdigen Rückzug zu constatiren. Es mochte dem ministeriellen
Blatt, oder vielmehr seinen Gönnern und Protectoren im Ministerium
und sonst wohl unbequem geworden sein, der Schmähung und Verdäch=
tigung und der nassauischen Gerichte einzelner Richter gezogen zu werden.
Wie kommt man darüber hinweg? Man leugnet einfach die ganze Sache
ab! Das großdeutsche Organ, welches in Nassau den Regierungsge=
danken vertritt und von der Regierung begnadigt, empfohlen und pro=
tegirt wird, fragt wörtlich:

„Wo ist nun die „Fluth" von Verdächtigungen und Denunciationen?"
In welchen Ausdrücken haben wir verdächtigt und denuncirt? Heraus
mit der Sprache, heraus mit den Beweisen, führt sie an, die Verdäch=
tigungen und Denunciationen, die Ihr uns zur Last legt.

Als Antwort brauchten wir nur einfach einen Theil der Schmähartikel
abzudrucken gegen den Senat des Hofgerichts und Herrn Hergenhahn
und Dübell insbesondere, welch' letzterem noch in der heutigen Nummer
vorgeworfen wird, daß er aus politischer Parteinahme der „Rh.-L.-Ztg."
anderes Recht gesprochen habe, als dem großdeutschen Organ, die schwerste
Schmähung, die man einem Richter zufügen kann. Bei dem Wider=
willen, den das ministerielle und großdeutsche Blatt gerade mit den
maßlosen Schmähungen, Verdächtigungen und Denunciationen gegen die
Richter in allen Kreisen, die nicht gerade seine Atmosphäre athmen,
erregt hat, gehört die ganze Frechheit des durch seinen Freibrief gegen

die Strafjustiz gesicherten Organs dazu, ewig zu leugnen, was es unter Gutheißen und Beihülfe seiner Patrone monatelang gethan hat."

Ich behaupte: Es ist nicht wahr, was Ihr mir vorwerft, also heraus mit Euren Beweisen. Dieß nennt der „Rhein. Kurier": Ableugnen, ferner nennt er die über die Begünstigung des Fortschrittsblatts „Rhein-Lahn-Ztg." veröffentlichten Thatsachen: die schwersten Schmähungen. Aber warum ließ sich der Dübell diese Thatsachen zu Schulden kommen, warum wies er alle Klagen gegen das Fortschrittsblatt ab und zwar selbst solche, welche das Collegium der Assessoren einstimmig für ganz begründet erklärt hatte? — Warum nahm er dagegen alle gegen mich gerichteten Klagen an, selbst solche, die sich auf die Verwechslung des J mit dem U bezogen?

Ich fuhr sodann in meiner Charakteristik der nassauischen Justiz fort wie folgt:

Die Nr. 49 der „Rhein-Lahn-Ztg." vom 26. Febr. 1860 enthielt einen Artikel aus Langenschwalbach über Pfarrer Kriegsmann, worin nach einigen einleitenden Worten gesagt ist:

„Die „Rhein-Lahn-Zeitung" hat es auch schon vor längerer Zeit gerügt, in welcher Weise Herr Pfarrer Kriegsmann bei Proclamationen zu verfahren pflegt. Wenn er ein Paar zu proclamiren hat, das katholisch ist, oder wenn der protestantische Theil wenigstens versprochen hat, die Kinder katholisch werden zu lassen, dann nimmt er diese Proclamation auf der Kanzel nach der Predigt im Ornate vor, hat er aber ein gemischtes Paar aufzurufen, wo der protestantische Theil das erwähnte Versprechen verweigert hat, dann geschieht dieß nach einem eigenen Ritus, den er für diese Proclamation erdacht hat, den wir am letzten Sonntag bereits zum dritten Male zu beobachten Gelegenheit hatten. Um die Sache zu veranschaulichen, erzähle ich den Vorfall vom vorigen Sonntag genau. Nach beendigter Predigt proclamirte Herr Pfarrer Kriegsmann ein katholisches Paar, verließ dann die Kanzel, legte in der Sacristei seinen Ornat ab und erschien plötzlich in seinem „grünen" Rock (jeder Schwalbacher weiß, was das heißen will) vorn an der sogenannten Communionbank und sprach zu der Gemeinde: „es wollen sich noch Zwei heirathen"; und nun wurde der hiesige evangelische Bürger H. mit der katholischen R. proclamirt. H. hatte nämlich dem Herrn Kriegsmann bezüglich der Kinder kein Versprechen abgelegt.

Hätten wir bei uns die Civilehe eingeführt, so würden wir über dieses alberne Benehmen, um keinen stärkeren Ausdruck zu gebrauchen, kein Wort verloren haben. Aber so lange der Staat die Leute zwingt, sich von den Geistlichen copuliren zu lassen, so lange sollte der Staat die Macht haben, oder sie wenigstens anwenden, um einen hierarchisch

gefinnten Priefter zu zwingen, feine kirchlichen Functionen mit einigem
Anftanb vorzunehmen.

Wenn ber Fanatismus bes Herrn Kriegsmann ihn nicht ganz blinb
machte, fo müßte er begreifen, baß burch fein Verfahren nur bas Gegen=
theil feiner eigentlichen Zwecke erreicht wirb. Die Concorbatswirthfchaft
bringt uns ganz ficherlich bie Civilehe."

Im vorftehenben Auffatze wurbe alfo behauptet:

Herr Pfarrer Kriegsmann habe für bie Proclamation von Braut=
paaren, welche nicht bie katholifche Erziehung ber Nachkommenfchaft zu=
fichern, einen eigenen Ritus „erbacht"; fobann wirb erzählt, baß er
am vorigen Sonntag ein folches Brautpaar in feinem „grünen Rocke"
(unb jeber Schwalbacher wiffe, was bas heißen wolle) vorn an ber
fogen. Communionbank nach ben Worten: „es wollen fich noch Zwei
heirathen", proclamirt habe; unb fchließlich biefes Verfahren als ein
„albernes" Benehmen bezeichnet unb gefagt, baß ber „Fanatismus"
bes Herrn Kriegsmann ihn ganz „blinb" mache, inbem er fonft be=
greifen müffe, baß burch fein Verfahren nur bas Gegentheil feines eigent=
lichen Zweckes erreicht werbe.

Herr Pfarrer Kriegsmann klagte beßhalb gegen ben Rebacteur ber
„Rhein=Lahn=Ztg.", Trabert, wegen Verletzung ber Amts= unb Dienftehre
unb Ehrenkränkung, unb glaubte um fo eher auf Annahme ber Klage
rechnen zu bürfen, als er nachgewiefen, baß er bei Trauungen gemifchter
Ehen buchftäblich bie gefetzlichen Verorbnungen einhalte. — Wer aber
bie gegen ben Rebacteur ber „Rhein=Lahn=Ztg." eingereichte Klage bes
Hrn. Pfr. Kriegsmann abwies, war bas Herzogliche Juftizamt Wies=
baben. Wir werben bas betreffenbe Decret nachtragen unb werben ohne
Zweifel in ben Augen ber „Rhein. Kurier"abvocaten burch Veröffent=
lichung auch biefes Falles abermals eine Fluth von „Verbächtigungen
unb Denunciationen" ausgegoffen haben! Aber nur ruhig, es kommt
noch ganz anbers für bie „liberale unb nationale Seite."

**Zugleich beantwortete ich ben letzten Artikel bes „Rhein.
Kuriers" folgenbermaßen:**

Der „Rhein. Kurier" behauptet, wir hätten einen merkwürbigen
Rückzug angetreten, weil wir beftreiten, bie naffauifchen Gerichte gefchmäht
unb verbächtigt zu haben. Den „Rückzug" mag ber „Rhein. Kurier"
aus ber Fortfetzung unferer Artikel über bie „Naffauifche Juftiz" erfehen,
obigen Vorwurf felbft würben wir zugeftehen, wenn wir einfach behauptet
hätten, baß bie naffauifchen Gerichte aus politifcher Parteinahme ber
„Rhein=Lahn=Ztg." anberes Recht gefprochen haben als ber „N. Wiesb.
Ztg." Wir haben bies jeboch nicht behauptet, fonbern wir haben eine
Menge von Thatfachen angeführt, welche beweifen, baß ber Spielraum,
welchen bie naffauifchen Gefetze ben Gerichten für Beurtheilung ber In=
jurien= unb Verläumbungsklagen offen laffen, benutzt wirb, um ben Re=
bacteur ber „N. Wiesb. Ztg." anbers zu behanbeln, als feiner Zeit ben
Rebacteur ber „Rhein=Lahn=Ztg." Hätten wir biefe Behauptung ohne
alle Grünbe unb Anführung von Thatfachen ausgefprochen, fo könnte
man barin eine Schmähung unb Verbächtigung erblicken, ba aber lebig=

lich Thatsachen erzählt wurden, so kann die Schmähung und Verdächtigung nur in diesen Thatsachen enthalten sein, die natürlich nicht uns zur Last fallen. Da indessen der „Rh. Kurier" über diese Thatsachen hinweggleitet, wie ein verschmitzter Vertheidiger, da aber diese Thatsachen in die Augen springen und auf sie Alles ankommt, so wollen wir doch, ehe wir in unserer Veröffentlichung von Actenstücken fortfahren, einen kurzen Rückblick auf diese höchst merkwürdigen Thatsachen werfen.

Es wurde der Redacteur der „Rhein-Lahn-Ztg." auf Dienstehrbeleibigung verklagt, weil er einem Herzogl. Amtmann mittelst Fälschung und Entstellung Willkürmaßregeln vorgeworfen hatte. Die Klage wurde abgewiesen.

Es wurde gegen den Redacteur der „N. Wiesb. Ztg." geklagt, weil er dem Abelmann einen Vorwurf zurückgegeben und behauptet hatte, der letztere habe in Homburg die Bank gesprengt und einen indianischen Kriegstanz aufgeführt. Die Klage wurde angenommen und der Beklagte zu einer Correctionshausstrafe verurtheilt.

Es wurde der Redacteur der „Rhein-Lahn-Ztg." auf Verläumbung durch die Presse verklagt, weil er den Pfarrer Zahn von Breitenau in Jedermann erkenntlicher Weise fälschlich beschuldigt hatte, durch die Drohung der Verweigerung der Absolution seine Beichtkinder zur Unterzeichnung einer Adresse genöthigt zu haben. Die Klage wurde abgewiesen.

Es wurde der Redacteur der „N. Wiesb. Ztg." auf Ehrenkränkung verklagt, weil er, schwer beleibigt von dem Buchdrucker Abelmann, behauptet hatte, diesem sei das Unglück widerfahren, in eine Schlägerei zu gerathen und er habe dabei eine Verletzung davongetragen. Die Klage wurde angenommen und der Beklagte zur Correctionshausstrafe verurtheilt.

Es wurde der Redacteur der „Rhein-Lahn-Ztg." auf Beleibigung der Dienstehre und Ehrenkränkung verklagt, weil er gelogen hatte, der Pfarrer Kriegsmann habe einen Ritus für Proclamirung gemischter Ehen ausgedacht und habe sich eines albernen Benehmens schuldig gemacht. Die Klage wurde abgewiesen.

Es wurde gegen den Redacteur der „N. Wiesb. Ztg." geklagt, derselbe habe den Namen von Brauns Schreiber Huimann mit dem U statt mit dem H geschrieben. Die Klage wurde angenommen und der Beklagte nur deßhalb nicht bestraft, weil ihm nicht nachgewiesen werden konnte, daß er gewußt habe, wie der Häimann seinen Namen schreibt.

Als der Redacteur Trabert wegen Dienstehrebeleibigung in Untersuchung genommen wurde, verlangte man keine Caution von ihm, der Redacteur der „N. Wiesb. Ztg." wurde genöthigt, 1000 fl. Caution zu stellen, obgleich die gegen ihn eingebrachten Klagen von Privatleuten ausgingen. Als der Redacteur Trabert zur Correctionshausstrafe verurtheilt war, wurde das Justizamt ermächtigt, Caution von ihm anzunehmen und deren Betrag zu bestimmen. Als der Redacteur der „N. Wiesb. Ztg." verurtheilt war, wurde er gefangen genommen.

Von Trabert, der zu 2 Monaten verurtheilt war, wurden etwa 120 fl. Caution verlangt, von Abt, der zu drei Monaten verurtheilt war, aber 500 fl. Als der Redacteur Trabert verurtheilt war, wurde er der Höchsten Gnade empfohlen, er hatte ohne alle Veranlassung einen Herzogl. Amtmann in seinem Blatte einen Esel geschimpft. Als der Redacteur der „N. Wiesb. Ztg." verurtheilt war, wurde die Begnadigung bringend abgerathen, obgleich er nur gegen Angriffe sich gewehrt hatte.

Als der Redacteur Trabert in Untersuchung kam, wurde bei ihm nicht nach Vorstrafen gefragt, obgleich er unmittelbar von der Festung nach Wiesbaden gekommen war; als der Redacteur Abt in Untersuchung gerieth, wurden die Nachforschungen nach Vorstrafen bis auf seine Universitätsjahre ausgedehnt, um Erschwerungsgründe gegen ihn aufzutreiben.

Und der „Rhein. Kurier" wagt es zu behaupten, die Redacteure des Oppositionsblattes und der conservativen Zeitung werden von den Gerichten gleich behandelt.

Soviel für heute. Fortsetzung folgt in Form von neuen Thatsachen.

Zugleich gab ich folgenden Artikel extra:

„Wiesbaden, 22. Oct. Auf Klage des Herrn Dr. Brück ist der Redacteur der „N. Wiesb. Ztg.", des hiesigen großdeutschen Organs, von dem hiesigen Hofgericht wegen Ehrenkränkung und Verläumbung aufs Neue zu Correctionshaft, nämlich von zwei und einem halben Monat, verurtheilt worden; er hat gegen das Erkenntniß Appellation eingelegt."

Diese Mittheilung hat, abgesehen davon, daß das Urtheil noch nicht rechtskräftig geworden, den Zweck, einmal den Redacteur der „N. Wiesb. Ztg." durch Hineinziehung seiner Privatangelegenheiten in die Spalten der öffentlichen Blätter zu provociren, sodann aber dem Publikum die Ansicht beizubringen, als ob der Redacteur der „N. Wiesb. Ztg." den Brück wirklich injurirt und verläumbet habe, was jedoch keineswegs der Fall ist. Der „Rh. Kurier" befolgt durch Mittheilung solcher „Urtheile" ebenfalls wieder einen ganz bestimmten Plan. Auf der einen Seite soll der Redacteur der „N. Wiesb. Ztg." als ein ehrenkränkendes und verläumbendes Ungeheuer dargestellt werden, das fortwährend von den unabhängigen und unparteiischen Gerichten verurtheilt werden müsse, auf der andern Seite soll der Angegriffene veranlaßt werden, über die Verurtheilungen der Gerichte sich zu äußern, damit dann der „Rh. Kurier" Zeter schreien und behaupten kann: seht wie das Organ der Großdeutschen die unabhängigen und unparteiischen Gerichte beschimpft, schmäht und herabwürdigt.

Wir unserer Seits kümmern uns um diesen Plan gar nichts, fahren fort, uns zu vertheidigen und führen die Sache nur deßhalb an, weil wir klar machen wollen, daß der „Rh. Kurier" selbst es ist, der uns unsere Aeußerungen über die Gerichte abnöthigt.

Würde er die Sache nicht zuerst zur Sprache bringen, und würde er uns nicht fälschlich beschuldigen, wir schmähen und schimpfen die

Gerichte, so würde uns gar manche Entgegnung erspart bleiben, so würde auch die nachfolgende Aufklärung nicht gedruckt werden. Da jedoch der „Rh. Kurier" es ist, der zuerst wieder triumphirend ausruft: Seht, abermals ist Er wegen Ehrenkränkung und Verläumbung verurtheilt worden! so müssen wir die Sache doch etwas näher beleuchten, vor das Publikum treten und darauf hinweisen, wie die betreffenden „Gerichte" verfahren, wenn ein Procurator ein Urtheil von ihnen verlangt.

Bekanntlich wurden wir wegen angeblicher Ehrenkränkung und Verläumbung des Advocaten Brück schon einmal zu mehreren Monaten Zwangsarbeitshaus verurtheilt und angehalten, dieses Urtheil in unserm Blatte zu veröffentlichen. Diese Veröffentlichung erfolgte absatzweise. Ferner behaupteten wir, als der „Rh. Kurier", sowie der Advocat Lang unseren Angriff auf den Brück als eine infame Ehrenkränkung und Verläumbung dargestellt hatten, wir behaupteten, um dieser Entstellung entgegenzutreten, das uns zur Last gelegte Vergehen sei kein Vergehen, denn es sei wirklich eine Scheincession gewesen, auf Grund deren der Brück eine Klage erhoben habe, um 17 fl. 58 kr. Kosten einsecteln zu können. Wir charakterisirten diese Cession als eine Scheincession, da nicht der angebliche Eigenthümer der Forderung, sondern der angebliche Cedent, obgleich ihn die Forderung nichts mehr anging, die Klage bei Brück bestellt hatt, und da der angebliche Cedent nach der angeblichen Cession die Zahlung in Empfang nahm.

Weil wir nun das erste Urtheil absatzweise und nicht auf einmal abdrucken ließen, und weil wir behaupteten, der Brück habe auf Grund einer Scheincession einen Prozeß geführt und weil wir endlich behaupteten, der Brück sei noch Präsident des Cäcilienvereins, deßhalb beabsichtigten drei Personen, welche die Majorität des Criminalsenats bilden, uns wieder 2½ Monat lang im Correctionshaus unterzubringen und verurtheilten uns zu 2½ Monat Correctionshaus.

Das ist das Urtheil, das ist das Vergehen! Es ist nicht eine einzige Person in der Stadt Wiesbaden, welche nicht überzeugt wäre, daß der größere Theil der nassauischen Advocaten sich durch Scheincessionen das kostspielige schriftliche Verfahren ermöglicht, welche nicht überzeugt wäre, daß eine Scheincession vorliegt, wenn der angebliche Cedent die Klage bestellt und die Zahlung annimmt, was wir also behaupten, ist die Ueberzeugung sämmtlicher Einwohner der Stadt Wiesbaden, ja des ganzen Landes. Trotzdem werden wir zu 2½ Monat Correctionshaus verurtheilt, werden verurtheilt, weil wir eine Wahrheit aussprachen und eine notorische Thatsache veröffentlichen.

Wir bemerken noch: die Mehrzahl der hiesigen Beamten, ferner verschiedene Hofgerichtsräthe zu Dillenburg, sogar ein Hofgerichtsrath und ein Hofgerichtsassessor von hier und endlich ein bekannter Jurist, der eine höhere Verwaltungsstelle begleitet, sie alle sprachen sich in Privatcirkeln, wie wir genau berichtet sind, dahin aus, daß die „R. Wiesb. Ztg." in ihrer Beurtheilung des Wiesbadner Justizamts und Hofgerichts vollständig Recht habe, wenn auch die Form manchmal gemäßigter sein dürfte." (Noch vor nicht langer Zeit sagte ein Mann, der die Verhältnisse, die Personen und die Verhandlungen genau kennt, die Hergenrichter seien mit einer wahren Manie gegen mich vorgegangen.)

Unterdessen war das Urtheil des Hof= und Hergengerichts auf „Brauns Klage" erfolgt. Triumphirend schrieb Braun, noch ehe dasselbe rechtskräftig geworden, im „Rh. Kurier" Folgendes:

„⁂ Wiesbaden, 4. Nov. Der Redacteur der „R. Wiesb. Ztg." ist nunmehr auf die Klage des Hrn. Dr. Braun hin, die er mehrere Monate lang lächerlich zu machen suchte, von dem Hofgericht wegen Lügen und Verläumbung zu zwei Monaten Correctionshaus verurtheilt und hat auch dagegen die Appellation angezeigt. Auf jede der vielen Klagen, die während des Jahres ihrer Wirksamkeit gegen die gedachte Redaction erhoben worden sind, ist also Verurtheilung zu Correktionshausstrafe erfolgt! (Ganz natürlich! Wenn die Advokaten es gewünscht hätten, es wären noch mehr „Verurtheilungen" erfolgt.) Es schweben also neuerdings über ihr 4½ Monate Correktionshaus. Diese Strafen aber sowohl, als auch die bekannte Verwarnung ¹) sind nur neue Gründe, die gewohnten Verbrechen fast täglich von Neuem zu begehen. Herr Abt fürchtet nicht den Vollzug der Strafen und lacht der Verwarnung, und er mag dazu die bekannten guten Gründe haben. Denn es ist undenkbar, daß Jemand, ohne sich gegen den Strafvollzug sicher zu wissen, fortfahren sollte in einem Krieg gegen die Strafjustiz, der ohne gewaltsame Eingriffe in die Gerechtigkeit gar nicht anders enden kann, als mit der schimpflichsten Niederlage."

Ich antwortete:

„Wahlbedenken.

⁂ Wiesbaden, 7. Nov.

Der „Rh. Kurier" hatte gestern gemeldet, der Redacteur der „R. Wiesb. Ztg." sei nunmehr auch auf die Klage des Hrn. Dr. Braun hin, die er mehrere Monate lang lächerlich zu machen suchte, vom Hofgericht und zwar wegen „Lügen und Verläumbung" zu zwei Monaten Correctionshaus verurtheilt worden. Dazu fügte der „Rh. Kurier" die Bemerkung, alle diese Strafen sowohl als auch die bekannte Verwarnung seien nur neue Gründe, die gewohnten Verbrechen fast täglich von Neuem zu begehen (Gründe, zu begehen! Brauner Styl). Der „Rh. Kurier" gibt dann zu verstehen, daß diese neuen Verbrechen nur deßhalb begangen werden, weil sich der Redacteur der „R. Wiesb. Ztg." vor dem Strafvollzug sicher wisse.

---

1) Es waren nämlich kurz zuvor die drei nassauischen Zeitungen: „R. Wiesb. Ztg.", „Rh. Kurier" und „Mittelrheinische Zeitung" verwarnt worden.

Der „Rh. Kurier" sagt mit andern Worten: da der Redacteur der „N. Wiesb. Ztg." fortwährend wegen Lügen (soll heißen Ehrenkränkung, denn die Lüge ist im Strafgesetzbuch nicht verboten. Aber Braun wollte dem Publikum zu verstehen geben, daß ich Alles über ihn Gesagte erlogen habe, während er über die gravirendsten Vorwürfe, die ich ihm machte, über das Palmarium von 500 fl., ferner 79 fl. Kölsch, ferner etwas Weißes, das sich nachher als ein Wechsel über 100 fl. herausstellte, ferner 100 fl. Risikogeld, ferner über Alles, was ich sonst noch aus dem Fach der Prellerei veröffentlichte, gar nicht geklagt, sondern nur darüber geklagt hatte, daß ich ihn einen Advocaten geheißen und ähnliche Verbrechen begangen habe) und Verläumdung zu Correktionshaus verurtheilt wird, so geht daraus hervor, daß er wirklich injurirt und verläumdet, denn jedes gerichtliche Urtheil ist der Ausspruch einer unfehlbaren Gottheit. Da der Redacteur trotz dieser Verurtheilungen fortfährt, zu „lügen" und zu „verläumden", so thut er dies nur, weil die Strafen gegen ihn nicht in Vollzug gesetzt werden. Es herrscht somit keine Gerechtigkeit im Lande Nassau. Was zunächst den letzten Satz anbetrifft, so ist es eine bekannte Tactik des „Rh. Kuriers" über Lügen, Verläumbung und Ehrenkränkung zu schreien, so oft Etwas von uns gedruckt wird, was seinen Patronen unangenehm ist.

Niemals aber läßt sich der „Rh. Kurier" herbei, die Stellen anzuführen, in welchen die angeblichen Lügen und Verläumbungen enthalten sind, sondern er behauptet ganz einfach, es wird gelogen, injurirt und verläumbet und knüpft an diese unbewiesenen Behauptungen seine Vorwürfe und Verbächtigungen. Er beschuldigt ohne durch Thatsachen zu begründen uns der Lüge und Verläumbung, nichts für sich anführend, als gerichtliche Urtheile, und wenn wir dann nachweisen, an der Hand von Thatsachen nachweisen, daß diese Urtheile nicht in unsern Lügen, Injurien und Verläumbungen ihren Grund haben, sondern in ganz eigenthümlichen Verhältnissen, in der Zusammensetzung der Gerichte ꝛc., so schreit der „Rh. Kurier" Zeter über die Verbächtigung der Gerichte, nachdem er selbst diese angebliche Verbächtigung provocirt hatte.

Dies bemerkt, kommen wir zum zweiten Satz. Der „Rh. Kurier" sagt: da die Gerichte den Redacteur der „N. Wiesb. Ztg." verurtheilt haben, so ist unwiderleglich dadurch nachgewiesen, daß dieser Redacteur ein injurirendes und verläumbendes Ungeheuer ist. Dieser Schluß könnte richtig sein. Es fragt sich indeß, ob nicht ganz bestimmte Umstände vorhanden sind, welche denselben als unrichtig erscheinen lassen? Wir wollen, da der „Rh. Kurier" uns herausfordert und wieder provocirt hat, diese Frage an der Hand der Thatsachen beantworten, und wir glauben, ein Recht zu dieser Beantwortung zu haben, da nicht einmal ein Gericht über der Kritik stehen darf.

Wir sagen also: ja es ist wahr, wir sind verurtheilt worden, wir wurden verurtheilt wegen „Beleidigung und Verläumbung" des Advocaten Brück, wir wurden verurtheilt wegen „Beleidigung und Verläumbung" des Abelmann, Redacteurs der Advocatenzeitung:

„Rh. Kurier", zu 3 Monaten Correctionshaus, des Pfarrers Koch und des „Frankf. Journals" zu 1 Monat Correctionshaus. Wir wurden ferner verurtheilt abermals wegen „Beleidigung und Verläumbung" des Advocaten Brück zu 2½ Monat Correctionshaus und wir zweifeln nicht daran, daß wir auch auf „Brauns Advocatenklage hin zu zwei Monaten, natürlich wieder Correctionshaus, verurtheilt worden sind, obgleich das Urtheil uns noch nicht eröffnet wurde, trotzdem aber schon im „Rh. Kurier" zu lesen ist.

Wir wurden also verurtheilt, aber warum? Bezüglich des Brück hatten wir behauptet, er habe auf Grund einer Scheincession eine Forderungsklage eingereicht, wir hatten dieß behauptet, weil es notorisch ist, daß die Mehrzahl der nassauischen Advocaten sich solcher Scheincessionen bedient, um das einträgliche, schriftliche Verfahren anwenden zu können und weil nicht der angebliche Cessionar, sondern der angebliche Cedent die Klage bestellt und die vor Einreichung der Klage geleistete Zahlung in Empfang genommen hatte.

Das Gericht erblickte in dieser Behauptung ein schweres Verbrechen und erkannte Correctionshausstrafe.

Nachdem der „Rh. Kurier" nochmals provocirend darauf aufmerksam gemacht hatte, wie ungerecht und schwer wir den Brück verläumbet haben, wiederholten wir unsere Behauptung, es sei eine Scheincession gewesen, wir wiederholten diese Behauptung nicht, um den Brück zu beleidigen, sondern um den „Rh. Kurier" zu widerlegen. Das Gericht erblickte in der Wiederholung der Behauptung, sowie auch darin, daß wir das erste Urtheil absatzweise, statt auf einmal abdruckten, abermals ein schweres Verbrechen und verurtheilte aufs Neue zu 2½ Monat Correctionshaus.

Gegen den Redacteur des „Rh. Kuriers" der nassauischen Fortschrittsadvocaten, der uns pöbelhaft injurirt hatte, gebrauchten wir in Form von Späßen und Scherzen berechtigte Repressalien. Das Gericht erblickte darin ein schweres Verbrechen und erkannte auf Correctionshaus.

Vom Pfarrer Koch sagten wir, er habe sich, von Braun zur Tafel geladen, überzeugen lassen, daß es im Interesse des Landes gelegen sei, wenn Braun zum Präsidenten der Kammer gewählt werde. Correctionshaus!

Das „Frankfurter Journal" züchtigten wir, weil dasselbe die Lüge verbreitet hatte, wir seien am 10. Februar in Wechselhaft gesessen. Correctionshaus!

Braun, der Advocat, hatte eine Masse so absurder, läppischer und unbedeutender Anschuldigungen gegen uns eingeklagt, daß er, als wir „Brauns Klage" veröffentlichten, die Autorschaft dieses Machwerks verläugnete und sie seinem Häumann zuschob. Nichtsdestoweniger Correctionshaus!

Die Verurtheilung zu Correctionshaus ist nun allerdings eine Thatsache, aber eine Thatsache ist es auch, daß das nassauische Strafgesetz ebenso gut Verurtheilung zu einer mäßigen Geldstrafe gestattet hätte und Thatsache ist es ferner, daß in allen andern deutschen Staaten so himmelschreiende Strafen für so geringe Vergehen gar nicht ausgesprochen worden wären. Und Thatsache ist es endlich, daß diese Urtheile nicht blos im In= und Ausland die Entrüstung des Publikums, sondern sprachloses Erstaunen selbst der Juristen, selbst nassauischer Juristen hervorriefen.

Aber nehmen wir an, die nassauischen Gesetze seien so streng, daß die Gerichte in allen diesen Fällen Correctionshausstrafe aussprechen mußten, was aber nicht der Fall ist, da sie ebenso gut auf Geldstrafen erkennen konnten, wenn sie wollten, nehmen wir dieß an, so wären diese Urtheile zwar hart und strenge, aber unter allen Umständen müßte dann Jedermann so behandelt werden, wie wir behandelt worden sind. Ist dieß der Fall?

Wir haben wiederholt schon das Schicksal der Klagen berührt, welche gegen das Blatt der Advocaten, die „Rhein=Lahn=Zeitung" eingereicht wurden. Amtmann Metzler, Amtmann Vonhausen, Pfarrer Kriegsmann und Pfarrer Zahn, sie klagten alle wegen Verläumdung und Dienstehrebeleidigungen, die eingeklagten Stellen der „Rhein=Lahn= Ztg." waren weit schärfer und ehrenrühriger, als Alles, was wir gesagt haben, die Klagen gegen das Advocatenblatt wurden abgewiesen, die Klagen gegen unser Blatt aber alle angenommen, selbst solche, die sich bis zur Absurdität verstiegen hatten.

Die „Rhein=Lahn=Ztg." hatte von einem Pfarrer gesprochen, der mit der Absolutionsverweigerung öffentlich gedroht habe, wenn eine Bittschrift nicht unterzeichnet werde, der Pfarrer war so genau bezeichnet, daß Jedermann erkannte, es ist der Pfarrer Zahn von Breitenau. Da die Beschuldigung erlogen war, klagte der Pfarrer auf Verläumdung. Die Klage wurde abgewiesen, weil der Pfarrer nicht namentlich bezeichnet sei.

Wir sprachen von einem Procurator mit den weiten Taschen, der wucherisch einen Wechsel von 1500 fl. — auf 3000 fl. getrieben habe, der Procurator war nicht näher bezeichnet, da sie so ziemlich Alle sehr weite Taschen haben — 2 Monate Correctionshaus!

Die „Rhein=Lahn=Ztg." hatte fälschlich den Pfarrer Kriegsmann be= schuldigt, er habe für Proclamirung gemischter Ehen einen eigenen Ritus ausgedacht, mache sich eines albernen Benehmens schuldig, sei ein hierarchisch gesinnter, blind fanatischer Priester, der seine kirchlichen Funktionen wenigstens mit Anstand verrichten sollte. Der Verläumdete klagte, die Klage wurde abgewiesen. Ich sagte, ein Advocat habe auf Grund einer Scheincession eine Forderungsklage eingereicht, deren Betrag am Tage der Einreichung der Klage bezahlt gewesen — 2½ Monate Correctionshaus!

Es wurde actenmäßig nachgewiesen und ist keine „Lüge", daß der Procurator Braun dem Goldarbeiter Köllsch und seiner Frau wider= rechtlich 79 fl. abgenommen, während er eigentlich gar nichts oder höch= stens 5 fl. zu bekommen hatte. Diese Aneignung fremder Gelder, von deren Ungesetzlichkeit und Unrechtmäßigkeit der Procurator Braun so genau überzeugt war, daß er durch Lang dem Köllsch Anerbietungen machen ließ, wenn dieser die Anzeige zurücknehme, diese Ueberforderung, sagen wir (und zwar sehr milde), wurde mit 5 fl. bestraft.

Wir sagten, dem Redacteur des Advocatenblattes: „Rh. Kurier" sei eine Wanze in die Nase gekrochen: — Correctionshaus!

Die „Rhein-Lahn-Ztg." warf fälschlicher Weise dem Amtmann Metzler von Dillenburg Willkürmaßregeln und Mißbrauch der Amtsgewalt vor. Der verläumbete Beamte klagte auf Verläumbung und Dienstehrebeleibigung. Die drei Assessoren des Justizamts erkannten diese Klage für vollständig begründet. Die Klage gegen das Advocatenblatt wurde abgewiesen.

Wir druckten ein hofgerichtliches Urtheil nicht auf einmal, sondern absatzweise ab — 2½ Monate Correctionshaus!

Es wurde eidlich bezeugt, daß Braun als Procurator sich widerrechtlich und ungesetzlich ein Palmarium von 500 fl. ausbedingte und auswirkte und daß er ausdrücklich noch bemerkte, es sei ihm verboten, dieses Palmarium sich auszahlen zu lassen, deßhalb müsse der Vertrag über dasselbe auf den Namen seines Scribenten geschrieben werden. Braun ist bis heute noch nicht bestraft, oder wenn er bestraft ist, höchstens um 25 fl. (so daß er mit dem Palmarium von 500 fl. ein recht gutes Geschäft gemacht hat und 475 fl. verdiente.)

Es wurde ferner eidlich bezeugt, daß Braun als Vertheidiger zu Wirth Großmann von Hochheim in's Gefängniß gerufen, diesen in seiner Verwirrung etwas unterschreiben ließ, was sich nachher als ein Wechsel über 100 fl. herausstellte. Keine Untersuchung!

Wir hatten gesagt: „Ruhmebelnder Rechtsgelehrter", weil der angebliche Cessionar Ruhmebel hieß — Correctionshaus!

Wir machten die Gerichte wiederholt darauf aufmerksam, irgend ein Procurator habe ein Testament unterschlagen — keine Untersuchung, obgleich die Gerichte die Pflicht haben, von Amtswegen einzuschreiten, aber es ist ein Advocat, der in Gefahr kommen könnte, darum keine Untersuchung!

Anderes läßt sich hier gar nicht einmal andeuten.

Man sieht also, so oft die Advocaten klagen, werden wegen den geringfügigsten Aeußerungen himmelschreiende Correctionshausstrafen erkannt, so oft Advocaten oder Advocatenblätter verklagt werden, erfolgen leichte Geldstrafen oder gar keine Strafen, oder wird die Klage abgewiesen. Und unter diesen Umständen wagt es das Blatt der Advocaten, wagt es der „Rh. Kurier" triumphirend auf die gegen uns erlassenen Urtheile hinzuweisen und sie als Beweis dafür anzuführen, daß wir lügen und verläumben.

Wir erwidern einfach: wenn die „N. Wiesb. Ztg." behandelt würde wie die Fortschrittsadvocaten und ihre Zeitungen — noch nicht eine einzige Verurtheilung wäre gegen uns erfolgt und wir rufen den Wählern in Nassau abermals zu: Das ist das Advocatenregiment, das sind die Wirkungen des Advocatenregiments, tragt wenigstens, Ihr nassauische Wähler! dadurch, daß Ihr keine Fortschrittsadvocaten mehr in die Kammer wählt, das Eurige dazu bei, daß dieses heillose Advocatenregiment gestürzt, daß diese Landplage ausgerottet werde."

So ging es im Jahr 1863 im schönen Lande Naffau zu.
Solche Erörterungen wurden gepflogen, solche Reden und
Gegenreden ausgetauscht, solche Thatsachen aus der hergen=
hähnischen Gerichtspraxis veröffentlicht, und zwar, wie ich
verfichern kann, unter dem sprachlosen Erstaunen des ganzen
Landes. Land auf Land ab, war überall nur von dem gro=
ßen Duell die Rede, das zwischen mir und den Abvocaten
wegen der naffauischen Justiz ausgefochten wurde, denn diese
Enthüllungen hatte man in der That nicht erwartet ¹).

Uebrigens gibt dieser Kampf jedem Unbefangenen ein
klares Bild von der Stellung der Parteien, von den Zustän=
den des Landes. Ich wehrte mich meiner Haut, indem ich
die fortwährenden Verdächtigungen, daß ich unprovocirt an=
greife, injurire und verläumbe und deßhalb von den Gerich=
ten verurtheilt werden müsse, durch den Hinweis auf die Par=
teilichkeit widerlegte, womit die Gerichte gegen mich zu Werke
gingen. Die Abvocaten aber kämpften für ihre Genossen und
Verbündeten, kämpften für eben diese Gerichte, welche durch
ihre Justiz ihnen so treffliche Dienste leisteten. Noch nie hat
wohl eine Löwin ihre Jungen so wüthend vertheidigt, als
damals Braun und Lang den Hergenhahn und seine Gerichte.
Und warum? Aus uninteressirtem Mitgefühl für die verfolgte
Unschuld oder durch andere Motive bestimmt? Ich überlasse
meinen Lesern die Beantwortung dieser Frage und eile zum
Schluß.

Wie schon bemerkt, wurde der Redacteur des „Rh.
Kuriers“ wegen der oben S. 336 abgedruckten injuriösen
und verläumberischen Artikel vom Staatsministerium beim
herzogl. Justizamte zu Wiesbaden verklagt. In Folge deffen
wurde derselbe vor dieses nämliche Justizamt geladen und
erschien auch. Er wurde auf Befehl des mit der Unter=
suchung beauftragten Assessors (aber nicht des Hergen=Reim)
von der Polizei sofort in Verhaft genommen, und zwar zur
Verhütung von Collusionen, da es sich zunächst um die Er=
mittelung des Verfassers der incriminirten Artikel handelte.

---

1) Leider konnte ich nicht alle die gewechselten Streitartikel hier abdrucken, sondern mußte mich Raumes halber mit vorstehenden Proben
begnügen.

Aber ebenso schnell war auch als Schutzengel der Advocat
Lang zum Amtmann Dübell geeilt und erwirkte natürlich ge=
gen eine Caution von 500 fl. die unmittelbare Freilassung
des Angeschuldigten. Herr Dübell zog sich aus dem Di=
lemma, indem er die Sache an das Hofgericht zur Entschei=
dung übermachte. Es war dies für das Hofgericht eine heikle
Angelegenheit. Auf der einen Seite eine pöbelhafte Injurie
und die gröbste Verläumbung des Staatsministeriums, auf
der andern Seite der Redacteur der beiden Advocaten Braun
und Lang, von welchen dem erstern der Hof= und Hergen=
gerichtsrath Hergen=Hehner seine Stelle verdankte, während
der Hof= und Hergengerichtsrath v. Reichenau der Neffe des
alten Hergenhahn war, welcher seiner Seits wieder als Di=
rector des Hofgerichts in der innigsten Verbindung mit Braun
sich befand. Außerdem hatte sich seit einem Jahre der „Rh.
Kurier" förmlich zum „Moniteur" des Hofgerichts gemacht,
hatte die excessiven Strafurtheile desselben verherrlicht und
dem Publikum als Emanationen der unparteilichsten Justiz=
göttin dargestellt, hatte den Hauptgegner dieses Hofgerichts,
den Redacteur der „N. Wiesb. Ztg.", fortwährend wegen
seiner Veröffentlichung Wiesbadner Justizgräuel denuncirt und
angegriffen. Sollten sie dieses befreundete, nützliche, dienst=
willige Blatt, sollten sie ihr eigenes Organ bestrafen? Sie
konnten es nicht über sich gewinnen. Was geschah? Das
Hofgericht erließ ein Decret, worin es sich zur Aburtheilung
des Falls für incompetent erklärte. Dieses merkwürdige De=
cret lautet folgendermaßen:

In Erwägung

1) daß nach dem in Art. 5, Pos. 1 des Strafgesetzbuchs ausgespro=
chenen, in dem Principe der Territorialität der Strafgesetze

vergl. Henke, Handbuch des Criminalrechts I. S. 605.
Köstlin Strafrecht § 23, S. 28 und 43.

beruhenden Grundsatze Ausländer nach den Bestimmungen jenes
Strafgesetzbuchs nur dann gerichtet werden sollen, wenn die darin mit
Strafe bedrohte Handlung von denselben innerhalb des Herzogthums
begangen worden ist, sofern es sich nicht eines der in Art. 5, Pos. 2—6
incl. bezeichneten Verbrechen handelt;

2) daß unter den in dieser letzteren Gesetzesstelle, über deren Ent=
stehungsgeschichte

Breidenbach, Commentar über das Großh. Hessische Straf=
gesetzbuch I. Band, 1. Abthlg. S. 228 ff.

zu vergleichen ist, aufgeführten Ausnahmsfällen, in welchen aus Rücksichten des Selbstschutzes Ausländer auch wegen der von ihnen im Auslande begangenen Verbrechen im Herzogthum bestraft werden sollen,
Verbrechen der vorliegenden Art, abweichend von anderen Strafgesetz-
gebungen,

Breidenbach l. c. §. 13, S. 273, not. 4.

nicht genannt sind, auch eine andere particularrechtliche Bestimmung
hierüber nicht besteht, und daher bezüglich der Zuständigkeit der Gerichte
des Herzogthums zur Aburtheilung der gegen den Angeklagten, einem
Ausländer im Sinne des Strafgesetzbuchs, erhobenen Beschuldigung
der Dienstehrenkränkung lediglich zu prüfen ist, ob die Handlungen,
worin dieselbe gefunden wird, von ihm im Herzogthum begangen worden sind,

3) daß nach Art. 183 des Strafgesetzbuchs derjenige der Dienstehrenkränkung sich schuldig macht, welcher einen Staats- oder öffentlichen Beamten oder einen Militär von Offiziersrang während seiner Dienstver-
richtungen oder in directer Beziehung auf Diensthandlungen desselben
durch herabwürdigende Worte, Gebärden oder Handlungen beleidigt, daß
aber zu dem hieraus sich ergebenden Thatbestande der Dienstehrenkränkung wie der Ehrenkränkung überhaupt weder gehört, daß ein bestimmter
Erfolg desselben eintrat,

cf. Martin Criminalrecht §. 46 u. 164.

noch daß die Beleidigung dem Verletzten gegenüber geschah noch auch,
daß er von derselben Kenntniß genommen hat,

Archiv strafrechtlicher Entscheidungen, herausgegeben von
Temme, II. Bd. Nr. 393, S. 331, vergl. auch Art. 301
des Herzogl. Nass. Strafgesetzbuchs,

indem die nach Art. 186 desselben eine Voraussetzung der Bestrafung
bildende Klage des Beleidigten, welche übrigens auch durch das Verlangen der vorgesetzten Dienstbehörde ersetzt werden kann, nur ein processua-
lisches, nicht aber ein thatbeständiges Erforderniß ist,

4) daß hiernach, sowie es rechtlich unmöglich ist, die Strafcompetenz
wegen einer durch die Zeitungspresse begangenen Dienstehrenkränkung in
einem jeden Orte der Welt, wohin die betreffenden Blätter gelangten,
blos dieserhalb begründet zu finden, die Vollendung dieses Verbrechens
vielmehr unabhängig von dem Wohn- und Amtssitze des Beleidigten da eintritt, wo jene Zeitungsblätter gedruckt und ausgegeben worden sind,

5) daß, da im gegenwärtigen Falle die Zeitungsblätter unbestritten
in Frankfurt a. M. gedruckt und ausgegeben worden sind, die nach der
Anklage darin enthaltene Dienstehrenkränkung dort auch vollendet wurde,
und da ein bereits begangenes Verbrechen nicht erst anderwärts consu-
mirt werden kann, bezüglich des Thatbestandes dieses Verbrechens die
darauf folgende gewöhnliche Verbreitung jener Blätter auch im Herzogthum, in welcher an und für sich eine Wiederholung seines Verbrechens
durch den Angeschuldigten nicht gefunden werden kann, unwesentlich erscheint, eine Bestrafung desselben also in Ermangelung einer weiter

23

gehenden beßfallfigen Gesetzesvorschrift wie sie in dem §. 40 des Gesetz-
entwurfs über die Presse in Aussicht genommen war, dahier nicht stattfinden kann.

Zu Recht:

    daß die gegen ben Beschuldigten eingeleitete Untersuchung
    wegen mangelnder Zuständigkeit der Gerichte des Herzogthums
    einzustellen sei, mit Niederschlagung der Kosten.

B. R. W.

Wiesbaden, 29. September 1863.

Der Art. 5 des St.-G.-B. lautet:

„Art. 5. Ausländer werden nach ben Bestimmungen des im Herzogthum geltenben Gesetzes gerichtet.

1) Wegen aller barin mit Strafen bebrohten Hanblungen, welche
    innerhalb des Herzogthums von ihnen begangen wurben;
2) wenn sie sich zwar außerhalb des Herzoglichen Gebiets, jeboch in
    Beziehung auf ben Herzogl. Staat der Majestätsbeleibigung ꝛc.
    (folgen Verbrechen, welche sich der Angeklagte nicht schuldig ge-
    macht hatte) schuldig gemacht haben."

Nun ist aber wohl zu merken, baß es auch einen Art. 3
im naffauischen Strafgesetz gibt unb bieser lautet:

„Art. 3. Strafbare Hanblungen, welche außerhalb der Grenzen des Herzogthums angefangen, aber innerhalb ber-
selben vollenbet, ober innerhalb angefangen, aber außerhalb vollenbet worben sinb, werben ebenso betrachtet, als wären sie im Herzogthum angefangen unb vollenbet worben."

Nach bieſem Artikel waren die naffauischen Gerichte ohne
allen Zweifel zur Aburtheilung des Frankfurter Rebacteurs
competent, denn ba der „Rh. Kurier", ber noch baju ein
speziell für Naffau bestimmtes Blatt war, baß seine sämmtlichen Abonnenten (10 vielleicht ausgenommen) in Naffau,
baß ferner in Wiesbaden einen eigenen Agenten hatte, bem
bie ganze Auflage zur Verbreitung im Herzogthum zugeschickt
wurbe, ba also ber „Kurier" baß ihm zur Last gelegte Verbrechen in Frankfurt zwar angefangen, aber in Naffau, baburch baß er bie betreffenben Nummern seines Blattes im
Herzogthum verbreiten ließ, vollenbet hatte, so gehörte er
vor Forum der naffauischen Gerichte. Dies erkannte sogar
ber Amtmann Dübell an, ber burch Annahme der Klage,
Citation unb Verhaftung des Angeklagten baß Herzogl. Justizamt für zuständig zur Einleitung der Untersuchung, aber
klugerweise, um sich aus ber Schlinge zu ziehen, für bie Ab-

urtheilung des Verbrechens nicht für competent erklärt und
die Sache deshalb an das Hofgericht übertragen hatte. Selbst
die „Mittelrh. Ztg.", ein ebenso radikales und fortschritt=
liches, nur nicht so pöbelhaftes Blatt wie der „Rh. Kurier",
erklärte dies in einer von einem nassauischen Juristen her=
rührenden längeren Erörterung an. Die nassauischen Gerichte
waren competent, sonst wären sie auch nicht competent einen
Ausländer, der z. B. einen Mord auf fremdem Territorium ein=
geleitet und vorbereitet, aber auf nassauischem Gebiet vollendet
hätte, vor ihr Forum zu ziehen, wenn dieser Ausländer zu=
fällig in ihre Gewalt gefallen oder in einem andern Staate
als seiner Heimath betroffen und verhaftet worden wäre.

Indessen der Criminalsenat des Hofgerichts zu Wiesba=
den erklärte sich für incompetent, den Redacteur Brauns und
Langs zu richten.

Das Staatsministerium recurrirte deßhalb an Ebbhardt,
Lantz und Reichmann im Oberappellationsgericht, aber siehe
da, nach einigen Wochen emanirte auch von dieser Justizgöttin
ein Urtheil, in welchem Ebbhardt, Lantz und Reichmann ihrer
Gewohnheit gemäß das hofgerichtliche Urtheil bestätigten.
Sie waren ja da, um die hofgerichtlichen Urtheile zu be=
stätigen.

Hiermit hatten also die nassauischen Hexenrichter, hatte
das Hofgericht und das Oberappellationsgericht dem „Rh.
Kurier" eine förmliche Vollmacht, ja geradezu eine Aufmun=
terung zur Insultirung des Staatsministers ertheilt und der
„Rh. Kurier" beeilte sich, dieser Vollmacht und dieser Auf=
munterung sofort prompt nachzukommen, indem er folgenden
aus der Feder Langs geflossenen Artikel in Nr. 266
publicirte:

„[ ] Wiesbaden, 9. Nov. Man spricht in letzterer Zeit wieder
mehr von dem Rücktritte des Ministers, Prinz Wittgenstein. Als dessen
Nachfolger wird vielfach bezeichnet der jetzige Adjutant des Herzogs, Herr
von Ziemiecki. Wer Personen und Dinge im Herzogthum kennt, wird
diese Annahme nicht unwahrscheinlich finden, namentlich bei der jetzigen
Strömung. Wer aber auch weiß, was dieser Herr bis heute für Ein=
flüsse vertreten hat, der würde es als ein neues großes Unheil für das
Land beklagen, wenn der unterstellte Fall einträte. Unter einem Mi=
nisterium Ziemiecki würde der Spielschwindel einen neuen
Aufschwung nehmen und zur Charakteristik seiner politischen Anschauung

müßte von seinem Palais die schwarzgelbe Fahne wehen mit dem päpst=
lichen Schlüssel darin. Ehe ein solcher Wechsel eintrete, wollen wir doch
lieber inständigst zu dem lieben Gott beten, daß er uns den alten
Mann[1]) noch recht lange erhalten möge."

Wer Personen und Verhältnisse nur einigermaßen kennt,
weiß daß dieser Artikel aber auch jeder thatsächlichen Grund=
lage entbehrt. Herr v. Ziemiecki ist Adjutant des Herzogs,
mischt sich weder in Staatsangelegenheiten, noch steht er, wie
überhaupt Niemand vom Hof, zum Spiel in irgend einer Be=
ziehung, an seine Ernennung zum Minister dachte kein Mensch,
aber er ist Katholik, und begeht das Verbrechen zuweilen die
Kirche zu besuchen, außerdem ist er Adjutant des Herzogs und
um zu beweisen, wie richtig er den Sinn der Hof= und ober=
appellationsgerichtlichen Urtheile begriffen, griff der „Rhein=
Kurier" mit seiner schmutzigen Hand ganz in die Nähe des
Thrones, beschimpfte in einem Athem ohne alle Veranlassung
den Adjutanten des Herzogs und den herzogl. Staatsminister,
indem er zu diesem Zweck das Mährchen von einem Mini=
sterium Ziemiecki erfand.

Es war dieß sein „letzter Betrug", denn nachdem die Ge=
richte erklärt hatten, daß sie um keinen Preis das Organ
ihrer Advocaten aburtheilen, erschien eine Verordnung der
herzogl. Landesregierung folgenden Inhalts:

(Die in Frankfurt erscheinende Zeitung „der Rheinische
Kurier" betreffend.)

Nachdem die in Frankfurt a. M. unter dem Titel „der Rheinische
Kurier" erscheinende Zeitung in Nr. 210 vom 8. September l. J. den
Vorstand der höchsten Herzoglichen Staatsbehörde gröblich beleidigt und
auf erhobene Klage die inländischen Gerichte sich zur Untersuchung und
Bestrafung dieses von der ausländischen Zeitung verübten Vergehens für
nicht zuständig erklärt haben; so wird der genannten Zeitung der Post=
debit entzogen und die Verbreitung und das Halten derselben im Herzog=
thum, unter Androhung einer Strafe von 15 Gulden bis 30 Gulden
oder 14= bis 28tägigem Amtsgefängniß verboten.

Wiesbaden, den 11. November 1863.

Herzoglich Nassauische Landesregierung.

von Wintzingerode.

vdt. Tecklenburg.

----

1) Anmerk. Den Staatsminister Prinzen v. Wittgenstein.

Es eilten jetzt die Advocaten nach Frankfurt, ließen den Titel des „Rhein. Kuriers" abändern, durch „Wächter am Rhein" ersetzen und diesen in 2300 Exemplaren im Herzogthum verbreiten, natürlich wurde der „Wächter am Rhein" sofort confiscirt und als Fortsetzung des „Kuriers" ebenfalls verboten.

Nun aber hätte man die Krämpfe sehen sollen, von welchen die gesammte Fortschrittspresse befallen wurde, über dieses „Attentat auf die Preßfreiheit". Um das freie Wort zu unterdrücken, um die Kritik zu vernichten, um die Discussion abzuschneiden, schrien sie in einem Chor, habe die nassauische Regierung die „liberale Presse" todtgeschlagen, während das Verbot des „Rh. Kuriers" wegen pöbelhafter Injuriirung des Staatsministers und erst dann erfolgt war, nachdem die nassauische Regierung erfolglos den Schutz ihrer Fortschrittsgerichte angerufen hatte und während in Wiesbaden noch ein zweites Blatt, die „Mittelrh. Zeitung" existirte, in welchem der Fortschritt amplement ausschreiten, aber freilich nicht ganz so viel Koth um sich spritzen konnte, wie der „Rhein. Kurier". Und daß die Fortschrittsblätter also schrieen, da sie über Despotismus und Attentat auf die Preßfreiheit schrieen, nur das nackte Factum, nicht aber die begleitenden Umstände und die Ursachen dem Publicum mittheilten; befand sich sehr bald im ganzen deutschen Reiche nicht Ein Fortschrittsphilister mehr, der sich nicht grimmig über den Despotismus der nassauischen Regierung entrüstet hätte.

Das meine Herren! ist die Preßfreiheit! Das sind die Wirkungen der Presse, das war die nassauische Fortschrittspresse, das war: die Wiesbadner Hergenjustiz!

Der Wirbel, den ich im Herzogthum Nassau aufgeregt hatte, sollte am Ende aber auch mich verschlingen.

Schon während des „Kriegs gegen die Justiz", als die Advocaten des „Rhein. Kuriers" ihre Gerichte so hartnäckig vertheidigten, erschienen in diesem Blatte einzelne Bemerkungen, welche die Katastrophe einzuleiten bestimmt waren.

So lautete z. B. ein kleiner Artikel des Advocatenblattes folgendermaßen:

„b Biebrich, 5. Novbr. Der Redacteur des nassauischen großdeutschen Organs empfiehlt sich, nachdem er wiederholt wegen Lügen und Verläumbungen zu Correctionshausstrafe verurtheilt worden ist, von Neuem zur eventuellen Begnadigung in seiner Weise. Nicht allein, daß er in dem in der Hauptstadt unter den Augen der Regierung, die ihn deßhalb verwarnt hat, erscheinenden Organ die Gerichte des Landes tagtäglich verdächtigt, verläumbet und verlästert er sie auch auswärts, und er hat noch vor wenigen Tagen in einer von Wiesbaden datirten von ihm unterzeichneten, an eine Darmstädtische Zeitung gerichteten Zuschrift gesagt, daß es Taktik der Fortschrittspartei, „die Gegner durch corrumpirte Gerichte unschädlich machen zu lassen." Was dies im Munde des Redacteurs des officiellen großdeutschen Organs heißt und auf welche Gerichte es geht, ist für Niemand in Nassau im Geringsten zweifelhaft. — Wir müssen hier nur wiederholt bemerken, daß die seither rechtskräftig gewordenen Straferkenntnisse gegen das großdeutsche Organ theils gar nicht mit Appellation angegriffen, theils von dem O.-A.-Gericht bestätigt worden sind, so daß unter den „corrumpirten" Gerichten auch das nassauische Oberappellationsgericht zu verstehen sein dürfte, also die Gerichte der drei Instanzen, welche über das großdeutsche Organ abzuurtheilen haben."

Man sieht, das Organ der Vorkämpfer der nassauischen Preßfreiheit erlaubt sich hier eine kleine Denunciation. Es sagt, nicht blos das Justizamt und Hofgericht, sondern auch das Oberappellationsgericht habe ich angegriffen und es deducirt diesen Angriff aus einer ganz allgemein gehaltenen in einem auswärtigen Blatte erschienenen Erklärung förmlich heraus, wie ein Staatsanwalt. Damit, sowie mit noch ähnlichen Bemerkungen, sollte etwas eingeleitet werden, was damals betrieben wurde.

Eines schönen Tages hatte nämlich Vater Hergenhahn seine sämmtlichen Räthe um sich versammelt und ihnen zur Zustimmung einen Beschluß vorgelegt, in welchem das Hofgericht beim Staatsministerium auf Verfolgung meiner Person von Amtswegen wegen Dienst- und Amtsehrenbeleidigung dieses nämlichen Hofgerichts antrug.

Die Majorität der Räthe stimmten diesem Beschlusse bei, das Ministerium wies jedoch das hofgerichtliche Verlangen zurück, denn ich hatte Niemand an der Dienst- und Amtsehre angegriffen, sondern nur haarsträubende Justizgräuel, pure, nackte Thatsachen erzählt. Damit war die Angelegen-

beit erlebigt. Nachdem jedoch die Wahlen des Jahres 1863
den Fortschreitern eine Majorität von 8 Stimmen verschafft,
Wahlen, während welcher Hof= und Oberappellationsgericht
selbst Rath für Rath, mit wenigen ausgenommen, indirect
für die Fortschreiter, für die Fortschrittsabvocaten gestimmt
hatte, nach diesem durch den höchsten Fortschrittsterrorismus
und die größte Unthätigkeit der Regierung ¹) herbeigeführten
Resultate der Wahlen, versammelte Vater Hergenhahn seine
Räthe wieder um sich und beantragte, das Hofgericht solle
sich als Partei constituiren, als solche auf eigene Faust eine
Klage gegen mich einreichen und darauf antragen, daß ein
Gericht commissarisch bestimmt werde, mich zu justificiren.

Gegen diesen Antrag erhoben sich sofort einige Räthe und
protestirten energisch dagegen. Nun aber flog ihnen der
Hergenhahn auf die Köpfe, schlug sie mit den Flügeln, pickte
sie mit dem Schnabel, stieß sie mit den Sporen, sodann flog
er wieder herunter, pickte sie in die Waben und die hinteren
Theile des Körpers und galoppirte dem Ausdrucke eines
Augenzeugen gemäß, wie ein toll gewordenes Füllen im
Sitzungssaale herum. Wie gewöhnlich wurde dadurch die
Minorität eingeschüchtert, überstimmt und demgemäß von
Seiten des Hofgerichts eine Klage beim Justizamt zu Wies=
baden gegen mich eingereicht und zwar wegen Amts= und
Dienstehrenbeleidigung, welche im Strafgesetz mit einer
Correctionshausstrafe bis zu zwei Jahren verpönt ist.

Von dem ganzen Vorfall wußte ich Anfangs gar nichts.
Dagegen versuchte — es war Samstag den 5. Dez. 1863 —

---

1) Die Advocaten hatten unmittelbar vor der Anfertigung der
Wählerlisten verschiedene Bürgermeister zu beschwatzen gesucht, jeder über
25 Jahre alte Nassauer, der 3 Jahre lang dem Staatsverband ange=
hört, sei, auch wenn er keine Steuer zahle, wahlberechtigt. Daburch
suchten die Advocaten sich des gesammten „Lumpenproletariats" zu be=
mächtigen, um sich dessen als „Stimmvieh" zu bedienen, obgleich das
nassauische Gesetz ausbrücklich einen Census festsetzt. Auf Anfrage eines
Amtmanns nun, wie er sich in dieser Angelegenheit zu verhalten habe,
beeilte sich Faber, der Präsident im Staatsministerium, zu rescribiren,
daß allerdings alle über 25 Jahre alten Nassauer, sogar die nicht Steuer
zahlenden, wahlberechtigt seien. Glücklicherweise kam man noch bei Zeiten
hinter die Intrigue und das Rescript des Herrn Faber wurde zurück=
genommen.

ter Gerichtsdiener bei mir einzubringen, um mir, wie dieß schon ein ganzes Jahr lang seine Gewohnheit war, Vorladungen zu überbringen. Ich ließ ihn aber nicht vor. Der 6. Dezember war ein Tag des Herrn, an welchem nicht „vorgeladen" werden durfte. Am Montag erschien der Diener wieder, wurde aber wieder nicht vorgelassen. Ich erfuhr aber jetzt, daß schon am Samstag und so auch wieder am Montag im Justizamt ein Landjäger vorräthig gewesen sei und zwar gerade zu der Stunde, auf welche ich vorgeladen war. Nun wurde mir die Sache bedenklich, denn da sämmtliche schwebenden Prozesse noch zu keiner Verhaftung berechtigten, mußte etwas ganz Neues ausgedacht worden sein. Ich beschloß demgemäß Vorsicht anzuwenden und erwartete, eingeschlossen in meiner Redactionsburg (in deren obersten Räumen unmittelbar unter dem Dache, umschwirrt von 12 nach Brod schreienden Kindern, der Hergen-Hehner, einer meiner grimmigsten Verurtheiler hauste, während ich im Hochparterre des Hauses eine comfortable Wohnung inhatte) den Dinstag und mit demselben den Gerichtsboten, um diesen wieder nicht vorzulassen. In Folge der Unvorsichtigkeit meines Domestiken drang der Belagerer jedoch durch ein Nebenpförtchen in die Festung und händigte mir drei prächtige Vorladungen auf einmal ein — und zwar bei Vermeidung der Vorführung, noch auf den nämlichen Dinstag. Die eine dieser Vorladungen war geschmückt mit der Rubrik „wegen Dienst- und Amtsehrenbeleidigung". Da ich mir dieses Vergehens ganz und gar nicht bewußt war, vermuthete ich, es sei von einer Eingabe an das Justizamt die Rede, in welcher ich das letztere allerdings etwas cavalierement aufgefordert hatte, mich endlich in Ruhe zu lassen, beschloß nun aber doch, mir Gewißheit zu verschaffen, vor allen Dingen aber der Vorladung keine Folge zu leisten. Gegen 4 Uhr Nachmittags hatte ich in Erfahrung gebracht, daß wirklich ein Landjäger auf 3 Uhr bestellt worden sei, um mich in Empfang zu nehmen. Gegen 6 Uhr Abends hatte ich ferner in Erfahrung gebracht: als ich um 4 Uhr noch nicht erschienen sei, habe Keim der Assessor den Landjäger entlassen und auf 5 Uhr wieder bestellt. Als der Letztere um fünf Uhr angekommen sei, habe Keim der Assessor ihm zunächst einen feierlichen Eid abnehmen wollen, womit er sich verpflichte, keiner sterblichen Creatur Etwas von Dem zu offenbaren, was er nunmehr erfahren werde. Hierauf habe der Landjäger aber ganz richtig erwiedert, diesen Eid leiste er nicht, da er bereits einen Diensteid abgelegt. [1]

Nun habe sich Keim, der Hergen-Assessor, mit fürchterlicher Geberde vor ihm aufgepflanzt und ihm den Diensteid im Allgemeinen, die Geheimhaltung des nachfolgenden Geheimnisses aber bei allen Schrecken der Hölle, besonders aber bei unmittelbarer Dienstentlassung anempfohlen und angedroht. Nach beendigter Feierlichkeit habe sodann Keim der Assessor dem Landjäger einen schriftlichen Verhaftsbefehl in Beziehung auf meine Person eingehändigt und dann den Landjäger entlassen, welcher mich nun des andern Tags, Mittwoch den 9. December, Morgens 8 Uhr abholen werde. [2]

Nun wußte ich, woran ich war. Das ehrenwerthe Hofgericht beabsichtigte nichts mehr und nichts weniger, als mich vorläufig in Untersuchungshaft zu nehmen, sodann auf etwa 2 Jahre ins Correctionshaus verurtheilen zu lassen und auf diese Weise sich und seine Advocaten von einem höchst unbequemen, von einem bitter gehaßten Gegner zu befreien.

Da das Staatsministerium einem schon einige Tage zuvor eingereichten Gesuch um Niederschlagung oder Sistirung des ganzen Hexenprozesses keine Folge gegeben hatte — die Wahlen waren schlecht ausgefallen — so blieb mir nichts anderes übrig als das Feld zu räumen, denn die Freude mich einige Jahre lang eingesperrt zu halten, wollte ich den Correctionstollhäuslern gerade doch nicht verschaffen. Ich räumte also das Feld, indem ich Morgens früh um 7 Uhr, gerade eine Stunde ehe der Landjäger erschien, um meine Person in Empfang zu nehmen, nach Castel bei Mainz abmarschirte, um vorläufig von dort aus meine Zeitung fortzuredigiren. Eine Stunde nach meiner Abreise erschien dann auch in der That die bewaffnete Macht, um mich zu verhaften, fand aber wie man zu sagen pflegt, das Nest leer.

---

1) Man ersieht hieraus abermals, mit welchem Eifer dieser Keim gegen mich erfüllt war.
2) Um Mißverständnissen vorzubeugen bemerke ich, daß ich diesen Landjäger mit Wissen persönlich nie in meinem Leben gesehen und ebenso wenig gesprochen habe, als irgend einen anderen nassauischen Landjäger. Dagegen haben die Wände manchmal Ohren.

In Castel angekommen, richtete ich sofort ein Gesuch an Se. Hoheit den Herzog um Sistirung des gegen mich einge= leiteten Verfahrens, machte meine Zeitung für den nächsten Tag fertig und begab mich sodann zu einem Bekannten, um zu fragen, wie sich die Mainzer Polizei verhalten würde, wenn von Wiesbaden aus eine Requisition einliefe.

Mein Bekannter gab mir den Rath, mit dem Polizei= commissär Leichtweiß Rücksprache zu nehmen und ihm meine Lage zu offenbaren. Diesen Rath befolgte ich aber nicht, dagegen, als ich am zweiten Tag von meinem Zimmer aus im Hotel Barth einen nassauischen Landjäger mit der Eisen= bahn anlangen sah, kleidete ich mich schnell an und eilte nach Mainz hinüber, unerkannt auf der Brücke an Polizeicommissär Leichtweiß vorbeistreichend, der sich bereits zu meiner Ver= haftung aufgemacht hatte, natürlich aber das „Nest" wieder „leer" fand. Nun wurde die Brücke mit bewaffneter Mann= schaft besetzt, Patrouillen streiften durch die Straßen, alle Gasthöfe wurden untersucht, ich aber fuhr ein großes Schnipp= chen schlagend, mitten durch sie hin, auf ein benachbartes Dorf, von wo ich mich rheinaufwärts zu Fuß weiter begab, um auf einer der nächsten Stationen die Eisenbahn wieder zu erreichen, was mir auch gelang und zwar so malitiös, daß der Polizeicommissär Leichtweiß, der mir nachgejaget war, bis nach Oppenheim hinauf im nämlichen Wagen mit mir fuhr, ohne mich zu erkennen. Der Mann kannte mich nämlich nicht persönlich, auch hatte ich mich etwas verkleidet und zugleich die Vorsicht gebraucht, mein „besonderes Kennzeichen", einen vortrefflichen und noch dazu den schönsten Hund auf der Welt [1]), bei meinen Freunden in Mainz zurückzulassen und dadurch die Spür—er auf eine falsche Fährte zu brin= gen. Der Eifer dieser Spür—er war so groß, daß sie nächtlicher Weile das Haus eines meiner Freunde umstellten, dasselbe Morgens bei Tagesanbruch bis auf den letzten Win= kel durchsuchten, sogar in das Schlafgemach der Frau ein= brangen und unter der Bettstelle derselben nach mir fahnde=

---

1) Ein Hund, den ich auch deßhalb sehr hoch schätze, weil derselbe noch nie Jemand ungerecht verurtheilt hat, was ihn vortheilhaft von manchen anderen Hunden unterscheidet.

ten. Alles vergebens, der nassauischen Justiz war das Opfer
entgangen. Am nächsten Tage begab ich mich nach Darm=
stadt, wurde dort von einem Bekannten des Advocaten Metz
wahrgenommen, und b* meine Flucht aus Wiesbaden bereits
in allen Zeitungen zu lesen war, denuncirte mich Metz in der
„Hessischen Landeszeitung", indem er in diesem Blatte die
Nachricht verbreitete, ich sei in Darmstadt angekommen und
in dem und dem Hause abgestiegen. Aber auch dieser Ver=
such schlug fehl, da unterdessen Se. Hoheit der Herzog das
Verfahren sistirt hatte. Diese Sistirung veranlaßte den Va=
ter Hergenhahn, seine Räthe wieder um sich zu versammeln,
um sie zu einem hofgerichtlichen Beschlusse zu „verlocken", in
welchem gegen die Sistirung Protest erhoben wurde. Als
jedoch selbst die Majorität bedenklich die Hofgerichtsraths=
köpfe schüttelte und sich an diesem Acte der Meuterei nicht
betheiligen wollte, protestirte Hergenhahn wenigstens für seine
Person allein. Er sollte nicht mehr lange protestiren und
um seine Protestation bekümmerte sich auch kein Mensch.

Ich kehrte deßhalb wieder auf einige Tage nach Wies=
baden zurück, ordnete meine Angelegenheiten und zog dann
definitiv ab. Nach meinem Abzug wurde das Verfahren wie=
der aufgenommen. Hergen=Keim, der gar zu gern wissen
wollte, wo ich stecke, erließ einen Steckbrief gegen mich, der
aber ganz vergeblich geschrieben wurde, da ich mich in meine
Heimath zurückgezogen hatte. Damit hatte der erste Act des
Dramas vorläufig sein Ende erreicht.

Ich muß jetzt, ehe ich fortfahre, noch zwei Thatsachen
mittheilen, welche wieder den herrlichsten Beitrag zur Cha=
rakteristik der wiesbadner Justiz liefern.

Dem Polizeicommissär Leichtweiß gelang es, wie ich schon
bemerkte, nicht, meine Person zu fassen. Ist man aber ein=
mal in eine gewisse Wuth hineingerathen, so schnappt man
zuletzt nach jedem Gegenstand, der Einem sich darbietet, und
so verbiß sich auch Leichtweiß in meine Effecten, welche ich
auf dem Bahnhofe abgegeben hatte. Es war ein Nachtjack
und eine Reisetasche. Im ersten befanden sich die nothwen=
digen Kleidungsstücke nebst Wäsche, in letzterem verschiedene
Toiletteinstrumente, sowie die Briefe, welche am ersten Tag
meiner Anwesenheit in Castel eingelaufen waren. Unter diesen

Briefen war einer geschrieben von dem Verleger meiner Zei=
tung, welcher unter Andern an einer Stelle sagte: „Herr W.
gibt Ihnen den Rath, sich direct an den Herzog zu wenden",
beiläufig bemerkt, ein Rath, der zu spät kam, weil ich ihn
befolgt hatte, ehe er gegeben wurde.

Diese Effecten und mit denselben diesen Brief schickte die
Mainzer Polizei an das Justizamt zu Wiesbaden, welches
mir dieselben herauszugeben lange sich weigerte, und erst
dann auslieferte, als ich mich von Stuttgart aus beschwerend
an das Ministerium gewendet und dringend die Herausgabe
meiner Rasirmesser, Haarbürsten, Rasirpinsel, Unterhosen,
Hemden, Röcke und Beinkleider verlangt hatte. Als die
Sachen endlich in Stuttgart angekommen waren, entdeckte ich
sofort, daß der oben erwähnte Brief fehle. Wenige Tage
nachher las ihn der Advocat Lang in der Kammer vor, um
zu beweisen, daß ich mit der Regierung in Verbindung ge=
standen, da der Generalauditeur W.(erren) mir den Rath er=
theilt habe, ich solle mich direct an den Herzog wenden.
**Die Wiesbadener Justiz hatte somit meinen Brief
unterschlagen oder gestohlen** und denselben dem Fort=
schrittsadvocaten Lang zum Vorlesen in der Kammer ausge=
liefert. Der Brief war also, nochmals sei es gesagt, entwe=
der unmittelbar vom Justizamt nicht zu den Acten genommen,
sondern unterschlagen oder zu den Acten genommen und dann
von irgend einem Hofgerichtsmann gestohlen und dem Fort=
schrittsadvocaten Lang ausgeliefert worden, der dann diesen
unterschlagenen oder gestohlenen Gegenstand in der Kammer
producirte, im Bewußtsein, daß er gestohlen oder unterschla=
gen worden, in der Kammer für seine Zwecke benutzte.
Wiesbadener Justiz! mit welchen Ausdrücken soll ich dich be=
zeichnen!

Dies ist aber noch nicht Alles. Hergen=Reim schickte be=
kanntlich einen Steckbrief hinter mir her und zwar nicht blos
in Nassau selbst, sondern auch in den umliegenden Staaten.
Es wäre zum gar zu kindisch erschienen, mich wegen eines
Privatinjurienprozesses steckbrieflich zu verfolgen, der sinnreiche
Reim verfiel daher auf den Gedanken, mich der auswärtigen
Polizei als ein ganz gefährliches Ungeheuer darzustellen und
schrieb deßhalb in seinem Steckbrief: Ich sei wegen Amts=

ehrebeleibigung auch schon von würtembergischen Gerichten bestraft worden.

Thatsache ist, daß ich wegen Placirung des Titels eines würtembergischen Amtmanns hinter statt vor dessen Namen mit 6 Wochen Gefängniß bestraft wurde und zwar im Jahr 1843. Zwanzig Jahre waren seither verflossen und zwanzig Jahre nachher grub die nassauische Rechtshyäne „Hergen-Keim" diese Strafe wieder aus, um dadurch einer Verfolgung wegen Privatinjurien ein Relief zu geben. Aber noch mehr! In diesem Steckbrief ist ferner gesagt: Ich sei auch schon wegen Majestätsbeleidigung gestraft worden. Nun ist es Thatsache und ich bekräftige es hier öffentlich mit meinem Ehrenwort, daß ich nie in meinem Leben von irgend einem Gerichte wegen Majestätsbeleidigung bestraft, oder nur in's Verhör genommen wurde. Der nassauische Richter Keim hat somit, um die Erlassung eines Steckbriefs in's Ausland wegen einer Privatehrenkränkung einigermaßen zu rechtfertigen, zur Lüge seine Zuflucht genommen, hat öffentlich mit seiner Namensunterschrift als Justizbeamter gelogen, ich sei wegen Majestätsbeleidigung schon bestraft worden, hat mich dadurch an der Ehre angegriffen und verläumdet! Nassauische Justiz! dein Name ist Schmach!! und der Hergen-Keim fungirt immer noch als Richter, zwar jetzt nicht mehr in Wiesbaden, aber in Dillenburg!

Dahin kommt es, wenn in einem Lande der Fortschritt Meister wird und Parteiführer dem Souverain und den Behörden über den Kopf wachsen, denn Willkühr, Corruption, Parteilichkeit und Justizmord stellen sich ein, sobald eine absolute Gewalt in einem Staate sich bildet und mit allen Mitteln ihre Zwecke zu erreichen sucht, heiße diese Gewalt nun Reaction oder Fortschritt, werde sie repräsentirt durch Junker oder Advocaten.

X. Capitel.

Preßbübereien.

Du fahst mich oft im Kampf mit jenen Schlingeln,
Geschminkten Katzen und bebrillten Pudeln,
Die mir den blanken Namen gern besudeln,
Und mich so gerne ins Verderben züngeln.

Heine.

Ehe ich zum Schluß komme, habe ich noch einen Blick
auf einige jener großen Geister zu werfen, welche an der
Spitze der modernen Germanen als Propheten und Weis-
sager einhermarschiren und den Zeitgeist erzeugen, weil sie
das Privilegium haben, öffentlich zu denken und die mechanischen Mittel, ihre Gedanken und sonstige „Gehirnsecretio-
nen“, seien diese auch noch so schmutzig und stinkend, 10,000
Menschen auf einmal mitzutheilen, ein Privilegium, das,
wiederholt sei es bemerkt, in seiner gegenwärtigen Fassung
eine der enormsten Ungeheuerlichkeiten unseres Zeitalters bildet. Ich spreche von den Ergüssen, welche die Fortschrittspresse, besonders aber die frankfurter Fortschrittspresse, nach
meinem Abzug von Wiesbaden auf mich herabströmen ließ,
muß mich aber, im Hinblick auf die Beschränktheit des Raumes, hier auf einige Beispiele beschränken.

Hammerans „Frankf. Journal“ begleitete die Meldung
meines Rückzuges von Wiesbaden mit der Bemerkung, ich
werde jetzt nach Hannover gehen, um dort eine Redaction zu
übernehmen und es sei nur zu wünschen, daß ich auch der
dortigen Fortschrittspartei (unwillkührlich) ebenso gute Dienste
leiste, als der nassauischen. Nehmen wir an, diese Bemerkung hätte Wahrheit enthalten, so war sie trotzdem an sich
schon unstatthaft, denn Niemand hat das Recht, meine Privatangelegenheiten ohne meine Zustimmung in die Oeffentlichkeit
zu bringen. Ebenso wenig als von irgend einem andern
Privatmann, darf von mir ohne meine Erlaubniß öffentlich
gemeldet werden, ich werde mich da oder dort hin begeben,

um Dieses oder Jenes zu betreiben. Denn wäre dies gestattet, so könnte in vielen Fällen der Zweck einer Reise, überhaupt irgend ein Plan, durch die Veröffentlichung vereitelt, dem Betreffenden empfindlicher Schaden zugefügt werden. Die ganze Geschäftswelt würde sich empören, wenn die Presse durch solche Veröffentlichungen unbefugter Weise sich in ihre Privatangelegenheiten mischte. Was aber für Einzelne gilt, muß für Alle gelten, was für den Geschäftsmann Recht ist, muß auch für den Redacteur Recht sein. Die Presse darf ohne Zustimmung des Betreffenden dessen Privatverhältnisse nicht in die Oeffentlichkeit bringen.

Im Uebrigen dachte ich nicht daran, nach Hannover zu gehen. Kellners Artikel enthielt deßhalb eine Lüge. Hammerans Kellner hatte jedoch die Ueberzeugung, ich werde nach Hannover gehen und deßhalb war die oben citirte Notiz zugleich eine Denunciation, Hammerans Kellner wollte mich zum Voraus verdächtigen, er wollte der Partei oder dem Verleger einer Zeitung, für welche ich seiner Meinung nach schreiben wollte, die Meinung beibringen, daß ich durch mein Auftreten ihnen ebenso schaden werde, wie ich der großdeutschen Partei in Wiesbaden angeblich geschadet habe. Also abermals ein Beispiel von der Gemeinschädlichkeit der Presse in ihrer gegenwärtigen Verfassung, geleitet, wie sie ist von Personen sans avoeu, von Personen, die in Beziehung auf persönliche Würde und gesellschaftliche Stellung nichts zu repräsentiren und nichts zu verlieren haben und privilegirt wie sie ist, durch eine schlechte Gesetzgebung zum straflosen Angriff auf die Person, zum Lügen, zur Verdächtigung, Denuncirung und unbefugten Einmischung in Privatangelegenheiten.

Wie schon bemerkt, hatte ich nach meinem Rückzug aus Wiesbaden von Castel aus höchsten Orts ein Gesuch um Sistirung des gegen mich eingeleiteten Verfahrens eingereicht. Diesem Gesuch wurde entsprochen. Ich kehrte deßhalb wieder auf einige Tage aus dem Ausland nach Wiesbaden zurück, um meine Angelegenheiten zu ordnen und als dies geschehen, zog ich definitiv aus dem Bereich der nassauischen Justiz ab und in meine Heimath, und nun wurde das Verfahren gegen mich wieder aufgenommen. In Folge dessen schrieb Hammerans Kellner wieder:

„Aus Wiesbaden. Die im Wege der Cabinetsjustiz sistirten Anklagesachen gegen den Redacteur der „N. Wiesb. Ztg." sind auf Befehl des Ministeriums wieder in Lauf gesetzt worden, der Y-ge=klagte hat sich freilich mittlerweile auf neutrales Gebiet nach Stutt=gart geflüchtet, von wo aus seine Auslieferung verweigert wird. Die zahlreichen Beschädigten haben also zu ihrer Genugthuung — Dank jener Inhibition — das leere Nachsehen und Stoff zum Nachdenken. Abt hat sich nun definitiv von hier entfernt. Sein Name figurirt übrigens noch als Redacteur jenes Blattes."

Also schrieb Kellner im „Frankfurter Journal".

Auch dieser Artikel enthält wieder den Beweis, daß die Fortschrittspresse eine Maschine ist zur mechanischen Verbrei=tung von im Interesse einzelner Leute ersonnenen Lügen. Kellner sagt nämlich: Meine Ankläger seien deßhalb ihrer Genugthuung (mich im Correctionshaus zu sehen) beraubt worden, weil mir das Ministerium durch Sistirung der „Anklagesachen" die Möglichkeit verschafft habe, mich aus Wiesbaden zu entfernen. Thatsache aber ist, daß ich mich der Verhaftung durch die Flucht entzog, und erst vom Aus=lande aus, also vor der Wiesbadener Justiz bereits sicher gestellt, eine Eingabe um Sistirung des gegen mich eingelei=teten Verfahrens einreichte, daß diese Sistirung auch wirklich gewährt wurde, nachdem ich bereits im Auslande in Sicher=heit war, daß also an der Möglichkeit, mich zu greifen, und meinen Anklägern, den Hergenzähnen, ihre Genugthuung zu verschaffen, durch die Sistirung des Verfahrens nicht das Geringste geändert worden.

Kellner sagt ferner: „Im Wege der Cabinetsjustiz" sei jene Sistirung oder „Inhibition" bewerkstelligt worden, wäh=rend in Nassau der Herzog das gesetzliche Recht dazu hat, und während Cabinetsjustiz nur dann stattfindet, wenn das Staatsoberhaupt auf ungesetzliche Weise eine Verurtheilung oder ein Urtheil überhaupt erwirkt. Untersuchungen nieder=zuschlagen oder zu sistiren, dazu hat jedoch in allen Staaten, wo dies nicht ausdrücklich durch die Verfassung verboten ist, wie z. B. in Bayern, das Staatsoberhaupt das Recht. Wenn deßhalb, als in Nassau von diesem Rechte Gebrauch gemacht wurde, nicht um einen Zustand herzustellen, der ohne die be=treffende Sistirung nicht hergestellt werden konnte, sondern lediglich um ein factisches Verhältniß, nämlich meine Sicher=

heit vor der Wiesbadener Justiz in ein gesetzliches zu ver=
wandeln, d. h. mir die Rückkehr nach Wiesbaden für einige
Tage zu ermöglichen, wenn also, sage ich, Hammerans Kellner
unter diesen Umständen von „Cabinetsjustiz" spricht, oder in
seinem Blatte einen Wiesbadener Advocaten sprechen läßt, so
lügt und verläumdet Kellner eben wieder ganz einfach.

Charakteristisch für diesen Kellner ist es aber auch, daß
er meine Rettung aus den Klauen der Wiesbadner Justiz und
meine Sicherstellung vor dem Correctionshaus förmlich be=
dauert und beklagt und daß er ferner behauptet, ein Privat=
injurienkläger sei beschädigt und werde seiner Genugthuung
beraubt, wenn der Angeklagte sich der Strafe durch die Flucht
entzieht. Es ist nämlich immer der Kellner, der für Preß=
freiheit kämpft, der auf dem sogenannten „Journalistentag"
die nassauischen Preßgesetze selbst für „drakonisch" erklärte,
der sonst, wenn irgend ein „Redacteur" eines Winkelfort=
schrittsblattes von dem kleinsten Polizei= oder Gerichtsfloh
gebissen wird, nicht genug Zeter schreien kann, dieser nämliche
Kellner geberdet sich untröstlich darüber, daß ich wegen Privat=
ehrenkränkung nicht ins Correctionshaus verurtheilt wurde
und werden konnte.

Dieser nämliche Kellner benützt aber auch diese Gelegen=
heit wieder, um sein Barbierdeutsch anzubringen, indem er
sagt: „Sein Name figurirt übrigens noch als Re=
dacteur jenes Blattes".

Daß die Mezische Landeszeitung in Darmstadt, als ich
auf meiner Flucht in dieser Stadt anlangte, mich der Polizei
denuncirte, habe ich bereits bemerkt, daß sie nach meinem
Abzug aus Wiesbaden eben so muthig hinter mir herschimpfte,
als die übrigen Organe des Fortschritts, könnte ich durch
Beispiele belegen, wenn ich die betreffenden Nummern zur
Hand hätte und mir der Raum es erlaubte, allein von Löb
Sonnemann's „Neuen Frankf. Ztg." stehen mir noch einige
Exemplare aus jener Zeit zu Gebot und ich veranstaltete
deßhalb eine kleine Blumenlese aus denselben.

Meinen Abzug von Wiesbaden kündigte Löb Sonnemann
folgendermaßen an: „Der „berüchtigte Abt" hat endlich
die Stadt verlassen." Auf einige Tage nach Wiesbaden zu=
rückgekehrt, erklärte ich: „Der „berüchtigte Abt" ist wie=

24

ber da." Hierauf knickte Löb Sonnemann zusammen und schrieb: „Der „bekannte Abt" ist wieder angekommen." Mutandis mutatis erinnert das Löbliche Benehmen lebhaft an den Moniteur und Napoleon im Jahr 1815, in welchem dieser unmittelbar nach der Flucht aus Elba in den Spalten jenes Blattes als „Menschenfresser (ogre)" auftauchte, um wenige Wochen nachher in diesen nämlichen Spalten als „Se. Majestät der Kaiser Napoleon" begrüßt zu werden.

Nachdem ich einige Zeit in Stuttgart gehaust hatte, richtete ich, da diese Stadt von Schwaben förmlich wimmelt und dadurch für Jeden, der nicht mitschwäbeln will oder kann, zu einem unerträglichen Aufenthaltsort wird, an Se. Hoh. den Herzog von Nassau eine Eingabe, in welcher ich um Beschränkung des gegen mich erlassenen und mich in Würtemberg eingrenzenden Steckbriefs auf das Herzogthum Nassau nachsuchte.

Kaum war diese Eingabe im Herzogl. Cabinet eingelaufen, dem Staatsministerium und von diesem dem Hofgericht mitgetheilt worden, so nahm sofort ein „nach der nationalen und liberalen Seite" sich hinneigender Verräther eine Abschrift davon und lief damit zu den Advocaten. Am nämlichen Tage noch schrieb Braun an Löb Sonnemann und Löb Sonnemann druckte in der „N. Frankfurter Ztg." folgendes:

„= Wiesbaden, 18. März. Herr Gottlieb Abt, der frühere Redacteur der „N. Wiesb. Ztg.", der während seines einjährigen hiesigen Aufenthalts wegen unzähliger in seinem Blatte verübter Injurien und Verläumbungen in Untersuchung stand, beßhalb zu 4 Monaten Correctionshaus verurtheilt und dann begnadigt wurde, bei einer weiteren Verurtheilung zu 4½ Monaten Correctionshaus und einer Klage der Gerichte wegen Verunglimpfung Hemmung des Rechtsganges durch einen Ministerialbefehl erwirkte und endlich, um sich weiteren Strafen zu entziehen, verschwand, hat nun höchsten Orts ein Gesuch eingereicht, worin er um gnabenreiche Niederschlagung sämmtlicher hier gegenwärtig gegen ihn noch anhängiger Injurienklagen, deren so viele und so schwere sind, daß ihm außer den bereits erkannten 4½ Monaten, noch 7—8 Monate Correctionshaus drohen, bittet und seinen gegenwärtigen erwerbslosen Zustand auf das Kläglichste schildert. (Außer Nassau kann natürlich von solchen Talenten Niemand Gebrauch machen.) Obgleich eine Abolition (gnabenreiche Niederschlagung) von Privat-Injurienklagen gesetzwidrig ist, — denn die Ehre ist ein Gut, wie das Vermögen, das man Niemanden durch Kabinetsjustiz entziehen darf; so lautet wenigstens der Ausspruch unserer Gerichte, — so hat doch das

Ministerium über ben Inhalt bes Gefuches Berichte eingeforbert. Auch wirb basselbe von jener Seite, auf welcher man einhundert unb acht Prozent zu nehmen pflegt, lebhaft befürwortet. Natürlich, benn Abt könnte aus ber Schule schwatzen; beßhalb stopfe man ihm gütlich ben Munb."

Der Abvocat sagt also: ich sei währenb meines einjäh= rigen Aufenthalts in Wiesbaben wegen unzähliger in meinem Blatt verübter Injurien unb Verläumbungen in Unter= suchung gestanben unb beßhalb zu 4 Monaten Corrections= haus verurtheilt unb begnabigt worben.

Thatsache ist, baß ich nicht wegen unzähliger Injurien, sonbern beßhalb verurtheilt wurbe, weil ich von bem Abvo= caten Brück sagte, er habe auf Grunb einer Scheincession gegen mich wegen einer Forberungsklage procefsirt, beren Object bereits bezahlt war, er habe gegen mich prozessirt, um Kosten im Betrag von 19 fl. aus meinem Beutel schneiben zu können, er sei ein „ruhwebelnber Rechtsgelehrter" 2c.; weil ich ferner gesagt hatte, ber Buchbrucker C. Abelmann habe einen inbia= nischen Kriegstanz aufgeführt, unb es sei ihm eine Wanze in bie Nase gekrochen, Hammeran unb sein Kellner haben ums Gelb meine Wechselhaft zur Sprache gebracht unb bem Letz= tern seien 25 auf ben rebigirenben Theil seines Körpers auf= gezählt worben, weil ich enblich behauptet hatte, Pfarrer Koch habe sich beim Schmäuschen bie Ueberzeugung beibringen lassen, es sei im Interesse bes Lanbes gelogen, wenn Braun zum Kammerpräsibent gewählt werbe. Deßhalb, unb nur beßhalb, also wegen bieser ganz bestimmten unb sehr wenigen Behauptungen, bie mir noch bazu burch provocirenbe Angriffe von ben Klägern abgepreßt worben, beßhalb wurbe ich von ben Freunben unb Verbünbeten ber Abvocaten zu vier Mo= naten Correctionshaus verurtheilt.

Wenn also Braun sagt unb Löb Sonnemann bruckt: ich sei wegen unzähliger Injurien verurtheilt worben, so lügt Braun unb Löb Sonnemann lügt ihm nach.

Thatsache ist ferner, nicht baß ich begnabigt worben, sonbern baß bie Correctionshausstrafe von 4 Monaten wegen ihres wahnwitzig tollhäuslerisch hochgegriffenen Strafmaßes auf 4 Wochen Festung gemilbert wurbe. Wenn also Braun sagt unb Löb Sonneman nachbruckt, ich sei begnabigt worben, so lügt Braun und Löb Sonnemann lügt ihm nach. Beide suchen im Publicum die Meinung zu erwecken, ich habe un= provocirt in frivoler Weise unzählige Menschen injurirt und sei trotzdem begnadigt worden, beide suchen also mich als Verbrecher darzustellen und die herzogl. nassauische Regierung als Begünstigerin dieses Verbrechers und deßhalb lügen beide, der Advocat Braun und der Börsenwolf Löb Sonnemann hinter mir her.

Braun der Advocat sagt ferner: ich habe mir nach einer zweiten Verurtheilung zu 4½ Monaten Correctionshaus und einer Klage der Gerichte wegen Verunglimpfung **Hemmung des Rechtsgangs** durch einen Ministerialbefehl erwirkt.

Thatsache ist, daß ich zu 4½ Monaten Correctionshaus verurtheilt wurde, weil ich wiederholte, was ich noch 1000 Mal wiederholen und was mir jeder Nassauer bezeugen wird, daß der Advocat Brück auf Grund einer Scheincession, als die Forderung bereits bezahlt war, nur um 19 fl. Kosten aus meinem Beutel schneiden zu können, gegen mich prozessirte, weil ich ferner ein Urtheil nicht auf einmal, sondern absatz= weis abdrucken ließ, weil ich ferner behauptete, auf der Schreib= stube eines Advocaten sei ein Wechsel von 1500 fl. innerhalb 9 Monaten auf 3000 fl. wucherisch hinaufgetrieben worden und obgleich ich nachwies, daß diese Operation wirklich Statt gefunden und obgleich ich die Wechsel in Original dem Gericht einhändigte; Thatsache ist ferner, daß mich die Gerichte wegen „Verunglimpfung" d. h. Beleidigung der Dienst= und Amts= ehre verklagten, weil ich unwiderleglich bewiesen hatte, mit welcher Parteilichkeit dieselben gegen mich wütheten, während sie alle gegen die Fortschrittsblätter gerichteten Klagen ab= wiesen; Thatsache ist ferner, nicht daß ich in Beziehung auf die Verurtheilung zu 4½ Monat Correctionshaus, sondern in Beziehung auf die Klage wegen Dienst= und Amtsehren= beleidigung einen Ministerialbefehl erwirkte, daß aber dieser Befehl nicht den Rechtsgang hemmte, sondern nur, nachdem ich bereits im Auslande sicher angekommen war, die Rückkehr nach Wiesbaden auf einige Tage mir ermöglichte. Dieß sind Thatsachen, was Braun sagte und Löb Sonnemann nachdruckte, sind Lügen.

Braun sagt ferner und Löb Sonnemann druckt ihm nach, ich habe höchsten Orts ein Gesuch eingereicht um gnaden= reiche Niederschlagung sämmtlicher noch gegen mich anhängiger Injurienklagen, deren so viele und so schwere seien, daß mir außer den 4½ noch 7—8 Monate Correctionshaus drohen.

Thatsache ist, nicht daß ich ein Gesuch um Niederschlagung der gegen mich erhobenen Klagen, sondern um Beschränkung des gegen mich erlassenen Steckbriefs auf das Herzogthum Nassau einreichte, daß nicht viele und schwere Injurienklagen gegen mich anhängig waren, sondern lediglich die Klage Hammerans und seines Kellners, darauf sich stützend, daß ich sie als Barbiere bezeichnete, die nicht deutsch schreiben können, sowie endlich die Klage Hergenhahns und seiner Mithähne, darauf sich stützend, daß ich nachwies, mit welcher Parteilich= keit sie zu Wiesbaden die Justiz betrieben.

Was also Braun sagt und Löb Sonnemann nachdruckt, find Lügen.

Braun sagt ferner und Löb Sonnemann druckt's ihm nach: ich habe meinen erwerbslosen Zustand auf's Kläglichste ge= schildert, natürlich, denn von solchen Talenten könne man nur in Nassau Gebrauch machen. Thatsache ist, daß ich darauf hinwies, ich könne unter den Schwaben nichts verdienen und deßhalb bat, man solle mir durch Beschränkung des gegen mich erlassenen Steckbriefs auf das Herzogthum Nassau das übrige Deutschland wieder öffnen und mir die Möglichkeit verschaffen, in irgend einem deutschen Staate eine Redacteur= stelle zu übernehmen. Während also Advocat Braun und Löb Sonnemann aus Leibeskräften darauf hinarbeiten, daß ich in Würtemberg eingegrenzt bleibe und verhindert werde, irgendwo außerhalb Nassau eine Stelle zu erlangen, behaupten sie, nur in Nassau können Talente wie ich verwendet werden. Ich sage, man fahre fort, mir Nassau zu verschließen, aber man sperre mich nicht in Würtemberg ein, sondern öffne mir das übrige Deutschland, wo ich sehr leicht mein Fortkommen finde, Advocat Braun sagt und Löb Sonnemann druckt's nach: Da er durch den Steckbrief in Würtemberg eingegrenzt, vom übrigen Deutschland abgeschlossen und somit in seinem Erwerb gehindert ist, so beweist dieß, daß man nur in Nassau von solchen Talenten Gebrauch machen kann.

Am Schlusse des Artikels ist, wie man sieht, die Theorie wieder aufgestellt, die Ehre der Injurirten hänge davon ab, daß die wegen Injurien ausgesprochenen Strafen factisch und körperlich vollzogen werden, denn so wenig als das Vermögen dürfe die Ehre durch Cabinetsjustiz entzogen werden. Vor einigen Jahren wurden 2 Engländer wegen thätlicher Mißhandlung des Hofraths Hackländer zur Festungsstrafe verurtheilt. Als sie die Hälfte der Strafzeit verbüßt hatten, wurden sie vom König Wilhelm von Würtemberg begnadigt. Nach Brauns und Löb Sonnemanns Theorie müßte jetzt die Ehre Hackländers ein Loch bekommen haben, eben so groß als der Rest der geschenkten Strafzeit. Andere Leute glauben, die Satisfaction des Injurirten liege in dem gegen den Injurirer gefällten Strafurtheil, gleichviel nun, ob dieses ganz oder theilweise oder gar nicht vollzogen werde.

Allein die Wiesbadener Advocaten fürchteten meine Rückkehr an die Grenzen von Nassau und deßhalb hetzten sie mittelst Löb Sonnemanns gegen die Zurückziehung des Steckbriefs auf das Herzogthum Nassau. Nachdem Jemand wegen Privatinjurien verurtheilt und durch ganz Deutschland verfolgt wird, schreien die Vertreter der Fortschrittspresse Zeter und Mordio gegen die Milderung einer Maßregel, durch welche der Verfolgte in seinem Erwerb empfindlich gestört und in ein ihm wild fremdes Land eingegrenzt wird!!

Bemerken muß ich hier noch, daß der fragliche Artikel auch in ein Stuttgarter Blatt Eingang gefunden hat. In Würtemberg gibt es nämlich einen Theologen, Namens Paul Hofmann. Ueber diesem Paul Hofmann schwebte ein seltsames Verhängniß. So oft er nämlich in einem Pfarrhause als Vicar wohnte, wurde die Magd sehr bald gesegneten Leibes. Nachdem sich dieses Unglück in wenigen Jahren in 23 Pfarrhäusern wiederholt, zuletzt eine 54 jährige Magd betroffen hatte, verließ Paul Hofmann den Kirchendienst und wurde — Redacteur des „Stuttgarter Anzeigers", eines 12 kr. per Quartal kostenden, ein Quartblatt großen Lokalblattes, das jetzt „Schwäbische Volkszeitung" heißt und nicht mit der Feder, sondern mit der Mistgabel geschrieben ist.

Obgleich den Stuttgartern die nassauischen Verhältnisse höchst gleichgültig sind, druckte der fruchtbare Paul Hofmann,

der Mann mit den starken Lenden, den oben citirten Artikel
Brauns doch ab, aus Wahlverwandtschaft mit den nassauischen
Advocaten, was ich hier flüchtig berühren wollte.

In derselben Nummer der löblichen Zeitung befand sich
noch folgender Artikel, den ich zur Charkterisirung Brauns
noch abdrucken lasse. Er lautet:

* Wiesbaden, 18. März. Dr. Braun veröffentlicht folgende
Erklärung: „Zur Abwehr. Die „N. Wiesb. Ztg." faselt wieder ein-
mal von einer gegen mich anhängigen Untersuchung und behauptet, die-
selbe stehe „sehr schlimm." Die Wahrheit ist die: Das herzogl. Staats-
ministerium hat, obgleich der Redacteur des genannten Blattes schon im
October auf meine Klage wegen Verläumbung zu zwei und einem halben
Monate Correctionshaus verurtheilt worden war, einige Zeit nach den
Landtagswahlen eine Beweisaufnahme zum Zwecke der „Klarstellung des
Sachverhaltes" der in jenem Blatte gegen mich erhobenen anonymen
Beschuldigungen angeordnet. Diese Beweisaufnahme ist schon seit Wochen
beendigt. Ihr Ergebniß ist allerdings sehr schlimm, aber nicht für mich,
sondern für jene elenden namenlosen Denuncianten, welche die Beschuldigungen, die sich sammt und sonders als unwahr ergaben, der „N.
Wiesb. Ztg." zugetragen haben. Es hat sich auf's Neue bestätigt,
daß jene Menschen, welche glücklicher Weise das Land bereits zur Genüge kennt, gewerbs- und gewohnheitsmäßig, neben andern Lastern, auch
dem der Verläumbung ergeben sind. Ich habe bisher, aus Abneigung
gegen Scandal geschwiegen, werde aber, wenn ich ferner provocirt werde,
sprechen, und zwar öffentlich mit Namensunterschrift, und soweit es zum
Zwecke der Abwehr erforderlich ist, jede Schonung bei Seite setzen. —
Von einer Disciplinaruntersuchung wegen Betheiligung an der Versammlung in Kastel, auf welcher ich allerdings die von großdeutscher Seite in
Versammlungen und der Presse gegen die Liberalen erhobenen Beschuldigungen nachdrücklich zurückgewiesen habe, (was ich auch in Zukunft zu
thun durchaus nicht unterlassen werde), ist mir bis jetzt nichts bekannt
geworden. Wiesbaden, 18. März 1864. Dr. Braun, Abg. für Rüdesheim-St. Goarshausen."

Hier tritt uns folgender Advocatenkniff entgegen:

Ich war zu 2 Monaten Correctionshaus verurtheilt worden, weil ich nachgewiesen hatte, ein Wechsel von 1500 fl.
sei im Laufe eines halben Jahres auf der Schreibstube eines
Advocaten wucherisch auf 3000 fl. hinaufgeschraubt worden.
Die Thatsache war vollständig richtig und ich hatte die
Wechsel in Original zu Gerichtshanden gegeben. Außerdem
hatte ich noch 20mal verschiedene andere gerichtlich constatirte
Operationen Brauns veröffentlicht, so z. B. das Palmarium
von 500 fl., 79 fl. Köllsch, etwas Weißes, das Großmann
aus Hochheim in der Verwirrung unterschreiben mußte, was

sich nachher als ein Wechsel über 100 fl. herausstellte ꝛc. Wegen der Veröffentlichung dieser Thatsachen hatte Braun nie geklagt, ich war also nie deßhalb verurtheilt worden. Braun dagegen sucht durch obigen Artikel im Publikum den Glauben zu er= wecken, ich sei auch wegen Palmarium ꝛc. verurtheilt worden, somit seien auch das Palmarium von 500 fl., 79 fl. Köllsch und 100 fl. Großmann nichts weiter als von mir erfundene Märchen, dagegen sei Braun ein Ehrenmann höchsten Grades. Zu derselben Zeit ließ ich in der „Frankf. Postzeitung" fol= gende Erwiderung erscheinen:

„Erwiderung.

Den Berg von systematischen Lügen und Verdächtigungen, welche seit 5 Monaten vorzugsweise die „R. Frankf. Ztg." über nassauische Zustände und Staatsbeamte aufgehäuft, hat dieses Blatt in Nr. 167 zugespitzt mit einer Nachricht, in welcher gesagt ist, die „frühere" (warum nicht lieber die „spätere"?) „R. Wiesb. Ztg." habe seiner Zeit eine Menge Verläumbungen und Verdächtigungen gegen den be= kannten Advocaten Dr. Carl Braun aus Wiesbaden vor der ersten Wahl in Rüdesheim „geschleudert". Untersuchungen seien deßhalb ge= gen Hrn. Braun angestellt worden, aber günstig für diesen Herrn ausgefallen. Auch jetzt sei Braun wieder in Untersuchung genommen und die „Nass. Landes=Ztg." werde wahrscheinlich wieder Verläum= bungen gegen Hrn. Braun schleudern.

Da in dieser vorbauenden Nachricht von der „R. Wiesb. Ztg." die Rede ist, welche ich einst zu redigiren die Ehre hatte und von welcher ich durch die Verbündeten und Mitschuldigen Brauns unter allerlei Vorwänden vertrieben wurde, so erkläre ich:

1) Es ist unwahr, daß die „R. Wiesb. Ztg." überhaupt und ins= besondere vor der ersten Rüdesheimer Wahl Verläumbungen ge= gen Braun geschleudert hat. Wahr ist dagegen

2) Folgendes:

a. der Gastwirth Stähler von Oberzeuzheim bezeugte eidlich, Braun habe ihm für die Führung eines Erbschaftsprozesses ein Pal= marium von 500 fl. abgenommen, und habe, weil, wie er aus= drücklich bemerkte, die Ausbedingung eines solchen Palmariums gesetzlich verboten sei, den Vertrag über dieses Palmarium auf den Namen seines Schreibers Stein ausstellen lassen.

b. Matti aus Hadamar bezeugte eidlich, er habe dem Hrn. Braun den Gastwirth Stähler als Kunden zugeführt, es sei ihm von Braun die Hälfte des Palmariums mit 250 fl. versprochen worden, Braun habe ihm diese nach gewonnenem Prozeß aber nicht ausbezahlt. Dagegen, als die Sache in der „R. Wiesb. Ztg." veröffentlicht wurde, von ihm verlangt, er, Matti, solle in einer öffentlichen Erklärung lügen, die ganze Erzählung sei nicht wahr. —

c. Der Gaſtwirth Großmann von Hochheim bezeugte eidlich, er habe, in eine Criminaluntersuchung verwickelt, Hrn. Braun zu ſeinem Beiſtand in das Gefängniß rufen laſſen. Hier habe ihn Braun in ſeiner (Großmanns) Verwirrung ein Stück Papier unterſchreiben laſſen, das ſich nachher als ein Wechſel über 100 fl. herausſtellte, welchen Braun gegen Großmann auch einklagte. Der Wechſel wurde von mir zu den Acten gegeben und liegt noch bei ihnen.

d. Goldarbeiter Kölſch von Wiesbaden bezeugte, während er in Criminalhaft ſich befunden, habe Braun ihm und ſeiner Frau nach und nach die Summe von 79 fl. abgenommen. Nach ſeiner Freiſprechung und Freilaſſung habe er von Braun, dem er ſchon im Anfange der Unterſuchung ſein Mandat gekündigt, die 79 fl. zurückverlangt, und als Braun die Rückgabe verweigerte, beim Hofgericht Beſchwerde geführt, welches dann Braun zur Herausgabe der Summe bis auf 5 fl. und außerdem zu einer Strafe von fünf Gulden verurtheilt habe. Dieſe Thatſache iſt actenmäßig; ich ſelbſt habe die Acten eingeſehen, habe dieſe drei Thatſachen 4 bis 5 mal in der „N. Wiesb. Ztg." veröffentlicht, ohne daß Braun mit einem Worte Widerſpruch eingelegt hätte.

So verhält es ſich mit den „Verläumbungen", welche von der „N. Wiesb. Ztg." gegen Braun geſchleudert wurden, und man ſieht auch in dieſem Falle wieder, wozu ſich die Fortſchrittspreſſe gebrauchen läßt.

St. Gallen, 20. Juni 1864. Abt."

Weder auf dieſe Erklärung, noch auf die wiederholte Veröffentlichung der fraglichen Thatſachen in der „N. Wiesb. Ztg." erwiderte Braun je mit einem Wort, geſchweige mit einer Klage. Meinem Geſuch um Beſchränkung des gegen mich erlaſſenen Steckbriefs auf das Herzogthum Naſſau wurde endlich entſprochen und es war mir wieder möglich, in Deutſchland (Naſſau ausgenommen) mich niederzulaſſen, wo es mir beliebte. Dieſe Erlaubniß und dieſe Möglichkeit berührte ganz gewiß weder irgend ein politiſches, noch ein Privatintereſſe und konnte Jedermann in Deutſchland (die Wiesbadener Fortſchrittsadvocaten ausgenommen) höchſt gleichgültig ſein. Braun jedoch machte ein politiſches Ereigniß daraus und ſchrieb Folgendes an Löb Sonnemann, welcher es ſofort in ſeiner „Neuen Frankfurter Zeitung" abdrucken ließ. Braun ſchrieb:

„†† Wiesbaden, 5. Mai. Es iſt abermals ein Act der „Gerechtigkeit und Milde" der naſſauiſchen Regierung gegen die naſſauiſche Regierungspartei zu regiſtriren. Die officielle „Wiesbadener Zeitung" pflegte täglich gegen die Anwälte, die den Redacteur für Speisewirthe u. dgl. eingeklagt hatten, sowie gegen sonstige Personen, die ihm und seinen Gönnern nicht gefielen, Ehrenkränkungen und Verläumbungen zu begehen. Auf Klage der Verletzten wurde der Redacteur zu vier Monaten Correctionshaus verurtheilt und begnadigt. Dann abermals theils verurtheilt, theils in Untersuchungen verwickelt, entzog er sich der drohenden Verhaftung durch die Flucht. Das Gericht erließ Requisitionen um Verhaftung an auswärtige Behörden. Der Redacteur wandte sich um Gnade an den Herzog. Die Gerichte waren der Meinung, auf diesen Fall sei das Begnadigungsrecht nicht anwendbar. Allein das Ministerium hat am 24. v. M. verfügt, daß höchster Entschließung zufolge sämmtliche Proceduren gegen jenen Redacteur bis zu seiner Habhaftwerdung auf nassauischem Territorium einzustellen und die nach auswärts erlassenen Requisitionen zurückzunehmen seien. Man erzählt sich, der Redacteur habe diesen Act seltener Gnade der Fürsprache seiner großdeutschen Protectoren und Inspiratoren zu verdanken, welchen er mit unangenehmen Enthüllungen gedroht habe. Thatsache ist es, daß der Redacteur Abt und der Führer der klerikal-gouvernementalen Partei auf dem nassauischen Landtag, der Professor Bellinger von Habamar, vor Kurzem in Frankfurt eine lange Konferenz mit einander hatten, die wahrscheinlich mit jenem Ereigniß in Zusammenhang steht."

Welche Infamien! Die „Officielle Wiesbadener Zeitung" lügt Braun, während meine Zeitung ebensowenig oder vielmehr weniger officiell war, als der „Rh. Kurier", der Moniteur der Fortschrittsadvocaten und der mit denselben verbündeten Fortschrittsgerichten und Fortschrittsbeamten. Als der „Krieg gegen und für die Justiz" am heftigsten entbrannt war, fuhr die Regierung mit einer an die drei nassauischen Zeitungen gerichteten Verwarnung dazwischen. Während diese Verwarnung berathen wurde, warf der Regierungspräsident v. Winzingerode ein: „Aber wird sich Hr. Abt auch fügen?" Diese einzige Thatsache beweist am besten, wie wenig officiell ich gewesen, und wie fern ich der Regierung gestanden. Aber Braun sucht die nassauische Regierung zu verdächtigen, sie habe eine officielle Zeitung unterhalten, welche Verbrechen begangen habe, die ihr Braun andichtet, und deßhalb sagt Braun lügnerischer Weise: „die officielle Wiesbadener Zeitung". — „Dieselbe", fährt nun Braun fort, „pflegte täglich — Verläumbungen und Ehrenkränkungen zu begehen". Täglich sagt Braun, da ich nun im Ganzen 405 Tage lang in Wiesbaden redigirte, so müßte ich 405 Ehrenkränkungen und Verläumbungen begangen haben. Thatsache ist, daß während dieser 405 Tage im Ganzen 8 Klagen gegen

mich eingereicht wurden und zwar wegen Aeußerungen, welche
theils die reine Wahrheit enthielten, theils lediglich dem Ge=
biete des Humors angehörten und außerhalb Naffau auch
größtentheils ſtraflos geblieben wären.

Jene Verläumbungen und Ehrenkränkungen habe ich ver=
übt gegen die Anwälte, die den Redacteur (d. h. mich)
für Speiſewirthe eingeklagt hatten, lügt Braun und lügt Löb
Sonnemann nach. Thatſache iſt, daß ich während meiner
Anweſenheit in Wiesbaden als Redacteur aber auch gar nie
von Anwälten für Speiſewirthe eingeklagt wurde, ſondern
daß ein Anwalt, d. h. ein Advocat, und zwar der
Brück, eine im Jahr 1861 angehobene Klage gegen mich
fortſetzte, daß dieſe Klage aber nicht auf Bezahlung eines
Speiſewirths, ſondern auf Bezahlung von Koſten im Betrag
von 19 fl. an den Advocaten geführt wurde, da die Forde=
rung bezahlt war, ehe die Klage eingereicht worden. That=
ſache iſt ferner, daß ich dieſen Anwalt oder vielmehr Advo=
caten nicht verläumbete und nicht injurirte, ſondern ganz der
Wahrheit gemäß in Beziehung auf ſein Verfahren behauptete,
die Forderung ſei bezahlt geweſen, ehe die Klage erhoben
worden, dieſe habe auf einer Scheinceſſion beruht, und Ad=
vocaten, die ſich ein ſolches Verfahren zu Schulden kommen
laſſen, treiben einen Unfug, der ſie in England wenigſtens
unfähig machte, einer Geſellſchaft von Gentlemen zu prä=
ſidiren.

Braun lügt ferner und Löb lügt nach: ich habe auch
täglich noch ſonſtige Perſonen verläumbet und injurirt, die
mir und meinen Gönnern nicht gefielen. Thatſache iſt jedoch,
daß die C. Adelmann, die Hammeran und Kellner, mir oder
meinen „Gönnern“ weder gefielen, noch mißfielen und daß
ſie von mir nicht deßhalb „injurirt und verläumbet“ wurden,
weil ſie mir oder meinen „Gönnern“ mißfielen, ſondern daß
ſie von mir für injuriöſe und verläumberiſche Angriffe auf
meine Ehre und Perſon gezüchtigt wurden. Thatſache iſt
ferner, daß ich den Pfarrer Koch und den Advokaten Braun
nicht deßhalb in meiner Zeitung behandelte, oder „injurirte
und verläumbete“, weil auch ſie mir oder Andern mißfielen,
ſondern daß ich eine Abſtimmung des Pfarrers Koch beur=
theilte und über Braun Thatſachen veröffentlichte, die er ſich

wirklich zu Schulden kommen ließ und die ihn veranlassen
sollten, einen Mühlstein an seinen Hals zu binden und sich
im Rhein zu ersäufen, da, wo dieser am tiefsten ist, etwa
zwischen Rüdesheim und Sct. Goarshausen.

Wenn also Braun sagt, ich habe Anwälte, weil sie
für Speisewirthe gegen mich klagten, und andere Personen,
weil sie mir und meinen Gönnern mißfielen, täglich, d. h.
405 Mal „injurirt und verläumbet", ich habe diese Personen
ohne alle Veranlassung „injurirt und verläumbet", sie also
angegriffen, so lügt Braun wieder ganz infam und Löb
Sonnemann lügt ihm ebenso infam nach.

Braun sagt ferner, die Zurückziehung des Steckbriefs aus
Deutschland und die Beschränkung desselben auf das Herzogthum Nassau, sei ein Act seltener Gnade, während diese
Maßregel gar kein Gnadenact ist und mein Verhältniß zum
Herzogthum Nassau und zu meinen Anklägern aber auch nicht
im Geringsten alterirte. Braun sagt ferner: diesen Act seltener Gnade habe ich, wie man erzähle, der Fürsprache meiner großdeutschen Protectoren und Inspiratoren zu verdanken,
welchen ich mit Enthüllungen gedroht habe, Thatsache sei,
daß ich und der Führer der klerikal-gouvernementalen Partei, der Professor Bellinger, in Frankfurt eine lange Confe-
renz gehalten.

Allein 1) ist es Thatsache, daß man sich Obiges gar nirgends erzählte, sondern daß Braun es lügnerisch erfindet,
2) daß ich nie großdeutsche Protectoren und Inspiratoren
besaß, weil für mich nichts zu protegiren war, und ich mich
nie inspiriren ließ und heute noch nicht lasse, 3) daß ich den
Professor Bellinger in meinem Leben ein einziges Mal und
zwar im April oder Mai 1863 zu Wiesbaden und zwar
von Ferne gesehen, daß ich nie in meinem Leben mit ihm
ein Wort gewechselt habe, deßhalb weder in Frankfurt mit
ihm conferiren und noch viel weniger die mir von Braun
angelogene Gemeinheit begehen konnte, ihm mit Enthüllungen zu drohen.

Alles dies lügt Braun wieder ganz infam zusammen und
Löb lügt es ihm noch viel infamer nach. Und daß diese beiden, der Braun und der Löb, in der That alles Obige zusam-
menlogen, das ist ganz klar ersichtlich aus dem Stillschwei-

gen, daß die beiden Fortschrittsmänner beobachteten, als ich in der „Postzeitung" mit meiner Namensunterschrift alle obigen Behauptungen Satz für Satz für Lügen erklärte. Die beiden Ehrenmänner erwiderten nicht eine Sylbe auf meine Erklärung. War aber auch gar nicht nöthig, denn die Entlarvung als Lügner ist diesen Leuten höchst gleichgültig, sobald sie durch ihre Lügen nur einen Eindruck auf das „Volk" hervorzubringen hoffen können.

Aber gerade deßhalb, weil diese Leute alle sonst für den Ehrenmann maßgebenden Rücksichten in den Wind schlagen und unbekümmert um die moralischen Folgen der Lüge, so unverschämte Lügen in die Welt hinausschicken, so oft es zweckmäßig erscheint, gerade deßhalb beharre ich auf meinem Grundsatz: Aug um Aug, Zahn um Zahn, contre corsaire corsaire et demi. Wer fortwährend lügt, ganz unbekümmert darum, ob er den nächsten Tag als Lügner entlarvt wird, kann nur durch Repressalien im Zaum gehalten werden. Also zur Repressalie: Braun lügt mir an: Anwälte haben für Speisewirthe rc. gegen mich geklagt, ich erzähle deßhalb über Braun folgende Thatsache:

Vor einigen Jahren lustreiste Braun nach Italien in Gemeinschaft mit dem Fortschrittsbauer Eigner und noch einem fortschreitenden Kammermitglied. Um bei der heißen Witterung leichter fortschreiten zu können, ließen die drei Fortschreiter sich leichte Reisegewänder anfertigen von Schneidermeister Spitz in der Langgasse zu Wiesbaden, einem sehr geschickten Schneider. Eigner zahlte sein Lustreisekleid baar, der andere nach der Rückkehr, Braun aber gar nicht. Nach einem halben Jahr schickte ihm Spitz eine Rechnung. Keine Antwort und keine Bezahlung! Abermals nach einem halben Jahr sandte Spitz eine neue Rechnung. Wieder keine Antwort und noch weniger Bezahlung. Nun drang Spitz persönlich in die Bärenhöhle zu Meister Braun. Dieser aber empfing ihn barsch und sprach: „ich bin Ihnen nichts mehr schuldig! Ich habe Sie bereits bezahlt! Machen Sie, daß Sie fortkommen, meine Zeit ist mir kostbar".

In Folge dessen beauftragte Spitz Freund Lang zur Klage gegen Braun und Freund Lang stellte dem Freunde vor, es wäre doch ein großer Scandal, wenn er sich verklagen

ließe, der Schneider könne und werde schwören. Nun zahlte
Braun. Vorher aber hatte er den Versuch gemacht, durch
seine schon so oft erfolgreich angewandte Grobheit den Schnei=
der Spitz einzuschüchtern und ihm sein Geld vorzuenthalten!
So dieß ist für die Speisewirthe und zwar dem Einen. Ich
komme jetzt zum andern und zwar zu Löb Sonnemann.

Unter allen Frankfurter Fortschrittsblättern hetzte am eif=
rigsten, öftesten und rücksichtslosesten Löb Sonnemann's
„Neue Frankfurter Zeitung." Sie trieb es zuletzt so weit,
daß sie in Nassau verboten wurde und als sie einige Zeit
verboten war, erschien ein Frankfurter Advocat zu Wiesbaden,
um bei der Regierung die Zurücknahme des Verbots zu er=
wirken.

Dieser Advocat erklärte u. A.: die Redaction der „N.
Frankf. Ztg." gestehe selbst zu, daß das Blatt die herzogl.
Regierung und verschiedene Beamte in wahrhaft bübischer
Weise angegriffen habe. Diese Bübereien fallen indeß einem
untergeordneten Redactions=Subjekt zur Last, das die Ab=
wesenheit des Hauptredacteurs mißbraucht habe und jetzt ent=
lassen sei. Künftig werden die Bübereien nicht mehr vor=
fallen. Hierauf wurde von der Regierung das Verbot zurück=
genommen, wäre dasselbe gar nicht erfolgt, so hätte das
untergeordnete Subjekt die Lügen und Schmähungen der
Wiesbadener Fortschrittsabvocaten noch lange fortgedruckt.

Die nassauische Regierung hatte also in dem Verbot ein
Mittel in der Hand, um die Redaction der „N. Frankf. Ztg."
zu zwingen, die Tag für Tag von ihr ausgegossene Fluth von
Beschimpfungen, Schmähungen und Bübereien zu stauen und
wenigstens einigermaßen den Anstand zu wahren. Ich als
Privatmann kann die „N. Frankf. Ztg." nicht verbieten, ver=
klagen kann ich sie auch nicht, weil, selbst wenn eine Verur=
theilung erfolgte, nicht die Eigenthümer und nicht die wirk=
lichen Redacteure des Blattes, sondern ein Strohmann, der
ehemalige preußische Unteroffizier Daneil oder sein eben so
stroherner Nachfolger getroffen würden. Also muß ich für
die vielen, malitiösen und wahrhaft infamen Lügen und Ver=
läumdungen, womit genanntes Blatt mich seit 1½ Jahren
überschüttet und von denen ich einige Proben soeben abdrucken
ließ, mir selbst Recht verschaffen und zwar durch Repressalien,

dadurch, daß ich Unangenehmes zufüge dem mir bekannten
Eigenthümer des Blattes Löb, dem Sonnemann, dem Sonne=,
Mond= und Sterne=, Fixsterne= und Planeten=, also auch
Venus=Mann, damit dieser Löb zur Reue und Buße getrieben und
der Entschluß in ihm erzeugt werde, künftig in seinem Blatte
nicht mehr zu lügen, sondern so oft eine Wiesbadener Corre=
spondenz einläuft, sich vor dem Druck derselben die Ueber=
zeugung zu verschaffen, ob der Wiesbadener Advocat in seiner
Correspondenz die Wahrheit gesagt habe, oder Lügen, Wies=
badener Fortschrittslügen.

Ich hatte zu diesem Zweck hier bereits eine vollständige
Biographie Löb Sonnemanns niedergeschrieben, welche beginnt
mit dessen Urahn Löb Sonnemann I., der schon im Alter
von 10 Jahren als Eunuch in die Dienste König Pharaos
getreten, sich im rothen Meere durch einen behenden Sprung
vom königlichen Wagen, in welchem er sich befand, auf die
Bundeslade hinüberrettete, den Zug in der Wüste mitmachte,
den Guß des goldenen Kalbes, den Tanz um dasselbe ver=
anstaltete und dabei durch die kühnsten Sprünge und Capri=
olen selbst sich auszeichnete, später im gelobten Land sich
niederließ und hier den Grund zur löblichen Familie legte,
welche nach vielen Schicksalen und Abentheuern endlich zu
Höchberg in Bayern sich festsetzte und hier unseren Löb
Sonneman erzeugte, welcher jetzt als Eigenthümer und Finanz=
redacteur resp. Zusammenschmieder der Finanzartikel französischer
Blätter, an der Spitze der „N. Frankf. Ztg.“, sowie als
Rittmeister an der Spitze einer berittenen Amazonengarde
von 300 Näh=nicht=jungfern steht und seit er sich als Börsen=
wölfchen einiges Geld erworben, den Juden abzustreifen ver=
suchte, den Löb in einen Leopold, seine krumm gebogene Nase
durch wochenlang dauerndes Englistren in eine aus= und auf=
wärts gerichtete verwandelte, einen Bart sich wachsen läßt,
wie ihn die östreichischen Offiziere tragen und sich durch alles
dieses den Anschein eines Teutonen und Cavaliers zu geben
sucht, der zugleich als „gebildeter Arbeiter“ und Politiker in
den Entwicklungsgang der modernen Geschichte eingreift. Mein
Raum fängt jedoch nachgerade an, sich zu verengen und deß=
halb habe ich die Biographie Löbs wieder gestrichen, sage
aber dagegen in allem Ernst: Sobald Löb Sonnemann durch
irgend einen seiner Redactionskolben noch ein einziges Mal

über mich eine Wiesbadener Advocatenlüge veröffentlichen läßt, so werde ich ihn in einer besondern Broschüre verherrlichen und nicht blos ihn, den Löb Sonnemann, sondern auch den Baruch Braunfels, den Moses Vogtherr, den Gumpel Rosenthal und wie sie alle heißen mögen die Miteigenthümer der „N. Frankf. Ztg.", welche das saubere Geschäft betreiben, unter der Verantwortlichkeit eines Strohmanns fortwährend Lügen über jeden Beliebigen verbreiten zu lassen, der ihnen aus irgend einem Grunde mißfällt. Und daß ich in dieser Beziehung Wort halte, dafür verweise ich auf den „enthüllten Trabert", welcher im Jahr 1861 durch einen einzigen Zeitungsartikel eine ganze Broschüre über ihn mir entlockte.

Ich komme nunmehr auf eine Preßbüberei zu sprechen, welche noch klarer beweist, durch welche Mittel und durch welche Personen dem deutschen Publicum Urtheile und Beurtheilungen in den Kopf gesetzt werden.

Im Frühjahr 1863 wurde mir von dem Theaterkritiker meiner Zeitung ein Mann vorgestellt Namens Bernhard Scholz, welcher sich schon das Jahr zuvor sehr rühmend über meine Arbeiten in den „Stimmen der Zeit" ausgesprochen und meine Bekanntschaft zu machen gewünscht hatte. Dieser Scholz besuchte mich nun öfter, gab Beiträge für das Feuilleton meiner Zeitung und sprach sich fortwährend sehr anerkennend über deren Haltung, so wie überhaupt über meine Kampfweise „diesen Advocaten" gegenüber aus. Ja er erklärte sich eines Tags bereit, gemeinschaftlich mit mir die Zeitung als Eigenthum zu erwerben und auf gemeinschaftliche Rechnung fortzuführen.

Nur müßte man, fügte er bei, jedenfalls genau wissen, in welchem Verhältniß dieselbe zur Regierung stehe. Diese Bemerkung fiel mir um so mehr auf, als sie wiederholt gemacht wurde, wurde mir aber ganz klar, als ich erfuhr, daß Scholz mit Braun sehr intim befreundet sei und als ich in der „Allg. Ztg." einen von Scholz verfaßten Artikel las, in welchem nicht nur für einen nassauischen Weinwirth, sondern auch für den Advocaten Braun eine Reclame enthalten war. Ich wußte nun, daß der ehrenwerthe Herr Scholz, er ist jetzt in Wien am „Neuen Fremdenblatt", mich aufgesucht hatte, um im Interesse Brauns mich auszuhorchen und daß er sogar die

„Allgemeine Ztg." benützte, um darin für Braun Wahlum=
triebe zu machen. Dieses Benehmen characterisirte ich in Be=
ziehung auf Scholz als „nahezu zweideutig", in Beziehung auf
die „Allgemeine Ztg." als mehr als tactlos. Hierauf ant=
wortete Scholz in einem zweiten Artikel, dessen erster Theil
einen perfiden Angriff auf die Theaterintendanz zu Wiesbaden
enthielt, weil dieselbe dem großen Scholz ein Freibillet ver=
weigert hatte, in dessen zweitem Theil aber von der „Neuen
Wiesb. Ztg." gesagt war, sie gereiche keiner Partei zur Ehre.
Natürlich erwiderte ich in meiner Weise so, daß ganz Wies=
baden mehrere Tage lang auf Bernhard Scholz, den „scheften
Bernhard" mit Fingern deutete. Zugleich wurde der Angriff
des Scholz auf mein Blatt in einer vom großdeutschen Aus=
schuß ausgehenden Correspondenz der „Allg. Ztg." zurückge=
wiesen und ich in Schutz genommen.

Nachdem ich Wiesbaden verlassen, faßten die Advocaten
den Plan, ihr ganzes Auftreten der Regierung und dem Herzog
gegenüber dadurch zu entschuldigen, daß sie alle Schuld auf
die „N. Wiesbadner Zeitung" schoben, welche durch ihren
Ton und ihre „Schimpfereien" gegen die Advocaten das Volk
aufgereizt habe.

In Folge dessen erschien aus der Feder des Finanzacces=
sisten Petri[1]) ein Artikel, in welchem zunächst gegen die Ver=
theidigung meiner Zeitung durch den Ausschuß des groß=
deutschen Reformvereins Opposition eingelegt wurde. „Es
müsse, schrieb der Petri, in der entschiedensten Weise von
jedem, der eine Stellung in der Presse einnehme und zwar
vom Standpunkt der Ehre und der Sittlichkeit aus protestirt
werden gegen eine Vertheidigung und Inschutznahme der „N.
Wiesbadner Zeitung."

Einen solchen Angriff halte ich für durchaus berechtigt,
aber unter einer Bedingung, wenn nämlich zugleich Thatsachen
angeführt werden, welche einer solchen Beurtheilung zur Grund=
lage dienen und verhindern, daß dieselbe sich nicht zur ganz ge=

---

1) Dieser Petri ist eines der journalistischen Werkzeuge Brauns und
führte in den letzten 1½ Jahren einen erbitterten Krieg gegen die
nassauische Regierung in der — Allgemeinen Zeitung. Petri's Vorge=
setzter ist ein eingefleischter Oranier.

meinen Verdächtigung und Verläumbung gestalte. Womit be=
gründete nun Finanzaccesfift Petri seinen Angriff. Er sagte:

1) die „N. Wiesb. Ztg." habe der großbeutschen Sache
mehr geschabet, als alle Anstrengungen der Gegner: und deß=
halb sei es kein Wunder, wenn die eigene Partei gegen dieses
Blatt auftrete. Allein dieß sind keine Thatsachen, sondern
Behauptungen und zwar um so nichtswürdigere Behauptungen,
als der Petri wenige Zeilen vorher gegen eine vom Ausschuß
des großbeutschen Reformvereins beschlossene, berathene und
der „Allg. Zeitg." eingesandte Vertheidigung der „N. Wiesb.
Ztg." protestirt hatte;

2) behauptete der Petri, die „N. Wiesb. Ztg." habe ge=
sagt, das „Mittelrheinische Bundesschießen" sei ein Fest für
die Plebs gewesen. Aber die „N. Wiesb. Ztg." hatte, was
ich hier auf Ehrenwort versichere, dieß nie und nimmer mehr
behauptet. Ich hatte über das „Mittelrh. Bundesschießen"
einen Artikel geschrieben, in welchem ich über die Festwuth
der modernen Germanen überhaupt mich aussprach, über jene
Festwuth, welche nachgerade eine kindische Thorheit genannt zu
werden verdient und welche mir besonders deßhalb zuwider und
zur Last ist, weil die modernen Festplätze zu Tummelplätzen für die
Zungenturner, Kunstredner, Maulgymnasten, Hanswurstredner,
kurz für jene mittelmäßigen Köpfe geworden sind, welche ihre
kleinen Persönlichkeiten nur baburch auszuzeichnen und aus
der Masse hervorragend zu machen wissen, daß sie auf eine
Tribüne hinaufspringen und eine Sündfluth der banalsten
Phrasen auf das „Volk" herabströmen lassen, eine Flut
nämlich von Sünden wider den heiligen Geist der Logik und
in Gesetze des Denkens.

Diese Harlekine der Zunge, diese Seiltänzer, Bauchredner,
Wasserschwätzer, Volksbethörer und ihr Treiben lächerlich zu
machen, habe ich mich während meines Aufenthalts in Wies=
baben hauptsächlich bemüht und nicht ohne Erfolg. Auch
nach dem „Mittelrh. Schützenfeste" schoß ich die Pfeile mei=
ner Satyre hauptsächlich gegen jene selbstfabricirten Festbe=
richte, in welchen die Wiesbadner Advocaten, Lang und Rei=
singer an ihrer Spitze, sich selbst verherrlichten. Inde irae,
inde aber auch der Auftrag an den Finanzaccessisten Petri
über mich in der „Allg. Zeitung" zu lügen, ich habe gesagt:

das „Mittelrheinische Bundesschießen" sei ein Fest für die
Plebs gewesen;

3) behauptet der Petri, ich habe dem Volk vorgelogen,
die Gerichte seien corrumpirt und deren Urtheile falsch. Eine
Lüge. Thatsache ist, daß ich den Ausdruck corrumpirt nie
auf die Gerichte anwendete, auch nie behauptete, ihre Urtheile
seien „falsch" (was ein Unsinn gewesen wäre), dagegen wies
ich, wie man oben ersehen haben wird, fortwährend durch
Thatsachen nach, daß die Gerichte mich ganz anders behan=
delten, als sie die Fortschrittsblätter behandelt hatten und
daß sie dadurch zu Gunsten der Advocaten parteiische Justiz
übten;

4) behauptet dieser Petri, ich habe „an die Stelle von
politischen Erörterungen Tag für Tag die Wuthausbrüche
eines unsauberen Geistes gesetzt." Abgesehen von der pöbel=
haften Beschimpfung, die in diesen Worten liegt, enthalten sie
eine der colossalsten Lügen, die je einem Advocatenmaul ent=
flossen, eine Lüge, die um so unverschämter ist, als ich neben
der Polemik jeden Tag, oder so oft sich überhaupt Gelegen=
heit bot, einen selbstverfaßten Leitartikel über die Tagesfragen
in meiner Zeitung gab.

Daß, was ich hier erwidere, nur die Wahrheit enthält
und nicht widersprochen werden kann, beweist das tiefe Still=
schweigen, welches der Petri sowohl, als die Advocaten beob=
achteten, nachdem ich in einer langen Erwiderung (Beilage
zur Nr. 23 der „Allg. Zeitung", 23. Januar 1864) die Be=
hauptungen des Petri Lügen gestraft und ihnen die so eben
mitgetheilten Thatsachen und Einreden entgegengeworfen hatte.

Ich constatire deßhalb:

1) zum Organ, in welchem die Wiesbadner National=
vereins= und Fortschrittsadvocaten ihre Privatzwecke verfolgen
ließen, gab sich selbst die „Allg. Zeitung" her;

2) die „Allg. Zeitg." schämte sich nicht, Urtheile und
Beurtheilungen, durch welche der Ehre eines Schriftstellers
zu nahe getreten und dieser sogar auf bübische Weise belei=
digt wurde, ferner die unverschämtesten Lügen abzudrucken,
ohne sich im Geringsten vorher versichert zu haben, ob die

Beurtheilungen berechtigt seien und die Behauptungen auch Wahrheit enthalten.

3) die „Allgemeine Zeitung" ging aber noch weiter. Meinem Angreifer hatte sie gestattet, Lügen über mich zu verbreiten, hatte ihm selbst injuriöse Aeußerungen gestattet. In meiner Erwiderung führte ich u. a. die gerichtlich con= statirten Beutelschneidereien Brauns an. Dieser Passus wurde jedoch gestrichen. Natürlich, mein Angreifer log, schimpfte und injurirte, deßhalb wurde von ihm Alles gedruckt, ich führte gerichtlich constatirte Thatsachen an, aber diese mußten gestrichen werden. Aber weiter.

Meinem Angreifer, dem Accessisten Petri gestattete die „Allg. Ztg." als Angriff den Ausdruck „ich habe jeden Tag an der Stelle von politischen Erörterungen die Wuthausbrüche eines unsauberen Geistes gesetzt". Mir dagegen, dem Ange= griffenen, als ich in meiner Erwiderung sagte: „Muß man deßhalb nicht im Namen der Ehre und Sittlichkeit dagegen protestiren, daß an die Stelle einer wahrheitsgetreuen Beurt= theilung der „N. Wiesb. Ztg." die Wuthausbrüche eines un= sauberen Geistes gesetzt werden?" mir dem Angriffenen strich sie diese Stelle, sie strich mir die Ausdrücke, die ich in der Abwehr zurückgab, während sie dieselben Ausdrücke meinem Angreifer zum Angriff gestattete.

Vor einiger Zeit hatte sie über einen bekannten norddeutschen Romanschriftsteller gelogen, derselbe sei wegen betrügerischen Bankerottes zu einer längeren Gefängnißstrafe verurtheilt worden.

Das ist die Moralität der deutschen Presse, das ist die Ehrenhaftigkeit der „Allg. Zeitung".

Woher diese Erscheinung, woher namentlich die Erschei= nung, daß sogar die „Allg. Ztg.", einst ein Institut, auf das der Deutsche stolz sein konnte und das namentlich dem Deut= schen im Ausland lieb und werth war, daß dieses Blatt tief genug sinken konnte, um in seinen Spalten pöbelhafte Be= schimpfungen, gemeine Lügen und Verdächtigungen aufzuneh= men und sich zum Organ für die Privatinteressen dieser an= rüchigen nassauer Advocaten herzugeben? Die Antwort auf diese Frage lautet: diese Erscheinung erklärt sich lediglich aus der Liederlichkeit der Redaction der „Allg. Ztg." Unter dem altersschwachen Kolb, der in den letzten Jahren beinahe unzurechnungsfähig geworden, und die eingelaufenen Briefe oft Tage lang uneröffnet auf seinem Schreibtische liegen ließ und unter dem ebenso altersschwachen Altenhöfer schlichen sich nach und nach Subjecte in die Redaction des Blattes ein, welche sonst nur an Winkelblättern eine Unterkunft finden. So befindet sich z. B. in dieser Redaction ein gewisser Braun, Freund des schoßen Bernhard Scholz und in Folge dessen Freund des Wiesbadener Advocaten Braun und Consorten. Diese Leute haben nun auch aus der „Allg. Ztg.", die früher wirklich literarischen Werth hatte, ein Organ des gewöhnlichen Fabliberalismus gemacht, das sich Bübereien zu Schulden kommen läßt, wie sie sonst nur in den verkommensten Winkelblättern sich vorfinden. Fünftausend magere Abonnenten, die übrigblieben von 12—15,000, sind die leibhaftigen Zeugen des Verfalls und der Verkommenheit einer Zeitung, welche früher den ersten Platz in der deutschen Tagesliteratur einnahm und dieser Rückgang wird immer größere Verhältnisse annehmen, da ein Blatt, das keinen sichern Standpunct mehr hat und in manch anderer Beziehung mit den Organen des entschiedenen „Fortschritts" doch nicht concurriren kann, sich in unseren Verhältnissen nicht mehr zu halten vermag.

Ich hoffe übrigens, diese Zeilen werden Hrn. Baron v. Reischach veranlassen, eine kleine Säuberung im Redactionslocal der „Allg. Ztg." vorzunehmen. Jedenfalls werde ich, noch einmal angegriffen in diesem Blatte, einige pikante Thatsachen veröffentlichen und unter Anderm die 4 Jahre Zuchthaus zur Sprache bringen, welche der Stuttgarter Correspondent G., officiöser Berichterstatter ** aus Würtemberg unter dem Ministerium Linden, wegen Diebstahls abgesessen hat.

Die Lügen, Fälschungen, Beschimpfungen, Verdächtigungen und Verläumdungen, von denen ich so eben eine kleine Blumenlese aus der unmittelbar auf meinen Abzug folgenden Zeit veranstaltet habe, wurden übrigens bis in die neueste Zeit fortgesetzt, und zum hunderttausendsten Mal wiederholt, nachdem fie im Laufe der lezten 1¹/₂ Jahre 99,999 Mal dem Publikum aufgetifcht worden.

Das „Wochenblatt" des Nationalvereins druckte in der lezten Zeit „Naffauifche Briefe" von Braun in einer Reihe von Nummern ab, von welchen mir zwei zu Geficht kamen. Bezüglich meiner Perfon ift im II. Briefe folgende Stelle enthalten:

„Im Jahre 1862 hatte fich zu Wiesbaden ein gewiffer Abt einge= funden, ein fahrender Literat, ehemals politifcher Flüchtling in der Schweiz, der fich überall, wo er gewefen ift, einen Namen gemacht hat, wenn auch nicht gerade einen beneidenswerthen. Wenn er fich aber heute noch feiner naffauifchen Campagne erinnert, fo wird er nicht umhin können, herzlich zu lachen. Denn daß er für eine Spanne Zeit der leitende Kopf eines Regierungsfyftems werden würde, hatte er fich fchwerlich träumen laffen. Und doch war dies der Fall. Abt hatte die Redaction der bekannten „N. Wiesb. Ztg.", welche man we= gen des üblen Rufes diefer Firma jezt in „Naffauifche Landeszeitung" umgetauft hat, übernommen und war bald perfönlich mit den Civil= und als Redacteur mit den Strafgerichten in unangenehme Berüh= rung gekommen. Sein reizbares Naturell brachte es mit fich, daß feine ohnehin fchon übergroße angeborne Neigung zu Schimpfreden fich in dem Maße ausbildete, daß er binnen Kurzem als eine unerhörte Specialität daftand. Die öffentlichen Anwälte überhaupt, insbefondere aber die liberalen, und die Gerichte, welche er des Libe= ralismus denuncirte, waren es, gegen die feine Galle fich täglich wendete, in einer Art, die in Deutfchland Auffehen erregte. In ge= wiffen hohen Regionen empfand man darüber eine wahre Herzens= freude; und Abt gerieth nach und nach, in Folge diefer Gemeinfam= keit der Auffaffung der öffentlichen Dinge in Naffau, in fo enge Ver= bindung mit den einflußreichften Kreifen, daß fein Blatt als der getreue Ausdruck der dort waltenden An= und Abfichten gelten mußte. Ein gefcheidter Menfch wie er ift, mußte er fich immer mehr zum Mittelpuncte diefer Ideen zu machen, und er war es eigentlich, der zuerft und planmäßig die Säze auffteltte, zu deren Durchführung die Regierungsmafchine jezt fchon jahrelang erbitterten, wenn auch erfolg= lofen Krieg gegen das eigene Land führt. Er wurde dafür hoch an= gefehen, mit Begnadigungen bedacht, felbft wegen der infamften An= griffe auf die Ehre von Privatperfonen; er wurde der Juftiz förmlich und fyftematifch entzogen. Vernichtung läftiger Gegner in ihrer Exi= ftenz und Ehre, Lügen= und Tendenz=Prozeffe, Darftellung der Fort= fchrittspartei als revolutionär und deßhalb rechtlos, demgemäß Ver= bot ihrer Verfammlungen, ihrer Preffe, Denunciation, Einfchüchte= rung 2c.; auf der anderen Seite Corruption und Belohnungen jeder Art für unfaubere Dienfte — alle diefe Dinge, die dem heutigen Syftem anklagend vorgeworfen werden, laffen fich auf den Vater Abt zurückführen, der fie planmäßig in feinem Blatte geprediigt und bei feiner endlich unabwendbaren Entfernung aus Naſſau ſeinen Jüngern als theures Vermächtniß hinterlaſſen hat."

In dieſer Stelle ſind nun

1) wieder jene Bübereien enthalten, wegen deren fort=währender Wiederholung ich die Wiesbadener Advocaten ſo heftig bekämpfte und wegen derer ich meinen Kampf ſo lange fortſetzen werde, in allen Tonarten, in allen Formen, in der ernſthaften und wiſſenſchaftlich gehaltenen Darſtellung, wie in der humoriſtiſch = ſatyriſchen Schreibart, in der Abhandlung, wie im Roman ſo lange fortſetzen werde, bis dieſe Advoca= ten, dieſe Fälſcher der Geſchichte, der öffentlichen Meinung in Deutſchland eben ſo durchſichtig geworden ſind wie mir ſelbſt.

Braun nennt mich hier einen gewiſſen Abt, um un= mittelbar nachher zu ſagen, ich habe mir überall einen Na= men gemacht, wo ich geweſen. Er nennt mich einen fahren= den Literaten, obgleich ich fortwährend ſeßhaft war, unmittel= bar vor meiner Ankunft in Wiesbaden über ein Jahr lang zu Wien, an der Redaction des „Botſchafters" angeſtellt, vorher ein Jahr lang in Wiesbaden, vorher 4 Jahre lang zu Stuttgart ꝛc. Braun ſagt ferner, ich habe mir überall, wo ich geweſen, einen Namen gemacht, wenn auch nicht ge= rade einen beneidenswerthen. Damit iſt angedeutet oder die Möglichkeit gelaſſen, ich habe mir durch malhonette Hand= lungen überall einen ſchlechten Namen gemacht, obgleich es vielleicht wenige Menſchen gibt, die ſo ſorgfältig über ihren Ruf wachen, ſo planmäßig in ihrem Lebenswandel zu Werke gehen, obgleich während meines Aufenthalts in Wiesbaden die Advocaten und ihre Gerichte ganz vergeblich mein ganzes Leben durchſchnüffelten, um mir eine levis notae macula anhängen zu können: obgleich bis auf den heutigen Tag nicht blos in der Stadt Wiesbaden, ſondern im ganzen Land Naſſau mein Name von Jedermann mit Achtung genannt wird. Warum ſagt nun Braun, ich habe mir überall, wo ich geweſen, einen nicht gerade beneidenswerthen Namen gemacht? Habe ich etwa dem Stähler aus Oberzeuzheim widerrechtlich 500 fl. aus der Taſche practizirt und die einem Andern feierlich verſprochene Hälfte davon für mich behalten? Habe ich etwa, nachdem dieſe Operation bekannt geworden, den Matti

aus Hadamar aufgefordert, er solle öffentlich lügen, die
ganze Geschichte sei nicht wahr? Oder habe ich den Gold=
arbeiter Köllsch aus Wiesbaden um etliche und 70 Gulden
geprellt, und als derselbe sein Geld wieder haben wollte,
gedroht, ihm das Dintenfaß an's Haupt zu werfen und erst
dann das widerrechtlich mir angeeignete fremde Eigenthum
wieder herausgegeben, als ich gerichtlich dazu gezwungen
wurde? Habe ich den Großmann aus Hochheim in der Ver=
wirrung ein Stück Papier unterschreiben lassen, das sich nach=
her als ein Wechsel über 100 fl. herausstellte? Habe ich
einen Wechsel von 1500 fl. binnen wenigen Monaten auf
3000 fl. wucherisch hinaufgetrieben? Habe ich den Wiesba=
denern Drotschkenkutschern für nichts und wieder nichts gegen
50 fl. aus den Säckeln geschwindelt? Habe ich den Prozeß
für Schweikhart gewonnen, des vermöglichen zu 4 Jahren
Correctionshaus verurtheilten Schusters Freisprechung erwirkt,
dem Oberförster Müller für seine Vertheidigung Tausend
Gulden abverlangt?

Ja hätte ich Solches verübt, hätte ich solche Verbrechen
wider fremdes Eigenthum begangen, hätte ich mich in dieser
Weise an fremdem Gute vergriffen, dann könnte Braun mit
Recht sagen, ich habe mir überall, wo ich gewesen, einen
keineswegs beneidenswerthen Namen gemacht.

Obige Bübereien konnte aber Braun höchstens schreiben,
veröffentlicht werden dagegen konnten sie nur unter der Mit=
wirkung eines Complicen. Dieser Complice heißt Nagel und
ist Redacteur des „Wochenblatts des Nationalvereins", Na=
gel ist kein fahrender Literat, sondern ein in der Zeit vor
der Erzeugung des Nationalvereins vielfältig hin= und her=
geschobener Literat zu Fuß.

Noch im Jahr 1858 war derselbe großdeutsch, schrieb in
die „Stimmen der Zeit" einen Artikel, nach dessen Erschei=
nen sämmtliche Leser der Zeitschrift in einen dreitägigen
Schlaf verfielen, so daß der Nagel aus den „Stimmen der
Zeit" gezogen werden mußte. Vorher hatte er an der
„Mittelrheinischen Zeitung" redigirt. Als ich in die Redac=
tion derselben eintrat, fand ich im Redactionslocal an der
Wand hängend einen großen Beißkorb von Messingdraht.
Erstaunt fragte ich Herrn Reisinger nach der Bestimmung

dieses Apparats und erhielt hierauf zur Antwort: „Ei, als
der Nagel noch bei mir war, zerbiß er mir, so oft er einen
Leitartikel schreiben sollte, jedes Mal einen Bund Gänsekiele,
um dann erst nichts zu Stande zu bringen. Da ich nun
für den reinen Versuch, einen Leitartikel zu schreiben, nicht
jedes Mal einen Bund Federn im Werth von ¹/₂ Gulden
ruiniren lassen wollte, legte ich dem Nagel einen Beißkorb
an, obgleich in der heiligen Schrift geschrieben steht: du sollst
dem Ochsen, der da drischet, das Maul nicht verbinden.
Uebrigens mußte ich den Nagel, trotz des Beißkorbes, doch
bald wieder entlassen, da er aber auch gar nichts zu leisten
vermochte.“ Nagel verdingte sich dann bei einem Procurator
zu Wiesbaden als Schreiber und würde wohl noch in dieser
Stellung sich befinden, wenn nicht der Nationalverein ausge=
brochen wäre, um bald den Sammelplatz für eine Unzahl jener
mittelmäßigen Köpfe zu bilden, welche, unfähig einen selbst=
ständigen Gedanken zu fassen, so hurtig herbeieilen, wenn der
Zeitgeist eine Idee aufgeworfen hat, aus der Demagogen=
futter geknetet werden kann. Der großdeutsche Nagel ist jetzt
kleindeutscher Nagel am Sarge des Nationalvereins zu Frank=
furt, gehört zur Nationalvereinsbureaukratie und bezieht aus
der Nationalvereinskasse eine hohe Besoldung dafür, daß er
die einlaufenden Artikel zum Druck befördert und noch einen
Bruder mitgebracht hat, der unter dem Titel „Expeditor“
ebenfalls eine Besoldung bezieht, womit eine ganze Beamten=
familie anständig leben könnte.
    Vor einigen Wochen fragte mich ein Bekannter im Café
de Hollande zu Frankfurt: „Aber ich bitte, was ist denn das
für eine ordinäre Kutschersphysiognomie an dem Tische gegen=
über?“ „Das ist, erwiderte ich, der Nagel aus Bayerland,
ein Schriftgelehrter des Nationalvereins, dessen Haupt wie
Sie sehen, ganz wie dazu gemacht ist, an der Spitze des
„Wochenblatts“ als Symbol der Nationalvereinsweisheit in
Gestalt einer Vignette zu prangen.“
    Da nun dieser Nagel auf den Kopf getroffen ist, wende
ich mich zu den übrigen Punkten des Braun'schen Briefes.
Es heißt darin
    2) die „Neue Wiesbadener Zeitung“ habe man wegen
des üblen Rufs dieser Firma in „Nassauische Landeszeitung“
umgetauft.

Thatsache ist, daß der Titel des Blatts geändert wurde, weil dasselbe die amtlichen Anzeigen erhielt und dadurch von Seiten der Verleger mit der Regierung in nähere Verbindung trat. Braun erlügt somit eine Ursache jener „Umtaufe", um mich, der ich die „N. Wiesb. Ztg." redigirt hatte, zu beschimpfen.

3) sagt Braun, ich sei als Redacteur bald persönlich mit den Civilgerichten in Berührung gekommen.

Thatsache ist, daß ich nur wegen eines von den Advocaten aufgekauften Wechsels mit den Civilgerichten in Berührung kam, mit diesen also in Berührung kam aus Ursachen, die nicht ich gesetzt hatte, sondern die Advocaten. Braun sagt

4) In Folge meines reizbaren Naturells habe sich meine, ohnehin schon übergroße angeborne Neigung zu Schimpfreden in dem Maße ausgebildet, daß ich binnen Kurzem als eine unerhörte Specialität dagestanden.

Thatsache ist, daß während ich die „N. Wiesb. Ztg." redigirte, nicht ein einziges Mal eine von der Aesthetik und dem Anstand verbotene „Schimpfrede" darin enthalten war, während, wie aus früheren Citaten ersichtlich, der „Rhein. Kurier", das Organ Brauns und Lang, von solchen Schimpfreden wimmelte. S. S. 174, sowie den Abschnitt: „75,000 fl. auf einen Schlag." Andere Schimpfreden des „Rh. Kuriers" werde ich später noch nachtragen.

Mein reizbares Naturell, sagt Braun ferner, habe meine angeborne Neigung zu Schimpfreden ausgebildet, fügt aber gar nicht bei, wodurch dieses Naturell gereizt wurde, spricht nichts von den Angriffen, die ich im 2. Abschnitte dieser Schrift aufgezählt, spricht nichts von den reizenden Artikeln, die von ihm und dem Lang ausgingen, sondern stattet mich ohne alles Weitere mit einer angebornen Neigung zu Schimpfreden aus. So fälschen diese Advocaten die Geschichte, natürlich Fälschung der Thatsachen ist ja ihr Handwerk.

Einst erzählte ich in meiner Zeitung: Procurator Siebert, einer der schreiendsten Fortschreiter, habe sich gegen den Grafen A. v. Kervilly geäußert: „Ich bin mit der Tendenz der „N. Wiesb. Ztg." nicht einverstanden, aber ich wünschte, wir hätten ein solches Blatt." Siebert erwiderte nichts auf diese Bemerkung, gestand ihre Thatsächlichkeit somit stillschweigend zu. Also unter sich wünschten sie ein Blatt wie die „N. Wiesb. Ztg.", öffentlich aber sagten sie, es „schimpfe." Meine Galle habe sich, schreibt Braun,

5) gegen die öffentlichen Anwälte überhaupt, insbesondere aber die liberalen gewendet. (Die Galle wendet sich.) Nie hat sich jedoch meine Galle gegen die „öffentlichen" Anwälte gewendet, dagegen blamirte ich das Prozessiren auf Grund von Scheincessionen und die Ferkelstecherei. Nie hat sich ferner meine Galle gegen die „liberalen Anwälte" gewendet, nie griff ich z. B. die Herren v. Eck, Siebert, Erlenmeyer 2c. an, obgleich deren „Liberalismus" gleichen Schritt hält mit dem des Lang, Braun 2c. Ja, ich sprach z. B. fortwährend mit der größten Hochachtung von Herrn v. Eck, indem ich seinem ehrenhaften Privatcharakter alle Gerechtigkeit widerfahren ließ, dagegen tractirte ich den Braun und Lang, aber ebenfalls wieder nicht wegen ihres „Liberalismus", sondern wegen der Schlechtigkeiten und Gemeinheiten, die sie sich zu Schulden kommen ließen, wegen Palmariums von 500 fl., 79 fl. Köllsch und etwas Weißem, das sich nachher als ein Wechsel über 100 fl. herausstellte, ferner wegen der fortwährenden Lügen, Fälschungen, Verdächtigungen, Beschimpfungen und Verläumbungen, die sie als Waffe gegen mich und als Mittel für ihre Zwecke überhaupt gebrauchten. Braun darf nicht zugestehen, daß ich ihn und seine unmittelbaren Complicen aus allen übrigen herausgriff, weil sonst der Verdacht entstünde, es sei wirklich etwas faul an ihnen, deßhalb treibt Braun sämmtliche „öffentliche Anwälte", besonders die „liberalen", auf einen Haufen zusammen, stellt sich mit Lang mitten hinein und sagt nun, die gegen ihn und seinen edlen Streitgenossen gerichteten Angriffe seien auf den ganzen Haufen gerichtet gewesen. Das ist ächt braunisch.

6) sagte Braun, ich habe die Gerichte des „Liberalismus" denuncirt. Nie ist mir dieß eingefallen. Ich adoptirte einen Ausdruck des „Rh. Kurier", welcher selbst sagte, „die Mehrzahl der Nassauischen Staatsdiener neigen sich nach der liberalen und nationalen Seite", d. h. nach Braun und Lang,

und ich wies ferner an himmelschreienden Thatsachen nach, daß die Gerichte mir anderes Recht sprachen, als dem Redacteur Brauns und Langs. Von „Liberalismus" war nie die Rede, da es überhaupt keinen Liberalismus zur Beurtheilung gibt, sondern nur bestimmte Ansichten und Handlungen.

7) behauptet Braum, ich sei für eine Spanne Zeit der leitende Kopf des Regierungssystems gewesen, sei in enge Verbindung mit den einflußreichsten Kreisen getreten und habe mich zum Mittelpunkt der in diesen Kreisen herrschenden Ideen gemacht. Es ist dieß eine Behauptung, die nicht wahr ist und gar nicht wahr sein konnte.

Einmal stand ich nie mit einer Person in Verbindung, welche den einflußreichsten Kreisen oder überhaupt einer höheren Behörde angehörte. Sodann wäre dieß objectiv gar nicht möglich gewesen, da im Jahr 1863 es wohl unmöglich gewesen sein dürfte, nachzuweisen, wo einflußreiche Kreise sich befanden. Die Regierung war zusammengesetzt größtentheils aus Oraniern, die sich „nach der liberalen und nationalen Seite neigten." Der Präsident v. Winzingerode, „noch der beste im ganzen Collegium", stand mir so ferne, daß ich erst im August des Jahres 1863, also drei Monate vor meinem Abzug, ihn mir auf der Straße zeigen ließ. Im Ministerium waren Präsident und Räthe größtentheils oranisch und ich kenne bis auf den heutigen Tag keinen derselben persönlich. Den Staatsminister Prinz v. Wittgenstein sah ich jeden Tag in der Wilhelmstraße auf- und abspazieren und auf dieses Sehen beschränkt sich meine Verbindung mit ihm. Nie pflog ich mit ihm mündlichen oder schriftlichen Verkehr. Bleibt noch der Hof und dessen Umgebung. Mit dem Herzog selbst kam ich einmal in Berührung, damals, als ich mein Begnadigungsgesuch auch mündlich noch vortrug. Von seiner ganzen Umgebung ist mir nur der Adjutant v. Dungern persönlich bekannt, weil derselbe mich in der erwähnten Audienz einführte. Diese Unbekanntschaft mit den Personen hat seinen Grund darin, daß ich in Wiesbaden wie überall, höchst wenig persönliche Bekanntschaften anknüpfte, weil jede neue Bekanntschaft für mich eine neue Arbeit, die Arbeit der Angewöhnung an meine Anschauungen nach sich zieht und mir die Mehrzahl des Publikums überhaupt so zuwider ist, daß ich mich nicht leicht mit Jemand einlasse. Wo sind also die einflußreichsten Kreise, mit denen ich in Verbindung treten konnte? Nirgends anders als in der Phantasie, oder vielmehr in der Erfindungsgabe des Herrn Braun, der mir diesen Zusammenhang, wie wir sogleich erfahren werden, absichtlich anlügt.

Allein abgesehen davon war zu meiner Zeit Regierung, Ministerium, nächste Umgebung des Herzogs theils der von mir vertretenen Richtung so abgeneigt, wo nicht entschieden feindlich gesinnt, theils durch die Advocaten so eingeschüchtert und beroutirt, daß an eine Verbindung mit diesen Kreisen zu politischen Zwecken, wie ich sie anstrebe, gar nicht zu denken war. Das Verhältniß war einfach folgendes: Während die Advocaten auf dem Gipfel ihrer Macht sich befanden, schneite mich der Zufall nach Wiesbaden. Nachdem die Advocaten mich bübischer Weise angefallen hatten, machte ich ganz meiner Gewohnheit gemäß kurzen Prozeß und griff sie so an, wie ich Jeden anzugreifen pflege, der sich als ein persönlicher Gegner vor mir aufthürmt. Hieraus entspann sich ein Kampf, dem der Hof, die Regierung, das Ministerium, aber auch das ganze Land mit Erstaunen, theilweise mit geheimer Freude zusah, begierig, was daraus noch werden möge. Ja, wäre ich mit den einflußreichsten Kreisen in Verbindung gestanden, wirklich ihr Mittelpunkt gewesen, so wäre ich nicht im Stiche gelassen worden, sondern noch jetzt in Wiesbaden, die Advocaten aber im Correctionshaus. Wie oft wurde von den Männern, mit denen ich verkehrte, die aber nichts weniger als einflußreich waren, wie oft wurde von ihnen die Nothwendigkeit betont, daß der Herzog endlich diesem faulen, advocatisch durch und durch angefressenen Regimente ein Ende machen möchte! Und wie oft wurde darauf hingewiesen, daß alle Erfolge in der Presse, in den Wahlen wirkungslos seien, so lange die damals „einflußreichsten Kreise“ bestehen und auf die Leitung der Staatsangelegenheiten influiren! Ich habe, sagt Braun,

8) zuerst und planmäßig die Sätze aufgestellt, welche nachher die Regierung durchgeführt habe. Man ist nun begierig zu erfahren, welche Sätze ich aufgestellt habe und Braun beeilt sich, diese Frage zu beantworten, indem er in

einem Athem folgende Sätze aufzählt: „Vernichtung lästiger
Gegner in ihrer Existenz und Ehre, Lügen und Tendenz-
prozesse, Darstellung der Fortschrittspartei als revolutionär
und deßhalb rechtslos, demgemäß Verbot ihrer Versamm-
lungen, Denunciation, Einschüchterung ꝛc., auf der andern
Seite Corruption und Belohnungen jeder Art für unsaubere
Dienste — alle diese Dinge, sagt Braun, lassen sich auf
Vater Abt zurückführen, der sie planmäßig gepredigt hat.“

Wie, ich solle die Vernichtung lästiger Gegner in ihrer
Existenz und Ehre, ich soll Lügen und Tendenzprozesse gepredigt haben? Aber habe ich nicht fortwährend und umsonst
nach Gleichberechtigung und gleicher Behandlung geschrieen,
habe ich nicht fortwährend gegen Lügen und Tendenzprozesse
geschrieben, habe ich nicht fortwährend darauf aufmerksam
gemacht, die Waffen seien ungleich vertheilt, da meine Gegner
hinter dem Schutz der Anonymität fechten, ich aber im An-
gesichte des Correctionshauses kämpfen müsse? Habe ich es
nicht fortwährend für eine Infamie bezeichnet, den Gegner
an seiner persönlichen Ehre anzugreifen, durch Lügen und
Tendenzprozesse vernichten und in's Correctionshaus sperren
zu wollen, weil er z. B. sagte, es sei Jemand eine Wanze
in's Nasloch gekrochen?

Ich soll die Fortschrittspartei als rechtslos dargestellt haben, weil sie revolutionär sei? Allerdings habe ich
fortwährend behauptet, die Fortschrittspartei sei revolutionär und zwar einmal deßhalb, weil sie die Massen aufwiegle,
sodann aber deßhalb, weil sie Ziele anstrebe, die auf unbewiesenen Sätzen, also auf der reinen Willkühr beruhen?
Habe ich aber je mit einem Worte behauptet, die Fortschrittspartei sei rechtslos, ein Unsinn, der mir schon aus logischen
und juristischen Gründen ferne liegen mußte, da eine Partei
gar kein Rechtssubject ist und somit weder Rechte haben, noch
rechtslos sein kann? Habe ich ferner die Verbietung von Versammlungen, Denunciation, Corruption und Belohnungen für
unsaubere Dienste ꝛc. anempfohlen und angepriesen. Ich habe
fortwährend auf die mediocre Vernunftsbeschaffenheit und auf
die persönliche Gemeinheit einiger Fortschrittsadvocaten hingewiesen, habe nachgewiesen, daß ihr ganzes Treiben nur
auf der Lüge, Entstellung, Fälschung der Thatsachen, Ver-

dächtigung der Gegner, Bethörung und Täuschung des
Publikums beruhe, daß sie sich nur durch Anwendung mecha=
nischer Mittel ihre Stellung geschaffen, aber nie habe ich
Gewaltmaßregeln, Verbote 2c. anempfohlen. Sondern im
Gegentheil: ich habe stets darauf hingewiesen, daß das ver=
derbliche Treiben der Demagogen nur durch geistige Waffen
und durch rationelle Gesetze, aber nicht durch physische Ge=
walt erfolgreich bekämpft werden kann. Im Juni 1863 schrieb
das „Frankfurter Journal" die Aeußerungen der Presse be=
züglich der preußischen Preßordonnanzen anführend: „Da
drückt sich doch ein in Wiesbaden erscheinendes Blatt (die
„N. Wiesb. Ztg.") ganz anders aus (als die „Postzeitung"),
es sagt: „Die in Preußen bevorstehenden Maßregeln gegen
die Presse erregen die Mißbilligung aller unabhängigen Blät=
ter und mit Recht, denn die Presse und damit die Kritik soll
nicht unterdrückt werden". Wenn der nicht zu nennende
Redacteur des genannten Blattes an die preußischen Preß=
ordonnanzen weitere Folgerungen für seine Person knüpft, die
er gegen die Vertheidigung vor seinen lächerlichen An=
griffen in Schutz genommen sehen will, so wollen wir doch
seine Nichtbilligung jener Ordonnanzen anerkennen."

(Ich hatte nämlich ganz meinem System gemäß gesagt,
die Preßordonnanzen, als rein mechanische Unterdrückungs=
mittel, seien nicht zu rechtfertigen, dagegen Ehrengerichte un=
erläßlich zum Schutz gegen die Preßbuben.)

Noch zu Ende vorigen Jahres druckte von mir die
„Nassauische Landeszeitung" eine größere Abhandlung über
die gegenwärtigen Zustände in Deutschland: „Eine Diagnose",
worin ich am Schlusse der Darstellung die Frage aufwarf,
was bezüglich der Presse, der Versammlungen, Vereine 2c. zu
thun sei und diese Frage ungefähr so beantwortete, wie dies
in der Einleitung zu dieser Schrift angedeutet ist, immer
darauf hinweisend, daß „die Ideen nicht unterdrückt, sondern
widerlegt sein wollen". Es bildet diese Ansicht ein Funda=
mentalprinzip meiner philosophischen und politischen An=
schauung, gebiert aber ganz andere Institutionen, als die ge=
genwärtig bestehenden Preß=, Vereins= und andern Gesetze.

Und Angesichts dieser Thatsachen hat dieser Mensch, hat
dieser Advocat, hat dieser Braun wieder die Frechheit, mich

dem Publikum als Reactionär ordinären Schlags hinzustellen und mir Grundsätze und Ansichten in den Mund zu legen, die ich selbst fortwährend bekämpfte. Warum? Die Sache ist sehr einfach. Braun spricht von der nach meinem Abzug eingetretenen Reaction. Diese Reaction war vollständig berechtigt, ·denn sie war gegen die von Beutelschneidern systematisch betriebene Bethörung und Täuschung des Publikums gerichtet. Den wahren Charakter dieser Reaction darf und kann Braun nicht zugeben, er speculirt auf die politischen Sympathien des Auslandes und deßhalb stempelt er die nassauer Reaction zu einer prinzipiellen und zu einer gegen Grundsätze, Theorien und Anschauungen gerichteten Reaction und ernennt mich zu ihrem literarischen Vater, während diese Reaction lediglich gegen einen Zustand gerichtet war, in welchem ungestraft Palmarien ausbedungen, fette Prozesse gewonnen, reiche Verbrecher freigesprochen, 79 fl. dem Köllsch aus der Tasche geschwindelt und sonstige Advocatenstreiche verübt werden konnten.

Braun lügt aber auch

9) wieder zum hundertsten Male. Ich sei selbst wegen der infamsten Angriffe auf die Ehre von Privatpersonen mit Begnadigungen bedacht, der Justiz förmlich und systematisch entzogen worden. Worin diese „infamsten Angriffe" bestanden, sagt Braun nicht, er verschweigt wohl weislich, daß die Infamie dieser Angriffe, in der ganz wahrheitsgemäßen Behauptung, ein Advocat habe auf Grund einer Scheincession prozessirt, oder in Scherzen und Spässen 2c. bestanden, Braun verschweigt wohl weislich, daß ich in allen Fällen der angegriffene Theil war. Aber das Publikum soll getäuscht werden, damit es dem Braun zu Gunsten urtheile und deßhalb lügt der Braun. Er lügt ferner, ich sei mit Begnadigungen bedacht worden, während einmal, ein einzigesmal, eine von juristischen Maniaquen verhängte Strafe von 4 Monaten Correctionshaus in 4 Wochen Festungshaft verwandelt wurde. Endlich lügt der Braun noch, ich sei förmlich und systematisch der Justiz entzogen worden, wodurch, sagt er nicht, weil es Thatsache ist, daß ich der Justiz nie entzogen wurde, daß ich von Wiesbaden nach Castel flüchtete und daß erst, als ich seit 2 Tagen mich selbst der Justiz

durch die Flucht entzogen hatte, das Verfahren gegen mich
siftirt wurde, um mir die Möglichkeit zu verschaffen, zur
Ordnung meiner Angelegenheiten auf einige Tage wieder nach
Wiesbaden zurückzukehren.

Angesichts dieser infamen Lügen möchte ich denn doch die
Frage aufwerfen, ob wohl die deutschen Regierungen gesonnen
sind, das Publicum noch lange in dieser Weise bearbeiten zu
lassen, oder ob sie sich entschließen werden, dieser von den
Volksfreunden systematisch betriebenen Lügenfabrikation, wo=
durch nicht blos jeder Privatmann, sondern auch jede Regie=
rung niedergelogen werden kann, durch ein rationelles Preß=
gesetz ein Ende zu machen. Für den höchst wahrscheinlichen
Fall, daß diesem Lügenmachen kein Ende gemacht und diesen
moralischen Brandstiftern das Handwerk nicht gelegt wird,
werde ich wenigstens einstweilen mein eigenes Preßgesetz in
Anwendung bringen und dieses heißt: Aug um Aug, Zahn
um Zahn, oder mit einem Wort: die Repressalie.

XI. Capitel.

Die Reaction. — Schlußbetrachtungen.

> Halbe Maßregeln schaden mehr als sie nützen.
> Bekanntes Sprüchwort.

Victrix causa Diis placuit sed victa Catoni.

Während vor meiner Ankunft in Wiesbaden die Advo=
caten ganz allein auf der politischen Schaubühne agirten,
agitirten und der Regierung nach Herzenslust förmlich auf der
Nase herumtanzten, hatte ich es durch meine Zeitung wenige
Wochen nach meiner Ankunft soweit gebracht, daß sich eine
Gegenpartei bilden konnte, welche, als die Wahlen im Jahr
1863 herannahten, im Stande war, wenigstens zu kämpfen.
Siegen konnte sie freilich nicht, da eine conservative Partei,
welche vorzugsweise auf den verständigen und ehrenwerthen

26

Theil des Publikums angewiesen ist, mit den Demagogen niemals erfolgreich zu concurriren vermag, und dann um so weniger, wenn die Mehrzahl der Staatsdiener entweder neutral sich verhält, oder der Oppositionspartei geradezu in die Hände arbeitet, wie dieß im Jahr 1863 in Nassau der Fall war. Die Advocaten siegten deßhalb über die „Gouvernemental-Clericalen" mit einer Majorität von 8 Stimmen.

Mit Jubel erfüllte dieses Resultat die oranischen Kreise[1]) und veränderte den Stand der Dinge sehr wesentlich, da die Advocaten und ihre Verbündeten mit neuem Selbstvertrauen erfüllt, höchsten Orts aber auch die Augen geöffnet wurden über den Zustand des Landes, in welchem die Wahl eines Mannes moralisch möglich war, dem widerrechtliche Aneig-nung fremden Eigenthums in gewinnsüchtiger Absicht gericht-lich nachgewiesen worden war. Daß jetzt mit Macht gegen mich vorgegangen wurde, daß die Untersuchungen gegen mich mit erneuter Energie und großer Malice betrieben, von Her-genhahn alle Anstrengungen gemacht wurden, durch eine Dienst- und Amtsehrenbeleidigungsklage mich zu ruiniren und daß ich in Folge dessen das Feld räumen mußte, habe ich oben schon nachgewiesen. Oranien und seine Advocaten schwelgten nach meiner Flucht in dem süßen Gedanken, von jetzt an wieder ungestört das Land regieren und die Rollen unter sich ver-theilen zu können.

Da fuhr eines Tages wie ein Blitzstrahl aus heiterem Him-mel das Verordnungsblatt nieder und veröffentlichte eine Reihe von Versetzungen im Staatsdienst, welche Oranien und die Advocaten mit Entsetzen erfüllten. Hergen-Hahn wurde aus dem Hofgericht hinaus und als Director in die Landesbank hineingetrieben, Hergen-Dübell der Justizamtmann marschirte als provisorischer Generalauditeur zur Armee ab, Hergen-Reim ging wieder dahin, von wo er gekommen, advocatenfreundliche Ministerial- und Regierungsräthe und Amtmänner wurden aus ihren Stellen heraus und — ins Hofgericht hineingestoßen. Assessoren und Accessisten wurden durcheinandergeschüttelt, einige

---

1) Der damalige Regierungsrath, jetzige Hofgerichtsrath Horstmann wußte sich vor Freude kaum mehr zu fassen und schlug 24 Purzelbäume hintereinander, als er das Wahlresultat erfuhr.

dagegen entlaſſen und Schmerz! bitterer Schmerz! Werren
der Generalauditeur wurde zum proviſoriſchen Regierungs=
direktor ernannt. (Präſident v. Winzingerode war nämlich
in Folge einer unheilbaren Krankheit dienſtunfähig geworden.)
Werren iſt ein Mann von Charakter, Energie und Verſtand,
conſervativ, Kurtrierer und ſeit 1848 ein unerbittlicher Be=
kämpfer des Demagogen= und Advocatenweſens. Als im Jahr
1848 die Oranier theils freiwillig Reißaus genommen, theils
von dem aufgewiegelten Crethi und Plethi verjagt worden,
theils um die Volksgunſt buhlten, indem ſie ſich auf Tanz=
böden einfanden, dort mit den Mägden tanzten oder dem Theis,
einem der verkommenſten Subjecte Wiesbadens, Brüderſchaft
antrugen, um — zurückgewieſen zu werden, damals ſtand
Werren überall in den Riß, ſtellte in den Amtsbezirken, wo
er verjagte Amtmänner erſetzte, die Ordnung wieder her,
flößte, nach Wiesbaden zurückgerufen, dem Miniſter Hergen=
Hahn Muth ein, ſo oft derſelbe über die Stricke, die ihm
von den Democraten zum Selbſthängen zugeſendet wurden,
verzweifeln wollte und trat der acceſſiſtiſchen Anmaßung Brauns
und Langs in der Kammer energiſch entgegen, um, ſobald die
gefährlichen Tage vorüber und die Oranier wieder in die
Stellen hineingekrochen waren — ſofort bei Seite geſetzt
zu werden.

Daß die Verſetzung Werrens an die Spitze der Regie=
rung, verbunden mit der Austreibung ihrer Verbündeten aus
den einflußreichen Stellen, die Advocaten ſowie die Männer
von Oran mit Ingrimm und Wuth erfüllen mußte, verſteht
ſich unter dieſen Umſtänden von ſelbſt, ebenſo die Form, in
welcher ſie dieſe Verſetzungen dem Publicum mittheilten.

Lang ſchrieb z. B. an Löb Sonnemann folgendes und Löb
Sonnemann druckte es in der „N. Frankf. Ztg.“ ab:

„? Wiesbaden, 23. Jan. Nicht leicht hat ein Verordnungsblatt
in unſerem Lande eine größere Senſation erregt, als das vor einigen
Tagen erſchienene, in welchem ſich der vollſtändige Triumph der ultra=
montan=großdeutſchen Partei ſpiegelt. Zu der ſchon früher gemeldeten
Verſetzung des Hofgerichtsdirectors Hergenhahn an die Landesbank kommt
die Beſeitigung des hieſigen Juſtizamtmanns Dübell, welcher an das
Kriegsdepartement placirt wurde, — beide Männer erfreuen ſich der
allgemeinſten Achtung und des höchſten Vertrauens, hatten jedoch ſchon
ſeit geraumer Zeit das Unglück, von dem zu einer traurigen Berühmtheit

gelangten, dermalen flüchtigen Redacteur der „N. Wiesb. Ztg." politisch
verdächtigt zu werden. Außerdem sind weiter eine Anzahl liberaler Beamter theils auf den Westerwald verbannt, zum Theil auch begrabirt und
ihre Stellen mit der ultramontanen Partei angehörigen Persönlichkeiten
besetzt und einige junge Juristen und Mediciner, welche kürzlich bei der
Abgeordnetenwahl ihre Stimmen den Candidaten der Fortschrittspartei
gegeben hatten, ohne Weiteres des Dienstes entlassen worden. Endlich
wurde die wichtige Stelle eines Directors der Landesregierung einem
Mann anvertraut, welcher schon seit anderthalb Jahrzehnten wegen De-
magogenriecherei wie kaum ein Anderer, im ganzen Lande discreditirt ist.
Es ist dieß eine Razzia gegen das Unabhängigkeitsgefühl unseres Beamtenstandes, wie wir sie in gleichem Maße noch nicht erlebt haben,
und scheint es dabei zugleich durch die geeignete Besetzung der einflußreichen Beamtenstellen darauf abgesehen zu sein, bei der bevorstehenden
Abgeordneten-Neuwahl die erforderliche „Pression" zu üben, da Niemand
daran zweifelt, daß die Tage unserer demnächst zusammentretenden
Kammern gezählt sind ꝛc."

Hergenhahn und Dübell werden hier zu zwei Männern
ernannt, die sich der allgemeinsten Achtung erfreuen und wegen
ihrer politischen Richtung von mir verdächtigt, Märtyrer ihrer politischen Ueberzeugung geworden seien. Thatsache ist, daß ich über die politische Richtung dieser
beiden nie ein Wort veröffentlichte, sondern über die Justiz,
die sie an mir verübten, und daß sie gerade wegen dieser
Justiz aus ihren Stellen entfernt wurden, ohne indeß irgend
eine Einbuße zu erleiden. Sie waren einfach als Richter
unmöglich geworden.

Werren wird ferner zum Demagogenriecher gemacht, während seit 1½ Jahrzehnten in Nassau gar keine Demagogen
mehr gerochen wurden, weil diese die Staatsgewalt in Händen hatten und während Werren als Generalauditeur gar keine
Demagogen riechen konnte.

Auch die beiden jungen Accessisten, um die es sich handelt,
wurden nicht deßhalb entlassen, weil sie für den Fortschrittscan-
didaten gestimmt, sondern weil sie für denselben, nämlich
für Braun gewühlt und agitirt hatten; beide sind übrigens
wieder angestellt. (Im Jahre 1860 wurde ein würtember-
gischer Accessist, der sich dem Nationalverein angeschlossen, ohne
Weiteres entlassen.)

Nichts als Lug und Trug und Fälschung auch in dieser
Correspondenz, wie überhaupt in jedem Advocatenartikel, den

die „N. Frankf. Ztg." seit 1½ Jahren über Nassau veröf=
fentlichte.

Werren repräsentirte eine Reaction, dieß ist die Wahrheit,
sehen wir aber, worin diese Reaction bestand. Werren traf
bei seiner Ankunft in der Regierung den Staat Nassau voll=
ständig aus den Fugen gegangen. Die Landesregierung selbst
größtentheils besetzt mit Räthen, die den Advocaten Braun
und Lang intim befreundet oder verbunden waren und nicht
nur nichts gegen sie unternahmen, sondern alle gegen sie ge=
richteten Maßregeln zu verhindern oder möglichst abzuschwä=
chen versuchten. An der Spitze des Ministeriums einen zwar
persönlich ehrenwerthen, aber was Wissen, Kenntnisse, Sach=
und Personenkenntniß, so wie Thatkraft anbetrifft, durchaus
ungeeigneten, von seinen Räthen abhängigen, höchstens zur
Repräsentirung des Ministeriums durch die Uniform geeigneten
Mann. Die Rathsstellen dieses Ministeriums wiederum zum
größten Theil mit Brauns Verbündeten besetzt. In den Be=
zirksämtern der Mehrzahl nach theils unmittelbar mit Braun
irgendwie verfilzte, theils eingeschüchterte oder an sich gänzlich
energielose Amtsvorstände.

Die subalternen Beamten entweder im Solde Brauns
oder in Folge der kaum begreiflichen Apathie der letzten Re=
gierung in eine politische Richtung hineingezogen, welche ihnen
den Charakter herzoglicher Staatsbeamten vollständig abge=
streift und sie in Werkzeuge der Advocaten verwandelt hatte.
Assessoren, Accessisten aller Art, die Lehrer, die Bürgermeister
für die Advocaten gewonnen, weil die Mehrzahl des Publi=
kums und somit auch der Angestellten immer dahin sich
neigt und verbeugt, wo die Gewalt sich befindet. (Es ist
dieß in der menschlichen Natur begründet.) Die Gewalt aber
befand sich zu jener Zeit in den Händen der Advocaten.
Selbst die Offiziere waren theilweise vom „Zeitgeist" ange=
steckt und neigten sich zur „liberalen und nationalen Seite
hin." Denn es ist Thatsache, daß nassauische Offiziere nicht
mukten, wenn in ihrer Gegenwart öffentlich in der pöbel=
haftesten Weise über den Herzog losgezogen wurde. Dazu
ein namentlich in den Städten, theilweise sogar auf dem
platten Lande durch Jahre lang dauernde, ungestörte Bear=
beitung und Aufwiegelung rebellisch gemachtes, zu allen Ex=
cessen bereites Publikum. Kurz, die Monarchie in Nassau

war zur Lüge geworden, denn eine Monarchie, in welcher die
Staatsbeamten mit den Demagogen sich verbünden und die
Offiziere es ruhig mit anhören, wenn der Landesherr insul=
tirt wird, ist eine Lüge. Da mache man doch lieber gleich
Republik.

So traf Werren bei seiner Ankunft in der Regierung
die Zustände des Landes. Seine Aufgabe war daher klar
vorgezeichnet. Vor Allem galt es, die Autorität der Re=
gierung wieder herzustellen und zwar zunächst unter ihren
eigenen Beamten. Den bereits erwähnten Versetzungen folgten
sehr bald andere nach. Die Amtsvorstände in den Bezirks=
ämtern wurden zum größten Theil erneuert, durch treue und
thatkräftige Persönlichkeiten ersetzt. Die jüngeren Beamten
massenweis versetzt, hunderte von Lehrern durcheinander ge=
worfen, Bürgermeister suspendirt, entlassen, kurz, es wurde
den Organen der Staatsgewalt selbst ganz ernstlich gezeigt,
daß wieder regiert werde im Lande Nassau. Die Wieder=
herstellung der Autorität wurde aber auch dem Publikum
und den herrschenden Advocaten begreiflich gemacht. Hatten
diese früher alle 14 Tage ihre Anhänger um sich versammelt,
um das heilige Feuer der Widerspenstigkeit in ihnen zu
schüren und die Regierung vor „Grethi und Plethi" in den
Koth herabzuziehen, so wurden die Versammlungen jetzt von
der speziellen Erlaubniß der Regierung abhängig gemacht und
nicht mehr gestattet. (Ganz wie in Baden.) Fremde Zei=
tungen, wenn sie als Abzugskanal für den von nassauischen
Advocaten gesammelten Unrath sich benutzen ließen, wenn sie
Angriffe auf die Ehre und Persönlichkeit der Beamten ent=
hielten, durften nicht mehr ungenirt im Lande colportirt
werden, sondern wurden verboten; fremde Bauchredner, welche
auf nassauischem Boden Vorstellungen geben und das Publikum
beschwatzen wollten, nicht mehr geduldet. Es wurden mit
einem Wort den Advocaten alle diejenigen Mittel entzogen,
womit sie bis jetzt die Massen bearbeitet, für sich gewonnen
und als feindliche Mächte gegen die Regierung in's Feld
geführt hatten, Mittel, welche die Demagogen gewöhnlich mit
großer Kühnheit als angeborne Menschenrechte und alle mög-
lichen Sorten von Freiheit, welche aber auf deutsch am besten
mit den Ausdrücken: Wühlerei, Bethörung und Beschwatzung
bezeichnet werden.

Daß das Land Nassau durch diese Reaction und Repres=
sion in physischer, ökonomischer oder intellektueller Beziehung
irgend welchen Schaden gelitten, habe ich nirgends gehört
und gelesen. Feld= und Waldfrüchte wuchsen unter Werren
wie unter Winzingerode, je nach der Witterung, die Erträg=
nisse der Eisenbahn steigerten sich, Handel und Wandel wurde
betrieben wie vorher, Künste und Wissenschaften konnten sich
ebenso frei entfalten, als während jener Zeit, in welcher
Braun nur um 5 fl. gestraft wurde, als er den Goldarbeiter
Köllsch um 74 fl. geprellt, und um 25 fl., als er dem Wirth
Stähler 500 fl. widerrechtlich aus dem Säckel geschnitten
hatte, als während jener Zeit ferner, in welcher Braun seine
fetten Civilprozesse gewann und vermögliche Verbrecher frei=
sprechen ließ, als während jener Zeit endlich, in welcher
Lang vor dem Amtmann Dübell blos auf den Boden zu
stampfen brauchte, um die bereits gerichtlich liquidirten Ge=
bühren auf das Maximum erhöht zu bekommen. Dagegen
stellten sich Vortheile, es stellten sich erfreuliche Erscheinungen
ein, welche früher unerhört waren. Nachdem Werren und
Schepp einige Zeit regiert hatten, wagten es endlich wieder
die Gerichte, die Gebühren der Advocaten Braun, Lang und
was zum Fortschritt gehört, auf das normale Maß herab=
zusetzen[1]), eine Verwegenheit, welche vorher unerhört war,
weil sie Dem, der sie sich hätte zu Schulden kommen lassen,
sein Amt gekostet hätte. Wenn die Reaction dem Lande
keinen andern Vortheil gebracht hätte, als diese factische Ver=
minderung der „liberalen“ Advocatengebühren, so würde sie
einen der glänzendsten Abschnitte in der Geschichte Nassaus
ausmachen.

Allein diese Reaction führte noch andere erfreuliche Er=
scheinungen in ihrem Gefolge.

Vor Allem wurde wieder einigermaßen Ordnung in die
Staatsmaschine gebracht. Die treuen Beamten wußten, daß
sie in ihrer Pflichterfüllung auf Unterstützung, die Oranier,
daß sie in ihrer Lässigkeit und Connivenz auf Rüge und

---

1) Siehe den S. 119 mitgetheilten Bericht des Bürgermeisters
v. Geisenheim.

Ahndung von Seiten der Regierung rechnen durften. Accessisten hörten auf, für die Advocaten Umtriebe zu machen, der Regierung Troß zu bieten und wenn ein Advocat auf der Amtsstube erschien, vom Zittern befallen zu werden. Conservative Bürger durften es wagen, ihrerseits gesellige Vereine zu bilden und conservative Zeitungen zu halten, ohne vom Fortschrittspöbel insultirt und conservative Bürger konnten wieder zu Wiesbaden Wahlversammlungen halten, ohne aus ihrem Lokal von diesem nämlichen Fortschrittspöbel vertrieben zu werden. Und als die im Jahr 1863 gewählte Kammer in Folge der Ungezogenheiten, welche sich die Advocaten Lang und Blech jeden Tag erlaubten und weil diese mit ihrem Schweife die Verfassung vom Jahr 1851 für ungültig erklärt hatten, um aus Nassau mit Gewalt ein Kurhessen und aus ihren obscuren Persönlichkeiten nassauische Oetker zu machen¹), aufgelöst wurde, ergab sich, die Gesammtheit der Wahlmänner in's Auge gefaßt, eine große Majorität gegen die Advocaten, in den Abgeordnetenwahlen der einzelnen Bezirke nur eine Majorität von einer Stimme für dieselben. Wenn das so fortging, wenn diese Regierung einige Zeit anhielt, waren die Advocaten verloren.

Ihre ganze Stellung stand auf dem Spiel. Nur noch eine Majorität von einer Stimme hatten sie in der 2. Kammer, Braun selbst, dessen Wahl im Wahlbezirk Rüdesheim-St. Goarshausen auf dem ersten Landtag von 1864 wegen Bestechung für ungültig erklärt werden mußte²), drang in

1) Wie in verschiedenen andern Staaten, so wurden auch in Nassau die staatsrechtlichen Elaborate des Jahres 1848 und 49, d. h. die Verfassungsgesetze, welche unter der Alleinherrschaft der Demagogen gemacht worden waren, theilweise zurückgenommen und durch die jetzt gültige Verfassung ersetzt. Nachdem die Advocaten 15 Jahre lang auf Grund dieser Verfassung sich in die Kammer hatte wählen lassen, nachdem also die jetzige Verfassung 15 Jahre lang in voller Gültigkeit bestanden, fiel es ihnen eines schönen Tages ein, dieselbe für ungültig zu erklären und die 1848er Verfassung mit dem allgemeinen Stimmrecht und den Grundrechten zurückzufordern.

2) Die Zeitungen sprachen damals von einem Schoppen Wein im Werth von 18 kr., der einem Wähler bezahlt worden sei. Es war dieß allerdings die einzige amtlich constatirte Bestechung. Man fasse aber

jenem Wahlbezirk in der zweiten Wahl nicht mehr durch, sondern mußte durch den Spezereikrämer Ruß von Biebrich, als Abgeordneter von Biebrich, in die Kammer geschmuggelt werden ¹), wo er Schand und Ehren halber nicht mehr zum Präsidenten gewählt werden konnte. Soviel hatte ich doch vermittelst des Palmariums von 500 fl., 79 fl. Köllsch und 100 fl. Großmann bewirkt, daß Braun nicht mehr zum Kammerpräsidenten gewählt werden konnte, Schand und Ehren halber. Braun wird nie mehr Kammerpräsident und darf überhaupt gar nicht mehr in der Kammer bleiben wegen widerrechtlicher und gesetzwidriger Aneignung fremden Eigenthums. Unter diesen Umständen waren die Advocaten darauf angewiesen, alle Hebel in Bewegung zu setzen, um diesen Zustand der Dinge, um namentlich einen Mann, Werren, aus seiner Stellung zu wälzen.

Als einen der kräftigsten Hebel wurde in dieser Beziehung die Presse in Bewegung gesetzt und zwar vorzugsweise die Fortschrittspresse des nahen Auslandes. Ein und ein halbes Jahr lang verbreitete Löb Sonnemann's „Neue Frankfurter Zeitung", verbreitete das „Frankfurter Journal", verbreitete die Metzenzeitung in Darmstadt, verbreitete der „Mannheimer Anzeiger" ²), verbreitete der Stuttgarter „Beobachter", das Organ der drei schwäbischen Meyer, des A-Meier, B-Meier und C-Meyer, des Pfaumeier, Hausmeyer und Blechmeyer, verbreitete die „Deutsche Allgemeine Zeitung", redigirt von

Folgendes in's Auge: Etwa 8 Tage vor der Wahl versammelten sich die conservativen Wahlmänner des Bezirks und zählten etwa 5 Stimmen mehr als die Advocatengenossen. Ein Lehrer, Namens Becker, hielt auf dieser Versammlung eine Rede, in welchem er den Segen des Himmels herabflehte auf die Versammlung, damit es endlich gelinge, diesen Menschen (Braun) unschädlich zu machen. Am Tage der Wahl stimmte er für Braun. Der Volksmund sprach von 100 fl., die diesen abrupten Gesinnungswechsel bewirkt. Außerdem war der Amtmann von Rüdesheim ein intimer Freund Brauns und von diesem wie so viele andere ernannt worden. Am Wahltage selbst siegte Braun mit etwa 4 Stimmen.

1) Ruß, ein in normalen Verhältnissen ganz unschädlicher Abgeordneter für Biebrich, trat zu Gunsten Brauns zurück, so daß die beiden Residenzen des Herzogs gerade von den zwei Advocaten vertreten waren, welche den ganzen Scandal in Nassau repräsentiren.

2) Redigirt von einem bankerotten Schuster, der nicht Strohmann, sondern factisch Redacteur ist.

dem K. sächsischen Schlafrock= und Pantoffel=Revolutionär Carl
Biedermann, verbreitete die „Kölnische Zeitung", ein „Welt=
blatt", das den Beweis geliefert hat, daß man mit Geld,
mechanischen Mitteln und einer ganz ordinären Redaction
eine vielgelesene Zeitung herstellen kann, verbreitete selbst der
großdeutsche und „schwarz=gelbe" „Adler" ¹), verbreitete
selbst die heruntergekommene „Allgemeine Zeitung", verbrei=
tete außerdem eine Anzahl namenloser Preßfliegen, Preß=
schnacken, Preßmuskitos, Preßinsekten, kurz, verbreiteten alle
die Blätter und Blättchen, welche als verschämte und un=
verschämte Organe des modernen Fabliberalismus entweder
aus Interesse oder aus Feigheit, oder aus reiner Vornirt=
heit mit dem großen Strom, schwimmen oder vielmehr in dem
großen Sumpf patschen, den man die öffentliche Meinung
nennt, alle diese „Organe" verbreiteten jeden Tage jene
Schauergeschichten über Nassau, welche dieses Herzogthum im
Auslande als den Sitz des exquisitesten Despotismus erscheinen
ließen ²). Um ein Land oder eine Person politisch zu com=
promittiren, bedarf es bekanntlich blos des Zusammenwirkens
von 1½ Dutzend beliebiger Subjekte, denen der Zufall einen
Preßbengel in die Hand gedrückt hat. Das ist die Macht
der Presse, wohlverstanden, ihre absolutistische Macht.

Wenn man die betreffenden Zeitungsartikel in die Hand
nimmt, so wird man bei genauer Prüfung zu seinem großen
Erstaunen wahrnehmen, daß die nassauische Tyrannei haupt=
sächlich in der Verhinderung „liberaler" Wahlversammlungen
und in dem Verbot unverschämter Zeitungen bestand. Nun
ist aber, abgesehen davon, daß die „liberale" Partei pro=
grammmäßig den Umsturz der bestehenden Verfassung an=
strebte und schon deßhalb in jedem Staate in ihren Umtrie=
ben gehindert würde, abgesehen davon ist, sage ich, das Verbot
der Wahlversammlungen, solange die Kunst nicht bekannt ist,

---

¹) Eine timid flötende und liberal zwitschernde Grasmücke.
²) Selbst der Klabberdatsch stellte sich auf Seite der Beutelschneider.
Et tu Brute! Daß die Angriffe der Fortschrittsblätter geradezu bis zur
Absurdität sich verstiegen, bewies einst die „N. Frankf. Ztg.", als sie in
allem Ernst schrieb, die (vorjährige) Saison falle in Wiesbaden deßhalb
schlecht aus, weil einige Zeitungen verboten worden.

derartigen Agitationsmitteln rationell entgegenzuwirken, gerade
vom Standpunkte der Demokratie aus vollständig gerecht=
fertigt. Das „Volk" ist der Inbegriff menschlicher und gött=
licher Weisheit, sein Wille höchstes Gesetz im Staat. Es
muß somit Ansichten und einen Willen an sich schon besitzen.
Was ist nun unter diesen Umständen dem Geiste der Demo=
kratie angemessener, als die Anwendung von Mitteln, wodurch
das Herausfließen des Volksgeistes und des Volkswillens in
seiner vollen Majestät und Reinheit geschützt und die Trü=
bung dieses Volksgeistes und Volkswillens durch irgend welche
Advocaten und Fabschwätzer gehindert wird? Volle Freiheit
dem Volk, seine Meinung und seinen Willen auszusprechen,
volle Unterdrückung aber für alle diejenigen, welche diesem
Volk ihre eigenen Ansichten und ihren eigenen Willen ein=
trichtern wollen, um diese Ansichten und diesen Willen nach=
her täuschend für Volksmeinung und Volkswillen auszugeben.

Wenn daher einer Regierung kein anderer Vorwurf ge=
macht werden kann, als die Nichtgestattung von Versamm=
lungen, während sie sich im Kampf auf Leben und Tod mit
einer Partei befindet, welche ausgesprochener Maßen und
programmmäßig die bestehende Verfassung für ungültig er=
klärt und zu entfernen versucht, so ist ein solcher Vorwurf
geradezu ein Lob.

Außerdem sind die nassauer Advocaten wahre Virtuosen
in der Kunst, Flöhe in Bären zu verwandeln, mit diesen
Bären öffentlich herumzuziehen und sie dem Publikum anzubin=
den. Jede Lappalie und Bagatelle verwandelt sich in ihren
Händen zu einem unsühnbaren Frevel. Einrichtungen, die in
andern Staaten längst existiren und als ganz berechtigt von
Jedermann angesehen werden, wurden, von der nassauischen
Regierung nachgeahmt, als Ausflüsse der schwärzesten Reac=
tion in den Advocatenblättern dargestellt. Als die „reac=
tionäre" Regierung der „Mittelrh. Ztg.", dem Oppositions=
blatt, die amtlichen Anzeigen entzog, diese der conservativen
„Nassauischen Landeszeitung" zuwandte und vorschrieb, daß
diese Zeitung auf Gemeindekosten von den Bürgermeistern
gehalten werden müsse, wie schrien die Advocaten Wochen
lang Zeter in den Zeitungen über Zwangsabonnement, Ein=
griff in die Rechte und Freiheiten des Volks ꝛc. Dem aus=

ländischen Publikum verhehlten sie natürlich, daß die „nassauische Landeszeitung", welche 8 fl. kostet, den Gemeinden zu 2 fl. per Jahr und somit zu demselben Preise geliefert wurde, welcher von diesen vorher für jedes der kleinen Bezirksblätter bezahlt werden mußte. Aber die Regierung sollte kein eigenes Organ haben, die „Mittelrh. Zeitung" sollte keine Einbuße erleiden und außerdem sollte die Regierung als gewaltthätig verschrien werden. In dieser Weise wurde 1½ Jahr lang die nassauische Regierung verlästert.

Dagegen verschwiegen alle jene oben erwähnten Blätter Thatsachen, ihnen wohlbekannte Thatsachen, welche zum Himmel aufschreien und die Zustände des nassauer Landes besser charakterisiren, als alle von der reactionären Regierung in Anwendung gebrachten Maßregeln. Sie verschwiegen, daß an der Spitze der Oppositionspartei, der Fortschrittspartei, der Rechtspartei, der Freiheitspartei als Anführer ein Mann sich befand, der Dr. Carl Braun heißt, der dem Goldarbeiter Köllsch 79 fl. aus dem Beutel schwindeln, den Großmann aus Hochheim in dessen Verwirrung ein Stück Papier, das sich nachher als ein Wechsel über 100 fl. herausstellte, unterschreiben lassen, der dem Stähler aus Oberzeugheim 500 fl. widerrechtlich und gesetzwidrig abnehmen, der den Matti von Hadamar öffentlich zu Lügen auffordern und der alles Dies thun konnte, ohne daß die Gerichte überhaupt oder ernstlich gegen ihn einschritten, alles dies verschwiegen jene Blätter, obgleich diese Thatsachen die Zustände des Herzogthums Nassau fürchterlich charakterisiren.

Die Angriffe in der Presse wurden lebhaft unterstützt durch die geheimen Machinationen der oranischen Clique. Nicht nur, daß diese dem Herzog unablässig in den Ohren lag, er solle doch Werren entfernen, daß jede Gelegenheit, jeder günstige Moment benützt wurde, um dem Regiment Werren außeramtlich ein Bein zu stellen, auch in der amtlichen Thätigkeit führten die Oranier einen förmlichen Krieg gegen den ihnen so verhaßten Regierungsdirector. Jede Maßregel von einigem Belang mußte von diesem dem Ministerium förmlich abgekämpft werden¹); Ministerium und Re=

1) Welche Stellung dieses Ministerium in dem Kampfe einnahm, der zwischen der Regierung und den Advocaten geführt wurde, be-

gierung waren, kurz gesagt, zwei Pferde, von denen das eine links, das andere rechts zog.

Das Hofgericht, in welchem nach der Säuberung der höheren Behörden von den notorischen Oraniern und Advocatengenossen diese Parteimänner in noch größerer Anzahl aufgespeichert wurden als vorher, dieses Hofgericht stellte sich offen auf die Seite der Opposition und schien förmlich den Beschluß gefaßt zu haben, einen Advocaten oder Advocatengenossen unter keinen Umständen zu verurtheilen. Es erfolgten die auffallendsten Freisprechungen. In Höchst hatten in einem Wirthshaus versammelte Fortschreiter einen zufällig anwesenden Schullehrer, den sie für einen „Spion" erklärten, blutig geschlagen, brutal mißhandelt, pöbelhaft maltraitirt.

Vom Justizamt wurde jeder der Betheiligten zu Gefängniß oder bedeutender Geldstrafe verurtheilt. Als Recursinstanz cassirte das Hofgericht das Urtheil und sprach alle frei, bis auf einen, der etwa um 5 fl. gestraft wurde. Die Frevler gehörten zur Advocatenpartei. Endlich führte Braun mit seinem Freund Leisler [1]) (beide sind Advocaten) einen Hauptschlag aus.

Als während der vorletzten Wahl der Regierungsdirector Werren seine Stimme abgeben wollte, traten oben genannte Ehrenmänner, rein von aller Schuld wie sie sind, auf und protestirten gegen die Zulassung Werrens, weil derselbe in eine Untersuchung verwickelt gewesen und nicht freigesprochen worden.

Damit hat es folgende Bewandtniß. Der Geldmakler Schaus in Wiesbaden war vor mehreren Jahren wegen Wucher in Untersuchung gewesen, vom Hofgericht zu 2 Monaten Correctionshaus verurtheilt, vom Oberappellationsgericht aber förmlich freigesprochen worden (Braun war nicht sein Anwalt). Eine bei Schaus vorgenommene gerichtliche Hausausuchung lieferte unter Anderm das Ergeb-

weist z. B. das Entsetzen, das den Präsidenten Faber befiel, als von Rüdesheim das Telegramm anlangte, daß Braun in der drittletzten Wahl unterlegen.

1) S. S. 215.

niß, daß er auch für den damaligen Generalauditeur Werren Geschäfte gemacht hatte, während der Zeit nämlich, als die= ser das Vermögen seines Schwagers verwaltete. Die be= treffenden Briefe wurden vom Justizamt an die Militär= behörde zur Cognition eingesandt, von dieser aber, als un= erheblich, zu den Acten gelegt, ohne daß Werren irgend ein Verhör bestanden hatte. — Obgleich also ein Verbrechen oder Delict gar nicht vorlag und gar nicht vorliegen konnte, weil der Hauptangeschuldigte förmlich freigesprochen worden, ob= gleich Werren nie ein Verhör bestand, also nicht einmal for= mell in Untersuchung gestanden war und somit auch nicht frei= gesprochen werden konnte, protestirten Braun und Leißler gegen seine Zulassung als Wähler, weil er in einer Unter= suchung gestanden und nicht freigesprochen worden sei. Der während dieses Vorgangs anwesende Criminalrichter Frech, welcher gegen Schaus die Untersuchung geführt, bezeugte un= mittelbar auf sein Ehrenwort, daß wegen Werren gar nicht inquirirt worden sei, allein die Wahlversammlung, der Mehr= zahl nach Wiesbadener Fortschrittspöbel, beschloß, die Acten einzuverlangen und bis dies geschehen, Werren auszuschließen. Werren selbst erhob gegen die beiden Advocaten Klage auf Ehrenkränkung, aber jene wurden natürlich von ihrem Hofge= richt freigesprochen, da kein animus injuriandi angenommen werden könne. Ich hatte ein Urtheil absatzweise abgedruckt, animus injuriandi und Correctionshaus! Ich hatte nachge= wiesen, auf dem Bureau Brauns sei ein eingeklagter Wech= sel von 1500 fl. binnen 9 Monaten wucherisch auf 3000 fl. gesteigert worden, animus injuriandi und Correctionshaus! [1]) Unmittelbar nach diesem Verfall bot Werren seine Entlassung an, sie wurde jedoch vom Herzog nicht angenommen.

---

1) Ich hatte oben einmal gesagt, Frechheit, die unverschämteste Frechheit, sei der Grundzug in Brauns Charakter. Hier ist die Be= stätigung. Er, dessen Palmarium, dessen 79 fl. Köllsch und 100 fl. Großmann noch warm und in Aller Mund waren, er, den ich wegen widerrechtlich und gesetzwidrig in gewinnsüchtiger Absicht verübter Aneignung fremden Eigenthums öffentlich so blamirt hatte, daß er sich nicht mehr getraute, bei Tage sein Haus zu verlassen, er tritt Arm in Arm mit seinem Freunde Leißler auf und bringt einen Wucherprozeß zur Sprache! Man ziehe hieraus einen Schluß auf die Moralität dieses Menschen. Uebrigens ist seine Uhr abgelaufen.

In den vorletzten Wahlen errangen, wie schon früher be= merkt, die Advocaten eine Majorität von einer Stimme, die Mehrzahl sämmtlicher Wahlmänner war conservativ. Diese einzige Stimme war ein keineswegs hinreichend fester Boden für die Advocaten, es wurde deßhalb (in Langs vä= terlicher Weinwirthschaft zu Langenschwalbach) ein Manoeuvre von ihnen beschlossen, desgleichen keine parlamentarische Kör= perschaft in irgend einem Lande je noch versucht hat.

Die nassauische „zweite Kammer" zählt 24 Mitglieder, 13 von diesen waren advocatisch, 11 conservativ, die absolute Majorität aber, nämlich 2 Drittel der Stimmen, besteht aus 16 Mann, und diese müssen vorhanden sein, wenn die „Kam= mer" beschlußfähig sein soll. Um sich nun diese Beschluß= fähigkeit unter allen Umständen zu sichern, wurde (in Langs Wirthshaus zu Langenschwalbach) von den Advocaten be= schlossen, in den Wahlprüfungen ohne alles Weitere und ganz einfach deßhalb, weil die Regierung ganz im Allgemeinen durch Mißbrauch der Amtsgewalt die Wahlen beeinflußt habe, 7 conservative Wahlen zu cassiren!!

Um nun diesen Gewaltstreich zu hintertreiben, betheilig= ten sich die 11 Conservativen an den Wahlprüfungen gar nicht und machten dadurch die Advocaten und ihren Schweif beschlußunfähig. Darüber großes Geschrei in der Fortschritts= presse aller deutschen Herren Länder, in der nämlichen Presse, welche den Schwefelregen von Sodom und Gomorrha auf jede Regierung oder conservative Partei herabgeflucht haben würde, hätte eine davon sich unterstanden, „liberale" Wahlen in Bausch und Bogen zu cassiren, weil ganz im Allgemeinen Ungesetzlichkeiten vorgefallen seien.

Die Regierung verhielt sich einige Zeit passiv und ver= tagte die Kammer. Endlich aber, Werren befand sich auf einer Urlaubsreise, setzten es die Oranier im Staatsrath durch, daß die Kammer auf's Neue aufgelöst wurde.

Zugleich aber, und dies ist das Reizendste an der Sache, wurde der Beschluß gefaßt, wieder in die Apathie zurückzu= fallen, welche unter Winzingerode so herrliche Früchte getra= gen, die Wahlfreiheit nämlich wieder herzustellen, d. h. den gewaltigen Wahlbeeinflussungsappart ungenirt und allein ar= beiten zu lassen, welcher den Advocaten zu Gebot stand, selbst aber die Hände ruhig in den Schooß zu legen. Die Folge davon war die gänzliche Entmuthigung der Conservativen, nicht gegenüber den Advocaten, sondern gegenüber der Regierung, welche den Gegnern wieder selbst in die Hände arbeitete und schließlich ein Wahlresultat, das 20 Advocaten und Advocatengenossen und nur vier conservative oder wenn man lieber will „clericale" Stimmen in die Kammer brachte.

Unter diesen Umständen reichte Werren nach seiner Rückkehr wiederholt seine Entlassung ein, nachdem er noch vergebens den Versuch gemacht hatte, einen tüchtigen Mann zur Uebernahme des Ministeriums zu bestimmen. Sein Entlassungsgesuch wurde endlich vom Herzog angenommen, der ihn seinem Wunsche gemäß an die Rechnungskammer als Director und aus eigenem Antrieb zum Mitglied des Staatsraths ernannte. Werrens Nachfolger ist der Hofgerichtsdirector Winter von Dillenburg, ein, wie allgemein gesagt wird, persönlich höchst ehrenwerther Mann, aber in politischer Beziehung Oranier und mit dem Advocaten Braun verschwägert.

Diesen Verlauf nahm ein politischer Prozeß, den ich im Herzogthum Nassau angefangen hatte. Denn wenn es eine Advocatenlüge ist, ich sei unter der Regierung Winzingerode der „Mittelpunct einflußreicher Kreise" gewesen und habe die Regierung beeinflußt, so ist es dagegen eine Thatsache, daß ich durch meine Zeitung das Volk wachgerufen, einen bedeutenden Einfluß ausgeübt, die großdeutsche Partei möglich und die Reaction unter Werren nothwendig gemacht habe. Daß diese Reaction nicht consequent durchgeführt wurde, ist theilweise Werrens eigene Schuld. Er hätte die Regierung nur unter Bedingungen übernehmen sollen und zwar nur dann, wenn ihm der Herzog zugestand:

1) einen Ministerwechsel, d. h. Ersetzung des Prinzen v. Wittgenstein, durch einen thatkräftigen, mit den Verhältnissen des Landes vertrauten Mann, der nicht einmal von Adel zu sein brauchte;

2) gründliche Säuberung der höheren Behörden, insbesondere der Gerichte von den Oraniern und Advocatengenossen;

3) Niederschlagung sämmtlicher gegen mich schwebenden Tendenzprozesse und meine Zurückberufung an die Redaction der „N. Wiesb. Ztg."‎;

4) Aufhebung des Jagdgesetzes und Rückgabe der Jagdgerechtigkeit an die Gemeinden. Die Domänenkasse hätte dadurch etwa einen Ausfall von 200,000 fl. erlitten, welcher indessen durch die Staatskasse gedeckt werden konnte.

Hätte Werren diese Bedingungen gestellt und zugestanden erhalten, so wäre er noch an der Spitze der Regierung, Braun im Zuchthaus, die übrigen Advocaten kaum mehr beachtet, die Kammern conservativ, die Nassauer selbst sehr ruhig und zufrieden, einige Schreier ausgenommen, die sehr mißvergnügt wären.

Heute noch mache ich mich anheischig, jede Opposition, die zusammengesetzt ist aus Leuten, wie der Braun, Lang, Raht, Blech, Metz u. dgl. binnen drei Monaten niederzuschreiten, vorausgesetzt, daß ich von den Gerichten nicht anders behandelt werde, als die Redacteure der Fortschrittblätter, vorausgesetzt, daß ich nicht auf $2\frac{1}{2}$ Monate ins Correctionshaus verurtheilt werde, wenn ich von einem Advocaten der Wahrheit gemäß sage, er habe auf Grund einer Scheincession prozessirt 2c.

Ueberblicken wir nun die vorstehenden Capitel, so ergibt sich Folgendes:

Im Herzogthum Nassau befindet sich eine Beamtenclique, welche unter dem Namen Oranier bekannt ist, sich in die einflußreichen Stellen theilt und einer politischen Tendenz so ferne steht, als einst die Blauen und die Grünen in der Arena zu Constantinopel. Es ist ganz einfach eine Beamtenclique, wie sie in kleinen Staaten sich nothwendig bilden muß, eine Beamtenclique, welche zufällig protestantisch gefärbt ist, und deßhalb ihren katholischen Collegen feindlich gegenübersteht. Um diese während des Kirchenstreits nicht oben aufkommen zu lassen, verband sie sich mit einigen intriguanten Advocaten zur Bekämpfung des gemeinschaftlichen Gegners. Von dem Anführer dieser Advocaten wurde diese Bundesge-

noffenschaft so ausgebeutet, daß er für seine Person und den
unmittelbar mit ihm verbündeten Genossen im Laufe der Zeit
eine Machtstellung sich errang, welche der Souverainetät gleich
kam. Er, ich spreche von Carl Braun, stand förmlich über
dem Gesetz. Er konnte sich Beutelschneidereien und sogar
Prellereien erlauben, ohne überhaupt oder so gestraft zu werden, wie er es verdiente. Er besetzte in Folge seiner Verbindungen die einflußreichsten Aemter — natürlich mit seinen
Creaturen. Er und seine Verbündeten bildeten unter Winzingerode eine förmliche Contreregierung, die herzogliche Regierung und das Ministerium beherrschten sie durch ihre Presse,
ihre Stellung in der Kammer und als Führer des Volks,
so daß ihnen aber auch gar kein Widerspruch mehr entgegen-
gesetzt wurde. Die Gerichte hatten sie so in der Gewalt,
daß sie Urtheile mehrere Tage früher erfuhren, als sie dem
Verurtheilten eröffnet wurden, daß die scandalösesten Verurtheilungen und Freisprechungen erfolgten, daß Briefe, die den
Akten angehörten unterschlagen oder gestohlen, und ihnen ausgeliefert wurden, um für ihre Zwecke ausgebeutet zu werden.

Im Volk hatten sie einen Anhang, weil sie dasselbe Jahre
lang ungestört durch alle jene Beeinflussungen bearbeiten
konnten, welchen die Masse nicht leicht widersteht und weil
sie überhaupt einflußreiche Personen geworden[1]). Und diese
Machtstellung wurde schließlich von ihnen nur dazu benützt,
um auf gesetzliche und ungesetzliche Weise Gelder zusammen-
zuscharren und aus Nassau ein Advocatenparadies zu machen,
in welchem die Prozesse nicht mehr geführt werden, damit
den Parteien Recht gesprochen wird, sondern damit die Advocaten Geld verdienen.

---

1) Wie man sich seit Werrens Rücktritt vor Braun bereits wieder
zu fürchten beginnt, beweist folgende Stelle eines von einem Bürgermeister erst kürzlich an mich gerichteten Briefs. Ich hatte um Aufschluß
über einen Advocatenstreich Brauns gebeten, der Bürgermeister theilte
mir die Sache mit und schloß seinen Brief folgendermaßen: „daß ich,
nachdem ich so viel für die Frau gethan, darüber aufgebracht war, läugne
ich nicht, auch läugne ich nicht, daß ich hierüber in verschiedenen Gesellschaften, worin sich Freunde von Braun befanden, meine Entrüstung
offen aussprach, allein was hat es mir gebracht? Ich habe mir den
ganzen Haß von Braun zugezogen, welcher sich wie mir scheint auf alle
Bürgermeister ausdehnen wird, denn diese werden den ersten Sturm ab-
zuhalten haben, wenn dieser Mann demnächst wieder allmächtig wird!“

Daß aber die perniciöse Verbindung der Oranier und Advocaten so fest geknüpft werden und eine so allgemeine Corruption erzeugen, das ganze Land nach und nach so zerrütten konnte, davon sind die Ursachen theils locale Verhältnisse, theils die Principien des modernen Liberalismus.

Zufällig und spezifisch nassauisch war es, daß gerade ein Prinz v. Wittgenstein an der Spitze des Ministeriums und ein Herr v. Winzingerode an der Spitze der Regierung stand und daß diese beiden Herren es für die höchste Staatsweisheit hielten, die Advocaten fortwährend gewähren zu lassen und bei jeder Gelegenheit sich vor der „öffentlichen Meinung zu beugen, statt ihr, wenn es geboten war, energisch entgegenzutreten. Spezifisch nassauisch ist es, daß überhaupt in den leitenden Kreisen ein Gedanke, ein Princip, ein Plan, ein System nie consequent festgehalten, sondern daß immer mit halben Maßregeln und momentanen Anwandlungen regiert wird. Ich will in dieser Beziehung nur noch einige Beispiele anführen. Hätte man von Anfang an dafür gesorgt, daß die Presse von den Gerichten so behandelt wurde, wie dieß in den meisten übrigen deutschen Staaten der Fall ist, die „Rhein=Lahnztg." hätte sich jenen Ausfall auf den Herzog nie erlaubt und brauchte auch nicht verboten zu werden. Statt dessen sah man ruhig mit an, wie von jenem Blatt Exceß auf Exceß begangen, wie jede, auch die begründetste Klage gegen dasselbe abgewiesen wurde und als die Advocaten in ihrer Frechheit bestärkt durch diese Apathie am Ende den Herzog selbst mit Koth bewarfen, erfolgte ein Verbot, durch welches aber auch gar nichts bezweckt wurde, als die Auswanderung des Advocatenblattes nach Frankfurt.

Ich hatte in den ersten Monaten meiner Wirksamkeit den Advocaten Braun so niedergeschrieben, daß er sich bei Tage öffentlich gar nicht mehr sehen ließ. Als mich nun die Gerichte wahnwitzig verurtheilten, ließ man sie ungestört fortverurtheilen und erst nachdem ich mich entfernt hatte, wurde der Hofgerichtsdirector Hergen=Hahn, der Justizamtmann Dübell und der Assessor Stein unschädlich gemacht. Wäre dieß ein halb Jahr früher geschehen, so säße Braun jetzt im Zuchthaus und keiner seiner Genossen mehr in der Kammer, ich aber noch in Wiesbaden.

In keinem deutschen Staate befindet sich eine Opposition
von der Frechheit und moralischer Verworfenheit ihrer Führer
wie in Nassau, in jedem andern deutschen Staate, in Wür=
temberg, Bayern, Hessen 2c., wäre aber die Opposition der Re=
gierung ebenso hoch über den Kopf gewachsen, wenn man sie
so hätte gewähren lassen wie in Nassau. Denn jeder Re=
gierung muß eine Partei über den Kopf wachsen, wenn es
gestattet wird, daß selbst ein Prinz der regierenden Familie
dieser Partei in die Hände arbeitet 1). Spezifisch nassauisch
ist es überhaupt, daß eine conservative Partei, sobald eine
solche sich bildet, auf die Regierung nie sich verlassen kann,
nie sicher ist, nicht im Stiche gelassen zu werden. Wäre
unter Werren durch geeignete Maßregeln, namentlich durch
ganz bestimmte Versetzungen, den Oraniern jede Aussicht ab=
geschnitten worden, demnächst wieder an's Ruder zu kommen,
die ganze Agitation gegen Werren wäre verstummt, denn
diese ganze Agitation gründete sich von Seiten der Oranier
und Fortschreiter auf die Ueberzeugung, daß die Reaction
nur provisorisch sei und früher oder später die gewöhnliche
Ermattung wieder sich einstellen werde.

Abgesehen jedoch von diesen spezifisch nassauischen Verhält=
nissen, liegen den Zuständen des Landes, sowie ich sie in vor=
liegendem Buche geschildert, liegen der Zerrüttung dieses
kleinen Staats und der Thatsache, daß einige persönlich un=
bedeutende Advocaten im Laufe der Zeit eine nahezu souve=
raine Machtstellung einnehmen konnten, allgemeine Ursachen zu
Grunde und zwar Ursachen, welche in letzter Instanz auf die
Theorien des modernen Liberalismus, die darin enthaltenen
falschen Principien, Fictionen und leeren Phrasen und die auf
diese Unwissenschaftlichkeiten gegründeten Einrichtungen zurück=
zuführen sind.

Wodurch sind Braun und Lang das geworden, was sie
sind? Einestheils allerdings durch ihre Verbindung mit den
Oraniern, anderntheils aber dadurch, daß sie als politische
Machthaber sich aufwerfen und nachdem sie solche geworden,
den Oraniern als Bundesgenossen Etwas bieten, der Regie=
rung später Alles abtrotzen konnten.

1) Der Staatsminister bezieht in Nassau Alles in Allem etwa
11,000 fl.

Braun und Lang sind zwei Köpfe, die sich von gewöhn=
lichen mit Pfiffen und Kniffen angefüllten Advocatenköpfen in
gar nichts, am allerwenigsten durch jene Bildung unterschei=
den, welche, mag sonst der Mann sein und treiben, was er
will, stets Respect einflößt, welche unbedingt Jeder haben
muß, der eine politische Rolle spielen will, und welche wenig=
stens bei allen conservativen Parteien das unerläßliche Er=
forderniß eines Parteiführers ist.

Wer öffentlich auftreten will, muß sich geistig und mora=
lisch von der Masse unterscheiden. Lang aber ist ein süd=
deutscher Kneiper von der ordinärsten Sorte, der in Wies=
baden fortwährend im Jagdkittel herumläuft und sich nie
wohler fühlt, als in Mitten seiner Kupferschmiede, Schirm=
macher, Ziegelmacher, Leder= und Cigarrenhändler. Braun
sucht sich zwar den Anschein zu geben, als stehe er über der
Masse. Wer aber im angetrunkenen Zustande so und Sol=
ches zum Fenster hinausbrüllt, daß er wegen Majestätsbelei=
digung in Untersuchung genommen werden muß, wer in einer
Versammlung den Satz aufstellt, die Bauern seien noch sehr
zurück in der Landwirthschaft, weil sie ihre todten Ver=
wandten begraben, statt mit deren Knochen die Felder zu
düngen und diesen dadurch den entzogenen phosphorsauren
Kalk wieder zurückzugeben, ein solcher Mann ist ein vulgärer
Mann.

Was die Moralität anbetrifft, so brauche ich über Braun
nichts mehr beizufügen und bezüglich Langs auch nicht mehr
zu erinnern, daß er die Beschuldigung, in der Ständever=
sammlung mehrmals gelogen zu haben, ruhig hinnahm, daß er
sich von Dübell seine Deseviten erhöhen ließ, nachdem diese
bereits liquidirt waren, aber noch in ganz neuester Zeit er=
eignete sich Folgendes. Vor den letzten Wahlen wurde in
einer Beilage der „Nassauischen Landesztg." nachgewiesen,
daß alle die Gesetze und Einrichtungen, das Stempelgesetz,
das Besoldungsgesetz, Pensionsgesetz, das Jagdgesetz, woraus
während der Wahlumtriebe die Advocaten fortwährend so
schwere Anklagen gegen die Regierung schmiedeten, daß alle
diese Gesetze von den Advocaten selbst gemacht wurden, hieran
knüpfte nun die „Nassauische Landesztg." folgende Anfrage:
„Wo gibt es etwas Empörenderes, als die Handlungen der

Fortschrittsprocuratoren, welche eine Regierung verdächtigen und beschuldigen, wegen Erhöhung des Stempels, der Besoldungen und der Pensionen, sowie wegen des bestehenden Jagdgesetzes [1]), nachdem sie vor keine fünf Jahren die Regierung zum Erlassen dieser Gesetze genöthigt, nachdem sie dieselben noch drückender für die Staatsbürger verlangt und unumwunden dafür gestimmt haben und nachdem sie vor kaum einem Jahre dafür gewirkt haben, daß die Bewohner des Landes mit einer neuen Steuer, mit der Conscriptionssteuer, belastet und zu Boden gedrückt werden sollen!! Kann es eine schlechtere Sache geben, als diejenige sein muß, für welche Sie, Herr Lang! **mit solchem Lug und Trug kämpfen?"**

Nicht mit einer Sylbe erwiderte Advocat Lang auf diesen Angriff.

Lug und Trug, das ist die richtige Bezeichnung für das Treiben dieser Advocaten, Lug und Trug, man braucht in dieser Beziehung nur die Artikel zu lesen, welche fortwährend in der auswärtigen Presse über Nassau erscheinen. Nicht einer ohne Lüge, ohne Täuschung, Entstellung und Fälschung der Thatsachen.

Daß nun Leute von so vulgärer Bildung, von so anrüchigem Character und so zweifelhafter Moralität, Leute, die vom Kopf bis zur Zehe nichts anderes repräsentiren, als den gemeinsten Egoismus, daß solche Leute politische Machthaber werden konnten, das beruht auf den aus den Principien des modernen Liberalismus hervorgehenden Einrichtungen, Zuständen und Möglichkeiten.

Die Wissenschaft sagt: Recht ist, was richtig, also was bewiesen und begründet ist! In Folge dessen verlangt sie

---

1) Im Jahr 1859 wurde den Kammern das ohne landständische Genehmigung publicirte Jagdgesetz vom 20. Sept. 1855 zur nachträglichen Genehmigung vorgelegt. Für dieses Gesetz stimmte Braun, die Seele des Fortschritts. Das Gesetz erhielt jedoch die Majorität nicht, wurde im Jahr 1860 wieder vorgelegt, nun stimmte Braun dagegen. Das Jahr zuvor bestand noch kein Nationalverein und war die nationalvereinliche, fortschrittliche Agitation zum Sturze der Regierung und Herstellung eines Advocatenregiments noch nicht eröffnet worden.

Einrichtungen, durch welche nicht blos die Staatsgewalt ge=
nöthigt wird, zu begründen und zu beweisen, sondern auch
jeder Staatsbürger das Recht erhält, nicht blos
in seinem Privatinteresse, sondern auch in Beziehung auf
öffentliche Angelegenheiten, also in Beziehung auf Gesetze, die
bestehen oder die erst gemacht werden sollen, der Regierung
gegenüber Etwas zu verlangen, Anträge zu stellen und zu
beweisen, daß seine Forderungen und Anträge berechtigt seien;
in Folge dessen verlangt die Wissenschaft also Einrichtungen,
durch welche jede absolute Gewalt im Staate, die der Re=
gierung, wie die einer parlamentarischen Versammlung gründ=
lich, radikal, wesentlich vernichtet wird.

Der Liberalismus dagegen sagt: Recht ist, was das
Volk, d. h. was irgend eine Majorität will, welche durch
irgend welche Mittel zu Stande gebracht wurde.

Nun ist es eine Thatsache, daß die Mehrzahl des Publi=
kums nicht auf einer Kulturstufe sich befindet, auf welcher es
die Richtigkeit oder Unrichtigkeit dessen, was ihm vorgeredet
wird, zu beurtheilen vermag, daß ferner die Mehrzahl und
nicht blos die Mehrzahl, sondern $^{99}/_{100}$ des Publikums in
ihren Privatinteressen von irgend Jemand abhängig sind.
Was liegt nun näher für jene mittelmäßigen Köpfe, die auf
das Spielen einer politischen Rolle und die damit verbunde=
nen Vortheile so erpicht sind, als diese Vernunftbeschaffenheit
des großen Haufens, dessen Abhängigkeit von irgend Jemand
im Privatleben zu benutzen, „Stimmvieh" zusammenzutreiben
und durch dieses „Stimmvieh" auf ein Dutzend Advocaten=
gegängelter Bauern und Händler jene absolute Machtvoll=
kommenheit übertragen zu lassen, welche der moderne Libera=
lismus der „Volksvertretung" zuerkennt.

Dieser Fabrikant hat 50, 100, 200 Arbeiter, er droht
Jedem die Entlassung, wenn er nicht für den „Fortschritt"
wählt. Diese Gemeinde hat einen Gemeindewald und ist in
dessen Benutzung in einer Weise beaufsichtigt, die ihr miß=
fällt, nun kommt ein Advocat, hält eine Volksversamm=
lung und sagt: „Ihr habt ein Haus, aber Ihr habt den
Schlüssel nicht dazu, Ihr habt einen Wald, aber Ihr dürft
nicht Holz, Gras und Laub darin holen, wenn Ihr wollt;

wenn Ihr mich wählt, verschaffe ich Euch den Schlüssel zu Eurem Eigenthum."

Ein Branntweinbrenner hat Einfluß auf seinen Bezirk, aus irgend welchen Gründen will er, daß ein Advocat und noch dazu ein Advocat, der so dumm ist wie Blech, in die Kammer gewählt werde, in Folge dessen befiehlt er einfach seinen Untergebenen und Abhängigen, der Advocat muß gewählt werden und der Advocat wird gewählt.

Um die Wahlen zu betreiben ist viel Geld nöthig. Wein muß fließen, Mahlzeiten müssen gespendet werden, dieser einflußreiche Bankerotteur braucht Unterstützung, jener Handlanger muß bezahlt werden und der Nationalverein hat Flottengelder, die er nicht verrechnet. Das sind die Mittel, die bei den Wahlen angewendet werden, das sind die Mittel, die in Nassau bei jeder Wahl angewendet wurden.

Und das soll Recht sein, was die Leute, die durch Anwendung dieser mechanischen Mittel zur Souveränetät gelangt und in die „Kammer" gekommen sind, wollen? Und wenn eine Staatsverfassung das Prinzip enthält, daß Recht das sein soll, was eine Majorität will, die durch irgend welche Mittel, die möglicherweise durch die verwerflichsten, nichtswürdigsten Mittel, die durch Lug und Trug, durch Terrorismus und Bestechung, mit Hülfe der Dummheit und der Leidenschaft zu Stande gebracht wurde, so sollte es nicht möglich sein, daß Leute wie der Braun und Lang und Raht und Blech ꝛc. dieses Prinzip nicht ausbeuten und troß ihrer logischen und moralischen Qualität nicht als Machthaber sich aufwerfen, namentlich wenn die geseßliche Macht, die Regierung sie ruhig gewähren läßt? Und wenn dann dieses Prinzip dieses empörende, die Fundamentalsäße der Logik mit Füßen tretende Prinzip seine Früchte getragen und Souveräne geschaffen hat, die dem Goldarbeiter Köllsch 74 fl. aus der Tasche schwindeln, oder die sich ungestraft nachsagen lassen, sie haben öffentlich gelogen und mit „Lug und Trug" ihre Zwecke zu erreichen gesucht, dann sollte man nicht berechtigt sein, auf die verderblichen Wirkungen dieses Prinzips hinzuweisen, das zur Täuschung, Bethörung, Aufreizung, Bestechung, Einschüchterung, Vergewaltigung des Publikums geradezu herausfordert, weil es den Saß aufstellt, die Macht im Staate solle denjenigen zufallen, welche durch irgend welche Mittel irgend eine Majorität herzustellen vermögen?

Mittelst jenes Prinzips und der damit verbundenen Fiction: Volk und Volkswille, wird also nothwendig eine absolute Macht geschaffen und zwar in Gestalt jener Clique, welcher es gelingt, durch irgend welche Mittel auf das Publikum einen Einfluß zu gewinnen, um sich von diesem das Privilegium ertheilen zu lassen, an seiner Stelle als Souverän aufzutreten und die Staatsangelegenheiten ganz nach Willkür und Belieben, ohne Begründung und Beweis zu entscheiden.

In großen Staaten wird daher dieses Prinzip Parteien gebären, welche mit der bestehenden Regierung um die Macht kämpfen und dadurch, namentlich wenn diese Parteien in bestimmten Fragen der Regierung gegenüber im Recht sind, endlose Kämpfe und Verwirrungen hervorgerufen, um schließlich entweder als reine Zungenkämpfer mit dem Inhaber der physischen Staatsgewalt nicht concurriren zu können und deßhalb den Rückzug antreten zu müssen oder eine Krisis hervorzurufen, aus welcher zuletzt immer der Militärdespotismus hervorgeht und hervorgehen muß.

In kleinen Staaten aber, wo die Staatsgewalt unmächtiger und die Organe derselben leichter zu gewinnen, wird jenes Prinzip zur factischen Herrschaft einzelner Demagogen führen und eine Corruption erzeugen, wie ich sie in vorliegendem Buche geschildert.

Die Wissenschaft sagt ferner: Jeder Staatsbürger muß das Recht haben, öffentlich zu urtheilen und zu beurtheilen, sowie über bestimmte, innerhalb der Verfassung zulässige Zwecke und Interessen sich zu berathen. In Folge Dessen eine Presse ohne alle mechanische Beschränkung durch Cautionen, Concessionen, polizeiliche Unterdrückung und in Folge Dessen das Recht, Versammlungen zu halten und Vereine zu gründen. Aber Niemand darf, wenn er mittelst der Presse oder auf Versammlungen seine Gedanken veröffentlicht, mehr Recht haben als irgend ein anderer Privatmann und am allerwenigsten das Privilegium, öffentlich zu lügen, den Anstand und die gute Sitte zu verletzen und noch weniger ist ein Verein statthaft, dessen Zwecke mit der bestehenden Verfassung unvereinbar sind. In Folge dessen können als Leiter der Presse, der Ver-

— 426 —

ſammlungen, der Vereine nur ſolche Perſonen auftreten, deren Moralität, Bildung und Intelligenz die nöthigen Garantien darbietet, deßhalb Einrichtungen, durch welche es Jedermann möglich gemacht wird, nachzuweiſen, daß irgend ein ſolcher Leitmann jene Garantien nicht bietet, m. a. W. Ehrengerichte für Jeden, der als politiſcher Lehrer des Publikums, Prophet und Weiſſager öffentlich auftritt und geſetzliche Beſtimmungen ferner, durch welche das Lügen coram publico und die Be= rührung von Privatangelegenheiten in der Preſſe unmöglich gemacht wird.

So behandelt wird die Preſſe eine wohlthätige Wirkſam= keit ausüben, Verſammlungen und Vereine ebenfalls.

Der Liberalismus dagegen ſagt einfach: Unbedingte Preß= freiheit, Verſammlungs= und Vereinsfreiheit! In Folge deſſen gerathen dieſe Einwirkungs= und Beeinfluſſungsmittel am Ende in die Hände ſchofler Subjekte, welche den mit der Hand= habung dieſer Mittel verbundenen Einfluß lediglich zur Er= reichung ihrer Privatzwecke benutzen und ſehr bald eine wilde, ungezügelte, meiſterloſe, abſolute Macht im Staate bilden, eine Macht, die auf den öffentlichen und Privatverhältniſſen ſchwerer laſtet als der craſſeſte Abſolutismus einer geſetz= mäßigen Staatsgewalt.

Während meiner Wirkſamkeit als Redacteur in Wies= baden habe ich öfter nachgewieſen, daß ſich das Programm der Großdeutſchen vor dem der Fortſchritter weſentlich gar nicht unterſcheidet, daß ich ſelbſt bis auf einen oder 2 Punkte das „Limburger Programm“ der Fortſchritter acceptire. Warum nun trotzdem ſo ſchroffe Gegenſätze, ein ſo erbitterter Kampf, ein Zwieſpalt, welcher durch alle Schichten der Be= völkerung geht, den Vater wider den Sohn, den Bruder wider den Bruder, den Schwager wider die Schwägerin, den Onkel wider die Tante ſtellt, warum keine Verſtändi= gung? Weil das „Limburger Programm“ nicht ſowohl poli= tiſche, auf die Reform der politiſchen Verhältniſſe des Landes abzielende Zwecke verfolgt, ſondern lediglich die Erhaltung eines Zuſtandes, in welchem man ungeſtraft Palmarien ein= ſeckeln, Kölſch 79 fl. aus der Taſche ſchwindeln, Angeklagte in der Verwirrung Wechſel unterſchreiben, durch willfährige Beamte bereits decretirte Advocatengebühren erhöhen laſſen

und das Land mittelst der Civilprozeßordnung ausbeuteln
kann. Diesen Zwecken des gemeinsten Egoismus, diesen reinen
Privatinteressen einiger Advocaten einen Anstrich von allgemeiner Bedeutung zu geben, mit schön klingenden Phrasen
sie zu maskiren und diejenigen, welche diese Zwecke verfolgten
und diese Interessen geltend zu machen suchten, als große
erhabene, nur auf's Volkswohl erpichte Männer erscheinen zu
lassen, dazu wurden in Nassau und der Umgegend hauptsächlich
die Presse, die Vereine und Versammlungen verwendet.

In ihrer gegenwärtigen Verfassung sind alle diese „Freiheiten" nichts weiter als Mittel, besten Falls zur Befriedigung der Eitelkeit kleiner Geister, sehr häufig aber zur Erreichung schändlicher Zwecke, unter allen Umständen zur
Untergrabung der Autorität. —

Die Freiheit, d. h. der Rechtsstaat besteht nicht darin,
daß einzelnen Leuten, Gesellschaften, Vereinen, Corporationen
das Privilegium ertheilt wird, eine aparte Macht im Staate
zu bilden und einen absoluten Willen zu äußern, sondern der
Rechtsstaat besteht darin, daß sämmtliche Organe der Staatsgewalt verantwortlich gemacht werden Jedem, dessen Interessen
sie berühren, oder der im Namen der öffentlichen Interessen
zu beweisen und zu begründen im Stande ist.

Ich schließe mit folgendem Protest:

In Erwägung, daß gerichtlich nachgewiesen
wurde, es habe sich der Procurator Carl Braun
von Wiesbaden widerrechtlich und gesetzwidrig
und in gewinnsüchtiger Absicht fremdes Eigenthum angeeignet, protestire ich im Namen der
Moral und der Ehre, daß dieser Carl Braun
fortfährt, der nassauischen zweiten Kammer als
Mitglied und der „Rheinischen Versicherungs-
gesellschaft" als Verwaltungsrath anzugehören und werde diesen Protest so lange und
so laut wiederholen, bis besagter Carl Braun
sein Mandat als Abgeordneter der zweiten Kammer und seine Stelle als Mitglied des Verwaltungsraths der „Rheinischen Versicherungsge-
sellschaft" niedergelegt haben wird.

www.ingramcontent.com/pod-product-compliance
Lightning Source LLC
Chambersburg PA
CBHW032258280326
41932CB00009B/613

* 9 7 8 3 7 4 4 7 9 5 9 4 4 *